Veröffentlichungen des
HWWA-Institut für Wirtschaftsforschung – Hamburg

Band 43

Hans-Hagen Härtel/Rolf Jungnickel

Strukturprobleme einer reifen Volkswirtschaft in der Globalisierung

Analyse des sektoralen Strukturwandels in Deutschland

mit Beiträgen von:

Bettina Burger
Dietmar Keller
Georg Koopmann
Gönke Tetens
Cora Wacker-Theodorakopoulos
Manfred Weilepp

 Nomos Verlagsgesellschaft
Baden-Baden

Die Deutsche Bibliothek – CIP-Einheitsaufnahme

Strukturprobleme einer reifen Volkswirtschaft in der Globalisierung : Analyse des sektoralen Strukturwandels in Deutschland / Hans-Hagen Härtel/Rolf Jungnickel. Mit Beitr. von: Bettina Burger ... – 1. Aufl. – Baden-Baden : Nomos Verl.-Ges., 1998
 (Veröffentlichungen des HWWA–Institut für Wirtschaftsforschung – Hamburg ; Bd. 43)
 ISBN 3-7890-5583-2

1. Auflage 1998
© Nomos Verlagsgesellschaft, Baden-Baden 1998. Printed in Germany. Alle Rechte, auch die des Nachdrucks von Auszügen, der photomechanischen Wiedergabe und der Übersetzung, vorbehalten. Gedruckt auf alterungsbeständigem Papier.

VORWORT

Die vorliegende Studie bildet den fünften Kernbericht der Strukturberichterstattung für das Bundeswirtschaftsministerium. Sie setzt einerseits den im Jahre 1996 veröffentlichten Schwerpunktbericht „Grenzüberschreitende Produktion und Strukturwandel - Die Globalisierung der deutschen Wirtschaft" fort, indem sie die Analyse der Globalisierung und ihrer Wirkungen aktualisiert und vertieft. Andererseits liefert sie die notwendige Ergänzung, indem sie die Einflüsse der Globalisierung und des mit ihr verbundenen Standortwettbewerbs mit den binnenwirtschaftlichen und standortübergreifenden Bestimmungsfaktoren des Strukturwandels kontrastiert. Das Analysekonzept des Kernberichts basiert auf der Grundthese, daß die Ausrichtung der wirtschaftspolitischen Diskussion auf den Standortwettbewerb leicht zu Fehlschlüssen führen kann, wenn vergessen wird, daß die Arbeitslosigkeit und die Produktivitätsschwäche in Deutschland weniger durch Standortnachteile als durch interne Probleme verursacht wurden, mit denen alle reifen Volkswirtschaften zu kämpfen haben, die sie freilich mehr oder weniger gut bewältigen. Zu den typischen Strukturproblemen reifer Volkswirtschaften gehören auch interne Standortunterschiede, wie sie nach der Vereinigung auch in Deutschland entstanden sind. Die Globalisierung zwingt diese Volkswirtschaften immer stärker dazu, die Ursachen der Strukturprobleme nicht in den Unvollkommenheiten der Gütermärkte, sondern in Friktionen der Faktormärkte, insbesondere des Arbeitsmarktes zu suchen.

Die Studie wurde in der Abteilung „Wirtschaftsordnung und Wirtschaftsstruktur" unter Beteiligung von Mitarbeitern aus anderen Abteilungen erstellt. Wertvolle Unterstützung bei statistischen und technischen Fragen sowie bei ökonometrischen Berechnungen erhielten wir aus der Abteilung „Statistik, Ökonometrie, Datenverarbeitung". Hervorzuheben ist auch der unermüdliche Einsatz der „unsichtbaren" Mitarbeiter, ohne die das Werk das Licht der Öffentlichkeit nicht erblickt hätte: Die Studenten unserer Abteilung, denen insbesondere umfangreiche EDV-Arbeiten oblagen - hier ist besonders Michael Reifferscheid zu nennen - und Hildegard Stahmer, die stets bereitwillig die Mühen für die Druckfassung auf sich genommen hat.

Hans-Hagen Härtel

INHALTSVERZEICHNIS

Kurzfasssung   17

1   Konjunkturelle, strukturelle und Standortprobleme: Die deutsche Wirtschaft im internationalen Vergleich   27

2   Standort- und Strukturprobleme durch West-Ost-Gefälle   35
   2.1   Die neuen Bundesländer: Investitionsschwerpunkt ohne Eigendynamik   35
      2.1.1   Erlahmender Aufholprozeß in Ostdeutschland   35
      2.1.2   Zweischneidiger Finanztransfer   41
   2.2   Verzerrte Sektorstruktur   43
      2.2.1   Struktureffekte des Finanztransfers   43
      2.2.2   Scheinblüte in den regionalen Sektoren   45
      2.2.3   Deindustrialisierung noch nicht beendet   47
   2.3   Konsequenzen für den Standort Deutschland   53

3   Deutschland im internationalen Standortwettbewerb   57
   3.1   Globalisierungstendenzen   57
      3.1.1   Gesamtwirtschaftliche Perspektive   58
      3.1.2   Nationale Dienstleistungen   61
      3.1.3   Internationalisierte Industrie   63
      3.1.3.1   Komponenten der Internationalisierung   63
      3.1.3.2   Intraindustrielle Verflechtung   67
      3.1.3.3   Die regionale Komponente: Europäisierung und Globalisierung   67
      3.1.4   Ergebnis   71
   3.2   Standortwettbewerb mit Hochlohnländern   72
      3.2.1   Zurückgefallen im Außenhandel - zu hohe Lohnkosten?   72
      3.2.1.1   Position im Außenhandel   72
      3.2.1.2   Zu den Meßkonzepten   75
      3.2.1.3   Empirische Evidenz   78
      3.2.2   Standort Deutschland im Wettbewerb um ausländische Investitionen   89
      3.2.2.1   Warum Direktinvestitionen aus dem Ausland?   89
      3.2.2.2   Die Lücke bei inward-Direktinvestitionen   90
      3.2.2.3   Implikationen für die Inlandswirtschaft   96
      3.2.2.3.1   Entgangene Arbeitsplätze in modernen Sektoren   97
      3.2.2.3.2   Beitrag zur industriellen Effizienz   99
      3.2.2.4   Ergebnis   102
      3.2.2.5   Schlußfolgerungen: Förderung von Direktinvestitionen?   103
      3.2.3   Führt Auslandsproduktion zum Export inländischer Arbeitsplätze?   110

	3.2.3.1	Die Substitutionsthese in nationaler und internationaler Perspektive	110
	3.2.3.2	Strukturpolitische Implikationen	113
	3.2.3.3	Exportfördernde Direktinvestitionen	115
	3.2.3.4	Kosten- versus Absatzorientierung	116
	3.2.3.5	Auslandsproduktion und Inlandswirtschaft	120
	3.2.4	Technologiestandort Deutschland in der Krise?	124
	3.2.4.1	FuE als Wachstumsfaktor	124
	3.2.4.2	Rückläufige FuE-Quote	128
	3.2.4.3	Der Einfluß von Effizienzsteigerung und FuE-Verlagerung	132
	3.2.4.4	Auswirkungen auf die Branchen-Performance und den technologieintensiven Außenhandel	136
	3.2.4.5	Ergebnis und Schlußfolgerungen	140
3.3		Deutschland im Wettbewerb mit Niedriglohnländern	144
	3.3.1	Anpassungsdruck für einfache Arbeit?	144
	3.3.2	Deutschland und die Reformländer: Mehr Chancen als Risiken	153
	3.3.2.1	Die mittel- und osteuropäischen Länder: Ein neuer Faktor in der Weltwirtschaft?	153
	3.3.2.2	Die Westintegration der Reformländer: Deutschland im internationalen Vergleich	157
	3.3.2.3	Strukturelle Auswirkungen für Deutschland: Neue Chancen durch Ost-West-Integration	163
	3.3.2.4	Ergebnis	172
3.4		"Standort Deutschland" für umweltrelevante Branchen	174
	3.4.1	Systemwettbewerb bei überregionalen Umweltschäden: Nationaler Alleingang bei Ökosteuern, Selbstverpflichtungen der Industrie oder gezielte Subventionen?	176
	3.4.2	Systemwettbewerb bei regionalen Umweltschäden: Führen Auflagen und Abgaben in Deutschland zu Standortverlagerungen in das Ausland? Das Beispiel der Chemiebranche	183
4		**Strukturwandel und Strukturprobleme einer reifen Volkswirtschaft**	**189**
4.1		Entwicklungslinien des Strukturwandels	189
	4.1.1	Erhöhtes Tempo des Strukturwandels	189
	4.1.2	Gewinner und Verlierer im Strukturwandel - ein Überblick	191
	4.1.3	Einflußfaktoren	194
	4.1.3.1	Außen- und binnenwirtschaftliche Faktoren	194
	4.1.3.2	Outsourcing im Aufwind - zunehmende Vorleistungsverflechtung?	196
	4.1.3.3	Endnachfrage - Einbruch der Investitionen	201
	4.1.3.4	Produktivitätsfortschritt und Veränderung der "terms of trade" zwischen den Branchen	202
	4.1.4	Trends	207
	4.1.4.1	Erodiert die industrielle Basis?	207
	4.1.4.2	Grenzen der Tertiarisierung?	213

	4.1.4.3	Neue Impulse für Wachstum und Beschäftigung durch den Informationssektor?	217
	4.1.5	Ergebnis	224
4.2	Mobilität der Arbeitskräfte im Strukturwandel		225
	4.2.1	Inter- und intragenerationale Mobilität im sektoralen Strukturwandel	227
	4.2.2	Veränderung der Humankapitalausstattung	233
	4.2.2.1	Quantitative Veränderungen	233
	4.2.2.1.1	Sektorübergreifende Veränderungen des Arbeitsangebots	233
	4.2.2.1.2	Anpassung in schrumpfenden Branchen	235
	4.2.2.1.3	Anpassung in expandierenden Branchen	240
	4.2.2.2.	Qualitative Veränderungen der Humankapitalausstattung	242
	4.2.3	Externe Mobilität des Humankapitals	247
	4.2.3.1	Art und Umfang der Arbeitskräftebewegungen	248
	4.2.3.2	Mobilitätshemmnisse	254
	4.2.3.2.1	Humankapitalspezifität	254
	4.2.3.2.2	Senioritätsregeln	262
	4.2.4	Ergebnis und Schlußfolgerungen	268
4.3	Bewältigung des Strukturwandels durch Subventionen?		270
	4.3.1	Die Subventionsdiskussion in reifen Volkswirtschaften	270
	4.3.2	Subventionen und Globalisierung - Entmachtung des Nationalstaates auf den Gütermärkten	272
	4.3.3	Die Entwicklung der Subventionen in Deutschland	274
	4.3.4	Subventionsentwicklung in einzelnen Sektoren	276
	4.3.5	Subventionen aus standortpolitischer Sicht	278

5 Wachstums- und Strukturpolitik zur Erleichterung des Strukturwandels   285

Literaturverzeichnis   291

Statistische Quellen   308

Abkürzungsverzeichnis   311

Anhang   313

Sachregister   389

Verzeichnis der Branchenabkürzungen (SYPRO)   397

Verzeichnis der Tabellen und Schaubilder im Hauptbericht

Tabellen

2.2.1	Die Bedeutung der neuen Bundesländer in den Wirtschaftsbereichen	48
2.2.2	Die Bedeutung der neuen Bundesländer in den Wirtschaftszweigen - sozialversicherungspflichtige Beschäftigte am 31.12.1995	52
3.1.1	Internationale Verflechtung der deutschen Wirtschaft durch Außenhandel und Auslandsproduktion, 1980-1996	58
3.1.2	Internationalisierung im Dienstleistungsbereich 1980-1995	62
3.1.3	Wachstumskomponenten der deutschen Industrie 1991-1994	66
3.1.4	Struktur der Internationalisierung der deutschen Wirtschaft nach Branchengruppen 1991 und 1994 (in vH)	66
3.1.5	Regionale Auslandsverflechtung Deutschlands bei verarbeiteten Gütern, in vH	68
3.1.6	Produktions- und Beschäftigungsschwerpunkte im Ausland, 1994	70
3.2.2.1	Direktinvestitionen in Deutschland und der EG	94
3.2.2.2	Position Deutschlands in den US-amerikanischen Direktinvestitionen in Europa	96
3.2.3.1	Veränderung der Beschäftigtenzahl in Westdeutschland und bei Auslandstöchtern nach Branchen, 1991-1995	111
3.2.3.2	Bestimmungsgründe deutscher Auslandsproduktion in Westeuropa - Regressionsschätzungen	118
3.2.3.3	Auslandsproduktion deutscher Unternehmen in Westeuropa und Außenhandel - Regressionsschätzungen	121
3.2.4.1	FuE-Intensität amerikanischer Auslandsgesellschaften in ausgewählten Anlageregionen 1982, 1989 und 1994	135
3.2.4.2	Struktur der industriellen Wertschöpfung nach der Technologieintensität im internationalen Vergleich	137
3.3.1.1	Regionalisierte Importquoten für Deutschland	147
3.3.1.2	Kenngrößen von Branchen mit starker Konkurrenz aus Niedriglohnländern	149
3.3.1.3	Relation der Durchschnittswerte im deutschen Export und Import, 1994	151
3.3.2.1	Die MOE-Länder im Globalisierungsprozeß	154
3.3.2.2	Anteil der EU(12) am Export ausgewählter mittel- und osteuropäischer Länder, in vH	155
3.3.2.3	BIP pro Kopf, in US-$ und vH	157
3.3.2.4	Handel der MOE-Länder mit der EU (1991 und 1995)	158
3.3.2.5	Regionalstruktur deutscher Ex- und Importe von verarbeiteten Industriegütern, 1991 und 1995	160
3.3.2.6	Ausländische Direktinvestitionen in Mittel- und Osteuropa, Kapitalbestände in ausgewählten Ländern 1995	162
3.3.2.7	Umsatzerlöse und Beschäftigte deutscher Tochtergesellschaften in typischen Niedriglohnländern, 1985-1995	162

3.3.2.8	Charakterisierung der nach RCA-Werten gruppierten Branchen	168
3.4.1	Branchen mit den höchsten direkten und indirekten Energievorleistungen 1991 (in vH des Produktionswerts)	178
3.4.2	Energiebedingte CO_2-Emissionen nach Energieträgern in Deutschland (in Mio. t)	179
3.4.3	Direkte Luftemissionen 1991 (in 1000t)	183
4.1.3.1	Außen- und binnenwirtschaftliche Einflüsse auf den Strukturwandel	195
4.1.3.2	Anteil der bezogenen Vorleistungen an der Gesamtleistung	200
4.1.3.3	Anteile der Nachfragekomponenten an der letzten inländischen Verwendung von Gütern (jew. Preise, in vH)	202
4.1.4.1	Produktionswachstum der westdeutschen Wirtschaft nach Sektorgruppen 1979-1995	212
4.1.4.2	Sektorale Erwerbstätigenstruktur in Westdeutschland	215
4.1.4.3	Die Bedeutung des Medien- und Kommunikationssektors (M+K) 1982-1992	222
4.2.1	Zu- und Abgänge der sozialversicherungspflichtig Beschäftigten zwischen 1980 und 1995	231
4.2.2	Zahl der Altersrenten wegen Arbeitslosigkeit (Neuzugänge in Tausend)	240
4.2.3	Formale Qualifikationsstruktur der Arbeitskräfte in Westdeutschland, 1976 - 1995 (in vH)	243
4.2.4	Formale Qualifikationsstruktur der sozialversicherungspflichtig Beschäftigten in Westdeutschland nach Wirtschaftsabteilungen (in vH)	244
4.2.5	Entwicklung der Beschäftigten nach Qualifikationsgruppen in der Industrie, in vH p.a.	246
4.2.6	Abhängigkeit der Berufe von Branchen (früheres Bundesgebiet)	257
4.2.7	Abhängigkeit der Branchen von Berufen (1993: Deutschland insgesamt)	257
4.2.8	Senioritätsabhängigkeit der Entlohnung, früheres Bundesgebiet, 1990, in vH	267
4.3.1	Subventionen in der Bundesrepublik Deutschland 1991 -1995	275
4.3.2	Subventionen in ausgewählten Sektoren (Mio. DM)	277
4.3.3	Subventionsquoten	278

Schaubilder

1.1	Gesamtwirtschaftliche Entwicklung in Deutschland 1973 - 1996	28
1.2	Westdeutsche Wirtschaftsentwicklung im internationalen Vergleich 1980 - 1996	32
2.1.1	Entwicklung der Wertproduktivität in ostdeutschen Wirtschaftsbereichen	37
2.2.1	Die Auslandsorientierung im Verarbeitenden Gewerbe 1995	49
2.2.2	Betriebsgrößen im Verarbeitenden Gewerbe: Ost- und Westdeutschland im Vergleich, 1995	50
2.2.3	Die Betriebsgrößen im Verarbeitenden Gewerbe Ost- und Westdeutschlands in ausgewählten Branchen	51
3.1.1	Internationalisierung der deutschen Wirtschaft 1980 -1996	59
3.1.2	Außenhandelsperformance nach Branchen des Verarbeitenden Gewerbes, Gesamtdeutschland	65
3.2.1.1	Deutsche Position im Welthandel (Güter) 1981-1995	73
3.2.1.2	Realer Außenwert Deutschlands gegenüber 23 Industrieländern	79
3.2.1.3	Entwicklung der Lohnstückkosten und der Preise im Verarbeitenden Gewerbe Westdeutschlands, 1991=100	82
3.2.1.4	Lohnstückkosten- und Preisentwicklung für Deutschland im Vergleich zu 23 Industrieländern, in gemeinsamer Währung	83
3.2.1.5	Der Zusammenhang zwischen der relativen LSK-Entwicklung und der Exportperformance im Verarbeitenden Gewerbe Deutschlands in den 90er Jahren	84
3.2.1.6	Lohnstückkostenentwicklung (RAW) und Exportperformance im Verarbeitenden Gewerbe, 1991-1994	85
3.2.1.7	Lohnstückkosten und Außenhandelsperformance für Deutschland im Verarbeitenden Gewerbe in den 80er und 90er Jahren	87
3.2.1.8	Entwicklung der Lohnstückkosten und Exportperformance für Deutschland in ausgewählten Branchen im Querschnitt der Partnerländer	88
3.2.2.1	Auslandskontrollierte Unternehmen in Deutschland und sektorale "Produktivität"	98
3.2.2.2	Direktinvestitionen aus dem Ausland und Branchenentwicklung in Deutschland	99
3.2.2.3	"Produktivität" auslandskontrollierter und deutscher Unternehmen 1994	100
3.2.2.4	Anlageinvestitionen im internationalen Vergleich 1980-1996	105
3.2.3.1	Arbeitnehmer in westdeutschen Unternehmen und bei Auslandstöchtern 1980-1995 (in 1000)	111
3.2.3.2	Umsatzproduktivität in Deutschland und bei deutschen Produktionsstätten im Ausland 1994	114
3.2.3.3	Auslandsproduktion und Inlandsbeschäftigung	120
3.2.3.4	"Deutsche" Produktion in der EG und Außenhandel	123
3.2.4.1	FuE-Quote und staatliche FuE-Finanzierung in Industrieländern 1982 - 1996	129

3.2.4.2	FuE-Intensität im Verarbeitenden Gewerbe und in FuE-intensiven Branchen in Industrieländern 1980-1994	130
3.2.4.3	Länderanteile am technologieintensiven Weltexport 1989 und 1995	139
3.2.4.4	Position Deutschlands im technologieintensiven Handel 1988-1996	140
3.3.1.1	Die Entwicklung der Qualifikationsstruktur in Deutschland	148
3.3.2.1	Asien-Pazifik und Visegrad-Länder: Handelsquoten für das Verarbeitende Gewerbe im EU-Vergleich, 1994 (in vH)	159
3.3.2.2	Die relative Wettbewerbsposition deutscher Branchen gegenüber den Visegrad-Ländern und der Welt, 1991 und 1995	170
3.4.1	Belastungsunterschiede in den Branchen bei CO_2-Steuern und bei Energiesteuern (in vH des Produktionswertes)	180
3.4.2	Internationale Wettbewerbsfähigkeit der deutschen Chemieindustrie nach Produktgruppen	186
4.1.1.1	Tempo des Strukturwandels in der westdeutschen Wirtschaft	190
4.1.2.1	Veränderte Wachstumshierarchie:Entwicklung von BWS und Erwerbstätigen in Westdeutschland 1979 - 1995 (Veränderung in vH p.a.)	192
4.1.3.1	Vorleistungsquote in Westdeutschland	198
4.1.3.2	Intersektorale und brancheninterne Vorleistungsbezüge sowie eigene Bruttowertschöpfung, 1990	199
4.1.3.3	Entwicklung der Mengenproduktivität in der westdeutschen Wirtschaft	203
4.1.3.4	Die Komponenten des Branchenwachstums in Westdeutschland, 1986 - 1995	205
4.1.4.1	Wertschöpfungsanteil des Verarbeitenden Gewerbes und des "kombinierten Sektors" in Westdeutschland (in vH)	208
4.1.4.2	Gewicht des Verarbeitenden Gewerbes in der Gesamtwirtschaft im internationalen Vergleich	209
4.1.4.3	Arbeitslosenquoten in Westdeutschland nach Ausbildungsniveau 1980 - 1995	210
4.1.4.4	Sektorstruktur der westdeutschen Volkswirtschaft 1981-1995	214
4.1.4.5	Beschäftigtenentwicklung nach Berufen (absolut in Mio.)	215
4.1.4.6	Die vier "Sektoren" (Anteile in vH der Erwerbstätigen)	218
4.1.4.7	Erwerbstätige in Westdeutschland nach Sektoren	220
4.2.1	Altersstruktur der sozialversicherungspflichtig Beschäftigten	228
4.2.2	Intragenerationale Beschäftigungsveränderungen nach Sektoren	229
4.2.3	Anteil der Beschäftigten einer Altersklasse, die im Jahr zuvor in einem anderen Wirtschaftszweig beschäftigt waren	232
4.2.4	Entwicklung des Erwerbspersonenpotentials von 1970 bis 1995, in Tsd.	234
4.2.5	Entwicklung der Fluktuationsquote 1978-1995	249
4.2.6	Altersabhängigkeit der Arbeitskräftemobilität	261
4.2.7	Senioritätsabhängiges Einkommensprofil bei den Arbeitern, Westdeutschland, 1990	264

4.2.8	Senioritätsabhängiges Einkommensprofil bei den Angestellten, Westdeutschland, 1990	264

Verzeichnis der Tabellen und Schaubilder im Anhang

Tabellen

A1a	Entwicklung der Bruttowertschöpfung in Westdeutschland nach Wirtschaftszweigen	315
A1b	Entwicklung der Bruttowertschöpfung in Gesamt- und Ostdeutschland nach Wirtschaftszweigen	317
A2a	Entwicklung der Sektorstruktur der Bruttowertschöpfung in Westdeutschland	318
A2b	Entwicklung der Sektorstruktur der Bruttowertschöpfung in Gesamt- und Ostdeutschland	320
A3a	Entwicklung der Erwerbstätigkeit in Westdeutschland nach Wirtschaftszweigen	321
A3b	Entwicklung der Erwerbstätigkeit in Gesamt- und Ostdeutschland nach Wirtschaftszweigen	323
A4a	Entwicklung der Sektorstruktur der Erwerbstätigkeit in Westdeutschland	324
A4b	Entwicklung der Sektorstruktur der Erwerbstätigkeit in Gesamt- und Ostdeutschland	326
A5	Exportquoten mit und ohne indirekte Lieferverflechtung, Deutschland 1991	327
A3.1.1	Deutsche Direktinvestitionen im In- und Ausland nach Wirtschaftszweigen	330
A3.1.2	Außenhandel mit ausgewählten Unternehmens-Dienstleistungen 1986-1996	331
A3.1.3	Regionalstruktur deutscher Direktinvestitionen 1980 - 1994	332
A3.1.4	Direkte und indirekte Außenhandelsverflechtung der deutschen Industrie, 1991	333
A3.1.5	Außenhandel und Auslandsproduktion in der deutschen Industrie 1994 (in vH des deutschen Branchenumsatzes)	334
A3.2.3.1	Kenngrößen deutscher Direktinvestitionen 1980 und 1994	338
A3.2.3.2	Direktinvestitionsbestand ausgewählter Länder in vH des jeweiligen BIP 1984-1995	338
A3.2.4.1	FuE-Quote und staatliche FuE-Finanzierung in Industrieländern 1981, 1987, 1990 - 1996	340
A3.2.4.2	FuE-Intensität im verarbeitenden Gewerbe und in FuE-intensiven Branchen in Industrieländern 1980, 1987, 1990-1994	341
A3.2.4.3	FuE-Intensität in Hochtechnologiebranchen in Industrieländern 1980, 1987, 1990-1994	342
A3.2.4.4	FuE-Intensität in Mitteltechnologiebranchen in Industrieländern 1980, 1987, 1990-1994	343

A3.2.4.5	Länderanteile am technologieintensiven Weltexport 1989-1995 vH	344
A3.2.4.6	Länderanteile am technologieintensiven OECD-Export 1989 - 1995 (vH)	345
A3.2.4.7	Relativer Exportanteil (REA) Deutschlands im technologieintensiven Handel 1989-1995	346
A3.2.4.8	Relativer Exportanteil (REA) Deutschlands im technologieintensiven OECD-Handel 1989 - 1995	348
A3.2.4.9	Position Deutschlands im technologieintensiven Handel nach Gütergruppen 1988 - 1996	350
A3.2.4.10	Position Deutschlands im technologieintensiven Handel nach Handelspartnern 1988 - 1996	352
A3.2.4.11	Industrielle Produktivität (Lohnhöhe) nach der Technologieintensität im internationalen Vergleich 1994	353
A3.3.1.1	Lohnspreizung in Westdeutschland	358
A3.3.1.2	Die Bedeutung der Visegrad-Länder im deutschen Außenhandel nach Sektoren	359
A3.3.2.1	Die Top-5-Sektoren nach Handelsquoten mit den Visegrad-Ländern im EU-Vergleich, 1994	363
A3.3.2.2	Relativer Wettbewerbsvorteil Deutschlands im regionalen Handel nach Gütergruppen, 1995	364
A3.3.2.3	Industriegüterimporte und Passive Lohnveredelung, 1993	365
A4.1.1	Entwicklung der Vorleistungsquote in Westdeutschland	368
A4.1.2	Intrasektorale Vorleistungsverflechtung 1990	369
A4.1.3	Vorleistungsverflechtung in Westdeutschland, 1990	370
A4.1.4	Struktur des Privaten Verbrauchs nach Gütergruppen, Westdeutschland	371
A4.1.5	Merkmale für westdeutsche Branchen mit hohem, mittlerem und geringem Wachstum, Durchschnitt = 100	372
A4.2.1	Erwerbsbeteiligung nach Altersgruppen, Gruppe der 45-49jährigen = 100	374
A4.2.2	Beschäftigungszugänge aus anderen Wirtschaftszweigen, Arbeitslosigkeit und stiller Reserve, in vH der gesamten Beschäftigten	378
A4.2.3	Rechnerische und tatsächliche Betriebszugehörigkeitsdauer	382
A4.2.4	Die Fluktuation von Randbelegschaftsgruppen in Relation zur Fluktuation der Kernbelegschaft in ausgewählten Wirtschaftszweigen, 1994 in vH	383
A4.2.5	Beschäftigungsabbau von Kern- und Randbelegschaft, im Jahre 1993 in ausgewählten Wirtschaftszweigen, in vH	384
A4.2.6	Auflösung von Beschäftigungsverhältnissen und Arbeitslosigkeit, 1995	385
A4.2.7	Tarifliche Verdienstsicherungsabkommen und Kündigungsschutzvorschriften für ältere Arbeitnehmer	386
A4.2.8	Intersektorale Arbeitskräftefluktuation in der EU 1990 bis 1992	387

Übersichten

A1	Gruppierung der Sektoren	328
A 3.4.1	Interview mit der BASF AG, der Bayer AG und der Hoechst AG zum Einfluß der Umweltschutzgesetzgebung im weitesten Sinne auf die Standortbedingungen der Chemischen Industrie in Deutschland	366

Schaubilder

A3.1.1	Intraindustrielle Verflechtung der deutschen Wirtschaft 1994	335
A3.2.1.1	Lohnstückkostenentwicklung und Außenhandelsperformance für ausgewählte Branchen und Partnerländer	336
A3.2.2.1	Zufluß ausländischer Direktinvestitionen und inländische Anlageinvestitionen der Unternehmen in ausgewählten Ländern (in Mio. nat. Währungseinheiten)	337
A3.2.3.1	"Marktanteil" deutscher Unternehmen im Ausland durch lokale Produktion und durch Export, 1994	339
A3.2.4.1	FuE-Intensität in Hochtechnologiebranchen in Industrieländern 1980-1994	354
A3.2.4.2	FuE-Intensität in Mitteltechnologiebranchen in Industrieländern 1980-1994	355
A3.2.4.3	Länderanteile am technologieintensiven OECD-Export 1989 und 1995	356
A3.2.4.4	Position Deutschlands im technologieintensiven Handel nach Handelspartnern 1988 - 1996	357
A3.3.1.1	Importkonkurrenz aus Niedriglohnländern und Einsatzanteil einfacher Arbeit, Veränderungen 1990 bis 1994	360
A3.3.1.2	Konkurrenz aus Niedriglohnländern und Lohnspreizung	361
A3.3.1.3	Niedriglohnländerkonkurrenz und relative Lohnhöhe im Branchenquerschnitt, Facharbeiter, 1994	362
A3.3.1.4	Niedriglohnländerkonkurrenz und Erwerbstätigkeit	362
A4.1.1	Ausrüstungsinvestitionen nach Gütergruppen, in Preisen von 1991, Mrd. DM	373
A4.1.2	Entwicklung der Produktivität und der Preise	373
A4.2.1	Entwicklung der Erwerbsquoten nach Altersgruppen	387

KURZFASSUNG

Gesamtwirtschaftlicher Hintergrund

1. Die wirtschaftspolitische Debatte in Deutschland steht unter dem Eindruck tatsächlicher oder vermeintlicher Standortschwächen. In Ostdeutschland ist der Aufholprozeß bei weit überdurchschnittlicher Arbeitslosigkeit und hohem Einkommens- und Produktivitätsrückstand zum Stillstand gekommen (Schaubild 1). In Westdeutschland ist der Aufschwung nach der scharfen Rezession von 1992/93 nur verhalten in Gang gekommen, er geriet vorübergehend sogar ins Stocken. Der Zuwachs des BIP war zu gering, um den durch Rationalisierung freiwerdenden Arbeitskräften neue Arbeitsplätze zu bieten. Die Arbeitslosigkeit ist seit Anfang der 90er Jahre um ca. 4 Prozentpunkte auf den historischen Höchststand von über 10 vH der Erwerbspersonen angestiegen.

Schaubild 1: Gesamtwirtschaftliche Entwicklung in Deutschland 1973 - 1996[a]

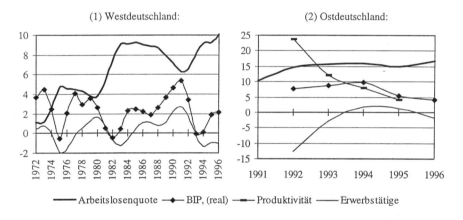

a BIP (real), Erwerbstätige und Produktivität: jährliche Veränderungen in vH. Für Westdeutschland: gleitender Zweijahresdurchschnitt. Arbeitslosenquote: Arbeitslose in vH der Erwerbspersonen.
Quelle: Sachverständigenrat (1996/97); Statistisches Bundesamt (j); eigene Berechnungen

2. Die Untersuchung geht von der Annahme aus, daß Strukturprobleme, wie sie sich in der hohen Arbeitslosigkeit manifestieren, auf zwei Ursachen zurückzuführen sein können:
- auf ein Zurückfallen im internationalen Standortwettbewerb oder
- auf interne Ursachen, z.B. auf Ineffizienzen in institutionellen Regelungen.

Das Urteil fällt für Ost- und Westdeutschland unterschiedlich aus.

Unzureichende Exportbasis in Ostdeutschland

3. Nach dem Vereinigungsschock setzte im Osten eine kräftige Dynamik ein, die um so bemerkenswerter war, als gleichzeitig der Westen in eine Rezession geriet, welche die Bereitschaft schwächte, Waren aus den neuen Bundesländern nachzufragen und dort zu investieren. Zwischen 1991 und 1995 erhöhte sich der Anteil der neuen Bundesländer an der gesamtdeutschen Wertschöpfung von 7,2 vH auf 11,0 vH. Je Einwohner stieg das Bruttoinlandsprodukt von 31 vH auf 53 vH des westdeutschen Niveaus. Vor dem Hintergrund der anfangs erwarteten Einkommensangleichung binnen weniger Jahre zählt in der Bilanz jedoch weniger die geleistete Wegstrecke als der noch bestehende Produktivitätsrückstand.

4. Die wirtschaftspolitische Strategie der Vereinigung beruhte auf der Erwartung, die vom Staat angeschobenen Investitionen würden die Standortqualität soweit verbessern, daß anschließend die wirtschaftliche Entwicklung durch die Eigendynamik getragen werden könnte. Diese Erwartung hat sich bislang nicht erfüllt.

- Mit dem Rückkgriff auf westdeutsche Ressourcen importierte Ostdeutschland auch den Anspruch auf einen Lebensstandard, den die eigene Wirtschaft noch nicht erwirtschaften konnte. **Nicht das damals beschworene "Wegbrechen" der Nachfrage aus den ehemaligen RGW-Partnern verursachte den Zusammenbruch der ostdeutschen Wirtschaft, sondern das "Wegbrechen" ihres eigenen Heimatmarktes.** Die überregionalen Wirtschaftssektoren, d.h. vor allem die Industrie, konnten von der transfergestützten Nachfrage nur wenig profitieren.
- Die Strukturverzerrung des Einkommenstransfers wurde nicht durch ein entsprechendes Fördergefälle bei den Kapitaltransfers ausgeglichen. Selbst wenn die Investitionsförderung stärker auf den überregionalen Sektor konzentriert wird, dürfte der Beitrag der Regionalförderung zur Überwindung von Standortnachteilen aller Erfahrung nach begrenzt bleiben. **Das innerdeutsche Standortgefälle wird sich erst bei allgemein verstärkter Investitionsneigung nachhaltig abbauen.** Voraussetzung dafür sind auch Reformen auf dem Arbeitsmarkt, die zu Lohnkostenentlastung und Einkommensdifferenzierung führen. Dies könnte sinnvolle Anstöße für Reformen auch in Westdeutschland liefern.

Westdeutschland im internationalen Standortwettbewerb

5. Die aktuelle Diskussion ist von dem Urteil geprägt, daß die deutsche Wirtschaft im Standortwettbewerb zurückgefallen ist oder zurückzufallen droht. Internationale Vergleiche von Wohlstandsindikatoren liefern dafür keine Bestätigung. Das **Pro-Kopf-Einkommen** als umfassendster Indikator des wirtschaftlichen Erfolgs **hat sich in Westdeutschland nicht systematisch schlechter entwickelt** als in anderen vergleichbaren Industrieländern. Deutschland gehört nach wie vor zur internationalen Spitzengruppe. Der Produktivitätszuwachs liegt in Westdeutschland nach wie vor im Normalbereich europäischer Hochlohnländer. Allerdings steht Westdeutschland bei den **Arbeitsmarktproblemen** inzwischen schlechter da als einige westeuropäische Länder, die in besonderem Maße mit Deutschland um Arbeitsplätze konkurrieren.

Zu hohe Lohnkosten?
6. Aus der Entwicklung der relativen Lohnstückkosten, d.h. aus der Summe der Lohnstückkosten- und Wechselkursentwicklung hat sich bisher **keine nachhaltige Beeinträchtigung der deutschen Position im Außenhandel** ergeben. Der Zusammenhang zwischen Lohnstückkosten und Außenhandelsposition ist nicht eindeutig. Die rückläufigen Exportanteile scheinen eher mit statistischen Umstellungen und der deutschen Wiedervereinigung zusammenzuhängen als mit einem Verlust an Wettbewerbsfähigkeit. Dafür spricht auch der gleichermaßen rückläufige Importanteil.

7. Die Lohnkosten im internationalen Vergleich können allerdings nicht der einzige Maßstab für die Lohnpolitik sein. Es kommt darauf an, rentable Arbeitsplätze nicht nur im internationalen Sektor der Wirtschaft, sondern auch im binnenwirtschaftlichen Bereich zu sichern oder zu schaffen. Allein die über vier Millionen Arbeitslosen in Deutschland sind ein überragender Grund für zurückhaltende Lohnabschlüsse. Die Lohnpolitik muß dazu beitragen, daß Deutschland als Standort für in- **und** ausländische Investoren attraktiv bleibt.

Zu wenig Direktinvestitionen aus dem Ausland
8. Der Standort Deutschland hat deutlich weniger internationale Direktinvestitionen attrahiert, als es seinem ökonomischen Gewicht, der geografischen und handelspolitischen Lage, der generellen Offenheit gegenüber ausländischen Investoren und der massiven Förderung in Ostdeutschland entspricht. Insbesondere betrifft dies Dienstleistungen, die allerdings relativ geringe direkte Beschäftigungseffekte haben. Im Verarbeitenden Gewerbe, wo die Masse der Beschäftigten tätig ist, besteht ein geringerer Rückstand. Die deutsche Wirtschaft lebt, was den Beitrag auslandskontrollierter Unternehmen zum inländischen Einkommens- und Beschäftigungswachstum betrifft, zu sehr „von der Substanz". Die überlegene industrielle Effizienz der in Deutschland ansässigen ausländischen Investoren vermittelt einen Eindruck von den Einkommensmöglichkeiten, welche der deutschen Wirtschaft durch das Ausbleiben neuer Investoren verloren gehen.

9. Das Zurückbleiben deutscher Standorte in den Standortentscheidungen ausländischer Investoren läßt sich nicht auf eine dominierende Ursache zurückführen, sondern auf das Zusammenwirken einer Vielzahl von Faktoren. Eine spezifische Benachteiligung ausländischer Investoren ist vor allem durch die geringe Transparenz auf dem deutschen „Markt für Unternehmen" und durch die vielfältigen Regulierungen der Wirtschaft gegeben. Daraus läßt sich die Forderung ableiten, systematische Informationsdefizite für ausländische Unternehmen zu verringern und Verwaltungsabläufe zu vereinfachen. Auch die hohen (Lohn-)Kosten und Steuern in Deutschland dürften ein wesentlicher Faktor für das Ausbleiben ausländischer Direktinvestitionen sein. Allerdings besteht hier keine spezifische Benachteiligung ausländischer gegenüber inländischen Investoren.

Export von Arbeitsplätzen durch Direktinvestitionen?
10. Die Frage nach den Auswirkungen deutscher Direktinvestitionen im Ausland hat sich angesichts jährlich neuer Rekordwerte wieder stärker in den Vordergrund geschoben. Kritisiert wird, daß das ins Ausland abgeflossene Investitionskapital alternativ auch im Inland hätte investiert werden und dort für mehr Arbeitsplätze sorgen können.

11. Diese Vorstellungen sind in mehrfacher Hinsicht zu relativieren:

- Die rasche Expansion der deutschen Direktinvestitionen stellt keine nationale Besonderheit dar. Die deutsche Wirtschaft ist ungefähr durchschnittlich direkt im Ausland engagiert. Direktinvestitionen sind für deutsche wie für ausländische Firmen ein normales Element unternehmerischer Expansionsstrategien.
- Der Zusammenhang zwischen Auslandsengagements und Inlandswirtschaft ist prinzipiell offen. Er läßt sich nur empirisch feststellen. Dabei ist zu bedenken, daß die Verlagerung einfacher Produktion, die keine hohen Einkommen verspricht, wirtschaftspolitisch im Prinzip nicht nur als problematisch zu werten ist. Sie wirkt sich positiv aus, indem sie den inländischen Strukturwandel entschärft.
- Eine Entwicklung zu Lasten deutscher Standorte könnte sich eher aus der Verlagerung von Hocheinkommens-Produktion ergeben. Traditionell ist eher von einer Komplementarität zwischen Auslands- und Inlandsproduktion auszugehen. Es gibt jedoch Anzeichen dafür, daß sich dies zu Lasten deutscher Standorte ändert.

Technologiestandort Deutschland in der Krise?
12. Für das Hochlohnland Deutschland muß es bedenklich erscheinen, daß seit einigen Jahren der Anteil der FuE-Ausgaben am Bruttoinlandsprodukt rückläufig ist. Kräftiger noch sind im gleichen Zeitraum die Ausgaben für Forschung und Entwicklung der Unternehmen in Deutschland geschrumpft. Die Stagnation bzw. (in realer Rechnung) Verringerung der FuE-Ausgaben ist eine internationale Erscheinung. Ausgeprägte Schwächen Deutschlands als Forschungsstandort treten in den als „Hochtechnologie" definierten Bereichen, vor allem in der pharmazeutischen Industrie, zutage. Die Entwicklung der Patentanmeldungen - als Output-Indikator der Forschungsanstrengungen - ist allerdings günstiger als die des Input-Indikators „FuE-Ausgaben".

13. Grundsätzlich können rückläufige FuE-Ausgaben mit Effizienzsteigerungen im Forschungssektor (Effizienzhypothese) oder einer Verlagerung von Forschungsaktivitäten in andere Länder oder in andere Verwendungen (Verlagerungshypothese) erklärt werden.

- Für die **Effizienzhypothese** spricht z.B. die trotz Stagnation der FuE-Ausgaben zu beobachtende Ausweitung der Umsätze deutscher Unternehmen mit neuen Produkten. Insgesamt dürften Effizienzsteigerungen aber nur in relativ geringem Maße die sinkenden FuE-Intensitäten erklären.
- Für die **Verlagerungshypothese** ist bedeutsam, daß die Unternehmen seit geraumer Zeit auch ihre Forschung und Entwicklung verstärkt internationalisieren. Deutsche Standorte haben daran traditionell voll partizipiert. Anders als international üblich, stagniert allerdings die FuE-Tätigkeit ausländischer Unternehmen in Deutschland, wenngleich auf hohem Niveau. Dies könnte auf Standortschwächen hindeuten. Mängel in der Zusammenarbeit von Wirtschaft und Wissenschaft, schlagen als Ursache vermutlich stärker zu Buch als staatliche Regulierungen.

14. Beim **technologieintensiven Außenhandel** verzeichnet Deutschland im Bereich der Spitzentechnik weiterhin deutliche Wettbewerbsnachteile, jedoch mit abnehmender Tendenz. Bei Produkten der höherwertigen Technik bestehen klare Wettbewerbsvortei-

le, die aber nicht mehr so ausgeprägt sind wie gegen Ende der achtziger Jahre. Rückläufige FuE-Quoten - und eine möglicherweise ungünstige Lohn- und Produktivitätsentwicklung - haben die **Position** technologieintensiver Branchen **im Außenhandel nicht nachhaltig geschwächt.** Sie könnten jedoch Schwächen in bezug auf die künftige technologische Leistungsfähigkeit signalisieren. Generelle Aussagen müssen unsicher bleiben, zumal die Technologieklassifikation der Sektoren angreifbar ist. Zu fordern wären weitergehende sektorspezifische Analysen.

Wettbewerb mit Niedriglohnländern: einfache Arbeit besonders betroffen?
15. Die Integration der Niedriglohnländer in die Weltwirtschaft weitet das Angebot des Produktionsfaktors "einfache Arbeit" aus, während der Faktor "qualifizierte Arbeit" relativ knapper wird. Die Möglichkeiten der internationalen Arbeitsteilung steigen.

16. Die Vermutung, daß dieser Prozeß ausschließlich zu Lasten von einfachen Arbeitsplätzen geht, scheint sich auf den ersten Blick nicht zu bestätigen. Der Anteil dieser Arbeitsplätze in den Niedriglohnbranchen bzw. in den Branchen mit hoher Importkonkurrenz ist kaum stärker als in den anderen Branchen gesunken, und auch die Lohnspreizung liegt nicht systematisch höher. Offenbar werden in den importkonkurrierenden Sektoren nicht nur einfache Arbeitskräfte, sondern auch komplementäre qualifizierte Arbeitskräfte freigesetzt. Zudem vollzieht sich die Niedriglohnkonkurrenz in zunehmendem Maße intra-sektoral. Die dominierende Anpassungsreaktion auf den Importdruck aus Niedriglohnländern ist im massiven generellen Beschäftigungsabbau in den betroffenen Branchen zu sehen. Angesichts ihres überdurchschnittlichen Anteils in diesen Branchen sind geringqualifizierte Arbeitskräfte davon besonders stark betroffen.

Deutschland und die Reformländer: Mehr Chancen als Risiken
17. Im Zuge der Öffnung und Transformation sind die mittel- und osteuropäischen Länder (MOE-Länder) ein interessanter Handelspartner und Investitionsstandort geworden. Ihr Außenhandel verlagert sich zunehmend auf Westeuropa, wobei Deutschland eine Spitzenposition einnimmt. Deutsche Unternehmen führen ebenfalls die Rangliste der Auslandsinvestoren in den meisten MOE-Ländern (mit) an. Aus deutscher Sicht kommt den MOE-Ländern bei Außenhandel und Direktinvestitionen bereits ein ähnlich hohes Gewicht zu wie dem asiatisch-pazifischen Raum (ohne Japan).

18. Im Zusammenhang mit der wechselseitigen Öffnung und dem starken Wachstum von Handel und Investitionen werden oft Befürchtungen laut, deutsche Produktion und Arbeitsplätze würden in großem Stil durch östliche Billiganbieter verdrängt. Bisher haben sich derartige Erwartungen und Befürchtungen in der Praxis im wesentlichen nicht bestätigt. Der rasch expandierende Außenhandel bewegt sich annähernd im Gleichgewicht. Seine Struktur ist geprägt durch Wettbewerbsvorteile der Visegrad-Länder in den eher traditionellen Branchen, während die Stärken deutscher Anbieter bei forschungs- und humankapitalintensiven Produktionen liegen.

19. Im Zeitverlauf ist eine Tendenz zum intraindustriellen Außenhandel zu erkennen: In mehreren eher traditionellen Branchen, in denen Deutschland Handelsdefizite mit den Visegrad-Ländern aufweist, steigen die deutschen Exporte schneller als die Importe. In den humankapitalintensiven Branchen bestehen zwar hohe deutsche Exportüberschüsse, die Importe steigen aber deutlich schneller. Damit vollzieht sich im Außenhandel mit den Visegrad-Ländern eine Entwicklung, die im gesamten deutschen Außenhandel schon weiter fortgeschritten ist. Nicht Verdrängung, sondern produktivitäts- und einkommenssteigernde Spezialisierung innerhalb der Branchen ist das Hauptergebnis der Ost-West-Integration.

Standort Deutschland für umweltrelevante Branchen

20. In der Standortdiskussion rücken neben den Lohnkosten auch die Umweltstandards in den Blickpunkt. Es gibt die Auffassung, daß in einer globalisierten Welt Fortschritte im Umweltschutz im internationalen Gleichschritt realisiert werden sollten. Diese Auffassung wäre bei **grenzüberschreitenden Emissionen** angebracht, da in einem Vorreiterland wettbewerbsfähige Branchen zur Abwanderung ins Ausland veranlaßt werden könnten und dort mehr Schadstoffe ausstoßen würden als im Inland. Die bisherige internationale Erfahrung liefert jedoch keine generelle Unterstützung dieser Ansicht, da in der Regel andere Länder rasch an die Vorreiter anschließen. Unternehmen des Vorreiterlandes können dann Vorsprungsgewinne erzielen.

21. Die Einführung einer CO_2-Steuer oder einer allgemeinen Energiesteuer erwies sich wegen der Sorge um ineffiziente Abwanderung bislang als nicht durchsetzbar. Um dem Rechnung zu tragen, sollte erwogen werden, die Kostenbelastung für die Unternehmen durch eine Subvention für emissionsmindernde Maßnahmen zu kompensieren. Diese Lösung ist der von der Wirtschaft vorgeschlagenen Selbstverpflichtung überlegen, da sie den Unternehmen unmittelbare Anreize zur Emissionsminderung setzt.

22. Bei **räumlich begrenzten Emissionen** ist eine internationale Vereinheitlichung der Umweltstandards nicht geboten. Soweit hohe Standards zur Abwanderung von emissionsintensiven Branchen führen, ist dies gesamtwirtschaftlich im Prinzip ebenso effizient wie die Abwanderung von arbeitsintensiven Branchen aus Hochlohnländern.

23. Verlagerungen sind oft mit Friktionen verbunden. Durch Umweltschutzauflagen erzwungene Abwanderungen können überdies teuer sein, wenn sie zur Verlagerung von hochproduktiven Branchen führen. Eine Gefährdung durch Umweltschutzauflagen wird insbesondere für die Chemische Industrie behauptet. Die Untersuchung liefert wenig Belege für die Verlagerungshypothese aus Umweltschutzgründen.

Strukturwandel und Strukturprobleme einer reifen Volkswirtschaft

24. Die unbefriedigende Wirtschaftsentwicklung der letzten Zeit resultiert nicht primär aus spezifisch deutschen Standortproblemen. Vielmehr hat die Fähigkeit nachgelassen, auf Strukturveränderungen so zu reagieren, daß Arbeitskräfte aus unrentabel gewordenen Arbeitsplätzen dorthin wechseln, wo sie eine höhere Wertschöpfung erwirtschaften als auf ihrem alten Arbeitsplatz.

Entwicklungslinien des Strukturwandels

25. Im Zuge von Wiedervereinigung und Rezession hat sich der **Strukturwandel in Westdeutschland beschleunigt**. Er ist - wie schon in früheren Jahren - bei der Produktion stärker als bei der Beschäftigung.

26. Der Strukturwandel wird weitgehend durch die Inlandsnachfrage geprägt. Der stärkste Einfluß geht vom **Privaten Verbrauch** und den Ausrüstungsinvestitionen aus. Der Private Verbrauch ist zunehmend auf Dienstleistungen gerichtet, und der Einbruch und die anhaltende Schwäche bei den **Ausrüstungsinvestitionen** bewirken ein Zurückfallen des Verarbeitenden Gewerbes, vor allem der traditionellen Wachstumsbereiche der Industrie. Die vertikale Spezialisierung in Form von Outsourcing wirkt sich bislang eher in Effizienzsteigerungen aus als in verstärktem Strukturwandel.

27. Der traditionell höhere Produktivitätsanstieg im Verarbeitenden Gewerbe ist schon seit den 80er Jahren auf das **im Tertiären Sektor** herrschende Niveau gesunken. Damit läßt sich der überdurchschnittliche Preisanstieg im Tertiären Sektor nicht mehr als Ergebnis der Lohnangleichung an das Verarbeitende Gewerbe begründen. Er erfolgt weitgehend autonom und ist ein Indikator für **institutionelle Hemmnisse**, die einer stärkeren Expansion dieses Sektors entgegenstehen.

28. Das Wachstum der nominalen BWS wird mehr durch die Preisentwicklung als durch reale Veränderungen geprägt. Zwischen Produktivitätsanstieg und Beschäftigungsentwicklung besteht kein einheitlicher Zusammenhang. In Branchen mit stark expandierender Produktion geht der Produktivitätszuwachs tendenziell mit Beschäftigungswachstum einher, in den übrigen eher mit rückläufiger Beschäftigung.

29. Die Beschäftigung im Verarbeitenden Gewerbe hat rapide abgenommen. Es entstehen **Befürchtungen, daß die industrielle Basis der deutschen Wirtschaft erodiert**. Mit Blick auf die international vergleichbare Entwicklung und das noch immer relativ hohe Gewicht der Industrie sowie unter Berücksichtigung der Vorleistungsverflechtung verliert diese These allerdings an Gültigkeit. Als bedenklich wäre anzusehen, wenn Hocheinkommensarbeitsplätze ins Ausland verlorengingen oder der Rückgang inländischer Produktion zu massiver, dauerhafter Arbeitslosigkeit führen würde. Die Entwicklung der wachstumsstrategisch besonders bedeutsamen FuE- und humankapitalintensiven Branchen sowie der Hochlohnbranchen **läßt dazu noch kein endgültiges Urteil zu.**

30. Die Anzahl der in Dienstleistungsberufen tätigen Beschäftigten stagniert. Daraus auf eine Grenze der Tertiarisierung zu schließen, wäre jedoch verfehlt. Vor dem Hintergrund des allgemeinen Beschäftigungsrückgangs ist die Stagnation im Dienstleistungssektor noch eher positiv zu werten. **Neue Beschäftigungschancen** entstehen weiterhin vor allem **im Tertiären Sektor**, wenn dort Marktzugangsbeschränkungen abgebaut und Bedingungen geschaffen werden, welche die Rentabilität und Attraktivität von Arbeitsplätzen insbesondere für die wenig qualifizierten Arbeitskräfte verbessern.

31. Der in der öffentlichen Diskussion oft unterstellte Trend zur **Informationsgesellschaft** ist zu relativieren. Er bringt vor allem die Produktivität innerhalb der Sektoren voran, **liefert** aber **keine wesentlichen Anstöße zu intersektoralem Strukturwandel**.

Der Informationssektor im engeren Sinne ist nur auf gut 5 vH der Arbeitskräfte und der gesamtwirtschaftlichen Wertschöpfung zu veranschlagen.

Mobilität der Arbeitskräfte im Strukturwandel
32. Die Anpassung des Humankapitalstocks an veränderte Bedingungen auf der Angebots- und Nachfrageseite kann durch Höherqualifizierung und durch Wanderung der Arbeitskräfte vonstatten gehen. Der Trend zur Höherqualifizierung hat sich in den 90er Jahren fortgesetzt. Die Qualifikationsunterschiede zwischen den Branchen haben sich verringert. Die Beschäftigungschancen für einfache Arbeit haben sich aufgrund von Zuwanderung, verteilungsorientierter Tarifpolitik und stärkerer internationaler Arbeitsteilung kontinuierlich verschlechtert.

33. Im Mittelpunkt der Untersuchung steht die Mobilität der Arbeitskräfte. Sie vollzieht sich hauptsächlich intergenerational; die ausscheidenden älteren, weniger qualifizierten Arbeitskräfte werden durch besser ausgebildete jüngere ersetzt. Zukünftig wird diese Anpassung des Humankapitals aufgrund der demographischen Entwicklung eingeschränkt. Expandierende Branchen können ihren Humankapitalbedarf immer weniger durch die Einstellung junger Arbeitskräfte befriedigen, sondern müssen verstärkt Arbeitskräfte aus anderen Branchen abziehen. Die Anpassung wird stärker intragenerational erfolgen müssen. Dies bringt gravierende Veränderungen für Unternehmen, Arbeitskräfte und das Bildungssystem mit sich.

34. Die hohe Arbeitslosigkeit zeigt, daß die Mobilität des Faktors Arbeit nicht ausreicht, um die geringe Lohnflexibilität zu kompensieren. Als Hemmnisse für die - mit dem Alter abnehmende - Mobilität werden die Humankapitalspezifität sowie die Senioritäts- und Kündigungsschutzregeln diskutiert.

- Bei der **Humankapitalspezifität** handelt es sich um solche Fähigkeiten der Arbeitskräfte, die bei einem Arbeitsplatzwechsel nur noch eingeschränkt oder gar nicht mehr eingesetzt werden können und folglich auch nicht entlohnt werden. **Die Betriebsspezifität des Humankapitals hat offenbar zugenommen.** Es zeichnet sich durch eine **höhere Produktivität sowie eine geringere Mobilität** aus. Bei hoher Spezifität des Humankapitals und hohen Lohnersatzleistungen werden neue Arbeitsplätze weder von Beschäftigten noch von Arbeitslosen besetzt. Der Strukturwandel wird gehemmt.
- **Senioritätsbegünstigende Entlohnungs- und Beförderungssysteme** sowie **Kündigungsschutzregeln** sind weit verbreitet. Es liegt nahe, die Mobilität des Humankapitals durch den Abbau von Mobilitätshemmnissen zu fördern. Aus gesamtwirtschaftlicher Sicht besteht ein trade off zwischen Anpassungsgeschwindigkeit und Humankapitalspezifität. Das optimale Ausmaß der Spezifität sollte am Markt ermittelt und nicht durch institutionelle Regelungen beeinflußt werden. Deshalb sind senioritätsbegünstigende Entlohnungs- und Beförderungssysteme, welche nicht eine höhere Produktivität älterer Mitarbeiter widerspiegeln, negativ zu bewerten.

Bewältigung des Strukturwandels durch Subventionen?
35. Eine hohe Mobilität der Arbeitskräfte und Flexibilität der Arbeitsbedingungen wird auch dringlicher, weil der Spielraum nationaler Regierungen für sektorspezifische Sub-

ventionen geringer wird. Diese dienen häufig der Kompensation von Marktunvollkommenheiten, z.B. Marktzutrittsschranken. Marktzutrittsschranken bestanden in der Vergangenheit in einigen Branchen deshalb, weil die Marktnachfrage im Vergleich zur optimalen Betriebsgröße zu klein war. Durch die Integration der nationalen Märkte ist diese Begründung vielfach entfallen. Ebenso ist der Schutz nationaler Produktionen zur Sicherung der heimischen Versorgung angesichts der Zugriffsmöglichkeiten auf sichere europäische und außereuropäische Quellen obsolet geworden. Die Globalisierung befördert auch dadurch den Abbau nationalstaatlicher Subventionen, daß es für nationale Regierungen immer schwieriger wird, sie an den Standort zu binden.

36. Erfolge beim Abbau von Interventionen gab es insbesondere bei der Deregulierung; im Telekommunikationssektor bewirkte nicht nur der Binnenmarkt, sondern auch der technische Fortschritt eine schrittweise Öffnung des Marktes und eine Entflechtung der Bundespost. Dagegen ist es noch nicht gelungen, die Subventionen zu reduzieren. Dies liegt daran, daß sich die nationalen Finanzhilfen und Steuervergünstigungen auf Sektoren konzentrieren, die nicht dem internationalen Wettbewerb ausgesetzt oder der nationalen Fusionskontrolle unterworfen sind. Die Finanzhilfen und Steuervergünstigungen waren 1995 höher als 1991.

37. Es gab allerdings eine Reihe von Umgestaltungen, die den Anstieg der Subventionen begrenzt haben und in der Zukunft eine Reduzierung begünstigen. So wurde in der europäischen Landwirtschaft damit begonnen, die produktionsabhängigen Subventionen durch Einkommenshilfen oder durch flächenabhängige Zahlungen zu ersetzen. Im Verkehr wurde die Deutsche Bundesbahn von Gemeinlasten befreit und durch Umwandlung in eine privatrechtliche Gesellschaftsform stärker dem Wettbewerb ausgesetzt. Im Steinkohlenbergbau hat das Bundesverfassungsgericht den Ersatz des Kohlepfennigs zu Lasten der Stromverbraucher durch Zahlungen aus dem Bundeshaushalt erzwungen. Seitdem konkurriert der Schutz der deutschen Steinkohle mit Staatsausgaben, für die sich schlagkräftige Interessengruppen formieren lassen. So wurde ein schrittweiser Abbau politisch durchsetzbar. Im Schiffbau beseitigt das Jahressteuergesetz 1997 steuerliche Vorteile, die den Anlegern auch dann Gewinne ermöglichten, wenn ein Schiff über die ganze Lebensphase betriebliche Verluste einfuhr. Auch im Wohnungsbau gibt es Tendenzen zur Abkehr von der wenig effizienten Förderung von Neubauten.

Ansatzpunkte für die Wachstums- und Strukturpolitik

38. Die wirtschaftspolitische Antwort in Phasen hoher Arbeitslosigkeit und struktureller Krisen sind nicht Maßnahmen zur Förderung oder Stützung einzelner Branchen oder zur Beseitigung spezifischer Defizite, sondern ist eine allgemeine Wachstumspolitik, die auf den Faktormärkten die Kosten senkt und Anreize setzt zur Steigerung der Produktivität, der Erhöhung der Flexibilität und der Förderung von Innovationen. All dies trägt zur Überwindung der Investitionsschwäche bei, die auch einer weiteren Expansion der Beschäftigung entgegensteht.

39. Eine effizienz- und wachstumsorientierte Wirtschaftspolitik hat eine stärkere **Differenzierung der Einkommen zugunsten der mobilen Produktionsfaktoren** (dies sind die Kapitalgeber sowie mobilitätsbereite Arbeitskräfte) und zu Lasten der immobilen Arbeitskräfte in Rechnung zu stellen. Der Druck auf die Einkommen dieser Arbeitskräfte entsteht durch die Globalisierung der Gütermärkte und durch die Zuwanderung mobilitätsbereiter ausländischer Arbeitskräfte. Auch die **Währungsunion** bringt Druck in diese Richtung; von ihr wird man, zumindest auf mittlere Sicht, **keine Erleichterung für den Standort Deutschland** erwarten können. Eine stärkere Lohndifferenzierung ist auch aus internen Gründen geboten. **Der Faktor Arbeit, insbesondere einfache Arbeit, ist nicht nur zu teuer im Vergleich zum Ausland, sondern auch im Vergleich zu Maschinen und höherqualifizierten Arbeitskräften, welche die einfachen Arbeiten (mit)übernehmen können.**

40. In der Diskussion über eine Senkung der Lohnnebenkosten muß beachtet werden, daß in den Lohnnebenkosten die eigentlichen Präferenzen der Arbeitnehmer möglicherweise nicht richtig zum Ausdruck kommen. Dieses Manko ließe sich beseitigen, **indem die Arbeitgeberbeiträge zu einem Lohnbestandteil werden** und die übrigen Lohnnebenkosten (Gratifikationen, Sonderzahlungen, Lohnfortzahlungen etc.) auf den Normallohn aufgeschlagen werden. Dies hätte den Vorteil, daß zwischen Arbeitgebern und Arbeitnehmern die Höhe der gesamten Arbeitskosten verhandelt wird, während über die Aufteilung der Löhne auf die Barlöhne und die Beiträge zur sozialen Sicherung allein die Nutznießer entscheiden könnten.

41. Ein wichtiger Schritt der Standortstärkung liegt in der **Steuerentlastung neuer Investitionen**. Verteilungsziele müssen hinter der Förderung der Kapitalbildung zurückstehen. Ein geeigneter Weg liegt in der Senkung des Spitzensteuersatzes für alle Einkünfte. Die ebenfalls diskutierte Spaltung des Spitzensteuersatzes (Gewinne von Kapitalgesellschaften sowie die Einkünfte aus Gewerbebetrieb werden niedriger besteuert als die Einkünfte aus Arbeit) wäre mit gravierenden Nachteilen verbunden. Sie würde zur internationalen Steuerarbitrage und zur Errichtung von ineffizienten Steuersparmodellen führen, die letztlich den Beziehern hoher Lohneinkommen ermöglichen, dem höheren Steuersatz effektiv auszuweichen.

42. Die allgemeine Wachstumspolitik, die letztlich auf die Verbesserung der Funktionsfähigkeit der Faktormärkte zielt, ist branchenübergreifend und verbessert den Strukturwandel, ohne die Entwicklung einzelner Sektoren gezielt zu beeinflussen. Strukturelle Wirkungen auf den Gütermärkten sind nur eine Nebenfolge, die allerdings erheblich sein kann. Negative Auswirkungen des Strukturwandels lassen sich durch Qualifikation und Förderung der Mobilität der Arbeitskräfte verringern. Gefordert ist hier nicht nur der Staat, gefordert sind auch die Arbeitgeberverbände und Gewerkschaften bzw. die Unternehmen und Betriebsräte, die in Tarifverträgen und Betriebsvereinbarungen mehr als bisher darauf achten müssen, daß Mobilitäts- und Einstellungshemmnisse abgebaut werden.

1 Konjunkturelle, strukturelle und Standortprobleme: Die deutsche Wirtschaft im internationalen Vergleich

Die wirtschaftspolitische Debatte in Deutschland steht unter dem Eindruck tatsächlicher oder vermeintlicher Standortschwächen der deutschen Wirtschaft. Die Probleme sind offenkundig. Sie manifestieren sich in einer schleppenden Einkommensentwicklung und auf dem Arbeitsmarkt (Schaubild 1.1).

- In Ostdeutschland hat die Beschäftigung nach dem vereinigungsbedingten Zusammenbruch bis 1995 zwar leicht und die gesamtwirtschaftliche Produktion sogar kräftig zugenommen, doch ist der Aufholprozeß bei weit überdurchschnittlichem Niveau der Arbeitslosigkeit und bei hohem Einkommens- und Produktivitätsrückstand zum Stillstand gekommen. Zudem sind Produktion und Investitionen nach wie vor in hohem Umfang auf öffentliche Transfers angewiesen.

- In Westdeutschland hat der Zuwachs des realen BIP nach der Rezession von 1992/93 nur im Jahre 1994 das Normalniveau der 80er Jahre erreicht. Danach erreichte er allenfalls zwei Prozent - zuwenig, um den durch Rationalisierung freiwerdenden Arbeitskräften neue Arbeitsplätze zu bieten. Die Erwerbstätigkeit in Westdeutschland ist seit 1993 rückläufig; 1987-1990 war noch ein Zuwachs von durchschnittlich 1,7 vH p.a. oder insgesamt rund 1,4 Mio. Erwerbstätigen zu verzeichnen. Die Arbeitslosigkeit ist seit Anfang der 90er Jahre um ca. 4 Prozentpunkte auf den historischen Höchststand von über 10 vH der Erwerbspersonen angestiegen.

In Westdeutschland sind die aktuellen **Probleme teilweise konjunkturell bedingt**. So ist der jüngste Abschwung nicht besonders spektakulär, wenn man berücksichtigt, daß der vorherige Boom durch Binnenmarktprogramm und Wiedervereinigung überhöht war. Auch ist die jüngste gesamtwirtschaftliche Entwicklung von Einkommen und Erwerbstätigkeit durchaus vergleichbar mit der in den frühen 80er Jahren, die ebenfalls durch Rezession und verhaltenen Aufschwung gekennzeichnet war. Schließlich ist auch der Zuwachs der Arbeitslosigkeit im jüngsten Abschwung nicht größer als in früheren Zyklen. Allerdings vollzieht sich die Erholung deutlich verhaltener. Der Anstieg der Arbeitslosigkeit setzte sich 1997 trotz höheren Wirtschaftswachstums fort.

Im längerfristigen Vergleich wird allerdings deutlich, daß das gegenwärtige Hauptproblem der deutschen Wirtschaftspolitik, das hohe Niveau der Arbeitslosigkeit, nicht nur auf konjunkturelle Faktoren zurückzuführen ist. Der Sockel an persistenter Arbeitslosigkeit hat sich seit den 70er Jahren mit jedem Konjunkturzyklus weiter aufgebaut, wobei die höchsten Steigerungen Mitte der 70er Jahre und in den frühen 80er Jahren lagen. Die Ursachen sind daher nicht nur in der jüngsten Zeit zu suchen, etwa in den vereinigungsbedingten Belastungen oder in den zu stark gestiegenen Lohnstückkosten des Jahres 1992. Die in jedem Konjunkturaufschwung auf höherem Niveau verbleibende Arbeitslosigkeit ist ein Zeichen dafür, daß bereits **seit langem bestehende strukturelle Anpassungsmängel** sich immer stärker auf dem Arbeitsmarkt auswirken.

Schaubild 1.1 Gesamtwirtschaftliche Entwicklung in Deutschland 1973 - 1996 a

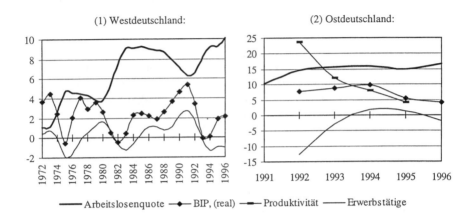

a BIP (real), Erwerbstätige und Produktivität: jährliche Veränderungen in vH. Für Westdeutschland: gleitender Zweijahresdurchschnitt. Arbeitslosenquote: Arbeitslose in vH der Erwerbspersonen.
Quelle: Sachverständigenrat (1996/97); Statistisches Bundesamt (j); eigene Berechnungen

Strukturelle Anpassungsmängel können eine Vielzahl von Ursachen haben und bedingen entsprechend unterschiedliche Korrekturmaßnahmen. Die folgende Untersuchung unterscheidet zwischen Strukturproblemen,

- die in Ineffizienzen des internen ordnungspolitischen Systems begründet sind und solchen,
- die aus dem internationalen Standortwettbewerb resultieren.

Interne Ineffizienzen können entstehen aus der Inkompatibilität der Vorstellungen einzelner gesellschaftlicher Gruppen hinsichtlich des Niveaus und der Finanzierung staatlich bereitzustellender Leistungen, hinsichtlich der materiellen Ansprüche aus Erwerbstätigkeit oder hinsichtlich institutioneller Regelungen des ordnungspolitischen Systems. All dies hemmt Innovationen oder macht sie risikoreicher und behindert einen beschäftigungs- und einkommensfördernden Strukturwandel. Um die Einkommens- und Beschäftigungssituation zu verbessern, ist eine Verringerung dieser Inkompatibilitäten angebracht, auch wenn sie sich (noch) nicht nachteilig im internationalen Wettbewerb auswirken.

Ein **Zurückfallen im internationalen Standortwettbewerb** bringt es mit sich, daß Produktion und Arbeitsplätze ins Ausland abwandern. Der Standortwettbewerb kann auch als Wettbewerb der ordnungspolitischen Systeme in Erscheinung treten und dann dazu führen, daß für notwendig gehaltene staatliche Interventionen unterbleiben - sei es, daß sie sich im Wettbewerb mit anderen Ländern nicht aufrechterhalten lassen, sei es, daß sie nicht mehr finanzierbar sind, da der Wettbewerb der Steuersysteme die Steuersätze nach unten und die international mobilen Steuerzahler oder zumindest deren Einkommen ins Ausland treibt. Die Bevölkerung wird in diesem Fall dazu gezwungen, von ihren ursprünglichen Präferenzen nach unten abzuweichen.[1]

Es ist offensichtlich, daß eine klare Unterscheidung zwischen Standortschwäche im hier definierten Sinne und strukturellen Problemen, die aus der internen Wirtschaftsordnung resultieren, nicht immer möglich sein wird. Institutionelle Rigiditäten in der internen "Organisation" einer Volkswirtschaft schwächen letztlich auch die Position im Wettbewerb mit anderen Volkswirtschaften, und Effizienzsteigerungen der internen Ordnung wirken sich auch positiv im internationalen Wettbewerb aus. Ebenso können zunehmende Globalisierung und internationaler Systemwettbewerb Anpassungen der nationalen Präferenzen und der internen institutionellen Strukturen, d.h. des nationalen ordnungspolitischen Systems bewirken.

Dennoch erscheint die hier vorgesehene Unterscheidung geboten, da die beiden Formen von Strukturproblemen unterschiedliche Implikationen für die Wirtschaftspolitik haben können.

- Im Falle **"hausgemachter" Probleme reifer Volkswirtschaften** gilt es, die Wachstumskräfte zu mobilisieren, d.h. die internen strukturellen Bedingungen für die Funktionsfähigkeit der Güter- und Faktormärkte und damit für bessere Einkommens- und Beschäftigungschancen (wieder)herzustellen. Die "Wettbewerbsposition" gegenüber anderen Ländern spielt dabei im Prinzip nur eine untergeordnete Rolle, wenngleich sie sich mit der internen Effizienz verbessern dürfte. Zudem können ähnlich hoch entwickelte Länder mit besserer wirtschaftlicher performance auf ihre Tauglichkeit als Vorbild für Regelungen im eigenen Land untersucht werden.

- Handelt es sich dagegen um ein **Zurückfallen im direkten Wettbewerb mit anderen Ländern**, so muß die relative Position gegenüber den konkurrierenden Industrieländern im Systemwettbewerb verbessert werden, um Einkommen und Arbeitsplätze

---

[1] Ebenso kann der internationale Systemwettbewerb aber dazu führen, daß überflüssige oder ineffiziente Interventionen des Staates durch den Wettbewerb von außen aufgedeckt, in Frage gestellt und sinnvollerweise abgebaut werden. Der internationale Standortwettbewerb birgt nicht nur Risiken, sondern auch Chancen. Auf diese Fragen wird im weiteren Verlauf der Untersuchung einzugehen sein.

ins Inland zu transferieren bzw. dort zu halten. Es gilt also, die Mobilität internationaler Investoren für die eigenen Zwecke zu nutzen. Im internationalen Standortwettbewerb kann ein Land "über den Preis" konkurrieren, d.h. die Produktionskosten von Investoren (Kosten für Arbeitskräfte, Kapital, Infrastruktur, öffentliche Abgaben usw.) soweit senken, daß die ins Ausland verlorenen Produktionen wieder im Inland rentabel werden und zurückverlagert werden können. Diese Option könnte im Erfolgsfall zwar mit Beschäftigungszuwachs verbunden sein, aber auch mit der Möglichkeit von Einkommensverlusten für inländische Produktionsfaktoren und mit dem Risiko eines ruinösen Wettbewerbs in der Besteuerung und in der Bereitstellung öffentlicher Güter (Sinn 1996). Dies könnte zu einer Verschlechterung des Standortfaktors "sozialer Friede" führen.

Eine alternative Strategie liegt in der gezielten Spezialisierung auf Bereiche komparativer Wettbewerbsvorteile, d.h. vor allem in der Stärkung der Wettbewerbsfähigkeit "am oberen Ende" der Produktion und damit in der Verbesserung der Standortbedingungen für innovative und hochwertige Tätigkeiten. Dort ist das national gegebene Kostenniveau von weniger zentraler Bedeutung als z.B. die Flexibilität der Administration. Mit dieser Politik lassen sich - sieht man einmal von den Problemen der Identifizierung und Konkretisierung derartiger hochwertiger Tätigkeiten ab - neue Beschäftigungschancen und höhere Einkommen erzielen; sie ist aber nur in dem Maße zu realisieren, wie Innovations- und Qualitätsvorsprünge, etwa in der Infrastruktur, im Ausbildungswesen und in der administrativen Flexibilität, gegenüber konkurrierenden Ländern erreicht und gehalten werden. Auch diese Strategie bedarf zu ihrer Finanzierung entsprechender Mittel aus Steuereinnahmen. Mit zunehmender internationaler Mobilität der Steuerzahler (insbes. der Unternehmen) werden die nationalen Einnahmen aber unsicher. Unternehmen können Steuerzahlungen im Inland vermeiden, aber gleichwohl die nationale Infrastruktur, zu deren Finanzierung sie wenig beigetragen haben, in Anspruch nehmen. Eine erfolgreiche Teilnahme am internationalen Systemwettbewerb könnte somit davon abhängen, daß die immobilen Produktionsfaktoren, d.h. Arbeitskräfte und standortgebundene Unternehmen, größere Lasten für die Entwicklung der Standortqualität übernehmen.

Mit zunehmender Globalisierung der Wirtschaft gewinnt der Systemwettbewerb - mit dem dargestellten ambivalenten Ergebnis - an Gewicht. Die Frage nach der deutschen Standortqualität im internationalen Vergleich dominiert auch die nationale wirtschaftspolitische Diskussion (wenngleich oftmals zu Unrecht, worauf im weiteren Verlauf der Untersuchung einzugehen sein wird). Ihr wird daher in der folgenden Untersuchung hohe Bedeutung beigemessen.

Erste Hinweise auf die Beantwortung der Frage, inwieweit deutsche Standorte im internationalen Wettbewerb zurückgefallen sind, ergeben sich aus dem internationalen Vergleich der jüngeren Wirtschaftsentwicklung. Zwar kann ein derartiger Vergleich allein keine definitive Auskunft über die Ursachen eines möglichen Zurückfallens geben. Wenn aber die deutsche Wirtschaftsentwicklung nicht signifikant schlechter verläuft als in anderen Ländern, die ebenfalls um Hocheinkommensarbeitsplätze konkurrieren, dann wird man zumindest davon ausgehen können, daß die hohe Arbeitslosigkeit nicht nur auf ein Zurückfallen im Standortwettbewerb zurückzuführen ist.

Als Vergleichsländer dienen hier vor allem

- die Gruppe der benachbarten Hocheinkommensländer (Dänemark, Niederlande, Belgien/Luxemburg, Frankreich, Österreich, Schweiz),
- Italien und Großbritannien, denen oftmals wechselkursbedingte Standortvorteile zugeschrieben werden, und
- die dominierenden außereuropäischen Staaten USA und Japan.

Gesamtwirtschaftliche Größen wie die Erwerbstätigkeit, die Arbeitslosenquote, das Pro-Kopf-Einkommen und die Produktivität bieten allgemeine Maßstäbe zur Beurteilung der deutschen Standortqualität (s. Schaubild 1.2). Sie stellen nicht nur auf die international gehandelten Güter ab, auf die weiter unten (Teil 3) eingegangen wird.

Im Vergleich der **Erwerbstätigen**entwicklung zeigt sich, daß Westdeutschland in den 80er und 90er Jahren gegenüber den USA und gegenüber Japan klar zurückgefallen ist. Die europäischen Vergleichsländer verzeichnen dagegen eine eher noch ungünstigere Entwicklung.

Für die **Arbeitslosenquoten** ergibt sich ein ungünstigeres Bild. Die USA und Japan schneiden wesentlich besser ab als Deutschland, man wird jedoch kaum davon ausgehen können, daß ein wesentlicher Teil der dort geschaffenen oder erhaltenen Arbeitsplätze zu Lasten deutscher Arbeitsplätze gegangen ist. In Europa sind die Arbeitslosenquoten generell auf Rekordniveau angestiegen. Die deutschen Werte liegen (noch) unter denen vieler Vergleichsländer. Allerdings weist Großbritannien, anders als Italien und Frankreich, in letzter Zeit eine deutlich rückläufige Quote auf, bei inzwischen vergleichbarem Niveau wie Westdeutschland. Bemerkenswert ist die weit günstigere Entwicklung in den benachbarten kleineren Ländern Schweiz, Österreich, Niederlande und Dänemark. Da diese Länder in besonderem Maße mit Deutschland um Arbeitsplätze konkurrieren, könnten die Unterschiede auf verbesserte Standortqualität hindeuten. Ebenso liegt aber die Annahme nahe, daß - bei Ländern mit zentralen Regelungen der Sozial- und Arbeitsmarktverhältnisse - die Ländergröße negativ mit der Fähigkeit korreliert, Arbeitsmarktprobleme effizient zu lösen. Daraus lassen sich für ein so großes Land wie

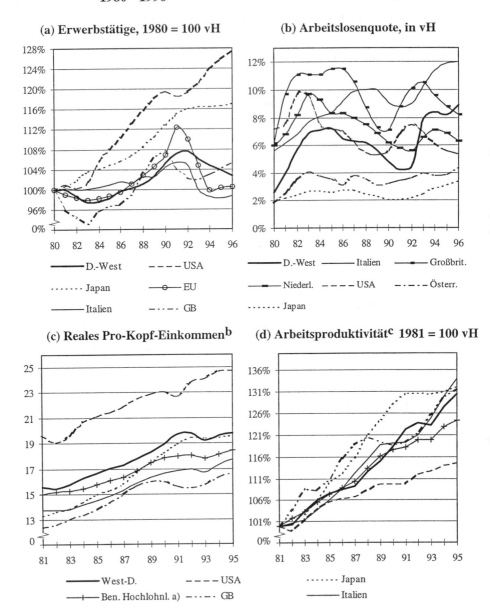

Schaubild 1.2: Westdeutsche Wirtschaftsentwicklung im internationalen Vergleich 1980 - 1996

a Benachbarte Hochlohnländer: Frankreich, Österreich, Schweiz, Belgien u. Niederlande.
b Bruttoinlandsprodukt in Preisen von 1991 pro Kopf der Bevölkerung in 1000 US-$, umgerechnet mit Kaufkraftparitäten
c Bruttoinlandsprodukt in Preisen von 1991 pro Erwerbstätigen in 1000 US-$, umgerechnet mit Kaufkraftparitäten
Quelle: OECD (a); Sachverständigenrat (1997/98); eigene Berechnungen

Deutschland Vorstellungen hinsichtlich der Dezentralisierung bei der Regelung des Arbeitsmarktes und bei Tarifverhandlungen ableiten.

Das am **Pro-Kopf-Einkommen** gemessene Wohlstandsniveau als der umfassendste Indikator wirtschaftlichen Erfolgs hat sich in Deutschland nicht systematisch schlechter entwickelt als in den Vergleichsländern. Deutschland gehört nach wie vor zur internationalen Spitzengruppe. Wesentliche Basis dafür ist ein Produktivitätszuwachs, der (in Westdeutschland) im Normalbereich der anderen europäischen Hochlohnländer liegt.

Schlußfolgerungen

Insgesamt ergibt sich somit aus dem internationalen und dem intertemporalen Vergleich - auch wenn recht grobe Indikatoren zugrundegelegt wurden - die Vermutung, daß die unbefriedigende Wirtschaftsentwicklung der letzten Zeit nicht nur aus spezifisch deutschen Standortproblemen, d.h. aus einem Zurückfallen Deutschlands gegenüber konkurrierenden Ländern resultiert. Andere westeuropäische Hochlohnländer (und selbst westeuropäische Länder mit deutlich niedrigerem Einkommensniveau) stehen vor ähnlichen Problemen. Für die folgende Untersuchung bedeutet dies, daß auch interne Hemmnisse zu diskutieren sind, welche die strukturelle Anpassung und ein höheres Beschäftigungsniveau behindern. Im Mittelpunkt stehen dabei neue Anforderungen an die Mobilität der Arbeitskräfte. Dies ist ein wichtiger Aspekt der Funktionsfähigkeit des Arbeitsmarktes (Teil 4.2).

Wenn die deutsche Standortqualität sich vermutlich nicht grundlegend verschlechtert hat, so heißt dies nicht, daß die außenwirtschaftliche Verflechtung unberücksichtigt bleiben kann. Mit zunehmender Globalisierung wirken sich Veränderungen der relativen Standortqualität immer stärker auf die nationale wirtschaftliche Entwicklung aus. Angesichts der bisher schon erreichten und weiter zunehmenden Globalisierung ist zum einen zu diskutieren, welche Auswirkungen diese Tendenz auf Wachstum und Strukturwandel in Deutschland gehabt hat und mit welchem Gefährdungspotential - aber auch mit welchen Chancen - künftig zu rechnen sein dürfte. Zum anderen ist der Frage nachzugehen, wie die deutsche Wirtschaft in wichtigen Teilbereichen des internationalen Standortwettbewerbs abgeschnitten hat. Auch dabei stehen sektorale Aspekte im Mittelpunkt. Als wichtige Teilbereiche werden folgende Fragen aufgegriffen

- Sind die deutschen Löhne zu hoch?
- Fällt Deutschland im Wettbewerb um ausländische Investoren zurück?
- Ist der Technologiestandort Deutschland in Gefahr?

- Wandert die deutsche Wirtschaft aus, sei es wegen zu hoher Kosten oder zu strenger Regulierung im Inland?

Ausgangspunkt der weiteren Untersuchung ist jedoch die Diskussion des zentralen Standortproblems, mit dem Deutschland seit der Wiedervereinigung konfrontiert ist: der Aufbau moderner, ausgewogener Wirtschaftsstrukturen in Ostdeutschland, welche ein dem westeuropäischen vergleichbares Einkommensniveau ermöglichen.

2 Standort- und Strukturprobleme durch West-Ost-Gefälle

2.1 Die neuen Bundesländer: Investitionsschwerpunkt ohne Eigendynamik

Obwohl die deutsche Vereinigung zwei Wirtschaftsräume zusammenführte, die in ihrem Wirtschaftsblock jeweils zu den leistungsfähigsten Volkswirtschaften gehört hatten, schuf das beträchtliche West-Ost-Gefälle im erweiterten Wirtschaftsraum nicht nur vorübergehende Anpassungsfriktionen, sondern erweist sich auch als dauerhaftes Strukturproblem. Von einer Stärkung des Standortes Deutschlands, die man von der Vereinigung langfristig erwarten konnte, ist bislang nichts zu spüren. Im Gegenteil, die Schwierigkeiten bei der Bewältigung der vereinigungsbedingten Probleme und das fortdauernde innerdeutsche Standortgefälle gehören zu den Faktoren, die den Standort Gesamtdeutschland belasten.

2.1.1 Erlahmender Aufholprozeß in Ostdeutschland

Die Konfrontation mit gravierenden regionalen Strukturproblemen ist für die deutsche Wirtschaftspolitik eine relativ neue Erfahrung. Es gibt zwar auch in Westdeutschland Gebiete, die das durchschnittliche Pro-Kopf-Einkommen deutlich unterschreiten oder eine weit überdurchschnittliche Arbeitslosigkeit aufweisen. Im Vergleich mit den regionalen Unterschieden in den anderen großen EU-Mitgliedsländern Frankreich (ohne Überseegebiete), Großbritannien und Italien ist jedoch das alte Bundesgebiet durch eine hohe regionale Homogenität gekennzeichnet[2]. Das vereinte Deutschland ist demgegenüber mit westdeutschen Gebieten an der europäischen Spitze des Pro-Kopf-Einkommens vertreten und mit ostdeutschen Gebieten am unteren Ende der Wirtschaftskraft. Sämtliche neuen Bundesländer (Flächenstaaten) zählen, gemessen am Bruttoinlandsprodukt pro Kopf in Kaufkraftstandards, zu den 20 ärmsten EU-Regionen. Auf dem Tiefpunkt der wirtschaftlichen Entwicklung im Jahre 1991 betrug das Bruttoinlandsprodukt der neuen Bundesländer je Einwohner und je Erwerbstätigen jeweils nur 31 vH des westdeutschen Niveaus; bei einem Bevölkerungsanteil von 20 vH wurden in ostdeutschen Betrieben und Verwaltungen nur gut 7 vH der gesamtdeutschen Wertschöpfung erwirtschaftet.

---

2 Die geringe regionale Disparität in Westdeutschland (Lammers 1994) kommt im Disparitätenindex der EU-Kommission (1996c, S.135) nicht voll zum Ausdruck, da die dort zugrundegelegte regionale Abgrenzung zu Verzerrungen insbesondere bei den eng abgegrenzten Stadtregionen führt.

Im Unterschied zu den gewöhnlichen regionalen Ungleichgewichten in hochentwickelten Industrieländern, beruht das West-Ost-Gefälle in Deutschland nicht primär auf einer Randlage oder Konzentration von Altindustrien, sondern auf den Mängeln des planwirtschaftlichen Systems. Das Ergebnis dieser Ineffizienz war jedoch eine Wirtschaft, die im Wettbewerb mit marktwirtschaftlich gewachsenen Ökonomien zu einer Altindustrie absank und gegenüber der eng mit der Weltwirtschaft verflochtenen westlichen Wirtschaft in eine Randlage geriet. Die Wirtschaftspolitik hatte es deshalb von Anfang an mit der Kombination von Transformations- und Strukturproblemen zu tun. Gleichwohl herrschte zunächst die Auffassung vor, der Zusammenbruch der ostdeutschen Wirtschaft sei in erster Linie auf den abrupten Systemwechsel zurückzuführen. Daraus wurde die Erwartung abgeleitet, daß die Einführung der Marktwirtschaft und ein massiver Ressourcentransfer aus dem Westen eine Schubkraft entfalten würde, die - vergleichbar mit der Entwicklung des alten Bundesgebietes während der fünfziger Jahre - die neuen Bundesländer bald zu wirtschaftlicher Blüte führen würde. Ausdruck dieser Erwartung war nicht zuletzt der im Frühjahr 1991 vereinbarte Tarifabschluß in der Metallindustrie, der eine stufenweise Angleichung der Tarifverdienste bis zum Jahr 1994 vorsah.

Nach dem Vereinigungsschock setzte im Osten in der Tat eine kräftige Dynamik ein, die um so bemerkenswerter war, als gleichzeitig der Westen in eine Rezession geriet, die die Bereitschaft schwächte, Waren aus den neuen Bundesländern nachzufragen und dort zu investieren. Zwischen 1991 und 1995 nahm das Bruttoinlandsprodukt im Osten preisbereinigt um fast 6,5 vH pro Jahr zu, und der Anteil der neuen Bundesländer an der gesamtdeutschen Wertschöpfung erhöhte sich von 7,2 vH auf 11,0 vH. Je Einwohner stieg das Bruttoinlandsprodukt von 31 vH auf 53 vH des westdeutschen Niveaus. Vor dem Hintergrund der anfangs erwarteten Einkommensangleichung binnen weniger Jahre zählt in der Bilanz jedoch weniger die geleistete Wegstrecke als der noch bestehende Produktivitätsrückstand.

Da die ursprünglichen optimistischen Visionen maßgeblich durch das Beispiel der Nachkriegszeit geprägt worden waren, erscheint es sinnvoll, die ostdeutsche Entwicklung der neunziger Jahre mit der westdeutschen während der fünfziger Jahre zu vergleichen. Die beiden Phasen unterscheiden sich vor allem in drei Merkmalen. **Erstens** war das Wachstumstempo in den fünfziger Jahren nicht nur höher, sondern der Anstieg des Bruttoinlandsprodukts der ersten vier Jahre (um jährlich 9 vH) wurde auch das ganze Jahrzehnt durchgehalten. In den neuen Bundesländern ist dagegen der Aufholprozeß nach 1995 ins Stocken geraten. **Zweitens** war der Nachkriegsboom von Beginn an mit hohen Produktivitätssteigerungen und einer stetigen Zunahme der Beschäftigung verbunden, während in Ostdeutschland die Anzahl der Erwerbstätigen nach dem Zusammenbruch nur schleppend wieder anstieg und seit 1995 sogar wieder rückläufig ist. Das West-Ost-Gefälle kommt somit nicht nur in dem Produktivitätsrückstand zum Ausdruck, sondern auch in einem beträchtlichen Arbeitsplatzdefizit.

Schaubild 2.1.1: Entwicklung der Wertproduktivität[a] in ostdeutschen Wirtschaftsbereichen

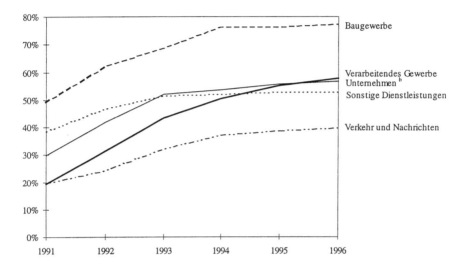

a   Bruttowertschöpfung je Erwerbstätigen in vH des westdeutschen Niveaus
b   ohne Wohnungsvermietung
Quelle: Statistisches Bundesamt; eigene Berechnungen

Dieses Defizit ist nicht das Ergebnis eines geringeren Angebots an Arbeitsplätzen. Vielmehr ist der Anteil der Bevölkerung im erwerbsfähigen Alter höher und ebenso ist traditionell die Erwerbsbeteiligung, insbesondere die der Frauen und Älteren, größer. Im Jahre 1995 lag die Erwerbsquote in Ostdeutschland bei 50 vH, in Westdeutschland dagegen nur bei 47 vH. Das Arbeitsplatzdefizit kommt in der registrierten Arbeitslosigkeit nicht voll zum Ausdruck, da der Arbeitsmarkt in hohem Maße durch Frühverrentung sowie durch Maßnahmen zur Arbeitsbeschaffung, Umschulung und Fortbildung entlastet wurde. Auf dem vorläufigen Höhepunkt der Arbeitslosigkeit, im Jahre 1993, waren in den neuen Bundesländern 16 vH der Erwerbspersonen und damit doppelt soviel wie im alten Bundesgebiet als arbeitslos registriert. Rechnet man die verdeckte Arbeitslosigkeit hinzu - hierzu gehören neben den Frührentnern hauptsächlich die Erwerbspersonen, die Lohnersatzleistungen durch Arbeitsbeschaffungs- oder Umschulungs- und Fortbildungsmaßnahmen der Arbeitsämter beziehen - , dann waren in Ostdeutschland 32 vH der Erwerbspersonen ohne regulären Arbeitsplatz, mehr als dreimal soviel wie in Westdeutschland (10,5 vH). Bis 1995 verringerte sich die Quote der registrierten Arbeitslosen auf 14,5 vH und die der offen oder verdeckt Arbeitslosen auf 26 vH. Obwohl bis 1995 auch in Westdeutschland die Arbeitslosigkeit auf 9,3 vH (registrierte Quote) bzw. 11,5 vH (einschließlich verdeckte Arbeitslose) gestiegen war, ist das Defizit an Arbeitsplätzen im Osten noch beträchtlich höher als im Westen.

Der **dritte** wesentliche Unterschied zwischen der Nachkriegsentwicklung in Westdeutschland und der Entwicklung im wiedervereinigten Deutschland besteht darin, daß die Bundesrepublik damals den Wiederaufbau - sieht man von den quantitativ wenig gewichtigen Hilfen aus dem Marshallplan ab - aus eigener Kraft leisten mußte, während die neuen Bundesländer als Teilregion Zugang zu den Ressourcen des ganzen Landes und Anspruch auf Solidarleistungen des Gesamtstaates haben. Aus diesem Anspruch resultiert seit der Vereinigung ein beispielloser Finanztransfer, der im wesentlichen aus zwei Komponenten besteht. Die eine Komponente ist der Finanzausgleich im Staatshaushalt und im Sozialversicherungssystem, der zum kleineren Teil aus Anlaß der Vereinigung beschlossen wurde, sich zu seinem größeren Teil aber aus dem Automatismus eines gemeinsamen Finanz- und Sozialsystems ergibt. Der Finanzausgleich hebt für Ostdeutschland die Begrenzung der staatlichen Dienste, Infrastrukturmaßnahmen und Sozialleistungen auf das eigene Aufkommen an Steuern und Sozialleistungen auf und erlaubt dadurch der Bevölkerung einen höheren Konsum und den ostdeutschen Gebietskörperschaften höhere Ausgaben. Die zweite Komponente des Finanztransfers bildet der Strom von staatlichem und privatem Kapital in die neuen Bundesländer, der durch die massive Investitionsförderung in Gang gesetzt wurde.

Der Finanztransfer ermöglichte nicht nur eine über die Markteinkommen hinausgehende Nachfrage, sondern er hat auch eine realwirtschaftliche Seite. Die Aufhebung der Einkommens- und Kapitalrestriktion korrespondiert mit einer Aufhebung der Angebotsrestriktion. Dies **setzte Ostdeutschland in die Lage, über seine Exportmöglichkeiten hinaus Güter aus Westdeutschland oder dem Ausland nachzufragen, die es nicht oder nicht in der gleichen Qualität oder zu den gleichen Kosten selbst herstellen konnte**. In der volkswirtschaftlichen Gesamtrechnung schlägt sich der Finanztransfer im Außenbeitrag nieder, der einerseits den Saldo des grenzüberschreitenden Handels mit Waren und Dienstleistungen und andererseits den Saldo der grenzüberschreitenden Einkommens- und Kapitaltransfers darstellt. Ein statistischer Nachweis ist allerdings nur bis zum Jahre 1994 möglich, da das Statistische Bundesamt danach die Verwendungsrechnung des Inlandsproduktes nicht mehr getrennt für Ost und West, sondern nur noch für Gesamtdeutschland ausweist. Von 1991 bis 1994 nahm der - negative - Außenbeitrag von 152 Mrd. DM auf 215 Mrd. DM zu. Während der Anteil der neuen Bundesländer am Bruttoinlandsprodukt, wie erwähnt, von 7,2 vH auf 11 vH gestiegen ist, nahm ihr Anteil an der gesamtdeutschen Binnennachfrage (privater Verbrauch, öffentliche Dienste sowie staatliche und private Investitionen) von 10,7 vH auf 17,3 vH zu. Er lag damit nur noch wenig unter dem Anteil an der Bevölkerung (19,1 vH). Die Abhängigkeit der ostdeutschen Nachfrage von den Finanztransfers hat trotz der kräftigen Zunahme des Bruttoinlandsprodukts nur wenig abgenommen. Der Anteil des Außenbeitrags an der Nachfrage der Konsumenten, des Staates und der Investoren verringerte sich zwischen 1991 und 1994 nur von 43 vH auf 38 vH.

Entgegen einer verbreiteten Auffassung wurde der **Finanztransfer**, der ja nicht nur den staatlichen Einkommenstransfer, sondern auch den staatlich induzierten Kapitaltransfer umfaßt, nicht überwiegend konsumtiv verwendet, sondern **hat die neuen Bundesländer zum Investitionsschwerpunkt in Deutschland werden lassen**. Eine Modellrechnung mag dies veranschaulichen. Nimmt man an, daß in Ostdeutschland die Inlandsnachfrage auf das Bruttoinlandsprodukt beschränkt gewesen wäre und im gleichen Verhältnis wie in Westdeutschland auf den privaten Verbrauch, den Staatsverbrauch und die Investitionen aufgeteilt worden wäre, dann läßt sich die darüber hinaus gehende Mehrnachfrage nach Konsumgütern, staatlichen Diensten und Investitionsgütern auf den Außenbeitrag beziehen. Das Ergebnis dieser Modellrechnung lautet für das Jahr 1994: Während in der "Normalstruktur" auf den privaten Verbrauch 60 vH, auf den Staatsverbrauch 19 vH und auf die Investitionen 21 vH entfallen, gingen vom Finanztransfer 20 vH in den privaten Verbrauch, 27 vH in staatliche Dienste und 53 vH in die Investitionen. Der Anteil Ostdeutschlands am privaten Verbrauch war mit 13 vH nur wenig höher als der Anteil am Bruttoinlandsprodukt. Sehr viel höher war der Anteil am Staatsverbrauch (19 vH). Von den gesamtdeutschen Investitionen wurde sogar ein Viertel in den neuen Bundesländern getätigt; 1995 und 1996 belief sich der ostdeutsche Anteil an den gesamtdeutschen Investitionen nach den Befragungen des Ifo-Instituts ebenfalls auf über 25 vH.

Die Dynamik der Investitionen wurde durch die Infrastrukturinvestitionen des Staates sowie der Bahn und der Post, durch die von der Treuhandanstalt ausgehandelten Investitionszusagen und durch die staatlich geförderten privaten Investitionen geprägt. **Die wirtschaftspolitische Strategie nach der Vereinigung beruhte auf der Erwartung, daß die vom Staat angeschobenen Investitionen die Standortqualität in einem Ausmaß verbessern würden, daß anschließend die wirtschaftliche Entwicklung** durch die Eigendynamik getragen werden könnte. **Diese Erwartung hat sich bislang nicht erfüllt.** Den Unternehmen fehlt es an Ertragskraft, um den Investitionsaufschwung fortzuführen. Dies zeigt sich daran, daß die Produktivität trotz der beachtlichen Fortschritte mit einem kaum verminderten Abstand hinter der voraneilenden Lohnentwicklung zurückgeblieben ist. Das Lohnniveau, gemessen als Bruttoeinkommen aus unselbständiger Arbeit je Arbeitnehmer bezogen auf Westdeutschland, das nach dem Beginn der Währungsunion Mitte 1990 sofort kräftig gestiegen war und im Jahre 1991 bereits 50 vH des Westniveaus erreicht hatte, stieg bis zum Jahre 1995 auf 72 vH. Die entsprechende Relation der Produktivität, das (nominale) Bruttoinlandsprodukt je Erwerbstätigen, nahm in diesem Zeitraum, wie bereits erwähnt (Schaubild 2.1.1), von 31 vH auf 55 vH des westdeutschen Niveaus zu.

Gegen die These, daß das West-Ost-Gefälle noch eine geraume Zeit fortbestehen wird und inzwischen nicht mehr als Transformationsproblem, sondern als Strukturproblem anzusehen ist, wird häufig eingewendet, daß die wirtschaftliche Entwicklung in den neuen Bundesländern nicht einheitlich sei. Es sei deshalb an der Zeit, die generelle Standortpräferenz für Ostdeutschland durch eine Regionalförderung zu ersetzen, die auf die Problemgebiete beschränkt ist, und zwar gleichgültig, ob sie im Osten oder Westen liegen. Dieses Argument übersieht, daß es zwar innerhalb der neuen Bundesländer deutliche Entwicklungsunterschiede gibt, daß aber die Unterschiede zwischen den Ländern nur gering sind. So variierte das Bruttoinlandsprodukt je Einwohner in Relation zum westdeutschen Niveau im Jahre 1994 zwischen 48,5 vH (Mecklenburg/Vorpommern) und 53 vH (Brandenburg); der Wert von 60 vH für Berlin-Ost entspricht dem normalen Vorsprung von Stadtstaaten. Es führt kein Weg an dem Befund vorbei: Jedes Bundesland hat starke und schwache Teile, aber **ganz gleichgültig, auf welche Weise man in Deutschland die strukturstarken von den strukturschwachen Regionen abgrenzt, es wird sich stets eine Unterscheidung von Ost und West ergeben.**

Dies wirft die Frage auf, ob das West-Ost-Gefälle inzwischen zu den regionalen Ungleichgewichten gehört, denen zwar ein hoher wirtschaftspolitischer Stellenwert zukommt, die aber in der auf die Branchenstruktur fokussierten Strukturberichterstattung bewußt ausgeblendet werden. Zu fragen ist also: Hat der Rückstand der neuen Bundesländer neben der regionalen, auch eine sektorale Dimension? Um der Antwort näherzukommen, **bietet es sich an, die Transformation in den neuen Bundesländern mit der in den fortgeschrittenen Reformländern zu vergleichen.** Dabei ist zu berücksichtigen, daß sich die Transformation in einer Teilregion innerhalb eines Landes selbst bei gleicher ökonomischer Ausgangslage unter anderen Bedingungen vollzieht als in auf sich gestellten Ländern. Entsprechend unterschiedlich waren auch die wirtschaftspolitischen Antworten in Deutschland und in den Reformländern auf die gleiche Herausforderung. Dabei wird deutlich, daß das Privileg Ostdeutschlands, nämlich der Anspruch auf Ressourcentransfer, keineswegs nur ein Vorteil gegenüber den anderen Reformländern war.

2.1.2 Zweischneidiger Finanztransfer

An der Entwicklung Ostdeutschlands läßt sich eindrucksvoll studieren, **daß Standortprobleme nicht nur, und auch nicht in erster Linie, aus den Qualitäten des Standortes resultieren, sondern vor allem aus den Bedingungen, unter denen eine Region dem Wettbewerb anderer Standorte ausgesetzt ist.** Die Vereinigung bedeutete für Ostdeutschland im Vergleich zu den anderen fortgeschrittenen Reformländern einerseits einen Standortvorteil. Der Beitritt der ehemaligen DDR zur Bundesrepublik erleichterte die institutionelle Transformation, weil die Verfassung, die Rechtsordnung und die staatlichen Institutionen nicht erst geschaffen werden mußten. Die Integration in die wirtschaftlich und politisch potente Bundesrepublik öffnete für Ostdeutschland den Zugriff auf mobile Ressourcen, die für die Entwicklung notwendig sind, und erleichterte damit auch die materielle Transformation, das heißt die Umwandlung des von der Planwirtschaft hinterlassenen Produktionsapparates in eine leistungs- und wettbewerbsfähige Unternehmensvielfalt. Ostdeutschland war zum Beispiel nicht durch die Leistungsbilanzrestriktion behindert. Der deutsche Staat konnte in erheblich größerem Umfang als Garantiegeber gegenüber auswärtigen Kapitalgebern, zu denen auch die westdeutschen Banken und Unternehmen gehören, in Erscheinung treten als die Staaten der Reformländer. Die Zusammensetzung des Außenbeitrags Ostdeutschlands zwischen 1991 und 1994 zeigt ganz deutlich, daß neben dem Einkommenstransfer sofort ein beträchtlicher Kapitaltransfer in Gang gekommen war, während in den Reformländern die Leistungsbilanz zunächst ausgeglichen war und sich danach nur langsam passivierte.

Auf der anderen Seite wurde aber auch der ostdeutsche Markt unter Bedingungen geöffnet, unter denen die ostdeutschen Produzenten nicht wettbewerbsfähig waren. Die rasche Lohnangleichung hat die Wettbewerbsfähigkeit der ostdeutschen Wirtschaft nicht nur von der Kostenseite, sondern auch - und dies wurde beispielsweise in der Diskussion um Lohnsubventionen gänzlich vernachlässigt - von der Absatzseite ausgehöhlt. Die ostdeutschen Unternehmen wären selbst dann nicht wettbewerbsfähig gewesen, wenn der Lohnkostenanstieg durch Subventionen neutralisiert worden wäre. Die neuen Bürger wollten nicht mehr die alten Produkte, sondern Güter nach westlichem Standard, und konnten diese mit ihren, durch die Finanztransfers gestützten, Einkommen auch nachfragen. Diese Güter konnte die eigene Wirtschaft kurzfristig nicht in der gleichen Qualität oder zum gleichen Preis liefern. **Nicht das damals beschworene "Wegbrechen" der Nachfrage aus den ehemaligen RGW-Partnern verursachte den Zusammenbruch der ostdeutschen Wirtschaft, sondern das "Wegbrechen" ihres eigenen Heimatmarktes.**

Die für den Ressourcentransfer förderliche Aufhebung der Leistungsbilanzrestriktion erwies sich also für die Absatzentwicklung als Nachteil: Die Reformländer, die nicht minder vom Zusammenbruch des RGW-Handels betroffen waren, konnten nur in dem Ausmaß importieren, wie sie Devisen über Exporte erwirtschafteten. Dies sicherte den ansässigen Produzenten den heimischen Markt. Erzwungen wurde diese Restriktion durch eine beträchtliche Abwertung der Währung, also eine Senkung der Realeinkommen, die es der Bevölkerung unmöglich machte, die auch von ihr begehrten westlichen Produkte zu erwerben. Eine Absenkung der Realeinkommen sollte der ostdeutschen Bevölkerung nach dem politischen Willen erspart werden. Dies war jedoch nur dadurch möglich, daß der Westen die Differenz zwischen Einkommen und Wettbewerbsfähigkeit durch Finanztransfers ausglich.

Wegen des Verlustes des Heimatmarktes war der Zusammenbruch nach dem Systemwechsel in Ostdeutschland schwerer als in Polen, Ungarn oder der damaligen Tschechoslowakei. Dafür setzte aber auch der Umschwung früher und mit größerer Kraft ein. Hier kam die positive Seite des Ressourcentransfers zur Geltung, der allerdings nicht das Ergebnis der Marktprozesse, sondern der wirtschaftspolitischen Strategie war. Es war das Kalkül der deutschen Wirtschaftspolitik, daß der politisch bedingte Verlust der Wettbewerbsfähigkeit durch eine rasche Verbesserung der Standortqualität und durch den Aufbau wettbewerbsfähiger Produktionsstätten bald ausgeglichen werden würde. Die wichtigsten Instrumente hierfür waren massive Infrastrukturinvestitionen der öffentlichen Hand und die Gewährung von finanziellen Prämien an private Investoren, die sich zum Engagement in Ostdeutschland bereitfanden.

Das geforderte hohe Entwicklungstempo ließ sich allerdings vielfach nicht durch Modernisierung der bestehenden Produktionskapazitäten erreichen, sondern nur durch Stilllegung und Neuaufbau. Dies betrifft nicht nur die dem überregionalen Wettbewerb ausgesetzten Produktionsstätten. Auch die für den lokalen Markt ausgerichteten Unternehmen der Energieversorgung, des Handels, des Handwerks, des Banken- und Versicherungsgewerbes und anderer Dienstleistungszweige errichteten zum großen Teil ihre Kapazitäten neu, um den Ansprüchen der Verbraucher und der Wirtschaft nach einem hochwertigen und preisgünstigen Angebot nachkommen zu können. Dieser Weg verbot sich den Reformländern schon deswegen, weil die bestehenden Kapazitäten zur Versorgung des heimischen Marktes und zur Erwirtschaftung von Devisen benötigt wurden. Die Leistungsbilanzrestriktion behinderte darüber hinaus die Aufnahme von Auslandskapital. Da kein externer Staat für sie bürgte, waren Reformländer nur in dem Maße kreditwürdig, wie sich ihre langfristige Exportfähigkeit verbesserte. Polen und Ungarn hatten zudem noch hohe Auslandsschulden aus der kommunistischen Zeit zu bedienen.

Die bisherige Entwicklung in Deutschland läßt Zweifel aufkommen, ob der Wettlauf zwischen der vorausgeeilten Einkommensexpansion und der Entwicklung einer leistungsfähigen wirtschaftlichen Basis in ausreichendem Ausmaß aufgeht. Demgegenüber scheint die Dynamik in den Reformländern an Stärke zu gewinnen. Es ist also durchaus noch offen, welches der beiden Modelle den größeren nachhaltigen Erfolg verspricht. Die neuen Bundesländer haben sicher noch lange Zeit den Vorteil, daß ihre Standortqualität im Hinblick auf die Ausstattung mit immobilen Ressourcen insbesondere mit Infrastruktureinrichtungen günstiger ist. Ihr Nachteil gegenüber den Reformländern besteht aber darin, daß die strukturelle Entwicklung eine Schlagseite zugunsten des Binnensektors und zu Lasten des exportfähigen Sektors aufweist. In den Reformländern war dies umgekehrt. Dort hatte der Export in den Westen gegenüber der Modernisierung des Binnensektors Vorrang. Diese Unterschiede in der strukturellen Entwicklung sind ebenfalls das Ergebnis der politisch gesetzten Transformationsbedingungen.

2.2 Verzerrte Sektorstruktur

2.2.1 Struktureffekte des Finanztransfers

Wie zuvor aufgezeigt, bestand der Finanztransfer aus dem Einkommens- und Kapitaltransfer. Der Einkommenstransfer machte die ostdeutschen Märkte attraktiv, da er die ostdeutsche Kaufkraft erhöhte. Er wirkte als Standortprämie für jene Sektoren, in denen die Märkte räumlich begrenzt sind und deshalb nur beliefert werden können, wenn auch dort produziert wird. Auf diesen Märkten bestand ein Anreiz, möglichst rasch Produktionsstätten zu errichten, weil den first-mover-Anbietern temporäre Monopolgewinne ermöglicht und auch die Chancen eines dauerhaften Marktführers eröffnet wurden. Auf den räumlich nicht begrenzten Märkten konnte die Nachfrage dagegen durch Importe bedient werden. Hier bestand eine Standortprämie nur insoweit, als die Belieferung die Errichtung von lokalen Vertriebswegen erforderte.

Die staatliche Förderung des Kapitaltransfers bestand in der Begünstigung von Investitionen durch die Gewährung von Investitionszulagen und Sonderabschreibungen sowie durch die Investitionszuschüsse im Rahmen der Regionalförderung. **Diese Investitionsförderung zielte indessen nicht in erster Linie auf die Senkung der Kapitalkosten, sondern auf eine rasche Inangriffnahme der Investitionspläne.** Sie war sozusagen eine Prämie auf rasche Erneuerung. Von dieser Förderung profitierten sowohl die Anbieter von nicht-handelbaren Gütern als auch die von handelbaren Gütern. Die Investitionsförderung war für sich genommen strukturneutral. Die Gewährung dieser Investitionsförderung für Unternehmen auf räumlich begrenzten Märkten (Energiewirtschaft, Handel, Baugewerbe, Handwerk, Banken und Versicherungen und andere lokale Dienstleistungen) wurde damit begründet, daß auch in diesen Bereichen eine möglichst rasche Erneuerung der Produktionsstätten notwendig wäre, um der Bevölkerung ein leistungsfähiges Angebot bereitzustellen und - soweit diese Unternehmen Vorleistungen an andere Unternehmen erbrachten - die Wettbewerbsfähigkeit der ostdeutschen Wirtschaft von der Inputseite her zu verbessern. Bei dieser Argumentation wurde allerdings nicht berücksichtigt, daß die Einkommenstransfers eben nicht strukturneutral waren, sondern die lokalen Produzenten zu Lasten der überregionalen Anbieter begünstigten. **Eine globale Strukturneutralität hätte erfordert, die Strukturverzerrung des** Einkommenstransfers **durch ein entsprechendes Fördergefälle bei den Kapitaltransfers auszugleichen.**

Da eine solche Neutralisierung der Einkommenstransfers durch die Förderung des Kapitaltransfers nicht erfolgt war, konzentrierten sich die Anstrengungen von Investoren auf einen Teil der Wirtschaft, der insgesamt nur etwa 50 vH der Wertschöpfung erbringt. Bei der anderen Hälfte konnte die Investitionsförderung dagegen die durch den Mangel an Infrastruktur, Management- und marktwirtschaftlicher Erfahrung bedingten Standortnachteile Ostdeutschlands nicht ausgleichen. Infolgedessen konzentrierte sich das hohe wirtschaftliche Wachstum seit 1991 nur auf den regionalen Sektor.

Dieses Muster ist atypisch für die Regionalförderung und unterscheidet sich auch von der Entwicklung Westdeutschlands in den fünfziger Jahren und der Reformländer der neunziger Jahre. Dort hatte, wie es auch das Prinzip der Regionalförderung ist, der Aufbau des internationalen Sektors Vorrang, weil er die Entwicklung der lokalen Produktion automatisch nachzieht. Die Hoffnung, daß im Fall Ostdeutschlands die umgekehrte Einflußrichtung wirksam würde, war nur partiell begründet. Zwar profitiert der interregionale Sektor von einer lokalen Produktion, sofern leistungsfähige Infrastruktureinrichtungen und Vorleistungen bereitgestellt werden. Auch mag beispielsweise die Qualifizierung von Personal oder die marktwirtschaftliche Erfahrung intersektorale Spillover-Effekte bewirken. Auf der anderen Seite jedoch bedeutet die sektorale Konzentration auch eine Schwächung des überregionalen Sektors im Wettbewerb um Ressourcen auf den Faktormärkten (Grundstücke, vor allem aber Arbeitskräfte, knappes Management und Risikokapital). **Solange der überregionale Sektor im Rückstand bleibt, hängt die Stellung des regionalen Sektors an dem Fortfließen des Finanztransfers.** Damit bleibt auch die Stellung des regionalen Sektors labil.

Das Dilemma in Ostdeutschland wird auch dadurch verstärkt, daß der Vorrang der Modernisierung zu einem Aufbau von Kapazitäten, insbesondere in der Bauwirtschaft, geführt hat, die auf längere Sicht wieder abgebaut werden müssen. Dieser notwendige Abbau ist ohne gesamtwirtschaftliche Beschäftigungseinbußen nur möglich, wenn die übrigen Sektoren, vor allem die überregional produzierenden Branchen, entsprechend rasch expandieren. Um auf der einen Seite die möglichen Überkapazitäten im regionalen Sektor abschätzen und die Defizite im überregionalen Sektor identifizieren zu können, ist es notwendig, die Entwicklung in den beiden Sektoren im einzelnen zu untersuchen.

2.2.2 Scheinblüte in den regionalen Sektoren

Bei der enormen Begünstigung des regionalen Sektors durch die wirtschaftspolitische Strategie darf indessen nicht übersehen werden, daß auch hier ein beträchtlicher Strukturwandel notwendig war. Die Strategie der Investoren bestand zunächst darin, leistungsfähige Kapazitäten durch Übernahme und Modernisierung ostdeutscher Firmen aufzubauen. Entsprechend günstig waren in diesem Sektor auch die Privatisierungsresultate der Treuhandanstalt. Allerdings waren viele dieser ostdeutschen Betriebe technisch so ineffizient, daß de facto nur die Grundstücke oder die Arbeitskräfte verwertet werden konnten. In vielen Fällen war die Verfügbarkeit über diese Ressourcen jedoch kein Wettbewerbsvorteil, insbesondere dann nicht, wenn sich, wie bei Handelsläden, der Standort als ungünstig erwies. Hier hatte der Neuaufbau oft niedrigere Opportunitätskosten. So war etwa im ostdeutschen Handel der Zusammenbruch bestehender Strukturen kaum geringer als in der Industrie. Im Unterschied zur Industrie entstanden aber die neuen Kapazitäten in den ostdeutschen Bundesländern.

In welchem Ausmaß die Modernisierung durch Übernahme von bestehenden ostdeutschen Betrieben oder durch den Neuaufbau erfolgte, hing nicht nur von branchenspezifischen Merkmalen ab, sondern auch von unternehmensspezifischen Strategien. Zu den branchenspezifischen Merkmalen gehörte die Nachfrage. So traf die starke Baunachfrage auf ein so geringes Angebot, daß nahezu jedes Unternehmen zunächst Überlebenschancen hatte. Deshalb blieben auch solche Unternehmen im Markt, die ihre technische Effizienz nicht ausreichend verbesserten. Darüber hinaus beteiligten sich auch viele auswärtige Investoren nur finanziell an ostdeutschen Bauunternehmen. Im Laufe der Zeit erwiesen sich allerdings die westlichen Baufirmen als überlegen, die Tochterunternehmen in Form von Niederlassungen organisierten und sie in den Gesamtkonzern integrierten. Die Überlegenheit dieser Unternehmen bestand vor allem darin, daß sie ihre firmenspezifischen Wettbewerbsvorteile nach Ostdeutschland übertrugen. Die Folge war, daß in der ostdeutschen Bauwirtschaft noch auf dem Höhepunkt des Nachfragebooms ein intensiver Verdrängungsprozeß einsetzte.

Die Entwicklung der Unternehmensstruktur in der Bauwirtschaft ist dadurch gekennzeichnet, daß die in der Planwirtschaft herrschende Dominanz der Großbetriebe abgebaut und die Betriebsgröße auf die in Westdeutschland übliche reduziert wurde. Allerdings sind in Ostdeutschland nach wie vor die kleinen Anbieter unterdurchschnittlich vertreten. Nur zum Teil hängt dies damit zusammen, daß die Baukonjunktur zunächst von gewerblichen und öffentlichen Aufträgen geprägt wurde, die große Baufirmen begünstigen. Zum Teil wirkt sich auch das in der Bauwirtschaft bestehende Managementdefizit aus, so daß in Ostdeutschland auch Bauaufträge, die in Westdeutschland von kleinen Baufirmen erledigt werden, an die Niederlassungen von Großunternehmen gehen.

Von den günstigen Standortbedingungen für die Unternehmen der Bauwirtschaft und andere regionale Anbieter hätten nicht nur westdeutsche, sondern auch ausländische Investoren profitieren können. Eine hohe Präsenz ausländischer Anbieter war wirtschaftspolitisch in diesem Sektor weniger zur Beschleunigung der Entwicklung erforderlich, als zur Stärkung des Wettbewerbs, handelt es sich bei ostdeutschen lokalen Märkten vor allem um solche, die von einer geringen Zahl an Anbietern geprägt sind. Das Engagement des Auslandes blieb zunächst aber verhalten, weil die westdeutschen Investoren aufgrund der geographischen und kulturellen Nähe und damit aufgrund relativ geringer Transaktionskosten sehr viel rascher reagiert haben. Viele ausländische Investoren mögen von vornherein ein Engagement als aussichtslos eingestuft haben. Erst nachdem das Bundeskartellamt in der Anfangsphase der Privatisierung intervenierte und auch die

Treuhandanstalt den Wettbewerbsnachteil ausländischer Investoren durch gezielte Akquisitionsbemühungen auszugleichen suchte, änderte sich das Bild.

2.2.3 Deindustrialisierung noch nicht beendet

Die Zweischneidigkeit des Transfers wird besonders im überregionalen Sektor deutlich, für den vor allem das Verarbeitende Gewerbe der Repräsentant ist. Auf der einen Seite steht der Nachfrageeinbruch, der nicht nur aus dem Zusammenbruch der Ostmärkte resultierte, sondern auch aus dem Umstand, daß sich die staatlich gestützte Kaufkraft auf Produkte westlichen Standards richtete. Auf der anderen Seite profitierte das Verarbeitende Gewerbe auch von der Investitionsförderung. So war die Investition im Verarbeitenden Gewerbe je Einwohner niedriger als in anderen Sektoren, aber deutlich höher als in Westdeutschland. Daraus konnte man Hoffnung schöpfen, daß die alten Produktionskapazitäten schrittweise, aber rasch durch neues und wettbewerbsfähiges Angebot ersetzt werden würden. Diese Erwartung hat sich nur zum Teil erfüllt. Der ostdeutsche Anteil an den gesamtdeutschen Erwerbstätigen in der Industrie stagniert bei 12 vH gegenüber 18 vH bei den gesamten Erwerbstätigen (Tabelle 2.2.1).

Innerhalb des Verarbeitenden Gewerbes war die Entwicklung keineswegs einheitlich. Zum einen ist die industrielle Basis in Ostdeutschland um so schmaler, je offener die Märkte sind (Schaubild 2.2.1). Ein Indikator für den Internationalisierungsgrad ist der Anteil des Auslandsumsatzes der jeweiligen Branche in Westdeutschland. Es besteht eine deutliche negative Korrelation zwischen dem Internationalisierungsgrad und dem Beschäftigungs- und Umsatzniveau in Ostdeutschland. Ein weiteres Unterscheidungsmerkmal ist die Kapital- und Humankapitalintensität. Noch relativ günstig schneiden bei der Beschäftigung die Branchen ab, die kapitalintensiv produzieren (Schiffbau, Stahlindustrie). Dagegen ist der Rückstand besonders bei jenen Branchen groß, deren Wettbewerbsvorteile auf dem Einsatz von Humankapital beruhen. Es handelt sich vorwiegend um die Anbieter von Investitionsgütern und hochwertigen Gebrauchsgütern sowie von chemischen Produkten, denen Westdeutschland sein hohes Lohnniveau verdankt und die auch in der früheren DDR wirtschaftliche Paradepferde waren. Diese Differenzierung innerhalb des Verarbeitenden Gewerbes wird häufig auf die Privatisierungspraxis der Treuhandanstalt sowie auf die an dem Sachkapitaleinsatz ausgerichtete Investitionsförderung zurückgeführt. Diese Argumentation ist nur auf den ersten Blick plausibel.

Tabelle 2.2.1: Die Bedeutung der neuen Bundesländer in den Wirtschaftsbereichen

Anteil an der Bruttowertschöpfung Gesamtdeutschlands in vH

Wirtschaftsgliederung	1991	1992	1993	1994	1995	1996
Land u. Forstwirtschaft, Fischerei	16.9	16.9	17.7	.	.	.
Energie- u. Wasserversorgung, Bergbau	17.8	15.7	17.2	15.6	15.3	16.9
Verarbeitendes Gewerbe	4.2	4.4	5.4	6.2	6.8	7.1
Baugewerbe	15.2	20.3	24.4	28.8	30.0	30.6
Handel	7.5	9.4	10.5	11.1	11.8	12.0
Verkehr, Nachrichtenübermittlung	6.9	6.6	8.2	9.0	9.2	9.2
Kreditinstitute, Versicherungsunternehmen	8.7	8.0	8.2	8.2	8.4	8.4
Sonstige Dienstleistungsunternehmen	6.5	8.1	9.4	10.1	10.6	10.6
Unternehmen	6.6	7.7	9.2	10.1	10.7	10.9
Staat, private Haushalte	13.3	15.4	16.5	16.7	16.8	16.9
Summe	7.5	8.6	10.1	10.8	11.3	11.5

Anteil an den Erwerbstätigen Gesamtdeutschlands in vH

Wirtschaftsgliederung	1991	1992	1993	1994	1995	1996
Land u. Forstwirtschaft, Fischerei	31.9	23.3	20.9	21.3	21.9	22.2
Energie- u. Wasserversorgung, Bergbau	33.6	28.1	24.4	21.7	21.0	19.1
Verarbeitendes Gewerbe	18.4	12.8	11.7	11.7	11.7	11.8
Baugewerbe	26.8	29.1	32.0	34.6	35.9	36.3
Handel	15.3	14.3	14.5	15.2	15.6	15.7
Verkehr, Nachrichtenübermittlung	27.4	22.4	21.7	21.1	20.7	20.3
Kreditinstitute, Versicherungsunternehmen	8.3	8.8	9.1	9.0	9.1	9.0
Sonstige Dienstleistungsunternehmen	15.4	15.8	16.7	17.7	18.3	18.4
Unternehmen	19.2	16.6	16.2	17.3	17.7	17.7
Staat, private Haushalte	23.3	22.6	21.6	21.1	20.9	20.5
Summe	19.8	17.3	17.0	17.7	18.1	18.0

Quelle: Statistisches Bundesamt; eigene Berechnungen

Sowohl die Praxis der Treuhandanstalt, von den Erwerbern Arbeitsplatz- und Investitionszusagen durch Zugeständnisse zu erkaufen, als auch der Versuch des Staates, **Anreize für (Neu-)Investitionen** zu setzen, **zielen nicht auf die Verbilligung des Kapitaleinsatzes, sondern auf die Senkung von Risikoschwellen**. Dahinter stand die wirtschaftspolitische Strategie, möglichst viele Investoren - gleich aus welcher Branche - zu einem Sanierungsversuch auf eigenes Risiko zu veranlassen. Diese wirtschaftspolitische Strategie hat um so mehr Erfolg, je überschaubarer die Risiken sind. Dies gilt beispielsweise auf Märkten für homogene Produkte wie Stahl und Schiffe, bei denen es darauf ankommt, über den Preis konkurrieren zu können. Die Risiken sind um so größer, je mehr für einen Markterfolg Aufwendungen für Forschung und Entwicklung, für die Qualifizierung von Mitarbeitern, für Marketing- und Vertriebskonzepte erforderlich sind.

Schaubild 2.2.1: Die Auslandsorientierung im Verarbeitenden Gewerbe [a] 1995

a) Exportquoten im Ost-West-Vergleich

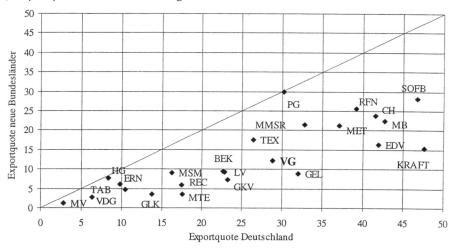

b) Industrieanteil Ostdeutschlands in Abhängigkeit von der Exportorientierung

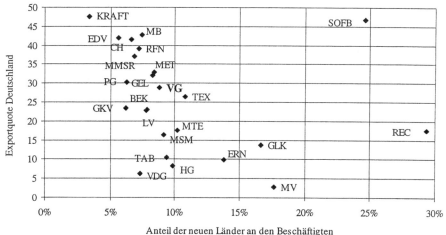

a Branchenabkürzungen siehe Abkürzungsverzeichnis (Sypro Neu)
Quelle: Statistisches Bundesamt; eigene Berechnungen

Der Wettbewerbsnachteil des ostdeutschen Verarbeitenden Gewerbes wird auch im Vergleich der Betriebsgrößen deutlich (Schaubild 2.2.2). Anders als im Baugewerbe hat die Absatzschwäche dazu geführt, daß die ostdeutschen Betriebe im Durchschnitt kleiner als die westdeutschen sind und insbesondere die oberen Beschäftigungsgrößenklassen wenig besetzt sind. Dies wird noch deutlicher für eine Klassifizierung nach Umsatzgrößen. Daran zeigt sich, **daß der Kostennachteil der ostdeutschen Industrie nicht** allein aus dem Anstieg der Lohnkosten folgt, sondern auch aus dem Unvermögen, Absatzmengen zu realisieren, die Produktivitätssteigerungen durch Betriebsgrössenvorteile ermöglichen.

Schaubild 2.2.2: Betriebsgrößen im Verarbeitenden Gewerbe: Ost- und Westdeutschland im Vergleich, 1995

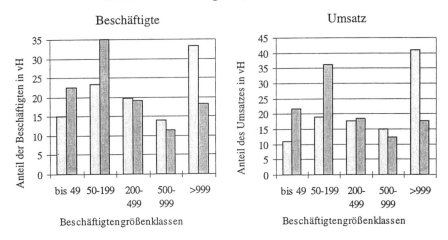

☐ Früheres Bundesgebiet ☐ Neue Länder und Berlin-Ost

Quelle: Statistisches Bundesamt; eigene Berechnungen

Die industrielle Basis in Ostdeutschland konnte in der Anfangsphase vor allem dadurch stabilisiert werden, indem ostdeutsche Betriebe in den Konzernverbund westdeutscher Unternehmen integriert wurden. Dies setzte voraus, daß die Treuhandanstalt die Betriebe sowohl in vertikaler als auch in horizontaler Richtung aufspaltete. Auch dies erklärt die erwähnte Betriebsgrößenstruktur. Es fehlen allerdings in der Breite Produktionsstätten, die in Ostdeutschland auch zentrale Unternehmensfunktionen ausüben. Ein Potential hierfür ist der Aufbau eines gewerblichen Mittelstandes, der zunächst für den örtlichen Markt produziert und allmählich seinen Absatzradius erweitert.

Besonders hoch ist der Rückstand in der Chemischen Industrie (Tab. 2.2.2 und Schaubild 2.2.3). Hier ist auch das Verhältnis zwischen öffentlicher Förderung und bisheriger Beschäftigtenentwicklung besonders ungünstig. Die Wirtschaftspolitik hatte hier den Versuch gemacht, den früheren Chemiestandort zu erneuern, und dafür in großem Umfang branchenspezifische Infrastruktureinrichtungen, insbesondere für die Energie- und Rohstoffversorgung sowie für die Entsorgung, mit öffentlicher Unterstützung vorgehalten. Die Hoffnung war, daß diese Infrastruktureinrichtungen Investoren aus der Chemischen Industrie zur Ansiedlung in Ostdeutschland motivieren würden. Bisher sind diese Hoffnungen im wesentlichen enttäuscht worden.

Schaubild 2.2.3: Die Betriebsgrößen im Verarbeitenden Gewerbe Ost- und Westdeutschlands in ausgewählten Branchen

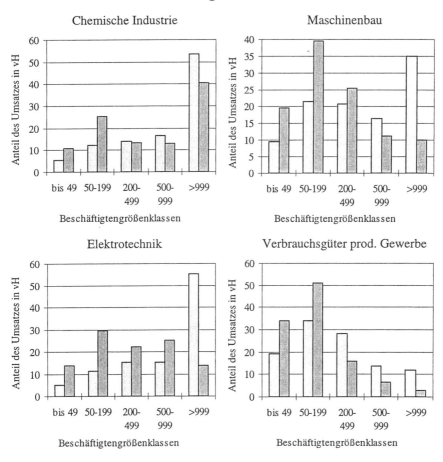

Quelle: Statistisches Bundesamt; eigene Berechnungen

Gegen die These der Deindustrialisierung wird häufig eingewandt, daß eine Exportbasis nicht nur durch industrielle Produktion, sondern auch durch Dienstleistungen aufgebaut werden könnte. Tatsächlich hat sich der Dienstleistungssektor in Ostdeutschland neben der Bauwirtschaft als wichtigster Expansionssektor erwiesen. Allerdings beschränkte sich die Expansion bislang auf Dienstleistungsbereiche für den örtlichen Absatz. Dagegen sind die mobilen Dienstleistungen in Ostdeutschland teilweise noch weniger vertreten als die Industrie (Tabelle 2.2.1 und 2.2.2; Schaubild 2.2.1). So ist der Anteil der Banken und Versicherungen in Ostdeutschland nicht höher als der des Verarbeitenden Gewerbes. Zudem haben die Banken und Versicherungen in Ostdeutschland nur in ihr örtliches Filialnetz investiert. Dagegen werden die zentralen Bankfunktionen sowie die expandierenden Zweige des Investment Banking in Westdeutschland oder auch im Ausland wahrgenommen.

Tabelle 2.2.2: Die Bedeutung der neuen Bundesländer in den Wirtschaftszweigen - sozialversicherungspflichtige Beschäftigte am 31.12.1995

Wirtschaftsgliederung	Deutschland insges. (1000)	Neue Länder und Berlin-Ost in (1000)	Neue Länder und Berlin-Ost in vH von Dt.
Bauhauptgewerbe	1615	593	36,7
Gebietskörperschaften	1747	562	32,1
Ausbau- und Bauhilfsgewerbe	755	235	31,2
Organisationen des Wirtschaftslebens ..	598	179	30,0
Wissenschaft, Bildung, Kunst ..	1446	407	28,2
Sozialversicherung	299	77	25,7
Reinigung, Körperpflege	522	130	24,9
Sonst. Dienstleistungen	639	144	22,5
Gew. u. Verarb. v. Steinen und Erden	368	74	20,1
Rechts- und Wirtschaftsberatung	1422	253	17,8
Einzelhandel	2298	404	17,6
Handelsvermittlung	323	56	17,4
Verkehr	976	162	16,6
Nahrungs- und Genußmittelgewerbe	818	136	16,6
Gaststätten- und Beherbergungsgewerbe	1119	183	16,4
Gesundheits- und Veterinärwesen	1931	312	16,1
Kirchen, Rel. und Weltansch. Vereinigung	192	28	14,8
Stahl-, Maschinen- u. Fahrzeugbau	2693	351	13,0
Leder, Textil- und Bekleidung	380	48	12,6
Holz-, Papier- und Druckgewerbe	893	105	11,8
Großhandel	1234	145	11,8
Eisen-, Metallerzeug., Gießerei	599	69	11,5
Elektrotechnik, Feinmech., EBM-Waren	1716	180	10,5
Kredit- und Finanzierungsinstitute	769	80	10,4
Kunststoff-, Gummi und Asbestverarbeitung	409	35	8,6
Versicherungsgewerbe	300	24	8,1
Chemische Industrie und Mineralölverarbeitung	593	43	7,2

Quelle: IAB; eigene Berechnungen

2.3 Konsequenzen für den Standort Deutschland

Westdeutschland als Nutznießer des West-Ost-Transfers ?

Die strukturellen Wirkungen, die durch den Finanz- und Realtransfer von West nach Ost in den neuen Bundesländern hervorgerufen wurden, haben im alten Bundesgebiet zwar überwiegend, aber nicht vollständig ihr Spiegelbild. So ist der Nachfragesog aus dem Osten zunächst zu einem großen Teil aus ausländischen Lieferungen bedient worden. Hatte das alte Bundesgebiet im Jahre 1989 noch einen Überschuß in der Waren- und Dienstleistungsbilanz in Höhe von 120 Mrd DM, so waren im vereinten Deutschland die Importe im Jahre 1991 um 2 Mrd DM höher als die Exporte. In diesem Zeitraum verwandelte sich der Leistungsbilanzüberschuß in ein bis heute anhaltendes Leistungsbilanzdefizit. Dies bedeutet, daß der West-Ost-Finanztransfer zu einem Teil durch Kreditaufnahme im Ausland finanziert worden ist. Allerdings handelte es sich nicht um ein unmittelbares Engagement des Auslands in Ostdeutschland. Ausländische Anlagen flossen vielmehr auf den deutschen Kapitalmarkt und wurden über die Verschuldung des Staates in die neuen Bundesländer geleitet. Selbst der private Kapitaltransfer beruht letztlich auf öffentlichen Garantien oder Investitionshilfen. Der Nettokapitalzustrom seit der deutschen Vereinigung resultiert also nicht aus einem besonderen Vertrauen ausländischer Anleger in den Investitionsstandort Deutschland, sondern aus der Kreditfähigkeit des deutschen Staates.

Neben dem Leistungsbilanzdefizit kennzeichnet die **Abnahme des Verflechtungsgrades mit dem Ausland** den Wandel in der Außenhandelsposition nach der Vereinigung. So war die Ausfuhr im Verhältnis zum Bruttoinlandsprodukt im Jahre 1991 mit 25,5 vH um fünf Prozentpunkte niedriger als zwei Jahre zuvor im alten Bundesgebiet. Der Rückgang der Exportquote ist nicht allein damit zu erklären, daß nach der Vereinigung grenzüberschreitender Handel zu Binnenhandel wurde, denn der Anteil der Lieferungen in die DDR betrug nur 2 vH. Bis 1995 ging die Exportquote weiter bis auf 23,6 vH zurück. Viele Ökonomen sehen darin einen Verlust an Wettbewerbsfähigkeit und können sich in diesem Urteil auch darin bestärkt sehen, daß die Importquote des vereinten Deutschlands im Jahr 1991 mit 25,6 vH kaum niedriger als zwei Jahre zuvor im alten Bundesgebiet war. Dem widerspricht jedoch, daß die Importquote danach stärker als die Exportquote zurückging, und zwar auf 22,8 vH. In dieser Phase ist die Nachfrage der neuen Bundesländer noch einmal kräftig gestiegen. Dies bedeutet, daß nach 1991 die Zusatznachfrage nahezu vollständig aus Westdeutschland beliefert wurde.

Die bis 1994 getrennt für West und Ost nachgewiesene volkswirtschaftliche Gesamtrechnung zeigt, daß im alten Bundesgebiet die Exportquote (einschließlich innerdeutsche Lieferungen) nach der Vereinigung auf 33,5 vH im Jahre 1991 gestiegen und bis 1994 auf diesem Niveau geblieben ist. Die westdeutsche Wirtschaft hat also ihr Angebot zum Teil von ihren angestammten Abnehmern nach Ostdeutschland umgeleitet. Da sie auf dem ostdeutschen Markt ebenfalls der Auslandskonkurrenz ausgesetzt war, darf man bei der Beurteilung der Wettbewerbsfähigkeit diese Substitution nicht vernachlässigen. Für die westdeutsche Wirtschaft bedeutet diese Entwicklung die Korrektur einer forcierten Westorientierung, die durch den Eisernen Vorhang erzwungen worden war. Daß die Außenhandelsverflechtung des vereinigten Deutschlands niedriger ist als im alten Bundesgebiet (ohne innerdeutschen Handel), hängt mit der Exportschwäche Ostdeutschlands zusammen. Diese Schwäche kommt darin zum Ausdruck, daß das verarbeitende Gewerbe in den neuen Bundesländern im Jahre 1995 erst 12 vH seines Umsatzes im Ausland erzielte, im Vergleich zu 30 vH im alten Bundesgebiet.

Ostdeutschland weiter im Abseits?

Die Entwicklung nach der Rezession hat gezeigt, daß der Aufholprozeß in Ostdeutschland nachhaltig ins Stocken geraten ist. Für einen selbsttragenden Aufschwung wäre ein kräftiger Investitionsschub erforderlich. Dieser ist derzeit nicht in Sicht. Im Gegenteil: Manche Vereinigungsimpulse werden schwächer, hohe Wachstumsraten bei Infrastrukturinvestitionen gehören der Vergangenheit an, und viele Investitionszusagen gegenüber der Treuhandanstalt laufen allmählich aus. Es droht die Gefahr eines dauerhaften Standortgefälles.

Angesichts zu geringer Eigendynamik vor allem im internationalen Sektor der ostdeutschen Wirtschaft reichen allein beschäftigungspolitische Maßnahmen nicht aus, es müssen Standortvorteile neu entwickelt werden. Diesen Prozeß können Wirtschaftspolitik und Tarifpartner fördern.

- Für die Wirtschaftspolitik geht es darum, innerhalb der durch knappe Kassen und EU gesetzten Grenzen Standortpräferenzen durchzusetzen und dadurch **Wettbewerbsvorteile für die Produktion in Ostdeutschland zu schaffen**. Die Erwartungen an eine solche Politik dürfen nicht zu hoch geschraubt werden. Erfahrungen mit der Regionalpolitik in Deutschland wie in der EU zeigen, daß wirtschaftliche Aufholprozesse trotz regionalpolitischer Maßnahmen lange brauchen (Lammers 1994). Die kürzlich beschlossene Umstellung der Förderung auf Investitionszulagen anstelle von Sonderabschreibungen ist ein Schritt zum effizienteren Einsatz staatlicher Mittel, der im vorigen Jahr von DIW, IfW und IWH (1996) empfohlen und vor geraumer Zeit auch vom HWWA (Härtel/Krüger 1995, Härtel 1995) vorgeschlagen worden war. Bei Zulagen lassen sich Mitnahmeeffekte besser vermeiden und die Förderung kann auf ostdeutsche Problembereiche konzentriert werden.

- Auf dem **Arbeitsmarkt** sind Lohnkostenentlastung und Einkommensdifferenzierung geboten. Dazu können die Tarifpartner durch Abkehr von der pauschalen und raschen Lohnangleichung an westdeutsches Niveau beitragen. Betriebliche Flexibilität wird bereits in großem Umfang praktiziert. Ihr kommt Vorbildcharakter auch für Westdeutschland zu. Die Wirtschaftspolitik kann die Entlastung des Arbeitsmarktes fördern und der Entwertung des Humankapitals entgegenwirken, indem sie stärker versucht, das Arbeitslosengeld für die Beschäftigung von Arbeitslosen einzusetzen. Die Ausgabe von Qualifizierungsgutscheinen erscheint zumindest einen Versuch wert (Klodt 1996; Snower 1994)

Allein durch Fördermaßnahmen ist der Umschwung auf dem ostdeutschen Arbeitsmarkt indessen nicht zu schaffen. Entscheidend ist, daß in der deutschen und europäischen Wirtschaft insgesamt eine größere Dynamik erreicht wird, welche mehr Investitionen in Gang setzt. Fördermaßnahmen und günstige Standortbedingungen greifen am ehesten, wenn es „nur" um die Beeinflussung der Standortentscheidung für die ohnehin geplanten Investitionen geht. Wenn generell wenig standortflexible Neuinvestitionen vorgenommen werden, vermögen Fördermaßnahmen auch nur wenig zu bewegen, und dies zu hohen Kosten.

Gesamtdeutsche Chancen

Das hartnäckige Standortgefälle bedeutet für den Standort Gesamtdeutschland eine erhebliche Belastung. Der für die Finanzierung der Arbeitslosigkeit und der Standortprämien verursachte Finanztransfer engt den Spielraum der Wirtschaftspolitik für Maßnahmen zur Stärkung des Standortes Deutschland ein und erhöht - soweit er nicht durch Kürzung der Ausgaben kompensiert wird - die Abgabenlast. Zudem ist die Position Deutschlands in der Europäischen Union bei der Abwehr von wettbewerbsverzerrenden und strukturkonservierenden Interventionen der Partner geschwächt. Dies mindert die Expansionsaussichten der deutschen Exportindustrien.

Inwieweit sich die Belastungen aus dem Standortgefälle auch in Zukunft als Standortnachteil auswirken, hängt vor allem davon ab, ob eine wachstums- und beschäftigungsfördernde Sanierung der öffentlichen Haushalte und der Sozialversicherungen gegen besitzstandswahrende Interessen gelingt. Die Herstellung von günstigen Wachstumsbedingungen für Gesamtdeutschland macht auch die Gewährung von Standortpräferenzen für Ostdeutschland weniger dringlich. Allerdings ist der Staat bei der Bewältigung der

Standortprobleme auf eine flankierende Tarifpolitik angewiesen. In dieser Hinsicht hat das Standortgefälle zu einem unerwarteten Flexibilisierungsschub in Deutschland geführt. Der Versuch der zentralen Tarifvertragsparteien, die Lohnangleichung in den neuen Bundesländern ohne Rücksicht auf das Produktivitätsgefälle zu forcieren, hat zu einer Erosion des Flächentarifs geführt, weil die Belegschaften zur Sicherung ihrer Arbeitsplätze bereit waren, die tarifvertraglichen Vorgaben durch betriebliche Vereinbarungen zu unterlaufen. Es spricht viel dafür, daß erst das ostdeutsche Beispiel auch im Westen die Bereitschaft für neue Wege in der Lohnpolitik geöffnet hat. Allerdings beschränken sich die Innovationen in erster Linie auf die Sicherung von bestehenden Arbeitsplätzen. Sie kommen den bereits Arbeitslosen oder den Berufsanfängern bislang noch kaum zugute.

3 Deutschland im internationalen Standortwettbewerb

Die Globalisierung der Märkte und der Produktion verschärft den Wettbewerb zwischen deutschen und ausländischen Standorten. Standortvorteile werden neu entwickelt, Standortschwächen treten deutlicher zutage. Die aktuelle Diskussion in Deutschland ist von dem Urteil geprägt, daß die deutsche Wirtschaft im Standortwettbewerb zurückgefallen ist (oder zurückzufallen droht). Im folgenden wird dieser These, deren generelle Gültigkeit aufgrund der eingangs durchgeführten internationalen Vergleiche bezweifelt werden kann, näher nachgegangen.

Die Frage nach der Position deutscher Standorte stellt sich unterschiedlich für Hoch- und Niedriglohnregionen: Der Wettbewerb mit Hochlohnregionen betrifft vorwiegend humankapital- und technologieintensive Produktionen, welche mit hoher Wertschöpfung und hohen Einkommenschancen verbunden sind. Dagegen konkurrieren die Niedriglohnregionen eher im "unteren" Bereich der Produktivitäts- und Einkommensskala, so daß andere Teile der Wirtschaft und der Arbeitnehmerschaft betroffen und andere Anpassungsstrategien gefordert sind. Im Falle der Hochlohnkonkurrenz geht es darum, Bedingungen dafür zu schaffen, daß einkommensstarke Produktionen ins Inland kommen, im Lande bleiben und dort auch fortlaufend neu entstehen. Bei der Niedriglohnkonkurrenz kann es dagegen weniger um den Erhalt derartiger Produktionen gehen als vielmehr darum, die Anpassungslasten im Inland, die mit dem Verlust von Produktion und Arbeitsplätzen einhergehen, gering zu halten und Alternativen für die betroffenen Unternehmen und Arbeitnehmer zu entwickeln. Ausgangspunkt für die Diskussion dieser Fragen ist - in Fortführung des HWWA-Schwerpunktberichts - ein Überblick über die generellen Tendenzen im Internationalisierungsprozeß der deutschen Wirtschaft.

3.1 Globalisierungstendenzen

Globalisierungstendenzen werden mit verringerten Distanzkosten, dem Aufkommen neuer Wettbewerber und Standorte sowie mit politischen und wirtschaftlichen Liberalisierungstendenzen begründet (Härtel et al. 1996). Wenn die Globalisierungsthese richtig ist, dann müßte sich die internationale Verflechtung der deutschen Wirtschaft rascher entwickeln als die Inlandswirtschaft, und sie müßte regional und sektoral an Breite gewinnen.

3.1.1 Gesamtwirtschaftliche Perspektive

Die Internationalisierung der deutschen Wirtschaft hat ein gesamtwirtschaftlich beachtliches Niveau erreicht (Tab. 3.1.1):

Tabelle 3.1.1: Internationale Verflechtung der deutschen[a] Wirtschaft durch Außenhandel und Auslandsproduktion, 1980-1996

	Außenhandel				Auslandstöchter						zum Vergleich:	
	Export[b]		Import[b]		deutsche Unternehmen im Ausland [c]			ausländische Gesellschaften in Deutschland [c]			Unternehmen insgesamt [c]	
	Waren	Dienstleist.[d]	Waren	Dienstleist.[d]	Anzahl	Umsatz[b]	Beschäftigte[e]	Anzahl	Umsatz[b]	Beschäftigte[e]	BPW[b]	Arbeitnehmer[e]
1980	350	35	341	30	12.250	325	1.743	8.515	512	1.636	3.464	18.964
1989	641	62	506	62	17.952	701	2.172	10.664	733	1.674	4.963	19.164
1996(5)	782	95	675	103	22.288	1.021	2.757	11.321	949	1.634	7.367	24.008
96/80	223%	271%	197%	343%	182%	314%	158%	133%	185%	100%	213%	127%

a 1980 und 1990 Westdt., 1996 Gesamtdt.   b in Mrd. DM.   c 1980-1995.
d ohne Reiseverkehr und Regierungsleistungen.   e Beschäftigte und Arbeitnehmer in 1000
Quelle: Deutsche Bundesbank (a); Statistisches Bundesamt (j); eigene Berechnungen

- **Ex- und Import** (Waren und Dienstleistungen) belaufen sich jeweils auf rund ein Viertel des BIP[3] und auf rund ein Drittel der Bruttowertschöpfung der Unternehmen (ohne Wohnungsvermietung). Damit liegen die Außenhandelsquoten deutlich über dem OECD-Durchschnitt (20 vH des BIP); auch unter Berücksichtigung der Landesgröße sind sie als überdurchschnittlich einzuschätzen (Härtel et al. 1996).

- Die **direkte Unternehmensverflechtung mit dem Ausland** hat eine ähnliche Größenordnung erreicht wie der Außenhandel. Über 7.000 deutsche Investoren betrieben 1995 über 22.000 Tochter- und Beteiligungsgesellschaften im Ausland und beschäftigten dort über 2,7 Mio. Mitarbeiter. Der Umsatz "deutscher" Auslandsgesellschaften überschritt 1995 erstmals die Grenze von 1000 Mrd. DM. Er übertrifft seit 1993 den Umsatz der auslandskontrollierten Unternehmen in Deutschland. Der Umsatz der deutschen Töchter ausländischer Investoren entwickelt sich nach einer nominalen Stagnation in den frühen 90er Jahren (die einem realen Rückgang gleichkommt) etwas schwächer als die Gesamtwirtschaft. Die kräftig expandierende Anzahl der Beschäftigten bei Tochter- und Beteiligungsgesellschaften deutscher Unternehmen im Ausland übersteigt schon seit den 70er Jahren diejenige ausländischer Unternehmen in Deutschland.

---

3 Diese Quote liegt deutlich niedriger als die üblicherweise (auch im HWWA-Schwerpunktbericht zur Globalisierung) verwendete gesamtwirtschaftliche Exportquote von rund einem Drittel. Der höhere Wert bezieht sich auf Westdeutschland, und er enthält - bis 1991 - auch den innerdeutschen Handel, der bei der hier angestellten gesamtdeutschen Betrachtung nicht mehr enthalten ist.

Betrachtet man die Globalisierung im Zeitverlauf, so erscheint sie weniger dramatisch, als die intensive wirtschaftspolitische Diskussion vermuten läßt (Schaubild 3.1.1). Es handelt sich um einen seit geraumer Zeit andauernden Prozeß, der sich auch in den frühen 90er Jahren nicht sprunghaft beschleunigt hat. Nach den Verwerfungen im Internationalisierungsprozeß durch die deutsche Einheit (Importsog und Umleitung von Expor-

Schaubild 3.1.1: Internationalisierung der deutschen Wirtschaft 1980 -1996

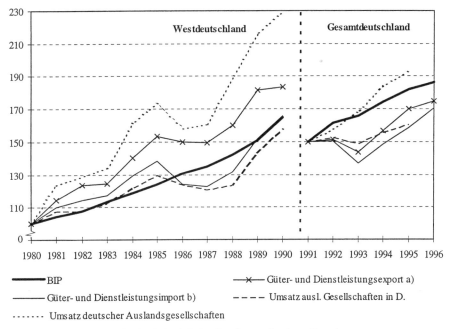

Quelle: Deutsche Bundesbank (a); Statistisches Bundesamt (j); eigene Berechnungen

ten nach Ostdeutschland), durch konjunkturelle Faktoren sowie durch Lücken in der Erfassung des EG-Intrahandels ist erst seit 1994 bei Außenhandel und Auslandsproduktion deutscher Unternehmen eine gewisse Beschleunigung eingetreten, ohne daß man allerdings von einer grundlegend neuen Tendenz zur Internationalisierung sprechen kann. Der Umsatz der deutschen Töchter ausländischer Investoren entwickelt sich nach einer nominalen Stagnation in den frühen 90er Jahren etwas schwächer als die Gesamtwirtschaft. Bei den in Tab. 3.1.1 enthaltenen Beschäftigtenzahlen sind auslandskontrollierte Unternehmen sogar deutlich zurückgefallen.

Ein weiterer Aspekt der Globalisierung liegt in der **strategischen Koordination der Aktivitäten in verschiedenen Ländern**. Dies müßte sich in zunehmenden konzernin-

> **Verzerrte Statistiken zur Internationalisierung**
>
> Niveau und Entwicklung der Internationalisierung werden in den letzten Jahren durch die Wiedervereinigung, asynchrone Konjunkturverläufe und Umstellungen der Statistik verzerrt:
> - Die Wiedervereinigung bewirkte im Jahre 1991 automatisch eine rückläufige Internationalisierung. Zum einen ist eine deutliche Umlenkung der westdeutschen Exporte (weniger dagegen der Direktinvestitionen) nach Ostdeutschland erfolgt, zum anderen ist Ostdeutschland wesentlich schwächer in den Welthandel und in die internationalen Direktinvestitionen eingebunden als Westdeutschland (s. im einzelnen Härtel et al. 1996). Auf den Versuch einer Bereinigung dieser Verzerrung wird hier verzichtet, da die Trennung der Daten für Außenhandel und Direktinvestitionen nach Gebietsständen mit großer Unsicherheit behaftet wäre. Unsicherheiten resultieren vor allem aus der Verflechtung west- und ostdeutscher Industrie- und Handelsunternehmen, die dazu führt, daß der ostdeutsche Außenhandel zum unbekannten Teil über Westdeutschland abgewickelt und auch dort erfaßt wird. Ebenso werden Auslandsbeteiligungen an ostdeutschen Unternehmen oft indirekt über bestehende westdeutsche Tochtergesellschaften gehalten.
> - Im Jahre 1993 führte die in Deutschland besonders ausgeprägte Rezession zu einem nachhaltigen Importrückgang, und die veränderte Erfassung des Intra-EG-Handels führt zu dessen Unterschätzung, die über 5 Prozent hinausgehen kann.
> - Die Analyse der aktuellen Entwicklung der sektoralen Auslandsverflechtung wird nachhaltig durch zwei Brüche in der Statistik behindert: Wegen der Anpassung der deutschen an die europäische Industriestatistik können die sektoralen Umsatzwerte ab 1995 in einer Reihe von Branchen nicht mehr mit denen früherer Jahre verglichen werden. Die noch vergleichbaren und auch aktuell verfügbaren Produktionswerte aus der VGR liegen auf detaillierter Sektorebene nur für Westdeutschland vor. Dagegen wird der Außenhandel (der kompatibel zu den Produktionswerten abgegrenzt ist) in der VGR (sinnvollerweise) nur für Gesamtdeutschland ausgewiesen.
>
> Im Ergebnis lassen diese Faktoren jede Aussage zur trendmäßigen Entwicklung der Internationalisierung in den bisherigen 90er Jahren unsicher werden.

ternen Außenhandels- und Dienstleistungsströmen auswirken, die in der deutschen Statistik jedoch kaum erfaßt werden. Die vorhandene Evidenz ist widersprüchlich:

- Die Tatsache, daß die Auslandsproduktion deutscher Investoren eine deutlich höhere Wachstumsrate aufweist als der Außenhandel, könnte ein Indiz dafür sein, daß der Aufbau internationaler Produktionsnetzwerke, der zu mehr Außenhandel führen müßte, nicht so rasch vorankommt, wie es vielfach erwartet wurde.

- Andererseits sind die Transfers einiger Dienstleistungen, die oftmals innerhalb von Unternehmen erbracht werden, weit überdurchschnittlich angestiegen. Zu nennen sind hier Ingenieurleistungen, Beiträge für vom Ausland erbrachte F&E-Leistungen und der Transfer von kaufmännischen Dienstleistungen (Tab A3.1.2). Dies könnten Zeichen für eine stärkere internationale Integration der Unternehmen sein.[4]

---

4 Möglich ist natürlich auch, daß diese Transaktionen nicht so stark zunehmen wie angegeben, sondern nur in zunehmendem Maße ausgewiesen werden, etwa um Erträge in anderen Ländern anfallen zu lassen. Für diese Vermutung spricht, daß das Wachstum der Dienstleistungsimporte deutlich höher ist als

3.1.2 Nationale Dienstleistungen

Im Dienstleistungssektor sind der Internationalisierung bisher enge Grenzen gesetzt. Die Außenhandelsquoten liegen im Durchschnitt bei unter 3 vH, d.h. bei rund einem Zehntel der entsprechenden Quoten in der Industrie.[5] Dies läßt sich auf mehrere Faktoren zurückführen:

- Ein großer Teil der Dienstleistungsmärkte ist regional begrenzt; die Leistungen sind nicht international handelbar (Beispiel: Hotels, persönliche Dienstleistungen).

- Die Nachfrage weist oft regionale Besonderheiten auf, denen auswärtige Anbieter nur unter hohen Kosten entsprechen können. Auch eine fremde Sprache stellt ein Marktzugangshemmnis dar.

- Institutionelle Handels- und Niederlassungshemmnisse, etwa in Form von Zulassungsbeschränkungen und nationalen Regulierungen im Energie-, Telekommunikations- und Versicherungsbereich, spielen traditionell eine wesentliche Rolle.

Angesichts der begrenzten Handelbarkeit vieler Dienstleistungen liegt die Vermutung nahe, daß die Internationalisierung in diesem Sektor weitgehend über die **Auslandsproduktion** erfolgt. Diese Internationalisierungsform hätte wirtschaftspolitisch den Vorteil, daß neue, leistungsfähige Anbieter den Wettbewerb intensivieren und die Effizienz auch in jenen Märkten steigern können, in denen der Außenhandel diese Funktion nicht erfüllen kann. Allerdings stellen die anderen genannten Faktoren (mangelnde Vertrautheit mit regionalen Besonderheiten und institutionelle Schranken) nicht nur Handels-, sondern auch Investitionshemmnisse für ausländische Unternehmen dar. Die Quote der Auslandsbeschäftigten in Prozent der Inlandsbeschäftigten liegt nicht einmal halb so hoch wie in der Industrie.[6]

---

das der Exporte - allerdings nicht bei allen Teilpositionen. Ebenso kann das höhere Importwachstum aber auf deutsche Standortschwächen hindeuten.

5 Zu berücksichtigen ist bei der geringen Außenhandelsorientierung des Dienstleistungssektors allerdings, daß viele national erbrachte Dienstleistungen Eingang in die Industrieproduktion und damit in den Export finden. Nach Berechnungen auf Grundlage der Input-Output-Tabelle für 1991 verdreifacht sich die Exportquote im Dienstleistungsbereich (Unternehmen o. Wohnungsvermietung) bei Einbeziehung indirekter Exporte von rund 6 vH auf 18 vH. Auch damit liegt sie aber noch weit unter derjenigen der Industrie, die mit über 65 vH um rund die Hälfte höher liegt als die direkte Exportquote (Vergleich. Tab. A3.1.5).

6 Im dominierenden Handelssektor wird die hoch scheinende Internationalisierung dadurch relativiert, daß sie in wesentlichen Teilen Element der Internationalisierung der Industrie ist. Über die Hälfte der Auslandsgesellschaften im Handel (gemessen an den Direktinvestitionen und am Umsatz) sind industriellen Auslandsinvestoren zuzurechnen. Es handelt sich dabei vorwiegend um Vertriebsgesellschaften für Exportgüter, auf die weiter unten eingegangen wird.

Tabelle 3.1.2: Internationalisierung im Dienstleistungsbereich 1980-1995

a) Außenhandel

	Exportquoten [a]				Importquoten [a]			
	Westdeutschland		Gesamtdeutschl.		Westdeutschland		Gesamtdeutschl.	
	1980	1990	1991	1995	1980	1990	1991	1995
Dienstleist. Untern. [b]	1.7	2.0	1.7	1.6	1.4	1.6	1.7	1.6
Baugewerbe	0.6	0.9	0.4	0.2	0.4	0.4	0.4	0.6
Handel	0.6	0.7	0.7	0.6	0.3	0.3	0.4	0.4
Verkehr, Nachr.üb. [c]	15.1	14.0	13.5	12.4	8.8	9.4	10.0	9.0
Kreditinstitute	0.0	0.1	0.1	0.1	0.5	0.3	0.4	0.5
Versicherungsunt.	0.7	0.6	0	2.0	0.8	0.6	1.6	2.5
Sonst. Dienstl.unt.	2.8	2.8	2.0	1.9	4.3	3.2	3.3	2.8
zum Vergleich:								
Verarbeit. Gewerbe	24.2	31.7	29.2	29.8	19.3	25.1	24.5	25.6

a Ex- bzw. Importquoten, basierend auf den Produktionswerten der VGR.
   Exportquote = Export x 100 /BPW, Importquote = Import x 100 / (BPW - Export + Import)
b Summe aus Baugewerbe, Handel, Verkehr und Nachrichtenüberm., Kreditinstitute, Versicherungsunternehmen, Sonstige Dienstleistungsunternehmen
c ohne Post und Bahn

b) Direktinvestitionen

	Beschäftigte bei deutschen Auslandsgesellschaften			Beschäftigte bei auslandskontrollierten Firmen in Deutschland		
	1980	1995	1995	1980	1995	1995
	vH der Gesamtbeschäftigten [a]		Tds.	vH der Gesamtbeschäftigten [a]		Tds.
Land-u.Forstwirt.	2	2	9	4	1	4
Verarb. Gewerbe	18	29	1868	17	16	1060
Bau	2	3	86	1	1	40
Dienstleistungen [b]	7	11	661	7	6	356
Handel	10	13	505	7	7	261
Verkehr, Nach.üb. [c]	5	6	64	5	4	42
Finanzwesen	2	6	48	2	3	25
Versicherungen	8	18	44	16	11	28
Unternehm. insges [c]	11	14	2757	10	8	1634

a in Westdeutschland (1980); in Gesamtdeutschland (1995)
   Anteil der Beschäftigten bei Auslandstöchtern an den Beschäftigten des jeweiligen Sektors in Westdeutschland. Abgrenzung der Beschäftigten: Verarbeitendes Gewerbe: Statistisches Bundesamt (a); andere Sektoren: Arbeitnehmer gem. Statistisches Bundesamt (j). Gesamtwerte ohne Post, Bahn, Gesundheitswesen
b Summe aus Handel, Verkehr usw., Finanzwesen, Versicherungen
c ohne Post und Bahn
Quelle: Deutsche Bundesbank (b); Statistisches Bundesamt (j); Bundesanstalt für Arbeit; eigene Berechnungen

Allerdings lassen neue Entwicklungen in der Informations- und Kommunikationstechnologie Dienstleistungen zunehmend handelbar werden, dies erleichtert auch Produktionsverlagerungen in kostengünstige Länder. Zudem sinken mit der internationalen Angleichung von Nachfragetrends sowie der Liberalisierung der Markt- und Niederlassungsbedingungen für ausländische Anbieter die spezifischen Kosten des Marktzutritts. Gerade im Dienstleistungsbereich wird ein großes Internationalisierungspotential gesehen (World Bank 1995). Diese These wird für Deutschland u.a. gestützt durch

- ein klar überdurchschnittliches Wachstum der Direktinvestitionen im Dienstleistungsbereich (Tab A3.1.1),
- durch zahlreiche bekanntgewordene Fälle der Auslagerung von kaufmännischen und technischen Funktionen in Entwicklungsländer und nach Mittel- und Osteuropa (Schnitzler 1994)
- sowie durch die oben bereits erwähnten hohen Zuwachsraten im Außenhandel mit technischen und kaufmännischen Dienstleistungen (Tab A3.1.2).

Auch in neuen deregulierten Technologiefeldern, wie im Telekommunikations- und Multimedia-Bereich, die großenteils den Dienstleistungen zuzurechnen sind, forcieren deutsche wie ausländische Unternehmen nachhaltig ihre Internationalisierung durch Direktinvestitionen, Außenhandel und Allianzen (Härtel et al. 1996).

3.1.3 Internationalisierte Industrie

3.1.3.1 Komponenten der Internationalisierung

Die Industrie ist Hauptträger der Internationalisierung und steht in ihrer Entwicklung auch am ehesten unter deren Einfluß. Die Internationalisierung hat, sieht man einmal von der "Einheitsdelle" ab, seit 1980 stetig zugenommen. Die vier hier betrachteten Verflechtungskomponenten erreichen zusammengenommen wertmäßig ungefähr den Bruttoproduktionswert der deutschen Industrie. Trotz der erwähnten Erfassungslücken im EU-Intrahandel ist **die statistisch ausgewiesene Internationalisierung noch stärker durch die Handels- als durch die Produktionsverflechtung gekennzeichnet**. Berücksichtigt man allerdings, daß ein Teil des Außenhandels als Folge der Auslandsproduktion entsteht, (s.u.), so sind beide als ebenbürtige Verflechtungsformen anzusehen. Auf der Ebene einzelner Sektoren kommt ihnen höchst unterschiedliche Bedeutung zu (Tabelle A3.1.5).

Die **Exportquoten** haben sich seit 1991 vor allem in jenen Sektoren erhöht, die schon vorher überdurchschnittlich exportiert haben (EDV, Zellstoff/Papier, Textilien, Maschinenbau, Automobilbau, Chemie, Metallerzeugung). Dies sind vorwiegend Branchen, die mit hoher Produktivität und FuE-Intensität arbeiten und ein leicht überdurchschnittliches Beschäftigungswachstum im Inland aufweisen. Die wenig exportorientierten Sektoren, die durch das Vorherrschen relativ kleiner Unternehmen, relativ niedrige Produktivität und Humankapitalintensität sowie durch eher unterdurchschnittliches Wachstum im Inland gekennzeichnet sind, haben nicht weiter aufgeholt.

Beim **Import** besteht eine im Vergleich zum Export größere, stabile Polarität zwischen den hochgradig internationalisierten und den übrigen Sektoren. Hochproduktive Sektoren weisen ebenso überdurchschnittliche Importquoten auf wie einige traditionelle Konsumgüterindustrien. Kräftige Zunahmen verzeichnen die EDV- und Textilindustrie. Dort treibt die internationale Integration der Produktion (Produktions- und Handelsnetzwerke in multinationalen Unternehmen sowie PLV-Verkehr) den Außenhandel voran. In den meisten Branchen hat sich das Gewicht der Importe im Vergleich zu den anderen Internationalisierungskomponenten nach der Wiedervereinigung etwas zurückgebildet.

Für die anhand von RCA-Werten gemessene **internationale Wettbewerbsfähigkeit** der Branchen ergeben sich aus den Veränderungen bei Ex- und Importen zwischen 1991 und 1995 im Einzelfall erhebliche Verbesserungen (z.B. Schiffbau, Luft- und Raumfahrzeuge, Zellstoff/Papier/Pappe, Druckereien) oder Verschlechterungen (z.B. EBM-Waren, Tabakwaren, Holzwaren, Feinkeramik). Die großen Branchen, welche die Industrie prägen, haben ihre überdurchschnittliche Wettbewerbsposition im wesentlichen gehalten (Schaubild 3.1.2).

Auslandskontrollierte Unternehmen haben ihre Position in den Sektoren insgesamt wenig verändert. Sie dominieren in der Tabak-, der Mineralöl- und der EDV-Industrie. Einer rückläufigen Bedeutung in den bisher wenig von ausländischen Investoren besetzten Sektoren Steine/Erden, Feinkeramik/Glas, Eisen/Stahl und NE-Metalle stehen leichte Zunahmen z.B. in den Branchen Ziehereien, Stahlbau, Maschinenbau, EBM-Waren und Bekleidung gegenüber. Dagegen ist die Internationalisierung durch **Auslandsproduktion deutscher Unternehmen** seit 1993 auf breiter Front gestiegen. Hochinternationalisierte Sektoren mit der Chemie an der Spitze, gefolgt von der Automobilindustrie, haben ihre Auslandsorientierung noch weiter verstärkt (Ausnahme: Gummiverarbeitung). Die Auslandsproduktion war in den letzten Jahren im sektoralen Durchschnitt und für die gewichtigsten Branchen meist die stärkste und oftmals sogar die einzige Wachstumskomponente (Tabelle 3.1.3). In einer Reihe von Sektoren hat sie den Außenhandel bereits übertroffen oder mit ihm gleichgezogen (Chemie, Automobile,

Schaubild 3.1.2: Außenhandelsperformance[a] nach Branchen des Verarbeitenden Gewerbes, Gesamtdeutschland

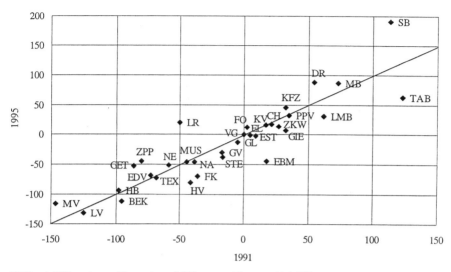

a RCA = ln{(Export$_{Branche}$ / Import$_{Branche}$) / (Export$_{VG}$ / Import$_{VG}$)} * 100
Quelle: Statistisches Bundesamt (j); eigene Berechnungen

Gummiwaren und einige transportkostenintensive Bereiche). Die am stärksten in Auslandsstandorten engagierten Branchen sind durch überdurchschnittliche Produktivität, FuE-Aufwendungen und Humankapitalintensitäten im Inland sowie durch das Vorherrschen von Großunternehmen gekennzeichnet. Mehrere der bisher wenig internationalisierten Sektoren haben mit ihren Auslandsengagements nachgezogen (Stahl, EDV-Industrie, Holzverarbeitung, EBM-Waren), andere sind eher weiter zurückgefallen (Lederwaren, Musikinstrumente usw., Stahlbau). Von einer sektoralen Angleichung der Internationalisierung durch Direktinvestitionen, d.h. der Mobilität der Produktion, kann man auch in jüngster Zeit nicht sprechen. Sie wäre auch aus theoretischer Sicht nicht zu erwarten, denn die unternehmensspezifischen Faktoren, welche die Internationalisierung der Wirtschaft durch Auslandsproduktion begünstigen, wirken nicht in besonders starkem Maße auf die bisher weniger internationalisierten Industriezweige.[7]

---

7 Dies gilt nur im jeweiligen Branchendurchschnitt. In den "national" gebliebenen Branchen sind durchaus Unternehmen anzutreffen, die hochgradig internationalisiert sind, und auf welche die Masse der ausgewiesenen sektoralen Auslandsaktivitäten entfällt (z.B. die Firmen Continental in der Gummiverarbeitung und SCHIEDER und Welle in der Holzverarbeitung). Dies verdeutlicht das hohe Gewicht unternehmensspezifischer Faktoren für den Internationalisierungsprozeß.

Tabelle 3.1.3: **Wachstumskomponenten der deutschen Industrie[a] 1991-1994**

Sektor	Komponenten des Umsatzwachstums[b] [vH]			
	insgesamt	Inlands-nachfrage	Export	Auslands-produktion[d]
Verarbeitendes Gewerbe insgesamt	1	-4	2	3
Chemie	7	-3	4	6
Maschinenbau	-9	-11	1	2
Automobile	3	-10	4	9
Elektroindustrie	6	-1	5	3
Konsumgüter[c]	-6	-5	-1	0

a deutsche und ausländische Unternehmensteile
b Veränderung der ausgewiesenen Komponenten 1991-1994 in vH des Umsatzes 1991
c Textil-, Bekleidungs-, Leder-, Holzwaren, Musikinstr./Spielwaren usw.
d Umsatz produzierender Auslandsgesellschaften
Quelle: Statistisches Bundesamt (j); Deutsche Bundesbank (b); eigene Berechnungen

Tabelle 3.1.4: **Struktur der Internationalisierung[a] der deutschen Wirtschaft nach Branchengruppen 1991 und 1994 (in vH)**

Branchenkenn-zeichen[b]	Export		Import		Auslandsproduktion				Internatio-nalisierung insgesamt (Σ 1-4)	
					in Deutschland		im Ausland			
	1		2		3		4		5	
	1991	1994	1991	1994	1991	1994	1991	1994	1991	1994
Verarb. Gewerbe	28	30	25	24	25	25	20	25	97	104
Produktivität										
hoch	36	40	28	28	28	29	35	46	128	144
mittel	32	33	22	21	18	18	13	16	86	89
niedrig	15	15	22	21	27	28	5	6	69	70
Humankapitalint.[c]										
hoch	32	36	27	26	33	33	31	40	123	136
mittel	34	38	22	22	17	18	12	15	86	94
niedrig	19	19	24	23	16	16	9	11	69	69
Beschäftigungs.-wachstum[d]										
hoch	31	34	25	25	22	23	23	32	100	113
mittel	37	41	22	21	25	25	31	38	115	125
niedrig	19	18	26	25	28	28	7	9	80	80
Traditionelle Kon-sumgüter[e]	34	32	50	47	10	10	11	11	106	101

a Außenhandel in vH des BPW (VGR), Auslandsproduktion in vH des Umsatzes der entsprechenden deutschen Branchengruppe (FS 4.1.1); 1991: Westdeutschland; 1994:Gesamtdeutschland
b zur Definition der Branchenkennzeichnung siehe Tabelle A6
c Die Struktur der Internationalisierung nach Klassifizierung der Humankapitalintensität entspricht weitgehend derjenigen nach der FuE-Intensität.
d 1980/81 - 1991/92
e Bekleidung, Textil, Lederwaren, Druckerei/Vervielfältigung, Holzwaren, Musikinstrumente/Spielwaren usw.
Quelle: Deutsche Bundesbank (b); Statistisches Bundesamt (j); eigene Berechnungen

Einen zusammenfassenden Überblick über die Internationalisierung durch Außenhandel und Auslandsproduktion enthält Tabelle 3.1.4. Sie läßt erkennen, daß insgesamt diejenigen Sektoren, in denen mit hoher Produktivität und Humankapitalintensität gearbeitet wird, am stärksten internationalisiert sind. Sie sind auch im Inland leicht überdurchschnittlich expansiv.

3.1.3.2 Intraindustrielle Verflechtung

Außenhandel und Auslandsproduktion sind durch eine intraindustrielle Verflechtung gekennzeichnet (vgl. Schaubild A3.1.1). Dies gilt in sektoraler Hinsicht insbesondere für eine Reihe humankapital- und FuE-intensiver Sektoren (EDV, Automobile, Chemie, Elektrotechnik/Elektronik, Feinmechanik/Optik, Zellstoff/Papier) und in regionaler Hinsicht für die Beziehungen mit den westeuropäischen Ländern, in denen ähnliche Standortbedingungen herrschen. Der intraindustrielle Außenhandel kommt im Durchschnitt für rund 75 vH des gesamten Außenhandels auf. Die intraindustrielle Produktionsverflechtung liegt nur wenig niedriger. Für die ökonomische Analyse bedeutet dies, **daß Performanceindikatoren, welche den Saldo der internationalen Produktion oder des Außenhandels zugrundelegen, in vielen Sektoren nur noch eingeschränkt Aussagen zulassen über die Qualität deutscher Standorte** für die jeweilige Produktion und über die Wettbewerbfähigkeit deutscher im Vergleich zu ausländischen Unternehmen. Die nationale sektorale Wettbewerbsposition ist offenbar in hohem Maße Ergebnis unternehmensspezifischer, d.h. strategischer Entscheidungen. Standortvorteile sind nicht (nur) durch die natürliche Faktorausstattung vorgegeben, sie werden von den Staaten und Unternehmen auch "gemacht".

3.1.3.3 Die regionale Komponente: Europäisierung und Globalisierung

Mit dem Begriff "Globalisierung" wird gemeinhin ein zunehmend weltweites Muster der internationalen Wirtschaftsverflechtung verstanden. Dies entspräche Überlegungen, nach denen die Auslandsaktivitäten eines Unternehmens mit zunehmender Erfahrung im Auslandsgeschäft und verbesserter Informations- und Steuerungsmöglichkeit nicht nur die "leichten" - und das heißt in der Regel die nahegelegenen - sondern auch die "schwierigen" Märkte umfassen. Im HWWA-Schwerpunktbericht zur Globalisierung wurde indessen darauf hingewiesen, daß die Realität bisher noch anders aussieht: Die Globalisierung stellt sich in den meisten Branchen noch als "Europäisierung" dar. Die starke deutsche Außenhandelsposition resultiert ausschließlich aus der intensiven Handelsverflechtung innerhalb Westeuropas. Die deutsche Wirtschaft profitiert von der zentralen Lage in Europa und von der EU-Mitgliedschaft. Im interkontinentalen Handel ist sie mit Im- und Exportquoten von jeweils 6 vH "nur" durchschnittlich engagiert. Offenbar eröffnen die verbesserten Transport- und Kommunikationsmöglichkeiten generell (und nicht nur in ökonomisch weit entfernten Ländern) Chancen für Außenhandel und Auslandsproduktion. Zudem hat die Liberalisierung im Europäischen Binnenmarkt die Möglichkeiten von Auslandsengagements in Westeuropa verbessert und den Wettbewerbsdruck erhöht, diese Optionen zu nutzen.

Die starke Orientierung der deutschen Außenwirtschaftsbeziehungen auf Westeuropa gilt auch jetzt noch, obgleich sie sich in den frühen 90er Jahren abgeschwächt hat (Tab 3.1.5). Fast 40 vH des Außenhandels mit verarbeiteten Industriegütern werden mit

Tabelle 3.1.5: Regionale Auslandsverflechtung[a] Deutschlands[b] bei verarbeiteten Gütern, in vH

Partnerregion	Export 1991	Export 1995	Import 1991	Import 1995	Auslandsproduktion 1991	Auslandsproduktion 1994
Nahverflechtung	21.5	21.5	17.8	16.6	10,5	13,1
Westeuropa	19.9	19.2	16.9	14.7	10,5	12,5
Nachbarländer	11.9	11.3	10.1	8.5	5,7	7,3
Reformländer	1.6	2.3	1.0	1.8	0,0	0,6
Fernverflechtung	6.4	8.4	6.9	7.2	8,6	10,7
Industrieländer	2.9	3.5	3.7	3.5	5,1	6,9
DAE-Länder[c]	1.3	2.2	1.9	2.1	0,4	0,8
sonst. Entwickl.länd.	2.2	2.6	1.4	1.5	3,1	3,0
Welt	28.3	30.0	24.7	23.4	19,0	23,8

a Ex- bzw. Importe in vH des Bruttoproduktionswertes im Verarbeitenden Gewerbe, Auslandsproduktion in vH des deutschen Industrieumsatzes (FS 4.1.1)
b Alle Werte für Gesamtdeutschland
c ASEAN, NIEs und China
Quelle: Statistisches Bundesamt (b) und (j); Deutsche Bundesbank (b); eigene Berechnungen

den direkten westeuropäischen Nachbarländern abgewickelt, gut 30 vH der Auslandsproduktion erfolgen dort.[8] Westeuropa insgesamt kommt für rund 60 vH des Außenhandels und für gut die Hälfte der Auslandsproduktion deutscher Unternehmen auf. Die Konzentration auf nahe Märkte zeigt, daß die Internationalisierung in erheblichem Maße als Fortsetzung der regionalen Expansion innerhalb Deutschlands zu begreifen ist. Die

---

8 Bei den ausländischen Direktinvestitionen in Deutschland weist die Bundesbank-Statistik ein noch höheres Gewicht der intraeuropäischen Verflechtung aus. Die regionale Zuordnung der inward-Direktinvestitionen wird jedoch durch Holdinggesellschaften in Nachbarländern (Niederlande) stark beeinträchtigt und ist insoweit wenig aussagefähig.

am wenigsten internationalisierten Sektoren sind mit ihren Auslandsaktivitäten in besonders hohem Maße auf die Nachbarländer ausgerichtet, während hochinternationalisierte Branchen (KFZ, Chemie, Gummiverarbeitung) relativ wenig in den Nachbarländern engagiert sind. Die Intensität der wirtschaftlichen Verflechtung nimmt mit der Entfernung ab; zunehmende Internationalisierung geht meist mit regionaler Diversifizierung einher.

Die Gegenüberstellung der Außenhandels- und Produktionsquoten in Tab. 3.1.5 zeigt, daß die **westeuropäische Integration aus deutscher Sicht noch stärker durch die Handels- als durch die Produktionsverflechtung geprägt** wird. Der Export ist - obwohl er im Binnenmarkt nicht vollständig erfaßt wird - rund 50 vH höher als die lokale Produktion deutscher Unternehmen, die aber deutlich aufholt. Sogar die am stärksten direkt im Ausland engagierten Branchen exportieren insgesamt mehr in die EG als sie dort produzieren. Produktionsschwerpunkte liegen in Belgien, Frankeich und Spanien.

Die wirtschaftliche **Verflechtung mit Regionen außerhalb Westeuropas** ist dagegen bereits annähernd **gleichgewichtig von Außenhandel und Auslandsproduktion gekennzeichnet**. Alle drei in Tabelle 3.1.5 ausgewiesenen Komponenten der außereuropäischen Verflechtung erreichen um 10 vH der Inlandsproduktion in Deutschland. Dabei bestehen erhebliche sektorale und regionale Unterschiede:[9]

- Im Außenhandel kommt außereuropäischen Ländern in vielen Branchen ein hohes Gewicht zu, das im Export z.T. 20 vH - 30 vH des deutschen Produktionswerts erreicht (Maschinenbau, Luft- und Raumfahrzeuge, Feinmechanik/Optik, Textilien, Lederwaren) und im Import noch weit darüber hinausgeht, nicht nur bei traditionellen Konsumgütern (Bekleidung, Lederwaren, Musikinstrumente etc.), sondern auch bei technologisch anspruchsvollen Produkten (EDV-Geräte, Luft- u. Raumfahrzeuge).

- Die "Globalisierung" der Produktion beschränkt sich auf weniger Branchen. Die durchschnittliche Produktionsquote in bezug auf die außereuropäischen Länder in Höhe von 11 vH der Inlandsproduktion wird geprägt von der Chemie (39 vH) und dem Automobilsektor (20 vH). Ohne diese beiden Branchen läge der Industriedurchschnitt nur gut halb so hoch (6,4 vH).

- Produktionsschwerpunkte in außereuropäischen Ländern haben dementsprechend auch nur Unternehmen aus wenigen Sektoren errichtet (Tab. 3.1.6). Im Mittelpunkt stehen die USA; dort sind die Eporte nur noch halb so hoch wie die lokale Produktion deutscher Unternehmen. Im Falle der Chemieindustrie und einiger transportkostenintensiver Branchen (Steine/Erden, Gießereien) erreicht die lokale Produktion

---

9 Die folgenden Ausführungen beziehen sich vorwiegend auf das Jahr 1994, da nur für dies Jahr Angaben zur regionalen Verteilung der sektoralen Auslandsproduktion vorliegen.

das Acht- oder Neunfache des Exports. Selbst wenn derartige Relationen noch die Ausnahme sind, so verdeutlichen sie doch im Einzelfall die weit fortgeschrittene Internationalisierung der Unternehmen und das immer geringer werdende Potential für internationale Handelskonflikte.

- In Entwicklungsländern beschäftigt die deutsche Wirtschaft zwar rund 600.000 Arbeitskräfte in industriellen Produktionsstätten (Tab. A3.1.3). In vielen Branchen/Ländern übersteigt die lokale Produktion bereits den Außenhandel, insgesamt erreicht sie aber nur 80 vH des Handelswertes.

Tabelle 3.1.6: Produktions- und Beschäftigungsschwerpunkte im Ausland, 1994

vH der Branchenproduktion bzw. -beschäftigung in Deutschland[c]	Anlageregionen				
	West-europa[a]	USA	Europ. Reformländer	Entwicklungsländer	Asien-Pazifik[b]
a) Auslandsproduktion					
10 vH oder mehr	CH, GV, LR, ZKW, MB, KFZ, EL, EBM, TEX, ZPP, LV, FKG	CH, GV, FO		KFZ	
5 bis unter 10 vH	KV, STE, GIE, NE, MUS, FO, PPV	EL, KFZ, MB, FKG		CH, EL	
3 bis unter 5 vH	EDV, LMB, ERN, TAB	STE, EST, TEX	GV	LV, ZKW, GIE, EST	
b) Auslandsbeschäftigte					
10 vH oder mehr	CH, GV, TEX, KFZ, EL, FKG, ZPP, LV, LR	CH	LV	CH, KFZ, EL, BEK, HB, TAB	
5 bis unter 10 vH	KV, STE, GIE, ZKW, NE, MB, FO, EBM, PPV, BEK, TAB	GV, EST, EL, FO, FKG	BEK, GV, STE, HV, TAB	EST, GIE, ZKW, MB, EL, MUS, HB, TEX	CH, EL, MUS, BEK
3 bis unter 5 vH	LMB, EDV, ERN	STE, GIE, HV, MB, KFZ, ZPP	TEX, HB, FO, EL, KFZ	LMB, FO, ZPP, LV	TEX, KFZ

a EG und EFTA.
b ASEAN und Hongkong, Südkorea, Taiwan, China, Japan
c Langfassung der Sektorbezeichnungen: s. Anhang
Quelle: Informationen der Deutschen Bundesbank; Statistisches Bundesamt (j); eigene Berechnungen

- Auffallend ist - verglichen mit dem Außenhandel - das bisher noch relativ geringe Gewicht der Produktionsverflechtung gegenüber dem Außenhandel mit den MOE-Ländern und dem asiatisch-pazifischen Raum. Trotz hohen Wachstums beläuft sich die lokale Produktion deutscher Unternehmen in beiden Regionen auf weniger als 1 vH der deutschen Inlandsproduktion. In den MOE-Ländern geht sie nur in fünf

Sektoren über ein Prozent hinaus (Gummiverarbeitung 3,2 vH; Automobile, Steine/Erden, Holzwaren, Lederwaren und Tabakerzeugnisse gut 1 vH). In den Entwicklungs- und Schwellenländern des asiatisch-pazifischen Raums produzieren lediglich die Unternehmen der Elektroindustrie, der Chemie und des Automobilbaus in größerem Umfang vor Ort, ohne daß man indessen von einem Produktionsschwerpunkt sprechen könnte. Die lokale Produktion in den MOE-Ländern beläuft sich auf nur 23 vH des Exports in diese Region. Im asiatisch-pazifischen Raum liegen die Relationen zwischen 15 vH des Exports in Hongkong und 76 vH in Indien. Ähnliche Relationen ergeben sich für den Import aus den gleichen Regionen. Auf der Ebene einzelner Sektoren - und zwar nicht nur bei transportkostenempfindlichen Produkten - ist das Gewicht der Auslandsproduktion natürlich wesentlich höher (etwa Automobilindustrie, Gummiverarbeitung und Industrie der Steine/Erden in Tschechien, Holzverarbeitung in Polen und Ungarn und Steine/Erden in Ungarn). Insgesamt zeigt sich aber, daß den in der Öffentlichkeit intensiv diskutierten Produktionsverlagerungen mittels Direktinvestitionen noch kein besonders hohes Gewicht zukommt. Die Produktionsschwerpunkte deutscher Unternehmen verschieben sich nur langsam.

3.1.4 Ergebnis

Die Vorstellung einer rapide zunehmenden Internationalisierung der Wirtschaft ist in wesentlichen Teilen korrekturbedürftig. Vielmehr handelt es sich um einen seit geraumer Zeit andauernden Prozeß, der sich, wenn man die "Störfaktoren" Binnenmarktstatistik, Rezession und Wiedervereinigung berücksichtigt, rein quantitativ weder in den späten 80er noch in den frühen 90er Jahren sprunghaft beschleunigt hat. Er zeigt sich vor allem in der Auslandsproduktion deutscher Unternehmen.

- Der **Dienstleistungsbereich** ist nach wie vor weitgehend national orientiert. Institutionelle und strukturelle Hemmnisse behindern sowohl den Außenhandel als auch die Auslandsproduktion. Die Bedeutung dieser Hemmnisse nimmt jedoch ab; in Teilbereichen sind massive Internationalisierungsprozesse im Gang.

- In der **Industrie** hat die internationale Verflechtung nach der "Einheitsdelle" und der Rezession weiter zugenommen. In den bisherigen 90er Jahren lieferten Auslandsproduktion und Export die einzigen Impulse für das Umsatzwachstum. Die Auslandsproduktion deutscher Unternehmen stieg über ein breites Branchenspektrum, wobei die Chemie und - mit Abstand - auch die Automobilindustrie Sonderrollen einnehmen. Besonders stark sind Branchen internationalisiert, deren Produktion durch hohe Produktivität und Humankapitalintensität gekennzeichnet ist.

- Die Internationalisierung wird in hohem Maße **von unternehmensspezifischen Faktoren geprägt**. Sie ist gekennzeichnet durch intrasektorale und intra-europäische Verflechtung. Produktionsschwerpunkte bestehen außerdem vor allem in den USA.

Die Verflechtung mit Asien-Pazifik und den MOE-Ländern steigt rapide an, sie hat aber bisher nur beim Außenhandel ein substantielles Niveau erreicht.

Wenn die Internationalisierung der deutschen Wirtschaft in den bisherigen 90er Jahren im Durchschnitt wenig spektakuläre Veränderungen erfahren hat und sich in der Praxis meist als weniger gewichtig herausstellt, als die intensive Diskussion der "Globalisierung" vermuten läßt, so verdient sie doch für Strukturanalysen ein gesteigertes Interesse. Erstens werden einzelne Branchen bereits von der internationalen Verflechtung geprägt. Zweitens muß auch für Sektoren, die bisher weniger internationalisiert sind, in Rechnung gestellt werden, daß die räumliche Flexibilität der Investitionen generell gestiegen ist. **Schon die Möglichkeit der Internationalisierung kann den Wettbewerb auf den Güter- und Faktormärkten beeinflussen.** Im Zusammenhang damit ist, drittens, zu berücksichtigen, daß Arbeitskräftewanderungen den internationalen Wettbewerb auch in die bisher weitgehend vom Ausland abgeschirmten Bereiche tragen können (z.B. Bauwirtschaft, Dienstleistungen). In den folgenden Abschnitten werden einige eingangs genannte Aspekte des "Standorts Deutschland" näher beleuchtet, die im Zentrum der wirtschaftspolitischen Diskussion stehen.

In den folgenden Abschnitten werden einige eingangs genannte Aspekte des "Standorts Deutschland" näher beleuchtet, die im Zentrum der wirtschaftspolitischen Diskussion stehen.

3.2 Standortwettbewerb mit Hochlohnländern

3.2.1 Zurückgefallen im Außenhandel - zu hohe Lohnkosten?

3.2.1.1 Position im Außenhandel

Erste Anhaltspunkte für eine Einschätzung der deutschen Standortqualität für international gehandelte Güter ergeben sich aus der **deutschen Position im Welthandel**. Die in Schaubild 3.2.1.1 dargestellte Entwicklung läßt 1993 einen deutlichen Rückgang des Anteils am Weltexport erkennen. Er ist seit der Wiedervereinigung um fast zwei Prozentpunkte auf nunmehr rund 10 vH gefallen.[10] Bei konstantem Weltexportanteil wäre, wie das Institut der deutschen Wirtschaft ermittelt (iw trends, Nr. 12/1996), der Export im Jahre 1995 um 104 Mrd. DM höher gewesen. Rechnet man diesen "Exportverlust"

---

10 Der jüngste Anstieg der deutschen Exporte, der durch eine schwächere DM begünstigt wurde, konnte noch nicht berücksichtigt werden.

in "Beschäftigungsäquivalente" um, so ergibt sich für die deutsche Wirtschaft ein hypothetischer Verlust von rund 400.000 Arbeitsplätzen. Allerdings ist zum einen zu beachten, daß der Welthandelsanteil 1995 immer noch über dem Mitte der 80er Jahre erreichten Niveau lag; das hohe Vergleichsniveau der späten 80er Jahre ist durch die konjunkturbedingt starke Auslandsnachfrage nach deutschen Investitionsgütern geprägt. Zum anderen wären bei höherem Export Anpassungsreaktionen beim Import und beim Wechselkurs in Rechnung zu stellen, und schließlich haben auch andere als standortspezifische Faktoren eine wesentliche Rolle für den rückläufigen Weltexportanteil gespielt:

- Die oben erwähnten statistischen Umstellungen führen seit 1993 zu erheblichen Lücken in der Erfassung des EU-Intrahandels - die Unterschätzung des deutschen Weltexportanteils könnte an einen halben Prozentpunkt heranreichen.

Schaubild 3.2.1.1   Deutsche Position im Welthandel (Güter) 1981-1995

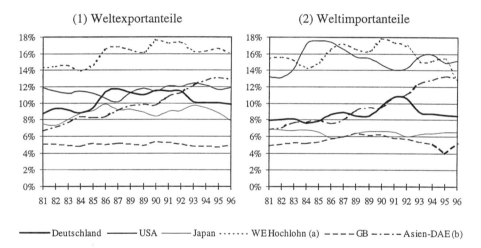

a   Dänemark, Niederlande, Belgien/Luxemburg, Frankreich, Schweiz, Österreich
b   China, Taiwan, Hongkong (dom.), Indonesien, Korea, Malaysia, Singapur (dom.), Thailand
Quelle: GATT; WTO; eigene Berechnungen

- Die enorme Expansion des Handels innerhalb des asiatisch-pazifischen Wachstumsraums läßt automatisch das Gewicht der anderen Regionen im Welthandel zurückgehen; dieser Effekt ist auf 0,3 Prozentpunkte zu veranschlagen.[11]

---

11 Auch die Aufspaltung der früheren Sowjetunion in viele selbständige Staaten führt zu einer Aufblähung des Welthandels, da sie aus Binnenhandel Außenhandel macht. Diesem Effekt kommt aber weit weniger Bedeutung zu als der Expansion in Asien.

Auch die anderen EU-Länder werden von diesen Faktoren betroffen; sie haben ebenfalls Anteile am Weltexport verloren, wenngleich weniger als Deutschland. Auch im EU-Intra-Handel scheinen sich die anderen Länder etwas besser gehalten zu haben als Deutschland. Allerdings ist unsicher, inwieweit die unterschiedliche "performance" im EU-Intra-Handel aus nationalen Unterschieden im Heraufschätzen der lückenhaften Handelsmeldungen resultiert. Deutschland ist - außer gegenüber den dynamischen asiatischen Ländern (DAE) - vor allem gegenüber den USA und Japan zurückgefallen. Gegen die Hypothese, daß diese relative Verschlechterung auf spezifische Standortschwächen Deutschlands zurückzuführen ist, spricht die Entwicklung der Importe (die bei der Berechnung von Arbeitsplatzeffekten des Außenhandels mitberücksichtigt werden müßten). Hier ist der deutsche Anteil nicht gestiegen, wie es als Folge von Standortnachteilen zu erwarten gewesen wäre, sondern ebenfalls gefallen und zwar in ähnlichem Maße wie der Exportanteil. Zwar liegt der Rückgang der deutschen Importe im Jahre 1993 zeitgleich mit dem Beginn der Rezession, doch lassen sich die seit 1994 ausgewiesenen niedrigen Anteile am Weltimport kaum noch durch die Rezession erklären.

Auch der Umstand, daß die wirtschaftliche Entwicklung seit der Rezession in Deutschland mehr von der Auslandsnachfrage als von der Binnennachfrage getragen wurde, spricht nicht für eine relative Standortschwäche Deutschlands in den Außenhandelssektoren. Generell dürfte die deutsche Außenhandelsentwicklung in den 90er Jahren weitgehend von den obengenannten Faktoren und - wie sich in einer detaillierten HWWA-Untersuchung (Krakowski et al. 1994) gezeigt hat - von konjunkturellen Asymmetrien bestimmt worden sein.

Dennoch kann man die Hypothese, daß Deutschland im Welthandel aufgrund von Standortschwächen zurückgefallen ist, nicht völlig ausschließen. Sie wird im folgenden näher überprüft. Dabei geht es vor allem um die in den vergangenen Jahren oft vertretene Einschätzung, daß die Ursache in zu hohen Lohnkosten liegt. Am prononciertesten vertritt diese These das Institut der deutschen Wirtschaft. Ein weniger dramatisches Bild zeichnet die Deutsche Bundesbank. Das HWWA hat im Schwerpunktbericht zur Globalisierung keinen gesicherten Zusammenhang zwischen Lohnkosten und Außenhandelsanteilen festgestellt (Härtel et al. 1996), und in einer IfO-Studie wurde dem Standort Deutschland im Hinblick auf die Lohnkosten sogar ein eher positives Urteil attestiert (Köddermann/Wilhelm 1996). Diese unterschiedlichen Ergebnisse und Wertungen ergeben sich aus unterschiedlichen Meßkonzepten, deren Implikationen im folgenden näher beleuchtet werden sollen.

3.2.1.2 Zu den Meßkonzepten

Ausgangspunkt ist der internationale Vergleich der Arbeitskosten je Arbeitnehmer oder je Arbeitsstunde. Nach diesem Vergleich werden in Westdeutschland weltweit die höchsten Löhne gezahlt. Für sich genommen ist dieser Befund keineswegs besorgniserregend, denn es ist das Ziel eines jeden Landes, Standortbedingungen zu schaffen, die eine möglichst hohe Einkommensposition sichern. Da eine hohe Standortqualität hohe Einkommen erlaubt, signalisieren hohe Arbeitskosten nicht von vornherein einen Standortnachteil. Dies wäre nur dann der Fall, wenn die Einkommensanforderungen die Leistungsfähigkeit übersteigen, so daß sich nicht genügend Kapital bereitfindet, um die Arbeitskräfte voll zu beschäftigen. Ein Urteil über die Arbeitskosten impliziert deshalb immer auch ein Urteil über die Leistungsfähigkeit, die in der Produktivität ihren Niederschlag findet. In der Standortdebatte besteht - wenn auch gelegentlich unausgesprochen - Konsens, daß Deutschland aufgrund seiner Standortqualität mit Recht zu den Hochlohnländern gehört. Gegenstand der Kontroverse ist, daß der Abstand zu anderen hochentwickelten Volkswirtschaften inzwischen zu groß geworden ist. Einer Zusammenstellung des Instituts der deutschen Wirtschaft zufolge kostete die Arbeitsstunde im westdeutschen Verarbeitenden Gewerbe im Jahre 1995 einschließlich der Lohnnebenkosten durchschnittlich 45,50 DM und damit - umgerechnet zu den geltenden Wechselkursen - fast 30 vH mehr als in Japan, rund 55 vH mehr als in Frankreich, 80 vH mehr als in den USA und mehr als doppelt so viel wie in Großbritannien. Selbst wenn man berücksichtigt, daß die jüngste Abwertung der DM gegenüber dem britischen Pfund und dem US-Dollar diese Unterschiede deutlich reduziert hat, so erscheint es doch kaum vorstellbar, daß Westdeutschland gegenüber diesen Ländern entsprechend hohe Leistungsvorsprünge aufweist.

Lohn- und Produktivitätsunterschiede

Die übliche Relativierung der Lohnunterschiede durch die Produktivitätsunterschiede wird neuerdings mit dem Argument in Frage gestellt, daß bei einer Produktionsverlagerung ins Ausland via Direktinvestitionen der Produktivitätsvorteil international mobil werden kann, insbesondere, wenn neue Produktionsstätten im Ausland errichtet werden. Aus diesem Grund - so wird argumentiert - gewinnen bei Standortentscheidungen die absoluten Arbeitskostenunterschiede gegenüber den Produktivitätsunterschieden immer mehr an Bedeutung (vgl. Schröder 1996b, S. 45 f.). Eine gewisse Bestätigung findet diese Argumentation etwa in den ausländischen Automobilinvestitionen[12] in Großbritanni-

---
12 Einschließlich Zulieferer, s. Financial Times v. 10.4.1996

en. Sie trifft jedoch nur für solche Produktivitätsvorteile zu, die auf firmenspezifischen Wettbewerbsvorteilen basieren. Gewichtige Komponenten der heimischen Produktivität sind nach wie vor nicht transferierbar: Produktivitätsvorteile, die auf der Ausstattung mit Infrastruktur oder auf den an Personen gebundenen Qualifikationen beruhen, verbleiben im Inland (vgl. Köddermann/Wilhelm 1996, S. 91). Das gleiche gilt für Agglomerationsvorteile, die dazu beitragen, daß Unternehmen in Regionen, in denen Firmen einer Branche oder mehrerer Branchen konzentriert sind, von positiven externen Effekten profitieren.

Weiterhin wird der Einwand vorgebracht, daß die Arbeitskosten zwar der wichtigste, aber nicht der einzige Kostenfaktor seien. Aus diesem Grund wird häufig auch die Berücksichtigung anderer Kostenkomponenten gefordert. Diese Forderung wird nur teilweise durch das Argument entkräftet, daß die Arbeitskräfte immobil sind, während die anderen Inputs (Kapital, Rohstoffe und Vorprodukte) international handelbar sind, so daß deren Preise für alle Volkswirtschaften ähnlich hoch sind (vgl. Trabold 1995, S. 172). Neben dem Faktor Arbeit zählen nämlich auch die Infrastruktur und Umwelt zu den immobilen Faktoren, deren Qualität und Kosten für die Beanspruchung von Land zu Land variieren. Überdies können auch die Kosten für die mobilen Faktoren bei gleichen Faktorpreisen je nach der Produktionstechnik ein unterschiedliches Gewicht haben. Dean/Sherwood (1994, S. 13 f.) z.B. plädieren deshalb im Rahmen einer Multifaktorenanalyse für die Einbeziehung weiterer Kostenkomponenten wie Kapital, Rohstoffe, Vorprodukte und Dienstleistungen (vgl. auch Simons/Westermann 1994, S. 11). Diese Vorgehensweise scheitert allerdings an der mangelnden Verfügbarkeit international vergleichbarer Daten, so daß man letztlich doch bei den Arbeitskosten als einzigem Faktor bleibt. Die Beschränkung auf die Arbeitskosten zur Beurteilung der Standortqualität läßt sich auch mit dem Argument verteidigen, daß sich die Effekte der übrigen Inputs weitgehend in der Höhe der Arbeitsproduktivität niederschlagen. So haben Dean/Sherwood (1995) für die USA festgestellt, daß der Verlauf der Arbeitskosten recht gut mit der Entwicklung der gesamten Kosten korrespondiert.

Vergleich der Lohnniveaus

In der Vergangenheit beschränkte man sich darauf, die **Veränderungen** der internationalen Lohnrelationen mit der Entwicklung der Produktivitätsrelationen zu vergleichen. Neuerdings gibt es ein Reihe von Versuchen, auch die Unterschiede des **Lohnniveaus** zu einem gegebenen Zeitpunkt mit den Produktivitätsunterschieden zu vergleichen. Auf diesem Vorgehen beruht das Urteil des Ifo-Instituts, das die Arbeitskosten je Arbeitnehmer auf die **nominale** Bruttowertschöpfung je Beschäftigten bezieht. Dieses Verhältnis entspricht der Lohnquote. Nach den Berechnungen des Ifo-Instituts ist die Lohnquote in der Gesamtwirtschaft, aber auch im Verarbeitenden Gewerbe, in Deutschland keineswegs höher als in den vier anderen großen Industrieländern USA, Japan, Frankreich und Großbritannien (Köddermann/Wilhelm 1996 S. 84). Dies würde aber bedeuten, daß Westdeutschland nicht nur bei den Löhnen, sondern auch bei der Produktivität den Konkurrenzländern weit voraus ist. Auch das RWI stellt in seinem jüngsten Gutachten kein übermäßig hohes Lohnniveau für Westdeutschland fest (Löbbe et al. 1996, S. 33, Tabelle 8). Dagegen errechnet das Institut der deutschen Wirtschaft in den letzten vier Jahren für das westdeutsche verarbeitende Gewerbe stets das höchste oder zweithöchste Lohnniveau aller Industrieländer (Link 1993, 1994 und 1995 sowie Schröder 1996).

Gegen diese auf einem Niveauvergleich gewonnenen Befunde gibt es gewichtige methodische Einwände. Eine niedrige Lohnquote signalisiert zum Beispiel nicht eine günstige Ertragslage, wenn sie auf eine hohe Kapitalintensität oder auf einen hohen Anteil der Selbständigen an den Erwerbstätigen zurückzuführen ist. Überdies kann eine niedrige Lohnquote durch hohe Steuern auf den Kapitaleinsatz und -ertrag neutralisiert werden und vice versa. Unterschiedliche Lohnquoten ergeben sich schließlich auch aus Unterschieden in der Abgrenzung der Lohnnebenkosten und der Finanzierung von Sozialleistungen durch Steuern oder Sozialabgaben. Nicht zuletzt beeinträchtigen Unterschiede in der statistischen Erfassung die Aussagefähigkeit dieser Größe. All diese Einwände verbieten die Verwendung der statistisch ausgewiesenen Produktivität für den Niveauvergleich, lassen aber den zeitlichen Vergleich vertretbar erscheinen, weil die Verzerrungen im Zeitverlauf relativ konstant sein dürften.

Entwicklung der Lohnstückkosten

Für den zeitlichen Vergleich wird in der Regel nicht der Verlauf der Lohnquote, sondern die Entwicklung der Lohnstückkosten herangezogen. Bei der Verwendung der Lohnquote wird der Anstieg der Arbeitskosten ins Verhältnis zum Anstieg der Produktivität in jeweiligen Preisen gesetzt, bei Verwendung der Lohnstückkosten dagegen in Relation zum Produktivitätsanstieg in konstanten Preisen. Die Lohnstückkosten kennzeichnen den von der Lohnentwicklung ausgehenden Kostendruck, zeigen aber nicht, inwieweit dieser Kostendruck durch Preissteigerungen neutralisiert oder auch überkompensiert werden konnte. **Die Vernachlässigung bzw. Einbeziehung der Preisentwicklung ist der wesentliche Grund für die unterschiedliche Beurteilung der Lohnkosten als**

Indikator der Standortqualität durch das Institut der deutschen Wirtschaft und das Ifo-Institut.

Für den internationalen Vergleich wurden hier die Lohnstückkosten Deutschlands auf den Durchschnitt der Lohnstückkosten in den anderen Ländern bezogen (relative Lohnstückkosten in gemeinsamer Währung), wobei als Gewichte die Anteile der jeweiligen Länder am deutschen Export verwendet werden. Durch Division mit dem durchschnittlichen Außenwert der D-Mark erhält man die von Veränderungen der Wechselkurse bereinigte Entwicklung der Lohnrelation (relative Lohnstückkosten in nationalen Währungen). Die Entwicklung der relativen Lohnstückkosten läßt sich damit in eine extern bedingte Wechselkurskomponente und in eine "hausgemachte" Komponente zerlegen, die durch die Lohn- und Produktivitätsentwicklung in den Ländern bestimmt wird. Werden dagegen die Arbeitskosten nicht auf die reale, sondern auf die nominale Produktivität bezogen, wird also die Entwicklung der Lohnquote in Deutschland auf die durchschnittliche Lohnquote der übrigen Industrieländer bezogen, dann erübrigt sich die Umrechnung mit den aktuellen Wechselkursen, da sich die Veränderungen der Währungsparitäten im Zähler und Nenner wegkürzen.

3.2.1.3 Empirische Evidenz

Nach dem Vollzug der deutschen Einheit hat sich in den Jahren von 1991 bis 1995 die deutsche Kostenposition im internationalen Vergleich erheblich erhöht. Als Verschlechterung wäre diese Erhöhung dann anzusehen, wenn sie - wie im folgenden zu prüfen sein wird - Marktanteils- und damit Einkommens- und Beschäftigungsverluste zur Folge gehabt hätte. Auf Basis der Berechnungen der Europäischen Kommission (1996a und 1996b) sind die Lohnstückkosten, ausgedrückt in einer gemeinsamen Währung, für Deutschland in der Gesamtwirtschaft um rd. 15 vH und im Verarbeitenden Gewerbe um rd. 24 vH stärker gestiegen als im Durchschnitt von 23 Industrieländern (vgl. Schaubild 3.2.1.2).

Von 1991 bis 1993 ist der Anstieg der relativen Lohnstückkosten sowohl auf den Anstieg des nominalen Außenwertes der DM als auch der relativen Lohnstückkosten in nationaler Währung zurückzuführen; hier wirkte sich unter anderem das hohe Tempo der Angleichung des ostdeutschen Lohnniveaus an das westdeutsche aus. Die nominale effektive Aufwertung fiel jedoch stärker ins Gewicht als der Anstieg der Lohnstückkosten. Von 1993 bis 1995 dagegen war allein die nominale effektive Aufwertung der DM für den Anstieg des realen Außenwertes verantwortlich; die Lohnstückkosten in nationaler Währung sind relativ zu den Konkurrenzländern sogar gesunken.

Schaubild 3.2.1.2: Realer Außenwert[a] Deutschlands gegenüber 23 Industrieländern

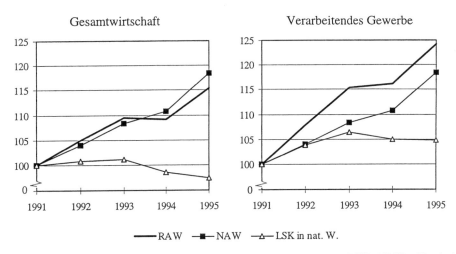

a RAW = Realer Außenwert der Währung auf Basis von Lohnstückkosten (LSK); NAW = Nominaler Außenwert der Währung
Quelle: Europäische Kommission (1995) und (1996); eigene Berechnungen

Mit Blick auf den realen Außenwert gelangt das Institut der deutschen Wirtschaft, das den Zeitraum von 1989 bis 1995 betrachtet, zu ähnlichen Ergebnissen. Danach sind die Lohnstückkosten in der Industrie Westdeutschlands um über 20 vH rascher als in den anderen Industrieländern gestiegen, gut ein Drittel des aufgelaufenen Kostennachteils sei hausgemacht (Schröder 1996b, S. 17). Auch Köddermann/Wilhelm (1996, S. 87) diagnostizieren für Deutschland im Zeitraum von 1985 bis 1995 im Vergleich der 5 wichtigsten Industrieländer eine beträchtliche Positionsverschlechterung auf der Basis nominaler Lohnstückkosten in gemeinsamer Währung. Allerdings war die Entwicklung für Japan noch erheblich ungünstiger.

Der Anstieg der relativen Lohnstückkosten war im Verarbeitenden Gewerbe deutlich höher als in der Gesamtwirtschaft (vgl. Schaubild 3.2.1.2). Diese Diskrepanz hat eine Diskussion ausgelöst, welche Abgrenzung für die Kennzeichnung der Standortqualität angemessen sei. Das Institut der deutschen Wirtschaft hält die **Beschränkung auf das Verarbeitende Gewerbe** für angezeigt, da nur dieser Wirtschaftsbereich in seiner Breite dem internationalen Wettbewerb ausgesetzt sei. Das Ifo-Institut hält dagegen die

gesamtwirtschaftliche Größe für sinnvoll, wenn nicht die Standortqualität im Sinne der Wettbewerbsfähigkeit auf den Gütermärkten zur Diskussion steht, sondern im Sinne der Attraktivität für mobiles Kapital, insbesondere in Form von Direktinvestitionen. Die Begründung dafür ist, daß ein großer Teil der Direktinvestitionen in die nichtindustriellen Sektoren fließt. Die Deutsche Bundesbank zieht den Indikator für den **gesamten Unternehmensbereich** vor. Sie argumentiert, daß ein großer Teil der nichtindustriellen Sektoren Vorleistungen für die Industrie erbringt und deshalb deren Wettbewerbsposition mitbestimmt. Eine Vernachlässigung dieses Bereichs erscheine vor allem deshalb nicht weiter vertretbar, weil der Grad der Auslagerung von Vorleistungen in nichtindustrielle Unternehmen von Land zu Land unterschiedlich ist. Allerdings nimmt die Bundesbank in Kauf, daß auch solche Branchen den Indikator mitbestimmen, die weder als Anbieter noch als Zulieferer mit dem Ausland konkurrieren.

Für die Diskussion über die Standortqualität ist nicht nur das Problem der geeigneten sektoralen Abgrenzung von Interesse, sondern auch die Frage nach den Ursachen für die Unterschiede zwischen der gesamtwirtschaftlichen und der industriellen Lohnentwicklung. Der stärkere Anstieg der relativen Lohnstückkosten im Verarbeitenden Gewerbe besagt, **daß sich Industriearbeit in Deutschland gegenüber nichtindustrieller Arbeit deutlich mehr verteuert hat als in den anderen Industrieländern.** Dieser Befund ist erstaunlich und erklärungsbedürftig, weil die deutsche Industrie unter erheblich größerem Wettbewerbsdruck steht als die nichtindustriellen Bereiche und deshalb auch weniger Anlaß zu Zugeständnissen an die Belegschaft hatte. Auch die Tatsache, daß die Gewerkschaften aufgrund des hohen Organisationsgrades in der Industrie eine höhere Durchsetzungsmacht haben, kann das sektorale Lohngefälle nicht erklären, denn diese Macht ist um so schwächer, je stärker der Wettbewerbsdruck aus dem Ausland ist.

Näherliegend ist es, das Lohngefälle damit zu erklären, daß sich die Qualifikation der Industriearbeitnehmer im Verhältnis zu den übrigen Beschäftigten in Deutschland günstiger als im Ausland entwickelt hat. Dafür ließen sich zwei Gründe anführen. Zum einen mag die im internationalen Vergleich unterschiedliche Tertiarisierung eine Rolle spielen. So vermutet die Bundesbank, daß in Deutschland der Grad der Ausgliederung bestimmter Zulieferer- und Dienstleistungsbereiche aus dem Verarbeitenden Gewerbe stärker von den entsprechenden Verhältnissen in der Mehrzahl der Partnerländer abweicht. Konkret müßte es so sein, daß in Deutschland relativ hoch bezahlte Dienstleistungsfunktionen noch in den Industrieunternehmen wahrgenommen werden, während diese im Ausland von eigenständigen Dienstleistungsanbietern bezogen werden. Plausibler ist aber die Vermutung, **daß die deutsche Industrie** - nicht zuletzt wegen des

Lohnkostendrucks - in stärkerem Maße Niedriglohnproduktion aufgegeben sowie unterdurchschnittlich qualifizierte und bezahlte Arbeitnehmer entlassen hat als die ausländische Konkurrenz.[13]

Ist die Hypothese richtig, daß die Industrie in Deutschland besser qualifizierte und damit auch höher bezahlte Arbeitskräfte beschäftigt als in vergleichbaren Industrieländern, dann kennzeichnet der Anstieg der relativen Lohnstückkosten nicht einen Standortnachteil, sondern eine gute Standortqualität für höherwertige Tätigkeiten.[14] Es müßte sich dann aber nachweisen lassen, daß mit den qualifizierten Arbeitskräften auch ein entsprechend höherwertiges Produktionsergebnis erwirtschaftet wurde. Dieser Nachweis gelingt nicht, wenn man an Produktivitätssteigerungen im Sinne der technischen Effizienz denkt, denn bei der Berechnung der relativen Lohnstückkosten wurde die Zunahme der Arbeitsproduktivität bereits abgezogen. Tatsächlich hat sich der reale Produktivitätsanstieg im Verarbeitenden Gewerbe nicht beschleunigt und war nach den Berechnungen des Instituts der deutschen Wirtschaft sogar schwächer als im Durchschnitt der Industrieländer.

Statt durch eine beschleunigte Verbesserung der technischen Effizienz könnte die deutsche Industrie ihre Wertschöpfung auch durch eine Verbesserung der terms-of-trade gesteigert haben. Dann hätten die deutschen Unternehmen die durch die Aufwertung der D-Mark und die Lohnsteigerungen verursachte Verteuerung ihrer Produkte auf den Auslandsmärkten weitgehend durchsetzen können und zugleich von der wechselkursbedingten Verbilligung ausländischer Vorleistungen profitiert. Eine Verbesserung der terms-of-trade schlägt sich - soweit Preisvorteile der Importgüter nicht voll an die Abnehmer weitergegeben werden - in einem Anstieg des Preisindex der Bruttowertschöpfung nieder. Vergleicht man nun die Lohnstückkostenentwicklung im Verarbeitenden Gewerbe Westdeutschlands mit der Veränderung der Bruttowertschöpfungspreise, so ergibt sich zwischen 1991 und 1995 ein Anstieg der Lohnstückkosten um 11 vH und der Wertschöpfungspreise um 8 vH (vgl. Schaubild 3.2.1.3). Das bedeutet, daß der Lohnkostenanstieg überwiegend - jedoch nicht vollständig - durch Steigerung der Absatzpreise oder durch eine relative Verbilligung der Vorleistungen aufgefangen worden ist. Auch in der Vergangenheit war mehr oder weniger ein Gleichlauf zwischen Lohnstückkosten und Wertschöpfungspreisen zu beobachten. Ein weiteres Indiz für die These, daß der Lohnstückkostenanstieg überwiegend, jedoch nicht vollständig, in Preissteigerungen

---

13 Dies müßte sich in relativ hohen Importen aus Niedriglohnländern niederschlagen, worauf in Teil 3.3 näher eingegangen wird.
14 Im Sinne der eingangs aufgeworfenen Frage wäre er also nicht als "Verschlechterung" zu werten.

überwälzt werden konnte, ist die Tatsache, daß die Exportpreise der gewerblichen Wirtschaft von 1991 bis 1995 mit 3 1/2 vH nur wenig schwächer gestiegen sind als die industriellen Erzeugerpreise mit rd. 4 1/2 vH.

Diese Argumentation ist allerdings nicht kompatibel mit dem deutlichen Rückgang der Durchschnittswerte des Exports im Jahre 1993 (vgl. Schaubild 3.2.1.3). Auf der anderen Seite läßt sich anhand der rückläufigen Durchschnittswerte auch nicht auf eine "ausgereizte" Überwälzungsmöglichkeit schließen, solange sich die Exportpreise ungefähr parallel zu den Erzeugerpreisen bewegen.

Die Exportpreise (Waren und Dienstleistungen) sowie die Erzeugerpreise (verarbeitete Güter) sind in Deutschland in gemeinsamer Währung nach 1991 deutlich stärker gestiegen als in den anderen Industrieländern (vgl. Schaubild 3.2.1.4); dies lag an der Aufwertung der DM. Der relative Preisanstieg war bei den Exportpreisen noch etwas höher als bei den Erzeugerpreisen. Damit war der Preisüberwälzungsspielraum für Deutschland etwas größer als für die anderen Industrieländer.

Schaubild 3.2.1.3: **Entwicklung der Lohnstückkosten und der Preise[a] im Verarbeitenden Gewerbe Westdeutschlands, 1991=100**

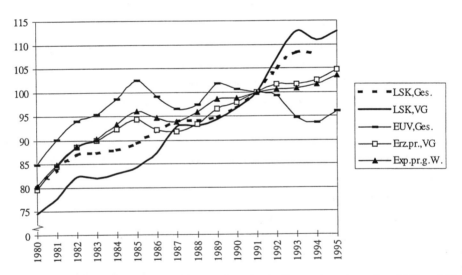

a Die Exportdurchschnittswerte und die Exportpreise gelten im Gegensatz zu den anderen Größen nicht für verarbeitete Waren sondern für alle Waren
Quelle: Statistisches Bundesamt (j); eigene Berechnungen

Schaubild 3.2.1.4: Lohnstückkosten- und Preisentwicklung für Deutschland im Vergleich zu 23 Industrieländern, in gemeinsamer Währung

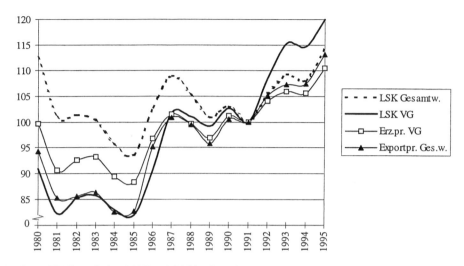

Quelle: EU-Kommission (1995) und (1996); eigene Berechnungen

Die Tatsache, daß es den deutschen Unternehmen gelungen ist, die gestiegenen Lohnstückkosten auf die Preise zu überwälzen, sagt für sich genommen noch nicht viel aus. Sie kann zum einen bedeuten, daß das deutsche Exportsortiment aufgrund von Nichtpreiswettbewerbsfaktoren wie Qualität, Produktdifferenzierung, Pünktlichkeit der Lieferung u.a. wenig preiselastisch ist. Es wäre demnach vorher "zu billig" verkauft worden. Gleichwohl birgt die Verteuerung deutscher Produkte die Gefahr, daß die ausländische Konkurrenz ihre Anstrengungen verstärkt, um die deutschen Vorsprünge aufzuholen. Zum anderen kann der Gleichlauf von Lohnstückkosten und Wertschöpfungspreisen auch dadurch verursacht sein, daß Unternehmen, die zu teuer produzieren, aus dem Markt ausgeschieden sind. Welche der beiden Hypothesen der Realität entspricht, läßt sich erst entscheiden, wenn der Kosten- und Preisanstieg mit Veränderungen der Exporte und Importe in Verbindung gebracht wird.

Zwischen 1991 und 1994 sank der Anteil der deutschen nominalen[15] Industriegüterexporte an den Exporten aller Industrieländer von 18 vH auf knapp 16 vH, im Jahre 1995

---

15 Zur Messung der deutschen Exportposition wird die nominale und nicht die reale Exportentwicklung berücksichtigt. Da eine Volkswirtschaft nicht Außenhandel treibt, um möglichst große Mengen abzusetzen, sondern um ein möglichst hohes Einkommen zu erzielen, ist nicht das Exportvolumen, sondern der Exporterlös der angemessene Performanceindikator. Darüber hinaus basiert die Berechnung von Exportvolumina zumeist auf Exportdurchschnittswerten als Näherungsgröße für die Exportpreise. Ge-

stieg er jedoch wieder auf knapp 17 vH (vgl. Schaubild 3.2.1.5). Damit scheint sich auf den ersten Blick die These des Instituts der deutschen Wirtschaft zu bestätigen, daß der erhebliche Lohnstückkostenanstieg in den frühen 90er Jahren die internationale Wettbewerbsfähigkeit und die Standortqualität Deutschlands beeinträchtigt hat. Für die Beurteilung der Außenhandelsdaten ist aber, wie bereits oben ausgeführt, zu beachten, daß

Schaubild 3.2.1.5: **Der Zusammenhang zwischen der relativen LSK-Entwicklung[a] und der Exportperformance[b] im Verarbeitenden Gewerbe Deutschlands in den 90er Jahren**

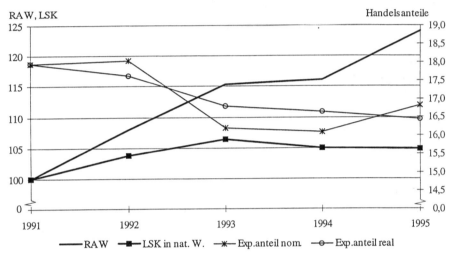

a RAW = realer Außenwert der Währung: Relative nominale Lohnstückkosten in einer gemeinsamen Währung gegenüber 23 Industrieländern
   LSK: Relative nominale Lohnstückkosten in nationaler Währung gegenüber 23 Industrieländern
b Anteil der deutschen Exporte an den Exporten der Industrieländer von verarbeiteten Gütern
Quelle: EU-Kommission (1995) und (1996); GATT/WTO; UN; eigene Berechnungen

der Rückgang des Exportanteils praktisch ausschließlich im Jahre 1993 zustande kam; dies spricht dafür, daß er zumindest teilweise statistisch bedingt ist und mit der Umstellung der Erfassung des Intra-EU Handels zusammenhängt.

Deutschland verzeichnet zwischen 1991 und 1994 nach Japan den zweitstärksten Anstieg der relativen Lohnstückkosten in gemeinsamer Währung und gleichzeitig nach Norwegen und Griechenland die drittschwächste Wachstumsrate der Exporte von Industriegütern (vgl. Schaubild 3.2.1.6). Betrachtet man den Zusammenhang zwischen rela-

---

rade für die 90er Jahre ist aber eine erhebliche Diskrepanz zwischen der Entwicklung von Exportpreisen und Exportdurchschnittswerten zu beobachten (vgl. Schaubild 3.2.1.3).

Schaubild 3.2.1.6: Lohnstückkostenentwicklung[a] (RAW) und Exportperformance[b] im Verarbeitenden Gewerbe, 1991-1994

a reales Exportwachstum

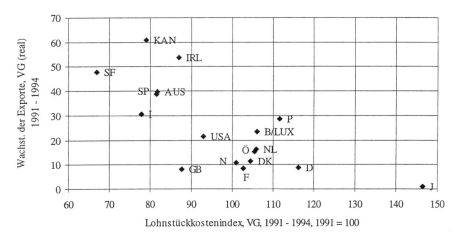

b nominales Exportwachstum

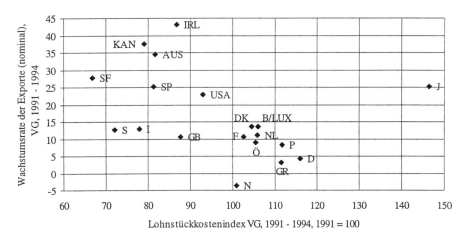

a Nominale Lohnstückkosten in gemeinsamer Währung in Relation zum Durchschnitt von 23 Industrieländern; 1991 = 100
b Wachstum der Exporte von verarbeiteten Gütern zwischen 1991 und 1994
Quelle: EU-Kommission (1995) und (1996); UN; eigene Berechnungen

tiver Lohnstückkostenentwicklung und **realer** Exportentwicklung im Ländervergleich, so zeigt sich ein deutlich negativer Zusammenhang. Dies scheint wiederum auf ein Absinken der deutschen - und mehr noch der japanischen - Wettbewerbsfähigkeit in den 90er Jahren hinzudeuten. Verwendet man statt dessen die Entwicklung der **nominalen**

Exporte, so ist der statistische Zusammenhang weniger klar; insbesondere Japan weist eine relativ gute Performance auf. Überdies wirkt sich offenbar die geänderte Erfassung des europäischen Intrahandels aus: Alle EU-Länder mit Ausnahme Irlands und Spaniens verzeichnen nur ein geringe Zunahme der Exporte, während die außereuropäischen Industrieländer hohe Exportsteigerungen aufweisen. Zudem wird der negative Zusammenhang beider Größen stark durch die kleinen Volkswirtschaften geprägt. Betrachtet man nur die großen Länder, ist er weit weniger eindeutig.

Die These eines lohnkosteninduzierten Rückgangs der internationalen Wettbewerbsfähigkeit Deutschlands in den 90er Jahren wird, wie eingangs bereits dargestellt, **auch durch die Entwicklung der Importe relativiert**: Der deutsche Anteil an den Weltimporten von verarbeiteten Gütern ist, ebenso wie der Exportanteil, von 1991 bis 1994 deutlich zurückgegangen. Während man den Einbruch des Jahres 1993 noch mit der Rezession erklären könnte, erscheint dies für die folgenden Jahre nicht mehr möglich. Insbesondere paßt der rückläufige Importanteil auch nicht zu der oft vorgebrachten These, daß die deutsche Wirtschaft in zunehmendem Maße Vorleistungen aus dem Ausland bezieht, wobei bei den Importen - ebenso wie bei den Exporten - ein erheblicher Einbruch im Jahre 1993 zu beobachten war. Die Export-Import-Relation hat sich von 1991 bis 1994 sogar leicht erhöht. Dies paßt ebenfalls nicht zu einer gesunkenen Wettbewerbsfähigkeit.

Nun kann eingewendet werden, daß die Auswirkungen des starken Kostendrucks bisher nur teilweise aufgetreten sind und erst in den kommenden Jahren voll zum Tragen kommen. In der Vergangenheit haben sich derartige Befürchtungen jedoch nicht bestätigt: Kostenanstiege, die im internationalen Vergleich erheblich über dem Durchschnitt lagen, hatten keine Verschlechterung der Exportperformance zur Folge. So sind die nominalen Lohnstückkosten des Verarbeitenden Gewerbes in gemeinsamer Währung in den Jahren von 1985 bis 1995 um rd. 50 vH stärker gestiegen als in den anderen Industrieländern, der deutsche Anteil am Welthandel mit verarbeiteten Gütern hat sich jedoch kaum verändert[16] (vgl. Schaubild 3.2.1.7).

Eine mögliche Interdependenz zwischen der Kostenwettbewerbsfähigkeit und der Exportposition müßte auf **Branchenebene** besonders deutlich sichtbar sein. Das HWWA hat in seinem jüngsten Schwerpunktbericht zur Globalisierung einen solchen Zusam-

---

16 Der Rückgang des deutschen Export- bzw. Importanteils im Jahre 1993 dürfte, wie erwähnt, wesentlich auf die Umstellung der Erfassung des EU-Intrahandels zurückzuführen sein, und der Anstieg des Importanteils in den Jahren 1990 und 1991 beruht auf dem Vollzug der deutschen Einheit.

Schaubild 3.2.1.7: Lohnstückkosten[a] und Außenhandelsperformance[b] für Deutschland im Verarbeitenden Gewerbe in den 80er und 90er Jahren

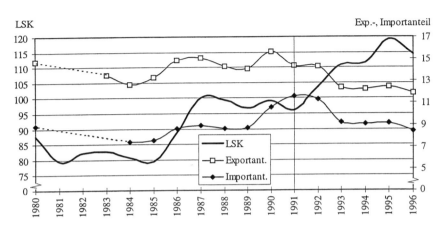

a Relative nominale Lohnstückkosten in gemeinsamer Währung gegenüber 23 Industrieländern
b Anteil der deutschen Ex- bzw. Importe am Welthandel mit verarbeiteten Gütern
Quelle: EU-Kommission (1995) und (1996); GATT/WTO; eigene Berechnungen

menhang für die Periode von 1980 bis 1992 nicht finden können (vgl. Härtel et al. 1996, S. 221 f.). Im folgenden werden, auf der Grundlage neuerer Daten, fünf wichtige Branchen betrachtet: (1) Textil-, Leder- und Bekleidungsindustrie, (2) Chemie, (3) Maschinenbau (incl. Büromaschinen und ADV-Geräte), (4) Elektrotechnik und (5) Fahrzeugbau (Straßenfahrzeug-, Luft- und Raumfahrzeug- sowie Schiffbau). Für diese Branchen wurden die bilateralen realen Außenwerte der DM[17] gegenüber einzelnen Industrieländerwährungen berechnet. Als Indikator der Außenhandelsperformance wurden die Wachstumsraten der bilateralen nominalen Export-Import-Relationen verwendet. Es zeigt sich zunächst eine hohe Übereinstimmung zwischen den realen Außenwerten im Verarbeitenden Gewerbe und den realen Außenwerten in den ausgewählten Branchen (r^2 liegt zwischen 0,71 und 0,88). Dies liegt daran, **daß die sektoralen realen Außenwerte erheblich stärker durch die nominale Wechselkursentwicklung und den gesamtwirtschaftlichen Lohn- und Gehaltstrend determiniert werden als durch die sektorspezifische Lohn- und Gehaltsentwicklung.** Ein systematischer Zusammenhang zwischen Lohnstückkostenentwicklung und nominaler Exportperformance ist wiederum nicht festzustellen (vgl. Schaubild 3.2.1.8 und A3.2.1.1). Eine detaillierte HWWA-Untersuchung zur Aussagefähigkeit von Lohnstückkostenvergleichen bestätigt dieses

---

17 Diese sind gleichbedeutend mit den nominalen Lohnstückkosten in einheitlicher Währung.

Schaubild 3.2.1.8: Entwicklung der Lohnstückkosten[a] und Exportperformance[b] für Deutschland in ausgewählten Branchen[c] im Querschnitt der Partnerländer

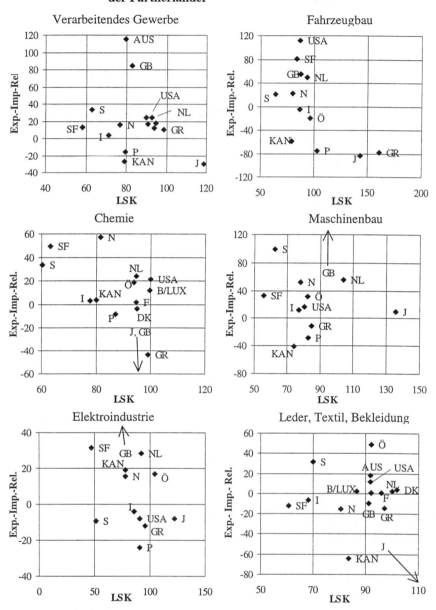

a Bilaterale relative LSK in gemeinsamer Währung, Entwicklung von 1991 bis 1994, Deutschland = 100
b Export-Import-Relation, Wachstumsrate 1991 - 1995; c Chemie incl. Mineralöl-, Kunststoff- und Gummiverarbeitung; Maschinenbau incl. Büromaschinen- und ADV-Geräteindustrie; Fahrzeugbau = Straßenfahrzeugbau, Schiffbau, Luft- und Raumfahrzeugbau
Quelle: OECD (c); Statistisches Bundesamt (b); eigene Berechnungengenerelle

Urteil (Hinze et al., erscheint demnächst). Sie verdeutlicht auch, daß das erzielte Ergebnis wesentlich vom gewählten Analysezeitraum abhängt.

Fazit

Als Ergebnis ist festzuhalten, daß sich aus der Entwicklung der relativen Lohnstückkosten, d.h. aus der Summe der Lohnstückkosten- und Wechselkursentwicklung im Vergleich zum Ausland bisher keine nachhaltige Beeinträchtigung der deutschen Position im Außenhandel ergeben hat. Für die Beurteilung der Wettbewerbsposition eines Landes kommt es nicht allein auf den Vergleich der Lohnkostenentwicklung an. Sollte sich die deutsche Wirtschaft beim gegenwärtigen Preis- und Lohnniveau nicht mehr als wettbewerbsfähig im Außenhandel erweisen, so kann dies durch den abnehmenden Außenwert der DM korrigiert werden. In dem Maße, wie dies nicht erfolgt - etwa weil die internationalen Finanzströme sich nicht nach den realen Wettbewerbsverhältnissen richten - ist die Lohnpolitik in der Verantwortung. Dabei ist allerdings **zu bedenken, daß die Höhe der Lohnkosten im internationalen Vergleich nicht der einzige Maßstab der Lohnpolitik sein kann. Es kommt darauf an, rentable Arbeitsplätze nicht nur im internationalen Sektor der Wirtschaft, sondern auch im binnenwirtschaftlichen Bereich zu sichern oder zu schaffen.** Allein die offenkundigen Arbeitsmarktprobleme in Deutschland, die sich in über vier Millionen Arbeitslosen manifestieren, sind ein überragender Grund für zurückhaltende Lohnabschlüsse. Die Lohnpolitik muß gewährleisten, daß Deutschland als Investitionsstandort attraktiv bleibt, denn zur Sicherung von Wettbewerbsvorsprüngen bedarf es eines ständigen Stromes von Investitionen und Innovationen, nicht zuletzt in Form von ausländischen Direktinvestitionen, weil mit ihnen die Übernahme von Risiken und der Transfer von knappen unternehmensspezifischen Ressourcen verbunden ist. In dieser Hinsicht gibt es Anlaß zur Sorge, daß die Lohnstückkosten während der letzten Rezession stärker als Anfang der achtziger Jahre über die Entwicklung der Wertschöpfungspreise hinausgegangen und danach auch nicht mehr auf den neutralen Pfad zurückgekehrt sind.

3.2.2 Standort Deutschland im Wettbewerb um ausländische Investitionen

3.2.2.1 Warum Direktinvestitionen aus dem Ausland?

In der deutschen Standortdiskussion spielt die These vom Zurückfallen Deutschlands bei Investitionsentscheidungen ausländischer Investoren eine gewichtige Rolle. Ein Zurückfallen wäre dann wirtschaftspolitisch problematisch, wenn von ausländischen Investoren im Prinzip ein Beitrag zum Einkommens- und Beschäftigungswachstum zu erwarten wäre. In Zeiten hoher Arbeitslosigkeit kann man dies von jeder ausländischen Investition erwarten, soweit sie nicht lediglich inländische Investitionen substituiert. Die etablierten theoretischen Ansätze, welche Direktinvestitionen mit unternehmensspezifischen Wettbewerbsvorsprüngen und mit dem Ausnutzen von Standortvorteilen des Gastlandes begründen (Dunning 1980; Stein 1991), lassen vermuten, daß Direktinvestitionen - unabhängig von Effekten auf das Einkommens- und Beschäftigungsvolumen - die Effizienz der Produktion fördern und dadurch bessere Einkommensmöglichkeiten schaffen:

- Wenn ausländische Investoren effizienter produzieren als die einheimischen Konkurrenten in der gleichen Branche, so verbessert dies die Einkommenschancen.

- Wenn ausländische Investoren Standortvorteile in Deutschland ausnutzen oder entwickeln, investieren sie "automatisch" in Branchen/Produktbereiche, welche in Deutschland ein hohes Einkommenspotential aufweisen.

Im ersten Fall beruhen die zu erwartenden Effekte auf einer verbesserten technischen Effizienz innerhalb der Sektoren, im zweiten Fall auf einer verbesserten Allokation zwischen den Sektoren, welche den intersektoralen Strukturwandel voranbringt.[16] Weitere positive Impulse für die wirtschaftliche Entwicklung sind durch die Belebung des Wettbewerbs durch neue Anbieter aus dem Ausland zu erwarten ("dynamische Effizienz", vgl. UNCTAD 1997, S.125). Dies gilt auch für regional oder lokal ausgerichtete Industrien, bei denen der Außenhandel diese Funktion nicht übernehmen kann.

3.2.2.2 Die Lücke bei inward-Direktinvestitionen

Die These, daß Deutschland Einkommens- und Beschäftigungschancen eingebüßt hat, da es im Wettbewerb um ausländische Investitionen zurückgefallen ist, wird im folgenden in zwei Stufen überprüft. Zunächst geht es um die generelle Frage, inwieweit sich das im HWWA-Schwerpunktbericht konstatierte Zurückfallen deutscher Standorte in der jüngeren Vergangenheit fortgesetzt hat. Damit wird der Rahmen für die anschliessende Diskussion über den Beitrag auslandskontrollierter Unternehmen zur technischen und allokativen Effizienz gesetzt. Nur wenn von einem positiven Beitrag auslandskon-

---

16 Zu den Konzepten der technischen und der allokativen Effizienz siehe Koo (1993) und Rojec/Hocevar (1996). In der Praxis werden sich technische und allokative Effizienz nicht immer auseinanderhalten lassen: Wenn sich etwa ausländische Investoren auf höherwertige Produktionssegmente einer Branche konzentrieren, so kann dies auch aus gesamtwirtschaftlicher Sicht eine verbesserte Allokation bedeuten.

trollierter Unternehmen zur wirtschaftlichen Entwicklung in Deutschland ausgegangen werden kann, ist ein Defizit bei inward-Direktinvestitionen wirtschaftspolitisch als bedenklich anzusehen.

Maßstäbe

Die Position des Standorts Deutschland im Wettbewerb um ausländische Direktinvestitionen läßt sich anhand des deutschen Anteils an den internationalen Direktinvestitionen festmachen. Maßstab ist nicht nur der Anteil an den weltweiten, sondern auch an den in der EU angelegten Direktinvestitionen, da hier am ehesten direkte Standortkonkurrenz angenommen werden kann. Dagegen ist der nationale Saldo der Direktinvestitionen als Indikator abzulehnen, da die outward-Direktinvestitionen nicht generell als Zeichen von Standortschwäche anzusehen sind, sondern eher als Zeichen von Wettbewerbsstärke der Investoren (Härtel/Jungnickel et al. 1996).

Die Bewertung der deutschen Position bei den inward-Direktinvestitionen geht davon aus, daß Deutschland, als größter und zentral gelegener Markt in Europa für ausländische Investoren besonders attraktiv sein müßte. Dies gilt um so mehr, als vor allem in Ostdeutschland umfangreiche Fördermaßnahmen geboten werden. Insofern wären überdurchschnittliche inward-Direktinvestitionen zu erwarten, insbesondere in den frühen 90er Jahren nach der deutschen Einheit. **Schon eine durchschnittliche Position** (wenn also der deutsche Anteil an den Direktinvestitionen dem deutschen Anteil am BIP aller Länder abzüglich des jeweiligen Stammlandes entspräche) **könnte als Zeichen von Standortschwäche gewertet werden.** Vorgaben für den "Normalanteil" Deutschlands an den internationalen und europäischen Direktinvestitionen lassen sich nicht exakt ermitteln. Zum einen steht dem die sehr begrenzte Vergleichbarkeit der nationalen Direktinvestitionsstatistiken entgegen. Zum anderen können die Anteile Deutschlands am BIP der Welt oder Westeuropas (1994: ca. 8 vH bzw. ca. 24 vH) nur Anhaltspunkte für eine Untergrenze liefern, da die Länder unterschiedlich offen für Direktinvestitionen sind. Insbesondere gilt dies für den Dienstleistungsbereich, in dem die Direktinvestitionen weit überdurchschnittlich expandieren. Die Referenzwerte sind zudem von der Größe des investierenden Landes abhängig, sie ergeben sich als Anteil Deutschlands am BIP der Welt oder Westeuropas **verringert um das BIP des Stammlandes**. In den Direktinvestitionen großer Länder ist die Untergrenze für den deutschen "Normalanteil" daher höher anzusetzen, im Falle der USA etwa auf ca. 11 vH der weltweiten Direktinvestitionen und im Falle Frankreichs auf fast 30 vH der westeuropäischen Direktinvestitionen.

Inward-Direktinvestitionen stehen als Strom- und als Bestandsgrößen zur Verfügung. Die Stromgrößen sind zwar aktueller, sie werden aber stark durch finanzierungsstrategische Faktoren beeinflußt und weisen einen sehr sprunghaften Verlauf auf, sie können somit allenfalls als Indikator für die Vornahme **neuer** Direktinvestitionen herangezogen werden. Insofern ist es geboten, aus der Gesamtschau von Strom- und Bestandsgrößen zu einem Urteil zu kommen, das angesichts der begrenzten internationalen Vergleichbarkeit der Statistiken immer unsicher bleiben muß.

Die Standortwahl hängt nicht nur von Unterschieden in der Standortqualität ab, sondern auch von den Transaktionskosten, die einmalig anfallen, wenn Produktion im Ausland statt in Deutschland aufgebaut oder dorthin verlagert wird. Diese Transaktionskosten beeinträchtigen die internationale Mobilität der Investitionen.[17] Zwar kann man davon ausgehen, daß sie sich in Westeuropa - und damit zwischen den wichtigsten Standortkonkurrenten - nicht grundlegend unterscheiden, und die Kostenunterschiede reduzieren sich weiter mit der internationalen Ausbreitung der Unternehmen, insbesondere soweit diese über Akquisitionen erfolgt. Dennoch läßt sich eine gewisse Abstufung vornehmen. Danach dürften die Unterschiede am geringsten bei Direktinvestitions-Entscheidungen neuer Investoren sein, die noch nicht in Westeuropa engagiert sind. Deren Standortentscheidungen (die sich am ehesten in den flow-Daten niederschlagen) können also schon durch geringe Unterschiede der Standortqualität bestimmt werden. Verfügt der Investor dagegen bereits über eine Produktionsstätte in Deutschland und ist mit den Gegebenheiten hierzulande besser vertraut als mit denen an alternativen Standorten, so ist die Entscheidung für einen ausländischen Standort mit höheren Transaktionskosten verbunden; derartige Direktinvestitionen wären ein Indikator für größere Standortschwächen Deutschlands. Die höchsten Transaktionskosten entstehen bei der Verlagerung bestehender Produktion von Deutschland ins Ausland, da der Investor dann auch die entwerteten deutschen Investitionen einkalkuliert. Produktionsverlagerungen können daher als Zeichen gravierender Standortschwäche angesehen werden. Hinweise darauf ergeben sich aus rückläufigen DI-Beständen.

Um die Implikationen der inward-Direktinvestitionen (und gegebenenfalls auch ihres Ausbleibens) besser abschätzen zu können, werden sie in Beziehung zur deutschen In-

---

17 Erst wenn die Standortnachteile Deutschlands gegenüber alternativen Standorten die über den Planungszeitraum verteilten Transaktionskostennachteile übersteigen, findet eine Investition im Ausland statt. Sind dagegen Investitionen in Deutschland mit Transaktionskostennachteilen verbunden, etwa wegen administrativer Komplikationen, so erfolgen Direktinvestitionen im Ausland, selbst wenn deutsche Standorte keine Nachteile aufweisen. Eine weitere Diskussion der Transaktionskosten als Einflußfaktor für DI-Entscheidungen findet sich bei Klodt/Stehn 1996.

landswirtschaft gesetzt. Dazu bieten sich die Beschäftigungs- und Umsatzdaten der Auslandsgesellschaften an, da diese direkt den entsprechenden inländischen Statistiken gegenübergestellt werden können.

Empirische Evidenz

Die verfügbaren Informationen sind nicht frei von Widersprüchen. Sie lassen insgesamt vermuten, **daß sich der Stellenwert deutscher Standorte in den 90er Jahren nicht grundlegend verändert hat**, werfen aber auch die Frage auf, ob dies aus spezifisch deutscher Sicht nicht als unbefriedigend anzusehen ist.

- Ausländische Investoren haben seit der Wiedervereinigung selten mehr als 5 Mrd. DM p.a. an Direktinvestitionen nach Deutschland transferiert. Zumeist lag der Kapitalzufluß deutlich darunter. Der Spitzenwert von 17 Mrd. DM im Jahre 1995 war ein Sonderfall. 1996 wurde per Saldo sogar Kapital abgezogen. Auf der Basis dieser von der Bundesbank ausgewiesenen flows kam Deutschland in den bisherigen 90er Jahren mit kumuliert rund 32 Mrd. DM und 0,3 - 3 vH der weltweiten jährlichen Direktinvestitionszuflüsse (UNCTAD 1996a) nur marginale Bedeutung als Investitionsstandort zu. Im Durchschnitt der Jahre 1990-95 lag der deutsche Anteil an den gesamten Direktinvestitionszuflüssen der OECD-Länder bei 2,4 vH (OECD 1996b) und damit weit unter dem wirtschaftlichen Gewicht Deutschlands in der Weltwirtschaft. Allerdings war dies auch schon in den 80er Jahren so, es besteht daher im Grunde kein Zusammenhang mit der aktuellen Standortdebatte. Die extrem niedrigen Anteile erklären sich zum einen aus der langen Tradition gewichtiger auslandskontrollierter Unternehmen in Deutschland; diese hängen nicht mehr von Kapitalzuführungen der Mütter ab, sondern sorgen selbst für ihre Finanzierung auf den deutschen und internationalen Kapitalmärkten und treten möglicherweise sogar als Kreditgeber für andere Konzerngesellschaften auf. Zum anderen spielen offenbar nationale Erfassungsunterschiede eine Rolle, denn wenn man die Statistiken der Stammländer zugrunde legt, ergeben sich deutlich höhere Anteile für den Standort Deutschland.[18]

- Geht man von den aussagefähigeren **Bestandswerten** der Direktinvestitionen aus, so entfallen auf deutsche Standorte seit 1990 konstant rund 6-7 vH der geschätzten weltweiten Direktinvestitionen - etwas weniger als das Gewicht Deutschlands in der Weltwirtschaft (ca. 8 vH). Die genannte Größenordnung gilt für die meisten der in Tabelle 3.2.2.1 aufgenommenen Länder. Ausnahmen sind nicht nur Japan und Kana-

---

18 Für zehn gewichtige Herkunftsländer (Belgien, Frankreich, Niederlande, Großbritannien, Italien, Österreich, Schweden, Schweiz, Japan, USA), welche die deutschen wie auch die internationalen Direktinvestitionen prägen, weist die Bundesbank für 1994 netto einen Direktinvestitions**abfluß** aus Deutschland in Höhe von fast 2 Mrd. DM aus. Entsprechend den Statistiken der Herkunftsländer ergibt sich dagegen per saldo ein Kapital**zufluß** nach Deutschland in Höhe von gut 11 Mrd. US-$ (OECD 1996b und 1997). Dies sind immerhin rund 6 vH der weltweiten Direktinvestitionen dieser Länder im Jahre 1994 und rund 15 vH ihrer Direktinvestitionen in Europa. Für 1995 ergeben sich höhere Anteile; dies Jahr muß allerdings als "Ausreißer" nach oben angesehen werden.

da, sondern auch die USA. Der 6-prozentige deutsche Anteil an den Direktinvestitionen der USA muß sogar als deutlich unterdurchschnittlich gelten, da der deutsche Anteil am BIP der Welt ohne die USA bei 11 vH liegt.

Tabelle 3.2.2.1: Direktinvestitionen in Deutschland und der EG

Herkunfts-länder	Anteil Deutschlands an den Direktinvestitionen wichtiger Länder (in vH) in ...							
	... der Welt				... Westeuropa			
	Bestände			Flows	Bestände			Flows
	1985	1991	1995	1991-1995	1985	1991	1995	1991-1995
USA	7	7	6	5	16	14	12	10
Japan	2	2	nv	2	12	9	nv	10
Schweden	6	5	7	< 0	14 [a]	6	11	< 0
Schweiz	nv	nv	nv	6 [d]	nv	nv	nv	13 [d]
Frankreich	7	5	6	6	12 [b]	7	9	15
Niederlande	9	10	8	6	23	18	16	9
Italien	4	7	6	1	7	10	9	1
Großbritannien	5	3	5	6	17 [b]	11	12	14
Österreich	35	21	20	20	48 [c]	35	23	23

a 1986; b 1987; c 1988; d 1993-1995
Quelle: OECD (1996); eigene Berechnung

- Bezieht man den Bestand an inward-Direktinvestitionen auf das deutsche BIP, so ergibt sich für das letzte Jahrzehnt eine fast stabile Relation von knapp 7 vH - rund zwei Prozentpunkte unter dem Durchschnitt aller Industrieländer. Auslandskontrollierte Unternehmen kommen nach wie vor für rund 9 vH der Inlandsbeschäftigten auf. Sie haben in den letzten Jahren ihre Beschäftigtenzahl in Deutschland annähernd im gleichen Maße abgebaut wie die einheimische Wirtschaft in den gleichen Sektoren. Im Produzierenden Gewerbe ist ihr Gewicht (Umsatz- und Beschäftigtenanteil in Gesamtdeutschland gut 22 vH bzw. gut 16 vH) zwar niedriger als in England und Frankreich, das in den letzten Jahren aufgeholt hat, aber höher als in den USA (OECD 1994c), wo allerdings die Landesgröße eine Rolle spielt.

Wenngleich somit eine (weitere) Verschlechterung der relativen Standortqualität an den Direktinvestitionen der 90er Jahre nicht eindeutig abzulesen ist,[19] so bleibt doch die im Schwerpunktbericht getroffene Schlußfolgerung aktuell: Das eher unterdurchschnittliche Niveau, vor allem aber **die im Vergleich zum übrigen Westeuropa unterdurchschnittliche Entwicklung der einfließenden Direktinvestitionen** (UNCTAD 1997) - wo eigentlich eine klar überdurchschnittliche Tendenz zu erwarten gewesen wäre - **deu-**

---

19 In diesem Zusammenhang ist allerdings nochmals auf die gravierenden internationalen Unterschiede in der Erfassung der Direktinvestitionen hinzuweisen. Die Daten können nur als Größenordnungen interpretiert werden; internationale Vergleiche stoßen auf enge Grenzen. Auch Versuche zur Vereinheitlichung der Datenbasis (vgl. z.B. Köddermann/Wilhelm 1996) ändern daran nichts Grundsätzliches.

tet auf Standortschwächen hin.[20] Deutschland hat an den expandierenden Direktinvestitionen in der Union schon in den späten 80er Jahren weit weniger partizipiert als es seinem wirtschaftlichen Gewicht entspricht und diesen Rückstand in den 90er Jahren trotz hinzugekommener ostdeutscher Standortalternativen und massiver Förderung nicht aufgeholt. Nicht nur Großbritannien, sondern beispielsweise auch Frankreich und die Niederlande konnten sich besser behaupten.

Immerhin ist die deutsche Standortschwäche nicht als grundlegend anzusehen, wenn man die eingangs entwickelte Abstufung in der Mobilität der Direktinvestitionen zugrunde legt. Anzeichen für das Zurückfallen deutscher Standorte gibt es bisher vor allem bei den Direktinvestitions-flows, d.h. am ehesten bei neuen Investoren in Europa. Allerdings berichten auch deutsche Tochtergesellschaften US-amerikanischer Investoren über zunehmende Schwierigkeiten, den in Deutschland erwirtschafteten cash flow dort wieder investieren zu dürfen (ACCG 1996). Darin könnte eine Verschärfung der Standortprobleme zum Ausdruck kommen. Solange sich die auslandskontrollierten Unternehmen aber ungefähr im Gleichschritt mit der Inlandswirtschaft entwickeln (s. Teil 3.1), ist hier noch kein kritischer Punkt erreicht. Beispiele für die Verlagerung bestehender Produktionen in konkurrierende westeuropäische Länder - die mit hohen Transaktionskosten verbunden wären und daher auf eine massive Verschlechterung der Standortqualität hindeuten würden - scheinen die Ausnahme zu sein, insbesondere soweit die Verlagerung hochwertiger Produktion betroffen ist.[21] Die jüngste Aufwertung des britischen Pfundes hat die Situation für deutsche Standorte deutlich verbessert.

Die Lücke bei den inward-Direktinvestitionen hat auch eine sektorale Dimension: Ein Vergleich der Sektorstruktur der Direktinvestitionen in Deutschland mit der Struktur der inward- und outward-Direktinvestitionen wichtiger Länder zeigt, daß ein **gravierender Rückstand nur im Dienstleistungsbereich** besteht. Die inward-Direktinvestitionen in Deutschland konzentrieren sich auf das Verarbeitende Gewerbe (wo auch die Masse der Beschäftigten in den auslandskontrollierten Unternehmen tätig ist). Tabelle 3.2.2.2 verdeutlicht dies anhand der US-Direktinvestitionen in Deutschland im Vergleich zu denen

---

20 Gegen diese kritische Sicht der deutschen Standortqualität wird teilweise eingewandt, daß in Deutschland Direktinvestitionen weniger erforderlich seien, weil - angesichts der generellen Offenheit - der deutsche Markt leicht durch Exporte bedient werden könne (s. z.B. Hummel et al. 1995). Diesem Argument läßt sich jedoch entgegenhalten, daß für die meisten westeuropäischen Nachbarländer, die relativ mehr Direktinvestitionen attrahieren konnten, das gleiche gilt.

21 So hat Motorola in den vergangenen drei Jahren die Produktion von Funkgeräten nach Irland sowie den Geschäftsbereich "Cellulare Infrastruktur" und alle Ingenieurfunktionen nach England (Kostenvorteil: 30 vH) verlagert, wo 1995 fast zehnmal soviel investiert wurde wie in Deutschland; gleichzeitig wird aber in Deutschland der Aufbau eines europäischen Forschungszentrums geplant (ACCG 1996).

in Europa: Rund ein Viertel der industriellen Umsätze US-amerikanischer Unternehmen in Europa erfolgten (1994) in Deutschland, bei den Beschäftigten im Verarbeitenden Gewerbe entfiel ein ähnlich hoher Anteil auf deutsche Standorte. Beides war, trotz leichten Rückgangs gegenüber 1993, mehr als es dem deutschen Anteil am europäischen BIP entsprach. Die deutsche Position ist insoweit noch als nahezu "normal" anzusehen. Die Dienstleistungen blieben dagegen weit hinter der "Normalposition" zurück. Im Finanzsektor (ohne Banken) waren lediglich 9 vH der Beschäftigten bei deutschen Töchtern tätig und sogar nur 7 vH der Direktinvestitionen dort angelegt.

Tabelle 3.2.2.2: Position Deutschlands in den US-amerikanischen Direktinvestitionen in Europa[a]

Sektor	Umsatz			Beschäftigte			Direktinvestitionen		
	1994		1989	1994		1989	1995		1989
	US-$ Mrd.	vH[a]	vH[a]	in 1000	vH[a]	vH[a]	US-$ Mrd.	vH[a]	vH[a]
Insgesamt	159,4	20	19	549,0	20	21	43,0	12	12
Verarb. Gewerbe	104,1	26	25	396,0	24	26	24,0	18	19
Dienstleistungen	30,7	12	10	81,0	12	11	17,0	8	8
Großhandel	20,8	11	10	33,9	13	13	3,3	9	8
Finanzsekt. (o. Banken)	3,0	8	8	7,2	9	7	8,3	7	5
Übr. Dienstleistungen	6,8	16	13	66,1	10	10	5,5	12	11

a Anteil an Umsatz, Beschäftigten und Direktinvestitionsbestand der amerikanischen Tochter- und Beteiligungsgesellschaften in Europa im jeweiligen Sektor.
Quelle: US Dept. of Commerce (1995: vorläufige Daten); eigene Berechnungen

Innerhalb der britischen Direktinvestitionen kam deutschen Standorten noch geringeres Gewicht zu, insbesondere gilt dies für Dienstleistungsinvestitionen außer dem Handel (vgl. Krägenau 1996).

3.2.2.3 Implikationen für die Inlandswirtschaft

Zentraler Aspekt bei der Bewertung der ausländischen Direktinvestitionen in Deutschland ist, inwieweit das Defizit als wirtschaftspolitisch bedenklich einzuschätzen ist. Dies läßt sich nicht nur am Ausmaß entgangener Arbeitsplätze festmachen; aus der Perspektive eines Hochlohnlandes ist auch der (mögliche) Beitrag auslandskontrollierter Unternehmen zur Effizienzsteigerung und damit zur Einkommenssteigerung von Bedeutung. Aus beiden Aspekten zusammengenommen läßt sich dann auf den Beitrag zur Verbesserung der Einkommens- und Beschäftigungssituation im Inland schließen.

3.2.2.3.1 Entgangene Arbeitsplätze in modernen Sektoren

Der deutsche Rückstand ist bei den Direktinvestitionsströmen zumindest ebenso groß wie beim Bestand. Da insbesondere junge Unternehmen von Kapitalzuführungen der Muttergesellschaften abhängen, läßt sich dies als **Rückstand im Engagement neuer Investoren** interpretieren.[22] Dies kann dazu beitragen, daß in modernen Dienstleistungs- Industrie- und FuE-Bereichen wettbewerbsfähige cluster von ausländischen Investoren, einheimischer Wirtschaft, wissenschaftlichen Institutionen usw. eher im Ausland als in Deutschland entstehen. Die Chancen zur künftigen Erzielung hoher Einkommen könnten hierzulande dadurch beeinträchtigt werden.

Die Lücke bei den Dienstleistungs-Direktinvestitionen dürfte vor allem Arbeitsplätze mit überdurchschnittlichen Einkommen im unternehmensnahen Bereich betreffen, da ausländische Investoren dort am ehesten Wettbewerbsvorteile entwickeln können. Sie ist nicht nur wegen möglicher direkter Beschäftigungseinbußen problematisch.[23] Nachteilig wirkt sich auch aus, daß dadurch der Inlandswirtschaft Impulse für Wettbewerb und höhere Effizienz in Bereichen verlorengehen, in denen der Außenhandel diese Funktion nur sehr begrenzt wahrnimmt und die als Vorleistungslieferanten für die Industrie mitentscheidend für deren Wettbewerbsfähigkeit sind.

Innerhalb der Industrie kommt auslandskontrollierten Unternehmen in solchen Branchen ein hohes Gewicht zu, die durch Großunternehmen und hohe Realkapitalintensität gekennzeichnet sind. Eine (positive) Korrelation zwischen der Internationalisierung durch inward-Direktinvestitionen und dem Niveau der sektoralen Arbeitsproduktivität besteht erst, wenn man die Branchen nach ihrer Größe gewichtet. In bezug auf die langfristige Produktivitätsentwicklung ist gar kein Zusammenhang erkennbar (vgl. Schaubild

---

22 Dies gilt auch, wenn man berücksichtigt, daß hinter den minimalen Netto-Zuflüssen von Beteiligungskapital regelmäßig Neuanlagen in Höhe von 10-20 Mrd. DM stehen.

23 Veranschlagt man den Rückstand der deutschen inward-Direktinvestitionen gegenüber der "Normalposition", wie sie sich aufgrund des Marktpotentials, der geografischen Lage und der gegebenen Fördermöglichkeiten ergeben könnte, auf 20-25 vH der Direktinvestitionen und geht man davon aus, daß diese "Normalposition" weitgehend durch vermehrte Dienstleistungsdirektinvestitionen erreicht würde, so wäre der Rückstand gleichbedeutend mit dem Verzicht auf über 200.000 mögliche Arbeitsplätze bei auslandskontrollierten Unternehmen in Deutschland. Mit dieser Zahl soll nur eine Vorstellung der möglichen Größenordnung vermittelt werden; sie ist nicht gleichzusetzen mit Arbeitsplätzen, die in Deutschland aufgrund von Standortschwäche gegenüber der europäischen Konkurrenz verlorengegangen sind. Oftmals handelt es sich "lediglich" um einen Eigentumsübergang an bestehenden Unternehmen und Arbeitsplätzen. Zudem relativiert sich das Arbeitsmarktproblem der ausbleibenden Direktinvestitionen insofern, als die maximale Größenordnung entgangener Arbeitsplätze höchstens 5 vH der gesamten Arbeitslosigkeit in Deutschland darstellt. Auch daran wird deutlich, daß inward-Direktinvestitionen eher ein Indikator für Standortprobleme als eine Ursache der Arbeitslosigkeit sind.

3.2.2.1). Ebensowenig besteht ein signifikanter Zusammenhang zwischen der inward-Internationalisierung und den mit RCA-Werten gemessenen komparativen Vorteilen im Außenhandel. Die allokative Effizienz in Verbindung mit intersektoralem Strukturwandel wird insoweit kaum gefördert. Allerdings beschränkt sich die Messung der komparativen Vorteile durch RCA-Werte auf den auslandskonkurrierenden Teil der Volkswirtschaft.

Schaubild 3.2.2.1: Auslandskontrollierte Unternehmen in Deutschland[a] und sektorale "Produktivität"[b]

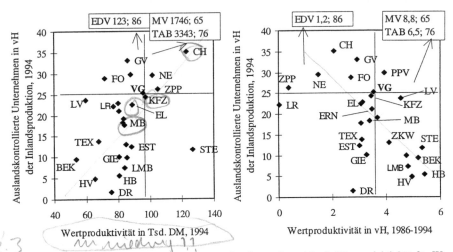

a Anteil der auslandskontrollierten Unternehmen für Gesamtdeutschland, Wertproduktivität für Westdeutschland
b Umsatz pro Beschäftigten der Branche; ausführliche Sektorbezeichnungen s. Anhang
Quelle: Deutsche Bundesbank (a); Statistisches Bundesamt (j); eigene Berechnungen

Auch in der Gegenüberstellung des Gewichts auslandskontrollierter Unternehmen mit der sektoralen Beschäftigungsentwicklung ergibt sich noch immer das seit längerem bekannte Bild: Zwar ist eine besonders hohe Auslandspräsenz in einigen Sektoren festzustellen, die langfristig als Wachstumssektoren anzusehen sind (Büromaschinen/EDV-Geräte, vgl. Teil 4), dies gilt aber auch in einigen langfristig eher stagnierenden Bereichen (Tabak- u. Mineralölverarbeitung). **Es besteht kein durchgehender Zusammenhang zwischen Auslandsinvestitionen und Branchenwachstum**, (vgl. Schaubild 3.2.2.2) auch nicht in der zeitlichen Entwicklung seit 1991, in der die Beschäftigtenentwicklung durch die Wiedervereinigung geprägt ist. Das Fehlen eines Zusammenhanges dürfte auch eine Folge des erwähnten Rückstands gerade bei neuen Investitionen sein.

Schaubild 3.2.2.2: Direktinvestitionen aus dem Ausland und Branchenentwicklung[a] in Deutschland

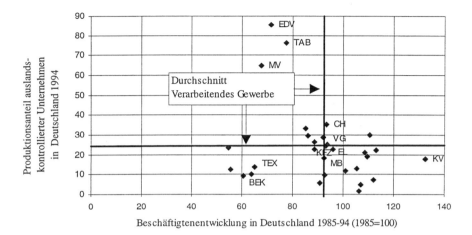

a vollständige Sektorbezeichnungen siehe Anhang
Quelle: Deutsche Bundesbank (a); Statistisches Bundesamt (a); eigene Berechnungen

Insgesamt ergibt sich aus diesen Gegenüberstellungen **aus deutscher Sicht ein unbefriedigendes Bild im Hinblick auf die Rolle ausländischer Investoren für die inländische Beschäftigungsentwicklung und im inländischen Strukturwandel** zugunsten von hochproduktiven Arbeitsplätzen, die gute Einkommenschancen bieten. Somit ist die Befürchtung nicht von der Hand zu weisen, daß unter Beteiligung von inward-Direktinvestitionen neue Kompetenzzentren mit hochwertigen Arbeitsplätzen und positiver Ausstrahlung auf die übrige Wirtschaft eher im Ausland als in Deutschland entstehen.

3.2.2.3.2   Beitrag zur industriellen Effizienz

Der geringe Beitrag auslandskontrollierter Unternehmen zum intersektoralen Strukturwandel bedeutet nicht, daß sie für die Einkommens- und Beschäftigungsentwicklung in Deutschland belanglos sind, sondern nur, daß ihr Beitrag bei Konzentration auf Sektoren mit hoher oder überdurchschnittlich zunehmender Produktivität größer sein könnte. Allerdings kann die Beurteilung der Auslandsinvestitionen in Deutschland nicht nur anhand der Sektorstruktur erfolgen. Ebensowichtig ist ihr Beitrag zur industriellen Effizienz, d.h. zur Effizienzsteigerung innerhalb der Sektoren. Dazu lassen sich aus den Strukturdaten der industriellen Direktinvestitionen Hinweise ableiten.

Nimmt man den Pro-Kopf-Umsatz in auslandskontrollierten Produktionsstätten als Indikator für die Produktivität, so zeigt sich, daß auslandskontrollierte Unternehmen wesentlich günstiger abschneiden als deutsche Firmen (Schaubild 3.2.2.3). Der Unterschied (455 Tsd. DM zu 270 Tsd. DM) entsteht allerdings zum Teil durch die weit überdurchschnittlichen Auslandsanteile in den kapitalintensiven Tabak- und Mineralölindustrien,

Schaubild 3.2.2.3: "Produktivität"[a] auslandskontrollierter und deutscher Unternehmen 1994

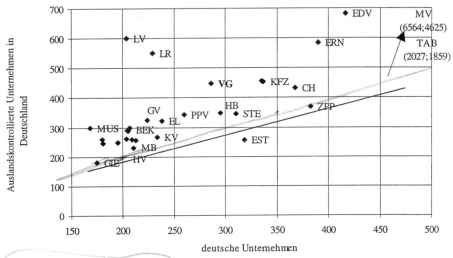

a   Umsatz pro Beschäftigten in Tsd. DM. Vollständige Sektorbezeichnungen s. hinten
Quelle: Deutsche Bundesbank (a); Statistisches Bundesamt (a); eigene Berechnungen

wo auch spezifische Verbrauchsteuern den Umsatz aufblähen. Aber auch ohne diese beiden Industrien lägen die Werte für ausländische und deutsche Unternehmen (370 Tsd. DM und 245 Tsd. DM) noch weit auseinander. **Auslandskontrollierte Unternehmen weisen offenbar in fast allen Branchen einen deutlichen Produktivitätsvorsprung auf.** Der Vorsprung an sich muß nicht bedeuten, daß ausländische Investoren generell effizienter wirtschaften; sie können sich auch in überdurchschnittlich produktive deutsche Unternehmen eingekauft haben. Allein der Umstand, daß sich der Effizienzvorsprung über fast alle Sektoren eingestellt und gehalten hat, spricht für die Vermutung, daß überlegene Fähigkeiten ausländischer Investoren eine wesentliche Ursache für das hohe Produktivitätsniveau sind[24] und gegen die oft vorgebrachte These, daß auslän-

---

24 Dies entspricht auch den Ergebnissen ausländischer Studien (z.B. Davies/Lyons 1991; OECD 1994c und UNCTAD 1997).

dische Investoren sich wegen der als zu stark empfundenen deutschen Wirtschaft zurückhalten.

Der Produktivitätsvorsprung resultiert - US-amerikanischen Statistiken zufolge (vgl. Härtel/Jungnickel et al. 1996) - nicht nur aus einer höheren Kapitalintensität. Eine weitere Ursache kann darin liegen, daß ausländische Unternehmen stärker in eine europaweite Arbeitsteilung einbezogen sind als "rein" deutsche Unternehmen (Härtel/ Jungnickel et al. 1996). Die regionalisierte Exportquote (Export ins übrige Europa in vH des Umsatzes) lag 1993 für US-amerikanische Tochtergesellschaften mit gut 35 vH[25] weit höher als für die einheimische Wirtschaft in Deutschland (ca. 24 vH) und sogar noch höher als deren gesamte Exportquote. Zwar scheint sich in den frühen 90er Jahren die Position der deutschen auslandskontrollierten Gesellschaften in den internationalen Produktionsnetzwerken ungünstig entwickelt zu haben; die Exportquote der Produktionsstätten US-amerikanischer Unternehmen in Deutschland ist seit 1989 um 4 Prozentpunkte von 44 vH auf 40 vH im Jahre 1993 gefallen. In den anderen europäischen Ländern ist sie dagegen von 40 vH auf nunmehr 43 vH (1992 sogar 46 vH) gestiegen, obwohl die Aufnahmefähigkeit des größten Marktes, Deutschland, rezessionsbedingt schwach war. Dennoch sind die deutschen Töchter im Vergleich zu denen in anderen großen Gastländern noch überdurchschnittlich als Lieferanten für andere Märkte tätig. Auch die deutschen Töchter schwedischer Unternehmen nehmen eine zentrale Stellung in der innereuropäischen konzerninternen Arbeitsteilung ein mit klar überdurchschnittlicher Exportorientierung (1990: 41 vH) und geringer Abhängigkeit von Zulieferungen der Muttergesellschaften (Andersson u.a. 1996). In jüngster Zeit sind sie allerdings gegenüber Schwestergesellschaften in anderen europäischen Ländern zurückgefallen (Braunerhjelm 1997).

Deutsche Standorte erweisen sich nach wie vor als außerordentlich attraktiv für FuE-Aktivitäten ausländischer Investoren.[26] Auslandskontrollierte Unternehmen bestreiten, den Erhebungen des Stifterverbandes zufolge,[27] rund 16 vH des gesamten FuE-Aufwandes in der deutschen Industrie, und sie beschäftigen einen ebenso hohen Anteil der inländischen FuE-Beschäftigten (Straßberger u.a. 1996, S. 83 ff.) Dabei weisen sie in den Sektoren Elektrotechnik/Elektronik, Maschinenbau und Kraftfahrzeuge bei den

---

25 Der Wert für die US-Töchter ergibt sich aus der gesamten Exportquote von 40 vH und einem Abschlag für Exporte in außereuropäische Länder in Höhe von 10 vH der Gesamtexporte. Der Abschlag ergibt sich aus der für 1989 im Benchmark Survey (US Dept. of Commerce 1992) ausgewiesenen regionalen Lieferstruktur.
26 Im einzelnen werden diese Aspekte in Teil 3.2.4 behandelt.
27 Der Stifterverband hat in seiner letzten Auswertung erstmals für die 500 forschungsstärksten Unternehmen eine Unterteilung nach deutschen und auslandskontrollierten Unternehmen vorgenommen.

Beschäftigten eine vergleichbare FuE-Intensität wie die einheimische Wirtschaft auf. Im Chemie-Sektor besteht dagegen noch ein deutlicher Rückstand.

Angesichts der generellen Neigung international orientierter Investoren, die FuE bei der Zentrale zu konzentrieren und im Ausland nur an wenigen herausragenden Standorten zu betreiben (OECD 1994c; Patel/Pavitt 1991; Cantwell 1989), ist die starke deutsche Position bei FuE zum einen als Zeichen von Standortstärke zu interpretieren.[28] Zum anderen tragen auslandskontrollierte Unternehmen durch ihre FuE zum Bestehen einkommensstarker Arbeitsplätze in Deutschland bei.

3.2.2.4 Ergebnis

Der Standort Deutschland hat deutlich weniger internationale Direktinvestitionen attrahiert, als es seinem ökonomischen Gewicht, der geografischen und handelspolitischen Lage, der generellen Offenheit gegenüber ausländischen Investoren und den massiven Fördermöglichkeiten entspricht. Insbesondere betrifft dies Dienstleistungs-Direktinvestitionen, die allerdings relativ geringe direkte Beschäftigungseffekte haben. Im Verarbeitenden Gewerbe, wo die Masse der Beschäftigten tätig ist, besteht ein geringerer Rückstand.

Die im Vorhergehenden dargelegten Informationen zur Struktur der industriellen Engagements ausländischer Unternehmen scheinen sich zunächst nicht unmittelbar in ein plausibles Gesamtbild einzufügen: Einerseits weisen auslandskontrollierte Unternehmen in fast allen Branchen Produktivitätsvorteile auf, und sie fördern die Entwicklung von komparativen Wettbewerbsvorteilen durch Einbindung in europaweite Produktionsnetzwerke und relativ hohe FuE. Andererseits wirken sich diese generell als wachstumsfördernd anzusehenden Faktoren nicht in überdurchschnittlichem Wachstum in Deutschland aus, denn die ausländischen Unternehmen entwickeln sich allenfalls im gleichen Tempo wie die inländischen, und sie sind auch nicht überdurchschnittlich in den einkommensstarken Wachstumsbranchen vertreten.

Diese Strukturmerkmale sind jedoch konsistent mit der eingangs entwickelten These, daß ein **deutscher Rückstand vor allem bei neuen Direktinvestitionen** in einkom-

---

[28] Allerdings ist bei der positiven Bewertung des FuE-Standorts Deutschland zu berücksichtigen, daß die FuE bei auslandskontrollierten Unternehmen meist nicht auf Entscheidungen ausländischer Investoren beruht, bestehende Aktivitäten nach Deutschland zu transferieren oder dort neue aufzubauen. Vielmehr dominiert die Übernahme von FuE-Einrichtungen bei bestehenden Unternehmen (Dörrenbächer/Wortmann 1991).

mensstarken Bereichen besteht. Die deutsche Wirtschaft lebt offenbar, was den Beitrag auslandskontrollierter Unternehmen zum inländischen Einkommens- und Beschäftigungswachstum betrifft, zu sehr "von der Substanz". Die überlegene industrielle Effizienz der in Deutschland ansässigen ausländischen Investoren vermittelt einen Eindruck von den Einkommensmöglichkeiten, welche der deutschen Wirtschaft durch das Ausbleiben neuer Investoren verlorengehen.[29]

3.2.2.5 Schlußfolgerungen: Förderung von Direktinvestitionen?

Angesichts des festgestellten Defizits an ausländischen Direktinvestitionen und der dadurch entgangenen Effizienzgewinne liegt die Schlußfolgerung nahe, Auslandsinvestitionen in Deutschland gezielt zu fördern. Aus theoretischer Sicht gibt es drei Argumente für eine Förderpolitik:[30]

- Kompensation externer Effekte: Ausländische Investoren produzieren externe Effekte für die übrige deutsche Wirtschaft. Andere Unternehmen profitieren z.B. von Ausbildungsmaßnahmen, vom know-how-Transfer oder von Lieferverflechtungen. In dem Maße, wie ausländische Investoren nicht den vollen gesamtwirtschaftlichen Ertrag ihrer Investitionen vereinnahmen können, investieren sie weniger als es gesamtwirtschaftlich optimal wäre.

- Kompensation spezifischer Nachteile ausländischer Investoren an deutschen Standorten: Dies Argument zielt z.B. darauf ab, Kompensation zu leisten, wenn ausländische Investoren von generellen Regeln im Inland besonders nachteilig betroffen sind.

- Kompensation ausländischer Fördermaßnahmen.

Allerdings resultiert aus diesen Argumenten nicht zwingend die Forderung nach einer gezielten Förderung ausländischer Investoren in Deutschland. Zum einen ist der deut-

---

[29] Eine detaillierte und besser fundierte Analyse des Beitrags ausländischer Investoren zur inländischen Wirtschaftsentwicklung wird allerdings durch die unzureichende Datenlage behindert. Angesichts der gesamtwirtschaftlich erheblichen Größenordnungen, um die es dabei geht, erscheint es geboten, die statistische Erfassung der auslandskontrollierten Unternehmen deutlich zu verbessern, z. B. um Angaben zu den folgenden Bereichen:
- Beschäftigtenstruktur; Löhne und Gehälter
- Wertschöpfung
- FuE-Aktivitäten
- Internationale Handels- und Leistungsverflechtung
- Steuerzahlungen.
Derartige Daten dürften relativ leicht zu erfassen sein durch Verknüpfung der Direktinvestitionsstatistik mit den "normalen" amtlichen Statistiken.
[30] Zur näheren Diskussion der Bedingungen und Ergebnisse einer Förderung von Direktinvestitionen siehe z.B UNCTAD (1996b) und Jungnickel/Koopmann (1996) sowie die dort zitierte Literatur.

sche Spielraum für zusätzliche Investitionsförderung angesichts der EU-Beihilfekontrolle ohnehin begrenzt. Deutschland liegt bei der Investitionsförderung auf ähnlichem Niveau wie die Konkurrenzländer (s. z.B. Foley 1996). Zum anderen bereitet die praktische Ermittlung des Nutzens geförderter Investitionen und der Kosten der Förderung erhebliche Probleme, so daß prinzipiell große Zurückhaltung angebracht ist (OECD 1994b; UNCTAD 1996b; Jungnickel/Koopmann 1996). Schließlich und vor allem aber sind **ausländische Investitionen wirtschaftspolitisch nicht prinzipiell besser zu beurteilen als inländische**. Eine einseitige Förderung könnte zu Wettbewerbsverzerrungen zu Lasten der Inlandswirtschaft führen. Um dies zu vermeiden, müßte z.B. eine Kompensation für externe Effekte generell für Investitionen im Inland gegeben werden.

Fördermaßnahmen zum Ausgleich spezifischer Nachteile auslandskontrollierter Unternehmen in Deutschland setzen Informationen über die Relevanz derartiger Nachteile voraus. Liegt keine spezifische Benachteiligung vor, entfällt auch der Grund für kompensatorische Maßnahmen. Anhaltspunkte zu diesem zentralen Aspekt ergeben sich aus der generellen Diskussion jener Faktoren, welche ausländische Investitionen in Deutschland hemmen könnten:

Mangelndes Marktpotential scheidet als Ursache aus. Denn in dieser Beziehung ist Deutschland im Vergleich zu allen anderen europäischen Ländern eher im Vorteil. Zwar ist dieser Vorteil innerhalb des Europäischen Binnenmarktes von geringerer Bedeutung als bei Ländern, die weniger eng miteinander verflochten sind - die westeuropäischen Märkte können im Prinzip auch von anderen europäischen Standorten bedient werden. Er ist jedoch nicht belanglos, anderenfalls wäre die intensive intra-europäische Direktinvestitionsverflechtung nicht zu erklären.

Angesichts des massiven Einbruchs der inländischen Anlageinvestitionen ab 1992 mag die Annahme naheliegen, daß die ausbleibenden Direktinvestitionen ein Reflex der allgemeinen Investitionsschwäche und damit der insgesamt geringen Wirtschaftsdynamik in Deutschland sind. Die Direktinvestitionslücke würde dann einen generellen Mangel an rentablen Investitionsmöglichkeiten in Deutschland widerspiegeln, dem nur mit allgemeinen und nicht mit spezifischen Maßnahmen zugunsten von ausländischen Investoren zu begegnen wäre.

Für diese Annahme spricht, daß den internationalen Direktinvestitionen eine ausgeprägt prozyklische Entwicklung zugeschrieben wird (Julius 1990). Allerdings zeigen die in

Schaubild A3.2.2.1 ausgewiesenen Relationen von einfließenden Direktinvestitionen und inländischen Anlageinvestitionen, daß dies zwar für die USA und Großbritannien gilt, nicht jedoch generell: In Frankreich gehen die stark zunehmenden Direktinvestitionen mit geringer Investitionsdynamik im Inland einher, während in Österreich die umgekehrte Entwicklung festzustellen ist. In Italien und Japan schließlich ist gar kein Zusammenhang der beiden Größen festzustellen. **Für Deutschland findet die These der generellen Investitionsschwäche als Ursache geringer ausländischer Investitionen am ehesten für die jüngste Zeit eine Bestätigung. Als einzige Erklärung vermag sie aber nicht zu überzeugen**, denn die schleppende Entwicklung ausländischer Direktinvestitionen hat schon zu Zeiten begonnen als die Anlageinvestitionen noch in der Größenordnung des internationalen "Normalniveaus" lagen (Schaubild 3.2.2.4).

Schaubild 3.2.2.4: Anlageinvestitionen im internationalen Vergleich 1980-1996[a]

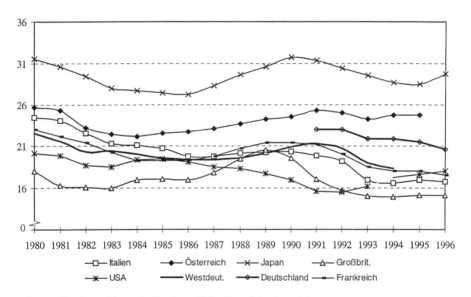

a Bruttoanlageinvestitionen (o. Staat) in vH des Bruttoinlandsproduktes
Quelle: OECD (b); Statistisches Bundesamt (j); eigene Berechnungen

Die Direktinvestitionen aus dem Ausland haben nicht einmal in der Zeit des Einheitsbooms den eingangs definierten „Normalanteil"an den gesamten DI-Zuflüssen in europäische Länder erreicht.[31] Das niedrige Niveau ausländischer Direktinvestitionen - ins-

---

31 Es sei hier jedoch nochmals auf die mangelnde internationale Vergleichbarkeit und die prinzipiell begrenzte Aussagefähigkeit von DI-flow-Daten hingewiesen. Direktinvestitionen und Anlageinvestitionen sind nur sehr begrenzt vergleichbar, da sie völlig unterschiedliche Sachverhalte darstellen, (vgl. Härtel, Jungnickel et al. 1996). Da die Masse der Direktinvestitionen in Deutschland, wie auch in an-

besondere neuer Investoren - kann daher nicht nur mit allgemein ungünstigen Investitionsbedingungen erklärt werden. Es gilt auch nach Ursachen zu suchen, welche speziell ausländische Investoren von Engagements in Deutschland abhalten. Seit geraumer Zeit wird in zahlreichen Veröffentlichungen und Stellungnahmen in diesem Zusammenhang auf eine Reihe von Faktoren aufmerksam gemacht. Zu den am häufigsten genannten zählen: zu hohe Personalkosten und Steuern, Überregulierung und Besonderheiten in der deutschen Unternehmensfinanzierung und Rechnungslegung.

Internationale Vergleiche lassen klar erkennen, daß Deutschland **bei den Löhnen eine Spitzenstellung** einnimmt (Schröder 1996b; U.S.Department of Labor 1996), der - angesichts zunehmender Mobilität des technischen und organisatorischen Wissens - kein entsprechender Produktivitätsvorsprung mehr gegenüberstehen muß. Zwar ist im Teil 3.2.1 gezeigt worden, daß der Zusammenhang zwischen steigenden Lohnstückkosten und Außenhandelsposition in Deutschland keineswegs so eindeutig ist, wie es oft in der wirtschaftspolitischen Diskussion hingestellt wird. Zudem wirken sich (zu) hohe Lohnkosten nicht in allen Wirtschaftsbereichen gleichermaßen aus; Branchen, die nicht im internationalen Wettbewerb stehen und bei denen die Lohnkosten nur einen geringen Anteil an den Gesamtkosten haben, sind weniger betroffen. Dennoch muß man diesem "harten" Standortfaktor als Bremse für einfließende Direktinvestitionen gerade bei Neuinvestitionen - weniger dagegen bei Akquisitionen - substantielle Bedeutung beimessen. Bei Neuinvestitionen ist nämlich die Unsicherheit für ausländische Investoren am größten, inwieweit sie die hohen Kosten durch konzerninternen know how-Transfer kompensieren können. Innerhalb der Personalkosten dürfte den Lohnnebenkosten besonderes Gewicht zukommen, da sie die Verbindung zwischen Leistung und Kosten des Faktors Arbeit lockern und teilweise sogar Fixkostencharakter aufweisen. Kostenverschärfend wirken ferner die geringe Arbeitszeit, die mangelnde Flexibilität der Arbeitsmärkte in Deutschland und die im internationalen Vergleich kurzen Maschinenlaufzeiten.

Oftmals werden die in Deutschland **relativ hohen Steuern** als Faktor genannt, der ausländische Investoren abschreckt (s. z.B. Brügelmann/Fuest 1996). Vergleichende Analysen mit anderen Ländern, vor allem mit den USA, die nicht als Hochsteuerland gelten,

---

deren Industrieländern, als Akquisitionen erfolgen, könnte man sogar leicht überspitzt argumentieren, daß gerade die in der Statistik ausgewiesenen Direktinvestitionen **nicht** mit neuen Anlageinvestitionen verbunden sind, da sie nur den Kaufpreis für ein bestehendes Unternehmen darstellen. Dagegen gehen die Anlageinvestitionen bei etablierten auslandskontrollierten Unternehmen nicht in die Statistik ein - insbesondere nicht in die der Direktinvestitionsflows -, soweit sie aus eigenen oder lokal aufgenommenen Mitteln finanziert werden.

relativieren dies Argument indessen deutlich: Zwar sind die deutschen Steuersätze für die Gewinn- und Kapitalbesteuerung im internationalen Vergleich außerordentlich hoch. Sie wirken sich aber nicht generell aus, betroffen sind die Eigenkapitalfinanzierung, die vom deutschen Steuerrecht diskriminiert wird (Thomsen/Woolcock 1993; Europäische Kommission 1992a), und thesaurierte Gewinne, die in konkurrierenden Ländern deutlich niedriger besteuert werden (Jacobs/Sprengel 1996). Durch intelligente Gestaltung der Finanzierung und der Unternehmenskonstruktion läßt sich die steuerliche Belastung in Deutschland auf ein im internationalen Vergleich nicht mehr wesentlich überhöhtes Niveau drücken, wie Claassen (1994) anhand umfangreicher Berechnungen zeigt. International verflochtene Unternehmen haben hierbei bessere Möglichkeiten als nationale. Auch wenn sie in Deutschland produzieren, können sie zumindest Teile ihres Gewinns im steuergünstigeren Ausland anfallen lassen, etwa durch Übertragung der deutschen Produktionsstätte auf eine dort gegründete Holdinggesellschaft. "Zu" hohe Steuern müssen sich daher nicht nachhaltig in niedrigen Investitionen und Beschäftigtenzahlen auswirken.

Selbst wenn aber die Besteuerung "objektiv" keinen fundamentalen Standortnachteil darstellt, weil und soweit sie vermieden werden kann, so bleibt die im internationalen Vergleich formal hohe Besteuerung doch ein Standortnachteil. Zum einen ist zu berücksichtigen, daß die "Gewinnabwanderung" in steuergünstige Länder zu entsprechenden Steuerausfällen in Deutschland führt, während die hier produzierenden Unternehmen weiterhin die steuerfinanzierten Standortfaktoren in Anspruch nehmen. Zum anderen dürfte schon die Kompliziertheit des deutschen Systems, was die Ermittlung des zu versteuernden Gewinns betrifft, eine abschreckende Wirkung auf potentielle Erstinvestoren aus dem Ausland ausüben. Sicher ist für den Investor nur der hohe formale Steuersatz. Die niedrigere effektive Belastung ergibt sich unter Unsicherheit hinsichtlich der Bemessungsgrundlage und der Verlagerungsmöglichkeit ins Ausland. Von dieser Unsicherheit werden vor allem neue - d.h. vorwiegend asiatische - Investoren betroffen, für die Deutschland ohnehin schon aus sprachlichen Gründen Nachteile z.B. gegenüber Großbritannien aufweist.

Ähnlich ist die von der Wirtschaft generell und insbesondere von ausländischen Investoren kritisierte **"Überregulierung"** einzuschätzen. Empirische Untersuchungen zeigen, daß die Dauer der Genehmigungsverfahren etwa im Emissionsschutzbereich seit den frühen 80er Jahren deutlich zugenommen hat (s. z.B. Hirschler 1994) und daß Deutschland im europäischen Vergleich in dieser Hinsicht mit an der Spitze liegt (Betz/Stahl 1994). Die Überregulierung kann vor allem bei Investitionen in neue Verfahren und in neuen Technikfeldern zu Unsicherheit führen und damit den Aufbau von Produktionen behindern, bei denen sich am ehesten Vorsprungsgewinne und hohe Einkommen erzielen lassen. Benachteiligt werden am stärksten solche Investoren, die wenig mit den Gegebenheiten in Deutschland vertraut sind, d.h. vor allem außereuropäische Unternehmen, die sich erstmals in der Region engagieren wollen.

Potentielle Investoren aus dem Ausland sehen sich auch spezifischen Problemen bei der Akquisition deutscher Unternehmen gegenüber (Franks/Mayer 1990). Probleme resultieren aus der deutschen Präferenz für Fremdkapitalfinanzierung durch Bankkredite (der auf der Anlegerseite eine geringe Neigung zur Vermögensanlage in Aktien entspricht[32]) und aus dem Vorsichtsprinzip in der Rechnungslegung. Diese Finanzierungsusancen in Deutschland schlagen sich in einer im internationalen Vergleich geringen Börsenkapitalisierung nieder (Deutsche Bundesbank 1997). Sie können nicht nur zu einem geringeren Angebot an Unternehmen führen, sondern auch zu Informationsdefiziten, d.h. zu ungenügender Markttransparenz auf Seiten der Kaufinteressenten. Derartige Nachteile bestehen nicht zwangsläufig, sie können vermieden werden, wenn die Hausbanken ihre Rolle nicht nur als Finanzierungsinstitute verstehen, sondern ihre Geschäftsmöglichkeiten als "Makler" von Unternehmen stärker ins Blickfeld rücken. Die Erfahrung in Deutschland läßt hier einerseits Schwachstellen vermuten: Die von der Börsen-Zeitung (v. 30.1.1997) ausgewerteten Deutschland betreffenden Akquisitionen des Jahres 1996[33] zeigen eine klare Dominanz ausländischer Investmentbanken, die sich allerdings teilweise (z.B. Morgan Grenfell, Kleinwort Benson) in deutschem Besitz befinden. Selbst von den für das zweite Halbjahr ausgewiesenen 20 rein nationalen Transaktionen wurden zumindest 11 von ausländischen Häusern beraten (2 von deutschen Häusern, 7 ohne Angabe). Andererseits zeigt dies starke Engagement ausländischer Investmentbanken, daß mangelnde Kompetenz - oder fehlender Wille[34] - inländischer Unternehmen sehr wohl durch den Markteintritt ausländischer Unternehmen kompensiert werden kann.

Das Vorsichtsprinzip führt zu asymmetrischen Informationen, soweit die Vermögenswerte und Gewinne betont niedrig ausgewiesen werden. Damit erscheinen die "arm gerechneten" deutschen Unternehmen zwar billig, aber wenig attraktiv für ausländische

---

32 Das Angebot von Risikokapital wird auch durch institutionelle Faktoren behindert, etwa wenn den Pensionsfonds entsprechende Einschränkungen bei ihren Vermögensanlagen auferlegt werden.
33 Insgesamt 148 Unternehmenskäufe von Inländern und Ausländern im Inland sowie von Inländern im Ausland.
34 Deutsche Banken schätzen offenbar die Geschäftsmöglichkeiten über Kredite an die mit ihnen verbundenen Firmen höher ein als die Möglichkeiten, die sich aus dem investment banking ergeben.

Investoren, insbesondere soweit diese in ihrem Heimatland eher ein "reich Rechnen" im Sinne des shareholder-value gewöhnt sind. Auch dieser Faktor dürfte sich am ehesten auf neue Investoren aus Übersee auswirken. Allerdings sollte es zu denken geben, wenn sogar britische Investmentfonds, die auf die zeitlich begrenzte Übernahme und Finanzierung von Minderheitsbeteiligungen an neuen und bestehenden Unternehmen spezialisiert sind, über weitgehend verschlossene Märkte in Deutschland klagen (FAZ v. 8.2.1997). Als Hauptkritikpunkte werden angeführt: Geringe Börsenkapitalisierung deutscher Unternehmen, Scheu der Eigentümer, die Expansion durch Aufnahme von Minderheitsbeteilungen zu finanzieren, und hohe Kosten der Veräußerung von Beteiligungen.

Insgesamt zeigt sich, daß eine **spezifische Benachteiligung ausländischer Investoren vor allem durch die geringe Transparenz auf dem deutschen "Markt für Unternehmen" und durch die vielfältigen Regulierungen der Wirtschaft** gegeben sind. Daraus läßt sich für die Wirtschaftspolitik (wie auch für Unternehmen, die in diesem Markt tätig sind) die Forderung ableiten, systematische Informationsdefizite für ausländische Unternehmen zu verringern. Die Forderung nach Umgestaltung der deutschen Bilanzierungsprinzipien - etwa im Sinne des angelsächsischen shareholder-value - und nach Lockerung der Verbindungen zwischen Hausbanken und Unternehmen läßt sich allein daraus jedoch nicht ableiten. Derartige generelle Änderungen bedürfen der generellen Rechtfertigung unter Berücksichtigung inländischer Rückwirkungen. So sind auch die Vorzüge des deutschen Systems der Kredit-, Eigentums- und personellen Verflechtung mit den Hausbanken zu berücksichtigen (Edwards/Fischer 1994). Sie liegen im größeren Gewicht der Kontinuität. Dieser Faktor könnte insbesondere dann von Bedeutung sein, wenn durch ein Zusammengehen von Unternehmen nicht nur die Kostensenkung, sondern auch eine langfristige Stärkung der Innovationskraft angestrebt wird. Nach der Liberalisierung der Kapitalmärkte und der Niederlassungsbedingungen in der EU scheint jedoch ohnehin eine Angleichung angelsächsischer und kontinentaler Bankensysteme in Gang gekommen zu sein (Härtel/Jungnickel et al. 1996).

Die hohen (Lohn-) Kosten und Steuern in Deutschland dürften ein wesentlicher Faktor für das Ausbleiben ausländischer Direktinvestitionen sein. Die Aussicht auf mehr einfließende Direktinvestitionen stellt somit ein gewichtiges Argument für Entlastungen in diesem Bereich dar. Allerdings besteht hier keine spezifische Benachteiligung ausländischer Investoren, mithin ist auch keine spezifische Förderung angebracht, sofern im Prinzip auch inländische Investoren zur Verfügung stehen. Vielmehr ist der internationale Steuer- und Kostenwettbewerb bei der generellen Weiterentwicklung des Steuersystems und der Organisation des Arbeitsmarktes mit zu berücksichtigen. Darauf wird in Teil 6 dieses Berichts weiter einzugehen sein.

3.2.3 Führt Auslandsproduktion zum Export inländischer Arbeitsplätze?

3.2.3.1 Die Substitutionsthese in nationaler und internationaler Perspektive

Die Frage nach den Auswirkungen deutscher Direktinvestitionen im Ausland hat sich angesichts des 1995 erreichten Rekordniveaus von 50 Mrd. DM (wieder) stärker in den Vordergrund geschoben. Kritisiert wird, daß das ins Ausland abgeflossene Investitionskapital alternativ auch im Inland hätte investiert werden und für mehr Arbeitsplätze sorgen können. Geht man von dieser Annahme - der Substitutionsthese - aus, so sind die inländischen Anlageinvestitionen im Durchschnitt der letzten fünf Jahre wegen der Direktinvestitionen um rund 6 vH niedriger ausgefallen, als sie ohne Auslandsinvestitionen gewesen wären. Die von deutschen Unternehmen zwischen 1991 und 1995 zusätzlich im Ausland bereitgestellten 350.000 Arbeitsplätze entsprächen immerhin mehr als einem Drittel des Beschäftigungsrückgangs in (west)deutschen Industrie- und Dienstleistungsunternehmen.

Die aus Schaubild 3.2.3.1 hervorgehende Entwicklung scheint zunächst für die Substitutionsthese zu sprechen. Die noch in den 80er Jahren zu beobachtende Parallelität in der Entwicklung von Inlands- und Auslandsbeschäftigung besteht in den 90er Jahren nicht mehr. Dies könnte auf einen Umschwung von einer komplementären zu einer substitutiven Beziehung hindeuten. Bereits bei sektoraler Differenzierung kommen aber Zweifel auf. Die von deutschen Unternehmen im Ausland geschaffenen (oder aufgekauften) und im Inland abgebauten Arbeitsplätze fallen sektoral auseinander, wie Tabelle 3.2.3.1 zeigt. In den Bereichen, in denen der größte Beschäftigtenabbau im Inland erfolgte, ist - mit Ausnahme der Automobilindustrie - die Zahl der Auslandsbeschäftigten keineswegs überdurchschnittlich stark expandiert. Selbst wenn man unterstellt, daß die Expansion im Ausland voll auf Kosten der Inlandsbeschäftigung erfolgte, so wird aus den Größenordnungen deutlich, **daß die Auslandsproduktion kein entscheidender Faktor für die wachsenden inländischen Beschäftigungsprobleme gewesen sein kann.** Im Verarbeitenden Gewerbe stehen dem Rückgang im Inland von über 1,3 Millionen Arbeitsplätzen "nur" 189.000 zusätzliche Arbeitsplätze im Ausland gegenüber. Dies weckt Zweifel an der These eines einfachen Kausalzusammenhangs beider Entwicklungen.

Schaubild 3.2.3.1: Arbeitnehmer in westdeutschen Unternehmen und bei Auslandstöchtern 1980-1995 (in 1000)

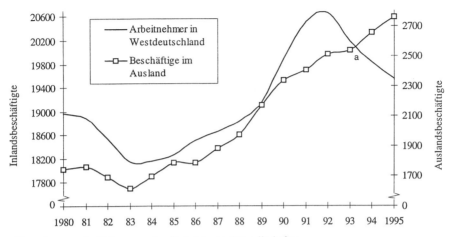

a Heraufsetzung der Erfassungsschwelle bei Auslandsgesellschaften
Quelle: Statistisches Bundesamt (a); Deutsche Bundesbank (b)

Tabelle 3.2.3.1: Veränderung der Beschäftigtenzahl in Westdeutschland und bei Auslandstöchtern nach Branchen, 1991-1995

Beschäftigten-entwicklung	Verarb. Gew.	Chemie	Elektro	Automobile	Masch. bau	Textil	Beklei-dung	Kredit. Versich.
im Ausland (1000)	+189	+14	-17	+30	+16	+6	+2	+21
im Inland (West) (1000)	-1307	-80	-198	-161	-217	-68	-68	+28

Quelle: Statistisches Bundesamt (a); Deutsche Bundesbank (b); eigene Berechnungen

Zweifel ergeben sich auch aus einem Vergleich mit anderen Ländern: Das rapide Wachstum von Auslandsinvestition und -produktion ist keine spezifisch deutsche Erscheinung. Mit rund 11 vH des (gesamtdeutschen) BIP haben die Direktinvestitionen eine Größenordnung erreicht, die nah beim Durchschnitt aller Industriestaaten liegt. Die Quote "Direktinvestitionsbestand/BIP" entspricht ungefähr derjenigen Frankreichs, Italiens und der USA (Tab. A3.2.3.2); sie übersteigt deutlich den japanischen Wert, bleibt allerdings ebenso klar hinter den Werten für Großbritannien (30 vH) und kleinere Länder wie Belgien (ca. 21 vH), Schweden (26 vH), die Schweiz (31 vH) und die Niederlande (38 vH), die nicht in die Tabelle aufgenommen wurden, zurück (zu den Ausgangswerten s. OECD 1996b und UNCTAD 1996a). Das Auslandsengagement der deutschen Wirtschaft in Form von Direktinvestitionen ist somit generell nicht als besonders hoch einzustufen. Dies gilt für den Bestand ebenso wie für die Entwicklung der letzten Jahre (UNCTAD 1996a), die in Deutschland oftmals als besonders dramatisch angesehen wird. Länder, die in den vergangenen zehn Jahren durch Abwertungen ihr (Lohn-)Kostenniveau im internationalen Vergleich deutlich gesenkt haben (z.B. Großbritannien), verzeichnen ähnlich hohe outward-Direktinvestitionen wie Deutschland und andere Hochlohnländer; als Anlageländer stehen nach wie vor westeuropäische Hochlohnregionen und die USA an vorderer Stelle und nicht die typischen Niedriglohn-Standorte.

Die deutschen Direktinvestitionen sind somit, wie im Schwerpunktbericht zur Globalisierung eingehend ausgeführt, nicht gleichzusetzen mit dem Transfer von Arbeitsplätzen ins Ausland und sind offenbar nicht primär als "Flucht" vor ungünstigen Standortbedingungen zu interpretieren. Vielmehr sind sie ein normales Element unternehmerischer Wachstumsstrategien. Sie dienen der weitergehenden Nutzung und der Weiterentwicklung unternehmensspezifischer Kompetenz und können im Stammland die wirtschaftliche Entwicklung sogar fördern, indem sie

- Märkte für andere Produkte des investierenden Unternehmens öffnen,
- die Erzielung von Skalenvorteilen bei zentralen Funktionen der Muttergesellschaft ermöglichen,
- die Muttergesellschaft mit billigeren und besseren Vorprodukten versorgen und
- dem Investor Zugriff auf hochwertige Ressourcen des Auslandes verschaffen.

Ebenso ist es möglich, daß Auslands- und Inlandsaktivitäten weitgehend unabhängig voneinander sind. Dies wäre etwa dann zu erwarten, wenn Direktinvestitionen zur Umgehung von Handelshemmnissen erfolgten oder wenn ausländische Unternehmen aufgekauft würden, die nur eine geringe Leistungsverflechtung mit dem übernehmenden deutschen Unternehmen aufweisen.

Der empirische Zusammenhang zwischen Direktinvestitionen und Inlandsbeschäftigung ist somit prinzipiell offen. Er kann sich zwischen Ländern, Branchen und Unternehmen sowie im Zeitverlauf unterschiedlich darstellen und bedarf der gezielten Untersuchung auf der Ebene einzelner Märkte. Dabei sind die strukturpolitischen Implikationen zu beachten.

3.2.3.2 Strukturpolitische Implikationen

Zwar können sich Produktionsverlagerungen durch Direktinvestitionen in den verlagernden Unternehmen und Branchen nachteilig auf die betroffenen Arbeitskräfte - wie auch auf den Wert des in Deutschland nicht mehr benötigten Realkapitals - auswirken. Nicht jede Produktionsverlagerung von Deutschland ins Ausland ist aber wirtschaftspolitisch als Problem der Direktinvestitionen anzusehen. Wenn die verlagerte Produktion an deutschen Standorten wegen zu hoher Kosten auf Dauer nicht mehr rentabel betrieben werden kann, so fördert die Verlagerung den ohnehin stattfindenden Strukturwandel in Richtung auf Produktionen, welche hohe Einkommen ermöglichen. Erfolgt dieser Strukturwandel durch Direktinvestitionen, d.h. unternehmensintern und nicht als Verdrängung deutscher Hersteller durch Handelsimporte, so bringt dies strukturpolitische Vorteile mit sich. Verlagerungen stauen sich möglicherweise nicht so lange auf; sie erfolgen feiner dosiert auf der Ebene einzelner Produktionsschritte: Die auslagernden Unternehmen beziehen nicht nur die Vorteile, sondern in stärkerem Maße auch die Kosten von Produktionsverlagerungen (etwa entwertetes Kapital und Kosten des Personalabbaus) in ihre Kalkulation ein. Durch die Internalisierung verliert der Strukturwandel an Schärfe.[35]

Als problematisch kann die Substitution deutscher durch ausländische Produktion vor allem dann angesehen werden, wenn es sich um Tätigkeiten handelt, die hohe Einkommen ermöglichen und die im Prinzip auch in Deutschland rentabel zu betreiben wären. In solchen Fällen können Produktionsverlagerungen die Grundlagen künftigen Wachstums in Deutschland beeinträchtigen.[36] Dies betrifft am ehesten Direktinvestitionen in hochentwickelten Ländern, deren Märkte alternativ auch von Deutschland aus bedient werden könnten, d.h. vor allem Westeuropa. Dort herrschen zunehmend ähnliche Standortbedingungen für den Aufbau von Hochlohnproduktion. Wo dies nicht der Fall ist, können bestehende Nachteile durch Einsatz eigener Ressourcen der deutschen Investoren kompensiert werden, denn mit verringerten Distanzkosten wird auch das organisatorische und technische Wissen - und damit die Produktivität - konzernintern mobiler. Das Produktivitätsniveau (gemessen als Pro-Kopf-Umsatz) der "deutschen" Produktionsstätten in Westeuropa ist bereits dem in Deutschland erreichten Niveau ähnlich oder

---

35 Gleichwohl kann aus der Betroffenheit einzelner Sektoren, Unternehmen oder Gruppen von Arbeitnehmern wirtschaftspolitischer Handlungsbedarf resultieren, der auf den Wechsel zu anderen Arbeitsplätzen abzielt. Besondere Probleme resultieren daraus, daß Produktionsverlagerungen in Niedriglohnländer die Arbeitslosigkeit gerade bei jenen Personengruppen verstärkt, die ohnehin schon überdurchschnittlich davon betroffen sind (s. Teil 4).

36 Diesen Risiken sind allerdings die Chancen für die investierenden Unternehmen oder für andere Bereiche der Wirtschaft und für die Verbraucher gegenüberzustellen, welche sich in Form von höheren Exporten, Realeinkommenssteigerungen durch billige/bessere Importe oder durch Verlagerungen **nach** Deutschland ergeben. Produktionsverlagerungen sind Teil eines Geflechts intensiver außenwirtschaftlicher Beziehungen.

sogar höher (vgl. Schaubild 3.2.3.2), so daß auch die erzielbaren Einkommen mit denen in Deutschland vergleichbar sein dürften.

Schaubild 3.2.3.2: Umsatzproduktivität [a] in Deutschland und bei deutschen Produktionsstätten im Ausland 1994

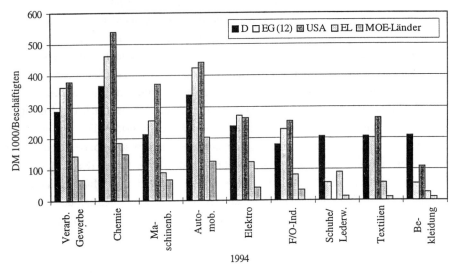

a Pro-Kopf-Umsatz
Quelle: Statistisches Bundesamt (a); Deutsche Bundesbank (b); eigene Berechnungen

Die wirtschaftspolitisch orientierte Diskussion der Substitutionsthese sollte daher innerhalb der Direktinvestitionen, welche inländische Arbeitsplätze substituieren, unterscheiden zwischen solchen, welche die Arbeitsteilung mit Niedrigkosten-Regionen voranbringen, und solchen, welche zu Lasten von inländischen Hocheinkommens-Arbeitsplätzen vorgenommen werden. Die letztgenannte Kategorie ist insofern wirtschaftspolitisch bedeutsam, als sie Anhaltspunkte liefert für die Position deutscher Standorte im Wettbewerb um Tätigkeiten, die hohe Einkommen versprechen.[37] Sie ist primär in Hochlohn-Ländern anzutreffen. Die folgende Analyse konzentriert sich daher auf Direktinvestitionen in Hochlohnländern, bei denen die Alternative "lokale Produktion" (anstelle des Außenhandels) nicht durch geographische, handelspolitische oder andere strukturelle Hemmnisse vorgegeben ist. Anhaltspunkte für eine Unterscheidung derartiger "substitutionsverdächtiger" Direktinvestitionen, die wirtschaftspolitisch problematisch sind, von anderen Direktinvestitionen, die als neutral oder komplementär zur deut-

---

[37] Damit sollen nicht jene Probleme verkannt werden, die entstehen, wenn die Verlagerung einfacher Tätigkeiten ins billigere Ausland schneller vonstatten geht als die Schaffung neuer Arbeitsplätze für die betroffenen Beschäftigten (siehe dazu 3.3).

schen Wirtschaft anzusehen sind, finden sich in Strukturmerkmalen und Determinanten der Direktinvestitionen.

3.2.3.3 Exportfördernde Direktinvestitionen

Bei einem erheblichen Teil der Direktinvestitionen kann von vornherein angenommen werden, daß sie die Beschäftigung am Standort Deutschland eher fördern als beeinträchtigen. Dies dürfte vor allem für die stark im Ausland engagierte Bauwirtschaft (mit 1994 über 70.000 Auslandsbeschäftigten) und für die Dienstleistungs-Direktinvestitionen gelten, da dort die Direktinvestitionen vorwiegend auf den lokalen Markt gerichtet sind. Bei vielen Unternehmensdienstleistungen und dem Gastgewerbe ist dies offensichtlich. Auch bei Banken und Versicherungen wird man eine lokale Ausrichtung noch annehmen können. Mit der weiteren Internationalisierung der Kapitalmärkte und der industriellen Kundschaft und mit zunehmenden technischen Möglichkeiten zur Geschäftsabwicklung aus der Ferne intensiviert sich aber auch in diesem Bereich der Standortwettbewerb um die Großkundengeschäfte und um das investment-banking (Härtel/Jungnickel et al. 1996). Dabei geht es um hochqualifizierte Arbeitskräfte, deren Anzahl allerdings noch gering ist. Im gesamten Finanzsektor (einschl. Versicherungen) ist die Zahl der Beschäftigten bei deutschen Tochter- und Beteiligungsgesellschaften im Ausland zwischen 1991 und 1994 nur um rund 15.000 gestiegen (von 69.000 auf 84.000).

Innerhalb der Dienstleistungen kommt den Handelsunternehmen im Ausland (mit 450.000 Beschäftigten) das bei weitem größte Gewicht zu. Rund zwei Drittel der Direktinvestitionen im Handel stammen von Industriefirmen (ca. 12 von ca. 18 Mrd. DM, ohne Direktinvestitionen der Beteiligungsgesellschaften). Dabei dürfte es sich weitgehend um **Direktinvestitionen in ausländische Vertriebs- und Service-Einrichtungen** handeln, welche gerade das Ziel haben, den inländischen Export zu stärken und insoweit der Substitutionsthese diametral entgegenstehen. Diesen Gesellschaften, die als komplementär zur deutschen Wirtschaft anzusehen sind, kommt eine erhebliche Größenordnung zu. Auf sie entfallen rund 20 vH, im Maschinenbau sogar über die Hälfte, der industriellen Direktinvestitionen mit Schwerpunkt in den Industrieländern. Industrielle Handelsgesellschaften setzten 1994 über 160 Mrd. DM um, wertmäßig rund ein Drittel der industriellen Auslandsproduktion und rund ein Viertel des Exports. Damit dürfte auch die Größenordnung des deutschen Industriegüterexports umschrieben sein, der über eigene Vertriebsgesellschaften der Hersteller geleitet und dadurch gefördert wird.[38]

Die Rolle der Vertriebsgesellschaften für den industriellen Export aus Deutschland scheint sich nur wenig zu ändern. Das Gewicht der Vertriebsgesellschaften ist seit 1992 gegenüber der Auslandsproduktion allerdings leicht rückläufig. Dies war auch zu erwarten, wenn man von der typischen Entwicklung eines Auslandsengagements ausgeht:

Inlandsabsatz ==> Export an Dritte ==> eigene Vertriebsstätten ==> eigene Produktionsstätten im Ausland

Vertriebsgesellschaften spielen vor allem in solchen Sektoren eine Rolle, in denen hohe Skalen- und Verbundvorteile eine regional konzentrierte Produktion erfordern (etwa Eisen/Stahl, Fahrzeugbau) und in denen der Absatz mit intensivem Service einhergeht (Büromaschinen/EDV, Maschinenbau, Feinmechanik/Optik).

3.2.3.4 Kosten- versus Absatzorientierung

Oftmals werden industrielle Direktinvestitionen im Ausland dann als Substitution inländischer Investitionen und Arbeitsplätze (und zumindest implizit als schädlich für deutsche Standorte) betrachtet, wenn sie aus Kostengründen erfolgen (Hummel et al. 1995). Dagegen werden absatzgeleitete Direktinvestitionen als komplementär zur Inlandswirtschaft gesehen. Folgt man dieser Ansicht, so läßt sich vom Gewicht der Kosten- und Absatzfaktoren auf die Wirkungsweise der Direktinvestitionen schließen.

Mehrere empirische Untersuchungen (Hummel et al. 1995; Ködderman/Wilhelm 1996; Lorz 1993; Moore 1993; Döhrn 1994) liefern hinsichtlich der Determinanten der deutschen Direktinvestitionen nicht ganz einheitliche Ergebnisse. Sie kommen aber überwiegend zu dem Befund, daß die Masse der deutschen Direktinvestitionen nach wie vor absatzorientiert erfolgt, Kostenfaktoren (v.a. Löhne) jedoch an Bedeutung gewinnen. Dies gilt auch für die hier besonders interessierenden Länder in Westeuropa. Lorz

---

38 Der genannte Umsatzwert kann insofern nur Anhaltspunkte für den über Vertriebsgesellschaften abgewickelten Export liefern, als er einerseits auch die Handelsspanne enthält und Gesellschaften einbezieht, die nicht dem Vertrieb von Exportgütern dienen. Insoweit werden Vertriebsgeschäfte überschätzt. Andererseits ergibt sich eine Überschätzung, da die indirekt (über Beteiligungsgesellschaften) gehaltenen Vertriebsgesellschaften nicht einbezogen sind. Direktinvestitionen von Beteiligungsgesellschaften im Handel (1994: 12 Mrd. DM) sind fast ebenso hoch wie diejenigen der Industrie. Ebenso können Vertriebsgeschäfte, die über Produktionsstätten abgewickelt werden, nicht erfaßt werden.

(1993) und Hummel et al. (1995) stellen für dort angelegte Direktinvestitionen einen signifikanten Einfluß der Lohnkosten fest. Barrell et al. (1996) ermitteln, auf aktuellerer Basis (bis 1992), für deutsche Engagements in der EU eine besonders hohe Signifikanz der relativen Lohnstückkosten; auf Veränderungen der relativen Position reagieren die Direktinvestitionen innerhalb der EU doppelt so stark wie in anderen Ländern. Dies Ergebnis ließe sich mit der im Europäischen Binnenmarkt besonders großen Standortflexibilität und dem Aufbau von Produktionsnetzwerken erklären. Generell bedeutsam ist auch die Breite des inzwischen erreichten Engagements in der EU, das die Kenntnis der nationalen Produktionsbedingungen verbessert, und die Fähigkeit, neue Möglichkeiten zu nutzen.

Die vorliegenden Berechnungen werden stark von den 80er Jahren geprägt. Sie lassen keine gezielten Aussagen für die bisherigen 90er Jahre zu. Dies ist insofern ungünstig, als eine mögliche Standortschwäche meist erst als Folge der hohen Lohnsteigerungen in den frühen 90er Jahren (s. Teil 3.2.1) angenommen wird. Deshalb wurden einige Berechnungen für die Determinanten deutscher Direktinvestitionen für die 90er Jahre vorgenommen. Als abhängige Variable dient die Auslandsproduktion in 12 gewichtigen Industriesektoren. Sie ist definiert als Umsatz ausländischer Produktionsstätten, normiert mit dem deutschen Branchenumsatz. Die Auslandsproduktion ist - anders als die Direktinvestitionen - direkt vergleichbar mit dem Außenhandel und dem Umsatz der inländischen Unternehmen. Zudem hat sie gegenüber den gesamten Direktinvestitionen in der jeweiligen Region den Vorteil, daß reine Vertriebsgesellschaften unberücksichtigt bleiben, da dort der Zusammenhang mit Export und Inlandswirtschaft offensichtlich und insoweit nicht klärungsbedürftig ist. Empirisch zu klären ist im Grunde nur der theoretisch nicht eindeutig abzuleitende Zusammenhang zwischen Auslandsproduktion und Außenhandel. Als erklärende Variablen werden herangezogen:

- vier **länderspezifische Größen**: eine Entfernungsvariable (DIST) mit vier Abstufungen, von den Nachbarländern (=1) bis zu den Entwicklungsländern (=4), das Bruttoinlandsprodukt (BIP) und dessen Wachstum (WACHS) als Indikatoren für die Marktgröße und deren Entwicklung sowie die durchschnittlichen Lohnstückkosten in der Industrie in einheitlicher Währung (LSK);

- die Humankapital- und die FuE-Intensität (HUMKINT; FUEINT) als **industriespezifische Variablen;**

- **Export- und Importquote** (EXQU bzw. IMQU) als weitere industriespezifische Variablen, um dem häufig postulierten Zusammenhang zwischen Außenhandel und Auslandsproduktion Rechnung zu tragen.

Die genannten Variablen liefern eine - für eine Querschnittsanalyse - recht gute Erklärung der "deutschen" Auslandsproduktion in Westeuropa. Die in Tabelle 3.2.3.2 ausgewiesenen Werte zeigen, **daß die deutsche Auslandsproduktion wesentlich von den Marktgegebenheiten, der Entfernung und der unternehmensspezifischen Wettbewerbsfähigkeit abhängt,** die anhand der FuE-Intensität gemessen wird. Dem Import wird statistisch größerer Einfluß zugemessen als dem Export. Da aber beide Größen eng miteinander korrelieren (r=0,65) und beide als Determinanten der Auslandsproduktion in Frage kommen, werden sie zu einer Außenhandelsvariablen AHQU zusammengefaßt, die ebenfalls einen hochsignifikanten Einfluß hat. Für die Lohnstückkosten gilt dies dagegen nicht. Dies steht im Widerspruch zu den obengenannten Studien, welche den Lohnkosten in Westeuropa einen wesentlichen Einfluß auf die Direktinvestitionen zuweisen. Auch bei Verwendung der absoluten Lohnhöhe - diese Größe wäre angebracht, wenn man davon ausgeht, daß die Produktivität der deutschen Auslandsinvestoren international mobil ist - ergibt sich kein signifikanter Einfluß.

Die Entwicklung der "deutschen" Auslandsproduktion zwischen 1991 und 1994 wird durch die genannten Variablen und deren Veränderung gar nicht erklärt.

Tabelle 3.2.3.2: Bestimmungsgründe deutscher Auslandsproduktion in Westeuropa - Regressionsschätzungen [a]

abhängige Variable	DIST	BIP	WACHS	FUE	LSK	AHQU	R^2	SE	N
Auslandsproduktion [b]									
Stand 1994	-0,23*** (-2,4)	0,44*** (3,46)	0,26*** (2,55)	0,21*** (2,81)	0,03 (0,34)	0,38*** (3,37)	0,43	0,97	107
Differenz 1994-91	-0,18 (-0,98)	-0,05 (-0,17)	0,27 (1,20)	0,28* (1,56)	0,16 (0,88)	0,32 (1,48)	0,01	1,01	45

a Beta-Koeffizient (T-Wert); Parametersignifikanz bei Irrtumswahrscheinlichkeit < 10 vH (*), < 5 vH (**), < 1 vH (***); Die Berechnungen für 1994 wurden mit logarithmierten Werten durchgeführt.
b Umsatz produzierender Auslandsgesellschaften in vH der Inlandsproduktion in Deutschland
Quelle: Grunddaten: Deutsche Bundesbank (a); Statistisches Bundesamt (b); OECD (a und b); Europäische Kommission (1995 und 1996); eigene Berechnungen.

Der Interpretation derartiger Determinantenanalysen sind im Hinblick auf die Frage nach dem Export inländischer Arbeitsplätze allerdings enge Grenzen gesetzt. Dies betrifft sowohl prinzipielle Schwächen der in den Berechnungen verwandten Indikatoren[39]

---

39 Insbesondere die in den genannten Studien als abhängige Variable herangezogenen Direktinvestitionen hängen von vielen Zufälligkeiten der Finanzierung ab. Ihre Verwendung in ökonometrischen Berechnungen erscheint daher ohnehin problematisch, zumal es keine gleich abgegrenzten inländischen

als auch die Ergebnisse selbst.[40] Ebenso bleiben bei den konkreten Beschäftigungsauswirkungen der Direktinvestitionen noch Fragen offen. Auch kostenmotivierte Direktinvestitionen können vermehrt Exporte nach sich ziehen, wenn sie mit der Zulieferung von Vorleistungen verbunden sind und den Markt für andere Produkte öffnen. Auf der anderen Seite müssen absatzorientierte Direktinvestitionen nicht mit zunehmenden Exporten einhergehen. Sie können auch zu Einbußen bei Exporten und heimischer Beschäftigung führen, etwa wenn im Ausland - unabhängig von der nationalen Kostenposition - Skalenvorteile erzielt und vorherige Exporte durch lokale Wertschöpfung abgelöst werden.

Dies gilt insbesondere auf längere Sicht. Hinter der generellen Dominanz absatzstrategischer Investitionsmotive steht die Vorstellung, daß Standorte und Länder nicht nur mit den Kosten, sondern auch mit der Marktdynamik konkurrieren. Wenn nun Erweiterungsinvestitionen überproportional in Wachstumsmärkten erfolgen, so mag dies zunächst keinen oder sogar einen positiven Einfluß auf Investitionen, Produktion und Beschäftigung in Deutschland haben. Auf die Dauer liegt darin jedoch das Risiko, daß die modernste Produktionstechnik, die in neuen Investitionen enthalten ist, eher im Ausland als in Deutschland eingesetzt wird, mit schädlichen Folgen für die Wettbewerbsposition deutscher Standorte.[41]

Insofern läßt die Trennung in kosten- und absatzorientierte Direktinvestitionen keine definitiven Schlußfolgerungen in bezug auf die Wirkung im Inland zu. Es erscheint sinnvoll, den Einfluß der Auslandsproduktion auf die inländische Produktion und Beschäftigung möglichst direkt zu untersuchen, gleichgültig, auf welche Weise er zustande kommt.

Größen gibt, denen sie gegenübergestellt werden könnten. Insofern sind die in den hier durchgeführten Berechnungen zugrundegelegten Werte für die Auslandsproduktion (Umsatz produzierender Auslandsgesellschaften) besser geeignet.

40 So bleibt in der ifo-Studie unklar, weshalb die deutschen Direktinvestitionen in Frankreich und zeitweise in Spanien auf Veränderungen der Lohnstückkosten reagieren, die Investitionen bspw. in Großbritannien aber nicht (Hummel et al. 1995), obwohl dort größere Veränderungen der Lohnstückkosten stattgefunden haben.

41 Noch ungünstiger für den Standort Deutschland wäre allerdings, wenn nicht deutsche Investoren im Ausland expandierten, sondern solche aus anderen Ländern. In diesem Fall träten die genannten Nachteile durch verstärkte Auslandskonkurrenz ein, ohne daß ihnen die Vorteile aus der eigenen Internationalisierung gegenüberstünden.

3.2.3.5 Auslandsproduktion und Inlandswirtschaft

Der Zusammenhang zwischen Auslandsproduktion und Inlandswirtschaft läßt sich direkt untersuchen durch Gegenüberstellung von Struktur und Entwicklung beider Größen oder auf indirekte Weise durch Gegenüberstellung von Auslandsproduktion und Außenhandel auf einzelnen Märkten, da die Effekte primär über den Außenhandel eintreten werden. Im Außenhandel dürften die Auswirkungen auch deutlicher zutage treten.

Schaubild 3.2.3.3 läßt erkennen, daß im sektoralen Querschnitt kein systematischer Zusammenhang zwischen der Auslandsproduktion und dem Beschäftigtenwachstum besteht - weder in der langfristigen Entwicklung seit 1980 noch in der gesamtdeutschen Entwicklung seit der Wiedervereinigung.

Schaubild 3.2.3.3: Auslandsproduktion [a] und Inlandsbeschäftigung

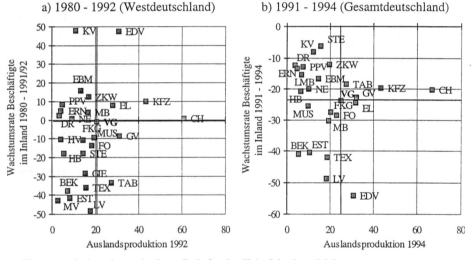

a Umsatz produzierender Auslandsgesellschaften in vH der Inlandsproduktion, Langfassung der Sektorbezeichnungen s. Anhang
Quelle: Deutsche Bundesbank (a); Statistisches Bundesamt (a); eigene Berechnungen

Im Hinblick auf den Zusammenhang zwischen Auslandsproduktion und Außenhandel läßt die in mehreren Studien hervorgebrachte Evidenz noch kein eindeutiges Urteil zu: Einerseits korrelieren die sektoralen Exporte eng mit den Direktinvestitionen[42] und der Auslandsproduktion. Dies gilt auch auf der Ebene einzelner Länder (r=0,56). Wo der

---

42 Darauf weisen z.B. Hummel et al. (1995), Köddermann/Wilhelm (1996) und Klodt/Maurer (1996) hin.

"Marktanteil" deutscher Unternehmen durch lokale Produktion hoch ist, ist i.d.R. auch der Export hoch. Dieser Sachverhalt wird im Anhang-Schaubild A3.2.3.1 dargestellt.

Andererseits liefert die empirische Analyse auch Hinweise darauf, daß man nicht (mehr) von einer generellen Komplementarität in- und ausländischer Arbeitsplätze ausgehen kann. In Tabelle 3.2.3.3 wird dies für den besonders relevanten Fall der "deutschen" Produktion in Westeuropa verdeutlicht. Zugrundegelegt werden Daten für die "deutsche" Produktion in 12 Branchen und 13 westeuropäischen Ländern. Dabei werden jene 107 Fälle betrachtet, in denen Auslandsproduktion deutscher Unternehmen ausgewiesen wird:

Tabelle 3.2.3.3: **Auslandsproduktion deutscher Unternehmen in Westeuropa und Außenhandel - Regressionsschätzungen** [a]

abhängige Variable	Auslandsproduktion [b]	DIST	BIP	WACHS	LSK	FUE	R^2	SE	N
Exportquote Stand 1994	0,15** (2,01)	-0,45*** (-6,66)	0,64*** (6,82)	0,07 (0,82)	-0,02 (-0,3)	0,07 (1,11)	0,65	0,64	107
Differenz 1994-91	0,27* (1,66)	-,07 (-0,40)	-0,06 (-0,30)	-,01 (-0,05)	0,03 (0,17)	-0,13 (-0,89)	-,03	0,30	61
Importquote Stand 1994	0,32*** (3,52)	-0,25*** (-2,93)	0,30** (2,56)	0,00 (0,03)	-0,17** (-2,22)	-0,24*** (-3,32)	0,47	0,87	107
Differenz 1994-91	0,82*** (6,94)	0,16 (1,32)	-0,30* (-1,92)	-0,03 (-0,23)	-0,02 (-0,20)	-0,19* (-1,79)	0,44	0,54	68

a - Standardisierter Beta-Koeffizient (T-Wert)
- Parametersignifikanz, Irrtumswahrscheinlichkeit < 10 vH (*), < 5 vH (**), < 1 vH (***)
- Die Berechnungen für 1994 wurden mit logarithmierten Werten durchgeführt.
b Umsatz produzierender Auslandsgesellschaften in vH der Inlandsproduktion in Deutschland
Quelle: Grunddaten: Deutsche Bundesbank (b); Statistisches Bundesamt (j); Stifterverband; Europäische Kommission (1995 und 1996); eigene Berechnungen

- Der Zusammenhang zwischen Auslandsproduktion und Import ist, wie in Teil 3.2.3.4 gezeigt, ähnlich hoch wie zwischen Auslandsproduktion und Export. Man kann daher nicht davon ausgehen, daß die Auslandsproduktion per saldo die Inlandsproduktion fördert.[43] Sie geht generell mit mehr Außenhandel einher und dürfte insofern eher den intrasektoralen Strukturwandel als das Beschäftigungsniveau fördern.
- Der Zusammenhang zwischen Export und Auslandsproduktion hat sich in den 90er Jahren deutlich abgeschwächt. Auf Branchenebene läßt sich teilweise eine negative Beziehung feststellen. Auf eine mögliche Entkoppelung von Auslandsproduktion und Export hat das HWWA bereits im Schwerpunktbericht zur Globalisierung hingewie-

---

43 Dabei wird davon abstrahiert, daß auch die Importe die Wettbewerbsfähigkeit der inländischen Wirtschaft fördern können, etwa indem billigere Vorprodukte in die Produktion einfließen.

sen. Die Gegenüberstellung von Außenhandel mit und Auslandsproduktion **in den EG-Ländern** (vgl.Schaubild 3.2.3.4) verdeutlicht, daß sich diese Tendenz fortgesetzt hat. Sie läßt sich nicht mehr mit Verzerrungen des Außenhandels durch die deutsche Einheit (Importsog und Umlenkung westdeutscher Exporte nach Ostdeutschland) begründen. Allerdings dürfte die unvollständige Erfassung des EG-Intrahandels noch immer eine Rolle spielen, sie müßte sich jedoch bei Exporten und Importen gleichermaßen auswirken. Aus dem Schaubild und entsprechenden Korrelationsrechnungen wird indessen deutlich, daß der Export sich stärker gegenläufig zur Auslandsproduktion entwickelt hat als der Import.

- Regressionsrechnungen von Pain (1996) stützen die Vermutung einer nicht mehr komplementären Beziehung zwischen der Entwicklung von Direktinvestitionen und Exporten. Die - positive - Beziehung zum Import ist statistisch besser gesichert. Eigene Berechnungen lassen im sektoralen und regionalen Querschnitt für 1994 zwar einen deutlich positiven Einfluß der Auslandsproduktion auf Exporte wie Importe erkennen. Die Auslandsproduktion übt aber einen höheren und statistisch besser abgesicherten Einfluß auf den Import aus, wie in den höheren Beta- und t-Werten zum Ausdruck kommt. In der Entwicklung zwischen 1991 und 1994 vermag die Regressionsrechnung nur noch eine Erklärung für die Veränderung der Importe zu liefern, wobei die Auslandsproduktion den wesentlichsten Erklärungsfaktor bildet. Dies Ergebnis ist kompatibel mit den Aussagen des vorigen HWWA-Schwerpunktberichts sowie mit der Einschätzung von Pain (1996). Es widerspricht aber der in jüngster Zeit noch oft geäußerten Vorstellung einer andauernden Komplementarität zwischen Auslandsproduktion und Inlandsbeschäftigung (Hummel et al. 1995; Klodt/Maurer 1996).

Aus diesem nicht ganz einheitlichen Befund läßt sich zumindest folgern, daß keine durchgehend positive Beziehung mehr zwischen Auslandsproduktion, Export und Inlandsbeschäftigung besteht. Begründen ließe sich dies mit der Art der Expansion im Ausland: Da Direktinvestitionen überwiegend durch Akquisition bestehender Unternehmen erfolgen, mit denen nicht unbedingt enge Handelsbeziehungen bestehen, lockert sich bei stark zunehmenden Direktinvestitionen der Zusammenhang zwischen Export und Auslandsproduktion. Soweit in- und ausländische Konzerngesellschaften zu europaweiten Produktionsnetzwerken zusammengeführt werden, um auch Skalenvorteile und Standortvorteile des Auslandes zu nutzen, kann die expandierende Auslandsproduktion auch zu verringertem Export und steigendem Import führen.

Fazit

Die rasche Expansion der deutschen Direktinvestitionen stellt keine nationale Besonderheit dar. Die deutsche Wirtschaft ist ungefähr durchschnittlich direkt im Ausland engagiert. Direktinvestitionen sind ein normales Element unternehmerischer Expansions-

Schaubild 3.2.3.4: "Deutsche" Produktion in der EG und Außenhandel [a]

a) Exporte

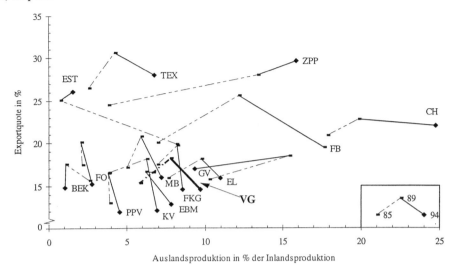

b) Importe

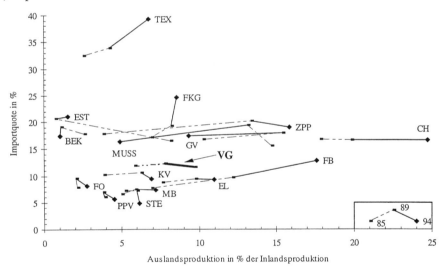

a Außenhandel und Aulandsproduktion in vH der deutschen Inlandsproduktion. Vollständige Sektorbezeichnungen siehe Anhang
Quelle: Statistisches Bundesamt (a) und (b); Deutsche Bundesbank, (a); eigene Berechnungen

strategien. Angesichts der erreichten Größenordnung der Auslandsengagements ist die Frage nach den Auswirkungen auf die inländische Beschäftigtensituation wirtschaftspolitisch hochaktuell.

Für die meisten Dienstleistungen kann - noch - vermutet werden, daß sie weitgehend komplementär zur Inlandswirtschaft sind. Dies gilt insbesondere für die gewichtigen Vertriebsgesellschaften der Industrie. Für die Industrieproduktion zeigt schon ein sektoraler Vergleich von Auslands- und Inlandsbeschäftigung, daß die Auslandsproduktion kein bedeutender Faktor für die wachsenden inländischen Beschäftigungsprobleme gewesen sein kann. Dies weckt Zweifel an der These eines einfachen Kausalzusammenhangs beider Entwicklungen. Der Zusammenhang zwischen Auslandsengagements und Inlandswirtschaft ist prinzipiell offen. Er läßt sich nur empirisch feststellen. Dabei ist zu bedenken, daß die Verlagerung einfacher Produktion, die keine hohen Einkommen verspricht, wirtschaftspolitisch grundsätzlich nicht als problematisch, sondern eher als positiv zu werten ist, wobei Probleme bei der inländischen Strukturanpassung entstehen können. Eine Entwicklung zu Lasten deutscher Standorte könnte sich eher aus der Verlagerung von Hocheinkommens-Produktionen ergeben, d.h. vor allem aus der Verlagerung in konkurrierende westeuropäische Hochlohnländer.

Berechnungen des Zusammenhangs zwischen Auslandsproduktion in westeuropäischen Industrieländern und Inlandsbeschäftigung liefern kein einheitliches Bild. Sie stützen aber zumindest die Vermutung, daß die traditionelle Komplementarität zwischen Auslandsproduktion und Export sich gelockert hat, ohne daß indessen eine eindeutige Komplementarität mit den Importen an ihre Stelle getreten ist. **Man kann daher nicht mehr davon ausgehen, daß die Auslandsproduktion generell die Inlandsbeschäftigung stützt. Die Entwicklung geht eher in die andere Richtung.** Allerdings erscheint die These des Arbeitsplatzexports durch Direktinvestitionen in ihrer generellen Form (noch) nicht haltbar.

3.2.4 Technologiestandort Deutschland in der Krise?

3.2.4.1 FuE als Wachstumsfaktor

In der aktuellen Diskussion über die Wettbewerbsfähigkeit des Technologiestandorts Deutschland geht es um die Fähigkeit, sich durch Schaffung und Nutzung technologischen Wissens im internationalen Konkurrenzkampf zu behaupten und - wenn möglich - seine wettbewerbliche Position auszubauen. Ein wesentlicher Bestimmungsfaktor dieser Fähigkeit ist die Bildung von Wissenskapital (knowledge capital). Sie erhöht direkt die Arbeitsproduktivität und trägt durch Stimulierung der Sach- und Humankapitalbildung auch indirekt zur Produktivitätssteigerung bei.[44] Zugleich ist eigenes Wissenskapital Voraussetzung für eine effiziente Nutzung fremden Wissens. Abgebildet wird Wissenskapital zumeist über privatwirtschaftliche Forschungs- und Entwicklungsaktivitäten (FuE).[45] Auf der Inputseite werden Angaben über FuE-Ausgaben und FuE-Personal verwendet, auf der Outputseite Daten der Patentstatistik.

Da technologisches Wissen teilweise die Eigenschaften eines öffentlichen Gutes aufweist (Nichtrivalität und Nichtausschließbarkeit), können einem Unternehmen auch die in einem anderen Unternehmen erzeugten FuE-Erkenntnisse unentgeltlich bzw. zu einem niedrigeren als dem „richtigen" Preis zur Verfügung stehen. Bei offenen Grenzen kann das Inland von der Wissenskapitalbildung im Ausland profitieren und umgekehrt. Technologisches Wissen kann auf verschiedene Art und Weise diffundieren: (i) durch Veröffentlichungen und informelle Kommunikationsnetzwerke (Messen, Tagungen etc.), (ii) über den Arbeitsmarkt (Personalwechsel von einer Firma zur anderen), (iii) durch Markttransaktionen (Lizenzen etc.), (iv) durch technologische Imitation (reverse engineering), (v) als Folge ausländischer Direktinvestitionen oder (vi) durch den internationalen Handel mit Kapitalgütern und Zwischenprodukten (Dosi et al. 1990, S. 129; Grossman und Helpman 1991, S. 165 ff. und S. 238 ff.). Die grenzüberschreitenden Wirkungen (international spillovers) von FuE-Aktivitäten sind neueren empirischen Erkenntnissen zufolge beträchtlich (siehe Kasten).[46]

Die Diffusion technologischen Wissens findet nicht immer unmittelbar und kostenlos statt. Sie setzt voraus, daß ein Unternehmen das Wissen auch identifizieren und verarbeiten kann. Hierzu ist oftmals eigene Forschung und Entwicklung erforderlich. FuE erfüllt damit in einem Unternehmen eine doppelte Funktion (Cohen/Levinthal 1989). Einerseits wird neue Information für eigene Produkt- oder Prozeßinnovationen generiert.

---

44 Zur Rolle des Wissenskapitals in der Neuen Wachstumstheorie vgl. etwa Baldwin (1996).
45 Die FuE-Aktivitäten sind jedoch nicht identisch mit den gesamten Innovationsaktivitäten. Der FuE-Anteil an den Innovationsaufwendungen des Verarbeitenden Gewerbes in Deutschland etwa wird auf nur ein knappes Viertel geschätzt. Weitere wichtige Innovationsaktivitäten betreffen Konstruktion und Produktgestaltung, Pilotprojekte und die betriebliche Weiterbildung (Maurer 1994, S. 315; RWI 1996, S. 148). In der ZEW-Innovationserhebung 1996 wird der Anteil von Forschung und experimenteller Entwicklung an den gesamten Innovationsaufwendungen 1995 auf knapp ein Drittel veranschlagt (Licht/Stahl 1997, S. 11).
46 Mohnen (1996) liefert einen kritischen Überblick über empirische Untersuchungen von FuE-Spillover. Diskutiert werden neben nationalen und internationalen Spillover-Effekten ebenfalls intra- und intersektorale. Auch wird zwischen Spillover- und externen Effekten unterschieden, wobei Spillover das umfassendere Konzept bilden, das insbesondere auch den internen Wissensaustausch zwischen Joint-venture-Partnern einschließt. In der Halbleiterindustrie beispielsweise wird technologisches Wissen etwa in gleichem Umfang zwischen Joint-venture-Partnern und zwischen unverbundenen Firmen ausgetauscht (Irwin/Klenow 1994, S. 1218).

Grenzüberschreitende Wirkungen von FuE-Aktivitäten in der neueren Empirie

- Für 21 OECD-Länder ergab sich für den Zeitraum von 1970 bis 1990 ein deutlich positiver Einfluß des ausländischen Wissenskapitalstocks (gemessen an den kumulierten FuE-Ausgaben) auf die inländische Produktivität (gemessen als totale Faktorproduktivität). Je freier und unbehinderter der Außenhandel und Kapitalverkehr der begünstigten Volkswirtschaft dabei ist, desto größer fällt der Spillover-Effekt aus.[47] Von entscheidender Bedeutung ist auch die Größe einer Volkswirtschaft. In kleinen Ländern wirkt sich ausländisches Wissenskapital stärker auf die inländische Produktivität aus als in großen Ländern (Coe und Helpman 1995, S. 2). Auch die Analyse der Patentanmeldungen im In- und Ausland - für 19 OECD-Länder und den Zeitraum von 1986 bis 1988 - führt zu dem Ergebnis, daß der Anstieg der Arbeitsproduktivität in allen Ländern außer den USA überwiegend der Verwendung ausländischen Wissens zu verdanken war (Eaton und Kortum 1995).[48]

- In einer weiteren Studie für acht OECD-Länder und die Jahre 1970 bis 1991 wurden internationale intersektorale Verflechtungen für 13 Sektoren des Verarbeitenden Gewerbes untersucht. Auch diese Analyse ergab, daß die inländische totale Faktorproduktivität in hohem Maße von ausländischen FuE-Aktivitäten abhängt. Als ein wichtiger Transmissionskanal für Technologie wird der Handel mit (neuentwickelten) Zwischenprodukten identifiziert (Keller 1995).

- Für den Zeitraum von 1962 bis 1988 wurde errechnet, daß in Japan die totale Faktorproduktivität zu 60 vH aufgrund der US-amerikanischen Wissenskapitalbildung anstieg, in der Gegenrichtung waren dies 20 vH. Dabei überstiegen die sozialen Erträge des FuE-Kapitals die privaten Erträge um das Dreieinhalb- bis Vierfache. Für beide Länder ergab sich außerdem, daß die in- und ausländischen FuE-Aktivitäten sich kurzfristig komplementär zueinander entwickelten, d.h. die inländische FuE-Intensität reagierte positiv auf technologische Spillover-Effekte von Seiten des Handelspartners.[49]

---

[47] Eine theoretische Analyse des Zusammenhangs zwischen dem außenwirtschaftlichen Offenheitsgrad eines Landes und seiner technologischen Leistungsfähigkeit findet sich bei Rivera-Batiz (1996). Empirische Analysen von Importen und ausländischen Direktinvestitionen liefern indes kein einheitliches Ergebnis. Bertschek (1995), die Paneldaten für 1270 deutsche Unternehmen des Verarbeitenden Gewerbes verwendet, weist sowohl für Importe wie ausländische Direktinvestitionen einen signifikant positiven Effekt auf die Produkt- und Prozeßinnovationstätigkeit nach. Zimmermann (1987) weist dies nur für Produktinnovationen und Importe nach. Veugelers und Van den Houte (1990) wiederum zeigen einen negativen Einfluß multinationaler Unternehmen auf die FuE-Aktivitäten inländischer Firmen.

[48] Den Berechnungen zufolge tragen die USA zu mehr als der Hälfte zu dem Produktivitätswachstum in den übrigen Ländern bei, Japan und Deutschland je zu ca. 10 vH. Deutschland beeinflußt vor allem die europäischen Nachbarländer. Die Autoren kommen zu dem Schluß, daß alle OECD-Länder aus einem gemeinsamen Wissenspool schöpfen, wobei die relative Produktivität eines Landes wesentlich von seiner Fähigkeit zur Absorption ausländischer Technologie abhängt.

[49] Langfristig traf dies jedoch nur für die USA zu; während sich für Japan die Reaktion umkehre und ein Substitutionseffekt eintrat (Bernstein/Mohnen 1994, S. 28 f.).

Andererseits wird die Aufnahmefähigkeit (absorptive capacity) verbessert, die es ermöglicht, sich fremdes Wissen (aus dem Inland oder Ausland, entgeltlich oder unentgeltlich) anzueignen. Mögen die (unmittelbaren) Kosten der Wissensübernahme auch gering im Verhältnis zu den Kosten der Wissenserzeugung sein, so können die langfristigen Lernkosten doch ein beträchtliches Ausmaß annehmen, wenn auch die Investitionen in die Entwicklung der Absorptionskapazität in Rechnung gestellt werden. Die beschriebene Doppelfunktion von FuE relativiert damit auch die negativen Anreizwirkungen externer Effekte auf der Geberseite und weist auf mögliche positive Innovationsanreize auf der Empfängerseite hin. Da Imitatoren, um erfolgreich imitieren zu können, oftmals selbst innovativ tätig werden müssen, können technologische Externalitäten ein bedeutendes und belebendes Element für die Entwicklung von Industrien darstellen (Hanusch/Cantner 1993).

Grundsätzlich gehen von der Existenz technologischer Externalitäten jedoch eher negative Anreize aus, erhält doch der Erzeuger des technologischen Wissens nicht den vollen Ertrag und investiert folglich in volkswirtschaftlich zu geringem Maße in FuE-Aktivitäten. Standardlösungen für das Externalitätenproblem sind Subventionen und Kooperationen. FuE-Kooperationen können zwar zur Internalisierung externer Effekte beitragen, zugleich jedoch eine Fehlallokation der Ressourcen durch Monopolisierung des Forschungssektors und Übergreifen dieser Wettbewerbsbeschränkungen auf die Beschaffungs- und Absatzmärkte bewirken.[50] Nicht minder problematisch sind staatliche FuE-Subventionen. Während die von privaten Unternehmen getragenen Forschungsaktivitäten empirischen Analysen zufolge mit deutlichen Umsatz- und Produktivitätssteigerungen verbunden sind, führen staatsfinanzierte FuE-Ausgaben anscheinend nicht zu einer signifikanten Produktivitätssteigerung in den Unternehmen.[51] Zugleich deutet das in der Europäischen Union beobachtete „Forschungsparadoxon" - die Kombination aus einer relativ hohen wissenschaftlichen und einer relativ niedrigen technologischen Produktivität[52] - auf eine geringe Hebelwirkung staatsfinanzierter Forschung im privaten Sektor hin. Auch scheint die wirtschaftliche Leistungsfähigkeit des Hochtechnologiesek-

---

50 Die (modell-)theoretische Forschung auf diesem Gebiet steckt noch in den Anfängen. Allgemeingültige Aussagen über die wohlfahrtstheoretische Beurteilung von FuE-Kooperationen können beim gegenwärtigen Stand der Forschung daher noch nicht getroffen werden (Pfähler/Bönte 1996, S. 70).
51 Soete (1997), S. 20 ff. beobachtet eher eine negative Beziehung zwischen öffentlichen FuE-Ausgaben und dem Wirtschaftswachstum und verweist auf ökonometrische Studien, die einen signifikanten Zusammenhang zwischen einzelwirtschaftlichem Produktivitätswachstum und staatlicher Forschungsförderung verneinen.
52 Dabei wird die wissenschaftliche Produktivität an der Zahl der wissenschaftlichen Publikationen pro Million ECU für FuE außerhalb des Unternehmenssektors und die technologische Produktivität an der Zahl der Auslands- bzw. US-Patentanmeldungen pro Million ECU innerhalb des Unternehmenssektors gemessen (Soete 1997, S. 20 ff.).

tors weniger durch industriespezifische Fördermaßnahmen als durch die wirtschafts- und fiskalpolitisch gesetzten Rahmenbedingungen bestimmt zu sein (Albach 1994, S. 444).

Im Ergebnis läßt sich auf Basis der theoretischen und empirischen Erkenntnisse festhalten:

- FuE-Aktivitäten sind ein **zentraler Wachstumsfaktor**.
- Die relative Einkommensposition eines Landes hängt entscheidend von der erfolgreichen **Anwendung** neuer Technologien ab.
- Die **Nutzung ausländischen Wissens** trägt wesentlich zur Steigerung der inländischen Produktivität bei.
- Dementsprechend fördert auch die **Offenheit eines Landes**, etwa für Importe und Direktinvestitionen, seine technologische Leistungsfähigkeit.
- Die technologische Absorptionsfähigkeit eines Landes setzt jedoch **eigene FuE-Aktivitäten** voraus. In einem solchen Fall können **technologische Externalitäten** den Anreiz zur Innovation stärken.

3.2.4.2 Rückläufige FuE-Quote

Vor diesem Hintergrund muß es bedenklich erscheinen, daß in Deutschland seit einigen Jahren der Anteil der FuE-Ausgaben am Bruttoinlandsprodukt rückläufig ist. Mit knapp 2,3 vH lag er 1995 um 0,6 Prozentpunkte unter dem Höchstwert des Jahres 1987, und im Vergleich der Industrieländer ist Deutschland deutlich zurückgefallen (Schaubild 3.2.4.1a und Tabelle A3.2.4.1). Kräftiger noch sind im gleichen Zeitraum die FuE-Ausgaben der Unternehmen in Deutschland geschrumpft; sie fielen von 2,1 auf 1,5 vH des BIP.[53] Auch hier war der Rückgang in Deutschland wesentlich stärker als in anderen Ländern (vgl. Schaubild 3.2.4.1b und Tabelle A3.2.4.1). Auch wenn im Unterschied zu den reinen FuE-Ausgaben die gesamten Innovationsaufwendungen der Unternehmen in Deutschland (einschließlich der Aufwendungen für Konstruktion, Produktgestaltung,

---

[53] Dabei handelt es sich um FuE-Ausgaben, die innerhalb der Unternehmen getätigt werden („intramural business enterprise expenditure on R&D"), unabhängig von der Finanzierungsquelle. Enthalten sind daher beispielsweise auch staatliche Zuschüsse und Auftragsgelder. Zur Definition der „intramural expenditures" vgl. Frascati Manual 1993, S. 91.

Schaubild 3.2.4.1: FuE-Quote und staatliche FuE-Finanzierung in Industrieländern 1982 - 1996

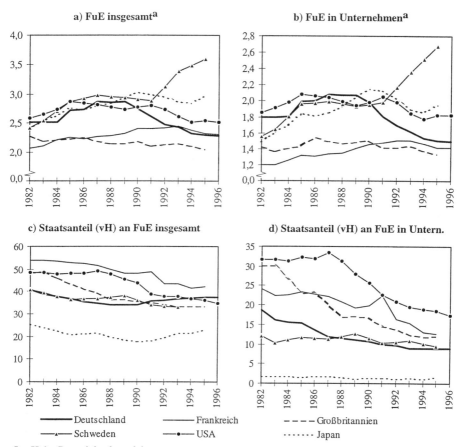

a In vH des Bruttoinlandsprodukts
Quelle: OECD (d); eigene Berechnungen

Markttests, Patentgebühren, Lizenzen, Weiterbildung, Sachanlageinvestitionen u.ä.) im Jahre 1995 in absoluten Beträgen wieder angestiegen sind, so sind sie doch im Verhältnis zum Umsatz weiter gesunken. Dementsprechend hält der Rückgang der Innovationsintensität an (Licht/Stahl 1997, S. 24).

Innerhalb des Unternehmenssektors sind die FuE-Aktivitäten in Deutschland in hohem Maße (1995: 94 vH) auf die Verarbeitende Industrie konzentriert, ähnlich wie in Japan (1994: 96 vH) und Frankreich (1994: 89 vH) und in deutlichem Unterschied zu den

USA (1994: 81 vH) und Großbritannien (1995: 75 vH), wo erhebliche FuE-Ausgaben im Dienstleistungssektor getätigt werden.[54]

Gemessen an der Bruttoproduktion des Verarbeitenden Gewerbes stagnieren in Deutschland seit 1987 die FuE-Ausgaben in den Unternehmen bei knapp 2,5 vH, nachdem sie in den vorangegangenen Jahren noch stetig gewachsen waren (1980: 1,7 vH). In den USA sind sie rückläufig, in Frankreich und Japan steigt die FuE-Intensität dagegen an (Schaubild 3.2.4.2a und Tabelle A 3.2.4.2).

Schaubild 3.2.4.2: FuE-Intensität[a] im Verarbeitenden Gewerbe und in FuE-intensiven Branchen in Industrieländern 1980-1994

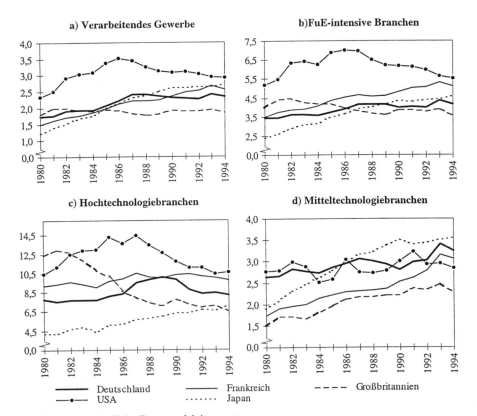

a   FuE-Ausgaben in vH des Bruttoproduktionswertes
Quelle: OECD (c und e); eigene Berechnungen

---

54 Berechnet nach der OECD Main Science and Technology Indicators-Datenbank

Wenn FuE-intensive Industriezweige gesondert betrachtet und in Hoch- und Mitteltechnologiebranchen[55] unterteilt werden, so ergibt sich ein differenziertes Bild (Schaubild 3.2.4.2b, c und d und Tabelle A3.2.4.2). Im Hochtechnologiebereich ist die FuE-Intensität der deutschen Branchen in den 90er Jahren insgesamt deutlich zurückgegangen, hauptsächlich aufgrund einer starken Absenkung in der Nachrichtentechnik und einer Abschwächung in der Pharma-Industrie, während der EDV-Bereich und die Feinmechanik eine ansteigende Tendenz zeigen und in der Luft- und Raumfahrtindustrie anhaltend hohe FuE-Intensitäten zu beobachten sind (Schaubild A3.2.4.1 und Tabelle A3.2.4.3). Auch in den USA und in Großbritannien ist die FuE-Intensität des Hochtechnologiesektors kräftig gesunken, vor allem in der Nachrichtentechnik und EDV, wohingegen Japan insgesamt einen stetigen Anstieg und Frankreich eine relativ stabile Entwicklung verzeichnet. Im Mitteltechnologiebereich ergibt sich für Deutschland ein vor allem von der Automobil- und Elektroindustrie verursachter Anstieg der FuE-Intensität in den 90er Jahren (Schaubild A3.2.4.2 und Tabelle A3.2.4.4). Eine ähnliche Entwicklung ist für Frankreich festzustellen, die dort in erster Linie von der Automobilindustrie und dem Maschinenbau getragen wird. In den USA ist die FuE-Intensität der Mitteltechnologiebranchen dagegen stark rückläufig, während sie in Japan - auf hohem Niveau - und in Großbritannien eher stabil erscheint. Auffällig ist in Japan die gegenläufige Entwicklung im Maschinenbau (stark ansteigend) und in der Automobilindustrie (stetig abfallend).

Die Stagnation bzw. (in realer Rechnung) Verringerung der FuE-Ausgaben in der deutschen Wirtschaft hat Anfang der 90er Jahre zu einem Personalabbau im FuE-Bereich geführt. Von dieser Entwicklung sind nunmehr begrenzt auch Wissenschaftler und Ingenieure betroffen, während die Beschäftigung von Technikern und sonstigem FuE-Personal bereits seit 1987 reduziert wurde.[56] Deren Anteil am gesamten FuE-Personal im Wirtschaftssektor war zwischenzeitlich von 64 vH (1987) auf 56 vH (1993) gesunken (Stifterverband 1996, S. 30).

Günstiger als die Entwicklung bei den FuE-Ausgaben - als Input-Indikator - stellt sich die Entwicklung der Patentanmeldungen - als Indikator zukunftsgerichteter Forschungsergebnisse - dar. Nach einer Phase des Rückganges und anschließender Stagnation, die

---

55 **Hochtechnologiebranchen** (ISIC-Position): Pharmazie (3522), Büromaschinen/EDV (3825), Radio/TV/Nachrichtentechnik (3832), Luft- und Raumfahrzeugbau (3845), Instrumente/Optik/Uhren (385); **Mitteltechnologiebranchen**: Chemie (35-3522-353-354), Maschinenbau (382-3825), Elektrotechnik (383-3825), Automobilbau (3843), Sonstiger Fahrzeugbau, ohne Schiffbau (3842+3844+3849).
56 Bei Wissenschaftlern und Ingenieuren mit Schlüsselqualifikationen für den FuE-Prozeß kann von einer weiterhin hohen Beschäftigung ausgegangen werden (BMBF 1996, S. 39).

1987 begann (zeitgleich mit dem Beginn des Rückganges der FuE-Quote) und auch für andere Industrieländer (außer den USA) charakteristisch war, nimmt die Zahl der von deutschen Unternehmen und Einzelforschern gehaltenen weltmarktrelevanten Patente seit 1993 wieder deutlich zu.[57] In der Patentintensität (weltmarktrelevante Patentanmeldungen je Million Beschäftigte) steht Deutschland international wieder an erster Stelle, vor Japan und den USA und weit vor den europäischen Nachbarländern (BMBF 1997, S. 34). Dabei liegt die Stärke Deutschlands weiterhin im Bereich der mittleren Technologie (insbesondere Fahrzeugtechnik, Maschinenbau und Chemie) und bei „Anwenderpatenten" (im Unterschied zu „Erfinderpatenten").[58] Bei Hochtechnologieerzeugnissen bestehen dagegen ausgeprägte komparative Nachteile. Hier liegt der deutsche Anteil an den weltweiten Patentanmeldungen meist deutlich niedriger als bei den Patenten insgesamt. Diese Spezialisierungsstruktur ist insofern ungünstig, als der Hochtechnologiesektor weltweit die stärkere Patentdynamik entfaltet.

Die Verringerung der FuE-Ausgaben bzw. der FuE-Intensität geht in Deutschland mit einer Abnahme des staatlichen Finanzierungsanteiles an den Forschungsaktivitäten im Unternehmenssektor einher. In anderen Ländern ist der entsprechende Staatsanteil an der Forschungsfinanzierung indes eher noch stärker gesunken (Schaubild 3.2.4.1d und Tabelle A3.2.4.1). Dies könnte daher zur Erklärung des globalen Rückganges der FuE-Intensität beitragen, dürfte aber kaum für die relative Verschlechterung der deutschen Position verantwortlich sein. Ähnliches gilt für den „Struktureffekt" wachsender Wertschöpfungsanteile des relativ wenig FuE-intensiven Dienstleistungssektors. Im Industriesektor könnten rückläufige FuE-Ausgaben mit Effizienzsteigerungen in der Forschung oder einer Verlagerung von Forschungsaktivitäten in andere Länder oder in andere (investive oder konsumtive) Verwendungen erklärt werden.

3.2.4.3 Der Einfluß von Effizienzsteigerung und FuE-Verlagerung

Für die Effizienzhypothese könnte sprechen, daß der internationale Wettbewerb auch im Forschungsbereich zu Rationalisierungsmaßnahmen führt, etwa in der Form der Substitution von Arbeitskräften (insbesondere von FuE-Hilfspersonal) durch Kapital oder

---

57 Das Konzept der weltmarktrelevanten Patente wird in der Technologieberichterstattung des BMBF verwendet. Es umfaßt alle Patente, die zusätzlich zum Inland in mindestens zwei Auslandsmärkten in verschiedenen Triade-Regionen angemeldet wurden (BMBF 1995, S. 25).

58 Es dominieren weniger originäre wissenschaftliche Spitzenleistungen, sondern Deutschland setzt auf die optimale Kombination von Technologien und die Integration von Spitzenleistungen aus Wissenschaft und Forschung in traditionellen Bereichen mit hoher Breitenwirkung (BMBF 1997, S. 59).

durch organisatorische Umstellungen in den Forschungsabteilungen,[59] und zugleich die (nationale und internationale) Kooperation in der Forschung vorantreibt, die es ermöglicht, Größenvorteile und Komplementaritäten besser zu nutzen und so die Wettbewerbsfähigkeit der beteiligten Unternehmen zu steigern. Auch die fortschreitende Globalisierung der FuE-Aktivitäten einzelner Unternehmen dürfte mit Effizienzgewinnen verbunden sein.

In zahlreichen, insbesondere großen Unternehmen gehen Rationalisierungsmaßnahmen in der Forschung mit einer Konzentration der FuE auf Felder einher, die den größten kommerziellen Erfolg versprechen (high-potential areas). Auch stehen immer häufiger marktnahe Entwicklungen im Vordergrund der FuE, d.h. die Umsetzung neuen Wissens gewinnt Priorität vor der Erzeugung. In diesen Tendenzen wird langfristig eine mögliche Bedrohung der technologischen Leistungsfähigkeit gesehen, da sie den innovativen Strukturwandel verzögern und die „ökonomische Nachhaltigkeit" gefährden könnten (BMBF 1997, S. 43). Ein Indiz für Produktivitätssteigerungen im Forschungsbereich könnte die trotz Stagnation der FuE-Ausgaben zu beobachtende Ausweitung der Umsätze deutscher Unternehmen mit neuen Produkten sein (Licht/Stahl, 1997, S. 22). Ein systematischer und umfassender Nachweis, inwieweit Reorganisation und Reorientierung der FuE-Aktivitäten in den Unternehmen die Effizienz erhöht haben, ist jedoch nicht möglich (ZEW 1996a, S. 14).

Auch zu den Effizienzwirkungen strategischer Technologieallianzen liegt nur sporadische Evidenz vor. Hauptmotiv bei dieser Form der Unternehmenskooperation in Hochtechnologiebranchen wie der Informations-, Bio- und Werkstofftechnologie ist die Beschleunigung des Innovationsprozesses (Verkürzung der Innovationszeit) und die Nutzung horizontaler und vertikaler technologischer Komplementaritäten (Hagedoorn 1996, S. 176 f.). Jedoch scheint die Beteiligung deutscher Unternehmen am Wachstum effizienzsteigernder Technologiekooperationen, wenn auch von einem hohen Niveau aus, eher abzunehmen (Härtel, Jungnickel et al. 1996, S. 91 ff.). Insgesamt dürften Effizienzsteigerungen nur in relativ geringem Maße die sinkenden FuE-Intensitäten in Industrieländern, und speziell in Deutschland, erklären können.

Für die Verlagerungshypothese ist bedeutsam, daß seit geraumer Zeit auch im Forschungssektor verstärkt internationalisiert wird. Dieser Internationalisierungsprozeß

---

59 Beispiele wären die Einführung neuer auf Informationstechnik gestützter Simulations- oder Konstruktionstechniken oder verbesserte Materialprüfungstechniken, die zu weitreichenden Effizienzsteigerungen in der Forschungs- und Entwicklungsarbeit geführt haben könnten (Licht/Stahl, 1997, S. 14).

wird durch eine Konzentration der Innovationsaktivitäten auf wenige Kompetenzzentren bzw. „leading houses" geprägt, die in den die Entwicklung bestimmenden technologieintensiven Großunternehmen[60] weltweit jeweils für eine Produktgruppe bzw. ein Technologiefeld zuständig sind und führendes Forschungs-, Anwendungs- und Produktionswissen an einem Ort bündeln. Gleichzeitig werden die FuE-Niederlassungen der Unternehmen zunehmend in ein Netzwerk transnationaler Wissensschaffung und Lernvorgänge eingebunden; an die Stelle stammlandzentrierter treten länderübergreifende Innovationsprozesse (ISI/IMI 1996).[61] Die traditionelle Sichtweise, derzufolge Grundlagenforschung in den Stammländern der Unternehmen zentralisiert ist, während in den Gastländern vornehmlich „adaptive" Forschung durchgeführt wird, entspricht nicht mehr der Realität. Auch die Internationalisierung der Forschung findet verstärkt auf der Basis technologischer Spezialisierung entsprechend den komparativen Vorteilen der Gastländer bei der Innovation statt (Cantwell/Harding 1998, S. 100).

Deutschland verfügt über „klassische" Kompetenzen in der Fertigungstechnik und im Fahrzeugbau und hat, etwa in der Lasertechnik und Robotik, in den letzten Jahren „hervorragende und strategische Kompetenzfelder" entwickelt (BMBF/BMWI 1996, S. 5). Es bildet nach wie vor ein Zentrum der Auslandsforschung multinationaler Unternehmen. So entfällt mehr als ein Viertel der von US-Unternehmen finanzierten Auslandsforschung in der Verarbeitenden Industrie auf Tochtergesellschaften (Mehrheitsbeteiligungen) dieser Unternehmen in Deutschland[62], während der deutsche Anteil am U.S.-Direktinvestitionsbestand (Verarbeitendes Gewerbe) bei 18 vH liegt (vgl. Tabelle 3.2.2.1). Dementsprechend liegt auch die FuE-Intensität der U.S.-Töchter in Deutschland erheblich höher als in anderen Ländern (Tabelle 3.2.4.1).

Die FuE-Aktivitäten US-amerikanischer Unternehmen in Deutschland werden indes (mit einem Anteil von fast 60 vH) von einer einzigen Branche - der Automobilindustrie - beherrscht, und sie sind eng an die jeweilige Produktion gebunden; produktionsunabhängige Forschungszentren bilden die Ausnahme. Ähnliches gilt auch für die FuE-

---

60 Es wird geschätzt, daß 70 bis 80 vH der FuE-Ausgaben der Industrie auf die weltweit 150 größten Technologieunternehmen entfallen (ISI/IMI 1996, S. 32).
61 Die zitierten Forschungsergebnisse basieren auf Erhebungen für 21 multinationale Unternehmen aus Westeuropa (11), Japan (8) und den USA (2), die in der Elektrotechnik, Chemie- und Pharmaindustrie sowie im Maschinen-, Anlagen- und Turbinenbau tätig sind.
62 Größtenteils führen die Tochtergesellschaften die betreffenden FuE-Aktivitäten selbst durch und kaufen nur geringfügig Forschungsleistungen von außen hinzu. Da sie ihrerseits auch - ebenfalls in geringem Umfang - Auftragsforschung durchführen, dürften die in der Statistik ausgewiesenen FuE-Aktivitäten **für** Tochtergesellschaften weitgehend den FuE-Aktivitäten **der** Tochtergesellschaften entsprechen.

Tabelle 3.2.4.1: FuE-Intensität[a] amerikanischer Auslandsgesellschaften in ausgewählten Anlageregionen 1982, 1989 und 1994

	Welt			Deutschland			Großbritannien			Japan		
	1982	1989	1994	1982	1989	1994	1982	1989	1994	1982	1989	1994
Verarb. Gewerbe	1,2	1,1	1,5	2,2	2,0	2,5	1,8	1,5	2,0	NV	1,6	2,1
Nahrungsmittel	0,4	0,4	0,3	NV	NV	0,2	NV	NV	0,8	0,6	0,2	NV
Chemie	1,3	1,7	2,4	1,4	1,9	2,2	2,8	3,6	3,8	2,8	4,1	5,9
Metallindustrie	0,3	0,4	0,3	0,4	0,5	0,7	0,6	NV	0,7	NV	1,9	1,5
Maschinenbau	0,6	0,8	1,7	0,8	1,0	2,8	0,8	0,5	1,8	NV	NV	NV
Elektroindustrie	2,1	1,6	1,2	5,1	2,7	1,9	1,7	NV	NV	2,2	3,1	2,2
Fahrzeugbau	1,7	1,5	1,9	3,8	NV	4,2	1,8	NV	NV	0,0	NV	2,5

a   FuE-Aufwand in vH vom Umsatz der Auslandstöchter
Quelle: US-Department of Commerce

Aktivitäten der Tochtergesellschaften japanischer Unternehmen in Deutschland. Produzierende japanische Auslandstöchter mit eigener Forschung und Entwicklung sind allerdings in Deutschland relativ stark vertreten, stärker noch als in Großbritannien, dem Zentrum der japanischen Direktinvestitionen in Europa (Jetro 1996).

Dennoch stagniert - auf hohem Niveau[63] - die FuE-Tätigkeit ausländischer Unternehmen in Deutschland, während die FuE-Ausgaben deutscher Firmen im Ausland kräftig expandieren. Im Vergleich zwischen Industrieländern - auf der Basis der Patentanmeldungen in den USA - werden für deutsche Großunternehmen, zusammen mit französischen und schwedischen Großunternehmen, die stärksten (relativen) Internationalisierungszuwächse im Technologiebereich gemessen, wobei in allen drei Fällen der Einfluß von Fusionen und Übernahmen entscheidend war. Der Untersuchung zufolge ist von 1983-86 bis 1991-95 der Auslandsanteil der technologischen Aktivitäten bei deutschen Unternehmen von knapp 15 vH auf annähernd 21 vH gestiegen, bei der Gesamtheit der einbezogenen Unternehmen stagnierte er bei etwa 11 vH. Für den gleichen Zeitraum wird eine zunehmende Hinwendung der Auslandsforschung deutscher Unternehmen zu außereuropäischen, insbesondere US-amerikanischen Standorten festgestellt. In sektoraler Hinsicht ergibt sich für die Büromaschinen-, Halbleiter- und chemische Industrie die stärkste Internationalisierungsdynamik; in diesen Branchen war auch das Niveau des Auslandsforschungsanteils 1991-95 am höchsten (Cantwell/Harding 1998, S. 101 ff.). Insgesamt haben die FuE-Ausgaben deutscher Unternehmen im Ausland inzwischen das Niveau der vergleichbaren ausländischen FuE-Aufwendungen in Deutschland übertrof-

---

63 Insgesamt werden die Forschungsaufwendungen ausländischer Unternehmen in Deutschland für 1993 auf knapp 16 vH des gesamten FuE-Aufwandes der Wirtschaft in Deutschland veranschlagt, während der vergleichbare Anteil in den USA und Frankreich mit knapp 15 vH etwas niedriger, in Großbritannien mit 26 vH deutlich höher und in Japan nur bei 5 vH lag (SV Wissenschaftsstatistik 1996).

fen;[64] in Zukunft könnte sich die Schere weiter zu Lasten der „einfließenden" FuE öffnen. Ähnlich wie bei den Direktinvestitionen scheint auch im FuE-Bereich das Problem weniger in der hohen Attraktivität ausländischer FuE-Standorte für deutsche Unternehmen als in einer nachlassenden Anziehungskraft des deutschen Standortes für ausländische FuE-Investoren zu liegen. Zu untersuchen bleibt, inwieweit sich die im FuE-Bereich zu beobachtenden Schwächetendenzen in der Performance technologieintensiver Branchen und im technologieintensiven Außenhandel niedergeschlagen haben.

3.2.4.4 Auswirkungen auf die Branchen-Performance und den technologieintensiven Außenhandel

Hochtechnologiebranchen nehmen in Deutschland, verglichen mit anderen Industrieländern, mit gut einem Fünftel der industriellen Wertschöpfung eine mittlere Position ein. Im Gegensatz zu der beschriebenen FuE-Entwicklung hat ihr Gewicht von 1985 bis 1994 noch leicht - und etwas schneller als in anderen Ländern - zugenommen. Diese Industriezweige liegen damit an der Spitze der industriellen Wachstumshierarchie. Absolut gesehen dominieren jedoch weiterhin die Mitteltechnologiebranchen, obgleich ihr Wertschöpfungsanteil - entgegen der allgemeinen Entwicklungstendenz in Industrieländern, aber im Einklang mit der FuE-Entwicklung - leicht zurückgegangen ist. Dementsprechend sind die übrigen Branchen („Niedrigtechnologie") relativ schwach vertreten (Tabelle 3.2.4.2) Der hohe Anteil des gesamten forschungsintensiven Sektors (Hoch- und Mitteltechnologie) an der industriellen Wertschöpfung in Deutschland wird auch in der Technologieberichterstattung des BMBF (1997, S.4) als Ausdruck der nach wie vor starken Stellung dieser Industrien auf dem Weltmarkt gewertet.[65]

---

64 Für 1995 wird das Auslandsforschungsbudget deutscher Unternehmen auf etwa 10 Mrd. DM geschätzt, das entspricht - bei steigender Tendenz - 17 vH der FuE-Ausgaben der (in- und ausländischen) Unternehmen in Deutschland, während der entsprechende Anteil ausländischer Unternehmen in Deutschland den Angaben zufolge bei etwa 15 vH stagniert (BMBF 1997, S. 45 f.).

65 Gleichzeitig gibt es jedoch Hinweise auf eine ungenügende Arbeitsproduktivität (Wertschöpfung pro Beschäftigten) bei relativ hohem Lohnniveau, insbesondere im Vergleich mit den USA (Tab A3.2.4.11). Buigues/Jaquemin (1997) weisen für die Branchen der Hoch- und Mitteltechnologie in Deutschland für das Jahr 1994 eine nur gut halb so hohe Arbeitsproduktivität aus wie in den USA, während der durchschnittliche Lohn um 15 bzw. 22 vH über dem US-Niveau liegt. Auch im europäischen Vergleich erscheint die deutsche Wettbewerbsposition unter diesem Blickwinkel eher ungünstig. Die auf Basis von EUROSTAT Daten ermittelten Differenzen erscheinen zwar insbesondere gegenüber den USA zu groß, als daß man sie exakt als kostenmäßigen Wettbewerbsnachteil der deutschen Industrie interpretieren könnte. Dies gilt auch, wenn man mögliche Strukturunterschiede in der Kapitalintensität berücksichtigt. Zudem widersprechen sie auch der insgesamt nicht besonders schlechten deutschen Position im internationalen Handel mit forschungsintensiven Gütern. Umso mehr erscheinen die Durchschnittslöhne und Produktivitäten im internationalen Vergleich einer eingehenden Analyse wert.

Tabelle 3.2.4.2: Struktur der industriellen Wertschöpfung nach der Technologieintensität im internationalen Vergleich[a]

	D	F	UK	EU	USA
HT	21,3	22	22,1	20,4	24,7
	(0,9)	(-1)	(1,5)	(0,4)	(0,5)
MT	41,3	31,2	29,2	33,4	31,7
	(-0,7)	(1,5)	(0,1)	(-0,2)	(0,7)
NT	37,4	46,8	48,7	46,3	43,6
	(-0,2)	(-0,5)	(-1,6)	(-0,2)	(-1,2)
VI	100	100	100	100	100

a In Prozent für 1994 (Veränderung in Prozentpunkten gegenüber 1985). HT = Hochtechnologie; MT = Mitteltechnologie; NT = Niedrigtechnologie; VI = Verarbeitende Industrie
Quelle: Buigues/Jacquemin (1997), S. 11.[66]

Gleichzeitig ist jedoch, besonders ausgeprägt im Hochtechnologiesektor, ein Auseinanderklaffen der Lohn- und Produktivitätsentwicklung festzustellen, insbesondere im Vergleich mit den Vereinigten Staaten. Diese Entwicklung hat dazu geführt, daß in den Hochtechnologiebranchen die Arbeitsproduktivität[67] in Deutschland 1994 im Durchschnitt nur noch wenig mehr als die Hälfte (56 vH) des in den USA erzielten Wertes betrug, während der durchschnittliche Lohn in diesem Sektor um etwa 15 vH über dem US-Niveau lag. Im Mitteltechnologiesektor war der Lohnvorsprung (22 vH) noch größer, der Produktivitätsrückstand (59 vH) indes etwas geringer. Auch im europäischen Vergleich erscheint die deutsche Wettbewerbsposition unter diesem Blickwinkel eher ungünstig: im Vergleich zur gesamten EU steht im Hochtechnologiesektor einem deutschen Produktivitätsrückstand in Höhe von 12 vH ein Lohnvorsprung in Höhe von 25 vH gegenüber, im Mitteltechnologiesektor ist der Lohnabstand (28 vH) deutlich größer als der Produktivitätsvorteil (7 vH) Deutschlands (Tabelle A3.2.4.11).

Der im internationalen Vergleich ungewöhnlich starken binnenwirtschaftlichen Position der Mitteltechnologiebranchen in Deutschland entspricht im Außenhandel eine ausgeprägte Spezialisierung auf Produkte dieser Industriezweige. Der Anteil Deutschlands am Weltexport (OECD-Export) betrug hier 1995 17,3 vH (19,2 vH), gegenüber 13,9 vH (16,9 vH) bei Industriegütern insgesamt, während Deutschland bei Hochtechnologieerzeugnissen nur unterdurchschnittlich stark vertreten ist (10,8 vH bzw. 13,3 vH gegen-

---

66 Branchengruppen (NACE-Position): **Hochtechnologie**: Pharmazie (257), Büromaschinen/Computer (33), Elektrotechnik und Elektronik (34), Luft- und Raumfahrzeugbau (364), Feinmechanik/Optik (37); **Mitteltechnologie**: NE-Metalle (224), Chemie (25+26-257), Maschinenbau (32), Automobilbau (35), Gummi/Plastik (48); Sonstiger Fahrzeugbau (36-361-364); **Niedrigtechnologie**: Mineralölverarbeitung (14), Eisen und Stahl (22-224), Metallprodukte (31), Schiffbau (361), Nahrungsmittel (41), Textil/Bekleidung/Leder (43+44+45), Holzprodukte/Möbel (46), Papier/Papierprodukte/Druck (47), Sonstige Verarbeitungserzeugnisse (49).
67 Wertschöpfung pro Beschäftigten, gemessen in laufenden Preisen und Wechselkursen.

über 13,9 vH bzw. 16,9 vH im Jahre 1995). Ähnlich wie der (binnenwirtschaftliche) Wertschöpfungsanteil ist jedoch auch der relative Exportanteil[68] bei der ersten Gütergruppe tendenziell gesunken, bei der zweiten hingegen gestiegen. Demgegenüber sind die USA eindeutig auf Hochtechnologieprodukte spezialisiert, wohingegen Japan in beiden Bereichen Spezialisierungsvorteile verzeichnet. Europäische Nachbarländer Deutschlands wie Frankreich und Großbritannien lassen dagegen ein vergleichsweise wenig differenziertes Spezialisierungsprofil erkennen, während Italiens Stärken eher bei wenig technologieintensiven Produkten liegen (Schaubild 3.2.4.3 und A3.2.4.3 sowie Tabelle A.3.2.4.5 und A.3.2.4.6).

Im einzelnen sind im Hochtechnologiesektor Verbesserungen der Wettbewerbsposition vor allem bei Telekommunikationsgeräten, in der fortgeschrittenen Elektrotechnik, in der medizinischen Elektronik und bei Luftfahrzeugen zu erkennen. Bei Produkten der mittleren Technologie fallen in erster Linie relative Marktanteilsverluste für Schienenfahrzeuge und Werkzeugmaschinen sowie für einige Chemikalien und Audiogeräte auf (Tabelle A3.2.4.7[69]).

Wenn auch die Importseite berücksichtigt und die Position Deutschlands im technologieintensiven Außenhandel gemäß dem Konzept der Revealed Comparative Advantages (RCA) bestimmt wird[70], ergeben sich ähnliche Relationen und Entwicklungstendenzen (Schaubild 3.2.4.4). Etwas günstiger als bei der Betrachtung des relativen Exportanteils stellt sich die Entwicklung im Mitteltechnologiesektor dar, speziell bei Werkzeugmaschinen (Tabelle A3.2.4.9). Anscheinend gelingt hier die Import**substitution** besser als die Export**expansion**. Wenn zusätzlich nach Handelspartnern differenziert wird, zeichnet sich im technologieintensiven Handel mit den übrigen Mitgliedstaaten der **Europäischen Union** eine deutliche Abflachung des deutschen Spezialisierungsprofils ab: Während die komparativen Vorteile Deutschlands bei Produkten der mittleren Technologie gesunken sind, haben sie bei Hochtechnologieerzeugnissen zugenommen (Tabelle A3.2.4.10 und Schaubild A3.2.4.4). Gegenüber den **Vereinigten Staaten** und **Japan**

---

68 Anteil Deutschlands am technologieintensiven (Welt-/OECD-) Export abzgl. Anteil am gesamten Industriegüterexport
69 Wenn die Betrachtung auf den OECD-Handel beschränkt wird, ergeben sich leichte Modifizierungen (Tabelle A 3.2.4.8).
70 Dabei werden die Export/Import-Relationen für technologieintensive Produkte mit der Export/Import-Relation für die Gesamtheit der Industriegüter verglichen.

Schaubild 3.2.4.3: Länderanteile am technologieintensiven Weltexport[a] 1989 und 1995

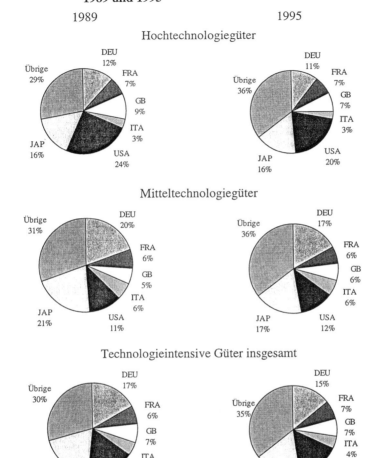

a   Weltexport = OECD-Export + OECD-Import aus Nicht-OECD-Ländern
Quelle: HWWA-Welthandelsmatrix

Schaubild 3.2.4.4: Position Deutschlands im technologieintensiven Handel[a] 1988-1996

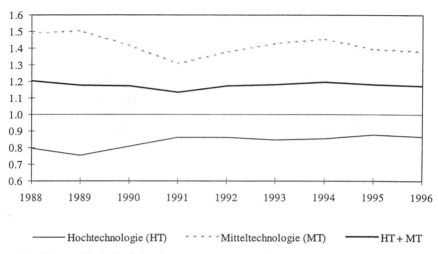

a RCA-Werte auf Basis des Industriegüterhandels. Zum Meßkonzept vgl. Text.
Quelle: HWWA-Welthandelsmatrix

zeigen sich in diesem Bereich hingegen konstant hohe Spezialisierungsnachteile. Im Falle der USA gehen diese Nachteile mit nicht ganz so hohen - aber ebenfalls konstanten - deutschen Vorteilen im Bereich der mittleren Technologie einher; im Falle Japans sind sie von (bis 1994) gestiegenen Vorteilen Deutschlands in diesem Sektor begleitet. Im Handel mit den asiatischen und lateinamerikanischen **Schwellenländern** (NICs) schließlich ist eine stetige und deutliche Verschlechterung der deutschen Position bei technologieintensiven Produkten festzustellen (Tabelle A3.2.4.10 und Schaubild A3.2.4.4). Hierin könnte sich zum einen eine zunehmende räumliche Trennung von Forschungs- und Produktionsstätten widerspiegeln.[71] Zum anderen - und vor allem - dürfte darin aber die Heterogenität einzelner Produktgruppen zum Ausdruck kommen, wobei die Schwellenländer die weniger FuE-intensiven Produktvarianten herstellen, wie weiter unten (Teil 3.3.1) anhand der unit values gezeigt wird.

3.2.4.5 Ergebnis und Schlußfolgerungen

Somit haben rückläufige FuE-Quoten - und eine möglicherweise relativ ungünstige Lohn- und Produktivitätsentwicklung - die binnenwirtschaftliche Dynamik technolo-

---

[71] Dies würde die Gruppierung nach Technologieklassen grundsätzlich in Frage stellen.

gieintensiver Branchen in Deutschland bisher kaum gebremst und ihre Position im Außenhandel nicht nachhaltig geschwächt. Sie könnten jedoch eine Schwächung der technologischen Leistungsfähigkeit in der Zukunft signalisieren. Ungünstig könnte sich auch die relative Schwäche Deutschlands im Hochtechnologiesektor auswirken. Dies wäre der Fall, wenn hierdurch (positive) externe Effekte/Entwicklungsimpulse „verschenkt" würden und negative Rückwirkungen auf Branchen in anderen Sektoren einträten. Derartige Befürchtungen gründen sich auf folgende Überlegungen:

- Hochtechnologiebranchen sind häufig durch ausgeprägte technologische Externalitäten gekennzeichnet. Sie treten dabei nicht nur als Sender-Branchen, sondern auch als Empfänger-Branchen in Erscheinung. Aufgrund ihrer Absorptionskapazität sind sie besser als weniger technologieintensive Branchen in der Lage, externes Wissen aufzunehmen und zur Steigerung der eigenen Produktivität zu nutzen. Dieser Effekt wird noch verstärkt, wenn die Spillover räumlich (national) konzentriert sind bzw. sich mit wachsender Entfernung (jenseits der Landesgrenze) verflüchtigen.

- Bei den Unternehmen des Hochtechnologiesektors handelt es sich häufig um Anbieter neuer Technologie in der Form von Zwischenprodukten und Kapitalgütern. Auf diesem Wege wird gebundener technischer Fortschritt an die Nutzerindustrien, insbesondere in höherwertigen Technologiesegmenten, weitergegeben. Diese pekuniären Externalitäten könnten ihrerseits mit technologischen Externalitäten verbunden sein, die von den Nutzerindustrien selbst ausgehen, etwa in der Form der Übertragung von Systemwissen.[72] Ein oft genanntes Beispiel wäre die Anfertigung kundenspezifischer elektronischer Bauelemente.

Empirische Untersuchungen zur Bedeutung technologischer Spillover in Deutschland zeigen, daß Hochtechnologiebranchen in der Tat zumeist überdurchschnittlich spilloverintensiv sind. Eine Ausnahme bildet allerdings die Luft- und Raumfahrtindustrie. Bereits die Monopolkommission (Monopolkommission 1989) stellte 1989 im Fusionsfall Daimler-Benz/MBB die von der Industrie behaupteten und auch von der Regierung zur Begründung der „strategischen Bedeutung dieser Schlüsselindustrie" (Lammert 1996) angeführten technologischen Abstrahleffekte und Diffusionswirkungen in Frage. Auch eine breiter angelegte Analyse der Spillover-Verflechtung zwischen den Sektoren Luft- und Raumfahrt, Elektrotechnik, Feinmechanik/Optik, Maschinen- und Fahrzeugbau für den Zeitraum von 1972 bis 1989 (Bönte 1994) ergab, daß von der Luft- und Raumfahrtindustrie keine signifikanten Spillover ausgehen. Der Untersuchung zufolge war die feinmechanisch-optische Industrie die bedeutendste Spillover-Quelle. Sie ist Technolo-

---

72 Die Unterscheidung zwischen technologischen und pekuniären externen Effekten geht auf Scitovsky (Scitovsky 1954) zurück. Danach beeinflussen **technologische** externe Effekte direkt das Produktionsniveau des empfangenden Unternehmens oder das Nutzenniveau des empfangenden Konsumenten, während **pekuniäre** externe Effekte sich indirekt in einer Veränderung der Marktpreise niederschlagen und das Gewinnniveau des empfangenden Unternehmens beeinflussen.

giegeber für die Elektrotechnik und weist wechselseitige Spillover mit dem Straßenfahrzeugbau auf. Dieser wiederum empfängt bedeutende Spillover von der Elektrotechnik. In einer weiteren Studie, die auf Paneldaten von 443 westdeutschen Unternehmen für die Jahre 1977 bis 1989 basiert (Harhoff 1996), wird das Verhältnis von Spillover-Effekten, eigenen FuE-Ausgaben und Produktivitätswirkungen analysiert. Dabei zeigt sich vor allem im Hochtechnologiesektor eine komplementäre Beziehung zwischen diesen Größen: umfangreiche „spillover pools" induzieren eigene FuE-Aktivitäten der empfangenden Unternehmen, die ihrerseits deren Aufnahmekapazität für externes Wissen stärken und sie in die Lage versetzen, das empfangene Wissen produktivitätssteigernd zu nutzen. Positive Produktivitätswirkungen der Spillover treten vor allem dann ein, wenn das empfangende Unternehmen bereits über einen relativ hohen Wissensbestand (gemessen an den akkumulierten FuE-Investitionen) verfügt. Für weniger technologieorientierte Unternehmen werden dagegen nur schwache Anreiz- und Produktivitätswirkungen festgestellt; hier wird demnach eher eigene Forschung durch Spillover-FuE substituiert (crowding-out Effekt von Innovationen durch Diffusion).[73]

Neben diesen Formen der ungebundenen Wissensübertragung bildet das in Kapitalgütern, Vorprodukten - und Personen - gebundene technologische Wissen ein wesentliches Element des - nationalen und internationalen - Technologieaustausches. Das in der deutschen Wirtschaft eingesetzte in Gütern inkorporierte Wissen stammt zum Teil aus dem Ausland, überwiegend jedoch von inländischen Unternehmen, die vor allem dem Maschinenbau, der Automobilindustrie und der Chemie - und somit Branchen der mittleren Technologie - angehören. Bei den Technologiegebern aus Hochtechnologiebranchen wie der Computer-, Feinmechanik- und Flugzeugindustrie dominieren dagegen ausländische Unternehmen (BMBF 1995, S. 18).[74] Dies entspricht der Spezialisierung Deutschlands auf Produkte der höherwertigen Technik. Mögliche Wettbewerbs**nachteile**, die aus der Abhängigkeit von ausländischen Technologielieferungen erwachsen könnten, lassen

---

73 Bei den Spillover-Effekten in technologieintensiven Bereichen wird vorausgesetzt, daß die Unternehmen technologisch miteinander verwandt sind. Dies erhöht die Möglichkeit, von der externen Information zu profitieren. Das Konzept der Technologieverwandtschaft geht von einem System vielfältiger interdependenter Produktionstechniken aus. Je höher der Grad der Technologieverwandtschaft, desto eher sind spitzentechnologische Innovationen mit verwandten Systemteilen kompatibel. Diese Überlegung hilft auch, die relativ hohe Bedeutung entsprechender intersektoraler Spillover zu verstehen. Bei Industrien, die sich technologisch nahe sind (bspw. Elektronikindustrie und elektronikbezogene Industrien), ist es ebenfalls möglich, Steigerungen der totalen Faktorproduktivität eher durch die Diffusion ungebundener Technologie als durch den Kauf von Zwischenprodukten zu erreichen (Goto/Suzuki 1989).

74 Auch im Vergleich zu anderen europäischen Ländern wie Frankreich und Großbritannien ist der Beitrag des Auslandes zum gesamten Wissen bzw. der Auslandsanteil am insgesamt **übertragenen** Wissen in Deutschland eher gering (BMBF 1997, S. 33 f.). Die Ergebnisse der Untersuchung von Eaton und Kortum (siehe Kasten) sind insoweit zu relativieren.

sich in diesen Branchen empirisch nicht generell nachweisen. Unzulässig erscheint andererseits auch der pauschale Umkehrschluß, daß die hier bestehenden Wettbewerbs**vorteile** gerade auch aus einer besonders geschickten **Anwendung** ausländischer Technologie resultierten bzw. der vergleichsweise intensive Einsatz hochtechnologischer (Vor-) Erzeugnisse (aus dem In- oder Ausland) den Schlüssel zur Erklärung der starken deutschen Position auf den Märkten für höherwertige Technologie lieferte. Geboten erscheint vielmehr eine sektoral differenzierte Betrachtungsweise. Dabei schälen sich anhand der außenwirtschaftlichen Relationen (RCA-Maße) vier unterschiedliche Branchengruppen bzw. -kombinationen heraus (Tabelle A.3.2.4.9):

- relativ isolierte Branchen wie die Luft- und Raumfahrtindustrie, in denen die Produktion von Wissen und seine Anwendung weitgehend auf die sektoralen Grenzen beschränkt ist;

- vertikal verbundene Branchen wie Teile der chemischen und pharmazeutischen Industrie, die beide wettbewerbsstark sind und sich insoweit gegenseitig stützen;

- Branchen wie der Maschinen- und Fahrzeugbau, die selbst über Wettbewerbsvorteile in Deutschland verfügen, während vorgelagerte Branchen wie die Mikroelektronik Wettbewerbsnachteile aufweisen;

- Branchenkombinationen, die sowohl auf der Abnehmerstufe (Beispiel Computerindustrie und Unterhaltungselektronik) als auch auf der Zulieferstufe (Beispiel elektronische Bauelemente) wettbewerbsschwach sind.

Insgesamt bildet daher die gängige Klassifizierung der Branchen/Produktgruppen nach der Technologieintensität die intersektoralen Zusammenhänge nur unzureichend ab. Auch von Branchen der höherwertigen Technologie können bedeutsame Spillover ausgehen, was möglicherweise auf hochtechnologische Kompetenzen in einzelnen Branchensegmenten zurückzuführen ist. Umgekehrt sind Hochtechnologiebranchen nicht in jedem Fall signifikante Quellen für Spillover. Auch können Branchen der höherwertigen Technik über eine technologische Rückkopplung Innovationsaktivitäten im Hochtechnologiebereich stimulieren. **Entscheidend für den Wettbewerbserfolg und die effiziente Nutzung externen Wissens ist die technologische Kernkompetenz einer Branche, die in der Technologieklassifikation nicht explizit erfaßt wird.** Zu fordern wären hier weitergehende sektorspezifische Analysen, wobei beispielsweise zwischen zentralen und nicht-zentralen Technologievorleistungen zu differenzieren wäre. Zweifel an der pauschalen Zuordnung von Branchen zu Technologieklassen sind auch im Hinblick auf das Zuordnungskriterium der FuE-Intensität angebracht, das einerseits nur einen Ausschnitt (allerdings den zentralen) aus dem gesamten Innovationsgeschehen und andererseits auch „nicht-technologische" Faktoren widerspiegelt.[74]

Die Kritik an der statistischen Beweisführung, welche intra- und intersektoralen Prozesse über die technologische Leistungsfähigkeit entscheiden, soll keinesfalls davon ablenken, daß Deutschland, wie im Vorhergehenden gezeigt, an technologischem Vorsprung eingebüßt hat. Sie könnte im wirtschaftspolitischen Interesse jedoch helfen, die Bereiche besser zu identifizieren, in denen mittel- und langfristig die Spezialisierungsvorteile Deutschlands liegen, und sie in ihrer Komplexität besser zu erfassen.

3.3 Deutschland im Wettbewerb mit Niedriglohnländern

Mit der Entwicklung von Schwellenländern in Südostasien sowie der Öffnung der mittel- und osteuropäischen Länder (MOE-Länder) hat sich die Integration von Niedriglohnländern in die Weltwirtschaft in den letzten Jahren verstärkt. Dies hat Befürchtungen geweckt, daß vermehrt Produktion und Beschäftigung aus Deutschland dorthin verlagert werde. Insbesondere die Öffnung Osteuropas hat in den letzten Jahren derartige Besorgnisse ausgelöst, die mit dem Schlagwort "Hongkong vor der Haustür" umschrieben werden. Im folgenden wird zunächst generell auf die Auswirkungen des Handels mit Niedriglohnländern auf Arbeitsplätze und Löhne in Deutschland eingegangen. Danach geht es um die Implikationen der Integration Mittel- und Osteuropas für die deutsche Wirtschaft.

3.3.1 Anpassungsdruck für einfache Arbeit?

Erwartungen

Die Integration der Niedriglohnländer in die Weltwirtschaft muß aus gesamtwirtschaftlicher Sicht nicht nachteilig für die deutsche Wirtschaft sein: Sie weitet das Angebot des Produktionsfaktors "einfache Arbeit" aus, während der Faktor "qualifizierte Arbeit" relativ knapper wird. Die Möglichkeiten der internationalen Arbeitsteilung steigen. Deutschland als hochentwickeltes Industrieland kann sich nun noch stärker als zuvor auf

---

74 Beispielsweise könnte die hohe FuE-Intensität der Pharma-Industrie auch Reflex eines relativ einfachen Herstellungsverfahrens sein, das den Anteil des FuE-Aufwands am Gesamtaufwand besonders gewichtig erscheinen läßt, während etwa im Fahrzeug- und Maschinenbau, die durch relativ komplexe Fertigungsprozesse gekennzeichnet sind, der gegenteilige Effekt eintreten könnte.

die Produktion und den Export humankapitalintensiver Güter spezialisieren, und Importgüter, die mit einfacher Arbeit hergestellt werden, drängen verstärkt auf den deutschen Markt. Als Folge steigt in Deutschland die Nachfrage nach qualifizierter Arbeit, während die Nachfrage nach einfacher Arbeit zurückgeht. Der Lohn für qualifizierte Arbeit erhöht sich in Relation zum Lohn für einfache Arbeit. Dies entspricht im Kern der Aussage des Stolper-Samuelson-Theorems.

Die Arbeitsteilung mit Niedriglohnländern forciert somit den Strukturwandel zugunsten hochwertiger Tätigkeiten. Geht man davon aus, daß Export und Import ähnliche Grössenordnungen erreichen, die Importprodukte aber wesentlich arbeitsintensiver hergestellt werden, so werden in den importkonkurrierenden Sektoren mehr Arbeitskräfte freigesetzt, als in den Exportsektoren zusätzlich benötigt werden. Zudem werden im Exportsektor höherqualifizierte Arbeitskräfte benötigt, als in den importkonkurrierenden Sektoren freigesetzt werden. Dies erhöht die Anforderungen an den Strukturwandel. Geringqualifizierte Arbeitskräfte haben mehrere Möglichkeiten, sich dem Wettbewerbsdruck anzupassen: Sie können aus den importkonkurrierenden Sektoren in Bereiche abwandern, die nicht dem internationalen Wettbewerb ausgesetzt sind, und in denen Komplementaritäten zu hochqualifizierten Arbeitsplätzen bestehen. Eine zweite Alternative wäre, daß die Löhne dieser Arbeitskräfte sinken, damit sie wieder konkurrenzfähig werden. Eine eher längerfristige Möglichkeit wäre die Höherqualifizierung, mit der eine dem herkömmlichen Lohnniveau entsprechende Produktivität erreicht werden kann. Ist die Mobilität der Arbeitskräfte sektoral und regional zu gering, sind die Löhne rigide oder sind die Qualifizierungsmöglichkeiten begrenzt, so kann die verstärkte intersektorale Arbeitsteilung mit Niedriglohnländern zu Friktionen im Strukturwandel und Arbeitslosigkeit führen.

Allerdings werden diese Zusammenhänge[75] von anderen Entwicklungen überlagert, so daß sie empirisch nicht immer sichtbar sind:

- Die Spezialisierung im internationalen Wettbewerb folgt nicht nur den Unterschieden in der Faktorausstattung. Ebenso wie im Handel mit Industrieländern kann es auch im Handel mit Niedriglohnländern eine Arbeitsteilung geben, die auf Produktdifferenzierung und Skalenvorteilen beruht, so daß der Druck zum intersektoralen Strukturwandel gemildert wird.

- Der Einsatz von einfacher Arbeit und die Lohnhöhe ergeben sich nicht nur aus der Arbeitsteilung mit Niedriglohnländern. Beides wird auch durch Rationalisierung und

---

75 Zur theoretischen Diskussion dieser Aspekte vgl. Großmann (1997).

technischen Fortschritt beeinflußt. Diese Faktoren können - wie eine Reihe empirischer Untersuchungen gezeigt hat[76] - bedeutender sein als der internationale Wettbewerb, wenngleich eine eindeutige Abgrenzung nationaler und internationaler Faktoren nicht möglich ist, da der potentielle Wettbewerb der Niedriglohnländer auch eine Ursache für Rationalisierung im Inland sein kann (Woods 1994).

Evidenz

Insgesamt ist die Bedeutung der Niedriglohnländer (MOE- und Entwicklungsländer) als Konkurrenten für deutsche Unternehmen bisher noch gering: Die Relation der Importe aus diesen Ländern zur inländischen Produktion (regionale Importquote) ist seit 1980 zwar deutlich gestiegen (vgl. Tabelle 3.3.1.1), sie erreichte im Jahre 1994 für das Verarbeitende Gewerbe aber lediglich 4,6 vH. Der Anstieg war zunächst vor allem auf die dynamischen asiatischen Länder (DAE) zurückzuführen, in den 90er Jahren stieg aber auch die Bedeutung der MOE-Länder beträchtlich. Für einzelne Branchen ist die Konkurrenz aus Niedriglohnländern allerdings durchaus gewichtig: So liegt die regionale Importquote in den Branchen NE-Metalle, Büromaschinen/ADV, Musikinstrumente und Spielwaren sowie Leder, Textil und Bekleidung durchweg über 20 vH, zum Teil sogar über 40 vH.[77] Die DAE sind spezialisiert auf Büromaschinen/ADV, Musikinstrumente/-Spielwaren und Leder, Textilien und Bekleidung, während den MOE-Ländern hohe Bedeutung bei Eisen und Stahl, NE-Metallen, Holzbe- und -verarbeitung sowie Leder, Textilien und Bekleidung zukommt. Im folgenden stehen diese überdurchschnittlich von der Niedriglohnländer-Konkurrenz betroffenen Sektoren im Mittelpunkt der Betrachtung.

In der empirischen Analyse zeigt sich, daß der **Anteil der einfachen Arbeit am Faktoreinsatz** zwischen 1980 und 1994 in **nahezu allen Branchen Westdeutschlands rückläufig** war. Im Durchschnitt des Verarbeitenden Gewerbes sank er von 13,7 vH auf 10,6 vH. Einzig in der Gummiverarbeitung, die bis 1994 relativ wenig von der Importkonkurrenz betroffen war, ist er deutlich gestiegen. In den 90er Jahren haben sich die sektoralen Qualifikationsstrukturen ein wenig angeglichen: Viele Branchen mit überdurchschnittlichem Einsatz von einfacher Arbeit verzeichneten auch einen überdurchschnittlichen Rückgang (vgl. Schaubild 3.3.1.1). Für die 80er Jahre war eine solche Entwicklung nicht zu beobachten.

---

76 Erwähnt seien hier vor allem die umfangreiche Studie der OECD (1992) sowie die Arbeiten von Messerlin (1995), Berman et al. (1994), Katz/Murphy 1992 und Krugman/Lawrence (1993).
77 Auch bei Bereinigung um die Passive Lohnveredelung, die im Falle der Leder-, Textil- und Bekleidungsindustrie sowie der Büromaschinen- und ADV-Geräteindustrie eine Rolle spielt, ergeben sich weit überdurchschnittliche Importquoten (s. Härtel/Jungnickel 1996, S. 100 ff.).

Tabelle 3.3.1.1:   Regionalisierte Importquoten für Deutschland[a]

	MOE			DAE			Entw.l. o. DAE			MOE + EL		
	1980	1990	1994	1980	1990	1994	1980	1990	1994	1980	1990	1994
Verarb. Gewerbe	0.8	0.8	1.5	0.9	1.6	2.2	1.0	0.9	0.9	2.7	3.3	4.6
Chemische Ind.	0.9	0.7	1.2	0.2	0.5	0.7	0.5	0.9	0.6	1.6	2.1	2.5
Feinkeramik	0.3	1.0	2.8	2.4	2.9	4.7	0.2	0.5	1.0	2.9	4.4	8.5
Eisenschaff. Ind.	1.4	1.9	5.4	0.1	0.3	0.3	0.6	1.2	0.9	2.1	3.3	6.7
NE-Metallind.	4.7	6.6	14.9	4.3	0.9	1.4	8.3	9.2	5.6	17.3	16.7	21.9
Maschinenbau	0.3	0.4	0.8	0.1	0.2	0.4	0.1	0.2	0.2	0.4	0.7	1.4
Bürom./ADV	0.1	0.0	0.4	0.6	10.9	23.2	0.1	0.3	0.6	0.9	11.2	24.2
Straßenfahrzeugbau	0.1	0.1	0.5	0.0	0.1	0.4	0.2	0.2	0.2	0.3	0.5	1.0
Elektrotechnik	0.2	0.3	1.1	1.5	3.4	4.9	0.1	0.2	0.4	1.8	3.9	6.4
Musikinstr., Spielw.	2.6	1.2	2.7	8.0	15.8	22.1	3.7	2.8	3.5	14.3	19.9	28.4
Holzbearbeitung	4.4	4.8	5.5	4.8	3.8	2.2	2.8	2.1	1.5	12.0	10.7	9.3
Ledergewerbe	1.9	4.7	9.0	7.6	16.8	22.7	4.1	7.9	11.2	13.6	29.3	43.0
Textilgewerbe	1.6	1.4	4.1	4.5	8.1	11.1	6.3	6.5	9.8	12.3	16.0	25.0
Bekleidungsgew.	3.1	5.5	15.4	11.0	18.1	20.6	4.0	8.8	13.3	18.1	32.4	49.4
Nahr.m., Getr., Tabak	0.4	0.5	0.6	0.6	0.7	0.7	1.8	2.8	1.7	2.2	2.4	2.3

a 1980 und 1990 Westdeutschland, 1994 Gesamtdeutschland
Quelle: Statistisches Bundesamt (b und j); eigene Berechnungen

Im Branchenquerschnitt ist kein Zusammenhang zwischen der Importkonkurrenz aus Niedriglohnländern und der Qualifikationsstruktur festzustellen. Dies gilt unabhängig davon, ob der Stand oder die Veränderung der Indikatoren betrachtet wird (vgl. auch Schaubilder A3.3.1.1a bis c). Von den Branchen, die in erheblichem Maße der Konkurrenz aus Niedriglohnländern ausgesetzt sind (Leder-, Textil- und Bekleidungsindustrie, Musikinstrumente/Spielwaren, NE-Metalle, Holzbe- und -verarbeitung, Büromaschinen/ADV), wiesen in den 90er Jahren lediglich die Hersteller von Musikinstrumenten und Spielwaren einen weit überdurchschnittlichen Anteilsrückgang einfacher Arbeit auf, in den 80er Jahren gilt dies für die Büromaschinen- und ADV-Geräteindustrie.

Eine mögliche Erklärung für den insgesamt geringen Zusammenhang zwischen dem Einsatz einfacher Arbeit und dem Importdruck aus Niedriglohnländern wäre, daß eine nach unten flexible Entlohnung den Druck abgemildert hat. Allerdings hat die Lohnspreizung in Westdeutschland zwischen 1980 und 1994 insgesamt nur geringfügig zugenommen (vgl. Tabelle 3.3.1.2 und Tabelle A3.3.1.1): Die Standardabweichung in vH des Facharbeiterlohnes ist für das Verarbeitende Gewerbe nur um knapp 3 1/2 Prozentpunkte gestiegen. **Im Branchenquerschnitt ist kein Zusammenhang zwischen der**

Schaubild 3.3.1.1: Die Entwicklung der Qualifikationsstruktur[a] in Deutschland

a) 1980-1990

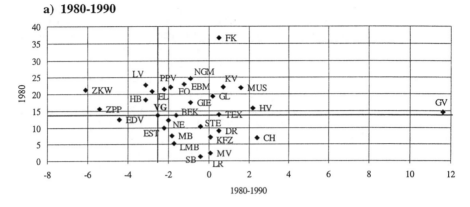

b) 1990-1994

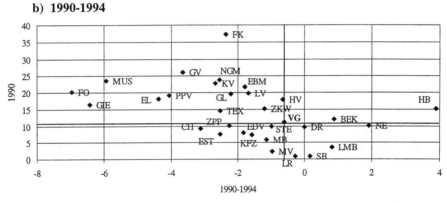

a Anteil der Beschäftigten mit einfachen Tätigkeiten an allen Beschäftigten
Quelle: Statistisches Bundesamt; eigene Berechnungen

Lohnspreizung und der Konkurrenz aus Niedriglohnländern zu erkennen, weder für den Stand noch für die Entwicklung der Variablen (vgl. Schaubilder A3.3.1.2a und b). Zu ähnlichen Ergebnissen kamen Studien vor allem in den USA (Katz/Murphy 1992, Krugman/Lawrence 1993, Lawrence/Slaughter 1993), welche die Auswirkungen der Konkurrenz aus Niedriglohnländern insgesamt als eher gering einschätzen.

In einzelnen von der Niedriglohnkonkurrenz besonders stark betroffenen Branchen scheinen die Auswirkungen jedoch deutlich zu sein. So verzeichneten die **Bekleidungs- und Lederindustrie sowie die Büromaschinen- und ADV-Geräteherstellung sowohl ein hohes Niveau im Jahre 1994 als auch eine starke Zunahme der Lohnspreizung zwischen 1980 und 1994.** Dagegen haben die Textilindustrie, die Herstellung von Mu-

Tabelle 3.3.1.2: Kenngrößen von Branchen mit starker Konkurrenz aus Niedriglohnländern

	Importquote[1]		Pro-Kopf-Eink.[2]		Anteil einf. Arbeit		Lohnspreizung[3]		Erwerbst.[4]
	1994	1990-94	1994	1990-94	1994	1990-94	1994	1980-94	1990-94
Feinkeramik	9	4	54524	18,8	34,8	-2,4	22,8	3,3	-17,6
Eisensch. Ind.	7	3	80360	18,4	5,1	-2,5	20,4	-0,6	-30,8[a]
Bürom.,ADV	24	13	108571	29,5	6,2	-1,8	31,4	8,5	-37,3[a]
Musikinstr.,Sp.	28	9	56000	34,6	17,7	-5,9	23,2	2,2	-23,1
Lederverarb.	43	14	50000	31,0	18,0	-1,7	25,8	4,9	-25,8
Textilind.	25	9	56145	23,9	12,0	-2,5	22,5	3,0	-27,1
Bekleidungsind.	49	17	45252	32,4	12,9	0,9	26,5	8,1	-27,9
Verarb. Gew.	4.65	1.34	69975	20,2	10,6	-0,6	23,1	3,4	-11,0

1 Importe aus den MOE- und Entwicklungsländern in vH des Produktionswertes
2 Einkommen aus unselbständiger Arbeit pro Beschäftigten
3 Standardabweichung der Löhne für drei Qualifikationsgruppen der Arbeiter sowie drei Qualifikationsgruppen der Angestellten
4 Wachstumsrate der Erwerbstätigkeit
a Wahrscheinlich überhöht durch statistische Umgruppierung gewichtiger Unternehmen
Quelle: Statistisches Bundesamt (b, f und g); eigene Berechnungen

sikinstrumenten und Spielwaren sowie die Feinkeramikindustrie den Einsatz einfacher Arbeitskräfte eher reduziert, anstatt die Lohnspreizung zu erhöhen.

In den meisten von Niedriglohnkonkurrenz bedrängten Branchen (ausgenommen Büromaschinen und ADV, Eisenschaffende Industrie und NE-Metalle) **ist das Lohnniveau insgesamt relativ niedrig** (vgl. Schaubild A3.3.1.3[78] und Tabelle 3.3.1.2). Dies gilt für alle Qualifikationsgruppen der Arbeiter und Angestellten. Offenbar sorgt die Niedriglohnkonkurrenz für einen generellen Druck auf die Löhne in diesen Branchen, so daß eine weitergehende Lohnspreizung nicht erfolgt. Der Anstieg der Pro-Kopf-Einkommen jedoch war in den meisten von Niedriglohnländerkonkurrenz betroffenen Branchen überdurchschnittlich. Dies muß im Zusammenhang mit den besonders stark rückläufigen Erwerbstätigenzahlen und mit den niedrigen Einkommen zum Ausgangsniveau gesehen werden (vgl. Tabelle 3.3.1.2 und Schaubild A3.3.1.4). Offensichtlich haben Rationalisierungsanstrengungen in allen Funktionsbereichen dieser Branchen für einen Anstieg der Produktivität gesorgt.[79]

---

[78] In Schaubild A3.3.1.3 ist stellvertretend für alle Qualifikationsgruppen die Gruppe der Facharbeiter dargestellt.
[79] Der starke Beschäftigungsrückgang in der Eisen- und Stahlindustrie und der ADV-Geräteindustrie ist nicht kontinuierlich erfolgt, sondern abrupt in den Jahren 1993 und 1994. Dies spricht dafür, daß die Umgruppierung großer Unternehmen in der amtlichen Statistik ihren Niederschlag gefunden hat.

Die Tatsache, daß der Anteil der Geringqualifizierten in einigen Branchen mit starker Niedriglohnkonkurrenz nicht wesentlich stärker als im Durchschnitt abgenommen hat, könnte zum einen damit zu erklären sein, daß in diesen Branchen der größte Teil der Verdrängung bereits stattgefunden hat. Zum anderen spielt eine Rolle, daß die Unternehmen versuchen, dem Wettbewerbsdruck durch Konzentration auf Marktsegmente zu begegnen, die weniger im Kosten- und stärker im Innovations- und Qualitätswettbewerb stehen. Dort lassen sich mit neuen, besseren oder modischeren Produkten temporäre Vorsprungsgewinne erzielen. Dabei können Komplementaritäten der einfachen Arbeit zum Humankapital und der Infrastruktur genutzt werden. So kann der Einsatz einfacher Arbeit in Branchen, die insgesamt unter starkem Importdruck stehen, durch die Einbindung in standortgebundene oder überdurchschnittlich wettbewerbsfähige Tätigkeiten steigen. Im Zuge eines "upgrading" von vormals standortungebundenen Tätigkeiten zu standortgebundenen Tätigkeiten können weitere Arbeitsplätze für einfache Arbeit erhalten werden. Ein Beispiel hierfür sind modische Produkte. So werden auf dem Markt für T-Shirts der Marke "Chiemsee-Windsurfing" weit höhere Preise als für vergleichbare Artikel erzielt. Dies macht es möglich, die höheren Kosten im Inland zu tragen. Die Näherinnen profitieren vom besonderen know-how, das für Design und Vermarktung dieser Markenartikel in dem Unternehmen vorhanden ist.

Geht man davon aus, daß **innerhalb einer Branche deutsche Betriebe eher auf die qualitativ hochwertigen Produkte spezialisiert sind,** während die Niedriglohnländer sich eher auf die qualitativ geringerwertigen Segmente konzentrieren, so dürfte sich dies im Wert pro Gewichtseinheit der gehandelten Güter niederschlagen. Dieser Durchschnittswert (unit value) ist somit ein - wenn auch sehr unvollkommener - Indikator für die Produktqualität.[80] Die **Relation von Export- und Importdurchschnittswert** liefert Anhaltspunkte für die Art der intrasektoralen Arbeitsteilung. Tabelle 3.3.1.3 zeigt für ausgewählte Branchen und Länder bzw. Ländergruppen diese Relation an. Der Meßwert liegt im Handel mit den dynamischen asiatischen Ländern (DAE) und den MOE-Ländern fast immer höher als zwei, kein einziger Wert rangiert unter eins. Dies ist ein Indiz dafür, daß die Qualität der aus Deutschland exportierten Güter erheblich höher ist

---

80 Derartige Durchschnittswerte spiegeln nicht nur die Qualität wider, sie müssen auch im Zusammenhang mit der Entfernung der Handelspartner interpretiert werden. Bei geringerwertigen Handelsgütern mit hohem Gewicht sind die Transportkosten von erheblicher Bedeutung. Solche Güter sind überwiegend im Nahhandel vertreten (z.B. Baustoffe). Der Vergleich von Durchschnittswerten im Nah- und Fernhandel ist daher wenig aussagekräftig. Der Entfernungsfaktor wird aber ausgeschaltet, wenn die Relation von Export- zu Importdurchschnittswert für ein und dieselbe Region gebildet wird.

als die der Importe aus Niedriglohnländern.[81] In den meisten Fällen ist auch die Relation der Durchschnittswerte gegenüber der EG, den USA und Japan deutlich niedriger als gegenüber den DAE und MOE-Ländern, auch wenn es hier einige irritierende Ausnahmen gibt.

Insgesamt bestätigt sich in den ausgewiesenen Relationen die Vermutung, daß sich mit den Niedriglohnländern eine intrasektorale Arbeitsteilung herausgebildet hat, die sich von der intrasektoralen Arbeitsteilung mit den Industrieländern unterscheidet. Deutsche Unternehmen exportieren hochwertige und importieren einfache Güter.

Tabelle 3.3.1.3: **Relation der Durchschnittswerte im deutschen Export und Import,[a] 1994**

	USA	Japan	Intra-EG	DAE	MOE	Visegrad
EDV	1.00	1.72	0.98	2.19	2.10	2.08
Telekomm.	1.15	1.62	1.27	1.99	2.59	2.44
Unterhalt.elekt.	1.11	2.31	1.03	2.93	1.62	1.31
Holzbearb.	2.25	0.35	1.06	2.37	2.45	2.41
Musikinstr.,Sp.	2.28	2.03	2.05	4.45	2.71	2.03
Textilind.	2.73	0.71	1.07	3.18	2.62	2.45
Bekleidung	1.63	3.14	1.52	5.72	1.40	1.05

a Durchschnittswert Export / Durchschnittswert Import. Einbezogen wurden Handelspositionen in der Abgrenzung der Kombinierten Nomenklatur (8-Steller, für die Textilindustrie 4-Steller), die in den einzelnen Branchen für den größten Teil des Handels aufkommen.
Quelle: Eurostat (a); eigene Berechnungen

Ergebnis

Die Niedriglohnkonkurrenz geht für die meisten betroffenen Branchen mit niedrigen Löhnen für alle Qualifikationsstufen im Inland einher. Im sektoralen Querschnitt hat sie scheinbar nur geringe Auswirkungen auf Beschäftigung und Qualifikationsstruktur in Deutschland:
- Der **Anteil der einfachen Arbeit** war zwischen 1980 und 1994 **in nahezu allen Branchen Westdeutschlands rückläufig**. Offenbar spielen andere Faktoren als die Niedriglohnkonkurrenz eine zentrale Rolle, denn im Branchenquerschnitt ist kein Zusammenhang zwischen der Importkonkurrenz aus Niedriglohnländern und der Qualifikationsstruktur festzustellen, weder für den Stand noch die Veränderung der Variablen.

---

81 Die niedrigen Werte im Handel von Bekleidung mit den MOE-Ländern könnten auf die PLV zurückzuführen sein, da die Importe der PLV größtenteils aus vorher exportierter deutscher oder EU-Ware bestehen.

- Eine besonders starke Zunahme der Lohnflexibilität in importkonkurrierenden Sektoren kann diesen Sachverhalt nicht erklären, da die **Lohnspreizung** (für Qualifikationsgruppen) **in Westdeutschland insgesamt nur geringfügig zugenommen hat und ein Zusammenhang zwischen Lohnspreizung und Niedriglohnländerkonkurrenz im Branchenquerschnitt nicht zu erkennen ist**. In der Bekleidungs- und Lederindustrie sowie in der Büromaschinen- und ADV-Geräteindustrie ist allerdings zu vermuten, daß die Konkurrenz aus Niedriglohnländern zu einer verstärkten Lohnspreizung geführt hat.

- Die Pro-Kopf-Einkommen sind in den meisten von Niedriglohnkonkurrenz betroffenen Branchen deutlich unterdurchschnittlich. Offenbar sorgt die Niedriglohnkonkurrenz für einen generellen Druck auf die Löhne, so daß eine weitergehende Lohnspreizung nicht eintritt. Der erhebliche Beschäftigungsabbau in diesen Branchen im Zuge von Rationalisierungsanstrengungen hat die Produktivität und damit den Einkommensspielraum beträchtlich erhöht. Der Anstieg der Pro-Kopf-Einkommen war in den meisten von Niedriglohnländerkonkurrenz betroffenen Branchen überdurchschnittlich. Dies war aber kaum mit einem überdurchschnittlichen Abbau von einfacher Arbeit verbunden. Offenbar bestehen starke Komplementaritäten zwischen Humankapital und einfacher Arbeit.

- Die insgesamt gering erscheinenden Auswirkungen der Niedriglohnländerkonkurrenz können zum Teil auf **verstärkte intrasektorale Arbeitsteilung** mit diesen Ländern zurückzuführen sein, die auf Produktdifferenzierung und Skalenvorteilen beruht. Den deutschen Unternehmen ist es gelungen, die Produktqualität laufend zu verbessern. Dabei profitiert der Faktor einfache Arbeit von seiner Komplementarität zum Humankapital. Das "upgrading" der einfachen Arbeit findet in allen Branchen statt.

All diese möglichen Anpassungsreaktionen auf den Importdruck aus Niedriglohnländern (niedriges Lohnniveau, teilweise erhöhte Lohnspreizung, verstärkte intraindustrielle Arbeitsteilung) müssen vor dem Hintergrund der massiven Beschäftigungseinbußen in den betroffenen Branchen (vgl. Tabelle 3.3.1.2) gesehen werden. Angesichts ihres überdurchschnittlichen Anteils in diesen Branchen sind geringqualifizierte Arbeitskräfte davon besonders stark betroffen. Insofern liefert die Betrachtung des Anteils einfacher Arbeit an der Gesamtbeschäftigung ein unvollständiges Bild der Anpassung an den Wettbewerbsdruck der Niedriglohnländer. **Das Schrumpfen der Belegschaften insgesamt ist weit bedeutender als der Rückgang bei der einfachen Arbeit.**

3.3.2 Deutschland und die Reformländer: Mehr Chancen als Risiken

Im Zuge der Öffnung und Transformation der mittel- und osteuropäischen Länder (MOE-Länder)[82] hat die Handels- und Unternehmensverflechtung zwischen West- und Osteuropa deutlich zugenommen. Kommt es zu einer Osterweiterung der EU, ist mit einer weiteren Intensivierung der internationalen Arbeitsteilung zu rechnen. Die im folgenden untersuchten strukturellen Auswirkungen für die deutsche Wirtschaft hängen davon ab,

- welche Position die MOE-Länder im internationalen Wettbewerb erringen können,
- wie stark sich die Internationalisierung der Reformländer auf Deutschland konzentriert
- und wie sich die deutsche Wirtschaft an die veränderten Wettbewerbsbedingungen anpaßt.

Die Analyse erfolgt mit Blick auf die relative Position Deutschlands innerhalb der EU.

3.3.2.1 Die mittel- und osteuropäischen Länder: Ein neuer Faktor in der Weltwirtschaft?

Nach dem Zusammenbruch der traditionellen Handelsbeziehungen und einer Neuorientierung gen Westen treten die mittel- und osteuropäischen Länder zunehmend weltwirtschaftlich in Erscheinung. Sie stellen zwar noch keine prägende Kraft in den internationalen Handels- und Direktinvestitionsströmen dar (Tabelle 3.3.2.1).[83] Dem asiatisch-pazifischen Raum, welcher die Dynamik des vergangenen Jahrzehnts bestimmte, kommt beispielsweise (trotz gegenwärtiger Finanzkrise) ein weit größeres Gewicht zu. In der längerfristigen Perspektive dürften die MOE-Länder allerdings eine wichtige Rolle in der Weltwirtschaft spielen.

Bei der Beurteilung des mittelfristigen Handelspotentials Mittelosteuropas mit den westlichen Ländern ist zum einen die räumliche Nähe zu den westeuropäischen Handelspartnern zu berücksichtigen. Zum anderen kann es zu intensiverer wirtschaftlicher

---

82 Darunter werden im folgenden erfaßt: die Visegrad-Staaten (Polen, Slowakei, die Tschechische Republik, Ungarn), Bulgarien, Rumänien, Estland, Lettland, Litauen und die ehemalige Sowjetunion. Werden zusätzlich Slowenien, Albanien, Kroatien, Bosnien-Herzegowina, Serbien/Montenegro oder Mazedonien berücksichtigt, wird darauf ausdrücklich hingewiesen.
83 Die vorhandene Statistik über die mittel- und osteuropäischen Länder ist immer noch unvollständig und teilweise fehlerhaft. Dies erklärt auch Abweichungen im Vergleich mit anderen Quellen; vgl. bspw. Schumacher (1996), S. 557 ff.

Tabelle 3.3.2.1:   Die MOE-Länder[a] im Globalisierungsprozeß

	Wert (Mrd. US-$)				vH von Welthandel und Welt-DI[b]			
	1990	1992	1994	1996	1990	1992	1994	1996
MOE-Länder								
Warenexporte	116	94	118	169	3	2,5	2,8	3,2
Warenimporte	111	95	114	174	3,2	2,5	2,6	3,2
Inward DI-Bestand	2	8	23	46	0,1	0,4	1	1,4
Asien-Pazifik								
Warenexporte	344	430	554	857	10	11	13	16
Warenimporte	348	445	581	749	10	12	13	14
Inward DI-Bestand	140	190	300	418	8	10	13	13

a   MOE-Länder (vgl. S.126, Fußnote 1); Asien-Pazifik: ASEAN, China, Schwellenländer
b   Inward-Direktinvestitionen
Quelle: Gatt/WTO;Stankovsky (1995); UNCTAD (1996a); UNECE (1996)

Zusammenarbeit kommen, wenn sich der Entwicklungsrückstand der MOE-Region gegenüber westlichen Industrieländern verringert. Beide Faktoren lassen sich in Gravitationsmodellen erfassen.[84] Diese schätzen erstens ein "Normalniveau" der Handelsverflechtung in Abhängigkeit vom Sozialprodukt des Liefer- und Bestimmungslandes, wodurch Angebotspotential und Aufnahmekapazität abgebildet werden. Zweitens gehen Faktoren in die Regression ein, welche sich wie protektionistische Maßnahmen handelshemmend (und damit transaktionskostenerhöhend) oder wie ein gemeinsamer Kulturkreis handelsfördernd (und damit transaktionskostensenkend) auswirken.

Hamilton und Winters (1992) schätzen das "Normalniveau" der Handelsströme für das Jahr 1985, Collins und Rodrik (1991) für das Jahr 1989 bei gegebenem jeweiligem Einkommensniveau.[85] Vergleicht man die geschätzten mit den tatsächlichen Anteilen der EU am Export der Visegrad-Länder, Bulgariens und Rumäniens, so bestand in den betrachteten Jahren noch ein deutlicher "Nachholbedarf" bei der Ost-West-Integration (Tabelle 3.3.2.2). Bis 1995 hatte sich dagegen schon eine gegenüber dem "Normalmaß" des Jahres 1989 intensivere Handelsverflechtung entwickelt (Ausnahme: Bulgarien). Dies erklärt sich zum einen aus dem zwischenzeitlichen handelsfördernden Einkommenszuwachs in den ausgewählten MOE-Ländern (Tabelle 3.3.2.3). Zum anderen dürfte

---

84 Bei der Interpretation der Modellergebnisse muß beachtet werden, daß diese lediglich grobe Anhaltspunkte liefern können, da sie auf einen hypothetischen Gleichgewichtszustand abstellen. Zur Diskussion von Gravitationsmodellen siehe Deardorff (1984) und Baldwin (1994).
85 In das Gravitationsmodell von Hamilton und Winters gehen als Einflußgrößen die Bruttosozialprodukte der Handelspartner, die jeweilige Bevölkerungsgröße, die Entfernung zwischen den Ländern, die gemeinsame Grenze und Handelspräferenzen ein. Collins und Rodrik leiten das regionale Handelsmuster aus Exportquote, Offenheit und Einkommensniveau ab. Für einen kurzen Überblick vgl. Tichy (1996) und Sheehy (1994), für eine Betonung auf Deutschland Schumacher (1995) und Piazolo (1996).

der zahlungsbilanzbedingte Zwang zu exportieren ein gewisses Überschießen bewirkt haben. Eine weitere Steigerung des Ost-West-Handels ist daher weniger durch eine zusätzliche Umorientierung auf Westeuropa zu erwarten, sondern im Zuge einer weiteren einkommensbedingten Intensivierung der Außenhandelsorientierung.

Tabelle 3.3.2.2: Anteil der EU(12) am Export ausgewählter mittel- und osteuropäischer Länder, in vH

	Gravitationsmodell		tatsächliche Anteile		
	1985 [a]	1989 [b]	1928 [a]	1985 [a]	1989 [b]	1995 [c]
Polen	39	51	56	23	30	65
CSFR [d]	50	46	44	10	16	48
Ungarn	46	37	25	17	24	53
Bulgarien	43	57	65	4	8	47
Rumänien	34	50	54	27	18	52

a Hamilton und Winters (1992)
b Collins und Rodrik (1991)
c eigene Berechnungen auf Basis von IMF (1996)
d Tschechien und Slowakei
Quelle: Tichy 1996; eigene Berechnungen

Prognosen verschiedener Gravitationsmodelle für das zukünftige Wachstum des Außenhandels der MOE-Länder mit der EU kommen zu keinem einheitlichen Ergebnis. Für die Periode von 1996 bis 2000 liegt das geschätzte Exportwachstum im optimistischen Szenario zwischen 7,5 und 10 vH p.a. (Importe: 10 bis 13 vH), im pessimistischen zwischen 2 und 3 vH (2,3 bis 6 vH).[86]

Die tatsächliche Entwicklung wird unter anderem davon abhängen, in welchem Ausmaß Kapital in den exportfähigen Sektor und in standortverbessernde Infrastrukturinvestitionen fließt. Vor allem aber ist von Bedeutung, ob zwischen den MOE-Ländern sowie zwischen Ost und West tarifäre und administrative Beschränkungen weitgehend abgebaut werden. Dies wäre beispielsweise bei einem Beitritt zur EU der Fall. Bei erfolgreicher Entwicklungsstrategie und offenen Märkten werden sich die Handelsintensitäten der mittel- und osteuropäischen Länder längerfristig denjenigen entwickelter westlicher Länder annähern. Belgien/Luxemburg, die zusammen in etwa die gleiche Bevölkerungszahl wie die Tschechische Republik bzw. Ungarn haben, wiesen bspw. mit ca. 28.000 US-$ im Jahre 1995 einen 9- bzw. 10-fach höheren Außenhandel pro Kopf auf. Erweitert man die Gruppe westlicher Referenzländer um Dänemark, Österreich und die Schweiz, so beträgt der Durchschnittswert knapp 20.000 US-$ pro Kopf und damit das 6- bzw. 7-fache des gegenwärtigen von den MOE-Ländern erreichten Niveaus.

---

86 Vgl. hierzu Sheehy (1994).

Position in der internationalen Arbeitsteilung

Die mittel- und osteuropäischen Länder befinden sich in einer Phase des wirtschaftlichen und institutionellen Übergangs, wobei sich alte und neue Strukturen überlagern:

- Bei den **alten Strukturen** handelt es sich um solche, die im Zuge der Transformation bisher nicht im Sinne *Schumpeter*s "schöpferisch zerstört" wurden.[87] Dies hängt damit zusammen, daß beispielsweise etablierte Unternehmen über Ressourcen verfügen, die aufgrund zögerlicher Privatisierung noch nicht auf neue Anbieter übertragen wurden (z.B. Energiesektor), oder daß für potentielle Konkurrenten Markteintrittsbarrieren aufgrund eines hohen Investitionsbedarfs bestehen (z.B. Stahlproduktion). Gerade in der Anfangsphase unterblieb in zahlreichen Unternehmen ein längerfristig orientiertes wettbewerbsstrategisches Umdenken, da nach dem Verlust angestammter Märkte kurzfristig neue Absatzgebiete erschlossen werden mußten, um die Nachfrage nach westlichen Gütern finanzieren zu können. Diese sogenannten "distress"-Exporte (Tichy 1996) dienten lediglich dazu, vorhandene Produktionskapazitäten auszulasten. Der Markt setzte die Struktur einer **Niedriglohnkonkurrenz** durch. Eine nominale Abwertung der Währung half, über die (Lohn-)Kostenseite international wettbewerbsfähig zu werden. Es kam zu einem Auseinanderfallen von Wechselkurs (WK) und Kaufkraftparität (KKP). In den betrachteten Ländern war dadurch das Einkommen des Faktors Arbeit niedriger als seine Produktivität (Tabelle 3.3.2.3).[88]

- Die neuen Strukturen sind durch einen Neuaufbau humankapitalintensiver Produktionen gekennzeichnet. Die zentraleuropäischen Staaten waren zwar jahrzehntelang von westlicher Technologie abgeschnitten; aufgrund eines hohen formalen Ausbildungsniveaus, gerade im technischen Bereich, liegt jedoch ein hohes Lernpotential vor.[89] Darin unterscheiden sie sich von den südostasiatischen Schwellenländern und

---

[87] Die EBRD (1995) analysiert die Reformfortschritte der einzelnen mittel- und osteuropäischen Länder auf Basis sogenannter Übergangsindikatoren (transition indicators) für vier Schlüsselbereiche der Transformation. Dieses sind im einzelnen die Bereiche "Markt und Handel" (Preisliberalisierung, Wettbewerbspolitik u.a.), "Unternehmen" (Privatisierung, Privates Unternehmertum u.a.), "Finanzielle Institutionen" (Bankreform, Versicherungen u.a.) und "Rechtliche Reformen", die sich auf rechtliche Rahmenbedingungen für Investitionen konzentrieren. Die Aufzählungsreihenfolge der Reformbereiche entspricht in etwa dem steigenden Zeitbedarf bei der Umsetzung der Maßnahmen. Während die Preisliberalisierung in der Regel relativ rasch umsetzbar ist, benötigt man für die übrigen Reformschritte, insbesondere für die wirksame Implementierung rechtlicher Reformen, sehr viel mehr Zeit. Bei der Transformation zeigen sich große interregionale Unterschiede. Während Mitteleuropa und das Baltikum bereits in die Phase der Reformkonsolidierung eintreten, sind viele GUS-Mitgliedsstaaten noch dabei, zu den Standards westlicher Marktwirtschaften aufzuschließen.

[88] In einigen MOE-Ländern (darunter: Polen, Tschechien, Slowakei) war 1996 zum ersten Mal das Reallohnwachstum auf Basis inländischer Produzentenpreise höher als das Produktivitätswachstum. Legt man Konsumentenpreise zugrunde, fällt das Reallohnwachstum bescheidener aus, da die Konsumentenpreise deutlich schneller als die Produzentenpreise stiegen. Vgl. EBRD (1997), S.129 ff. Vgl. hierzu Gabrisch (1995), S. 221; EBRD (1996), S. 16 ff.

[89] Die EBRD (1995, S. 21) untersucht Ausbildungsindikatoren für Grundschul- und weiterführende Ausbildung. Auf Basis dieser Indikatoren können sich die Visegradländer und die baltischen Länder bei der Schulbildung durchaus mit Hocheinkommensländern vergleichen.

den übrigen Entwicklungsländern, die bei ihrer weltwirtschaftlichen Integration dieses Lernpotential durch Humankapitalakkumulation erst aufbauen mußten.

Tabelle 3.3.2.3: BIP pro Kopf, in US-$ und vH

	in jeweiligem WK (US-$) 1995	Wachstum[1] in vH 1991-1995	in KKP (US-$) 1995	Wachstum[1] in vH 1991-1995	Quotient aus KKP und WK 1995
Polen	3.055	11,2	5.400	7,7	1,8
Tschechien	4.814	19,5	9.770	4,2	2,0
Slowakei	3.230	14,2	7.320	6,1	2,3
Ungarn	3.242	2,1	6.410	3,2	2,0
Rumänien	1.573	6,3	4.312	4,5	2,7
Bulgarien	1.538	13,0	4.588	2,0	3,0
Slowenien	9.372	10,3	10.594	5,1	1,1
zum Vergl:. Deutschland	29.626	8,3	20.466	4,8	0,7

1 Jahresdurchschnittliches Wachstum
Quelle: Statistisches Bundesamt (1996); EBRD (1997); eigene Berechnungen

Im Ergebnis gehen die sich abzeichnenden Strukturen über diejenigen von Niedriglohnländern hinaus, mit entsprechenden Konsequenzen für die Position der MOE-Länder in der internationalen Arbeitsteilung. Zwar verschärfen derzeit die mittel- und osteuropäischen Länder den bereits seit Jahren bestehenden Preiswettbewerb durch die Niedriglohnländer in traditionellen Industrien (siehe unten). Längerfristig ist jedoch - ähnlich wie bei den Schwellenländern - zu erwarten, daß der Wettbewerb auch bei höherwertigen Gütern zunimmt, worauf in der sektoralen Analyse näher eingegangen wird.

3.3.2.2 Die Westintegration der Reformländer: Deutschland im internationalen Vergleich

Im Zentrum der Internationalisierung der mittel- und osteuropäischen Länder steht bisher Westeuropa und hier insbesondere Deutschland, gefolgt von Österreich und Italien. Auf Deutschland entfallen inzwischen über 40 vH des EU-Handels mit Mittelosteuropa. Beim EU-Handel mit den Visegrad-Ländern sind dies teilweise über 50 vH (Tabelle 3.3.2.4).

Durch die Ostöffnung sind für alle EU-Mitgliedsländer nicht nur neue Beschaffungs-, sondern auch neue Absatzmärkte entstanden. Der EU-Vergleich der regionalisierten

Tabelle 3.3.2.4: Handel der MOE-Länder mit der EU (1991 und 1995)

	Jahr	EU (15) Mio. US-$	Anteile einzelner EU-Mitgliedsländer [a] in vH							
			D	F	GB	I	NL	Ö	SP	Sonst.
Exporte										
CSFR [b]	1991	5360	51	5	4	9	6	12	1	12
	1995	13942	58	5	4	9	4	11	1	8
Polen	1991	10299	43	5	10	6	8	7	1	20
	1995	16247	54	5	6	7	8	3	2	15
Ungarn	1991	6154	45	5	3	13	3	18	3	10
	1995	8256	45	6	5	13	5	16	1	9
Bulgarien	1991	935	31	10	6	16	4	5	2	26
	1995	2124	24	8	8	22	5	3	6	24
Rumänien	1991	1644	28	10	10	16	14	6	3	13
	1995	4065	33	10	6	29	6	3	2	11
Rußland [c]	1995	29793	20	5	10	11	11	3	1	39
Importe										
CSFR [b]	1991	4479	45	5	5	7	4	18	1	15
	1995	18485	52	7	5	10	4	11	2	9
Polen	1991	10738	42	6	6	7	8	10	1	20
	1995	19286	40	7	8	13	7	4	2	19
Ungarn	1991	6282	39	5	4	13	5	18	1	15
	1995	10097	36	6	5	12	5	16	2	18
Bulgarien	1991	1553	34	14	5	17	3	8	1	18
	1995	3126	33	6	6	15	4	5	1	30
Rumänien	1991	1761	30	10	9	13	5	11	2	20
	1995	4414	33	10	6	26	5	6	2	12
Rußland [c]	1995	17628	37	6	6	11	9	6	1	24

a Bei den Abkürzungen steht D für Deutschland, F für Frankreich, GB für Großbritannien, I für Italien, NL für die Niederlande, Ö für Österreich und SP für Spanien.
b Einzelangaben der Tschechischen und der Slowakischen Republik für 1995 zusammengeführt.
c Für Rußland waren für das Jahr 1991 die Werte nicht getrennt ausgewiesen.
Quelle: IMF (1996); eigene Berechnungen

Handelsquoten verdeutlicht dies für das Verarbeitende Gewerbe (Schaubild 3.3.2.1).[90] Für die untersuchten EU-Partnerländer (bis auf das Vereinigte Königreich) und die EU insgesamt sind die Exporte in die Visegrad-Länder jeweils höher als die Importe von dort.

---

90 Die Handelswerte wurden um den statistisch ausgewiesenen Passiven Lohnveredelungsverkehr bereinigt, um nur die für die MOE-Märkte bestimmten Lieferungen zu erfassen. Passive Lohnveredelung ist eine vertraglich vereinbarte Fremdfertigung, bei welcher der Auftraggeber in der Regel den Transfer von Kapital, Technologie und Management stark begrenzt. Veredelte Produkte kennzeichnet daher zumeist eine relativ niedrige Technologie und Wertschöpfung. Die große Bedeutung von Passiver Lohnveredelung in Mitteleuropa zeigt das Beispiel Rumänien: Schätzungsweise 70 vH der Produktionskapazitäten in der Bekleidungsindustrie sind durch Lohnaufträge ausgelastet. Auch die ungarische Bekleidungsindustrie lebt noch zu mehr als 50 vH von Lohnaufträgen. Vgl. Handelsblatt vom 14.8.96.

Schaubild 3.3.2.1: Asien-Pazifik [a] und Visegrad-Länder: Handelsquoten [b] für das Verarbeitende Gewerbe im EU-Vergleich, 1994 (in vH)

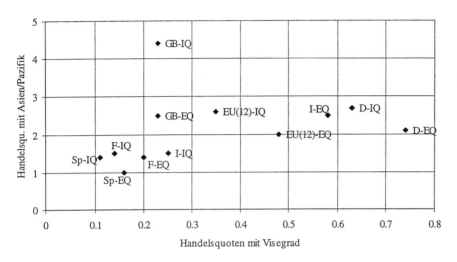

a   Asien-Pazifik: ASEAN, NIES und China
b   EQ (IQ) steht für Export-(Import-)Quote, berechnet als Export (Import) in vH der Inlandsproduktion
Quelle: Eurostat (a); eigene Berechnungen

Das Schaubild verdeutlicht aber auch das bisher noch geringe Niveau des Außenhandels. Er beläuft sich durchweg auf weniger als 1 vH der Industrieproduktion. Für das Verarbeitende Gewerbe ist die Bedeutung Mittelosteuropas noch deutlich geringer als die der asiatisch-pazifischen Länder. Anders als gegenüber dem asiatisch-pazifischen Raum weisen die EU-Länder gegenüber den Visegrad-Ländern Exportüberschüsse auf.

Das regionale Handelsmuster Deutschlands hat sich mit zunehmender Ost-West-Integration schon deutlich in Richtung MOE-Länder verschoben (Tabelle 3.3.2.5). Die mittel- und osteuropäischen Länder gewannen als Absatz- und als Beschaffungsregion, wobei die Visegrad-Staaten mit rund 20 vH die höchsten jahresdurchschnittlichen Steigerungsraten im Handel aufwiesen. Sie stellen nur etwa ein Drittel der Gesamtbevölkerung Mittelosteuropas, kommen aber für über 60 vH des deutschen Handels mit dieser Region auf. Da der gesamte deutsche Handel im Jahresdurchschnitt nominal nur um 1 vH gestiegen ist, kann die intensivierte Ost-West-Integration den Handel nicht wesentlich ausgeweitet haben. Es kam vielmehr zu einer **partiellen Umlenkung der Handelsströme zu Lasten der EU-Partnerländer**[91], da sich die traditionell intensiven Han-

---

91 Dies bestätigt Möbius (1995) für die Handelsströme im Rahmen der Passiven Lohnveredelung. Bei Textilien verlagern deutsche Unternehmen zu Lasten der Veredelung in anderen Industrieländern wie

Tabelle 3.3.2.5: Regionalstruktur deutscher Ex- und Importe von verarbeiteten Industriegütern, 1991 und 1995

Jahr/Zeitraum	Handelspartner							Welt	nachr.: Welt in Mrd. DM
	EU(12)					MOE-Länder [d]			
	Insges.	Mittelm.[a]	EFTA[b]	USA	DAE[c]	Insges.	Visegr.		
Exporte Struktur[e]									
1991	54,1	6,1	15,4	6,4	4,5	5,6	2,6	100	642
1995	47,9	5,0	14,9	7,7	7,4	7,7	4,9	100	699
Wachstum[f]									
1991-1995	-0,9	-2,7	1,2	7,0	15,8	10,6	19,1	2,2	
Importe Struktur[e]									
1991	54,0	4,1	13,2	7,0	7,5	3,9	2,6	100	561
1995	48,7	4,5	12,9	7,5	9,1	7,8	5,7	100	545
Wachstum[f]									
1991-1995	-3,3	1,6	-1,2	1,3	4,3	17,7	20,3	-0,7	

a Griechenland, Portugal und Spanien
b EFTA: in beiden Jahren Island, Norwegen, Schweden, Finnland, Schweiz und Österreich
c DAE: China, Hongkong, Indonesien, Malaysia, Philippinen, Singapur, Südkorea, Taiwan und Thailand
d MOE-Länder: Visegrad-Staaten (Polen, Slowakei, Tschechische Republik, Ungarn), Rumänien, Bulgarien, Albanien, Estland, Lettland, Litauen und die ehemalige Sowjetunion
e Anteil der Handelspartner an den deutschen Exporten in die Welt bzw. an den Importen aus der Welt
f Jahresdurchschnittliches Wachstum der Ex- bzw. Importwerte
Quelle: Statistisches Bundesamt (b); eigene Berechnungen

delsbeziehungen der MOE-Länder mit Westeuropa (Tabelle 3.3.2.2) stark auf Deutschland konzentrierten. Damit erfolgte die bereits oben angesprochene Annäherung an frühere Strukturen, ohne daß diese aber schon erreicht sind. Bereits 1928 gingen 25 vH der Exporte der heutigen Visegrad-Staaten, Bulgariens und Rumäniens nach Deutschland, während dies 1989 nur 8 vH waren (1994: 30 vH).[92] Der Handel mit den EU-Mitgliedsländern ist zwischen 1991 und 1995 (und das heißt vor allem 1993) um knapp 2 vH p.a. zurückgegangen[93], während der Warenaustausch mit den sonstigen Industrieländern (inkl. USA und Japan) bei nahezu unverändertem Anteil von knapp 30 vH um 1,3 vH p.a. stieg. Die asiatisch-pazifische Region gewann insbesondere als Absatzmarkt, was sich als Folge der jüngsten Abwertungen deutlich ändern dürfte.

Österreich. Bei Bekleidung und anderen Industriegütern wird der passsive Veredelungsverkehr unter anderem von Südeuropa nach Mittelosteuropa umgelenkt.
92 Vgl. hierzu Piazolo (1996), S. 5.
93 Ein Teil des Rückgangs dürfte aufgrund der seit 1993 lückenhaften Erfassung des EU-Intrahandels statistisch bedingt sein.

Deutschland zählt nicht nur als Handelspartner, sondern auch als Investor in Mittelosteuropa zur Spitzengruppe. Die Unterbewertung der Währung hat die mittel- und osteuropäischen Länder nicht nur zu einem günstigen Produktionsstandort für den Export gemacht, sondern auch die Vermögenswerte der lokalen Unternehmen verbilligt. Dadurch entsteht ein **Anreiz für ausländische Direktinvestoren**, neue Absatzmärkte zu erschließen oder durch Produktion in den mittel- und osteuropäischen Ländern gegebene (Lohn-)Kostenvorteile zu nutzen. Tabelle 3.3.2.6 unterschätzt die deutsche Position noch insofern, als Direktinvestitionen, welche deutsche Töchter ausländischer Unternehmen in den MOE-Ländern vornehmen, oft dem Herkunftsland der Muttergesellschaft zugerechnet werden.

Deutsche Investoren haben schnell auf die Öffnung der Reformländer und die Liberalisierung der Investitionsbedingungen reagiert. Ende 1995 lag der Bestand der gesamten Direktinvestitionen bei fast 11 Mrd. DM und die Zahl der bei deutschen Tochter- und Beteiligungsgesellschaften Beschäftigten bei fast 300.000 - dies ist mehr als das Dreifache im Vergleich zu 1991 und das 36-fache im Vergleich zu 1989.[94] Tabelle 3.3.2.7 zeigt die Dynamik der Entwicklung im internationalen Vergleich. Beim Umsatz- und Beschäftigtenwachstum liegt Mittelosteuropa bei weitem an der Spitze. Ein Niveauvergleich zeigt jedoch, daß in den Reformländern 1995 nur gut 70 vH der von deutschen Tochterunternehmen in Asien-Pazifik realisierten Umsatzerlöse (Produktions- und Vertriebsgesellschaften) erzielt wurden.

1995 investierten deutsche Unternehmen mit netto 4,3 Mrd. DM knapp ein Zehntel ihrer gesamten Direktinvestitionen in Mittelosteuropa. 1990 war dies noch weniger als ein Prozent gewesen. Nach Asien waren 1995 mit 3,4 Mrd. DM deutlich weniger deutsche Direktinvestitionen geflossen.[95]

Dennoch bleiben die Direktinvestitionen in den mittel- und osteuropäischen Ländern (nicht nur der deutschen Unternehmen) hinter den anfänglich gehegten Erwartungen in Politik und Wirtschaft zurück. Ist das wirtschaftlich-institutionelle Umfeld im Gastland,

---

94 Zahlreiche kleine Investitionsobjekte fallen allerdings nicht unter die Meldepflicht. Zudem werden viele Engagements - insbesondere in traditionellen Branchen - nicht in Form von Direktinvestitionen getätigt, sondern als Passive Lohnveredelung oder als andere Kooperationsform. Die genannte Beschäftigtenzahl stellt damit nur eine Untergrenze für das Ausmaß der Aktivitäten deutscher Unternehmen in den MOE-Ländern dar.

95 Zu beachten ist jedoch, daß in Asien ein größerer (aber unbekannter) Teil der Direktinvestitionen nicht in der flow-Statistik erscheint, da er nicht durch Kapitaltransfers aus Deutschland finanziert wird.

Tabelle 3.3.2.6: Ausländische Direktinvestitionen in Mittel- und Osteuropa, Kapitalbestände in ausgewählten Ländern 1995

Her-kunfts-länder	Ungarn[a] Mio. US-$	vH	Tschechien Mio. US-$	vH	Slowakei Mio. US-$	vH	Polen[b] Mio. US-$	vH	Bulgarien Mio. US-$	vH	Rumänien Mio. US-$	vH	Gesamt Mio. US-$	vH
Deutschl.	1457	21,9	1740	30,0	128	17,5	683	10,0	204	38,5	145	9,1	4475	19,8
USA	951	14,3	787	13,6	84	11,4	1698	24,9	32	6,1	117	7,4	3741	16,5
Niederl.	747	11,2	787	13,6	47	6,4	408	6,0	32	6,0	117	7,3	2181	9,6
Österr.	1298	19,5	316	5,4	157	21,4	248	3,6	26	4,9	39	2,4	2139	9,4
Frankr.	340	5,1	542	9,3	43	5,9	574	8,4	12	2,2	124	7,8	1666	7,4
Schweiz	259	3,9	821	14,2	8	1,1	196	2,9	42	7,8	k.A.	-	1356	6,0
Italien	305	4,6	k.A.	-	15	2,0	459	6,7	k.A.	-	137	8,6	929	4,1
Großbrit.	295	4,4	k.A.	-	53	7,2	368	5,4	23	4,4	84	5,3	845	3,7
Sonstige	998	15,0	805	13,9	198	27,0	2198	32,2	159	30,0	832	52,1	5306	23,4
Gesamt	6651	100	5797	100	733	100	6832	100	530	100	1595	100	22638	100

a Stand Ende 1994 zuzüglich Neugründungen 1995 (die nur einen geringen Teil der Zuflüsse 1995 ausmachen).
b Polen: Nur die rund 360 größten Investitionen (über 1 Mio. US-$) fanden Berücksichtigung.
Quelle: BMWa (1996), nationale Statistiken der MOE-Länder

Tabelle 3.3.2.7: Umsatzerlöse und Beschäftigte deutscher Tochtergesellschaften in typischen Niedriglohnländern, 1985-1995

Region	Umsatzerlöse Mrd. DM			Beschäftigte in Tsd.		
	1985	1989	1995	1985	1989	1995
(1) Mittelmeerländer[a]	5,3	10,8	20,2	66	84	113
(2) Mittel- und Osteuropa[b]	0,1	0,7	26,4	2	8	289
(3) Asien-Pazifik[c]	11,3	16,9	35,8	108	137	206
(1)-(3) Niedriglohnländer insges.	17,8	30,5	82,4	179	240	588
Welt (exkl. Niedriglohnländer)	546	671	938	1607	1933	2169

a Portugal, Ex-Jugoslawien, Griechenland, Türkei, Zypern, Malta, Marokko, Tunesien
b Polen, Ex-CSSR, Ungarn, Bulgarien, Rumänien, Estland, Lettland, Litauen, ehemalige Sowjetunion
c Südkorea, Taiwan, China, Hongkong, Thailand, Malaysia, Singapur, Indonesien, Indien, Sri Lanka
Quelle: Deutsche Bundesbank (b); eigene Berechnungen

wie im Falle der Transformationsländer, im Umbruch, dann sind wirtschaftliche Aktivitäten mit Risiken behaftet, was Zurückhaltung bei Investoren bedingen kann (Dmochowski 1995, Stankovsky 1996, Inotai 1992). Dementsprechend fließen auch die deutschen Direktinvestitionen überwiegend in Länder wie Ungarn, die Tschechische Republik und Polen, welche Spitzenreiter bei Reformen, wirtschaftlicher Stabilisierung und Entwicklung sind.

3.3.2.3 Strukturelle Auswirkungen für Deutschland: Neue Chancen durch Ost-West-Integration

In der öffentlichen Diskussion der Ost-West-Integration stehen die negativen Beschäftigungseffekte im Vordergrund, die auftreten, wenn die durch Produktionsverlagerung und Importdruck freigesetzten Ressourcen (Arbeitskräfte und Kapital) keine neue Verwendung finden. Dies ist allerdings eine einseitige Betrachtung. Die starke Verflechtung mit den MOE-Ländern stellt auch die Chance zur Erschließung neuer Märkte und zur Nutzung von Spezialisierungsvorteilen bei der Herstellung von Gütern und Diensten dar.[96]

Direktinvestitionen

Im Fall der Direktinvestitionen hängen die unmittelbaren Auswirkungen für das Heimatland zum einen von der Zielsetzung ab (Absatz- versus Beschaffungsorientierung), zum anderen von der Nachfrageentwicklung in den betreffenden Sektoren (wachsender versus stagnierender Markt):

- Je stärker Direktinvestitionen **absatzorientiert** sind, je stärker sie sich also auf den lokalen Markt richten, desto weniger werden sie mit Produktionsverlagerungen in das Gastland verbunden sein.[97] Marktorientierung liegt eindeutig vor, wenn Kapital in die Produktion oder den Vertrieb von Gütern investiert wird, die international gar nicht oder nur zu hohen Kosten handelbar sind (z.B. viele Dienstleistungen und transportkostenintensive Industrieprodukte). Mit zunehmendem Geschäftsvolumen im Zielland kann es jedoch lohnend werden, auch Teile der Wertschöpfungskette, die bisher in Deutschland erbracht wurden (etwa zentrale Dienstleistungen), nach Mittelosteuropa zu verlagern, um Größenvorteile zu realisieren. Auf diese Weise können auch marktorientierte Direktinvestitionen zur Verlagerung von Einkommen und Arbeit aus Deutschland führen (siehe Teil 3.2.3).

- Je stärker Direktinvestitionen **beschaffungsorientiert** sind (bspw. kostenbedingte Auslagerung von Teilprozessen der Produktion), desto größer ist der strukturelle Anpassungsdruck im Herkunftsland. Der Druck wird aber geringer, wenn es sich um eine expandierende Branche handelt. Er verringert sich weiter, wenn durch die zunächst rein kostenorientierte Direktinvestition auch neue Märkte im Anlageland erschlossen werden können, und wenn die kostengünstigere Beschaffung Wettbewerbsvorteile für die Inlandsproduktion mit sich bringt.

---

96 Eine gesamtwirtschaftliche Betrachtung müßte dabei neben den importbedingten Kostenvorteilen für heimische Unternehmen auch mögliche Nutzengewinne für die Konsumenten berücksichtigen. Darauf wird im Rahmen dieser Untersuchung nicht näher eingegangen.
97 Vgl. hierzu Stankovsky (1996).

Bisher konnte davon ausgegangen werden, daß der **strukturelle Anpassungsdruck**, der **aus den Direktinvestitionen in Mittelosteuropa** resultiert, **noch verhältnismäßig gering** ist. Dies ergibt sich zum einen aus dem noch begrenzten Gewicht "deutscher" Produktion in den MOE-Ländern. Nur in der Gummiverarbeitung erreichte sie 1994, dem letzten Jahr, für das hinreichende Informationen vorliegen, über 3 vH der deutschen Inlandsproduktion (s. Tab. 3.1.6). Zum anderen läßt es sich aus Motivbefragungen ableiten.[98] Danach sind Direktinvestitionen vorwiegend absatzorientiert, Niedrigkostenproduktion wird als Motiv erst an zweiter Stelle genannt. Diese Ergebnisse entsprechen im wesentlichen denen anderer internationaler Erhebungen. Oft engagieren sich ausländische Investoren auch in den Reformländern, um Handelsschranken zu überwinden oder unter der Bedingung, daß Importschutz gewährt wird (EBRD 1994, Stankovsky 1995; UNCTAD 1997). Die EBRD fand hier einen deutlichen Zusammenhang zwischen der Intensität von Direktinvestitionen und dem Protektionsgrad. Stankovsky (1995) schätzt, daß 1994 im Durchschnitt etwa 30 vH aller Direktinvestitionen in den mittel- und osteuropäischen Ländern in Dienstleistungssektoren flossen, insbesondere in Handel, Bau, Immobilien und Hotelgewerbe.

Neue Entwicklungen könnten eine Änderung dieser Einschätzung bewirken: Ausländische Unternehmen nutzen zunehmend die im Osten gegebenen Standortvorteile und treten im Exportgeschäft der Gastländer in Erscheinung (UNCTAD 1995). So stellen beispielsweise in Ungarn ausländische Unternehmen über die Hälfte der Ausfuhren an verarbeiteten Gütern (Hunya 1995). Allerdings bedeutet eine stärker exportorientierte Auslandsproduktion nicht zwangsläufig den Export von Arbeitsplätzen. Durch Aufspaltung und Auslagerung einfacher Teilprozesse - wie im Rahmen der Passiven Lohnveredelung - können in Deutschland Kostenvorteile realisiert werden, so daß die Wettbewerbsfähigkeit der Investoren steigt. Zudem sind kostenorientierte Direktinvestitionen nicht isoliert zu sehen. Sie müssen nicht mit dem Abbau absatzorientierter Investitionen einhergehen und können sogar den Markt für neue Exportprodukte öffnen. Schließlich dominieren bei den deutschen Direktinvestitionen bislang jene Branchen, die wie die Chemische Industrie oder der Kraftfahrzeugbau international relativ wettbewerbsfähig sind. Hier kann die Optimierung im Rahmen internationaler Produktionsnetzwerke helfen, die vorhandenen Ressourcen in solche Bereiche zu lenken, in denen komparative Vorteile bestehen.

---

98 Vgl. z.B. Verband der Bayerischen Metall- und Elektroindustrie (1995), Stankovsky (1995a) sowie Lankes und Venables (1996).

Spezialisierung im Außenhandel

Die Auswirkungen der intensivierten Ost-West-Verflechtung - ob durch Direktinvestitionen, Allianzen oder Transaktionen zwischen unverbundenen Dritten - auf die deutsche Wirtschaftsstruktur sind vor allem die Folgen einer veränderten Spezialisierung, die sich in den Handelsströmen niederschlägt.[99] Im folgenden wird dies für die Verflechtung zwischen Deutschland und den Visegrad-Ländern untersucht.

Von Interesse sind zum einen Veränderungen, die sich mit der "Normalisierung" der zuvor politisch behinderten Handelsbeziehungen einstellen. Die wechselseitige Öffnung führt dazu, daß beide Seiten ihre komparativen Vorteile intensiver nutzen können. Für Deutschland wären demzufolge zusätzliche Exportchancen bei technologisch fortschrittlichen bzw. relativ humankapitalintensiven Gütern zu erwarten. Traditionelle bzw. relativ arbeits-, rohstoff- und realkapitalintensive Güter dürften dagegen vermehrt aus den Visegrad-Ländern importiert werden. Dies gilt allerdings nur insoweit, als sich die mittel- und osteuropäischen Lieferanten gegen die traditionellen Lieferanten aus kostengünstigen Ländern durchsetzen können, denn die Anpassung an Billigkonkurrenz ist in Deutschland bereits seit langem im Gange.

Zum anderen sind Verschiebungen im Spezialisierungsmuster von Interesse, die sich im Zuge technologischen Aufholens ergeben. Dabei wird von der Modellvorstellung ausgegangen, daß sich die am Außenhandel beteiligten Länder (hier also Deutschland und die MOE-Länder) hinsichtlich ihres technologischen Niveaus und damit auch hinsichtlich der Produktivität und der Lohnsätze voneinander unterscheiden. Ordnet man alle Güter nach der relativen Arbeitsproduktivität in einem Kontinuum an, so produziert jedes Land diejenigen Güter, bei denen im Vergleich zum Ausland die relative Arbeitsproduktivität höher als der relative Lohn ist.[100] Komparative Vorteile dürften für die MOE-Länder bei der Produktion relativ arbeits- und rohstoffintensiver Güter bestehen, während der Produktivitätsvorsprung für Deutschland, wie auch für die anderen westlichen Industrieländer, bei den relativ humankapitalintensiven Gütern am größten ausfallen müßte. Holen die MOE-Länder technologisch auf und wächst der Lohnsatz nicht stärker als die Produktivitätsverbesserung, werden bei den sogenannten "Übergangsgütern" Produktionsverlagerungen von Deutschland in die MOE-Länder vorteilhaft. Bei diesen Produkten können deutsche Produzenten vom Markt verdrängt werden. Einen

---

99 Als Indikator für komparative Vorteile deutscher Standorte werden RCA-Werte (revealed comparative advantage) herangezogen, berechnet als Export-Import-Relation einer Branche im Verhältnis zur Export-Import-Relation des gesamten Verarbeitenden Gewerbes. Je weiter der RCA-Wert über (unter) eins liegt, desto stärker ist der relative Spezialisierungsvorteil(-nachteil) einer Branche.

100 Der Grundgedanke eines solchen Kontinuums läßt sich auf Dornbusch/Fischer/Samuelson (1977) zurückführen. Zur Verknüpfung von Prozeß- und Produkttechnologie vgl. Cimoli/Soete (1992).

"Ausgleich" für die verlorenen Produktionen können deutsche Unternehmen durch Innovation und Produktdifferenzierung in höherwertigen Bereichen (auch traditionellen Branchen) finden.

All diese Entwicklungen überlagern sich in der Praxis. So könnte die Produktion von relativ arbeitsintensiven Gütern auf die MOE-Länder übergehen, soweit im Zuge der "Normalisierung" der Handelsbeziehungen komparative Kostenvorteile an Bedeutung gewinnen. Gleichzeitig wird das Potential der Übergangsgüter aber dadurch geschmälert, daß in der fortgeschrittenen Anpassung an Niedriglohnkonkurrenz deutsche Unternehmen bereits Nischen besetzt haben. Auch in den traditionellen Sektoren gibt es daher Teilbereiche, in denen die deutschen Unternehmen mit moderner Technik sowie überlegenem Design und Marketing ihre Position halten oder sogar ausbauen können. Ebenso wird es durch moderne Informationstechnologie zunehmend möglich, die Produktion auch in humankapitalintensiven Branchen so aufzuspalten, daß relativ einfache Teilprozesse in den lohnkostengünstigen MOE-Ländern durchgeführt werden können. Hier können Direktinvestitionen eine wichtige Rolle spielen, da sich die Transaktionskosten vertikaler Leistungsverflechtung unternehmensintern am ehesten minimieren lassen.

Insgesamt ist somit kaum davon auszugehen, daß die Verlagerung von Produktionen in die Visegradländer die sektorale Außenhandelsstruktur prägt. Die strukturellen Auswirkungen der Ost-West-Integration werden im folgenden mit Hilfe des RCA-Indikators näherungsweise erfaßt. Von besonderem Interesse ist dabei die Frage, inwieweit die Verflechtung mit den Visegrad-Ländern nicht nur bestehende außenhandelsbedingte Struktureinflüsse verstärkt, sondern auch neue Akzente setzt. Die **sektorale Außenhandelsspezialisierung** gegenüber den Visegrad-Staaten (1995) entspricht in etwa der im gesamten deutschen Außenhandel geltenden Struktur, in vielen Fällen zeigen sich aber deutliche Abweichungen. In Tabelle 3.3.2.8 werden die Branchen in vier Feldern zusammengefaßt:

- **Feld A** enthält jene Branchen, deren Wettbewerbsfähigkeit relativ zur Welt und zu den Visegrad-Staaten schwach ist. Diese Sektoren kennzeichnet überwiegend eine niedrige Produktivität und Technologieintensität. Etwa die Hälfte von ihnen (z.B. Bekleidungsindustrie, Ledergewerbe, Holzbearbeitung) steht zudem unter einem starken Importdruck bei relativ niedriger Exportquote. Hier besteht ein größer gewordenes Potential für Verdrängungswettbewerb mit entsprechendem Abbau von Arbeitsplätzen. Die mittel- und osteuropäischen Länder verstärken insoweit die bestehende Niedriglohnkonkurrenz. Produktionsverlagerungen sind auch bei der Holzbearbeitung und den arbeitsintensiven Branchen Gießereien/NE-Metalle und Feinkeramik/Glas zu erwarten, da der hohe Energiebedarf aufgrund von niedrigen Umweltstandards in den MOE-Ländern relativ billig gedeckt werden kann.

- In **Feld B** finden sich zum Großteil metallherstellende und -verarbeitende Produktionen. Hier haben die entsprechenden deutschen Branchen relativ zur Welt (noch) einen komparativen Wettbewerbsvorteil, nicht jedoch gegenüber den Visegrad-Ländern, die jahrzehntelang auf die Förderung dieser Industrien ausgerichtet waren. Hier dürften auch die obengenannten "distress Exporte" der MOE-Länder eine Rolle spielen, die allerdings keinen nachhaltigen Umschwung im gesamten Außenhandel der Branchen bewirkt haben.

- Die Branchen in **Feld C** sind sowohl gegenüber der Welt als auch den Visegrad-Ländern relativ wettbewerbsfähig. Sie konnten im vergangenen Jahrzehnt die Beschäftigung in Deutschland ausweiten. Zu den begünstigten Branchen zählen vor allem Industriezweige, die wie die Chemische Industrie oder die Elektrotechnik relativ forschungsintensiv sind oder einen hohen Anteil an Ingenieurleistung (Maschinen- und Fahrzeugbau) aufweisen.[101]

- Die in **Feld D** enthaltenen Branchen sind durch eine relativ schwache Wettbewerbsposition gegenüber der Welt, aber durch Spezialisierungsvorteile gegenüber den Visegrad-Ländern gekennzeichnet. Hier kann der Modernisierungs- und Konsumbedarf in Zentraleuropa helfen, strukturelle Anpassungsprozesse in Deutschland hinauszuzögern bzw. über einen längeren Zeitraum zu verteilen. Auch die kapitalintensive Textilindustrie, die durch Rationalisierung und technischen Fortschritt robuster gegenüber Billiglohnkonkurrenz geworden ist, profitiert von der Ost-West-Integration.[102]

Die Spezialisierungsvorteile der Visegrad-Länder liegen bisher insbesondere bei Produkten, deren Herstellung wenig FuE-intensiv ist und die eine niedrige Arbeitsproduktivität kennzeichnet. Die deutsche Wirtschaft weist dagegen in den eher überdurchschnittlich produktiven und technologieintensiven Sektoren hohe Exportüberschüsse auf. Diese Struktur entspricht den eingangs geäußerten Erwartungen, die man an eine wechselseitige Öffnung unterschiedlich entwickelter Länder haben kann.

---

101 In den Sektoren Papier-/Pappeverarbeitung und Druck/Vervielfältigung, die auch in Feld C einzuordnen sind, spielt die Handelsverflechtung noch eine zu geringe Rolle, als daß man die Werte sinnvoll interpretieren könnte.

102 Bei der Textilindustrie ist allerdings zu berücksichtigen, daß ein beachtlicher Teil der Exporte im Rahmen Passiver Lohnveredelung erfolgt, und als Bekleidungsimporte nach Deutschland zurückkommt. Zur Bedeutung der Passiven Lohnveredelung für die Textil- und Bekleidungsindustrie siehe Möbius (1995). Die Möglichkeit, generell Kostenvorteile durch den Import billigerer Vorprodukte zu realisieren oder transportempfindliche Garne "vor der eigenen Haustür" fertigen zu lassen (Handelsblatt, 2./3.8.96), hat neue Überlebenschancen aufgezeigt.

Tabelle 3.3.2.8: Charakterisierung der nach RCA-Werten gruppierten Branchen

Sektor des Verarb. Gew.	Indikatoren [a]								Anteil Erw.-tätige
	Inputorientiert				Marktorientiert		Outputorientiert		
	FuE-Intens.	Arbeits-intens.	Kapital-intens.	Energie-intens.	Export-quote	Import-quote	Arb.-produk-tivität	Erw.-tät.-wachst.	
A) Relative Spezialisierungnachteile gegenüber Visegrad und Welt									
Bekleidungsg.	+	+	+	+	++	+++	+	-3,7	2,2
Musikinstr.,Sp.	+	+	+	++	+++	+++	+	-1,3	0,8
Ledergewerbe	+	+	+	++	++	+++	+	-5,9	0,7
Holzverarb.	+	++	+	++	+	+	+	0,0	4,3
Nahr.,Getr.,Ta.	+	+	+++	++	+	+	+	-2,1	9,8
Holzbearbeit.	+	+	+++	+++	+	+++	+	-1,3	0,6
GuV.v. Steinen	+	+	+++	+++	+	+	++	-0,7	2,3
Mineralölver.	+	+	+++	+++			+	-3,9	0,3
Gieß.,NE-Met.	+	+++	+++	+++	++	+++	++	-1,3	1,8
Feinker.,Glas	++	+++	+	+++	++	+++	+	-1,0	1,4
Gummiverarb.	++	++	++	+++	++	+++	++	-0,7	1,2
Eisensch.Ind.	++	++	+++	+++	+++	+++	++	-4,9	1,9
B) Relative Spezialisierungsnachteile gegenüber Visegrad und -vorteile gegenüber Welt									
Stahl,LMB	++	++	+	+	+	+	++	0,9	2,3
EBM-Waren	++	++	+	++	+	++	++	2,1	4,4
Zieh.,Kaltwalz.	++	++	+	+++	+	+	+	0,8	3,4
Schiffbau	++	++	++	++	+++	+	++	-5,2	0,4
C) Relative Spezialisierungsvorteile gegenüber Visegrad und Welt									
Papier-,Pappev.	+	+	++	++	+	+	+	0,8	1,6
Maschinenbau	++	+++	+	+	+++	+	++	0,3	13,2
Kunststoffind.	++	++	++	+++	+	++	++	3,6	3,8
Elektrotechnik	+++	+++	++	+	++	++	+++	1,0	13,6
Straßenfahrz.	+++	+	+++	++	++	++	+++	0,4	11,8
Chemische Ind.	+++	++	+++	+++	+++	+++	+++	0,1	7,3
D) Relative Spezialisierungsvorteile gegenüber Visegrad und -nachteile gegenüber Welt									
Zellst.H.P.P.	+	+	+++	+++	+++	+++	++	-0,4	0,6
Textilgewerbe	+	+	+++	+++	+++	+++	+	-3,6	2,3
Feinmech.,Opt.	++	+++	+	++	+++	+++	++	0,9	2,8
Bürom.,ADV	+++	++	+++	++	+++	+++	+++	0,8	1,0

a Einteilung der Indikatoren in hoch (+++) / mittel (++) / niedrig (+) jeweils in Relation zum Verarbeitenden Gewerbe (1993); der mittlere Bereich liegt etwa zwischen 33 v H und 66 vH. **FuE-Intensität:** FuE-Aufwendungen in vH der Bruttowertschöpfung (1991); **Arbeits-Intensität:** Einkommen aus unselbständiger Arbeit in vH der Wertschöpfung, 1991-1993; **Kapital-Intensität:** Nettoanlagevermögen zu Wiederbeschaffungspreisen pro Erwerbstätigen (in 1000 DM), 1990-1993; **Energieintensität:** Direkte Vorleistungen von Elektrizität, Gas, Kohle, Öl und Gas in vH des Produktionswertes (1990); **Export-** bzw. **Importquote:** Exporte bzw. Importe in vH des Produktionswerts (Durchschnitt 1991-1994); **Arbeitsproduktivität:** (Nettowertschöpfung zu Faktorkosten - Realzins * Nettoanlagevermögen zu Wiederbeschaffungspreisen) / Arbeitsvolumen der Erwerbstätigen, Durchschnitt der Jahre 1982-1992, Realzins = 0,05; **Erwerbstätige:** Entwicklung 1983 - 1993.

Quelle: Statistisches Bundesamt, eigene Berechnungen

Betrachtet man die Wettbewerbsposition deutscher Produzenten allerdings im Zeitverlauf, so sind deutliche Veränderungen erkennbar (Tabelle A 3.3.1.2). Diese werden in

Schaubild 3.3.2.2 für jene Branchen dargestellt, bei denen sich die RCA-Werte um mindestens 0,1 verändert haben [103]:

- In mehreren eher traditionellen Branchen wie Glas und Holzbearbeitung, in denen Deutschland Handelsdefizite mit den Visegrad-Ländern aufweist (Feld A und B), steigen die deutschen Exporte schneller als die Importe.

- In den humankapitalintensiven Branchen Maschinenbau und Elektrotechnik, vor allem aber im Fahrzeugbau, in der Feinmechanik/Optik und der Büromaschinen-/ADV-Industrie bestehen zwar hohe Exportüberschüsse gegenüber den Visegrad-Ländern, die Importe aus dieser Region steigen aber deutlich schneller als die Exporte; die überdurchschnittlichen bilateralen RCA-Werte sind rückläufig. Diese Sektoren sind in den Feldern C und D des Schaubilds angesiedelt.

- Demgegenüber kommt eine Verstärkung bestehender Strukturen (etwa stärkeres Exportwachstum bei humankapitalintensiven Sektoren und stärkeres Importwachstum bei traditionellen Industriezweigen) kaum vor.[104]

Im Ergebnis zeichnet sich eine gewisse **Tendenz zum gleichgewichtigen, intraindustriellen Außenhandel mit den Visegrad-Ländern** ab. Damit vollzieht sich im Außenhandel mit den Visegrad-Ländern eine Entwicklung, die im gesamten deutschen Außenhandel schon weiter fortgeschritten, allerdings in den letzten Jahren nicht mehr vorangekommen ist. Auch diese Tendenz zum intraindustriellen Außenhandel ist durchaus kompatibel mit den eingangs entwickelten Erwartungen. Sie läßt sich zum einen erklären aus dem technologischen Aufholen der Visegrad-Länder und aus den gestiegenen Möglichkeiten zur Aufspaltung und Verlagerung von Produktionsprozessen auch in höherwertigen Branchen, wobei Direktinvestitionen wachsende Bedeutung zukommt. Zum anderen spielen die Neuentwicklung von Wettbewerbsvorteilen in "neuen" und "alten" Industrien eine Rolle. Schließlich ist der oben erwähnte Sachverhalt von Bedeutung, daß in einigen traditionellen Industrien der Druck von Billigproduzenten aus den Visegrad-Ländern (wie auch aus anderen Regionen) schon vor der Öffnung bestanden hat und sich insoweit nicht grundlegend verstärken konnte.

Die Entwicklung in einzelnen Branchen zeigt, daß die Strategien deutscher und anderer westlicher Unternehmen eine bedeutende Rolle bei den aufgezeigten Veränderungen spielen können:

---

103 Die Bewegungspfeile im Schaubild bilden die Entwicklung der relativen Wettbewerbsfähigkeit Deutschlands gegenüber den Visegrad-Ländern und der Welt zwischen 1991 (Pfeilanfang) und 1995 (Pfeilspitze) ab
104 Wichtigste Ausnahme ist die Chemieindustrie, die ihren Exportüberschuß in den letzten Jahren noch vergrößert hat.

Schaubild 3.3.2.2: Die relative Wettbewerbsposition[a] deutscher Branchen[b] gegenüber den Visegrad-Ländern und der Welt, 1991 und 1995

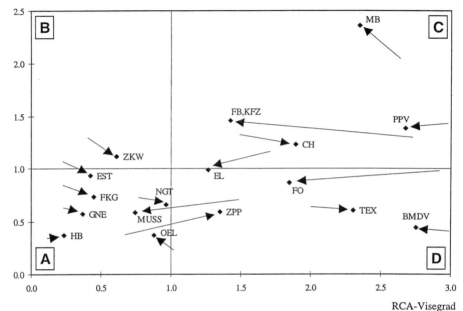

a Die relative Wettbewerbsposition ist definiert als RCA-Wert.
b Aus Gründen der Übersichtlichkeit wurden nur diejenigen Branchen abgebildet, für die gilt: absolute Veränderung > 0,1
Quelle: Statistisches Bundesamt (b); eigene Berechnungen

- Im **Automobilbau** dürfte der festzustellende Importschub (Tab. A3.3.1.2) weitgehend durch die Einbindung der zentraleuropäischen Werke westlicher Investoren in die konzerninterne Arbeitsteilung mit den deutschen Werken entstanden sein. Diese intensivierte Arbeitsteilung sorgte zusammen mit der generellen Marktöffnung auch für erheblich zunehmende Exporte aus Deutschland. Der absolute Exportüberschuß erhöhte sich seit 1990 deutlich auf 1,4 Mrd. DM im Jahre 1995.

- Der überwiegend mittelständisch strukturierte **Maschinenbau** begreift die Reformländer mehr und mehr "als Hongkong vor der Haustür" (Handelsblatt v. 2./3.8.96) und damit als praktikable Möglichkeit für Kosteneinsparungen.[105] Mit verstärkten Zukäufen in Mittelosteuropa reagiert er auf den Preiswettbewerb, der beim Volumengeschäft in den letzten Jahren aufgrund japanischer Konkurrenz stark zugenom-

---

105 Untersuchungen des VDMA in einigen Visegrad-Ländern zufolge können deutsche Maschinenbauer durch "outsourcing" Kosteneinsparungen von bis zu 40 vH gegenüber dem deutschen Niveau realisieren (Handelsblatt v. 26.9.95). Bei einer Umfrage unter 70 mittelständischen Unternehmen aus den Teilbranchen Holzbearbeitungsmaschinen, Druck- und Papiertechnik, Werkzeugmaschinen sowie Productronic gaben fast alle Teilnehmer an, Kostensenkungen beim Endprodukt realisiert zu haben. Über zwei Drittel der Unternehmen bestätigten, daß die Qualität ihrer Maschinen und Anlagen, die Flexibilität und die Lieferzuverlässigkeit nicht gelitten hätten (Blick durch die Wirtschaft v. 8.8.96).

men hat, wie das Importwachstum um 40 vH bei Komponenten (Walzläger etc.) und Teilen (Guß- und Drehteile etc.) auf 1,18 Mrd. DM (1994) zeigt.[106] Dies ist insbesondere bei Serienmaschinen und technisch einfachen Erzeugnissen der Fall. Auch in dieser Branche ist aber trotz höherem Wachstum auf der Importseite der absolute Exportüberschuß bis 1995 kräftig auf über 3 Mrd. DM gestiegen.

- Die **Elektro-/Elektronikindustrie** wird in der sogenannten "Verlagerungsdiskussion" ebenfalls oft als Beispiel genannt. Westliche Firmen spielen eine entscheidende Rolle beim Aufbau wettbewerbsfähiger Fertigungen im Osten.[107] Hier zeigt die Relation von Export- zu Import-unit-values bei Computern und Telekommunikationsgeräten, daß sich die Produktion in den Visegrad-Ländern eher auf qualitativ geringerwertige Segmente konzentriert (vgl. Teil 3.1, Tabelle 3.3.1.3). Deutschland als Hochlohnland ist im wesentlichen auf Produktionen spezialisiert, für die hohe Qualifikation und Erfahrung erforderlich sind und bei denen newcomer häufig vor Marktzutrittsbarrieren stehen. Ist der Herstellungsprozeß technisch weitgehend ausgereift, werden die Produkte in der Regel von Ländern mit niedrigerem Lohnniveau wie den Visegrad-Ländern günstiger hergestellt und von dort bezogen. Es erfolgt somit eine beidseitige Spezialisierung in qualitativ und technologisch unterschiedlichen Segmenten innerhalb einer Branche. Daher ist - bei einem Anstieg des Handels zwischen 1989 (Westdeutschland) und 1995 auf das Sechsfache - die Export/Import Relation zwar deutlich gefallen (von 3,5 auf 1,5), der deutsche Exportüberschuß in absoluten Größen hat sich jedoch auch hier erhöht.

- Selbst in Branchen, welche wie die **holzverarbeitende Industrie** der Billiglohnkonkurrenz besonders stark ausgesetzt sind, können sich deutsche Produzenten auch durch kostenbedingte Produktionsverlagerungen, die ja zunächst zu vermehrten Importen führen, neue Marktchancen erarbeiten. Dies läßt sich am Beispiel des Möbelproduzenten Schieder verdeutlichen. Hier haben zunächst primär kostenorientierte Produktionsverlagerungen vor allem nach Polen die Markterschließung in Mittel/Osteuropa erleichtert. Die Verlagerungen sind Teil eines produktivitätssteigernden Strukturwandels im Inland zugunsten anspruchsvoller Tätigkeiten und Produkte (Teil 3.3.1). Im Ergebnis kam es in den letzten Jahren zu Beschäftigungszuwächsen am

---

106 Die deutsche Einfuhr von kompletten Maschinen erhöhte sich um 20 vH von 0,44 Mrd. DM (1993) auf 0,53 Mrd. DM (1994). Sie ist somit weit weniger bedeutend als der Bezug von Komponenten und Fertigungsteilen aus Osteuropa (Handelsblatt v. 26.9.1995).
107 Sony hat bereits im September 1995 eine Fabrik für Farbfernseher in Polen eröffnet sowie ein Werk für TV-Komponenten in der Slowakei; ein Werk für CD-Spieler, Farbfernseher und Videorecorder in Ungarn ist geplant. Die anderen Produzenten haben ähnliche Pläne. Grundig baut ein Werk in Polen, Thomson besitzt dort seit 1991 eine Fabrik für Bildröhren und TV-Montage, die 5000 Personen beschäftigt. Philips beschäftigt in der russischen Fabrik für TV-Bildröhren in Voronesh bereits 4650 Personen, im ungarischen Werk für kombinierte TV-Videorekorder arbeiten rund 1000 Mitarbeiter und in Polen rund 850 in einer Fabrikation. Besonders Polen wird als Standort für die gesamte Branche attraktiv. Wurden dort 1990 noch 338.000 Farbfernseher produziert, so ist die Zahl bis 1995 auf über eine Million gestiegen. Dies bleibt nicht ohne Rückwirkungen auf die Beschäftigtenzahlen an deutschen Standorten. So streicht Sony bspw. in Fellbach Arbeitsplätze in der Fernsehgerätefertigung, weil die Produktion nach Ungarn und in die Slowakei verlagert wird. Grundig reduziert das Personal im Stammwerk, weil durch die Fertigung in Polen Kosteneinsparungen realisiert werden können (s. Handelsblatt v 25.7.96).

deutschen Standort des Unternehmens, während die Branche insgesamt Arbeitskräfte freisetzte (Burger/Jungnickel1996).

Insgesamt läßt die Handelsverflechtung mit den Visegrad-Ländern somit durchaus Entwicklungen zu mehr Produktionsverlagerungen erkennen. Allerdings geht das außerordentlich hohe Wachstum des Ost-West Handels viel weniger, als es die auf Produktionsverlagerungen konzentrierte öffentliche Diskussion vermittelt, mit sektoralen Umbrüchen einher. Kennzeichnend ist vielmehr das gleichzeitige rasche Wachstum von Ex- und Importen, das in fast allen Sektoren vonstatten geht. Das Gesamtbild wird vom Ausnutzen neuer Marktchancen durch deutsche wie durch ausländische Anbieter geprägt. Angesichts der meist relativ niedrigen Außenhandelssalden[108] sind die Einkommenschancen durch den expandierenden Außenhandel für beide Seiten bisher deutlich höher zu veranschlagen als die Verdrängungsrisiken in einzelnen Sektoren.

3.3.2.4 Ergebnis

- Im Zuge der Öffnung und Transformation sind die mittel- und osteuropäischen Länder (MOE-Länder) ein interessanter Handelspartner und Investitionsstandort geworden. Zwar kommt ihnen im Vergleich zu den asiatisch-pazifischen Entwicklungs- und Schwellenländern noch deutlich geringeres Gewicht in der weltwirtschaftlichen Verflechtung zu; ihr Anteil am Welthandel liegt inzwischen aber höher als vor dem politischen Umbruch, und ihr Gewicht bei den internationalen Direktinvestitionen steigt fortlaufend an.

- Der Außenhandel der MOE-Länder verlagert sich zunehmend auf Westeuropa, wobei Deutschland eine Spitzenposition einnimmt. Deutsche Unternehmen führen ebenfalls die Rangliste der Auslandsinvestoren in den meisten MOE-Ländern an. Aus deutscher Sicht kommt den MOE-Ländern bei Außenhandel und Direktinvestitionen bereits ein ähnlich hohes Gewicht zu wie dem asiatisch-pazifischen Raum (ohne Japan).

- Im Zusammenhang mit der wechselseitigen Öffnung und dem starken Wachstum von Handel und Investitionen werden oft Befürchtungen laut, deutsche Produktion und Arbeitsplätze würden in großem Stil durch östliche Billiganbieter verdrängt. Berücksichtigt man den hohen Bildungsstand und die industrielle Tradition in Mittel/Osteuropa, so läßt sich sogar ein Szenario entwickeln, demzufolge die östlichen Länder auch bei technologisch höherwertigen Produktionen aufholen und deutsche Anbieter verdrängen.

---

108 Nur im Textil- und Bekleidungsgewerbe, wo Textilexport und Bekleidungsimport über die Passive Lohnveredelung in engem sachlichen Zusammenhang stehen (s.o.), gehen die regionalisierten Nettoexport- bzw. -importquoten über 5 vH hinaus.

- Bisher haben sich derartige Erwartungen und Befürchtungen in der Praxis im wesentlichen nicht bestätigt. Der rasch expandierende Außenhandel bewegt sich annähernd im Gleichgewicht. Seine Struktur ist geprägt durch Wettbewerbsvorteile der Visegrad-Länder in den eher traditionellen Branchen, während die Stärken deutscher Anbieter bei forschungs- und humankapitalintensiven Produktionen liegen. Diese Struktur entspricht dem, was bei wechselseitiger Marktöffnung unterschiedlich entwickelter Länder zu erwarten war.

- In der zeitlichen Entwicklung ist eine Tendenz zum intraindustriellen Außenhandel zu erkennen: In mehreren eher traditionellen Branchen, in denen Deutschland Handelsdefizite mit den Visegrad-Ländern aufweist, steigen die deutschen Exporte schneller als die Importe. In den humankapitalintensiven Branchen bestehen zwar hohe Exportüberschüsse gegenüber den Visegrad-Ländern, die Importe aus dieser Region steigen aber deutlich schneller als die Exporte; die hohen bilateralen RCA-Werte sind rückläufig. Eine Verstärkung bestehender Strukturen kommt dagegen kaum vor. Damit vollzieht sich im Außenhandel mit den Visegrad-Ländern eine Entwicklung, die im gesamten deutschen Außenhandel schon weiter fortgeschritten ist. **Nicht Verdrängung, sondern produktivitäts- und einkommenssteigernde Spezialisierung innerhalb der Branchen ist das Hauptergebnis der Ost-West-Integration.**

- Die Angleichungstendenz läßt sich zum einen erklären aus dem technologischen Aufholen der Visegrad-Länder und aus den gestiegenen Möglichkeiten zur Aufspaltung und Verlagerung von Produktionsprozessen auch in höherwertigen Branchen; hier kommt Direktinvestitionen eine wachsende Bedeutung zu. Zum anderen verdeutlicht sie die Fähigkeit deutscher Unternehmen, von deutschen Standorten aus neue Märkte zu erschließen.

- Für die Wirtschaftspolitik ergeben sich aus der festgestellten Tendenz zum intraindustriellen Außenhandel weniger Probleme im Vergleich zu Szenarien, in denen ganze Branchen an die Konkurrenz im Osten verlorengehen. Anpassungsprozesse an den Importdruck verteilen sich breiter über die Branchen und Unternehmen, und sie werden zumindest teilweise kompensiert (oder sogar überkompensiert) durch neue Einkommens- und Beschäftigungsmöglichkeiten für den Export in einem breiten Branchenspektrum. Dennoch hinterläßt der aus der engeren Wirtschaftsverflechtung mit dem Osten resultierende Strukturwandel auch Verlierer ohne alternative Beschäftigungschancen. Hier liegt eine Aufgabe für die Wirtschafts- und Sozialpolitik, die allerdings nicht grundlegend anders zu lösen ist als die Herausforderungen, welche generell aus der Rekordarbeitslosigkeit resultieren. Auf diese Fragen wird deshalb im Teil 5 einzugehen sein.

3.4 "Standort Deutschland" für umweltrelevante Branchen

In der deutschen Standortdiskussion werden oft auch die kostenwirksamen Auflagen als Belastungsfaktoren genannt. In Strukturanalysen verdienen insbesondere solche Belastungen Aufmerksamkeit, die unmittelbar Einfluß auf den Strukturwandel nehmen. Für die Abgaben und Auflagen zur Verbesserung der Umweltqualität ist dies zu vermuten. Sie erhöhen nicht nur das gesamtwirtschaftliche Kostenniveau und beschränken damit die Attraktivität des Standortes und das Wachstums- und Beschäftigungspotential, sondern beeinträchtigen auch unmittelbar die Überlebens- und Entwicklungsaussichten von umweltverbrauchenden Wirtschaftszweigen. Da die Nachfrage nach hohen Umweltstandards mit dem Einkommen zunimmt, besteht in Hochlohnländern das Risiko einer Kumulation von hohen Arbeitskosten und Kosten für den Umweltschutz. Man darf freilich die Bedeutung der immobilen Faktoren Arbeit und Umwelt für die Standortqualität nicht nur an ihren Kosten messen. Ebenso, wie hohe Arbeitskosten auch ein Indikator für eine gute Ausstattung des Standortes mit qualifizierten Arbeitskräften und mit anderen immobilen Produktionsfaktoren sind, können hohe Umweltstandards auch einen Standortvorteil für mobile Arbeitskräfte und für Branchen bilden, die auf eine saubere Umwelt angewiesen sind. Eine effiziente Umweltpolitik kann die Position im internationalen Standortwettbewerb stärken (Porter/van der Linde 1995).

Der Umweltschutz wird allerdings in erster Linie nicht zur Hebung der Standortattraktivität für mobile Produktionsfaktoren, sondern zur Verbesserung der Lebensqualität für die Einwohner des Standortes betrieben. Um den Konflikt zwischen diesen beiden Zielen zu minimieren, ist der Staat gehalten, die gewünschten Umweltstandards mit Instrumenten zu realisieren, die mit niedrigem Aufwand verbunden sind und Anreize zu kostengünstiger Vermeidung von Umweltschäden setzen. Zu vermeiden sind dabei Friktionen eines abrupten Strukturwandels.

In der Standortdiskussion rücken die Unterschiede in den Umweltstandards verschiedener Länder in den Blickpunkt. Von seiten der Wirtschaft, insbesondere der emissionsintensiven Branchen, wird argumentiert, daß ehrgeizige Umweltstandards zur Verlagerung von Produktionsstätten und damit zum Verlust von Einkommen und Beschäftigung führen können. Diese Argumentation ist vor allem gegen eine nationale ökologische Vorreiterrolle gerichtet. So wird explizit oder implizit von Wirtschaftsvertretern gefordert, daß Umweltschutzstandards nur im Gleichschritt mit anderen Ländern erreicht werden sollten. Demgegenüber befürchten Ökologen, daß durch die Verschärfung des Standortwettbewerbs[109] der Umweltschutz auf der Strecke bleibt. Sie können mit Recht darauf hinweisen, daß eine Vereinheitlichung von Umweltschutzstandards auch ökonomisch nicht angebracht ist. Zum einen unterscheiden sich die Präferenzen für die Umweltqualität, zum anderen erfordern Unterschiede in der natürlichen Ausstattung, der Bevölkerungsdichte oder der Wirtschaftsstruktur unterschiedliche Schutzvorschriften zur Realisierung der gleichen Umweltqualität.

Über die Konsequenzen einer Vorreiterrolle läßt sich sinnvoll nur diskutieren, wenn unterschieden wird, ob die Emissionen von Schadstoffen zu lokalen oder zu grenzüberschreitenden Umweltschäden führen. **Die Forderung nach einem ökologischen Gleichschritt oder nach einem international abgestimmten Verhalten macht nur bei grenzüberschreitenden Emissionen Sinn.** Denn in diesem Fall trägt das Vorreiterland zwar die vollen Kosten der Schadstoffminderung, profitiert jedoch nur zu einem Bruchteil von den Vorteilen. Dies macht es für ein einzelnes Land vorteilhaft, eine Trittbrettfahrerposition einzunehmen, mit der Folge, daß auch eine von allen gewünschte Minderung der grenzüberschreitenden Emissionen nicht zustandekommt. Eine umweltpolitische Vorreiterrolle birgt im Falle von grenzüberschreitenden Emissionen auch die Gefahr, daß ein Strukturwandel zu Lasten von emissionsintensiven Branchen induziert wird, der nicht nur ökonomisch, sondern auch ökologisch kontraproduktiv ist: Die Belastung von emissionsintensiven Produktionen kann zur Auslagerung von Produktionsstätten aus dem Vorreiterland in Länder mit geringeren Umweltschutzauflagen führen und dort möglicherweise höhere Emissionen verursachen. Diesen Nachteilen stehen aber möglicherweise Vorsprungsgewinne gegenüber, falls die anderen Länder früher oder später mit ihren Auflagen nachziehen (Gardiner 1994; Ayers 1993). So verfügt die Wirtschaft im Vorreiterland beispielsweise über das Know-how zur Emissionsminderung und kann damit möglicherweise Renten im Außenhandel erzielen. Soweit die Regulierungen Effizienzsteigerungen auslösen, können sie nicht nur gesamtwirtschaftlichen Gewinn bewirken, sondern sogar für die direkt betroffenen Unternehmen zu Wettbewerbsvorteilen führen, wie am Beispiel der US-Metallindustrie gezeigt wurde.[110] Die möglichen Folgen einer Vorreiterrolle im Falle von grenzüberschreitenden Emissionen sollen im folgenden ersten Teil am Beispiel einer Emissions- oder Energiesteuer zur Reduzierung von Kohlendioxid (CO_2) diskutiert werden.

---

109 Zur Problematik eines ruinösen Standortwettbewerbs bei staatlichen Regelungen (Systemwettbewerb) siehe Sinn (1995).
110 Vgl. Barbera/McConnell (1990). Zur generellen Diskussion dieser Aspekte siehe Jaffe et al. (1995), S. 155 ff.

Treten dagegen die Umweltschäden nur in dem Land auf, das auch die Emissionen verursacht, dann besteht kein Zwang zu einem internationalen Gleichschritt. Jedes Land kann für sich entscheiden, welchen Rang der Umweltschutz haben soll und welche Kosten dafür aufgewendet werden sollen. Die Möglichkeit, daß emissionsintensive Wirtschaftszweige abwandern, ist im Falle von regional begrenzten Emissionen für ein Vorreiterland sogar hilfreich. Ohne diese Verlagerung wären die Kosten für die Emissionsminderung in jedem Fall höher. Wenn dennoch vor einer ehrgeizigen Vorreiterrolle gewarnt wird, dann kann damit nur gemeint sein, daß die Verschärfung der Umweltstandards mit Kosten verbunden sind, die die Gesellschaft im Vorreiterland nicht tolerieren will. Zu den Kosten gehören auch die Friktionen, die ein emissionsmindernder Strukturwandel mit sich bringt. Diese Friktionen sind gering, wenn die betreffenden Branchen in dem Vorreiterland ohnehin gefährdet sind. Sie können dagegen hoch sein, wenn es sich um Branchen handelt, die ein hohes Einkommens- und Innovationspotential haben. Die Folgen einer Vorreiterrolle im Falle von regional begrenzten Emissionen werden in dem folgenden zweiten Teil am Beispiel der Chemischen Industrie diskutiert.

3.4.1 Systemwettbewerb bei überregionalen Umweltschäden: Nationaler Alleingang bei Ökosteuern, Selbstverpflichtungen der Industrie oder gezielte Subventionen?

Das Paradebeispiel für Umweltschäden, die überregional auftreten, sind die Emissionen von CO_2, die vor allem bei der Verbrennung fossiler Brennstoffe anfallen. CO_2 Emissionen führen zwar nicht zu unmittelbaren regionalen Schäden, sie können aber unabhängig vom Ort ihrer Entstehung zeitverzögert zu einer weltweiten Klimaerwärmung beitragen. Zwar hat Deutschland als ein entwickeltes Industrieland einen im internationalen Vergleich relativ hohen Pro-Kopf-Verbrauch an fossilen Brennstoffen, es kommt jedoch nur für 5 vH der weltweiten CO_2-Emissionen auf. Eine Vorreiterrolle Deutschlands bei der Verringerung von CO_2-Emissionen kann daher nur dann ökologisch wirksam sein, wenn andere bedeutende CO_2-Emittenten nachziehen. Ein im Anschluß an die Konferenz von Rio de Janeiro eingebrachter Vorschlag zur EU-weiten Einführung einer CO_2-Energiesteuer mit jährlichen Anpassungsschritten (Kommission der EG 1992b), fand bisher jedoch keine Zustimmung. Derzeit liegt ein EU-Vorschlag vor, der den einzelnen Ländern nicht mehr den Anpassungspfad vorschreibt, sondern lediglich die Steuersätze[111] für das Jahr 2000 festlegt und den Ländern überläßt, wie sie dieses Ziel erreichen.

In Deutschland wird - so die erklärte Absicht der Bundesregierung - eine mindestens 25 %ige Senkung der CO_2-Emissionen bis zum Jahre 2005 auch im Alleingang angestrebt.[112] In diesem Fall kann es zu Wettbewerbsnachteilen für energieintensive Branchen in Deutschland kommen: Die Produktionskosten und damit die Preise würden sich tendenziell nur in Deutschland und nicht im Ausland erhöhen, so daß inländische durch ausländische Produktion substituiert werden würde, und das mit dem Risiko einer weltweit höheren Emission.

Im folgenden wird zunächst untersucht, welche Wirkungen von einer Besteuerung der Energie bzw. der CO_2-Emissionen zu erwarten sind.

Auswirkungen einer Energie- oder CO_2-Steuer

Eine CO_2-Steuer aber auch eine umfassendere Energiesteuer soll im Unternehmenssektor einen Strukturwandel auslösen, der zu einer CO_2-ärmeren Produktion führt; im Bereich der privaten Haushalte soll sie Anreize zu einer Einsparung des Verbrauchs an fossilen Brennstoffen setzen (z.B. durch energiesparende Hausfeuerungsanlagen, Einschränkung des Benzinverbrauchs usw.). Unternehmen haben zum einen die Möglichkeit, CO_2-intensive Energieträger durch CO_2-arme oder CO_2-freie Energieträger zu ersetzen.[113] Zum anderen können sie durch technische Verbesserungen ihren spezifischen Energieverbrauch senken, ohne den "Energiemix" zu verändern. Bereits im HWWA-Schwerpunktbericht zum "Zusammenhang zwischen Strukturwandel und Umwelt" (Härtel/Matthies/Mously 1987) wurde festgestellt, daß die damaligen Energieverteuerungen weniger einen sektoralen Strukturwandel als eine Reduzierung des spezifischen Energieverbrauchs innerhalb der Branchen zur Folge hatten.

---

111 Die geplante Steuerbelastung der meisten Branchen entspricht unter Einbeziehung der direkten und indirekten Energiekosten im ersten Jahr der Steuererhebung nur etwa 0,1 vH bis 0,2 vH des Produktionswertes der einzelnen Gütergruppen, so daß es fraglich ist, ob von der Steuer überhaupt eine Wirkung ausgeht. Vgl. Wacker-Theodorakopoulos (1993)
112 Zwar werden in einigen kleineren europäischen Ländern (Skandinavien, Niederlande) bereits Ökosteuern erhoben. Da die wichtigsten Konkurrenzländer dies jedoch nicht tun und die bestehenden Systeme von vielen Ausnahmen gekennzeichnet sind, käme einem deutschen Vorstoß auch jetzt noch Vorreiter-Charakter zu. Zur Bewertung von CO_2-Minderungsstrategien vgl. auch RWI (1996)
113 Hierbei ist allerdings zu beachten, daß auch andere Umweltrisiken berücksichtigt werden müssen. Es scheint in Deutschland politisch nicht durchsetzbar und daher ausgeschlossen, aus Klimagesichtspunkten einseitig die Kernenergie zu fördern.

Die hochsubventionierte Steinkohle und noch stärker die Braunkohle sind mit sehr hohen CO_2-Emissionen verbunden (Tabelle 3.4.2)[114]. Die Wirtschaftspolitik steht damit vor dem Dilemma widersprüchlicher Ziele in der Regional- und Umweltpolitik. Um diesem Dilemma zu entgehen und um aus politischen Gründen den Energieträgermix nicht grundlegend (etwa zugunsten der Kernenergie) zu ändern, wurden in Deutschland nur noch Vorschläge für eine allgemeine Energiesteuer ohne CO_2-Komponente gemacht. Dadurch bleibt aber im Hinblick auf das Ziel, die CO_2-Emissionen zu reduzieren, Substitutionspotential ungenutzt.

Eine Ökosteuer, die den Energieverbrauch und nicht nur den CO_2-Ausstoß belastet, hätte unterschiedliche Konsequenzen für den Strukturwandel je nachdem, ob das Ausland nachzieht oder nicht. Wird im Ausland zunächst keine Ökosteuer eingeführt, so wird die Inlandsnachfrage tendenziell auf ausländische Produkte umgelenkt, und die jeweilige Branche schrumpft in Deutschland. Dies kann zu Einkommensminderungen und erhöhter Arbeitslosigkeit führen, ohne daß die Umweltbelastung sich verringert. Diese Einbußen können insbesondere dann von Bedeutung sein, wenn Hochlohnbranchen betroffen sind. So weisen die Produktionsbereiche Eisen und Stahl, Zellstoff und Holz-

Tabelle 3.4.1: **Branchen mit den höchsten direkten und indirekten Energievorleistungen 1991 (in vH des Produktionswerts)**

	Elektrizität		Kohle		Mineralölerz.		Gas		Insgesamt	
	dir.	dir. und indir.	dir.	dir. und indir.	dir.	dir. und indir.	dir.	dir. und indir.	dir.	dir. und indir.
Eisen und Stahl	9,7	2,6	15,4	4,4	2,6	0,4	5,8	1,1	33,6	8,6
Zellstoff, Holzschliff,etc.	13,5	7,9	4,6	0,9	3,8	1,3	7,5	2,4	29,5	12,5
Bergbauerz.	12,5	6,5	4,2	0,6	2,2	0,2	8,1	2,8	27,1	10,1
NE-Metalle	11,7	4,7	3,4	0,3	2,5	0,3	4,6	0,8	22,4	6,0
Chem. Erz.	6,1	2,7	2,3	0,4	6,9	3,4	6,1	1,3	21,3	7,9
Dienstl. der Eisenbahnen	10,0	8,1	3,1	0,5	4,7	3,3	2,9	0,2	20,7	12,1
Feinkeramische Erz.	6,5	4,7	2,0	0,3	3,6	2,1	8,4	5,9	20,4	13,0
Dienstl. der Schiffahrt	1,0	0,2	0,3	0,0	13,8	7,5	5,1	0,0	20,1	7,6
Wasser	14,6	13,0	3,2	0,0	0,9	0,3	1,1	0,0	19,8	13,2
Glas und Glaswaren	5,8	3,2	1,5	0,0	4,1	2,1	6,5	2,4	18,0	7,8

Quelle: Statistisches Bundesamt (c); eigene Berechnungen.

---

114 Die Verbrennung von Mineralöl ist zwar in Deutschland für den größten Teil der CO_2-Emissionen verantwortlich (40 vH), der Ausstoß pro gewonnener Energieeinheit ist beim Mineralöl aber geringer als bei Stein- und Braunkohle.

Tabelle 3.4.2: Energiebedingte CO_2-Emissionen nach Energieträgern in Deutschland[a] (in Mio. t)

	1985	1990	1991	1992	1993	1994
Steinkohle	224	208	214	197	192	197
Braunkohle	397	345	273	240	217	204
Mineralöl	335	333	355	358	363	359
Naturgas	103	115	123	123	128	130
Sonstige	2	2	2	2	2	2
Insgesamt	1061	1003	967	920	902	892

a 1985, 1990 und 1991 Bundesrepublik Deutschland und DDR zusammen, ab 1992 Gesamtdeutschland
Quelle: Umweltbundesamt Berlin

schliff, Chemie sowie NE-Metalle sowohl hohe Energieintensitäten (direkte und indirekte bezogene Energievorleistungen in vH des Produktionswertes) (vgl. Tabelle 3.4.1) als auch hohe Pro-Kopf-Einkommen auf. Wird dagegen auch im Ausland eine entsprechende Steuer eingeführt, so löst dies, bei weit geringerer Emission, je nach Abgabenhöhe und Preiselastizität der Nachfrage einen erwünschten Strukturwandel der Inlandsproduktion aus.

Der bereits angesprochene Vorschlag der EU-Kommission enthielt eine Mischlösung, bei der jeweils zur Hälfte der Energieverbrauch und die CO_2-Emissionen besteuert würden. Ausgehend von dem EU-Vorschlag, der einen kombinierten Steuersatz von 3 Dollar pro barrel Öläquivalent für das Jahr 1993 vorschlug, ergeben sich für die deutsche Wirtschaft, die in Schaubild 3.4.1 ausgewiesenen sektoralen Belastungen. Die Belastungsunterschiede zwischen CO_2- und Energiesteuer sind bemerkenswert gering, sieht man einmal von den fundamental unterschiedlichen Belastungen bei der Energieerzeugung selbst ab. Die am stärksten belasteten Gruppen von Industriegütern (Eisen/Stahl, Zellstoff-, Holzschliff-, Papier- und Pappeerzeugnisse, NE-Metallerzeugung, NE-Metallhalbzeugwerke, Chemische Industrie) weisen auch überdurchschnittliche Importquoten auf. Sie dürften daher auch besonders großem Wettbewerbsdruck gar nicht oder weniger besteuerter Auslandsprodukte ausgesetzt sein.

Zur **Vermeidung** oder Abmilderung **schädlicher Substitutionseffekte bei einer potentiellen Vorreiterrolle Deutschlands** bieten sich unterschiedliche Möglichkeiten:

- Bei Einführung einer **spezifischen Steuer auf den Endverbrauch der Produkte** entsprechend der direkten und indirekten Energievorleistungen könnten die Exporte freigestellt und die Importe entsprechend belastet werden. Allerdings ist eine genaue Ermittlung des produktspezifischen Energieeinsatzes kaum möglich, und Pauschalsteuersätze für einzelne Produkte können zu Verzerrungen führen. Daher ist dies keine praktikable Lösung. **Eine derartige Steuer könnte nur dort eingesetzt werden, wo Verbraucher selbst CO$_2$ emittieren** (etwa Ölheizung, Autobetrieb).

Schaubild 3.4.1: Belastungsunterschiede in den Branchen bei CO$_2$-Steuern und bei Energiesteuern (in vH des Produktionswertes)

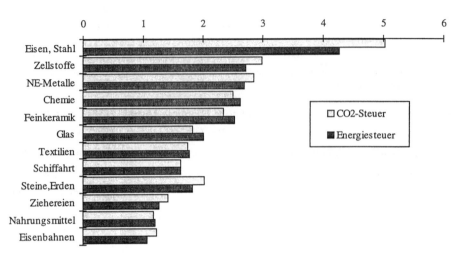

Quelle: Statistisches Bundesamt (c); eigene Berechnungen

- In letzter Zeit wird das Instrument einer **Ökosteuer** verstärkt diskutiert. Fast alle Vorschläge zu diesem Thema laufen auf eine allgemeine Besteuerung der Energie und nicht der CO$_2$-Emissionen hinaus, bei Entlastungen an anderer Stelle, d.h. bei **Aufkommensneutralität**. Das Steueraufkommen soll entsprechend verschiedener Vorschläge (Bach et al. (1997), Wuppertal Institut zum Teil SPD und die Grünen[115]) größtenteils für Senkungen der Einkommen- und Lohnsteuer sowie von Sozialabgaben verwendet werden, um gleichzeitig Anreize zur Ausweitung der Beschäftigung zu setzen. Die so konzipierte Aufkommensneutralität kann aber die Wettbewerbsverzerrungen einer Ökosteuer nur partiell kompensieren.[116] Eine andere Möglichkeit zur Kompensation der zusätzlichen Belastung wäre die Förderung von Forschungs- und Entwicklungsprojekten, die einen CO$_2$-sparenden, bzw. energiesparenden, technischen Fortschritt zum Ziel haben. Auch derartige Maßnahmen ließen sich allerdings nur, unter Inkaufnahme gesamtwirtschaftlicher Ineffizienz, auf diejenigen Unternehmen konzentrieren, die von der Ökosteuer belastet werden (Beispiel: geförderte FuE im Maschinen- und Anlagenbau - Belastung in der Chemie). Benachteiligungen im internationalen Wettbewerb blieben zumindest zeitweise bestehen.

---

115 Vgl. Deutsches Institut für Wirtschaftsforschung (1994 und 1995), Pressemitteilungen der SPD 1.3.1995, 29.5.1995, 22.8.1995, Vorschlag der Bundestagsfraktion Bündnis 90 / Die Grünen 18.5.1995, Wuppertal Institut.
116 Vgl. Ewringmann et al. (1996); das gleiche gilt auch für eine kompensatorische Senkung der Körperschaftsteuer.

Selbstverpflichtung der Industrie zur Senkung der CO_2 Emissionen?

Die deutsche Industrie hat sich vehement gegen die Einführung einer Ökosteuer zur Wehr gesetzt. Offensichtlich schätzt sie die geschilderten Standortnachteile, die mit einer Vorreiterrolle verbunden sein können, hoch ein. Geht man davon aus, daß eine deutsche Ökosteuer den von der EU vorgeschlagenen Steuersatz übernehmen würde, ist dies verwunderlich, weil der Steuersatz so niedrig gewählt wurde, daß weder eine bedeutende ökonomische noch eine ökologische Wirkung zu erwarten ist (Kreienbaum et al. 1993).

Der Bundesverband der Deutschen Industrie (BDI) ist schon kurz vor dem Klimagipfel in Berlin 1995 eine freiwillige Selbstverpflichtung eingegangen. Sie beinhaltet, daß die Unternehmen der angeschlossenen Verbände, die fast 80 vH der industriellen Endenergie verbrauchen, bis zum Jahr 2005 ihre Kohlendioxid-Emissionen bzw. ihren spezifischen Endverbrauch um 20 vH senken. Als Ausgleich für diese Maßnahme sollte der Gesetzgeber zunächst auf Ökosteuern für die Industrie verzichten und, falls es EU-weit zu der geplanten CO_2-/Energiesteuer kommen sollte, die an der Selbstverpflichtung beteiligten Unternehmen davon befreien.

Damit stellt sich die Frage, welche Vorteile eine Selbstverpflichtung der Industrie gegenüber einer Ökosteuer aufweist und ob sich auf diese Weise ein Nachteil im internationalen Wettbewerb vermeiden läßt.[117] Der BDI hat das Verminderungsziel bei den Unternehmen in Hinblick auf das hohe Einsparpotential bei den Privaten Haushalten niedriger gesteckt, als die Bundesregierung zugesagt hat. Ein Strukturwandel zu Lasten energieintensiver Branchen wird durch diese Maßnahme nicht automatisch in Gang gesetzt. Es ist zu vermuten, daß das Verminderungsziel weitgehend im Zuge des "normalen" technischen Fortschritts und durch das ohnehin rückläufige Gewicht der Industrie vor allem in Ostdeutschland (s. Teil 4.1) erreicht werden soll. So gesehen scheint es verfehlt, hier von einer Vorreiterrolle Deutschlands zu sprechen.

Wenn die freiwillige Selbstverpflichtung der Industrie mit keinerlei staatlichen Sanktionen verbunden ist, besteht zudem die Gefahr, daß das ursprüngliche umweltpolitische Ziel gar nicht mehr erreicht wird oder eigenständig nach unten korrigiert wird. Auch wenn die Industrie ihr Image als Garant für die Einhaltung der Selbstverpflichtung nennt, sind für konkrete Einsparmaßnahmen wohl eher drohende staatliche Sanktionen

---

117 Zu einer ausführlichen Bewertung vgl. z.B. ZEW (1996b)

entscheidend. Das "Image-Argument" kann nur in einer kleinen Gruppe Wirkung zeigen oder wenn einzelne, bestimmte Unternehmen betroffen sind, die Einbußen zu befürchten haben. In einer großen Gruppe, wie hier die Gesamtheit der Unternehmen kann es im Sande verlaufen, da die Verpflichtung nicht bei einzelnen Unternehmen eingefordert werden kann.

Fazit

Für den Erfolg einer Ökosteuer ist die zeitliche Dauer einer Vorreiterrolle Deutschlands entscheidend. Ist sie kurz, würden die Vorteile überwiegen. Die deutschen Unternehmen könnten dann Vorsprungsgewinne erzielen, weil sie bereits über mehr Know-how verfügten und über den Lernkurveneffekt zu einer kostengünstigeren Produktion gelangt sein könnten. Sie hätten außerdem mehr Zeit, den notwendigen Strukturwandel zu vollziehen. Dieser Anpassungsprozeß wäre dann für die Existenz der energieintensiven Branchen in Deutschland nicht mehr bedrohlich, weil die Konkurrenten in anderen Ländern eine entsprechende Produktionsverteuerung zu tragen hätten.

Kommt es allerdings zu einem viel späteren Zeitpunkt oder gar nicht zu einem Nachziehen der anderen Industrieländer, dann ist zu befürchten, daß ein Alleingang volkswirtschaftlichen Schaden zur Folge hat, selbst wenn durch Subventionen im Durchschnitt ein Schadensausgleich vorgenommen wird. Zu berücksichtigen ist bei einer Vorreiterstrategie auch die lasche Regulierung in den Entwicklungs- und Schwellenländern und vor allem in den nahegelegenen Transformationsländern, wo der Umweltschutz bisher einen niedrigen Stellenwert einnimmt. Hier besteht die größte Gefahr von Produktionsverlagerungen, die aus deutscher wie aus weltwirtschaftlicher Sicht ineffizient sind, da sie sowohl mit Beschäftigungseinbußen in Deutschland als auch mit weltweit verschlechterter Umweltqualität einhergehen.

Annahmen hinsichtlich des Nachziehens anderer Länder sind naturgemäß unsicher. Die Entwicklung der Umweltgesetzgebung im internationalen Vergleich gibt indessen Anlaß zu einer eher positiven Sicht einer Vorreiterrolle: Jänicke/Weidner (1997 und 1997a) kommen auf der Grundlage einer Analyse der Umwelpolitik und -regulierung in 35 Ländern zu dem Ergebnis, daß die Entwicklung durch rasche Anpassung an die Vorreiter gekennzeichnet ist. "Hier kann von einer globalen Politikkonvergenz gesprochen werden" (Jänicke/Weidner 1997, S. 17).

Wenngleich konvergierende formale Regeln noch mit großen Unterschieden in der praktischen Umsetzung einhergehen, (Jänicke/Weidner 1997a) so zeigen die internationalen Vergleiche doch, daß es bei der Diskussion der Vorreiterrolle weniger um die Frage des "ob" gehen sollte. Wichtiger erscheint, daß Regulierungen effizient konzipiert sind, d.h. auch, daß sie flexibel und kooperativ zwischen den Betroffenen vereinbart sein müssen (Jänicke/Weidner 1997), um sich neuen Entwicklungen anpassen zu können. Im Mittelpunkt muß die Reduzierung der Umweltbelastung stehen und nicht die Erzielung zusätzlicher Staatseinnahmen. Die Vorreiterrolle einiger kleiner Länder (Niederlande, Dänemark, Neuseeland) zeigt, "daß Erfolge im Umweltschutz und auf dem Arbeitsmarkt parallel zu erzielen sind" (Jänicke/Weidner 1997, S. 20).

3.4.2 Systemwettbewerb bei regionalen Umweltschäden: Führen Auflagen und Abgaben in Deutschland zu Standortverlagerungen in das Ausland? Das Beispiel der Chemiebranche

Neben den CO_2-Emissionen, die ein globales Wirkungsspektrum aufweisen und natürlich auch in der Chemiebranche als einer energieintensiven Branche eine Rolle spielen, entstehen in dieser Branche in einem erheblichen Ausmaß Emissionen in Luft, Wasser und Boden, die **regional begrenzt** sind. Tabelle 3.4.3 gibt Auskunft über die Emissionen in die Luft: Sie zeigt, daß die chemische Industrie gemessen an ihrer gesamtwirt-

Tabelle 3.4.3: Direkte Luftemissionen 1991 (in 1000t)

Emission durch ...	Chemieindustrie	Gesamtwirtschaft	Anteil Chemie in vH
Kohlendioxid	28360	961392	2,9
Kohlenmonoxid	32	8919	0,4
Schwefeldioxid	225	4310	5,2
Stickstoffdioxid	94	2978	3,1
Staub	41	1118	3,6
Methan	3	4921	0,1
N_2O	85	184	46,0
NMVOC[b]	58	2134	2,7
nachrichtlich:			
Bruttowertschöpfung[a]	72	2659	2,7

a in Mrd. DM
b Non-methan volatile components
Quelle: Statistisches Bundesamt (j und i)

schaftlichen Bedeutung (BWS) vor allem überproportional viel N_2O, aber auch Schwefeldioxid emittiert.

Angesichts der regionalen Umweltschäden, welche von ihnen ausgehen können, wurde in diesem Bereich ein umweltpolitisches Instrumentarium entwickelt, das im wesentlichen aus ordnungsrechtlichen Maßnahmen in Form von Ge- und Verboten (Auflagen) besteht; darüber hinaus enthält es in bezug auf die Wasserverschmutzung Abgaben, die ebenfalls mit Auflagen verbunden sind. Das bedeutet, daß jede emittierende Anlage, die in der Chemie betrieben wird, eine spezifische Genehmigung benötigt und nur eine bestimmte Menge an Emissionen ausstoßen darf. Außerdem müssen auch neu installierte Herstellungsverfahren einzeln genehmigt werden.

In bezug auf die Umweltauflagen werden nicht nur von den kleinen und mittleren Unternehmen der Branche Bedenken, geäußert. Diese beklagen vor allem, daß sie die Auflagen aufgrund geringer Kapitalausstattung nicht erfüllen können.[118] Weiterhin bestünden durch die strenge Gesetzgebung Marktzutrittsschranken für Neugründungen in Deutschland (Blick durch die Wirtschaft, 28.3.1995). Auch die Großunternehmen stellen die "Überregulierung" als Standortnachteil heraus. Der Verband der Chemischen Industrie spricht von einer Perfektionierung der Restriktionen in Deutschland (Handelsblatt, 12.9.1995). Die Branche beklagt zudem eine zurückhaltende Politik im Bereich der Genehmigungen für gentechnologische Verfahren.

Die Kritik an den strikten Auflagen ist vor dem Hintergrund zu sehen, daß die Chemie einem intensiven internationalen Innovationswettbewerb ausgesetzt ist, wobei die Produktlebenszyklen immer kürzer werden. Es besteht die Gefahr, daß Anbieter aus Ländern mit weniger strikten Umweltstandards neue Verfahren früher anwenden und neue Produkte schneller auf den Markt bringen. Verzögerungen durch den Gesetzgeber bei Genehmigungsverfahren stellen eine zusätzliche Behinderung für die Unternehmen dar.

Somit stellt sich die Frage, ob die umweltpolitischen Standards für die chemische Industrie in Deutschland womöglich mit Produktionsverlagerungen ins Ausland und einer Verschlechterung der internationalen Wettbewerbsfähigkeit einhergehen. Dabei ist die in der politischen Diskussion unterstellte deutsche Vorreiterrolle, insgesamt gesehen, zu relativieren. Die Ausgaben für Umweltschutzauflagen in Relation zum BIP liegen in Deutschland, Aufstellungen der OECD (1993b) zufolge, zwar im Spitzenbereich, aber

---

118 Z.B. werden für einige Produktionsverfahren bis zu neun Umweltbeauftragte benötigt. Vgl. Die Wirtschaft, Berlin 13.7.1995.

nicht fundamental über denen z.B. in Großbritannien, den USA und den Niederlanden; lediglich Frankreich liegt deutlich niedriger.

Produktionsverlagerungen aufgrund von Umweltauflagen könnten sich im regionalen Muster der Direktinvestitionen niederschlagen. Sie müßten sich aber vor allem im Aussenhandel mit solchen Produkten zeigen, deren Herstellung wegen möglicher Umweltschäden besonders strikt reguliert wird. Zu diesen umweltintensiven Produkten der Chemieindustrie zählen insbesondere die Industriechemikalien, dagegen weniger die für den Konsum bestimmten Spezialerzeugnisse (Härtel u.a. 1987).

Auf den ersten Blick mag das im Branchenvergleich besonders hohe Niveau der **Direktinvestitionen in der Chemieindustrie** als Zeichen von massiven Produktionsverlagerungen erscheinen. Die Analyse in den Teilen 3.1 und 3.2.3 läßt indessen Zweifel an dieser Interpretation aufkommen: Zwar sind mangels statistischer Erfassung keine spezifischen Aussagen über die Verlagerung von Produktionen möglich, die besonders intensiven Umweltschutzauflagen unterliegen. Anhaltspunkte ergeben sich aber aus der Struktur der Auslandsproduktion:

- Anders als in den meisten übrigen Branchen geht die expandierende Auslandsproduktion der deutschen Chemieunternehmen in Westeuropa bisher nicht mit verstärkten Importen nach Deutschland einher (vgl. Teil 3.2.3.5).
- Die deutsche Chemieindustrie ist in den MOE-Ländern bisher im Branchenvergleich unterdurchschnittlich mit eigenen Produktionsstätten vertreten (1994: 0,9 vH der gesamten Auslandsproduktion gegenüber 2,9 vH im Durchschnitt des Verarbeitenden Gewerbes).
- Ausländische Investoren sind zwar bei weitem nicht so stark in der deutschen chemischen Industrie vertreten wie die deutsche Chemie im Ausland. Mit einem Produktionsanteil von gut einem Drittel kann man jedoch nicht davon sprechen, daß sie den Standort Deutschland grundsätzlich - möglicherweise wegen Umweltschutzauflagen - meiden.
- Auch internationale Studien, welche der Investitionsverlagerung aufgrund von Umweltauflagen nachgegangen sind, kommen insgesamt zum Ergebnis, daß derartigen Verlagerungen keine wesentliche Bedeutung zukommt (Jaffe et al. 1995).

Im **Außenhandel mit Chemieprodukten** weist Deutschland traditionell Wettbewerbsvorteile auf; dies zeigen die hohen RCA-Werte (Tabelle A3.3.2.2), die allerdings nach der deutschen Einheit zwischen 1991 und 1995 stark rückläufig gewesen sind (von 285 auf 180). Diese Entwicklung läßt sich besser einschätzen, wenn man nach Gütergruppen differenziert und insbesondere die mit strikten Umweltauflagen belegte Herstellung von

Industriechemikalien (SITC 51 und 52) betrachtet: Schaubild 3.4.2 zeigt die RCA-Werte für die genannten Gütergruppen im Vergleich zu den anderen Gütergruppen der Chemie. Die RCA-Werte gegenüber den MOE-Ländern werden gesondert ausgewiesen, da in jenen Ländern noch am ehesten von einer geringen Präferenz für den Umweltschutz ausgegangen werden kann.

Im Schaubild wird gegenüber den MOE-Ländern eine, im Vergleich zur übrigen Chemie, klar unterdurchschnittliche Wettbewerbsposition in den beiden genannten Produktgruppen (vor allem bei anorganischen Erzeugnissen) sowie bei Kunststoffen in Primärform sichtbar. Die deutsche Handelsposition hat sich bei Kunststoffen und organischen Erzeugnissen seit den späten 80er Jahren deutlich verschlechtert. Dies könnte auf schärfere Umweltschutzauflagen in Deutschland zurückzuführen sein und wäre als ökologisch vorteilhaft anzusehen, soweit die Herstellung dieser Produkte nur mit regionalen Umweltschäden verbunden ist. Allerdings hat sich die Wettbewerbsfähigkeit im gesamten Außenhandel dieser Produkte (Schaubild 3.4.2.b) in den letzten Jahren nicht verschlechtert; dies spricht dafür, daß Umweltschutzauflagen entweder nur geringe Bedeu-

Schaubild 3.4.2: **Internationale Wettbewerbsfähigkeit[a] der deutschen Chemieindustrie nach Produktgruppen[b]**

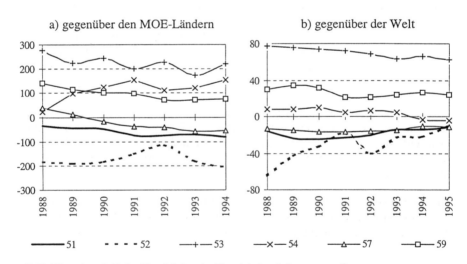

a RCA-Werte innerhalb der Chemieindustrie; Chemieindustrie insgesamt = 0
b 51 Organ. chem. Erzeugn.; 52 Anorgan. chem. Erz.; 53 Farbmittel, Gerbst., Farben; 54 Medizin. und pharmazeut. Erz.; 57 Kunstst. in Primärformen; 59 Chem. Erzeugn. a.n.g.
Quelle: Eurostat (a); eigene Berechnungen

tung für die Außenhandelsposition haben oder daß dies nur bei wenigen Produkten der Fall ist.

Um nähere Hinweise auf die Relevanz von Umweltschutzauflagen und -kosten zu erhalten, wurden Interviews bei den drei großen Chemieunternehmen[119] und bei zwei Chemieverbänden durchgeführt. Sie behandelten die Standortentscheidungen generell. Die Ergebnisse sind in der Übersicht A 3.4.1 im Anhang zusammengefaßt. Sie liefern **wenig Belege für die Verlagerungshypothese**:

- Die **Standortbedingungen** in Deutschland werden von Vertretern der chemischen Industrie **insgesamt noch als gut bezeichnet**. Die MOE- sowie die Schwellenländer holen allerdings rasch auf. Umweltschutzauflagen spielen eher eine untergeordnete Rolle bei Standortentscheidungen, zumal es immer mehr zu einer internationalen Angleichung der Umweltschutzbestimmungen kommt. Investitionen im Ausland genügen weitgehend denselben Umweltschutzanforderungen wie diejenigen im Inland. Allerdings wird die hohe Regulierungsdichte im Inland zunehmend kritisch gesehen. Regulierungshemmnisse waren auch ein wichtiger Grund dafür, daß die Bio- und Gentechnologie in Deutschland im Vergleich zu Japan und den USA im Rückstand ist.

- Die Unternehmen der Chemiebranche geben im allgemeinen zwei Gründe für die Entscheidung für einen Standort an: **Marktnähe und Präsenz an einem Forschungsstandort**. Es ist von großer Bedeutung für die Chemieunternehmen, an den globalen Zentren des technischen und wissenschaftlichen Fortschritts präsent zu sein, um neue Impulse aufnehmen zu können. Ein Beispiel hierfür ist die Abwanderung der Materialforschung nach Japan; dort können die Unternehmen schneller an neuen Entwicklungen der Elektronikindustrie teilhaben.

- Die Gefahr der Abwanderung der Branche insgesamt ist als sehr gering einzuschätzen. Die hohen deutschen **Umweltstandards haben sich bewährt**, sie wurden oft auch im Ausland übernommen, so daß die deutschen Chemieunternehmen Vorsprungsgewinne erzielen können.

- Eine **Produktionsverlagerung aus rein umweltpolitischen Gründen** findet nur dann statt, wenn die Umweltnutzung an einem anderen Ort erheblich kostengünstiger ist, entweder, weil der Faktor Umwelt relativ reichlicher vorhanden ist, oder aber, weil die Bevölkerung bzw. die Regierung dem Gut saubere Umwelt einen geringeren Stellenwert beimißt. Darüber hinaus müssen die Umweltkosten einen beträchtlichen Teil der Investitionssumme ausmachen. Als Schwellenwert wurden hier 10 vH genannt. Kosten für den Umweltschutz fallen bei Standortentscheidungen in aller Regel

---

119 Diese Unternehmen repräsentieren erstens einen gewichtigen Teil der deutschen Chemieindustrie, zweitens sind sie von den Produkten her besonders von Umweltschutzauflagen betroffen, und sie sind, drittens, als "global player" am ehesten in der Lage, im Bedarfsfall Produktionsverlagerungen tatsächlich durchzuführen, sei es durch Direktinvestitionen oder internationale Kooperationen.

weit weniger ins Gewicht als etwa die verfügbare Infrastruktur und die Nähe zu Abnehmern und Zulieferern.

- Von zentraler Bedeutung ist für die Chemiebranche am Standort Deutschland die **Schaffung eines Umfeldes, das Innovationen begünstigt**. Hier hatte Deutschland durch die lange Tradition der chemischen Forschung und Entwicklung klare Startvorteile. Heute werden von den Unternehmen eine zu hohe Regelungsdichte, zu lange Genehmigungsverfahren und zudem noch eine "Innovationsfeindlichkeit" der Bevölkerung beklagt.[120]

Die deutliche Relativierung des Investitions- und Standortfaktors "Umweltschutzauflagen" entspricht weitgehend dem Gesamtergebnis, zu dem Jaffe u.a. (1995, S. 157) nach umfassender Diskussion der (vor allem für die USA vorliegenden) Evidenz kommen: "Overall, there is little evidence to support the hypothesis that environmental regulations have had a large adverse effect on competitiveness, however that elusive term is defined". Für die Umweltpolitik ergibt sich daraus die Schlußfolgerung, daß es nicht darum gehen sollte, den Umweltstandard zu senken, sondern Instrumente zu entwickeln und einzusetzen, die das gleiche hohe Umweltniveau bei niedrigeren Bürokratiekosten gewährleisten, wie z.B. marktwirtschaftliche Umweltinstrumente. Weiterhin sollte die Gesetzgebung eine bessere Planbarkeit für die Unternehmen herstellen, indem eine klare, innovationsfreundliche Linie eingehalten wird, wobei die zügige Bearbeitung von Genehmigungsverfahren und auch bei der Gesetzgebung von herausragender Bedeutung ist.

---

[120] Als Beispiel ist die Gentechnologie zu nennen. Nicht nur ist die Forschung größtenteils in die USA verlagert worden, auch in der Produktion schneiden deutsche Standorte nicht gut ab. Beispielsweise wurde 1992 ein Blutgerinnungsmittel von Hoechst in Frankreich produziert, weil das entsprechende Genehmigungsverfahren in Deutschland zu lange dauerte.

4 Strukturwandel und Strukturprobleme einer reifen Volkswirtschaft

4.1 Entwicklungslinien des Strukturwandels

Im vorangegangenen Kapitel wurde Deutschland als Teil der Weltwirtschaft betrachtet. Strukturwandel und Strukturprobleme wurden gleichsam als außenwirtschaftlich determiniert und als Ergebnis von Standortschwächen angesehen. Das ist eine partielle Sichtweise: Es gibt neben den außenwirtschaftlichen auch binnenwirtschaftliche Determinanten des Strukturwandels, und es gibt Strukturprobleme, die typischerweise in reifen Volkswirtschaften auftreten. Diese binnenwirtschaftlichen Faktoren drohen in einer auf Standortfragen fokussierten Analyse unterzugehen. Sie müssen vor allem dann betrachtet werden, wenn die Vermutung richtig ist, daß sie der gewichtigere Faktor für Strukturwandel und Strukturprobleme sind.

Für die Analyse der strukturellen Entwicklung einer Region hat die Strukturforschung eine Reihe von Indikatoren bereitgestellt. Hierbei handelt es sich um Indikatoren über das Tempo des Strukturwandels und solche, welche die empirisch feststellbaren Strukturveränderungen auf ihre Einflußgrößen zurückführen. Es hat sich als zweckmäßig erwiesen, einerseits außenwirtschaftliche und binnenwirtschaftliche Determinanten und andererseits Nachfrage- und Angebotsfaktoren zu unterscheiden.

4.1.1 Erhöhtes Tempo des Strukturwandels

Das Tempo des sektoralen Strukturwandels ist definiert als die Summe der absoluten Veränderungen aller Branchenanteile bei Bruttowertschöpfung oder Erwerbstätigen. Zur Ausschaltung von zyklischen und sonstigen Schwankungen wurden die Anteilsveränderungen jeweils für zwei fünf Jahre auseinanderliegende Zeitpunkte berechnet.[121] Der Tempowert für das Jahr 1990 spiegelt also die Differenz der Sektorstrukturen der Jahre 1985 und 1990 wider. Zusätzlich wurde eine zweite Meßziffer berechnet, die über einen Zeitraum von fünf Jahren die jährlichen absoluten Veränderungen kumuliert. Dieser Indikator beinhaltet neben der trendmäßigen Entwicklung des Tempos auch die zyklischen und sonstigen Schwankungen, die sich im Zeitverlauf ausgleichen können.

---

121 Dieser schematische Ansatz kann natürlich nicht der unterschiedlichen Länge von Konjunkturzyklen gerecht werden.

Das Tempo des Strukturwandels hat sich zwischen 1988/89 und 1994 klar beschleunigt (vgl. Schaubild 4.1.1.1). Die Beschleunigung fällt in die Zeit des Wiedervereinigungsbooms und der nachfolgenden Rezession der Jahre 1992/93. Es ist zu vermuten, daß sich diese Ereignisse sektoral unterschiedlich stark ausgewirkt haben. Die im Abstand von fünf Jahren gemessenen Veränderungen erreichen im Falle der Bruttowertschöpfung - wie in früheren Jahren - knapp zwei Drittel der über fünf Jahre kumulierten jährlichen Veränderungen. Dies bedeutet, daß sich rund zwei Drittel der Veränderungen bisher als dauerhaft erwiesen haben. Inwieweit sich dies fortschreibt, muß offenbleiben, da die deutsche Wirtschaftsentwicklung derzeit noch von der Bewältigung der Einheit und der Überwindung der Rezession geprägt ist.

Schaubild 4.1.1.1: Tempo des Strukturwandels in der westdeutschen Wirtschaft

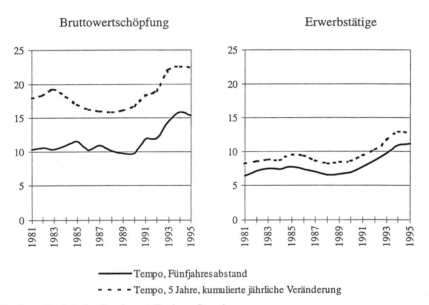

———— Tempo, Fünfjahresabstand

- - - - Tempo, 5 Jahre, kumulierte jährliche Veränderung

Quelle: Statistisches Bundesamt (j); eigene Berechnungen

Das Niveau der Tempo-Indikatoren und der Abstand zwischen der langfristigen und der kumulierten Kurve ist bei den Erwerbstätigen erheblich geringer als bei der Bruttowertschöpfung. Die sektorale Erwerbstätigenstruktur wird also weitaus weniger durch kurzfristige Schwankungen beeinflußt als die Struktur der Bruttowertschöpfung. Die Unternehmen reagieren auf Schwankungen der Nachfrage- oder Angebotsbedingungen in der Regel zunächst mit Anpassungen der Produktion und erst später mit Anpassungen der

Beschäftigung. Bemerkenswert ist, daß dies Muster auch während des durch Einheit und Rezession intensivierten Strukturwandels der bisherigen 90er Jahre Bestand hatte.

4.1.2 Gewinner und Verlierer im Strukturwandel - ein Überblick

Der beschleunigte Strukturwandel in den bisherigen 90er Jahren resultiert, wie aus Schaubild 4.1.2.1 hervorgeht, sowohl aus einer Verstärkung traditioneller Trends als auch aus einem Umschwung bisheriger Entwicklungen, wobei Wertschöpfung und Beschäftigung in den meisten Fällen gleichgerichtet verlaufen.

- **Traditionelle Wachstumsbranchen** im Dienstleistungsbereich haben weiter an Gewicht gewonnen, und zwar sowohl bei der Wertschöpfung als auch bei den Beschäftigten. Die "übrigen Dienstleistungen", auf die sich die unternehmensorientierten Dienstleistungen konzentrieren, stehen dabei an der Spitze zusammen mit dem Versicherungswesen und den Bereichen Bildung, private Haushalte und Organisationen ohne Erwerbscharakter, Gesundheitswesen sowie Verkehr.

- **Traditionelle industrielle Schrumpfungsbranchen**, vor allem im Konsumgütersektor (Lederwaren, Bekleidung, Textilien, Feinkeramik), aber z.B. auch der Kohlenbergbau und die Eisen- und Stahlindustrie haben ebenso wie die schienengebundenen Verkehrsleistungen und der primäre Sektor weiter deutlich an Boden verloren.

Kennzeichnend für die strukturelle Entwicklung nach der Wiedervereinigung ist aber weniger die Fortsetzung bestehender Trends als vielmehr ein **Umschwung bisheriger Entwicklungen**. Auch dies gilt für Wachstums- wie für Schrumpfungsbranchen:

- Der Umschwung betrifft auf der einen Seite jene Sektoren, die traditionell die Träger des industriellen Wachstums waren, d.h. vor allem die Chemie und die großen Investitionsgüterindustrien (v.a. die Elektroindustrie und die Herstellung von Büromaschinen/ADV-Geräten). Diese Sektoren konnten zunächst auch im Zuge der Einheit kräftig expandieren; sie sind in den letzten im Schaubild erfaßten Jahren aber nicht nur relativ, sondern sogar absolut bei Wertschöpfung und Beschäftigten zurückgefallen. Auch der Luft- und Raumfahrzeugbau weist im Betrachtungszeitraum eine stark rückläufige Wertschöpfung auf - eine Tendenz, die sich seither, mit der Aufwertung des US-$, grundlegend gewandelt hat. Auf der anderen Seite stehen jene Branchen, welche sich traditionell unterdurchschnittlich entwickelt haben, aber seit den frühen neunziger Jahren von der Einheit profitieren konnten und dadurch, zumindest bis 1995, zu Wachstumsträgern geworden sind. Dies gilt vor allem für einige Zweige der Bau- und baunahen Wirtschaft (Ausbaugewerbe, Holzverarbeitung). Aber auch der Handelssektor konnte vereinigungsbedingt kräftig zulegen, nicht zuletzt im Zuge der Expansion westdeutscher Handelsketten im Osten, und weil ein erheblicher Teil der ostdeutschen Importe über westdeutsche Großhändler abgewickelt wird.

Schaubild 4.1.2.1: Veränderte Wachstumshierarchie: Entwicklung von BWS und Erwerbstätigen in Westdeutschland 1979 - 1995 (Veränderung in vH p.a.), mit der Gesamtwirtschaft normiert

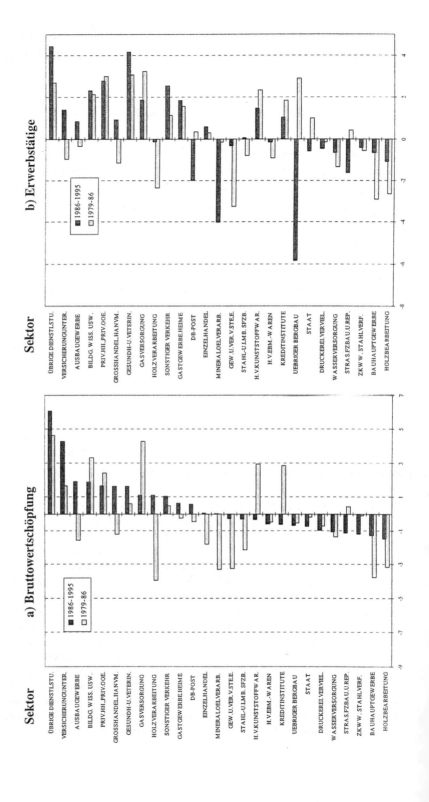

Fortsetzung Schaubild 4.1.2.1:

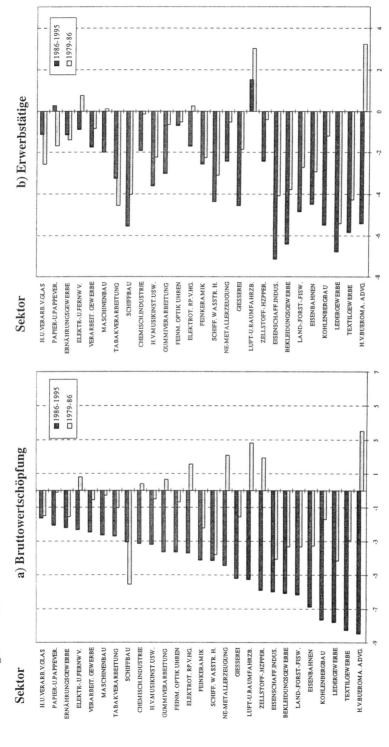

Quelle: Statistisches Bundesamt (j); eigene Berechnungen

Die Einschätzung der Dauerhaftigkeit von Veränderungen der letzten fünf ausgewiesenen Jahre muß unsicher bleiben, zumindest was jene Branchen betrifft, deren Position sich in der Wachstumshierarchie grundlegend verändert hat. Zum einen ist davon auszugehen, daß sich manche einheitsbedingten Veränderungen mit abnehmenden Ost-West-Unterschieden wieder zurückbilden. Zum anderen könnten die traditionellen Muster des Strukturwandels wieder stärker in Erscheinung treten, wenn es gelingt, eine stärkere wirtschaftliche Dynamik in Gang zu setzen. Diese Erwartung ergibt sich schon daraus, daß die Sektoren in unterschiedlichem Maße auf die einzelnen Endnachfragekomponenten ausgerichtet sind (s. Teil 4.1.3.3), deren jeweilige Position sich in den Konjunkturzyklen verändert. Insbesondere die Investitionen schwanken bekanntlich überproportional zur gesamtwirtschaftlichen Entwicklung. Zwar wird hier versucht, dem konjunkturellen Einfluß durch die Abgrenzung der Beobachtungszeiträume Rechnung zu tragen, indem 1986 und nicht das vom Einheitsboom geprägte Jahr 1991 als trennendes Jahr verwendet wird; dennoch können die aufgezeigten Veränderungen nicht ohne weiteres in die Zukunft projiziert werden.

Gelingt es nicht, größere wirtschaftliche Dynamik zu erreichen, so könnte sich die schwache Position der Chemie und der genannten Investitionsgüterbranchen, die alle traditionelle Hochlohnbranchen sind, als dauerhaft erweisen. Dies könnte mit einer grösseren Konsumorientierung einhergehen, bei der Vollbeschäftigung nur um den Preis deutlicher Einkommenseinbußen möglich wäre. Die jüngste wechselkurs- und exportgestützte Entwicklung läßt aber vermuten, daß die genannten Investitionsgüterindustrien und vor allem der Luft- und Raumfahrzeugbau ihre alte Expansionskraft wiederfinden, insbesondere wenn auch die Inlandsnachfrage in Gang kommt (s. Teil 4.1.3.1).

4.1.3 Einflußfaktoren

4.1.3.1 Außen- und binnenwirtschaftliche Faktoren

Die aktuelle Standortdiskussion sucht die Ursachen der Strukturprobleme der deutschen Wirtschaft vorwiegend bei außenwirtschaftlichen Faktoren. Die vorhergehende Untersuchung hat gezeigt (Teil 2 und 3), daß dies für Ostdeutschland großenteils zutrifft. Für Westdeutschland haben sich dafür jedoch nur wenige Anhaltspunkte ergeben. Dem Aussenhandel wurde zwar ein erheblicher Einfluß auf den **Strukturwandel**, kaum jedoch auf die **Strukturprobleme**, d.h. auf den sprunghaften Anstieg der Arbeitslosigkeit beigemessen.

In Tab. 4.1.3.1 wird der Wachstumsbeitrag des Außenhandels, der hier durch den Aussenhandelssaldo gemessen wird, dem Beitrag der Binnennachfrage gegenübergestellt. Dabei wird unterschieden zwischen Dienstleistungen bzw. Bauleistungen, die eher binnenmarktorientiert sind - sie kommen immerhin für fast die Hälfte des BIP auf -, und dem Verarbeitenden Gewerbe, das typischerweise als im internationalen Wettbewerb stehender Sektor der Volkswirtschaft gelten kann. Die Tabelle zeigt, daß die Dienstleistungsbranchen sowohl in den 80er als auch in den 90er Jahren in besonderem Maße von der Inlandsnachfrage profitierten.[122] Sie ist die treibende Kraft der Tertiarisierung; der Außenhandel spielt, auf dem gegebenen Aggregationsniveau, keine Rolle. Die Wachstumsdynamik durch Inlandsnachfrage hat sich in den 90er Jahren für die Dienstleistungen nicht grundlegend abgeschwächt.

Tabelle 4.1.3.1: Außen- und binnenwirtschaftliche Einflüsse[a] auf den Strukturwandel

| | Bruttoproduktionswert | | | Außenhandel | | | Inlandsnachfrage | | |
| | Mrd. DM 1994 | Wachstumsraten jährl. durchschn. | | Wachstumsbeitrag[b] jährl. durchschn. | | | Wachstumsbeitrag[c] jährl. durchschn. | | |
		1979-1986	1986-1994	1991-1994	1979-1986	1986-1994	1991-1994	1979-1986	1986-1994	1991-1994
Dienstleistungen, Baugewerbe	2437	6,1	9,6	8,0	0,0	-0,1	-0,2	6,1	9,7	8,2
darunter:										
Verkehr, Nachrichten	348	4,6	7,2	4,6	0,2	0,1	0,0	4,4	7,1	4,6
Kreditinst., Versicher.	272	7,6	7,4	6,3	0,0	-0,1	-0,2	7,7	7,6	6,5
Sonst. Dienstleist.	1124	7,9	12,1	10,2	0,0	-0,2	-0,3	7,9	12,3	10,4
Verarb. Gewerbe	2212	4,0	3,9	-0,9	0,8	-0,3	0,9	3,2	4,1	-1,7
darunter:										
Chemische Ind.	239	3,5	3,9	0,8	0,9	0,3	1,1	2,6	3,6	-0,3
Maschinenbau	230	4,9	3,4	-3,4	2,0	0,4	1,2	2,8	2,9	-4,6
Bürom., ADV-Ger.	30	12,2	1,1	-11,9	-0,5	-4,8	-1,1	12,6	5,9	-10,8
Straßenfahrz.	298	6,4	3,9	-3,0	2,5	-0,1	2,3	4,0	4,0	-5,3
Elektrotechnik	268	6,3	5,7	0,9	0,8	-0,3	0,4	5,5	6,0	0,5
Konsumgüterbranchen	140	1,5	1,8	-2,7	-0,2	-2,0	0,4	1,7	3,8	-3,0
Summe	4764	4,7	6,4	3,2	0,5	-0,2	0,4	4,3	6,6	2,8

a 1979 und 1986 Westdeutschland, 1991 und 1994 Gesamtdeutschland
b Veränderung des Außenhandelssaldos in vH des Produktionswerts im Ausgangsjahr
c Veränderung der Inlandsnachfrage (Produktionswert - Export + Import) in vH des Produktionswerts im Ausgangsjahr
Quelle: Statistisches Bundesamt (j); eigene Berechnungen

---

122 Die Verwendung des Jahres 1991 als Vergleichsjahr für 1994 ist durch die Verfügbarkeit der Außenhandelsdaten begründet. Seit 1991 liegen nur gesamtdeutsche Außenhandelsdaten vor.

Dagegen ist für das **Verarbeitende Gewerbe** in den 90er Jahren die Binnennachfrage geradezu eingebrochen (allerdings vom hohen Niveau des Einheitsbooms aus). Besonders drastisch war die Entwicklung für die Hersteller von Fahrzeugen, Maschinen und Büromaschinen/ADV[123]. Auch für die Elektrotechnische Industrie hat die Inlandsnachfrage in den 90er Jahren kaum noch Wachstumsimpulse gebracht. Auf die Ursache dieser Veränderungen wird im folgenden noch einzugehen sein. Der Außenhandel brachte in den letzten Jahren zwar insgesamt und in den meisten Einzelbranchen leicht positive Wachstumsimpulse, er hat den Einbruch der Binnennachfrage aber nicht kompensiert. Für die Hersteller von Büromaschinen und ADV stellt der negative Wachstumsbeitrag des Außenhandels vor dem Hintergrund einer noch ungünstigeren Entwicklung in den 80er Jahren und des besonders starken Einbruchs der Inlandsnachfrage schon eine Wende zum Besseren dar.

Als Fazit bleibt festzuhalten, **daß die Wachstumsschwäche und die hohe Arbeitslosigkeit weniger auf ein Zurückfallen im Wettbewerb mit anderen Ländern zurückzuführen sind, sondern vor allem auf interne Strukturprobleme im Inland.** Damit werden die Aussagen in Teil 3 im wesentlichen bestätigt.

4.1.3.2 Outsourcing im Aufwind - zunehmende Vorleistungsverflechtung?

Im Zuge der fortschreitenden Spezialisierung hat sich die Arbeitsteilung innerhalb der deutschen Volkswirtschaft intensiviert. Unternehmen konzentrieren sich auf ihre Kernfähigkeiten; sie reduzieren ihre Fertigungstiefe und beziehen vermehrt Vorprodukte oder Vorleistungen von anderen Unternehmen (einschl. Tochter- und Beteiligungsgesellschaften), die diese billiger oder besser liefern können.

Folgt man der aktuellen Diskussion um schlanke Produktionsweisen, so müßte die Bedeutung derartiger Outsourcing-Strategien in den vergangenen Jahren deutlich zugenommen haben, nicht zuletzt wegen des technischen Fortschritts in den Informations- und Transporttechnologien und des zunehmenden Wettbewerbsdrucks im Zuge der Globalisierung. Sichtbar werden müßte das Outsourcing in einer vor allem in den letzten Jahren ansteigenden Vorleistungsquote (bezogene Vorleistungen in vH des Produktionswerts). Ein Anstieg in realen Größen würde eine stärkere produktionsmäßige Verflechtung der beteiligten Unternehmen ausdrücken, die auch mit einer Verlagerung von Beschäftigung einhergehen kann. Dagegen gibt die Entwicklung der nominalen Quote

---

123 Hier dürften allerdings auch statistische Umgruppierungen eine Rolle gespielt haben.

Aufschluß über die damit einhergehende Verteilung der Wertschöpfung (und damit der Einkommen).

Die Entwicklung der in der VGR ausgewiesenen **realen Vorleistungsquote** läßt für das Verarbeitende Gewerbe einen bereits seit längerem bestehenden Anstieg erkennen, der sich seit Mitte der 80er Jahre beschleunigt hat (vgl. Schaubild 4.1.3.1 und Tab A4.1.1). Seit 1990 hat die Vorleistungsquote real um rund 2 %-Punkte zugenommen. Die **nominale Quote** stagniert dagegen, da die Vorleistungspreise seit 1991 relativ rückläufig sind. Dies dürfte zum Teil Folge der Aufwertungstendenz der DM sein, welche ausländische Vorleistungen verbilligt hat. Vor allem aber zeigt sich darin aus Sicht der beziehenden Unternehmen ein Effizienzgewinn durch Outsourcing: Fremdbezogene Vorleistungen sind billiger als die Eigenfertigung. Dies bedeutet aber auch, **daß die mengenmäßig vermehrte Beschaffung von Vorleistungen offenbar in den Lieferbereichen nicht zu entsprechenden Zuwächsen der nominalen Wertschöpfung und damit der Einkommen führt.**

Die Auslagerung bestimmter Unternehmensaktivitäten dient primär der Effizienzverbesserung. Insoweit ist sie weniger im Rahmen von sektoralen Strukturanalysen von Interesse, sondern eher als Determinante der Produktivität. Für die Analyse der sektoralen Wirtschaftsstruktur interessiert das Outsourcing, soweit es branchenübergreifend erfolgt und die Branchen unterschiedlich betroffen sind. Die (allerdings nur bis 1990 vorliegenden) Input-Output-Daten zur Produktionsverflechtung in Westdeutschland lassen vermuten, daß dies überwiegend der Fall ist: Zum einen werden die Vorleistungen in fast allen Sektoren zu über der Hälfte branchenfremd bezogen und an andere Sektoren geliefert (Tab. A4.1.2). Während im Dienstleistungsbereich die intrasektorale Verflechtung mit 48 vH relativ hoch ist, sind die großen (wie auch die meisten kleinen) Industriebranchen, anders als die Diskussion um schlanke Produktionsweisen vermuten lassen könnte, nur wenig intrasektoral verflochten (vgl. Schaubild 4.1.3.2). Zum anderen hängen die einzelnen Branchen sehr unterschiedlich von Vorleistungslieferungen ab. Eine besonders hohe Abhängigkeit besteht für die klassischen Vorleistungslieferanten (z.B. die Glas-, Metall-, Stein- und Pappeindustrie) und bei den "übrigen marktbestimmten Dienstleistungen."

Schaubild 4.1.3.1: Vorleistungsquote[a] in Westdeutschland

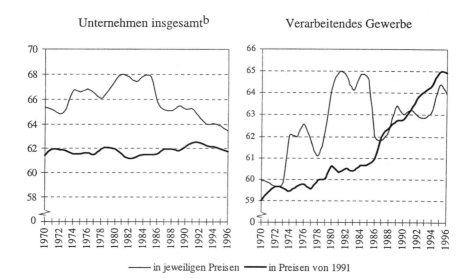

a Vorleistungsquote = Vorleistungsbezüge (ohne Bezüge der Banken, Versicherungen, Wohnungsvermietung und des Staates) in vH des Produktionswertes
b ohne Kreditinstitute, Versicherungen, WV
Quelle: Statistisches Bundesamt (j)

Die verfügbare Evidenz (Borrmann et al. 1997, S. 15) läßt vermuten, daß bisher vor allem Dienstleistungen ausgelagert wurden:

- Die der Tabelle 4.1.3.2 zugrundegelegte Analyse der Rechnungslegung deutscher Unternehmen weist für die Industrie fast durchweg nominal steigende Beschaffungsquoten für "übrige Aufwendungen" auf, die im wesentlichen Dienstleistungen enthalten (Deutsche Bundesbank 1996). Der Anstieg hat sich in den 90er Jahren deutlich beschleunigt. Die Elektroindustrie ist die einzige gewichtige Ausnahme von diesem Trend. Auch im Dienstleistungssektor selbst gewinnt das Outsourcing von Dienstleistungen an Bedeutung, wenngleich die Möglichkeiten zur Aufspaltung der Produktionsprozesse begrenzt sind, da diese zumeist nur aus relativ wenigen Fertigungsstufen bestehen.

- Die Anzahl der Beschäftigten in den als "industrienah" zu klassifizierenden Dienstleistungsbereichen ist in den 90er Jahren (wie auch schon in den 80ern) mit 3,5 vH p.a. stärker gestiegen als in den eher "haushaltsnahen" (2,6 vH p.a.) und den "sonstigen" Dienstleistungen (1,3 vH) (vgl. Borrmann et al. 1997, S. 28).

Schaubild 4.1.3.2: Intersektorale und brancheninterne Vorleistungsbezüge sowie eigene Bruttowertschöpfung, 1990

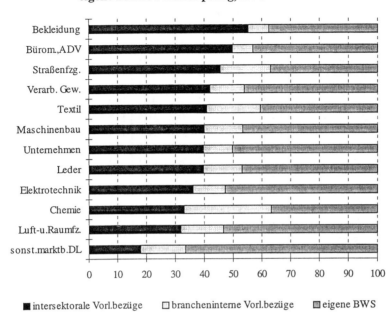

Quelle: Statistisches Bundesamt (c); eigene Berechnungen

- Auch empirische Untersuchungen des Outsourcing stellen als wichtige ausgelagerte Tätigkeiten ein breites Spektrum von Dienstleistungen heraus. Genannt werden meist die betriebliche Datenverarbeitung, Schulung und Weiterbildung, Sicherheitsdienste, Buchhaltung, betriebliches Rechnungswesen, FuE (vgl. Borrmann et al. 1997, S. 17).

Der Aufwand deutscher Unternehmen für Material, d.h. für industrielle Vorleistungen, ist dagegen - in nominalen Größen - relativ rückläufig, wiederum mit der Elektroindustrie als gewichtigster Ausnahme. Dies Ergebnis läuft der aktuellen Diskussion, welche eine Zunahme schlanker Produktionsweisen erwarten läßt, klar zuwider. Es mag insofern korrekturbedürftig sein, als die Preise für Vorleistungen der Industrie besonders stark rückläufig gewesen sind, so daß hinter der nominal stagnierenden Vorleistungsquote ein reales Wachstum in Höhe des Preisrückgangs steht. Allerdings kann darin keine Erklärung für das in den letzten Jahren veränderte Branchenmuster der industriellen Wertschöpfung (s. Teil 4.1.4) liegen. Eher steht zu vermuten, daß der intersektorale Strukturwandel in der Industrie nicht besonders stark vom Outsourcing beeinflußt wird. Dafür spricht, daß es beim Outsourcing von Materialien zunehmend um die Beschaffung ganzer Systeme geht, die oftmals der Branche des beschaffenden Unternehmens zuzurechnen sind und keinen sektoralen Strukturwandel bedeuten.

Tabelle 4.1.3.2: Anteil der bezogenen Vorleistungen an der Gesamtleistung[a]

Sektor	Materialaufwand[b]					übrige Aufwendungen[c]				
	1982	1983	1988	1992	1994	1982	1983	1988	1992	1994
Alle Unternehmen	64.3	64.1	62.6	62.1	61.7	11.2	11.2	12.2	13.0	13.6
Verarbeitendes Gewerbe	56.1	55.7	53.4	52.4	52.1	13.1	13.0	14.1	15.4	16.3
Chemische Industrie	55.8	54.6	48.2	48.3	47.4	16.6	16.8	18.4	21.7	22.2
Herst. von Kunststoffwaren	50.2	50.9	51.1	47.4	48.0	14.9	14.8	15.0	16.4	17.2
Steine/Erden	46.4	46.3	45.2	44.5	43.3	19.5	19.5	20.1	20.7	20.9
Eisenschaffende Industrie	56.1	59.1	56.5	55.4	56.7	14.7	15.5	12.1	15.0	14.2
Stahl- und Leichtmetallbau	56.2	54.2	55.7	51.8	52.3	12.4	13.1	12.7	13.7	14.2
Maschinenbau	48.0	46.0	47.0	46.8	47.5	15.2	14.6	15.4	16.7	17.5
Straßenfahrzeugbau	56.5	56.9	59.0	60.4	59.5	9.4	9.0	10.1	11.9	12.7
Elektrotechnik	46.6	46.7	46.7	50.1	54.1	15.5	14.3	15.1	14.1	13.8
Herst. v. EBM-Waren	46.5	46.4	46.4	45.0	44.3	13.7	13.8	13.9	14.8	15.6
Holzbearbeitung	60.9	60.8	60.3	55.3	56.2	11.7	11.8	12.4	15.0	14.3
Holzverarbeitung	46.7	47.0	48.4	47.4	47.5	14.2	14.0	14.0	14.7	15.3
Papier- und Pappever.	54.2	53.3	54.0	50.0	49.3	15.0	15.2	15.6	17.2	18.2
Textilgewerbe	55.5	55.7	55.8	55.1	53.5	11.6	12.0	12.4	14.0	15.6
Bekleidungsgewerbe	56.2	57.0	60.2	59.8	59.3	12.0	12.5	13.1	15.4	16.8
Ernährungsgewerbe	69.4	68.8	67.4	63.5	61.8	12.1	12.1	13.5	16.2	17.8
Baugewerbe	45.6	47.0	47.7	47.8	49.5	12.6	12.5	12.5	11.9	11.8
Großhandel	84.5	84.4	83.1	81.2	80.5	6.3	6.3	7.4	8.3	8.5
Einzelhandel	70.3	70.8	71.0	70.9	70.4	11.0	11.0	11.4	11.9	12.6

a Die Gesamtleistung ist definiert als Umsatz zuzüglich Bestandsveränderungen an Erzeugnissen.
b Roh-, Hilfs- und Betriebsstoffe sowie Vorprodukte
c Im wesentlichen Dienstleistungen
Quelle: Deutsche Bundesbank (c); eigene Berechnungen

Fazit

Insgesamt ist die empirische Evidenz für Outsourcing-Prozesse in Deutschland eher gering. Dies könnte auch mit Risiken des Outsourcing zusammenhängen. Diese liegen etwa darin, daß die Kontrolle über wichtige Teile der Wertschöpfungskette verlorengehen kann und die Rentabilitätsberechnungen mit großer Unsicherheit behaftet sind, insbesondere bei Lieferanten, welche im Ausland ansässig sind. Mit Gewißheit läßt sich feststellen, daß Outsourcing die Tertiarisierung der Wirtschaft fördert - wobei es sich oftmals lediglich um andere Etiketten (d.h. Sektorbezeichnungen) für identische Tätigkeiten handelt, die vom liefernden Unternehmen effizienter ausgeführt werden. Den gravierenden Umschwung im Strukturwandel der 90er Jahre vermag das Outsourcing jedoch nicht zu erklären. Vielfältige Äußerungen von Unternehmen lassen allerdings in jüngster Zeit einen deutlichen Anstieg des Outsourcing-Trends, auch über die Dienstleistungen hinaus, vermuten (Borrmann et al. 1997, S. 37 f.; Lichtblau et al. 1996).

4.1.3.3 Endnachfrage - Einbruch der Investitionen

Die inländische Endnachfrage kann bedeutenden Einfluß auf den Strukturwandel ausüben, wenn die Präferenzen sich ändern und sich die Gewichte zwischen den einzelnen Nachfragekomponenten (Privater Verbrauch, Staatsverbrauch, Investitionen) verschieben. Die deutsche Erfahrung nach Wiedervereinigung und Rezession zeigt dies in aller Deutlichkeit:

- Die **Ausrüstungsinvestitionen** als kleinste Komponente der Endnachfrage sind im Zuge der Rezession 1992/93 geradezu eingebrochen. Mit 7,5 vH des BIP wurde im Jahre 1995 ein historischer Tiefstand erreicht; die Investitionsquote liegt über ein Viertel niedriger als zu Zeiten des Einheitsbooms. Dabei ist jedoch weder der massive Rückgang an sich noch das niedrige Niveau als besonderes Problem anzusehen; der Rückgang wirkt so dramatisch, weil das vorhergehende Niveau einheitsbedingt deutlich über dem langjährigen Durchschnitt lag. Zu denken gibt vielmehr die Tatsache, daß die Investitionen auch nach Überwindung der Rezession in Gesamtdeutschland kaum angestiegen und in Westdeutschland sogar weiter zurückgegangen sind (Statistisches Bundesamt j). Dies kann nicht mehr nur als konjunkturelle, d.h. vorübergehende Schwäche gewertet werden, sondern läßt nachhaltige Mängel deutscher Investitionsstandorte vermuten, so auch der Sachverständigenrat (1996) in seinem Jahresgutachten.

Die Investitionsschwäche im Inland erklärt im wesentlichen den Umschwung der Wachstumsraten in den großen Investitionsgüterbranchen Maschinenbau, Automobilindustrie, Elektrotechnik (vgl. Schaubild A4.1.1), aber auch die Chemische, die Eisenschaffende und die NE-Metallindustrie sind davon massiv betroffen. Das Zurückfallen dieser Branchen kann zwar insofern als "strukturell" betrachtet werden, als es nicht mehr nur konjunkturell bedingt ist; allerdings ist davon auszugehen, daß mit dem nächsten nationalen und internationalen Konjunkturaufschwung die alten Positionen in der Wachstumshierarchie wieder eingenommen werden. Anzeichen dafür könnten die hohen Zuwachsraten seit 1994 für die inländischen Käufe von Büromaschinen und ADV-Geräten sowie von Kraftfahrzeugen sein.

- Der **private Verbrauch** als mit Abstand größte Komponente der Endnachfrage (rund 60 vH) unterliegt einem recht stabilen Entwicklungstrend: Es wird kontinuierlich mehr für Dienstleistungen ausgegeben, während das Gewicht landwirtschaftlicher Produkte und von Industriegütern rückläufig ist (vgl. Tabelle A4.1.4). Hinter dem Anstieg bei den Dienstleistungen stehen im wesentlichen höhere Aufwendungen für Miete sowie für Leistungen der Kreditinstitute und Versicherungen. Die Nachfrage nach den "sonstigen marktbestimmten Dienstleistungen", die seitens der Unternehmen eine erhebliche Dynamik entfaltete, gewinnt bei den privaten Haushalten bisher kaum an Bedeutung. Bei den Verarbeiteten Gütern haben lediglich die Ausgaben für Straßenfahrzeuge signifikant zugenommen, allerdings nur bis 1991. Danach ist auch dort ein Rückgang eingetreten, der mit der Rezession nach dem Wiedervereinigungsboom zusammenhängt.[124] Der relative Rückgang bei den einkommensunelastischen Gütern Lederwaren, Textilien und Bekleidung sowie Nahrungs- und Genußmittel hat sich in den 90er Jahren fortgesetzt.

- Der **Staatsverbrauch** hat sich annähernd parallel zur Gesamtwirtschaft entwickelt (vgl. Tabelle 4.1.3.3). Von ihm sind in den 90er Jahren insbesondere Impulse für die Sektoren Gesundheitswesen, Private Organisationen ohne Erwerbscharakter, Wasserfahrzeuge, Luft- und Raumfahrzeuge, Feinmechanik/Optik, Wasser, Gas, Wissenschaft sowie Post und Fernmeldewesen ausgegangen.

Tabelle 4.1.3.3: **Anteile der Nachfragekomponenten an der letzten inländischen Verwendung von Gütern (jew. Preise, in vH)**

	Westdeutschland					Deutschland	
	1982	1986	1990	1992	1994	1994	1996
Letzte inländ. Verwendung	100.0	100.0	100.0	100.0	100.0	100.0	100.0
Privater Verbrauch	59.1	58.4	57.8	58.7	60.2	57.6	58.5
Öffentlicher Verbrauch	21.1	21.0	19.4	19.3	19.3	19.9	20.1
Ausrüstungsinvest.	8.0	8.8	10.3	9.7	7.5	7.8	7.7
Bauinvestitionen	12.9	11.6	12.0	12.5	12.6	14.2	13.2
Vorratsveränderung	-1.0	0.2	0.5	-0.2	0.5	0.5	0.6

Quelle: Statistisches Bundesamt (j); eigene Berechnungen

Insgesamt läßt sich somit feststellen, daß die Hauptmerkmale des Strukturwandels in den bisherigen 90er Jahren - Tertiarisierung und Zurückfallen vorheriger Wachstumsindustrien - wesentlich durch die Fortsetzung bestehender Trends im privaten Konsum und durch die andauernde Investitionsflaute im Inland bewirkt worden sind.

4.1.3.4 Produktivitätsfortschritt und Veränderung der "terms of trade" zwischen den Branchen

Seit den sechziger Jahren hatte sich der gesamtwirtschaftliche Produktivitätsfortschritt im verarbeitenden Gewerbe ständig verlangsamt, weil sich das Mechanisierungs- und Automatisierungspotential im verarbeitenden Gewerbe erschöpfte. Seit Mitte der achtziger Jahre stieg dort die Arbeitsproduktivität sogar langsamer als in den Dienstleistungsunternehmen (vgl. Schaubild 4.1.3.3). Es hatte den Anschein, daß der technische Fortschritt in der Informations- und Kommunikationstechnik entgegen der verbreiteten Auffassung sich nur langsam durchsetzte und dies auch nur im tertiären Sektor.

---

124 Die Käufe der privaten Haushalte werden am Ort des Kaufs und nicht am Wohnort des Käufers gebucht. Somit kann es durchaus sein, daß der Nachholbedarf ostdeutscher Käufer als privater Verbrauch westdeutscher Konsumenten ausgewiesen wird.

Schaubild 4.1.3.3: Entwicklung der Mengenproduktivität[a] in der westdeutschen Wirtschaft

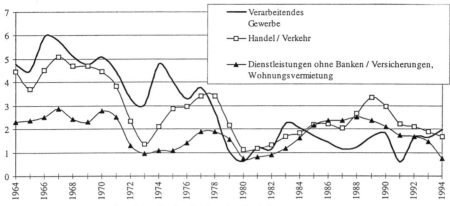

a   Wachstumsraten der gleitenden Fünf-Jahresdurchschnitte
Quelle: Statistisches Bundesamt (j); eigene Berechnungen

Angesichts des geringen Niederschlags des technischen Fortschritts in der Statistik sprach man von einem „Produktivitätsparadoxon". Seit den neunziger Jahren wandelte sich indessen das Bild. Nun beschleunigte sich der Prodiktivitätsanstieg im verarbeitenden Gewerbe und auch im Handel und Verkehr, während er sich in den Dienstleistungsunternehmen deutlich verlangsamte. Berücksichtigt man, daß der technische Fortschritt in der Informations- und Kommunikationstechnik im Unterschied zur Mechanisierung und Automatisierung nicht nur in der Industrie, sondern auch im tertiären Sektor Rationalisierungchancen erschließt, dann muß nun die zu beobachtende Wiederkehr des traditionellen Musters des Produktivitätsanstiegs als „paradox" erscheinen. Es bleibt abzuwarten, ob die Verlangsamung im Dienstleistungssektor von Dauer ist.

Die Preise für Dienstleistungen haben sich gegenüber denen für Industriegüter kontinuierlich erhöht. Früher resultierte dies auch aus dem geringeren Produktivitätsfortschritt bei gleichzeitigem Druck zur Lohnangleichung an das Verarbeitende Gewerbe. Seit der Produktivitätsangleichung in den beiden Sektoren gilt diese Konstellation nicht mehr; der Preisanstieg für Dienstleistungen ist autonom. Er ist Ausdruck dafür, daß **der Tertiäre Sektor im Wettbewerb um die Kaufkraft in- und ausländischer Nachfrager seine "terms of trade" gegenüber der übrigen Wirtschaft verbessern konnte** (vgl Schaubild A4.1.2). Dabei sind, wie sich in Teil 3.2.1 ergeben hat, die Lohnstückkosten im Dienstleistungsbereich weniger stark gestiegen als im Verarbeitenden Gewerbe. Aus dieser Konstellation läßt sich - bei allem Vorbehalt hinsichtlich der Berechnung und Erfassung der realen Wertschöpfung im Tertiären Sektor - schließen, **daß die Preissteigerungen primär in höhere Gewinne und Einkommen der Selbständigen geflos-**

sen sind. Wenn dies stimmt und nicht etwa Qualitäts- und damit einhergehende Gehaltssteigerungen als Preissteigerungen erfaßt werden, ist zu erwarten, daß mehr Anbieter in den Tertiären Sektor drängen und dort für eine stärkere Expansion sorgen. Offenbar wird dieser ökonomische Anreiz behindert durch **institutionelle Hemmnisse (Regulierung, Marktzugangsbeschränkungen), die ausländische wie inländische Anbieter abschrecken.** Derartige Hemmnisse führen nicht nur zu unteroptimalem Wachstum des Dienstleistungssektors selbst. Soweit Dienstleistungen als Vorleistungen in die Industrie eingehen, wird auch deren Entwicklung behindert.

Die nominale Bruttowertschöpfung der Unternehmen wuchs zwischen 1986 und 1995 um 58 vH oder rd. 5,2 vH im Jahresdurchschnitt; davon war rd. die Hälfte auf Preissteigerungen zurückzuführen und rund 40 vH auf Produktivitätssteigerungen. Produktivitätssteigerungen tragen mehr als dreimal soviel zum Wachstum bei wie die Zunahme der Erwerbstätigkeit (12 vH). Schaubild 4.1.3.4 zeigt eine Aufspaltung der BWS nach den drei Wachstumskomponenten Erwerbstätige, Mengenproduktivität und Preise. Im Gewicht dieser Komponenten werden sektoral sehr unterschiedliche Muster deutlich:

- Die Wachstumssektoren, und das sind vor allem die bedeutenden Dienstleistungsbereiche, haben ihr Gewicht in der deutschen Volkswirtschaft vor allem durch Ausweitung der Beschäftigung und durch eine relative Höherbewertung ihrer Leistungen gesteigert. Dagegen gingen den meisten schrumpfenden Sektoren die Erträge aus ihren Produktivitätssteigerungen verloren, da die Preise nachgaben. Die Preisentwicklung prägt den Strukturwandel in nominalen Größen.

- Deutlich unterdurchschnittliche nominale Wertschöpfungssteigerungen gehen fast durchweg mit kräftig abnehmender Beschäftigung einher. Erst von einem durchschnittlichen Wachstum der BWS von rund 1,7 vH p.a. aufwärts wird die Beschäftigtenzahl ausgeweitet.

- Zwischen realer Produktivitätssteigerung und Beschäftigungsentwicklung ist praktisch kein systematischer Zusammenhang zu erkennen. Es überlagern sich zwei Effekte: Einerseits reduziert sich bei hoher Produktivitätssteigerung der Bedarf an Arbeitskräften; die Entlassung von unterdurchschnittlich produktiven Arbeitskräften kann geradezu die Ursache für die gemessene Produktivitätssteigerung sein. Andererseits kann die verbesserte Produktivität Preissenkungen ermöglichen, die zu Nachfragesteigerungen führen und sich letztlich auch in vermehrtem Personalbedarf niederschlagen können. In expandierenden Branchen ging die verbesserte Produktivität daher meist mit einer Beschäftigungsausweitung einher, während sich in Sektoren mit (relativ) schrumpfender Wertschöpfung beide Größen eher gegenläufig entwickeln. Die Grenze zwischen diesen beiden Entwicklungen liegt bei einem durchschnittlichen Anstieg der BWS von knapp 2 vH p.a.

Schaubild 4.1.3.4: Die Komponenten des Branchenwachstums[a] 1986-1995

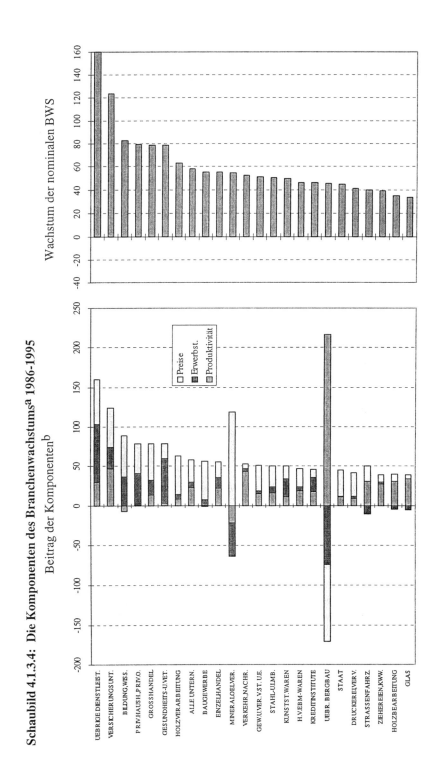

205

Schaubild 4.1.3.4: Fortsetzung

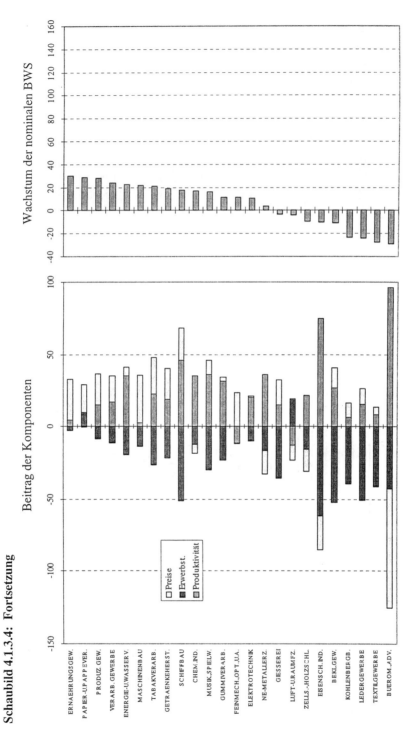

a Wachstum der nominalen Bruttowertschöpfung (BWS)
b Beitrag der Komponenten (Entwicklung der Preise, der Erwerbstätigkeit und der Produktivität) zum Branchenwachstum der nominalen BWS
Quelle: Statistisches Bundesamt (j); eigene Berechnungen

4.1.4 Trends

4.1.4.1 Erodiert die industrielle Basis?

Die Industrie ist als Kernbereich der Wertschöpfung und der Einkommensentstehung anzusehen. Sie schafft durch den Export ihrer Güter und Dienstleistungen entscheidende Voraussetzungen für die Möglichkeit, ausländische Güter und Dienste zu importieren. Die gewichtige Position der Industrie wird vor allem deutlich, wenn man auch die Vorleistungsverflechtung mit der übrigen Wirtschaft, insbesondere mit dem Dienstleistungssektor berücksichtigt (Lichtblau u.a. 1996). Diesem "kombinierten Sektor" aus dem eigentlichen Verarbeitenden Gewerbe und den zuliefernden Sektoren kommt mit über 35 vH des BIP ein um bis zu 30 vH höheres Gewicht in der Gesamtwirtschaft zu als dem Verarbeitenden Gewerbe allein. Befürchtungen, daß die industrielle Basis erodiert (Siebert 1996), gründen sich zum einen auf den Einbruch des Industrieanteils am BIP in den letzten Jahren. Allein zwischen 1991 und 1994 ist er um fast 4 %-Punkte auf 26 vH gesunken; dementsprechend ist die Anzahl der im Verarbeitenden Gewerbe Beschäftigten in dieser Zeit um über 1,3 Mio. oder 15 vH zurückgegangen. Zum anderen werden die rückläufigen deutschen Anteile am Weltexport von Industriegütern angeführt (von 11,5 vH im Jahre 1991 auf 9,9 vH in 1996). Diese in der Tat kräftigen Veränderungen bedürfen indessen einiger Relativierungen:

- Das Gewicht des Verarbeitenden Gewerbes in der Gesamtwirtschaft ist zwar seit 1980 und in den 90er Jahren deutlich zurückgegangen. Berücksichtigt man jedoch die Vorleistungsverflechtung, so ergibt sich ein weit weniger dramatisches Bild (Lichtblau u.a. 1996): Der Wertschöpfungsanteil des "kombinierten Sektors" ist bis 1990 sogar leicht gestiegen und danach wesentlich weniger zurückgegangen (Prognosewerte bis 1996, vgl. Schaubild 4.1.4.1). Die Wertschöpfung in der eigentlichen Industrie ist relativ rückläufig;[125] dies wird aber durch die expandierenden industrieorientierten Dienstleistungen großenteils kompensiert.

- Im Hinblick auf das Zurückfallen im Außenhandel wurde oben (Teil 3) eine weniger skeptische Einschätzung entwickelt: Deutschland ist nach der Einheit, insbesondere 1993, nicht nur im Export, sondern auch im Import zurückgefallen; dies deutet auf einen generellen Rückgang der außenwirtschaftlichen Verflechtung hin und weniger auf eine nachlassende internationale Wettbewerbsfähigkeit. Zudem ist der Zusammenhang zwischen Außenhandelsperformance und Lohnstückkostenanstieg nicht besonders eng.

---

125 Der inzwischen vorliegenden VGR für 1996 zufolge wird der Rückgang des Verarbeitenden Gewerbes bei Lichtblau (1996) zwar etwas unterschätzt, die günstigere Entwicklung im kombinierten Sektor bleibt allerdings bestehen.

Schaubild 4.1.4.1: Wertschöpfungsanteil des Verarbeitenden Gewerbes und des "kombinierten Sektors" in Westdeutschland (in vH)

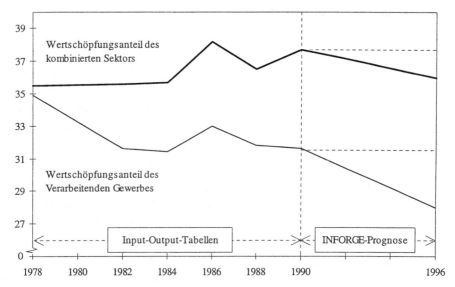

Quelle: Lichtblau et al. (1996), S. 47

- Eine weitere kräftige Relativierung ergibt sich aus einem Vergleich der Industrieentwicklung in Westdeutschland mit der in anderen hochentwickelten Ländern (Schaubild 4.1.4.2). Dabei zeigt sich, daß sich in den meisten Vergleichsländern der Rückgang des Industrieanteils ebenfalls in den frühen 90er Jahren beschleunigt hat. Zwar war der Einbruch in Deutschland deutlich stärker als im internationalen Vergleich, dabei ist aber das traditionell hohe Ausgangsniveau zu berücksichtigen. Dem Verarbeitenden Gewerbe kommt in Deutschland immer noch höheres Gewicht zu als in den meisten anderen Ländern. Insofern läßt sich die These einer Erosion der industriellen Basis eher auf künftige Gefahren als auf die jüngste Erfahrung beziehen.

Die Frage nach dem Wegbrechen der industriellen Basis ist daher primär unter strukturellen Aspekten zu diskutieren. Als bedenklich wäre insbesondere anzusehen, wenn der Abbau industrieller Arbeitsplätze per saldo mit dem Verlust von Hocheinkommensarbeitsplätzen verbunden wäre oder zu erhöhter Arbeitslosigkeit führte.

Die von der Bundesanstalt für Arbeit (1996a) ausgewiesenen Strukturdaten lassen erkennen, **daß der Anstieg der Arbeitslosigkeit in der Tat überproportional aus dem Beschäftigungsabbau in der Industrie resultiert,** vor allem in den traditionell als wettbewerbsstark geltenden Branchen (z.B. Automobilbau, Chemie, Maschinenbau,

Schaubild 4.1.4.2: Gewicht des Verarbeitenden Gewerbes in der Gesamtwirtschaft im internationalen Vergleich

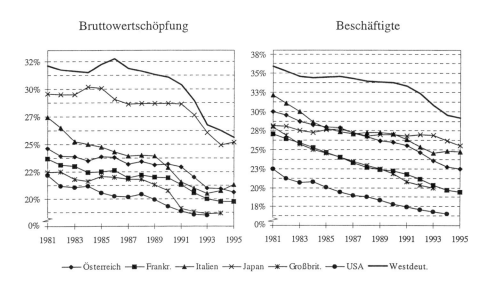

Quelle: OECD (a und b); eigene Berechnungen

Druckerei/Vervielfältigung). Es waren vor allem Großunternehmen, die den Beschäftigungsabbau betrieben haben (Bundesanstalt für Arbeit 1996b, S. 32). Dabei ist die ohnehin weit überdurchschnittliche Arbeitslosenquote der ungelernten Arbeitskräfte weiter kräftig angestiegen, während sich die Quoten für hochqualifizierte Arbeitskräfte weniger stark erhöht haben (Schaubild 4.1.4.3). Diese Entwicklung ist nicht nur wegen der Betroffenheit der Arbeitslosen ein wirtschaftspolitisches Problem. Sie belastet über erhöhte Ausgaben der Sozialsysteme bei gleichzeitig fehlenden Einnahmen von Steuern und Sozialabgaben auch die wettbewerbsfähigen Teile der deutschen Wirtschaft. Allerdings erscheint es verfehlt, diese Entwicklung als Wegbrechen der industriellen Basis anzusehen, denn die abgebauten Arbeitsplätze für ungelernte Arbeitskräfte hätten kaum eine Grundlage für künftige hohe Einkommen bieten können. Die Lösung des Arbeitslosenproblems für die wenig qualifizierten Arbeitskräfte liegt eher in der Anpassung der Löhne an die Produktivität und in der Schaffung neuer Arbeitsmöglichkeiten in Dienstleistungsbereichen, die weniger dem internationalen Wettbewerb ausgesetzt sind.

Das Wegbrechen von Hocheinkommensarbeitsplätzen wäre vor allem dann kritisch zu werten, wenn keine entsprechenden inländischen Beschäftigungsalternativen zur Verfü-

Schaubild 4.1.4.3: Arbeitslosenquoten in Westdeutschland nach Ausbildungsniveau 1980 - 1995

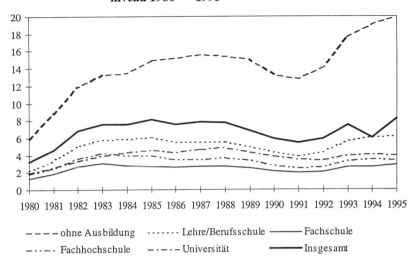

Quelle: Bundesanstalt für Arbeit

gung stünden. Derartige Arbeitsplätze bedürfen einer Basis durch entsprechend hohe Produktivität auf der Grundlage von Wettbewerbsvorsprüngen. Diese lassen sich nicht ohne weiteres und in kurzer Zeit erreichen; sie bedingen Investitionen in Sach- und Humankapital sowie Forschung und Entwicklung. Allerdings kann man nicht jedes relative Zurückfallen von Hocheinkommensbranchen als Wegbrechen der industriellen Basis ansehen. Der Strukturwandel muß nicht, wie oft gefordert wird, in Richtung der Hochlohnbranchen gehen.

Bedeutung von Hochlohnbranchen

Der Strukturwandel zugunsten von Hochlohnbranchen ist nicht unabhängig von der Qualifikation der Beschäftigten zu sehen. Hohe Realeinkommen müssen am Markt verdient werden, dies ist in der Regel nur bei entsprechend hoher Qualifikation der Erwerbstätigen möglich.

In einer geschlossenen Volkswirtschaft wird der Anteil von "Hochlohnbranchen" (als Synonym für Hochlohntätigkeiten) durch die Qualifikationsstruktur der Erwerbstätigen und die Nachfragestruktur determiniert. Wesentliche Voraussetzung für eine steigende Bedeutung von Hochlohnbranchen ist somit bei gegebener Nachfragestruktur eine Anhebung des Qualifikationsniveaus. Dem sind Grenzen gesetzt: So sind aus den verschiedensten Gründen nicht alle Erwerbspersonen qualifizierbar; darüber hinaus gibt es eine Schwelle für Ausbildungsinvestitionen, ab der eine Zunahme gesamtwirtschaftlich ineffizient ist. Eine verstärkte Integration von geringqualifizierten Arbeitskräften in die binnenwirtschaftliche intersektorale Arbeitsteilung (z.B. im Zuge einer Deregulierung des Arbeitsmarktes) kann sogar zu einem sinkenden Gewicht der Hochlohnbranchen führen, ebenso die Überführung geringqualifizierter Arbeitskräfte aus der Arbeitslosigkeit in eine produktive Tätigkeit. Beides wäre gesamtwirtschaftlich nicht schädlich, sondern von Vorteil, da auf diese Weise die geringqualifizierten Arbeitskräfte in Arbeit gehalten oder gebracht würden. Auch das stärkere Wachstum von Niedriglohnbranchen ist insofern nicht als problematisch anzusehen.

Auch im Fall einer **offenen Volkswirtschaft** kann der Anteil der Hochlohnbranchen zurückgehen, ohne daß dies wirtschaftspolitisch problematisch wäre; zu denken ist etwa an die Zuwanderung geringqualifizierter Arbeitskräfte. Dagegen kann ein die Hochlohnbranchen begünstigender Strukturwandel durch Ausweitung der internationalen Arbeitsteilung bewirkt werden. Dies gilt weniger für den Außenhandel mit Hochlohnländern. Dieser ist durch den intraindustriellen Handel geprägt (vgl. Teil 3.1), der die Effizienz und damit auch die Einkommenschancen in den beteiligten Branchen fördert, aber wenig unmittelbaren Einfluß auf den sektoralen Strukturwandel haben dürfte. Mit Blick auf den sektoralen Strukturwandel ist die Arbeitsteilung mit Niedriglohnländern, d.h. vor allem mit den dynamischen asiatischen Ländern und den MOE-Ländern, von Interesse. Durch die Ausnutzung von Spezialisierungsvorteilen ist es für das Hochlohnland Deutschland profitabel, vermehrt "Hochlohnprodukte" herzustellen und diese gegen "Niedriglohnprodukte" einzutauschen. Die in den Niedriglohnbranchen freigesetzten Arbeitskräfte können in den Hochlohnbranchen weiterbeschäftigt werden, wenn sie die für die neue Verwendung erforderliche Qualifikation aufweisen. Die internationale Arbeitsteilung ermöglicht in diesem Fall eine effizientere Nutzung des nationalen Humankapitals.

Der Anteil der dynamischen asiatischen Länder am deutschen Außenhandel ist in den vergangenen zehn Jahren beträchtlich gestiegen, dabei waren die unit-values (Durchschnittswerte pro Gewichtseinheit) der Exporte deutlich höher als die der Importe (s. Teil 3.1). Ebenso hat die Bedeutung der MOE-Länder in den letzten Jahren erheblich zugenommen, allerdings von einem niedrigen Ausgangsniveau aus. Insgesamt wird nur gut ein Viertel des deutschen Außenhandels mit Niedriglohnländern (Entwicklungs- und MOE-Länder) abgewickelt. Somit ist auch das Potential für eine außenhandelsbedingt steigende Bedeutung von Hochlohnbranchen kurzfristig als nicht besonders groß anzusehen. Immerhin haben die Hochlohnbranchen in den bisherigen 90er Jahren aber per saldo (wenn auch geringe) Nachfrageimpulse vom Außenhandel erhalten.

Vor dem Hintergrund dieser Überlegungen wäre das relative Zurückfallen der Hochlohnbranchen nicht prinzipiell als problematisch anzusehen. Es könnte Ausdruck zunehmender Integration einfachqualifizierter Arbeitskräfte in Niedriglohnbranchen und geringen außenhandelsbedingten Strukturwandels sein. Berücksichtigt man, daß die Arbeitslosenquote gerade bei den Erwerbstätigen ohne Berufsausbildung in den achtziger Jahren rapide angestiegen ist und in den neunziger Jahren stabil mehr als doppelt so hohe Werte aufweist wie die der übrigen Qualifikationsgruppen, so könnte der Beschäf-

Tabelle 4.1.4.1: **Produktionswachstum der westdeutschen Wirtschaft nach Sektorgruppen 1979-1995**

	Bruttoproduktionswert			
	Mrd. DM	Wachstumsraten jährlich durchschn.		
	1995	1979-1986	1986-1995	1991-1995
Gesamtwirtschaft				
Hochlohnbranchen	1674.62	5.7	3.4	1.1
Mittellohnbranchen	1318.35	3.1	4.5	1.7
Niedriglohnbranchen	1402.39	5.2	6.9	5.0
Verarbeitendes Gewerbe				
Hochlohnbranchen	930.85	5.1	3.5	0.5
Mittellohnbranchen	504.16	4.9	3.4	-0.6
Niedriglohnbranchen	609.99	2.6	2.5	-0.2
Arbeitsproduktivität				
hoch	843.46	5.7	3.8	0.5
mittel	651.83	3.9	3.0	0.0
niedrig	507.78	2.8	2.3	-0.7
FuE-Intensitäten				
hoch	843.46	5.7	3.8	0.5
mittel	619.18	4.1	3.0	-0.2
niedrig	582.36	2.6	2.4	-0.4
Humankapitalintensität				
hoch	851.40	5.7	3.8	0.5
mittel	477.32	3.9	2.7	-0.6
niedrig	646.57	3.0	2.7	-0.1

Quelle: Statistisches Bundesamt (j)

tigtenanteil der Niedriglohnbranchen bei Aufnahme der Arbeitslosen sogar noch größer sein, ohne daß dies als problematisch anzusehen wäre.

Zu bedenken ist allerdings, daß die Hochlohnbranchen nicht nur relativ, d.h. durch das höhere Wachstum der Niedriglohnbranchen, zurückgefallen sind; sie verzeichnen selbst zwischen den konjunkturell vergleichbaren Jahren 1986 und 1995 einen starken Wachstumseinbruch (Tabelle 4.1.4.1). Auch wenn der (binnenwirtschaftlich bedingte) Produktionseinbruch in den FuE- und den humankapitalintensiven Zweigen sowie in den Hochlohnbranchen des Verarbeitenden Gewerbes in den letzten Jahren nicht mehr überdurchschnittlich hoch ist, so sind diese doch bei den Erwerbstätigen klar zurückgefallen. Daraus auf eine Erosion der industriellen Basis der deutschen Wirtschaft zu schließen, erscheint jedoch verfrüht. Die Erosionsthese könnte sich dann als realistisch erweisen, wenn trotz Entlastung bei Lohnstückkosten und Wechselkurs die wirtschaftliche Entwicklung weiter so verhalten verläuft wie in den letzten Jahren seit der Rezession.

4.1.4.2 Grenzen der Tertiarisierung?

Der langfristige Trend zur Tertiarisierung von Wertschöpfung und Beschäftigung ist in der Strukturberichterstattung hinlänglich diskutiert worden. Er wird traditionell auf entsprechende Nachfrageverschiebungen und auf das im Tertiären Sektor begrenzte Potential an Produktivitätssteigerungen zurückgeführt. Obwohl die Angebotsbedingungen sich in den vergangenen zehn Jahren nachhaltig verändert haben - die Produktivitätszuwächse im Tertiären Sektor und im Verarbeitenden Gewerbe haben sich angeglichen (s. Teil 4.1.1.2) - hat sich die Tertiarisierung in den neunziger Jahren fortgesetzt und zwar auch bei den Beschäftigten. Das Jahr 1995 stellt einen Markstein in der deutschen Wirtschaftsentwicklung dar: Erstmals kamen private Dienstleistungsunternehmen (incl. Handel und Verkehr) für über die Hälfte der Bruttowertschöpfung auf. Die Dienstleistungsunternehmen i.e.S. (ohne Handel und Verkehr) steuerten mehr zum BIP bei als das Verarbeitende Gewerbe (vgl. Schaubild 4.1.4.4).

Allerdings ist das gestiegene Gewicht des Tertiären Sektors vor dem Hintergrund der Wachstumsschwäche im Verarbeitenden Gewerbe zu sehen. Dadurch ergeben sich "automatisch" höhere Anteile für die anderen Sektoren. Die absoluten Daten zur Erwerbstätigkeit im Tertiären Sektor lassen die Frage nach möglichen Grenzen der Tertiarisierung aufkommen: Zwischen 1983 und 1992 nahm die Erwerbstätigkeit in diesem Bereich noch um 2,4 Mio. zu, das waren rund zwei Drittel des gesamtwirtschaftlichen Erwerbstätigenwachstums. Danach hat sich die Zunahme stark abgeschwächt. Zwischen

Schaubild 4.1.4.4: Sektorstruktur der westdeutschen Volkswirtschaft 1981-1995

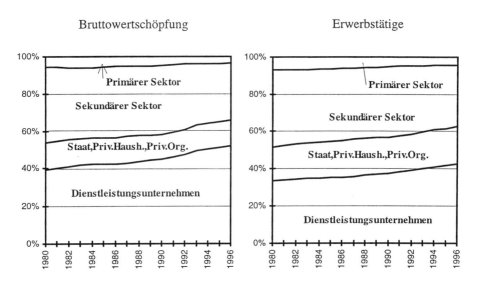

Quelle: Statistisches Bundesamt (j); eigene Berechnungen

1992 und 1995 wurden netto nur noch gut 200.000 Arbeitsplätze bei Dienstleistungsunternehmen geschaffen, wobei der geringste Zuwachs 1994/95 zu verzeichnen war (Tab. 4.1.4.2).

Die Stagnation im Tertiarisierungsprozeß wird noch deutlicher, wenn man nicht nach Sektoren, sondern nach Dienstleistungs**tätigkeiten** differenziert. Diese Betrachtung erscheint aus zwei Gründen geboten. Zum einen werden viele Dienstleistungen in anderen Sektoren, vor allem in der Industrie, erbracht; der so gemessene Tertiäre Sektor ist also größer als der nach Unternehmenszugehörigkeit.[126] Zum anderen ist die Verlagerung von Dienstleistungsfunktionen aus der Industrie auf Dienstleistungsunternehmen ("Outsourcing") weniger als Tertiarisierung, sondern primär als Spezialisierung und "Umetikettierung" anzusehen. Die absolute Zahl der in Dienstleistungsberufen Tätigen stagniert bereits seit 1992 (vgl. Schaubild 4.1.4.5). Auch nach Überwindung der Rezession setzte keine nachhaltige Expansion ein.

Daraus zu folgern, die Tertiarisierung der Erwerbstätigkeit stoße allmählich an ihre Grenzen, erscheint jedoch verfehlt. Zwar ermöglichen offenbar neue Technologien mas-

---

126 Der relative Anteil erreicht die gleiche Größenordnung wie in den USA, vgl. DIW Wochenbericht Nr. 14/1996.

Tabelle 4.1.4.2: Sektorale Erwerbstätigenstruktur in Westdeutschland

	1982	1989	1990	1991	1992	1993	1994	1995	1996
Erwerbstätige in 1000									
Dienstleist.untern.	9.129	10.150	10.608	11.139	11.496	11.596	11.662	11.707	11.908
Verarb.Gew.	8.669	8.692	8.932	9.060	8.902	8.371	7.943	7.770	7.532
Baugewerbe	2.006	1.833	1.911	1.930	1.953	1.963	1.993	1.988	1.850
Staat	4.025	4.273	4.305	4.307	4.342	4.335	4.324	4.285	4.164
Priv.Hh.,Org.o.E.	977	1.210	1.262	1.323	1.381	1.418	1.465	1.502	1.554
Primärer Sektor	1.824	1.500	1.461	1.430	1.381	1.322	1.267	1.206	1.158
Erwerbstätige Inl.	26.630	27.658	28.479	29.189	29.455	29.005	28.654	28.458	28.166
Anteile in vH.									
Dienstleist.untern.	34,3	36,7	37,2	38,2	39,0	40,0	40,7	41,1	42,3
Verarb.Gew.	32,6	31,4	31,4	31,0	30,2	28,9	27,7	27,3	26,7
Baugewerbe	7,5	6,6	6,7	6,6	6,6	6,8	7,0	7,0	6,6
Staat	15,1	15,4	15,1	14,8	14,7	14,9	15,1	15,1	14,8
Priv.Hh.,Org.o.E.	3,7	4,4	4,4	4,5	4,7	4,9	5,1	5,3	5,5
Primärer Sektor	6,8	5,4	5,1	4,9	4,7	4,6	4,4	4,2	4,1
Erwerbstätige Inl.	100,0	100,0	100,0	100,0	100,0	100,0	100,0	100,0	100,0

Quelle: Statistisches Bundesamt (j); eigene Berechnungen

Schaubild 4.1.4.5: Beschäftigtenentwicklung nach Berufen (absolut in Mio.)

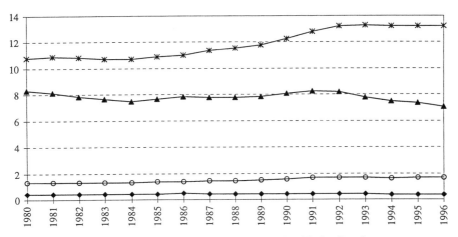

—♦— Bergleute, Mineralgewinner, Pflanzenbauer, Tierzüchter, Fischereiberufe
—▲— Fertigungsberufe
—o— Technische Berufe
—✱— Dienstleistungsberufe

Quelle: Statistisches Bundesamt, Bevölkerung und Erwerbstätigkeit, FS 1, R. 4.2.1, Struktur der Arbeitnehmer, jeweiliger Jahrgang

sive Produktivitätssteigerungen bei der Erbringung von Dienstleistungen vor allem im wirtschaftsnahen Bereich, was sich in geringerem Personalbedarf auswirkt. Dem stehen jedoch zahlreiche, eher haushaltsorientierte Dienstleistungen gegenüber, in denen das Produktivitätspotential begrenzt ist (Schaubild 4.1.3.4). Zudem ist die Stagnation der Erwerbstätigkeit im Dienstleistungsbereich vor dem Hintergrund der nachhaltigen Verschlechterung der gesamtwirtschaftlichen Beschäftigungssituation zu beurteilen. Im Verarbeitenden Gewerbe sank die Erwerbstätigenzahl nach 1992 um über eine Million, das waren doppelt soviele, wie der Sektor seit 1984 hinzugewonnen hatte. Verglichen damit ist die Stagnation im Tertiären Sektor noch eher positiv zu werten und als Teil des gesamten Arbeitsmarktproblems anzusehen: Wenn es gelingt, neue Arbeitsplätze zu schaffen, z.B. durch lohnpolitische Maßnahmen oder durch Deregulierung, so dürften diese vor allem im Dienstleistungsbereich entstehen. Dies läßt zum einen ein Vergleich mit anderen Ländern vermuten (RWI 1995; EG-Kommission 1991). Zum anderen spricht dafür der Bedarf an Beratung, Information und Kommunikationsdiensten als "Basisfunktion" (Bräuninger 1997, S. 18) für die Unternehmen in einer sich rasch wandelnden, zunehmend internationalisierten Umwelt (Matheus 1995). Ebenso steigt mit der Alterung der Bevölkerung, der Erwerbstätigkeit von Frauen und der zunehmenden Notwendigkeit zur laufenden beruflichen Weiterbildung auch der Bedarf an gesellschaftlichen und haushaltsbezogenen Dienstleistungen, die meist personengebunden und damit wenig handelbar sind. Diesen expandierenden Bereichen gegenüberzustellen sind die eher stagnierenden Beschäftigungszahlen bei klassischen Dienstleistungen wie Banken und Versicherungen, wo ein erhebliches Rationalisierungspotential besteht, und beim unter Sparzwang stehenden Staat (Oberbeck/Neubert 1992; Cartellieri 1994; Matheus 1995).

Aus dem zunehmenden Bedarf an Dienstleistungen entstehen allerdings nicht automatisch Arbeitsplätze. Um die insgesamt zunehmende Nachfrage nach Dienstleistungen auch in Arbeitsplätze umzusetzen, bedarf es nicht nur politischer Maßnahmen zur Beseitigung institutioneller Hemmnisse. Es müssen auch Wege gefunden werden, um Tätigkeiten, die nur einfache Qualifikationen erfordern und auf dem Markt niedrig entlohnt werden, für Arbeitgeber und Arbeitnehmer rentabel und gleichzeitig für die hochgradig preiselastische Nachfrage (Schettkat 1995) attraktiv zu machen, ohne durch staatliche Stützung zu einer nicht mehr finanzierbaren Mehrnachfrage zu kommen.[127]

---

127 Zur Diskussion dieser Fragen siehe zum Beispiel Scharpf (1994) und Matheus (1995).

4.1.4.3 Neue Impulse für Wachstum und Beschäftigung durch den Informationssektor?

Ein Rückgang in der Industrie und das Auftreten von Expansionsgrenzen in einigen tertiären Bereichen (insbesondere im staatlichen Sektor) müssen für Wachstum und Beschäftigung in der Gesamtwirtschaft nicht nachteilig sein, wenn ihnen eine entsprechende Expansion auf neuen Feldern gegenübersteht. Wachstums- und Beschäftigungschancen werden insbesondere von den Fortschritten in der Informations- und Kommunikationstechnik erwartet. Einige Autoren gehen sogar so weit, die traditionelle Drei-Sektoren-Hypothese zu einer Vier-Sektoren-Hypothese zu erweitern. Danach würde auf die Ablösung der Agrar- und Handwerksgesellschaft durch die Industriegesellschaft seit dem neunzehnten Jahrhundert und auf den Wandel von der Industriegesellschaft zur Dienstleistungsgesellschaft seit Mitte des zwanzigsten Jahrhunderts nunmehr die Entwicklung zur Informationsgesellschaft folgen. Analog zur Industrialisierung und Tertiarisierung würde diese Entwicklung dazu führen, daß künftig der Informationssektor als "quartiärer" Sektor die im sekundären und teilweise auch im tertiären Sektor freigesetzten Arbeitskräfte aufnehmen und zum dominierenden Wirtschaftsbereich aufsteigen würde.

Der Informationssektor besteht keineswegs aus neuen Wirtschaftszweigen, sondern wird bislang unter den sekundären und tertiären Sektor subsumiert. Er umfaßt auf der materiellen Ebene die Leitungen, Geräte und Datenträger, mit denen Informationen gespeichert, verarbeitet, übertragen oder wiedergegeben werden, und auf der personellen Ebene die Dienste, durch die Informationen produziert, verfügbar gemacht oder genutzt werden. Faßt man, wie das Institut für Arbeitsmarkt- und Berufsforschung (IAB) den Informationssektor so weit, daß man alle Erwerbstätigen einbezieht, die mit der Herstellung, dem Transfer, der Verarbeitung oder Anwendung von Informationen zu tun haben, dann ist der "quartiäre" Sektor schon seit Ende der siebziger Jahre der größte Wirtschaftsbereich und beschäftigt heute mehr als die Hälfte aller Arbeitskräfte (Schaubild 4.1.4.6). Die Aufgliederung in vier statt drei Sektoren macht überdies deutlich, daß der tertiäre Sektor im engeren Sinne parallel mit der Industrie aufgestiegen ist, aber das Gewicht des sekundären Sektors niemals erreicht hat. Die in der Strukturforschung unter dem Schlagwort "Tertiarisierung" beschriebene Zunahme des Dienstleistungssektors wird im Vier-Sektoren-Modell als "Quartiarisierung" ausgewiesen.

Schaubild 4.1.4.6: Die vier "Sektoren" (Anteile in vH der Erwerbstätigen)

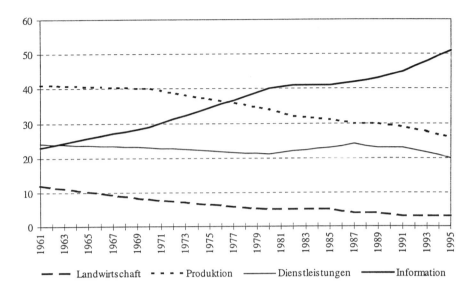

Quelle: Institut für Arbeitsmarkt- und Berufsforschung

Es erscheint indessen unzulässig, die Zunahme des quartiären Sektors als Entwicklung zur Informationsgesellschaft zu interpretieren. Der weit gefaßte vierte Sektor ist zu heterogen, als daß durch ihn die Ursachen des Strukturwandels aufgezeigt werden könnten und sich die Rolle des Informationssektors veranschaulichen ließe. Ein zweckmäßigeres Konzept ist die ebenfalls vom IAB zur Diskussion gestellte Aufgliederung der Arbeitskräfte nach produktionsorientierten Tätigkeiten, primären Dienstleistungen und sekundären Dienstleistungen. Dieses Drei-Sektoren-Modell weicht von dem traditionellen Konzept dadurch ab, daß es nicht Wirtschaftszweige zusammenfaßt, sondern Tätigkeiten, unabhängig davon, in welcher Branche sie ausgeübt werden. Es unterscheidet sich von dem erwähnten Vier-Sektoren-Modell im wesentlichen dadurch, daß der primäre und sekundäre Sektor zum produzierenden Sektor zusammengefaßt werden, und die Bürotätigkeiten zu den traditionellen "primären" Dienstleistungen und nicht zu den neuen "sekundären" Dienstleistungen gerechnet werden.

In dem modifizierten Drei-Sektoren-Konzept sind im **ersten Sektor** die Tätigkeiten in der unmittelbaren Warenproduktion (Gewinnen, Herstellen oder Reparieren von Waren; Einrichtung, Steuerung und Wartung von Maschinen) zusammengefaßt. Der **zweite Sektor** besteht aus den "primären" Dienstleistungen, die zur Aufrechterhaltung oder zum Absatz der Produktion notwendig sind oder die unmittelbar in den Konsum gehen (Handel und Transport, Bürotätigkeiten und allgemeine Dienstleistungen).

Während die produzierenden Tätigkeiten und die primären Dienstleistungen sachlich eng miteinander verbunden sind, setzte die Expansion des **dritten Sektors** erst nach der Entstehung der Industrie und der komplementären Dienstleistungen ein. Er besteht aus den "sekundären" Dienstleistungen, welche die Produktion durch die Bildung und Nutzung von Humankapital verbessern (Forschung und Entwicklung, Organisation und Management, Rechtssicherung, Ausbildung, Beratung, Information, Unterhaltung und Pflege von Personen). Die Trennung in primäre und sekundäre Dienstleistungen trägt dem Umstand Rechnung, daß in hochentwickelten Volkswirtschaften das Wissen zum maßgebenden Produktionsfaktor geworden ist. Weil die Verfügbarkeit und die effiziente Nutzung von Humankapital die Hauptquelle des Wachstums sind, begünstigt der Strukturwandel vor allem die sekundären Dienstleistungen (vgl. Schaubild 4.1.4.7). Allerdings waren dort im Jahre 1991 erst 27 vH aller Erwerbstätigen tätig - deutlich weniger als in produktionsorientierten Tätigkeiten (33,5 vH) und in primären Dienstleistungen (39,5 vH). Demgegenüber betrug im Vier-Sektoren-Modell der Anteil des primären und sekundären Sektors 32 vH, der Anteil des tertiären Sektors 23 vH und der des quartiären Sektors 45 vH. Der Unterschied ist im wesentlichen damit zu erklären, daß im Vier-Sektoren-Modell die Bürotätigkeiten zum vierten Sektor, im Drei-Sektoren-Modell dagegen zu den primären Dienstleistungen gezählt werden.

Die Bedeutung der sekundären Dienstleistungen für die gesamtwirtschaftliche Entwicklung kommt nicht nur in ihrem zunehmenden Anteil zum Ausdruck, sondern auch in der weit überdurchschnittlichen Qualifikation der Arbeitskräfte. Im Jahre 1991 hatten 35 vH dieser Erwerbstätigen eine Hochschulausbildung und nur 9 vH hatten keinen Ausbildungsabschluß (vgl. Schaubild 4.1.4.7). Dagegen hatten von den Arbeitskräften bei den produktionsorientierten Tätigkeiten bzw. bei den primären Dienstleistungen 27 bzw. 22 vH keinen Ausbildungsabschluß und nur 2 bzw. 6 vH einen Hochschulabschluß. In diesen beiden Sektoren war bislang die Berufsausbildung die entscheidende Quelle der Humankapitalbildung. Allerdings hat auch hier die Bedeutung des Humankapitals zugenommen, und zwar in der Form, daß der Anteil der nicht ausgebildeten zugunsten der beruflich ausgebildeten Arbeitskräfte abgenommen hat.

Schaubild 4.1.4.7: Erwerbstätige in Westdeutschland nach Sektoren[a]

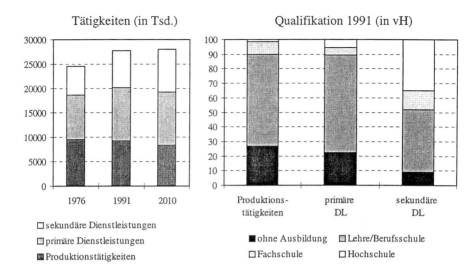

a Zur Abgrenzung der Gruppen s. Text.
Quelle: Bundesanstalt für Arbeit (1994)

Die Zunahme des Humankapitals ist nicht gleichbedeutend mit der Entwicklung zur Informationsgesellschaft. Informieren zielt zwar auf Vermehrung des Wissens, doch umfaßt Wissen nicht nur Informiertsein, sondern auch die Fähigkeit, die Informationen zu nutzen. Deshalb bildet der Sektor der sekundären Dienstleistungen auch nicht den Informationssektor ab, denn in ersterem wird nicht nur Wissen produziert und übertragen, sondern auch angewendet. Viele Tätigkeiten zielen nicht primär auf die Information ab, sondern auf Entscheidungen, die auf Information beruhen; der Richter fällt Urteile, der Anwalt vertritt die Interessen seiner Mandanten und der Arzt entwirft die Therapie für seine Patienten. Allerdings sind diese Personen nebenbei auch Produzenten und Vermittler von Informationen, da sie in der Regel das Wissen ihrer Kunden vergrößern und sich an der fachlichen Diskussion ihrer Zunft beteiligen. Insofern gehören sie ebenso zu den Informationsproduzenten wie etwa die Wissenschaftler oder Künstler, die die Ergebnisse ihrer geistigen Tätigkeit unmittelbar vermarkten oder der Öffentlichkeit zur Verfügung stellen, oder die, wie die Lehrer, ihre erworbenen Kenntnisse anderen beibringen. Wissenstransfer findet aber auch - und zwar in zunehmendem Maße - bei den produzierenden Tätigkeiten und primären Dienstleistungen statt.

Die **Entwicklung der Informationsgesellschaft vollzieht sich also in der Weise, daß in allen Branchen und bei allen Tätigkeiten die Bedeutung des Wissens, und damit** auch der Informationen, zunimmt und daß die Informationen in der ganzen Breite der Wirtschaft entstehen und übertragen werden. Wenn gleichwohl ein Informationssektor abgegrenzt wird, dann sollte er nicht möglichst weit gefaßt werden, sondern nur jene Unternehmen und Tätigkeiten umfassen, die ihren Kunden den Zugang zu Informationen ermöglichen. Der so abgegrenzte Informationssektor im engeren Sinne enthält also nicht die Produktion und persönliche Weitergabe von Wissen, also auch nicht Forschung, Lehre und Ausbildung, sondern den Transfer von Informationen auf Datenträgern oder über Netze. Die Leistung des Informationssektors besteht zum einen darin, den Kunden durch Handel, durch Vermittlung oder durch Bereitstellung von Netzen den technischen Zugang zu vorhandenen Informationen oder zur Kommunikation zu ermöglichen. Zum anderen sind die dort tätigen Unternehmen Anbieter von Diensten, die ihren Kunden die Aufgabe der Suche, Selektion, Sammlung und Aufbereitung von Informationen abnehmen. Dem Informationssektor werden nicht nur aus dem Dienstleistungssektor die Anbieter von Informations- und Kommunikationsdiensten sowie die Betreiber der Medien, mit denen Informationen verbreitet werden, zugerechnet. Darunter werden auch die Hersteller der benötigten Ausrüstungen, Hardware und Software erfaßt.

Es ist vor allem dieser eng gefaßte Informationssektor, der durch den zunehmenden Bedarf an Informationen und durch die Entwicklung der Informations- und Kommunikationstechnik Auftrieb erhält und auf dem die Hoffnungen auf mehr Wachstum und Beschäftigung beruhen. Während die neuen Techniken in der übrigen Wirtschaft primär die Arbeitsinhalte und Produktionsverfahren verändern, schaffen sie den Anbietern des Informationssektors unmittelbar zusätzliche Absatzmöglichkeiten. Die beträchtliche Verbilligung der Information und Kommunikation und die enorm gestiegene Leistungsfähigkeit der neuen Techniken befähigt und zwingt die Wirtschaft dazu, Wissen nicht nur selbst zu produzieren, sondern auch externes Wissen zu nutzen.

Die Vermutung, daß sich durch die Entwicklung der Informations- und Kommunikationstechnik für den Informationssektor eine kräftige Expansion der Produktion, Einkommen und Beschäftigung vollziehe, wird durch den empirischen Befund nicht bestätigt. In der Abgrenzung des DIW beschäftigte dieser Sektor Anfang der neunziger Jahre nur gut 5 vH der Arbeitskräfte und erwirtschaftete nur 6 vH der Wertschöpfung. Darüber hinaus hat die quantitative Bedeutung in den zehn Jahren zuvor nur wenig zugenommen. Daran wird sich in den nächsten Jahren auch nur wenig ändern. Zum einen ermöglichen die neuen Techniken gerade im Informationssektor selbst beträchtliche Produktivitätsfortschritte, so daß die kräftigen Absatzsteigerungen keinen großen Mehrbedarf an Personal verursachen und wegen der starken Preissenkungen auch die Zunahme der Erlöse und Einkommen begrenzen. So planen die beiden größten Anbieter, die Post und die Telekom, erhebliche Einschränkungen ihrer Belegschaft, die durch den Mehrbedarf der konkurrierenden Anbieter nur zu einem kleinen Teil kompensiert werden.

Tabelle 4.1.4.3: Die Bedeutung des Medien- und Kommunikationssektors (M+K) 1982-1992

	Westdeutschland			Deutschland
	1982	1986	1990	1992
Produktionswert in Mrd. DM				
Medien	63	81	110	132
M+K Technik	71	98	138	170
Dienste	52	66	94	120
Zusammen	**183**	**244**	**342**	**422**
Anteil in v.H.	4,5	5,1	5,7	5,6
Bruttowertschöpfung in Mrd. DM				
Medien	24	30	39	47
M+K Technik	23	30	37	43
Dienste	42	51	67	84
Zusammen	**90**	**111**	**143**	**175**
Anteil in v.H.	6,1	6,2	6,4	6,1
Erwerbstätige in 1000				
Medien	379	384	445	509
M+K Technik	434	441	499	554
Dienste	534	609	663	845
Zusammen	**1347**	**1434**	**1607**	**1908**
Anteil in v.H.	5,1	5,3	5,6	5,3

Quelle: DIW

Es hat also den Anschein, daß die Entwicklung der Informationsgesellschaft - anders als die Industrialisierung und Tertiarisierung - keine großen Impulse für die Beschäftigung gibt. Dieser Eindruck ist insofern richtig, als seinerzeit in der Industrie und im Dienstleistungssektor in der Tat in großem Umfang neue Arbeitsplätze entstanden. Man darf jedoch partielle Beschäftigungsgewinne nicht auch als gesamtwirtschaftliches Plus rechnen, denn Strukturwandel bedeutet stets schöpferische Zerstörung, d.h. Verdrängung des Alten durch das Neue. Die Industrialisierung führte zunächst dazu, daß die vormals integrierte Produktion von Gütern auf Höfen und Betrieben, die häufig auch mit der Hauswirtschaft integriert waren, aufgespalten und auf die Fabriken verlagert wurde. Damit konnten durch Spezialisierung Größenvorteile realisiert werden, die dann die Grundlage der beträchtlichen Expansion von Produktion, Einkommen und Nachfrage waren. Auch die Entwicklung des Dienstleistungssektors ist zum großen Teil darauf zurückzuführen, daß Dienste nicht mehr im eigenen Unternehmen erbracht, sondern von externen Unternehmen bezogen wurden. Diese konnten dadurch ebenfalls durch Spezialisierung Größenvorteile realisieren.

In der Industrie und im Dienstleistungssektor entstanden freilich auch Arbeitsplätze, die es zuvor nicht oder nicht in so großem Umfang gab. So erforderte die Industrialisierung den Aufbau eines Investitionsgütersektors und eine beträchtliche Ausweitung von Handel und Transport. Diese zusätzliche Beschäftigung bedeutete für sich genommen eine Verteuerung der Produktion, die sich nur deswegen rechtfertigen ließ, weil sie an anderer Stelle Produktivitätsgewinne ermöglichte, also die Einsparung von Arbeit erlaubte. Auch die erwähnten sekundären Dienstleistungen verursachen für sich genommen Mehraufwand, der sich wegen der höheren Produktivität bei den Nutzern rentiert. Wie der Handel und Verkehr dienen auch zahlreiche Dienstleistungen dazu, Beziehungen zwischen den dezentralen Einheiten einer arbeitsteiligen Volkswirtschaft herzustellen und zu koordinieren. Den durch Arbeitsteilung und marktliche Koordinierung verursachten zusätzlichen Transaktionskosten stehen wiederum Produktivitätsgewinne und die Einsparung der Transaktionskosten bei hierarchischer Steuerung gegenüber.

Die Industrialisierung und auch noch die Tertiarisierung waren also produktivitätsfördernde Prozesse, die mit einem beträchtlichen Strukturwandel einhergingen. Demgegenüber **scheint sich die Entwicklung der Informationsgesellschaft mit geringerem intersektoralen Strukturwandel zu vollziehen**. Dies hängt damit zusammen, daß die neuen Techniken vor allem die **Strukturen innerhalb der Branchen** und der Betriebe und Verwaltungen verändern und in nur geringem Maße Anlaß zu Auslagerungen gegeben haben. Soweit die Durchsetzung und Nutzung der neuen Techniken zusätzliche Waren und Dienste erforderten, war der personelle Mehrbedarf wegen der beträchtlichen Produktivitätsfortschritte im Informationssektor gering. Daß die Entwicklung der Informationsgesellschaft sich ohne große sichtbare Beschäftigungswirkungen vollzieht, ist gesamtwirtschaftlich keineswegs von Nachteil. Der technische Fortschritt war stets die Quelle von Produktivitäts- und Einkommenssteigerungen. Ob er von einer positiven oder negativen Beschäftigungsentwicklung begleitet wird, hängt von den Bedingungen am Arbeitsmarkt und von der Flexibilität und Qualifikation der Arbeitskräfte ab.

In einer offenen Volkswirtschaft hängt die quantitative Bedeutung eines Sektors auch von dessen Wettbewerbsfähigkeit ab. Bekanntlich ist es um die Wettbewerbsfähigkeit der deutschen Anbieter von Hardware und Software insgesamt gesehen nicht gut bestellt. Die relativ geringe quantitative Bedeutung des Informationssektors in Deutschland (Tabelle 4.1.4.3) hängt auch damit zusammen, daß bei elektronischen Konsum- und Investitionsgütern, bei elektronischen Medien und auch bei den Kommunikationsdiensten die ausländischen Anbieter stärker als die inländischen von dem Nachfrageboom profitierten. Man muß den deutschen Wettbewerbsnachteil im Informationssektor und die relativ geringen Exportsteigerungen sicherlich beklagen. Die hohen Importsteigerungen zeigen aber auch, daß die deutsche Wirtschaft im übrigen bestrebt ist, durch entschiedene Nutzung des ausländischen Informationssektors ihre Wettbewerbsfähigkeit zu verteidigen.

4.1.5 Ergebnis

- Im Zuge von Wiedervereinigung und Rezession hat sich der **Strukturwandel in Westdeutschland beschleunigt**. Er ist - wie schon in früheren Jahren - bei der Produktion stärker als bei der Beschäftigung.

- Der Strukturwandel wird **weitgehend durch die Inlandsnachfrage** geprägt. Die festgestellte Dominanz inländischer Faktoren entspricht dem im Teil 3 entwickelten Ergebnis, daß Wachstumsschwäche und Arbeitslosigkeit in Deutschland im wesentlichen **nicht** auf ein Zurückfallen im internationalen Standortwettbewerb zurückzuführen sind.

- Der **stärkste Einfluß** auf den Strukturwandel geht von den Endnachfrage-Komponenten **Privater Verbrauch und Ausrüstungsinvestitionen** aus. Der Private Verbrauch ist zunehmend auf Dienstleistungen gerichtet, und der Einbruch und die anhaltende Schwäche bei den Ausrüstungsinvestitionen bewirken ein Zurückfallen des Verarbeitenden Gewerbes. Dagegen hat sich die zunehmende vertikale Spezialisierung in Form von Outsourcing bisher eher in Effizienz- und damit Einkommenssteigerungen ausgewirkt als in verstärktem Strukturwandel. Vom Outsourcing haben primär die unternehmensnahen Dienstleistungen profitiert.

- Der traditionell höhere Produktivitätsanstieg im Verarbeitenden Gewerbe ist schon seit den 80er Jahren auf das im Tertiären Sektor herrschende Niveau gesunken. Damit läßt sich der **überdurchschnittliche Preisanstieg im Tertiären Sektor** nicht mehr als Ergebnis der Lohnangleichung an das Verarbeitende Gewerbe begründen. Er **erfolgt weitgehend autonom und ist ein Indikator für institutionelle Hemmnisse, die einer stärkeren Expansion dieses Sektors entgegenstehen.**
- Das Wachstum der nominalen Bruttowertschöpfung wird **mehr durch die Preisentwicklung als durch reale Veränderungen** geprägt. Zwischen **Produktivitätsanstieg und Beschäftigungsentwicklung besteht kein einheitlicher Zusammenhang**. Die Beziehung hängt vom Branchenwachstum ab. In Branchen mit stark expandierender Produktion geht der Produktivitätszuwachs tendenziell mit Beschäftigungswachstum einher, in den übrigen eher mit rückläufiger Beschäftigung.

- Der **Strukturwandel der 90er Jahre** ist weniger durch die Fortdauer bestehender Trends gekennzeichnet als durch einen **Umschwung bisheriger Entwicklungen**: Traditionelle Wachstumsbereiche der Industrie sind zurückgefallen, während der Handel und die Bauwirtschaft zu Wachstumsträgern geworden sind. Die Dauerhaftigkeit dieser Entwicklung kann indessen bezweifelt werden. Der jüngste Exportboom könnte bereits eine Korrektur einleiten.

- Die Beschäftigung im Verarbeitenden Gewerbe nimmt rapide ab. **Es entstehen Befürchtungen, daß die industrielle Basis der deutschen Wirtschaft erodiert.** Mit Blick auf die international vergleichbare Entwicklung und das noch immer relativ hohe Gewicht der Industrie sowie unter Berücksichtigung der Vorleistungsverflechtung verliert diese These allerdings an Gültigkeit. Als bedenklich wäre anzusehen, wenn per saldo Hocheinkommensarbeitsplätze ins Ausland verlorengingen oder der Rückgang inländischer Produktion zu massiver, dauerhafter Arbeitslosigkeit führte. Die Entwicklung der wachstumsstrategisch besonders bedeutsamen FuE- und humankapitalintensiven Branchen sowie der Hochlohnbranchen **läßt darüber noch kein endgültiges Urteil zu.**

- Die Anzahl der in **Dienstleistungsberufen tätigen Beschäftigten stagniert.** Daraus auf eine Grenze der Tertiarisierung zu schließen, wäre jedoch verfehlt. Vor dem Hintergrund des allgemeinen Beschäftigungsrückgangs ist die Stagnation im Dienstleistungssektor noch eher positiv zu werten. **Neue Beschäftigungschancen** entstehen weiterhin am ehesten dort. **Voraussetzung ist, daß Marktzugangsbeschränkungen abgebaut** und Bedingungen geschaffen werden, welche die Rentabilität und Attraktivität von Arbeitsplätzen insbesondere für die wenig qualifizierten Arbeitskräfte verbessern.

- Der in der öffentlichen Diskussion oft unterstellte **Trend zur Informationsgesellschaft** ist bei näherer Analyse kräftig zu relativieren. Er bringt vor allem die Produktivität innerhalb der Sektoren voran, **liefert aber keine wesentlichen Anstöße zu intersektoralem Strukturwandel.** Der Informationssektor im engeren Sinne ist lediglich auf gut 5 vH der Arbeitskräfte und der gesamtwirtschaftlichen Wertschöpfung zu veranschlagen.

4.2 Mobilität der Arbeitskräfte im Strukturwandel

Die Einkommens- und Beschäftigungschancen in Deutschland als hochentwickelter Volkswirtschaft mit geringen natürlichen Ressourcen sind bekanntlich in hohem Maße von der Humankapitalausstattung abhängig. Die deutsche Volkswirtschaft weist in der internationalen Arbeitsteilung komparative Vorteile bei der Produktion wissensintensiver Güter auf, die Akkumulation von Humankapital ist somit von zentraler Bedeutung für das Niveau der Faktorproduktivität und damit der Reallöhne. Der an den Ausgaben für Bildung und Ausbildung gemessene ökonomische Wert des Humankapitalstocks dürfte heute schon mehr als der Hälfte des Sachkapitalstocks entsprechen - Anfang der 70er Jahre betrug das Verhältnis noch 3,2:1.[128]

Die Ausstattung mit Humankapital verändert sich durch Investitionen in Aus- und Weiterbildung, durch demographische Faktoren, aber auch durch den Strukturwandel. So entwertet etwa ein trendmäßiger Rückgang der sektoralen Nachfrage nicht nur immobiles Realkapital, sondern auch sektorgebundene Qualifikationen der Arbeitskräfte. Die Entwertung von Humankapital ist grundsätzlich mit der Entwertung von Realkapital vergleichbar.

Bei dynamischer Betrachtung determinieren also nicht nur die gegebene Qualität und Quantität der Produktionsfaktoren die Einkommens- und Beschäftigungschancen. In einer sich wandelnden Umwelt gewinnt vielmehr die Fähigkeit der Akteure, sich an veränderte wirtschaftliche Gegebenheiten anzupassen, an Bedeutung. Die Anpassungsflexibilität reifer Volkswirtschaften wird nun insbesondere dadurch beschränkt, daß bereits akkumuliertes Humankapital an veränderte Bedingungen angepaßt werden muß und diese Anpassung mit Kosten verbunden ist. Relativ hohe Kosten für die Wanderung von Arbeitskräften können die Mobilität hemmen und damit letztendlich den Strukturwandel behindern.

Durch die geringe Lohnflexibilität gewinnt die Mobilität der Arbeitskräfte noch an Bedeutung. Ist bei weitgehend unbeweglichen Löhnen auch die Mobilität der Arbeitskräfte gering, müssen durch den Strukturwandel hervorgerufene Verschiebungen der Arbeitsnachfrage zu Unterbeschäftigung führen. Insofern kann die hohe Arbeitslosigkeit auch darauf hindeuten, daß sich das Humankapital nicht hinreichend an Datenänderungen anpaßt, die seit den 70er Jahren nicht nur gehäuft, sondern auch stark konzentriert auftreten (Berthold, 1992, S. 53).

Die Veränderung der Humankapitalausstattung der deutschen Volkswirtschaft als Determinante des Strukturwandels steht im Mittelpunkt des folgenden Abschnitts. Danach (4.2.2) wird näher untersucht, welchen Beitrag die externe Mobilität der Arbeitskräfte,

---

[128] Vgl. Buttler/Tessaring (1993), S. 467. In dieser Untersuchung werden die nach Alter und Qualifikation gegliederten Erwerbstätigen und Arbeitslosen mit ihren Ausbildungskosten gemäß üblichem Bildungsverlauf, ohne durch Ausbildung entgangene Einkommen, bewertet. Da Mehrfachqualifikationen und private wie öffentliche Weiterbildungsaufwendungen nicht enthalten sind, stellt die hier angegebene Höhe des Humankapitalstocks eher eine Untergrenze dar.

d.h. der Wechsel zwischen den Branchen und den Unternehmen, tatsächlich zur Anpassung leistet, und welche Faktoren die externe Mobilität beschränken.

4.2.1 Inter- und intragenerationale Mobilität im sektoralen Strukturwandel

Die Anpassung des Humankapitals an veränderte Bedingungen auf der Angebots- und Nachfrageseite kann sich zum einen über den Neueintritt von jungen und das Ausscheiden von älteren Arbeitskräften (d.h. über Geburtskohorten) vollziehen. Zum anderen kann aber auch der bereits bestehende Humankapitalstock an Veränderungen der Technologien, Faktorpreis-Relationen und Nachfrageverschiebungen angepaßt werden. Der erste Fall, die **intergenerationale Anpassung** über Geburtskohorten, ist mit weniger Kosten verbunden, da ältere Arbeitnehmer ihr Humankapital nach dem Ausscheiden ohnehin mitnehmen und junge Arbeitnehmer grundsätzlich flexibel in der Berufs-, Branchen- und Unternehmenswahl sind. Dagegen können im zweiten Fall, bei **intragenerationaler Anpassung**, betriebs-, branchen-, berufs- und/oder arbeitsplatzspezifische Kenntnisse verlorengehen. Intragenerationaler Strukturwandel ist also mit höheren Kosten verbunden. Andererseits kann er flexibler vonstatten gehen, da er nicht an das Ausscheiden älterer Arbeitskräfte gebunden ist. Im folgenden gilt es, die Rolle der beiden Anpassungsoptionen für den Strukturwandel zu überprüfen. Diese Frage ist von grundlegender Bedeutung für die Ausgestaltung des Bildungswesens und die zukünftigen Einkommens- und Beschäftigungschancen, denn der Anpassungsbedarf beim Humankapital kann aufgrund der demographischen Entwicklung zukünftig immer weniger allein über intergenerationale Mobilität gedeckt werden.

Das Potential für kostensparende Anpassung über Kohorten läßt sich aus der Altersstruktur der Erwerbstätigen grob abschätzen. Die demographische Entwicklung und die altersspezifischen Erwerbsquoten sind wesentliche Bestimmungsfaktoren des natürlichen Anpassungsvermögens einer Volkswirtschaft. Die Altersstruktur der sozialversicherungspflichtig Beschäftigten hat sich in der Vergangenheit insgesamt nur wenig verändert (vgl. Thon (1995), S. 295 und Schaubild 4.2.1). Allerdings hat mit rückläufigen Geburtenzahlen und längerer Ausbildung der Anteil der jüngeren Jahrgänge kontinuierlich abgenommen. Dies beschränkt das natürliche Anpassungsvermögen an den Strukturwandel.[129] Auf der anderen Seite scheiden jährlich etwa 2 - 3 vH des jeweiligen Be-

---

[129] Durch die fortlaufende Nettozuwanderung von jungen Arbeitskräften und einen weiteren Anstieg der Erwerbsbeteiligung junger Arbeitskräfte würde das natürliche Anpassungspotential steigen. Allerdings erweist sich die Beschleunigung des Alterungsprozesses als weitgehend stabil gegenüber alternativen Annahmen (Thon, 1995). In der unteren Variante mit 4,3 Mio. Zuwanderungen verringert

Schaubild 4.2.1: Altersstruktur der sozialversicherungspflichtig Beschäftigten

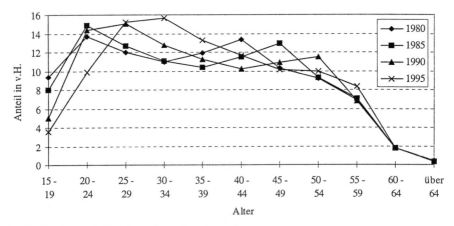

Quelle: Bundesanstalt für Arbeit; eigene Berechnungen

standes aus dem Erwerbsleben aus. **Expandierende Branchen können ihren Arbeitskräftebedarf zukünftig weniger als bisher durch die Einstellung junger Arbeitskräfte befriedigen**, sondern müssen verstärkt Arbeitskräfte einstellen, die in anderen Branchen beschäftigt gewesen sind. Desgleichen können Innovationsprozesse auf Betriebs- und Unternehmensebene zukünftig weniger durch den Austausch älterer Arbeitnehmer gegen jüngere Beschäftigte bewältigt werden. **Es muß also verstärkt bereits akkumuliertes Humankapital angepaßt werden.**

Die Relevanz dieser intragenerationalen Beschäftigungsveränderungen wird in Schaubild 4.2.2 und Tabelle A4.2.1 ausgewiesen. Es zeigt sich, daß die Bedeutung der intragenerationalen Mobilität für den Strukturwandel nicht unterschätzt werden darf. So nimmt die Beschäftigung im Baugewerbe und in den Branchen des Verarbeitenden Gewerbes (die in Tabelle A4.2.1 einzeln betrachtet werden) mit zunehmendem Alter ab, während bei den sonstigen Dienstleistungen, den Gebietskörperschaften und der Sozialversicherung, den Organisationen o.E. und privaten Haushalten Arbeitskräfte im untersuchten Altersbereich zwischen 30 und 54 Jahren neu eintreten. Erklären lassen sich diese Unterschiede damit, daß in der Industrie und der Bauwirtschaft die Produktivität mit dem Alter eher abnimmt, während dies in den anderen genannten Bereichen weniger

---

sich die Besetzung der Altersgruppe der 15-29jährigen bis zum Jahr 2010 um 3 Mio. Erwerbspersonen; dies entspricht einem Rückgang von 30 vH. gegenüber 1990. Auch in anderen europäischen Ländern unterliegt das Erwerbspersonenpotential demographisch bedingten Alterungsprozessen, die Bundesrepublik liegt aber an der Spitze der Entwicklung.

der Fall ist. Die Bereiche Energiewirtschaft, Verkehr, Handel, Kredit- und Versicherungsgewerbe erweisen sich als annähernd gleichbleibend attraktiv zumindest für die unter 50jährigen.

Schaubild 4.2.2: Intragenerationale Beschäftigungsveränderungen nach Sektoren

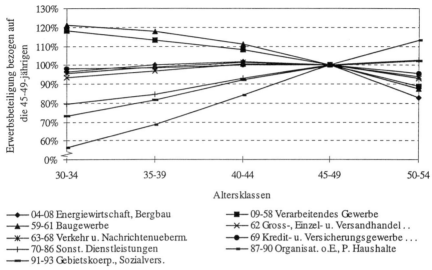

Quelle: Bundesanstalt für Arbeit (a); eigene Berechnungen

Insgesamt ist festzustellen, daß die Beschäftigten mittleren Alters vergleichsweise wenig zum strukturellen Wandel zwischen den Branchen beitragen bzw. davon betroffen sind. Als flexibel erweisen sich vielmehr die unter 40jährigen. Daß **die intragenerationale Mobilität mit steigendem Alter abnimmt**, zeigt sich deutlich, wenn die unter 30jährigen in die Analyse miteinbezogen werden. Es werden hierbei nur solche Wirtschaftszweige betrachtet, in denen die Beschäftigung der unter 30jährigen innerhalb einer Geburtskohorte sinkt[130]. Dies ist in mehr als der Hälfte aller Wirtschaftszweige der Fall. In diesen Sektoren verringert sich die Beschäftigung einer Geburtskohorte in der Altersgruppe 25-29 Jahre um durchschnittlich 16 vH. Mit steigendem Alter verlassen dann weitere 13 vH (Beschäftigung der 30-34jährigen im Vergleich zu den 25-29jährigen) bzw. 8 vH (Beschäftigung der 35-39jährigen im Vergleich zu den 30-34jährigen) einer Geburtskohorte diese Sektoren. Auch die Arbeitskräfteerhebung der

---

130 In Branchen mit steigender Beschäftigung könnte nämlich nicht ausgeschlossen werden, daß es sich bei Neuzugängen in den unteren Altersklassen nicht um intersektoralen Wechsel, sondern um den Berufseintritt z.B. von Hochschulabgängern handelt.

Auswertung der Beschäftigtenstatistik des IAB und der EU

Die Analyse der intragenerationalen und intersektoralen Beschäftigungsveränderungen erfolgt auf der Grundlage von Daten aus der Beschäftigtenstatistik der Bundesanstalt für Arbeit, ergänzt um Ergebnisse aus der Arbeitskräfteerhebung der Europäischen Union[131] für das Jahr 1995. In die Auswertung gehen Daten über die Zahl der sozialversicherungspflichtig Beschäftigten nach Altersklassen und Wirtschaftszweigen am 30.6. der Jahre 1980, 1985, 1990 und 1995 ein. Die Altersklassen wurden dabei so gewählt, daß sie jeweils 5 Jahrgänge umfassen. Da zwischen den "Stichjahren" ebenfalls 5 Jahre liegen, steigen die sozialversicherungspflichtig Beschäftigten einer Altersklasse zwischen zwei Auswertungsjahren jeweils in die nächsthöhere Altersklasse auf.

Die im Schaubild enthaltenen Daten ergeben sich für jede Altersgruppe aus dem Durchschnitt der vier erhobenen Jahre. Sie geben zwar nicht exakt die Veränderung in der Sektorstruktur der Erwerbstätigen in **einer** Kohorte wieder, da sich auch der sektorale Strukturwandel zwischen den erfaßten Zeitpunkten auswirken kann. Auf der anderen Seite hat das gewählte Verfahren den Vorteil, daß es eine Analyse über den gesamten erfaßten Altersbereich erlaubt, obwohl der Erhebungszeitraum nur 15 Jahre beträgt. Es erscheint vertretbar, die Veränderungen zwischen den Altersgruppen als Entwicklung in einer Kohorte zu interpretieren.

Vollzöge sich der Strukturwandel der Beschäftigung ausschließlich über Kohorten, d.h. intergenerational, so wäre in einem Sektor die Zahl der Beschäftigten einer Geburtskohorte im Zeitablauf konstant, abzüglich altersbedingter Abgänge. Da intragenerationale Mobilität nur dann vorliegt, wenn Arbeitskräfte einer Geburtskohorte während ihres Berufslebens von einem Sektor in einen anderen wechseln und dies bei den älteren Arbeitskräften i.d.R. nicht mehr angenommen werden kann, werden Beschäftigungsveränderungen bei den über 55jährigen Arbeitskräften im folgenden ausgeblendet. Auch Veränderungen bei den jungen, unter 30jährigen Beschäftigten sind nicht notwendigerweise ein Zeichen intragenerationaler Mobilität. Eine Beschäftigungszunahme zwischen den Altersgruppen 20-24 und 25-29 kann nämlich auch darauf zurückzuführen sein, daß in dieser Branche überdurchschnittlich viele Hochschulabsolventen beschäftigt werden. Aus diesem Grund wird zunächst nur die Gruppe der 30-54jährigen betrachtet.

Bezugspunkt der Auswertung sind die sektoralen Beschäftigten einer Geburtskohorte in der Altersklasse 45-49 Jahre (= 100 vH). Wenn die Beschäftigung **einer** Geburtskohorte im Laufe der Zeit in einem Wirtschaftszweig kontinuierlich zunimmt, so ergeben sich bis zur Altersklasse 45-49 Werte unter 100 Prozent, für die 50-54jährigen dagegen Werte über 100 Prozent.

Europäischen Union zeigt sehr deutlich, daß die branchenübergreifende Mobilität mit steigendem Alter abnimmt (Schaubild 4.2.3). So wechselten zwischen 1994 und 1995 knapp 6 vH der unter 25jährigen Erwerbstätigen den Wirtschaftszweig im Vergleich zu

---

131 In Deutschland ist die Stichprobenerhebung für die EU in den Mikrozensus integriert. Dabei werden rund 150.000 Haushalte nach dem Beschäftigungsstatus (arbeitslos, nicht erwerbstätig, Wirtschaftszweig der Erwerbstätigkeit) zum Zeitpunkt der Befragung und im vorherigen Jahr befragt.

4,3 vH in der Altersgruppe 35-49. Bei den über 50jährigen Erwerbstätigen halbiert sich die sektorübergreifende Wechslerquote dann noch einmal auf 2,5 vH.

Aus Tabelle 4.2.1 geht hervor, daß **die intergenerationale Mobilität von größerer Bedeutung für die branchenübergreifende Anpassung des Humankapitals ist als Wanderungen innerhalb von Geburtskohorten**. Drei Viertel der insgesamt 12,5 Mio. Zugänge sind junge, unter 30jährige Arbeitskräfte, von denen angenommen werden kann, daß sie neu in den Arbeitsmarkt eintreten. Auch bei den insgesamt 8,8 Mio. Abgängen können allenfalls in einem Viertel der Fälle (2,025 Mio.) branchenübergreifende Wanderungen von Arbeitskräften vermutet werden.

Tabelle 4.2.1: Zu- und Abgänge der sozialversicherungspflichtig Beschäftigten zwischen 1980 und 1995

	Zugänge	Abgänge
unter 30 Jahre	10.484.651	892.043
30-54-Jahre	2.025.720	3.559.161
über 54 Jahre	./.	4.431.654
Summe	12.510.371	8.882.858

Quelle: Bundesanstalt für Arbeit; eigene Berechnungen

Die Ergebnisse der Arbeitskräfteerhebung der Europäischen Union deuten in die gleiche Richtung (Tabelle A4.2.2): Von den insgesamt 4 Mio. Neuzutritten des Jahres 1995 waren nur ein Drittel Wirtschaftszweigwechsler, zwei Drittel (2,6 Mio.) waren ein Jahr zuvor nicht erwerbstätig. Es gibt so gut wie keine Sektoren, in denen die Zugänge von Wirtschaftszweigwechslern bedeutsamer sind als die Zugänge von Nichterwerbstätigen.

Fazit:

Die Anpassung des Humankapitalstocks an veränderte Bedingungen auf der Angebots- und Nachfrageseite (Strukturwandel) kann sowohl durch **intergenerationale** als auch durch **intragenerationale Mobilität** vollzogen werden. Intergenerationale Mobilität bedeutet, daß ältere Arbeitskräfte aus dem Erwerbsleben ausscheiden und junge Arbeitskräfte eintreten, und zwar nicht nur in den von den "Alten" freigemachten Arbeitsplätzen. Intragenerationale Mobilität meint dagegen, daß Erwerbstätige die Branche wechseln; dabei gehen in der Regel spezifische Kenntnisse verloren.

Zwar hat sich die Altersstruktur der sozialversicherungspflichtig Beschäftigten in der Vergangenheit nicht grundlegend verändert, das intergenerationale Anpassungsvermö-

Schaubild 4.2.3: Anteil der Beschäftigten einer Altersklasse, die im Jahr zuvor in einem anderen Wirtschaftszweig beschäftigt waren

Quelle: Eurostat (b); eigene Berechnungen

gen des Humankapitals wird zukünftig aber dadurch eingeschränkt, daß die Zahl der jungen Erwerbstätigen aufgrund der demographischen Entwicklung sinkt. **Expandierende Branchen können deshalb ihren Humankapitalbedarf immer weniger durch die Einstellung junger Arbeitskräfte befriedigen**, sondern müssen verstärkt Arbeitskräfte aus anderen Branchen abziehen. Dies wäre eine gravierende Veränderung für

Unternehmen und Arbeitskräfte, denn bisher ist die intergenerationale Mobilität zwischen den Sektoren noch wesentlich bedeutsamer als die Wanderung innerhalb der Kohorten.

4.2.2 Veränderung der Humankapitalausstattung

4.2.2.1 Quantitative Veränderungen

Quantitative Veränderungen der sektoralen Humankapitalausstattung lassen sich auf Veränderungen des Arbeitsangebots und/oder Veränderungen der Arbeitsnachfrage zurückführen. Es werden daher zunächst die sektorübergreifenden Veränderungen des Arbeitsangebots dargestellt (4.2.2.1.1), bevor die sich aus angebots- und nachfrageseitigen Veränderungen ergebenden Anpassungsprozesse einer Analyse unterzogen werden. Dabei wird zwischen schrumpfenden (4.2.2.1.2) und expandierenden Sektoren unterschieden (4.2.2.1.3). Der mit quantitativen Veränderungen eng verknüpfte qualitative Wandel des Humankapitals wird in Teil 4.2.2.2 behandelt.

4.2.2.1.1 Sektorübergreifende Veränderungen des Arbeitsangebots

Seit Anfang der 70er Jahre ist das durch das Erwerbspersonenpotential verkörperte Arbeitsangebot in Westdeutschland kontinuierlich gestiegen, allein zwischen 1980 und 1995 um 4,5 Mio. Personen (Schaubild 4.2.4). Die Verfügbarkeit von Arbeitskräften wird im wesentlichen durch demographische Faktoren, Wanderungen zwischen dem In- und Ausland und der Erwerbsbeteiligung der Bevölkerung bestimmt. Ohne die **Zuwanderung** von 2,8 Mio. Arbeitskräften allein zwischen 1987 und 1993 wäre das Arbeitsangebot in den alten Bundesländern aufgrund der demographischen Entwicklung seit Ende der 80er Jahre rückläufig.

Bei der **Erwerbsbeteiligung** sind gegenläufige Effekte wirksam, die sich in der Vergangenheit mehr oder weniger ausgeglichen haben. So ist einerseits die Erwerbsbeteiligung der Frauen kontinuierlich gestiegen.[132] Vor allem Frauen mittleren Alters beteiligen sich heute wesentlich stärker am Erwerbsleben als früher, was nicht zuletzt auf den gesellschaftlichen Wandel in der Einstellung zu Familie und Beruf zurückzuführen sein

---

132 Die erhöhte Erwerbsbeteiligung der Frauen bewirkt einen Anstieg des Erwerbspersonenpotentials um 2,6 Mio. gegenüber dem Basisjahr 1960 (vgl. Reinberg et al. 1995, S. 320).

Schaubild 4.2.4: Entwicklung des Erwerbspersonenpotentials von 1970 bis 1995, in Tsd.

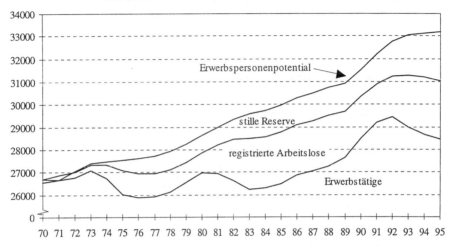

Quelle: Institut für Arbeitsmarkt- und Berufsforschung

dürfte. Andererseits ist die Erwerbsbeteiligung der unter 30jährigen durch eine längere Ausbildung[133] und der über 60jährigen durch ein vorzeitiges Ausscheiden aus dem Erwerbsleben stark zurückgegangen. Der Effekt längerer Ausbildungszeiten auf das Erwerbspersonenpotential wird allerdings teilweise dadurch kompensiert, daß Personen mit höheren Bildungsabschlüssen später aus dem Erwerbsleben ausscheiden. So waren 1989 66,8 vH der Männer (32,2 vH der Frauen) mit Hochschulabschluß im Alter zwischen 60 und 65 noch erwerbstätig; die Erwerbsquote von Personen mit Lehr- oder Anlernausbildung war dagegen mit 29,3 vH (11,4 vH) nicht einmal halb so hoch (Statistisches Bundesamt e). Darüber hinaus führt die längere Ausbildungsdauer zu einer höheren Qualität des Arbeitsangebots (vgl. 4.2.1.3) - rückläufige Quantität wird mithin durch höhere Qualität substituiert.

---

[133] So befanden sich etwa 1992 2,15 Mio. mehr Jugendliche im Alter zwischen 15 und 24 Jahren im Bildungs- und Ausbildungssystem, als es bei unveränderter Ausbildungsbeteiligung des Jahres 1960 zu erwarten gewesen wäre. Dem Arbeitsmarkt wurden dadurch 1,9 Mio. Arbeitskräfte entzogen. Der verbleibende Rest von 250.000 ist den Nichterwerbspersonen entzogen worden (vgl. Reinberg, et al. 1995, S. 317 f.). Der Effekt der längeren Ausbildung auf das Erwerbspersonenpotential wird durch den Anstieg der Erwerbstätigkeit bei Schülern und Studenten nur teilweise kompensiert (Statistisches Bundesamt a).

4.2.2.1.2 Anpassung in schrumpfenden Branchen

Die quantitative Anpassung des Humankapitals vollzieht sich in schrumpfenden Branchen vorrangig über die Entlassung der älteren Beschäftigten; zugleich nimmt aber auch die Beschäftigung junger Arbeitskräfte ab. Dabei verringert sich die Beschäftigung der 25-29jährigen stärker als die der nächstfolgenden Altersgruppen. Die geringsten Veränderungen weist die Gruppe der 40-44jährigen sozialversicherungspflichtig Beschäftigten auf. Mit zunehmendem Alter beschleunigt sich dann wiederum der Beschäftigungsabbau. Dieses Anpassungsmuster gilt es im folgenden zu erklären und aus gesamtwirtschaftlicher Sicht zu beurteilen.

Erklärungsbedürftig ist zunächst die **fortlaufende Freisetzung neugebildeten Humankapitals in schrumpfenden Branchen**. Daß auch schrumpfende Branchen die Kenntnisse der Belegschaft durch Neueinstellung und Ausbildung junger Arbeitskräfte und nicht nur durch die Fortbildung älterer, langjähriger Arbeitnehmer an veränderte Anforderungen anpassen, ist für sich genommen nicht weiter bemerkenswert. Schließlich hängt zum einen die Rentabilität der Humankapitalbildung von der erwarteten "Nutzungsdauer" ab, und zum anderen liegt die Entlohnung für Auszubildende deutlich[134] unter der Entlohnung für Facharbeitskräfte. Überraschend ist aber die Beobachtung, daß die 25-29jährigen Beschäftigten, die nach Abschluß ihrer Ausbildung und erster Berufserfahrung über eine relativ hohe Produktivität bei im Vergleich zu langjährigen Mitarbeitern niedrigen Löhnen verfügen dürften (vgl. 4.2.2.2), in schrumpfenden Branchen in hohem Maße vom Beschäftigungsabbau betroffen sind. Dabei bleibt allerdings offen, ob die Freisetzung von Humankapital durch Entlassungen seitens der Arbeitgeber oder durch freiwillige Kündigungen der Beschäftigten zustande kommt. Die folgenden Überlegungen legen die Annahme nahe, daß Entlassungen keine überragende Rolle spielen.

So ist nicht anzunehmen, daß die Arbeitgeber die Beschäftigten deshalb entlassen, weil der technische Fortschritt in diesen Branchen eine solche Geschwindigkeit hat, daß das Humankapital der frisch ausgebildeten Arbeitskräfte bereits nach kurzer Zeit wieder veraltet ist. Dann würde bei älteren Arbeitskräften noch stärker abgebaut werden. Möglicherweise ist das zu beobachtende Anpassungsmuster darauf zurückzuführen, daß die

---

[134] Die tariflichen Ausbildungsvergütungen von Arbeitern betragen im ersten (letzten) Ausbildungsjahr zwischen 26 vH und 40 vH (34 vH und 60 vH) des Anfangslohns für Facharbeiter. Bei den Angestellten liegen die tariflichen Ausbildungsvergütungen ebenfalls deutlich unter den Anfangsgehältern von Angestellten (zwischen 27 vH und 46 vH im ersten Ausbildungjahr und 33 vH bis 63 vH im letzten Jahr).

Unternehmen die Nachfrageentwicklung und damit ihren zukünftigen Arbeitskräftebedarf systematisch überschätzen. Da junge Arbeitskräfte nur über eine geringe Betriebszugehörigkeitsdauer verfügen, dürften die Entlassungskosten der Beschäftigten dieser Altersklasse am geringsten sein. Dies ist aber nur dann wirklich überzeugend, wenn die Ausbildung junger Arbeitskräfte - sei es durch Anlernen "on the job" oder im Rahmen der dualen Berufsausbildung - für die Unternehmen nicht mit Nettokosten verbunden ist. Andernfalls wäre es für die Unternehmen nämlich unter Kostengesichtspunkten sinnvoller, weniger Arbeitskräfte neu auszubilden und diese nicht zu entlassen, oder gar nicht auszubilden und nach dem neuesten Stand der Technik ausgebildete Arbeitskräfte aus anderen Betrieben abzuwerben. Inwieweit die Ausbildung junger Arbeitskräfte lohnender ist als die Anwerbung bereits ausgebildeter Arbeitskräfte, läßt sich hier nicht abschätzen. Verschiedene Untersuchungen zu den Kosten und Erträgen der dualen Berufsausbildung (von Bardeleben 1994, Weißhuhn 1994) kommen aber zu dem Ergebnis, daß in Industrieunternehmen die betrieblichen Kosten der Berufsausbildung größer als die Erträge während der Ausbildungszeit sind.[135] Auch Forderungen mancher ausbildenden Unternehmen nach Einführung einer Berufsausbildungsabgabe sprechen eher dafür, **daß sich die Berufsausbildung für die Unternehmen der Industrie nicht "lohnt"**.

Für Handwerksbetriebe gilt dies allerdings nicht. Die fortlaufende Ausbildung und anschließende Freisetzung von Humankapital läßt sich daher dort durchaus erklären. In den handwerklich geprägten Branchen dürften aber auch freiwillige Kündigungen eine nicht unbedeutende Rolle spielen. Eine Reihe von Beschäftigten wird sich hier nach Abschluß der Meisterprüfung selbständig machen und erscheint damit nicht mehr in der Statistik der sozialversicherungspflichtig Beschäftigten. Darüber hinaus dürften die jüngeren sozialversicherungspflichtig Beschäftigten von Branchen mit unterdurchschnittlichen Einkommenschancen in solche mit besseren Aussichten wechseln. Eine Reihe von Untersuchungen weist darauf hin, daß eine Vielzahl von jungen, im Handwerk ausgebildeten Arbeitskräften aufgrund der besseren Einkommenschancen freiwillig in die Industrie wechselt, wo sie als "Ungelernte" eingesetzt werden (Henninges 1994). Die Beschäftigung als "Ungelernte" deutet darauf hin, daß die beruflichen Fähigkeiten dieser Arbeitskräfte keine vollständige Verwendung finden. Dennoch werden diese branchenfremd ausgebildeten Arbeitskräfte deutlich höher entlohnt als Arbeitskräfte ohne Be-

---

135 Die Ausbildung von Arbeitskräften im Rahmen der dualen Berufsausbildung ist daher rational, wenn zumindest ein Teil der ausgebildeten Arbeitskräfte im Betrieb verbleibt. Zur betrieblichen Rationalität der Berufsausbildung vgl. z.B. Franz/Soskice (1994) und Henninges (1994). Eine Kohortenanalyse der Auszubildenden, die ihre Ausbildung 1979 abgeschlossen haben, zeigt, daß ein halbes Jahr nach Ausbildungsabschluß 46 vH noch im Ausbildungsbetrieb beschäftigt waren; 5 Jahre nach Ausbildungsabschluß waren es noch 20 vH (Hofbauer/Nagel 1987, S. 49).

rufsausbildung. Durch den Ausbildungsabschluß "signalisieren" die Arbeitskräfte allgemeine Fähigkeiten sowie insbesondere Arbeitsmotivation und Disziplin. Aus Sicht der Arbeitskräfte ist es aufgrund der zu erwartenden höheren Entlohnung durchaus rational, in Humankapital zu investieren, das nicht produktiv eingesetzt werden kann. Aus gesamtwirtschaftlicher Sicht stellt sich aber durchaus die Frage, ob es nicht effizientere Möglichkeiten des "signalling" als den beschriebenen "Selbstausleseprozeß" über eine Berufsausbildung gibt.

Die Tatsache, daß die jüngeren, 25-29jährigen Beschäftigten in den schrumpfenden Branchen stärker vom Beschäftigungsabbau betroffen sind als die nächstfolgenden Altersgruppen, ist für sich genommen gesamtwirtschaftlich effizient. Schließlich haben jüngere Mitarbeiter die längste pay-off-Periode für Humankapitalinvestitionen. Es stellt sich aber die Frage nach der einzelwirtschaftlichen Rationalität. Nachfrageseitig läßt sich ein solches Anpassungsmuster wohl nur über implizite Beschäftigungsgarantien und von der Betriebszugehörigkeitsdauer abhängige Kündigungskosten erklären (vgl. 4.2.3.2.2). Theoretisch lassen sich implizite Beschäftigungsgarantien vor allem in humankapitalintensiven Branchen begründen. Die Arbeitnehmer werden sich nämlich nur dann an den Kosten spezifischer Humankapitalinvestitionen beteiligen, wenn der "pay off" gesichert ist. In Branchen mit geringer Humankapitalintensität entfällt diese Funktion impliziter Beschäftigungsgarantien. Tatsächlich sind die sozialversicherungspflichtig Beschäftigten jungen und mittleren Alters in einer Reihe von Branchen mit geringer Humankapitalintensität (Gießereien, Gummi- und Asbesterzeugung, NE-Metallhütten, Eisen- und Stahlerzeugung, Stahlverformung und -härtung, Herstellung und Reparatur von Uhren) gleichermaßen vom Beschäftigungsabbau betroffen.

Wie bereits erwähnt beschleunigt sich aber der Beschäftigungsabbau in schrumpfenden Branchen ab der Altersklasse 40-44. Während ein Großteil der freigesetzten 44-54 jährigen in expandierende Branchen wechselt, scheidet die Gruppe der 55-65jährigen vorzeitig aus dem Erwerbsleben aus. **Das vorzeitige Ausscheiden aus dem Erwerbsleben ist vor allem auf politisch-institutionelle Faktoren zurückzuführen.** Der Gesetzgeber fördert eine Politik der Reduzierung des gesamtwirtschaftlichen Arbeitsangebots durch frühzeitigen Übergang älterer Arbeitnehmer in die Rente: 1995 wäre das Erwerbspersonenpotential um 900.000 Personen größer gewesen, wenn die Erwerbsquote der 60-64jährigen Männer heute noch so hoch wie Anfang der 60er Jahre wäre (vgl. Reinberg et al. 1995, S. 230). Auf diese Weise soll die Arbeitslosigkeit verringert, der

Arbeitsmarkt entlastet, der Lohndruck vermindert und damit letztlich das hohe Einkommensnivau stabilisiert werden.

Durch das vorzeitige Ausscheiden älterer Arbeitskräfte steigt das Volkseinkommen insoweit, als ältere durch junge, produktivere Arbeitskräfte ersetzt werden.[136] Während junge Arbeitskräfte nämlich nach dem letzten Stand der Technik ausgebildet sind, ist das Humankapital älterer Arbeitskräfte durch den technischen Fortschritt zunehmend veraltet,[137] sofern die Kenntnisse der älteren Arbeitnehmer nicht durch Fort- und Weiterbildung an veränderte Qualifikationsanforderungen angepaßt werden. Einer einzel- wie gesamtwirtschaftlich rationalen Strategie der Produktivitätssteigerung mittels Substitution älterer Arbeitskräfte durch jüngere stehen nun aber gesetzliche und tarifvertragliche Regelungen zum Schutz älterer, langjähriger Arbeitnehmer (wie z.B. Rationalisierungsschutzabkommen und der gesetzliche Kündigungsschutz) und implizite Beschäftigungsgarantien entgegen. Erst durch die Möglichkeiten des freiwilligen vorzeitigen Rentenzugangs können die Produktivitätsunterschiede zwischen alten und jungen Arbeitskräften genutzt werden. **Vorruhestandsregeln erleichtern m.a.W. die quantitative und qualitative Anpassung des Humankapitalstocks und verbessern insofern auch die internationale Wettbewerbsfähigkeit deutscher Unternehmen.** Darüber hinaus ist die Substitution älterer Arbeitnehmer durch jüngere insoweit wohlfahrtssteigernd, als die immateriellen Kosten der Nichterwerbstätigkeit für ältere Arbeitskräfte geringer sind als für jüngere. Da ältere Erwerbspersonen durch die frühzeitige Verrentung über eine gesellschaftlich anerkannte Alternative zur Teilnahme am Erwerbsleben verfügen (vgl. Schellhaaß/Kelp 1995, S. 401), dürfte ihr Freizeitnutzen größer sein als der von jungen, arbeitslosen Erwerbspersonen.

Diese positive Sicht der Frühverrentung gilt allerdings nur unter der Annahme, daß die bestehende Arbeitslosigkeit unvermeidbar ist. Teilt man diese Annahme nicht, so sind erhebliche Kosten zu berücksichtigen. Kosten entstehen zum einen durch den Anstieg der Sozialversicherungsbeiträge, die von den sozialversicherungspflichtig Beschäftigten zu tragen sind. Insoweit, als es den Arbeitgebern nicht gelingt, den Anstieg der Lohnnebenkosten über Lohnzugeständnisse auf die Arbeitnehmer zu überwälzen, verschlechtert sich auch die Qualität des Standorts Deutschland im internationalen Standortwettbe-

---

136 Untersuchungen zum Vorruhestand weisen daraufhin, daß die freigewordenen Arbeitsplätze bevorzugt mit beruflich qualifizierten jüngeren Arbeitskräften besetzt werden. 1985 entfielen 46 vH aller Neueinstellungen auf die unter 25jährigen. Vgl. Kühlewind (1988), S. 60.
137 Das Bochumer Institut für angewandte Innovationsforschung geht davon aus, daß alle sechs bis sieben Jahre die Hälfte des einmal erworbenen know-hows veraltet (Staudt 1996)

werb, und damit verschlechtern sich letztlich die Einkommens- und Beschäftigungsmöglichkeiten generell.

Ebenso wird durch den "Sozial- und Produktivitätspakt" (vgl. Rosenow/Naschold 1993, S. 147) das Produktivitätspotential älterer Arbeitnehmer nicht ausgeschöpft. **Im Grunde wird Volkseinkommen in Höhe des Wertgrenzprodukts der vorzeitig ausscheidenden Arbeitskräfte verschenkt**, um eine sozialverträgliche Abfederung des vorzeitigen Ausscheidens älterer Arbeitskräfte aus dem Berufsleben zu erreichen.

Ungeachtet dieser Kosten wurden die gesetzlichen Anreize zur Frühverrentung mit Anstieg der Arbeitslosigkeit weiter ausgeweitet. Überraschenderweise zeigt aber der Ausbau dieses arbeitsmarktpolitischen Instrumentariums Mitte der 80er Jahre durch das Vorruhestandsgesetz[138] gesamtwirtschaftlich so gut wie keine Wirkung (vgl. Schaubilder A4.2.1 und 4.2.1) - seit 1985 liegt die Erwerbsbeteiligung der 60-65jährigen relativ konstant bei 34 vH (Männer) bzw. 11 vH (Frauen). Wesentlich stärker wurde in den letzten Jahren von der Altersrente für Arbeitslose[139] gemäß AFG (vgl. Tabelle 4.2.2) Gebrauch gemacht. Dies liegt nicht zuletzt daran, daß hier nur ein kleinerer Teil der Kosten in das Kalkül der betrieblichen Akteure eingeht, da der Großteil der Kosten von der Versichertengemeinschaft der Arbeitslosenversicherung getragen wird.[140]

Der Rückgang der Erwerbsquoten hat sich im wesentlichen zwischen 1975 und 1985 vollzogen, wobei sich die Entwicklung schon zu Beginn der 80er Jahre deutlich abgeschwächt hat: Allein zwischen 1975 und 1980 ist die Erwerbsquote der 60-64jährigen Männer um 25 Prozentpunkte von 69 vH auf 44 vH gesunken. **Deutschland nimmt**

---

138 Zwischen 1984 und 1988 wurde der Vorruhestand von 150.000 Arbeitnehmern in Anspruch genommen. Dabei ist zu berücksichtigen, daß nur für ein Drittel der älteren Arbeitnehmer tarifvertragliche Vorruhestandsvereinbarungen abgeschlossen wurden. 40 vH der Arbeitnehmer, die einen Anspruch auf Vorruhestand hatten, machten in den Jahren 1984 bis 1988 davon Gebrauch (vgl. Gatter/Hartmann 1995, S. 416).
139 Hierbei erfolgt der Übergang in den Ruhestand nicht direkt aus dem Erwerbsleben, sondern über eine Zwischenphase der Arbeitslosigkeit. In dieser Zwischenphase beziehen die Älteren Arbeitslosengeld. Die Höchstbezugsdauer für Arbeitslosengeld wurde stufenweise angehoben und beträgt seit 1987 32 Monate. Bislang bestand mit 60 Jahren Anspruch auf ein Altersruhegeld für Arbeitslose, sofern der Betreffende mindestens 15 Jahre versicherungspflichtig beschäftigt war und in den letzten eineinhalb Jahren vor Rentenzugang mindestens ein Jahr arbeitslos war. Die Altersgrenze für die Altersrente wegen Arbeitslosigkeit (und nach Altersteilzeit) wird für Männer bis 1999 stufenweise auf 63 Jahre angehoben.
140 Unter bestimmten Voraussetzungen besteht allerdings eine Erstattungspflicht der Arbeitgeber an die Bundesanstalt für Arbeit für das an die ehemaligen Mitarbeiter nach dem 58. Lebensjahr gezahlte Arbeitslosengeld. Vgl. hierzu auch Gatter/Hartmann (1995), S. 414.

Tabelle 4.2.2: Zahl der Altersrenten wegen Arbeitslosigkeit (Neuzugänge in Tausend)

	1986	1987	1988	1989	1990	1991	1992	1993	1994	1995
West	39,6	40,7,3	50,4	56,5	57,6	52,5	53,4	88,6	111,0	120,0
Ost	.	.	.	.	.	.	0,4	23,3	93,0	170,0

Quelle: Die Zeit (23.2.1996)

damit in der OECD einen Spitzenplatz unter den Ländern ein, die das Produktivitätspotential Älterer zunehmend weniger nutzen.[141]

4.2.2.1.3 Anpassung in expandierenden Branchen

Die Expansion wachsender Branchen vollzieht sich vorrangig über die Einstellung junger Arbeitskräfte. Bei starker Expansion kann der Arbeitskräftebedarf aber nicht allein durch die Neubildung von branchenspezifischem Humankapital gedeckt werden. Es überrascht daher nicht, daß diese Branchen per saldo mehr Arbeitskräfte mittleren Alters aus anderen Branchen einstellen als sie an andere Branchen verlieren. Dabei nimmt das Beschäftigungswachstum i.d.R. mit steigendem Alter ab. In Branchen mit einem hohen Anteil von weiblichen Beschäftigten oder einem hohen Anteil von Akademikern expandiert vorrangig die Beschäftigung in den mittleren Altersgruppen.

Der in einigen expandierenden Branchen zu beobachtende Beschäftigungsrückgang in den Altersklassen bis unter 30 ist wohl primär auf freiwillige Kündigungen der Beschäftigten infolge von Selbständigkeit und unterdurchschnittlichen Einkommenschancen zurückzuführen. Solche Anpassungsmuster lassen sich nämlich vor allem in Branchen mit unterdurchschnittlichen Tariflöhnen und -gehältern, wie Schlossereien, Schweißereien, Lüftungsanlagenbau, Ausbau- und Bauhilfsgewerbe, Zimmereien und Dachdeckereien, Friseur- und Körperpflegegewerbe sowie Hotels und Gaststätten beobachten. Bei den letztgenannten Branchen dürfte zusätzlich auch das mutterschaftsbedingte Ausscheiden von Frauen ins Gewicht fallen.

---

141 Vgl. Rosenow/Naschold (1993), S. 147. In Japan und Schweden ist die Erwerbsbeteiligung der älteren Bevölkerung kaum gesunken. Eine mittlere Absenkung ist in den USA und Großbritannien zu beobachten, während die Erwerbsquoten in den Niederlanden und Frankreich ähnlich stark wie in Deutschland zurückgegangen sind.

Expandierende Branchen machen von den Möglichkeiten einer frühzeitigen Verrentung erwartungsgemäß weniger Gebrauch. Grundsätzlich setzt die Entlassung älterer Arbeitnehmer umso später ein, je stärker ein Wirtschaftszweig expandiert.

Fazit

Die **quantitativen Veränderungen im Humankapital einer Volkswirtschaft** lassen sich auf Veränderungen des Arbeitsangebots und der Arbeitsnachfrage zurückführen: Seit Anfang der 70er Jahre ist das Arbeitsangebot (Erwerbspersonenpotential) kontinuierlich gestiegen. Dies ist ausschließlich auf die Zuwanderung von Erwerbspersonen zurückzuführen. Die Anpassung des Humankapitals an den Strukturwandel geschieht in den Branchen auf unterschiedliche Weise:

- In den **schrumpfenden Branchen** findet der stärkste Beschäftigungsabbau in den höchsten und niedrigsten Altersgruppen statt. Bei jüngeren Arbeitnehmern spielen vor allem **im Handwerk**, das über den eigenen Bedarf hinaus ausbildet, **freiwillige Wechsel eine wichtigere Rolle als Kündigungen** von Seiten der Arbeitgeber. Die verringerte Beschäftigung von jüngeren Arbeitskräften kann gesamtwirtschaftlich positiv zu werten sein: Jüngere Arbeitskräfte sind am ehesten in der Lage, sich neue Kenntnisse anzueignen und diese über einen längeren Zeitraum zu verwerten. Zumindest bei freiwilliger Kündigung dürfte das Wertgrenzprodukt in der neuen Verwendung höher als in der alten sein.

- In **Industrieunternehmen** sind dagegen die betrieblichen Kosten der Berufsausbildung oft höher als die Erträge während der Ausbildungszeit. **Der Rückgang der Erwerbsbeteiligung bei den Älteren ist in der Industrie vor allem auf politische und institutionelle Faktoren zurückzuführen** (Vorruhestand und Altersrenten für Arbeitslose). Durch das vorzeitige Ausscheiden älterer Arbeitnehmer wird - unter der Voraussetzung, daß Vollbeschäftigung möglich ist - Volkseinkommen verschenkt, das Volkseinkommen steigt allerdings insoweit, als ältere Arbeitskräfte durch jüngere, produktivere ersetzt werden. Der Ausbau des arbeitsmarktpolitischen Instrumentariums Mitte der 80er Jahre durch das Vorruhestandsgesetz hat so gut wie keine Wirkung gezeigt. Wesentlich stärker wurde dagegen die Altersrente für Arbeitslose in Anspruch genommen.

- Die Expansion **wachsender Branchen** vollzieht sich hauptsächlich über die Einstellung junger Arbeitskräfte. Bei starker Expansion ziehen diese Branchen darüber hinaus netto Arbeitskräfte aus anderen Branchen auf sich. Die Zuwanderung aus anderen Branchen nimmt mit steigendem Alter der Arbeitskräfte ab. Frühzeitige Verrentung ist in diesen Branchen weniger verbreitet.

4.2.2.2. Qualitative Veränderungen der Humankapitalausstattung

Auf die zentrale Bedeutung eines hochwertigen Arbeitsangebots wurde eingangs bereits hingewiesen. Zukünftig dürfte die Qualifikation der Arbeitskräfte als Faktor für den Wohlstand weiter an Bedeutung gewinnen. Angesichts relativ hoher und nach unten weitgehend starrer Reallöhne sowie eines zunehmenden internationalen Standortwettbewerbs muß versucht werden, das Produktivitätswachstum zu steigern. Dabei kommt der Ausbildung der Arbeitskräfte in zweifacher Hinsicht eine wichtige Rolle zu. Zum einen kann durch die Schaffung neuen Humankapitals die Produktivität der Arbeitskräfte gesteigert werden. Zum anderen erfordert ein beschleunigter Strukturwandel die Requalifizierung und fortlaufende Weiterbildung der Arbeitskräfte. Weiterbildung ist für Humankapital das, was für Sachkapital die Pflege, Erneuerung und Instandhaltung ist; unterbleibt sie, verliert das Humankapital an Wert (Buttler/Tessaring, 1993, S. 471).

Die Kohortenanalyse des Teils 4.2.1.2 zeigt, daß **die Kenntnisse der Belegschaft innerhalb der Branchen bislang vorrangig durch Neueinstellung bzw. Abwerbung und Ausbildung junger Arbeitskräfte an veränderte Anforderungen angepaßt worden sind.** Dies folgt nicht zuletzt aus der Beobachtung, daß nicht nur expandierende sondern auch schrumpfende Wirtschaftszweige junge Arbeitskräfte ausbilden. Offensichtlich ist es für Unternehmen kostengünstiger, junge Arbeitskräfte auszubilden und gleichzeitig ältere Arbeitskräfte zu entlassen, als das Humankapital älterer Arbeitskräfte durch Fortbildungsmaßnahmen anzupassen. Da zum einen die Rentabilität der Humankapitalbildung von der erwarteten "Nutzungsdauer" abhängt und zum anderen die Entlohnung für Auszubildende deutlich unter der Entlohnung für Facharbeitskräfte liegt, ist dieses Ergebnis wenig überraschend.

Da in allen Wirtschaftszweigen junge Arbeitskräfte neu eingestellt werden, haben nicht nur die expandierenden Sektoren von der Zunahme des durchschnittlichen Ausbildungsniveaus der Arbeitsanbieter (Tabelle 4.2.3) profitieren können. Der Anteil der Ungelernten[142] (Haupt- und Realschule ohne Berufsausbildung, Abiturienten ohne Berufsausbildung) verringerte sich zwischen 1976 und 1995 um ein Drittel von 35 vH auf 24 vH. An diesem Rückgang um 1,7 Mio. Personen waren zunächst nur die Haupt- und Realschüler ohne abgeschlossene Berufsausbildung beteiligt. Seit Anfang der 90er Jahre ist aber auch der Anteil der Abiturienten, die keine weitere Berufsausbildung durchlaufen haben, rückläufig. Der Anteil der Arbeitskräfte mit beruflicher Qualifikation stieg

---

142 Die Gruppe der Ungelernten enthält hier auch diejenigen, die im Mikrozensus keine Angabe gemacht haben. Tatsächlich wird die Gruppe der Ungelernten daher kleiner sein.

ebenso wie der Anteil der akademisch ausgebildeten Arbeitskräfte um 7 Prozentpunkte. Dabei erhöhte sich der Anteil der beruflich qualifizierten Arbeitskräfte vor allem Ende der 70er, während der Akademisierungsgrad seit der zweiten Hälfte der 80er Jahre deutlich steigt. Auch zukünftig wird das durchschnittliche Ausbildungsniveau der Arbeitskräfte allein aufgrund des Ausscheidens der älteren Geburtskohorten mit niedriger Ausbildungsquote weiter ansteigen.

Tabelle 4.2.3: **Formale Qualifikationsstruktur der Arbeitskräfte in Westdeutschland, 1976 - 1995 (in vH)**

	1976	1980	1985	1989	1995
ohne Berufsausbildung oder o.A.	35	27	29	25	22
mit Berufsausbildung	58	64	62	65	64
mit Hochschul- oder Fachhochschulausbildung	7	8	9	11	13

Quelle: Statistisches Bundesamt (d); eigene Berechnungen

Die Qualifikationsstruktur der sozialversicherungspflichtig Beschäftigten weist im wesentlichen die gleiche Entwicklung in Richtung Höherqualifzierung auf (vgl. Tabelle 4.2.4). Auch hier wächst der Anteil der Akademiker schneller als der Anteil der beruflich ausgebildeten sozialversicherungspflichtig Beschäftigten. Diese Entwicklung kann dazu führen, daß Positionen, die bislang mit beruflich ausgebildeten Fachkräften besetzt wurden, zunehmend mit Akademikern besetzt werden.[143] Eine solche Substitution mag zwar einzelwirtschaftlich rentabel sein, da Akademiker im öffentlichen Bildungswesen ausgebildet werden, während die Kosten der dualen Ausbildung zum Teil auch von den Ausbildungsbetrieben zu tragen sind. Aus gesamtwirtschaftlicher Sicht dürften sich diese Substitutionen aber nicht in allen Fällen rentieren, da die Fachhochschul- und insbesondere die Akademikerausbildung weniger auf die praktischen Anforderungen der Betriebe ausgerichtet ist als die Ausbildung von Meistern und Technikern.

Die Beschäftigung von höherqualifizierten Arbeitskräften ist zumindest bei den sozialversicherungspflichtig Beschäftigten primär auf technologisch und organisatorisch bedingte Veränderungen innerhalb der Branchen und nicht auf den Strukturwandel zwischen den Branchen zurückzuführen.[144] Sowohl in der Produktion als auch bei den

---

[143] Drexel (1993) beobachtet die Tendenz, daß Aufstiegspositionen des mittleren Qualifikationsbereichs (auf der bisherigen Meister- und Technikerebene) zunehmend mit Fachhochschulabsolventen besetzt werden.

[144] Insbesondere Sektoren, in denen vorrangig beruflich qualifizierte Arbeitskräfte beschäftigt werden, haben ihren Anteil an den Erwerbstätigen zwischen 1980 und 1995 nicht ausgeweitet. Der verstärkte Einsatz von Hochschul- und Fachhochschulabsolventen ist hingegen auch darauf zurückzuführen, daß solche Wirtschaftszweige, in denen ein hoher Anteil von Hochschulabsolventen beschäftigt wird, überdurchschnittlich expandierten.

Tabelle 4.2.4: Formale Qualifikationsstruktur der sozialversicherungspflichtig Beschäftigten in Westdeutschland nach Wirtschaftsabteilungen (in vH)

Sektor	Hochschulausbildung				Anteil der Beschäftigten mit Schulausbildung oder mit Berufsabschluß				Anteil der Beschäftigten ohne Berufsausbildung oder o.Abschluß			
	1980	1985	1990	1995	1980	1985	1990	1995	1980	1985	1990	1995
Land- u. Forstwirtschaft, Tierhaltung und Fischerei	1,1	1,5	1,9	2,3	40,2	45,8	52,7	53,1	58,7	52,7	45,3	44,6
Energiewirtschaft, Wasserversorgung & Bergbau	5,1	5,9	7,0	8,5	64,3	65,8	68,0	71,5	30,6	28,3	25,1	20,0
Verarbeitendes Gewerbe	3,1	3,9	4,8	5,8	52,0	55,6	59,4	63,2	44,9	40,4	35,8	31,0
Baugewerbe	1,7	1,9	2,1	2,4	58,8	63,0	66,2	64,4	39,5	35,1	31,7	33,2
Handel	1,6	2,0	2,4	3,1	65,4	68,5	70,3	71,0	33,0	29,5	27,2	25,9
Verkehr- u. Nachrichtenübermittlung	0,9	1,1	1,5	1,8	58,1	61,3	64,9	67,1	40,9	37,6	33,6	31,1
Kreditinstitute & Versicherungsgewerbe	3,4	4,5	5,9	7,8	69,6	71,6	74,2	76,0	27,0	23,9	20,0	16,2
Dienstleistungen, a.n.g.	8,7	9,1	10,2	11,1	52,9	55,3	57,4	58,0	38,4	35,7	32,5	30,8
Organisat. o.E., Priv. Haushalte	11,4	13,5	16,5	17,0	57,7	55,8	57,7	58,5	30,9	30,7	25,8	24,4
Gebietskörperschaften, Sozialversicherungen	5,4	5,9	7,1	8,6	58,4	60,1	63,4	66,3	36,2	34,0	29,4	25,1
Insgesamt	**3,9**	**4,7**	**5,7**	**6,9**	**56,2**	**59,2**	**62,1**	**64,0**	**39,9**	**36,1**	**32,2**	**29,1**

Quelle: Bundesanstalt für Arbeit, eigene Berechnungen

Dienstleistungen entfallen viele Hilfstätigkeiten, deren Aufgaben an integrierten Arbeitsplätzen miterledigt werden. Routinearbeiten werden mehr und mehr abgelöst durch übergreifende Arbeitsinhalte, die auch höhere Anforderungen an die Qualifikation auf allen Ebenen stellen. Flachere Hierarchien bedingen ebenso wie Gruppenfertigungskonzepte ein höheres Maß an Selbststeuerung und Eigenverantwortlichkeit. Von der Ablösung tayloristischer Arbeitsformen dürfte das Produzierende Gewerbe naturgemäß stärker betroffen sein als der Dienstleistungssektor. Tatsächlich ist der Anteil der Hochschulabsolventen und der beruflich qualifizierten Fachkräfte an den sozialversicherungspflichtig Beschäftigten insgesamt im Verarbeitenden Gewerbe überdurchschnittlich gestiegen. Generell gilt, daß der Trend zur Höherqualifizierung in solchen Wirtschaftsabteilungen besonders ausgeprägt ist, die bislang eine unterdurchschnittliche Humankapitalintensität aufweisen. **Infolgedessen verringern sich die Qualifikationsunterschiede zwischen den Branchen** (vgl. Tabelle 4.2.4).

Die Humankapitalintensivierung hat sich aber nicht nur über die Neueinstellung von jungen Arbeitskräften vollzogen. Vielmehr zeigen verschiedene Untersuchungen, daß **seit Mitte der 80er Jahre auch die Fort- und Weiterbildung beruflich bereits qualifizierter Arbeitskräfte an Bedeutung gewonnen** hat (vgl. Timmermann 1994 und OECD 1991). Die Teilnahme an beruflichen Fort- und Weiterbildungsveranstaltungen ist erwartungsgemäß stark altersabhängig. Gemäß einer Untersuchung von Kuwahn et al. (1990) ist die Teilnahmequote der 19-34jährigen an beruflicher Fort- und Weiterbildung dreimal so hoch wie die der über 50jährigen.

Den vom Statistischen Bundesamt veröffentlichten Daten zur Lohn- und Gehaltsstruktur zufolge scheint sich die Tendenz zur Beschäftigung höherqualifizierter Arbeitskräfte in der Industrie seit Anfang der 90er Jahre abgeschwächt zu haben (vgl. Tabelle 4.2.5).[145] Der jährliche Anteilsgewinn hochqualifizierter Arbeitskräfte hat sich gegenüber den 70er und 80er Jahren halbiert. Bei den unqualifizierten Arbeitskräften hat sich die schon in den 80er Jahren zu beobachtende Verlangsamung des Rückgangs weiter fortgesetzt. Bei Arbeitskräften mittlerer Qualifikation scheinen die Rationalisierungspotentiale inzwischen weitgehend ausgeschöpft zu sein - der Anteilsverlust liegt hier, im Gegensatz zu der Entwicklung in den 80er Jahren, deutlich unter dem von unqualifizierten Arbeits-

---

[145] Zu beachten ist dabei, daß diese Daten den Einsatz der Arbeitskräfte, und nicht ihre formale Qualifikation widerspiegeln. So wird ein beruflich qualifizierter, in der Industrie aber nur als Hilfskraft beschäftigter Arbeitnehmer, dort - entsprechend dem tatsächlichen Einsatz seines Humankapitals - als unqualifiziert ausgewiesen. Auch in der Beschäftigtenstatistik, die nach formalen Qualifikationskriterien differenziert, nimmt der Anteil der Akademiker und beruflich qualifizierten Fachkräfte im Verarbeitenden Gewerbe aber mit leicht abnehmenden Raten zu.

kräften. Dies könnte u.a. dadurch bedingt sein, daß in Rezessionszeiten eine Qualifizierung der Belegschaft mittels Entlassung unqualifizierter und Einstellung qualifizierter Arbeitskräfte durch Kündigungsschutzbestimmungen behindert wird. Für diese These spricht die Beobachtung, daß sich der Wandel der Qualifikationsstruktur im Zuge des wirtschaftlichen Aufschwungs der späten 80er Jahre deutlich beschleunigt hatte (vgl. Krakowski et al. 1992 und Härtel et al. 1988).

Tabelle 4.2.5: Entwicklung der Beschäftigten[a] nach Qualifikationsgruppen[b] in der Industrie, in vH p.a.

	1973-1980	1980-1990	1990-1994
untere Qualifikationsgruppe	- 2,4	- 2,0	- 1,4
mittlere Qualifikationsgruppe	- 0,6	- 1,6	- 0,5
höhere Qualifikationsgruppe	+ 1,1	+ 1,3	+ 0,5

a Prozentuale Anteilsveränderung einer Qualifikationsgruppe
b Diese Gruppierung erfolgt nicht nach formalen Qualifikationskriterien, sondern auf Grundlage des tatsächlichen Einsatzes des Humankapitals in den Unternehmen.
Quelle: Statistisches Bundesamt (a, f und g)

Zwar eröffnet die Strategie der Humankapitalintensivierung Produktivitäts- und Einkommenspotentiale. Sie stößt jedoch dort an Grenzen, wo Arbeitskräfte nicht - oder nur mit einem unverhältnismäßig hohen Aufwand - für humankapitalintensive Tätigkeiten qualifiziert werden können. Dies ist umso bedauerlicher, als sich die Beschäftigungschancen für unqualifizierte Arbeitskräfte kontinuierlich verschlechtert haben. Dazu trägt neben dem internationalen Wettbewerb durch Niedriglohnländer vor allem die verteilungsorientierte Tarifpolitik bei, die dazu führt, daß die Löhne der unteren Lohngruppen stärker als die der hohen Einkommensgruppen über die Produktivität hinaus gesteigert werden.[146] Es wird dann für die Unternehmen zunehmend rentabel, einfache Arbeit durch Kapital oder höherqualifizierte Arbeit zu substituieren. Von diesem Prozeß sind daher nicht nur die international handelbaren Güter betroffen; zwischen 1980 und 1995 gingen im Verarbeitenden Gewerbe über 1,5 Mio. Arbeitsplätze für Unqualifizierte verloren. Auch in regionalen, vor dem internationalen Wettbewerb geschützten Dienstleistungssektoren sind nur in wenigen Bereichen Arbeitsplätze für unqualifizierte Arbeitskräfte entstanden (sonstige Dienstleistungen, Organisationen ohne Erwerbscharakter sowie private Haushalte).

---

146 Der Einkommensabstand zwischen beruflich qualifizierten Arbeitskräften einerseits und ungelernten Arbeitskräften andererseits hat sich kaum verändert. Die Produktivität von Facharbeitskräften ist aber stärker gestiegen als die von Ungelernten, so daß die Beschäftigung von Ungelernten c.p. weniger rentabel geworden ist (vgl. auch Hummel et al. 1995, S. 70).

In der Vergangenheit hat aufgrund der Qualifizierung der Arbeitskräfte auch die Nachfrage nach "bad jobs" abgenommen. Inzwischen hat sich dies, nicht zuletzt wegen der Zuwanderung, verändert. Der Bedarf an "bad jobs" kommt darin zum Ausdruck, daß sich die Differenz in den Arbeitslosenquoten unqualifizierter Erwerbspersonen einerseits und qualifizierter Erwerbspersonen andererseits in Deutschland seit 1980 von 4 auf rd. 15 Prozentpunkte erhöht (vgl. Schaubild 4.1.4.3).

Fazit

Zur **qualitativen Veränderung der Humankapitalausstattung** in Deutschland ergibt die empirische Evidenz folgendes:

- Das durchschnittliche Ausbildungsniveau ist gestiegen. Die Kenntnisse der Belegschaften sind vorrangig durch Neueinstellungen sowie Aus- und Weiterbildung junger Arbeitskräfte erweitert worden. Der Anteil der beruflich qualifizierten Arbeitskräfte ist vor allem Ende der 70er Jahre gestiegen, während der Akademisierungsgrad seit der zweiten Hälfte der 80er Jahre deutlich zunimmt. Die betriebliche Weiterbildung hat seit Mitte der 80er Jahre an Bedeutung gewonnen.

- Die Qualifikationsunterschiede zwischen den Branchen haben sich verringert. Die Höherqualifizierung ist auf technologische und organisatorische Veränderungen innerhalb der Branchen und weniger auf den intersektoralen Strukturwandel zurückzuführen. Hier spielt die Ablösung tayloristischer Arbeitsformen eine wichtige Rolle.

- Die Beschäftigungschancen für einfache Arbeit haben sich aufgrund der Zuwanderung, verteilungsorientierter Tarifpolitik und stärkerer internationaler Arbeitsteilung kontinuierlich verschlechtert. Dies gilt vor allem für das Verarbeitende Gewerbe.

4.2.3 Externe Mobilität des Humankapitals

Die Einkommenschancen in einer reifen Volkswirtschaft sind auf Dauer in hohem Maße abhängig von der Fähigkeit der wirtschaftlichen Akteure, sich an veränderte Marktbedingungen auf der Angebots- und Nachfrageseite anzupassen. Wie in Teil 4.2.1.1 ausgeführt, kann der Anpassungsbedarf des Humankapitals schon angesichts der demographischen Entwicklung immer weniger über den Neueintritt von jungen Arbeitskräften gedeckt werden. Vielmehr muß auch der bereits bestehende Humankapitalstock an Datenänderungen angepaßt werden. Dies erfordert eine Reallokation des Faktors Arbeit. Grundsätzlich können Arbeitskräfte sowohl extern über Märkte als auch intern innerhalb eines Unternehmens die Tätigkeit wechseln. Im ersten Fall kann dies mit intersektoralem Strukturwandel einhergehen, im zweiten finden Veränderungen eher innerhalb der

Branchen statt. Die interne Anpassung, die in Deutschland und einer Reihe von anderen europäischen Volkswirtschaften stark verbreitet ist,[147] umfaßt betriebs- und unternehmensinterne Arbeitsplatzwechsel ebenso wie Veränderungen der Arbeitsorganisation und -inhalte sowie der Arbeitszeiten. Dabei macht interne Arbeitskräfteflexibilität externe Mobilität zumindest teilweise entbehrlich. So besteht bei Dominanz externer Anpassungsmechanismen, wie z.B. in den USA, für die Arbeitskräfte weniger Anreiz, betriebsspezifische Qualifikationen zu erwerben, die eine notwendige Voraussetzung für interne Flexibilität sind. Unter Effizienzgesichtspunkten unterscheiden sich interne und externe Anpassung inwoweit, als die externe Anpassung vermutlich eher durch Rigiditäten behindert wird. Ineffizienzen treten aber immer dann auf, wenn Anpassungsmechanismen behindert werden. Dies gilt umso mehr, je inflexibler die Löhne sind. Deshalb steht im folgenden die marktliche, d.h. die externe Reallokation im Vordergrund, zumal über Art und Umfang der internen Reallokation von Humankapital kaum aktuelle Daten vorliegen.[148] Die externe Anpassung wird in der Bewegungs- und Beschäftigtenstatistik der Bundesanstalt für Arbeit und in der Arbeitskräfterhebung der Europäischen Union abgebildet. In Teil 4.2.3.1 werden zunächst Art und Umfang der externen Arbeitskräftebewegungen in Deutschland dargestellt, bevor daran anschließend in Teil 4.2.3.2 solche Hemmnisse diskutiert werden, die einer marktlichen Reallokation entgegenstehen.

4.2.3.1 Art und Umfang der Arbeitskräftebewegungen

Jährlich werden allein in Westdeutschland etwa 6 Mio. sozialversicherungspflichtige Beschäftigungsverhältnisse neu begonnen und ebenso viele beendet. Das Ausmaß dieser Arbeitskräftebewegungen, das zum Teil auch Ausdruck des strukturellen Wandels ist, weist - angesichts von insgesamt knapp 23 Mio. Arbeitsstellen - prima facie auf ein beträchtliches marktliches Anpassungspotential des Humankapitals hin. Dieser Befund wird aber zum einen durch die Beobachtung relativiert, daß die Fluktuationsquote der sozialversicherungspflichtig Beschäftigten im Jahre 1995 mit 26,9 vH auf einen histori-

---

147 Vgl. Leonard/Schettkat (1995), S. 95 und OECD (1986). Das deutsche System der betrieblichen und kollektiven Interessenvertretung (Betriebsrat bzw. Industriegewerkschaften) ist einer internen Anpassung zuträglich. So ist beispielsweise die Arbeitsplatzabgrenzung, also die Zuordnung einzelner Arbeitnehmer zu bestimmten Arbeitsplätzen und Tätigkeiten in Deutschland wesentlich flexibler als in Großbritannien, wo berufliche Interessensorganisationen stärker das Interesse bestimmter Gruppen und nicht der Gesamtbelegschaft im Auge haben. Vgl. Baden et al. (1993), S. 48 f.
148 Lediglich für die 70er und frühen 80er Jahre liegen eine Reihe von Untersuchungen vor. Diese deuten darauf hin, daß etwa jeder zweite Arbeitsplatz durch innerbetriebliche Umgruppierungen und nicht durch externe Bewerber besetzt wird. Die Untersuchung von Biehler/Brandes (1981) kommt zu dem unmittelbar einsichtigen Ergebnis, daß der Anteil der Arbeitsplätze, die durch interne Bewerber besetzt werden, mit der Qualifikationsstufe zunimmt.

schen Tiefststand gesunken ist (vgl. Schaubild 4.2.5). Zum anderen deutet vieles darauf hin, daß nur der kleinere Teil der Beschäftigten mobil ist, während die Mehrheit der Beschäftigten mehr oder weniger immobil ist. So gaben in Umfragen 80 vH aller Beschäftigten an, daß sie noch nie das Beschäftigungsverhältnis gewechselt hätten (vgl. Harhoff/Kane 1993). Auch ist die durchschnittliche Betriebszugehörigkeitsdauer einer Untersuchung der OECD zufolge in Deutschland höher als in fast allen anderen entwickelten Volkswirtschaften[149]. Diese beiden Faktoren werden im folgenden vertieft.

Schaubild 4.2.5: Entwicklung der Fluktuationsquote[a] 1978-1995

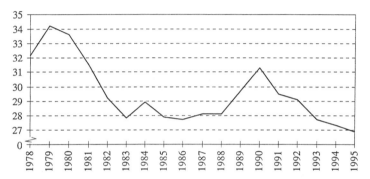

a Die Fluktuationsquote errechnet sich als die Summe aus begonnenen und beendeten Beschäftigungsverhältnissen dividiert durch die zweifache Zahl der Beschäftigten. Der Wert für 1991 wurde geschätzt
Quelle: Bundesanstalt für Arbeit (b)

Aus Schaubild 4.2.5 geht hervor, daß die **Mobilität der Arbeitskräfte in den letzten Jahren stark zurückgegangen** ist. Während Ende der 70er Jahre noch jedes dritte Arbeitsverhältnis neu begonnen und beendet wurde, ist es heute nur noch jedes vierte. Tatsächlich ist die Fluktuation in einzelnen Sektoren noch stärker zurückgegangen als die Entwicklung der gesamtwirtschaftlichen Fluktuationsrate annehmen läßt, da sich die Beschäftigungsstruktur zugunsten von Sektoren mit hoher Fluktuation verschoben hat. Nicht nur im Verarbeitenden Gewerbe, sondern auch bei den Gebietskörperschaften und der Sozialversicherung, der Bauwirtschaft sowie Gaststätten und Beherbergung ist die Fluktuation zum Teil deutlich zurückgegangen.[150]

---

149 Vgl. OECD (1993a). Die Studie weist für Deutschland eine durchschnittliche Betriebszugehörigkeitsdauer von 10,4 Jahren aus, die nur von Japan mit 10,9 Jahren übertroffen wird. Die deutschen Daten beruhen auf dem Sozioökonomischen Panel und beziehen sich nur auf Westdeutschland.
150 Ein Anstieg der Flukatation ist nur in den folgenden Branchen zu beobachten: Glas, EDV-Anlagen/Büromaschinen, Eisen- und Stahlerzeugung, Bergbau, Deutsche Bundespost, Eisenbahnen und Wissenschaft/Kunst/Publizistik.

Das Sinken der Fluktutationsquote bedeutet nicht notwendigerweise, daß die Reallokation von Arbeitskräften zunehmend erlahmt; es kann auch auf eine **Verkürzung der "Einstellungskette"** zurückzuführen sein: Angesichts eines Bestandes von allein 3,7 Mio. registrierten Arbeitslosen erfolgten nämlich 1995 mehr Einstellungen aus Nichterwerbstätigkeit als in früheren Jahren[151] (vgl. Schettkat 1995, S. 325). Bei einem Nachfrageüberschuß auf dem Arbeitsmarkt müßte dagegen ein größerer Teil der Einstellungen durch Abwerbungen erfolgen, wodurch Vakanzen entstehen und eine Mobilitätskette ausgelöst wird.

Segmentierung interner Arbeitsmärkte?

Die marktliche Anpassungsfähigkeit des Humankapitals wird durch die Fluktuationsquoten nur unvollkommen widergespiegelt. Aus der Bewegungsstatistik ergibt sich für 1995 rein rechnerisch eine durchschnittliche Betriebszugehörigkeitsdauer von 3,7 Jahren (3,7 = 100 / 26,9). Der Arbeitskräfteerhebung der EU zufolge lag hingegen die durchschnittliche Betriebszugehörigkeitsdauer deutscher Arbeitskräfte bei 10,1 Jahren. Auch das Sozioökonomische Panel und die Gehalts- und Lohnstrukturerhebung lassen derart stabile Arbeitnehmer-Arbeitgeberbeziehungen erkennen. Dies muß als ein Hinweis darauf interpretiert werden, **daß ein Teil der Beschäftigten sehr instabile Beschäftigungsverhältnisse aufweist, während ein anderer Teil der Erwerbstätigen nur sehr selten das Beschäftigungsverhältnis wechselt.**[152] Ob es sich dabei um eine inner- oder zwischenbetriebliche Segmentierung handelt, lassen die Daten nicht erkennen. Gemeinhin wird für Deutschland eine innerbetriebliche Segmentierung angenommen, während etwa in den USA die zwischenbetriebliche Spaltung dominiert. Die Auslagerung von Produktionskapazitäten und die Verringerung von Fertigungsstufen könnte aber zu einer Annäherung der deutschen Arbeitsmarktstrukturen an die amerikanischen führen.[153]

---

151 Die Beobachtung, daß die Quote der Einstellungen aus Nichterwerbstätigkeit bei steigender Arbeitslosigkeit zunimmt, spricht gegen die Insider-Outsider-Theorie, derzufolge die Beschäftigten (Insider) eine Einstellung von Arbeitslosen (Outsidern) verhindern.
152 Unterschiede in der Arbeitskräftefluktuation ergeben sich aber auch dadurch, daß die Bewegungsstatistik nur die sozialversicherungspflichtig Beschäftigten erfaßt, während in der Arbeitskräfteerhebung der Europäischen Union respektive Mikrozensus alle Erwerbstätigen einbezogen sind. Selbständige, mithelfende Familienangehörige und Beamte wechseln aber nur halb so häufig den Betrieb wie sozialversicherungspflichtig Beschäftigte (vgl. Statistisches Bundesamt d).
153 Vgl. Köhler/Grüner (1988), S. 20 f. Die Auswirkungen des technischen Wandels auf die Arbeitsmarktsegmentation sind in der Literatur umstritten. Während einige Studien eine zunehmende Bedeutung interner Arbeitsmärkte und eine abnehmende Bedeutung externer Arbeitsmärkte im Gefolge der neuen Informations- und Kommunikationstechnologien diagnostizieren, kommen andere Untersuchungen zu gegenteiligen Aussagen. Für einen Überblick über die verschiedenen Studien vgl. Baden et al. (1992).

Ein nicht unwesentlicher Teil der Arbeitskräfte, die 1995 ein Beschäftigungsverhältnis neu begonnen haben, bestand demnach aus Mehrfachwechslern, welche 1995 mehrere Beschäftigungsverhältnisse neu begonnen und wieder beendet haben. Die Fluktuationsquote halbiert sich von 26,9 vH auf 12,3 vH, wenn solche Mehrfachwechsel nur einmal erfaßt werden. Legt man frühere Ergebnisse der Beschäftigtenstatistik zugrunde, denen zufolge Mehrfachwechsler durchschnittlich 3,5 Mal im Jahr wechseln (vgl. Becker, 1985, S. 936), so standen 1995 den 1,8 Mio. Einmalwechslern 1,2 Mio. Mehrfachwechsler gegenüber. Damit hätte sich der **Anteil der Mehrfachwechsler seit Anfang der 80er Jahre deutlich erhöht.**

Auch wenn sich Beschäftigtenstatistik und Arbeitskräfteerhebung methodisch bedingt nur sehr begrenzt miteinander vergleichen lassen, so läßt sich dennoch feststellen, daß die Bedeutung von Mehrfachwechseln wirtschaftszweigabhängig ist. Erwartungsgemäß sind Mehrfachwechsel insbesondere in Sektoren mit generell hoher Fluktuation bedeutsam (z.B. Gastgewerbe, Baugewerbe, Land- und Forstwirtschaft). Bei Ausblendung der Mehrfachwechsel gleichen sich die Fluktuationsquoten der einzelnen Sektoren zwar tendenziell einander an, es bleiben aber immer noch deutliche Unterschiede. Mehrfachwechsel können die Fluktuationsunterschiede also nicht vollständig erklären.

Läßt man die Mehrfachwechsler unberücksichtigt, so nähert sich die rechnerische Betriebszugehörigkeitsdauer (8,2 Jahre) der tatsächlichen Betriebszugehörigkeitsdauer (10 Jahre) an, es verbleibt aber eine Differenz von knapp zwei Jahren, die sich nicht auf Mehrfachwechsler zurückführen läßt. Die Höhe dieser Abweichung in den einzelnen Wirtschaftszweigen (vgl. Tabelle A4.2.3) läßt zumindest begrenzt Rückschlüsse auf eine sektorspezifische Segmentierung des Arbeitsmarktes in stabile Kernbelegschaften und stark fluktuierende Randbelegschaften zu. Das Ausmaß der Segmentierung wird dabei tendenziell unterschätzt, da Mehrfachwechsler nur mit einem Wechsel erfaßt sind. Darüber hinaus wird die Aussagekraft dadurch eingeschränkt, daß Zu- und Abgänge nicht gleichmäßig über die Zeit verteilt sind und einander nicht entsprechen. Nur für diese Bedingungen des "steady state" gilt aber, daß die durchschnittliche Dauer eines Beschäftigungsverhältnisses dem Kehrwert der Fluktuationsquote entspricht, sofern keine Fluktuationsunterschiede zwischen den Beschäftigten bestehen. In expandierenden Wirtschaftszweigen wird das Ausmaß der Segmentierung daher methodisch bedingt eher überschätzt, in schrumpfenden Wirtschaftszweigen dagegen unterschätzt.

Hinweise auf die sektorspezifische Ausprägung interner Arbeitsmärkte sind auch von der Fluktuation solcher Beschäftigtengruppen zu erwarten, denen häufig Randbelegschaftscharakter zugeschrieben wird (Frauen, Ausländer und sozialversicherungspflichtig Teilzeitbeschäftigte) (vgl. Klös, 1992, S. 28). Wenn die sektorspezifischen Fluktuationsquoten der zuletzt genannten Beschäftigtengruppen deutlich über der Fluktuationsquote der als Kernbelegschaft geltenden vollzeitbeschäftigten Männer liegen, so ist dies ein Anhaltspunkt für die Spaltung der Belegschaft in stabile und instabile Beschäftigungsverhältnisse. 1994 war die Fluktuation der Randbeschäftigtengruppen in der deutschen Wirtschaft insgesamt nur unwesentlich (7 vH) höher als die der Männer. Insbesondere die Mobilität der Frauen und Teilzeitbeschäftigten entpricht im Durchschnitt aller Wirtschaftszweige im wesentlichen derjenigen der Männer; lediglich die Gruppe der ausländischen Beschäftigten weist deutlich instabilere Beschäftigungsverhältnisse auf.[154] Es bestehen jedoch erhebliche sektorspezifische Unterschiede (vgl. Tabelle A4.2.4). So sind die Beschäftigungsverhältnisse der genannten Gruppen insbesondere bei den "sonstigen Dienstleistungen" deutlich stabiler als diejenigen der Männer, während sich die Wirtschaftsbereiche Energiewirtschaft und Verkehr- und Nachrichtenübermittlung durch eine deutlich höhere Betriebsbindung der männlichen Arbeitnehmer auszeichnen. Auch das Verarbeitende Gewerbe zählt zu den Wirtschaftsbereichen, in denen die vollzeitbeschäftigten deutschen Männer dauerhafter an die Arbeitgeber gebunden sind als andere Beschäftigtengruppen. Insgesamt deuten die Ergebnisse aber auf eine nur wenig ausgeprägte Segmentierung der Arbeitsmärkte hin.

Auch die relativ geringe Betroffenheit der Randbelegschaften vom konjunkturbedingten Beschäftigungsabbau im Jahr 1993 spricht gegen die These segmentierter Arbeitsmärkte (Tabelle A4.2.5). So ist die Beschäftigung von Ausländern und Teilzeitkräften 1993 sogar gestiegen (um 1,4 vH bzw. 2,9 vH), während die Beschäftigung von Männern um 2,8 vH zurückging. Der Beschäftigungsabbau bei den Frauen war mit -0,5 vH deutlich geringer als bei den Männern. Allein im Verarbeitenden Gewerbe waren die Randgruppen stärker vom Beschäftigungsabbau betroffen. Allerdings war in den betreffenden Branchen ihre Fluktuationsquote nicht besonders hoch.[155]

---

154 Die Fluktuationrate der Ausländer ist um 60 vH höher als die der Männer. Tatsächlich ist die Differenz zwischen deutschen vollzeitbeschäftigten Männern und Ausländern noch größer, da die ausländischen Männer auch in die Gruppe der Männer eingehen, wodurch die Fluktuationsrate der Männer steigt.
155 Auch in einer Untersuchung des Instituts für Arbeitsmarkt- und Berufsforschung Schettkat (1995a) konnte eine Segmentierung nicht nachgewiesen werden. In dieser Untersuchung wurden stability rates (Anteil der Beschäftigten, die während des Untersuchungszeitraums von 1976 bis 1981, den Betrieb nicht verlassen haben) mit der Fluktuation verglichen - es wurde für alle Wirtschaftszweige eine hohe negative Korrelation nachgewiesen.

Es ist nicht auszuschließen, daß eine Segmentierung hier nur deshalb nicht nachgewiesen werden konnte, weil die Randbelegschaften nicht primär durch Nationalität, Geschlecht und zeitlichen Arbeitsumfang sondern durch andere Merkmale - wie z.B. Befristung der Verträge, Qualifikation, Geringfügigkeit der Beschäftigung, Alter - charakterisiert sind. Die Segmentierungsthese entzieht sich jedoch insoweit einer empirischen Überprüfung, da die Bewegungsdaten der sozialversicherunspflichtig Beschäftigten für diese Merkmale nicht vorliegen.

Fazit

Für die mittel- und langfristigen Einkommenschancen einer Volkswirtschaft spielt die Anpassungsfähigkeit des bestehenden Humankapitalstocks an veränderte Angebots- und Nachfragebedingungen eine wichtige Rolle. Grundsätzlich kann die Reallokation des Faktors Arbeit sowohl extern - über Märkte - als auch intern - innerhalb eines Unternehmens - erfolgen. In Anbetracht der Datenlage wurde vorrangig die Anpassung des Humankapitals durch **externe Mobilität** betrachtet:

- Sechs Millionen begonnene und ebenso viele beendete Beschäftigungsverhältnisse pro Jahr lassen zunächst einmal ein beträchtliches Anpassungspotential des Humankapitals vermuten. Dieser Befund wird zwar dadurch relativiert, daß die **Fluktuationsquote** der sozialversicherungspflichtig Beschäftigten im Jahre **1995 einen historischen Tiefpunkt erreicht**, die Mobilität der Arbeitskräfte scheint demnach zurückgegangen zu sein. Der Rückgang dürfte jedoch zu einem großen Teil auf eine **Verkürzung der Einstellungskette** (im Zuge der Einstellung von Arbeitslosen) zurückzuführen sein.

- Eine weitere Relativierung der These einer hohen Fluktuation ergibt sich aus der Tatsache, daß ein nicht unwesentlicher Teil der Arbeitskräfte, die 1995 ein Beschäftigungsverhältnis neu begonnen haben, Mehrfachwechsler sind. Die **Fluktuationsquote halbiert sich, wenn Mehrfachwechsler nur einmal erfaßt werden**. Mehrfachwechsler können die Fluktuationsunterschiede zwischen den Branchen aber nicht vollständig erklären.

- Die **These einer Segmentierung in Kern- und Randbelegschaften mit unterschiedlicher Fluktuation findet in der Untersuchung keine eindeutige Bestätigung**. Allerdings werden Randbelegschaften u.U. statistisch nicht korrekt erfaßt. Es findet sich auch keine Bestätigung der These einer weitgehend immobilen Kernbelegschaft.

4.2.3.2 Mobilitätshemmnisse

Die Unterbeschäftigung des Faktors Arbeit weist mehr als deutlich darauf hin, daß die Mobilität der Arbeitskräfte nicht ausreicht, um die geringe Lohnflexibilität zu kompensieren. Im folgenden werden daher Faktoren untersucht, die der marktlichen Reallokation des Faktors Arbeit entgegenstehen. Neben dem mehr oder weniger "natürlichen" Anpassungshemmnis der Humankapitalspezifität (4.2.3.2.1) liegt das Augenmerk auch auf institutionellen Anpassungshemmnissen in Form von Senioritätsregeln (4.2.3.2.2). Die mangelnde sektorale und funktionale Differenzierung der Löhne als Ursache für die Immobilität des Faktors Arbeit im Strukturwandel war Gegenstand zahlreicher Untersuchungen und wird hier ausgeblendet.

Es ist auch zu skizzieren, ob und inwieweit die untersuchten Mobilitätsbarrieren durch wirtschaftspolitische Maßnahmen gesenkt werden können. Zuvor ist allerdings zu prüfen, inwieweit ein Abbau der Barrieren gesamtwirtschaftlich tatsächlich wünschenswert ist.

4.2.3.2.1 Humankapitalspezifität

Die externe Immobilität der Arbeitskräfte wird wesentlich von der Humankapitalspezifität bestimmt. Bei spezifischen Qualifikationen handelt es sich um solche Fähigkeiten der Arbeitskräfte, die bei einem Arbeitsplatzwechsel nur noch eingeschränkt oder überhaupt nicht mehr eingesetzt werden können und folglich auch nicht entlohnt werden.[156] Unter solchen Bedingungen erfolgen daher kaum eigeninitiative Wanderungen der beschäftigten Arbeitskräfte. Auch für freigesetzte Arbeitskräfte mit hoher Humankapitalspezifität besteht in vielen Fällen kein Anreiz, eine neue Beschäftigung aufzunehmen, da sich die Lohnersatzleistungen an dem bisherigen Lohn und damit dem "historischen" Wert des Humankapitals orientieren. Bei hoher Humankapitalspezifität können die Lohnersatzleistungen über dem auf alternativen Arbeitsplätzen erzielbaren Lohn liegen. Dies würde letzten Endes dazu führen, **daß in einer entwickelten Volkswirtschaft mit einer hohen Spezifität des bereits akkumulierten Humankapitalstocks neu entste-**

---

[156] Dieser Extremfall ist ein rein theoretisches Konstrukt, dem keine praktische Bedeutung zukommt. Tatsächlich verfügen alle spezifisch qualifizierten Arbeitskräfte über ein Minimum an allgemeinen Kenntnissen, so daß sie in einer alternativen Verwendung zumindest Hilfstätigkeiten ausüben könnten. Im theoretischen Extremfall vollkommener spezifischer Qualifikationen ist das auf alternativen Arbeitsplätzen erzielbare Einkommen gleich Null, da vollkommen spezifische Kenntnisse in anderen Unternehmen nicht nutzbringend eingesetzt werden können.

hende Arbeitsplätze in expandierenden Sektoren weder von beschäftigten noch von arbeitslosen Arbeitskräften besetzt werden.

Gesamtwirtschaftlich ist die durch Humankapitalspezifitäten ausgelöste Immobilität der Arbeitskräfte solange effizient, wie die Arbeitskräfte in ihrer gegenwärtigen Verwendung eine höhere Produktivität als in alternativen Verwendungen aufweisen. Während die Immobilität entlassener Arbeitskräfte in vielen Fällen zwar einzelwirtschaftlich rational, gesamtwirtschaftlich aber ineffizient ist,[157] kann dies bei beschäftigten Arbeitskräften in der Regel nicht angenommen werden. Deren Immobilität ist nur dann ineffizient, wenn ihre Wertschöpfung auf einem alternativen Arbeitsplatz höher wäre als in der gegenwärtigen Verwendung. Dies wird dann der Fall sein, wenn sich die auf dem alten Arbeitsplatz erworbenen spezifischen Kenntnisse infolge des Strukturwandels entwerten.

Bei Datenänderungen und damit einhergehender Entwertung spezifischen Humankapitals ändert sich auch die effiziente Faktorallokation. Je spezifischer nun das Humankapital ist, desto weniger Arbeitskräftewanderungen bringt die Anpassung der effizienten Allokation des Humankapitals mit sich. Ein Anstieg der Humankapitalspezifität vermindert also c.p. die optimale Geschwindigkeit des Strukturwandels. Inwieweit der beobachtete Rückgang der Arbeitskräftemobilität auf einen solchen Anstieg der Humankapitalspezifität zurückgeführt werden kann, wird im folgenden untersucht. Darüber hinaus wird geprüft, inwieweit sich sektorale Unterschiede der Arbeitskräftefluktuation durch spezifische Qualifikationen der Arbeitskräfte erklären lassen.

Branchenspezifität

Branchenspezifische Qualifikationen, verlieren bei einem Wechsel des Arbeitsplatzes innerhalb einer Branche nicht an Wert. So sind beispielsweise Kenntnisse der Kostenstrukturen, Geschäftsstrategien, Produktionstechnologien, Produkteigenschaften und des Kundenstamms eines Unternehmens bei einem anderen Unternehmen der gleichen Branche durchaus nutzbringend einsetzbar. Bei einem Wechsel in einen anderen Wirtschaftszweig werden diese Faktoren jedoch entwertet; sie hemmen die branchenübergreifende Arbeitskräftemobilität. Nur vier von 100 Beschäftigten wechselten 1995 in einen anderen Wirtschaftszweig, so wenige wie in kaum einem anderen Land der Europäischen Union. **Die Beobachtung, daß intersektorale Arbeitskräftebewegungen in**

---

157 Sie ist nur dann nicht ineffizient, wenn der Nutzen der Freizeit größer ist als der mit einer Beschäftigungsaufnahme erzielbare Lohn.

Deutschland von geringer Bedeutung sind, läßt eine hohe Branchenspezifität des Humankapitals vermuten (vgl. Tabelle A4.2.8).

Welche Bedeutung branchenspezifischen Kenntnissen in den einzelnen Wirtschaftszweigen zukommt, ist empirisch nicht unmittelbar zu erfassen. Bei marktlicher Lohnbildung ließe sich die Branchenspezifität des Humankapitals theoretisch durch den Unterschied des Einkommens in der gegenwärtigen Position und in derjenigen außerhalb des betrachteten Sektors kennzeichnen. Je größer die Differenz, desto sektorspezifischer wäre c.p. die jeweilige Qualifikation. Mittels der Wirtschaftszweig-Berufe-Matrix kann aber zumindest die Branchenspezialisierung von Berufen untersucht werden. Dabei zeigt sich, daß ein Branchenwechsel heute bei wesentlich weniger Berufsgruppen zu einer Entwertung der beruflichen Kenntnisse[158] führt als noch zu Beginn der 80er Jahre - die Zahl der Berufsgruppen, die von einer einzigen Branche abhängen, hat sich deutlich verringert (vgl. Tabelle 4.2.6). Zu diesem Rückgang hat nicht zuletzt auch die Reform der Berufsausbildung in Richtung einer geringeren Spezialisierung beigetragen. Das Bestreben der Unternehmen, spezialisierte Arbeitskräfte gegen flexibler einsetzbares Personal zu substituieren, trägt ein Übriges zu dieser Entwicklung bei. Nun kommt es aber weniger auf die Zahl der Berufsgruppen mit hoher Branchenspezialisierung an als vielmehr auf die Zahl der betroffenen Erwerbstätigen und deren Anteil an den Erwerbstätigen insgesamt. In der Summe haben Zahl und Anteil der Erwerbstätigen, die in einem Beruf arbeiten, der zu über 80 vH von einer Branche abhängt, seit den frühen 80er Jahren abgenommen, bei allerdings uneinheitlicher Tendenz zwischen den beiden in Tabelle 4.2.6 ausgewiesenen Gruppen (Abhängigkeit über 90 vH bzw. zwischen 80 und 90 vH).

Die Abnahme der einseitigen Fixierung von Berufen auf einen Wirtschaftszweig trägt grundsätzlich zur Flexibilität des Systems bei. Arbeitskräfte mit breiten Einsatzfeldern können auf den inter- und intrasektoralen Strukturwandel besser reagieren als stark spezialisierte Arbeitskräfte, da für sie ein Wechsel des Wirtschaftszweiges mit geringeren funktionalen Anpassungsproblemen behaftet ist. Intersektorale Nachfrageverschiebungen sind für Arbeitskräfte dann mit keinerlei Friktionen verbunden, wenn der Beruf in allen Sektoren einer Volkswirtschaft verbreitet ist. Parallel dazu hat sich auch die Zahl der Wirtschaftszweige, in denen Berufsgruppen stark konzentriert sind, weiter verringert (vgl. Tabelle 4.2.7).

---

158 Da berufsspezifische Kenntnisse i.d.R. zumindest teilweise auch in anderen Berufen verwertbar sind, wird das tatsächliche branchenübergreifende Mobilitätspotential durch die Wirtschaftszweig-Berufe-Matrix tendenziell unterschätzt.

Tabelle 4.2.6: Abhängigkeit der Berufe von Branchen (früheres Bundesgebiet)

	1982	1989	1993
Anzahl der Berufsgruppen, die zu über 90 vH von einer Branche abhängen	13	16	14
Zahl der betroffenen Personen (in Mio.)	3,3	3,7	4,0
Anteil an der Gesamtzahl der Erwerbstätigen (in vH)	12,4	13,3	13,5
Anzahl der Berufsgruppen, die zwischen 80 und unter 90 vH von einer Branche abhängen	21	20	13
Zahl der betroffenen Personen (in Mio.)	2,3	2,0	1,6
Anteil an der Gesamtzahl der Erwerbstätigen (in vH)	8,7	7,2	5,5

Quelle: Statistisches Bundesamt (d); RWI; eigene Berechnungen

Tabelle 4.2.7: Abhängigkeit der Branchen von Berufen (1993: Deutschland insgesamt)

	1982	1989	1993
Anzahl der Branchen, auf die sich Berufsgruppen zu über 90 vH konzentrieren	10	13	9
Anteil der betroffenen Erwerbstätigen an der Gesamtzahl der Erwerbstätigen in diesen Branchen (in vH)	49,3	38,5	44,7
Anzahl der Branchen, in denen Berufsgruppen zwischen 80 und 90 vH von einer Branche abhängen	15	15	12
Anteil der betroffenen Erwerbstätigen an der Gesamtzahl der Erwerbstätigen in diesen Branchen (in vH)	27,1	19,6	15,7

Quelle: Statistisches Bundesamt (d); RWI; eigene Berechnungen

Erwartungsgemäß sind insbesondere in solchen Branchen, in denen Berufe mit hoher Humankapitalintensität stark konzentriert sind (z.B. Gesundheitswesen, Erziehung und Unterricht, Kreditinstitute und Versicherungsgewerbe), nur wenige intersektorale Wanderungen von Arbeitskräften zu beobachten. Aber auch in solchen Branchen, in denen Arbeitskräfte mit branchenübergreifenden beruflichen Qualifikationen beschäftigt werden (wie z.B. Herstellung von Büromaschinen, ADV-geräten und -einrichtungen), finden teilweise nur wenige branchenübergreifende Wanderungen statt. Dies ist erklärungsbedürftig, da intersektorale Wanderungen für Arbeitskräfte mit breiten Einsatzfeldern nicht mit Friktionen verbunden sein dürften. Auch der Rückgang der Fluktuation steht nicht im Einklang mit der Annahme, die Branchenspezifität des Humankapitals habe abgenommen. Eine Erklärung könnte in betriebs- bzw. unternehmensspezifischen Qualifikationen liegen, welche die Arbeitskräftemobilität hemmen.

Betriebs- und Unternehmensspezifität

Betriebs(Unternehmens)spezifität besteht dann, wenn das Humankapital bereits bei einem Wechsel in einen anderen Betrieb (in ein anderes Unternehmen) signifikant an Wert verliert. Erfahrungen mit speziellen, nicht standardisierten Produktionsanlagen zählen ebenso zu den betriebsspezifischen Qualifikationen wie Kenntnisse über betriebliche Produktionszusammenhänge, unternehmensspezifische Kommunikationskanäle und Sprachcodes. Betriebsspezifische Produktionsfaktoren verzögern nicht nur intrasektorale Anpassungsprozesse, sie beeinträchtigen durch die starke Bindung zwischen Arbeitnehmer und Arbeitgeber zugleich auch branchenübergreifende Wanderungen der Produktionsfaktoren. Betriebsspezifische Qualifikationen sind nämlich meist auch branchenspezifisch, da Betriebe nicht oder nur in geringem Maße branchenübergreifend diversifiziert sind. Außerdem dürfte eine Vielzahl betriebsspezifischer Qualifikationen letztendlich produkt- und damit branchenbezogen sein.

Der Grad der Betriebsspezifität des Humankapitals läßt sich wiederum nicht direkt messen.[159] Im Grunde können nur die Bestimmungsfaktoren der Humankapitalspezifität und deren Veränderung dargestellt werden. Hieraus muß dann indirekt auf die Veränderung der Humankapitalspezifität geschlossen werden.

Die Spezifität des Humankapitals wird zum einen bestimmt durch den Grad der Standardisierung der Produktionstechnologie und damit den technischen und organisatorischen Arbeitsbedingungen. Durch die Arbeitsorganisation kann ein Unternehmen Einfluß auf die Aufgabenbesonderheiten und damit auf das Ausmaß der benötigten betriebsspezifischen Qualifikation nehmen. Daß bei einem gegebenen Stand der Produktionstechnik durchaus unterschiedliche Formen der Arbeitsorganisation und Fertigungsweise möglich sind, zeigen z.B. die Erfahrungen in der Automobilindustrie, wo eine Fließbandfertigung mit Einzelarbeitsplätzen neben gruppenorientierten Produktionskonzepten existiert. Zu dem Stand und der Entwicklung der Standardisierung von Produkti-

---

159 Theoretisch müßte sich die Betriebsspezifität des Humankapitals in dem Anteil der Arbeitskräfte eines Wirtschaftszweiges, die weniger als ein Jahr arbeitslos sind, an den beendeten Beschäftigungsverhältnissen eines Jahres widerspiegeln (vgl. Tabelle A4.2.6). Denn je höher die Spezifität des Humankapitals, desto schwieriger ist es für entlassene Arbeitskräfte, ohne Inkaufnahme von Einkommensverlusten einen Arbeitsplatz zu finden. Die Aussagekraft dieses Indikators wird allerdings zum einen dadurch eingeschränkt, daß die Zuordnung der Arbeitslosen zu Wirtschaftszweigen sehr lückenhaft ist. Fast 50 vH aller Arbeitslosen können überhaupt nicht zugeordnet werden. Zum anderen stimmen die Vergleichszeiträume der Bewegungsstatistik (Januar 1994 bis Dezember 1994) und der Arbeitslosenstatistik (September 1993 bis September 1994) nicht vollkommen überein. Schließlich beeinflußt auch die allgemeine Arbeitsmarktverschlechterung die Dauer der Arbeitslosigkeit.

onsprozessen lassen sich weder auf Branchen- noch auf gesamtwirtschaftlicher Ebene quantitative Aussagen machen. Sicherlich bedingt aber der technologische und arbeitsorganisatorische Wandel (Ablösung tayloristischer Arbeitsformen, Reintegration bisher getrennter Arbeitsfunktionen) ein höheres Maß an Selbststeuerung und Eigenverantwortlichkeit und damit eine Individualisierung der Produktionsprozesse, d.h. eine höhere Spezifität der Qualifikation der Arbeitnehmer.

Zum anderen ist das System der Aus- und Weiterbildung ein wesentlicher Bestimmungsfaktor der Humankapitalspezifität. **So trägt das deutsche System der Berufsausbildung wesentlich zur Transferierbarkeit des Humankapitals bei**: Nicht nur im akademischen Bereich, sondern auch im dualen System der Berufsausbildung und in Berufsfachschulen werden nach Berufen standardisierte Qualifikationen vermittelt und durch entsprechende Zertifikate bescheinigt. Ein Wechsel des Arbeitgebers hat dann nur geringe Auswirkungen auf die Verwertbarkeit der berufsbezogenen Kenntnisse (Pfeiffer/Blechinger 1995). Wenn berufliche Kenntnisse hingegen vorwiegend "on-the-job" erworben werden, wie es z.B. in Frankreich und in den USA üblich ist, so ist das Mobilitätspotential der Arbeitskräfte wesentlich geringer. Die Vermutung liegt nahe, daß der akkumulierte Humankapitalstock in Deutschland weniger spezifisch ist als in den meisten anderen EU-Ländern und damit auch nicht die Wanderung des Faktors Arbeit blockiert.

Um so erstaunlicher ist die relative Immobilität der Arbeitskräfte in Deutschland, wie sie oben festgestellt wurde. Sie weckt Zweifel an der vermuteten geringen Spezifität. Offenbar nimmt der Einfluß der beruflichen Erstausbildung auf die Spezifität des Humankapitals mit zunehmender Dauer der Erwerbstätigkeit deutlich ab, da sich das durch die Berufsausbildung erworbene Wissen im Zuge des technischen Fortschritts zunehmend entwertet. Überdies geraten solche Kenntnisse, die am gegenwärtigen Arbeitsplatz nicht benötigt werden, schnell in Vergessenheit. **Der sich beschleunigende technische Fortschritt und die damit einhergehende Verkürzung der "Halbwertzeit" beruflicher Qualifikationen hat neben der demographischen Entwicklung wesentlich dazu beigetragen, daß die berufliche Fort- und Weiterbildung in den letzten Jahren erheblich an Bedeutung gewonnen hat.** Die berufliche Fort- und Weiterbildung zeichnet sich nun aber durch eine wesentlich geringere Standardisierung aus als die berufliche Erstausbildung. Lediglich 10 vH aller angebotenen beruflichen Weiterbildungsmaßnahmen sind durch Verordnungen, Erlasse oder Vereinbarungen "geregelt" (vgl. Bergner et al., 1991, S. 28). Der schnelle technische Forschritt steht einer Standardisierung der Inhalte entgegen. Die langwierige Entwicklung neuer Ausbildungsberufe im Bereich der Informationstechnologien verdeutlicht den Zeitbedarf einer solchen Standardisierung, die immer auch die Koordinierung von Interessen voraussetzt.

Die Unternehmen werden nun versuchen, die von ihnen finanzierten Humankapitalinvestitionen so spezifisch wie möglich zu gestalten um damit die Transferierbarkeit der Kenntnisse möglichst zu verringern. Denn nur bei spezifischen Qualifikationen ist das Unternehmen davor geschützt, daß sich andere Unternehmen den Ertrag der Humankapitalinvestition durch Abwerbung der Arbeitskraft aneignen.[160] Da das investierende Unternehmen bei spezifischen Investitionen den gesamten Ertrag der Investition realisieren kann, besteht auch nicht das Problem einer Unterinvestition in Humankapital als Folge von externen Erträgen.[161]

Darüber hinaus kann für die Unternehmen auch ein strategischer Anreiz bestehen, in spezifisches Humankapital zu investieren. Spezifische Humankapitalinvestitionen können nämlich unter bestimmten Bedingungen auch den Markteintritt weiterer Wettbewerber erschweren bzw. verhindern: Die vom Arbeitgeber getragenen Kosten der Bildung spezifischen Humankapitals sind für das Unternehmen unwiderruflich verloren, sind also "untergegangen" ("sunk"),[162] da Humankapital nicht liquidierbar ist.[163] Sie sind daher für die Entscheidung des Unternehmens, am Markt zu verbleiben oder auszutreten, nicht mehr relevant. Ein Unternehmen wird auch dann im Markt verbleiben, wenn der Marktpreis diese "untergegangenen" Kosten nicht vollständig deckt. Diese Irreversibilitäten wirken als Marktaustrittsbarriere für das betreffende Unternehmen und

---

160 Es wird von der Möglichkeit abgesehen, daß ein Unternehmen gerade am firmenspezifischen know-how eines erfolgreichen Wettbewerbers interessiert sein kann.

161 Externe Erträge treten dann auf, wenn das Humankapital in mehreren, aber nicht in allen Unternehmen ohne Wertverlust einsetzbar ist - dies dürfte insbesondere für branchenspezifische Kenntnisse gelten. Nicht ausbildende Unternehmen, in denen die Qualifikation ebenfalls ohne Produktivitätsverlust eingesetzt werden kann, beteiligen sich nicht an den Kosten der Humankapitalbildung, realisieren aber einen Teil des Ertrags, indem sie Arbeitnehmer abwerben und unter dem Wertgrenzprodukt entlohnen. Weder der Arbeitnehmer noch der Arbeitgeber können den vollen Ertrag der Humankapitalinvestition realisieren. Arbeitnehmer realisieren die Erträge einer Humankapitalinvestition dann, wenn sie gemäß ihrem Wertgrenzprodukt entlohnt werden. Dies kann bei vollkommen allgemeinen Qualifikationen angenommen werden, da diese Qualifikationen in einer Vielzahl von Verwendungen die gleiche Produktivität aufweisen, so daß eine Vielzahl von Arbeitgebern um die Arbeitnehmer konkurrieren. Bei nur begrenzt transferierbaren Qualifikationen bestehen hingegen monopolistische Preissetzungsspielräume auf der Nachfrageseite des Arbeitsmarkts, so daß der Lohn unter das Wertgrenzprodukt gedrückt werden kann. Es ist daher zu vermuten, daß in solche Kenntnisse nicht in ausreichendem Maße investiert wird.

162 Sunk costs werden häufig auch als irreversible Kosten bezeichnet. Der Begriff der Irreversibilität bezeichnet die kostenmäßigen Implikationen der Tatsache, daß ein Produktionsfaktor für eine bestimmte Verwendung spezifisch ist und seine Mobilität in andere Verwendungen eingeschränkt ist.

163 Ausnahmen sind z.B. vertragliche Verpflichtungen der Arbeitnehmer zur teilweisen Rückerstattung von Ausbildungskosten im Falle eines Wechsels zu einem anderen Arbeitgeber.

gleichzeitig als Markteintrittsbarriere für Newcomer. Sie erhöhen damit die Marktmacht des in spezifisches Humankapital investierenden Unternehmens. Gesamtwirtschaftliche Ineffizienzen in Form von überhöhten Preisen sowie qualitativ schlechten und veralteten Produkten können die Folge sein.

Es scheint, daß die Faktoren, welche eine **mit dem Alter zunehmende Betriebsspezifität des Humankapitals** bewirken, in Deutschland von erheblichem Gewicht sind. Indikatoren dafür sind die mit dem Alter sinkende Mobilität (vgl. Schaubild 4.2.3 und Schaubild 4.2.6) und - dementsprechend - die im Vergleich z.B. zu angelsächsischen Ländern rasch zunehmende durchschnittliche Betriebszugehörigkeitsdauer (vgl. OECD 1993, S. 125 ff.).

Schaubild 4.2.6: Altersabhängigkeit der Arbeitskräftemobilität

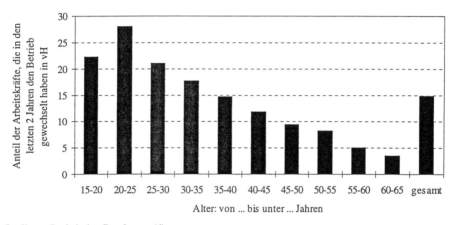

Quelle: Statistisches Bundesamt (d)

Spezifische Humankapitalinvestitionen erhöhen nicht nur **die Transaktionskosten des Strukturwandels,** sie können auch gesamtwirtschaftlich ineffiziente Entlassungen in rückläufigen Industrien zur Folge haben. Dies ist immer dann nicht auszuschließen, wenn sich Arbeitnehmer und Arbeitgeber die Kosten und Erträge der Humankapitalbildung teilen.[164] Das betriebswirtschaftliche Rentabilitätskalkül legt eine Entlassung nahe, sobald die Wertschöpfung des Arbeitnehmers geringer ist als der Lohn. Wenn der Lohn

---

[164] Vgl. Becker (1993), S. 45. Hashimoto (1981), S. 479 f. zeigt, daß der Partner (Arbeitnehmer oder Arbeitgeber), bei dem die Wahrscheinlichkeit einer Trennung höher ist, den größeren Anteil an Kosten und Erträgen der spezifischen Ausbildung trägt. Inwieweit es auch bei symmetrischer Information zwischen Arbeitnehmer und Arbeitgeber zu einer Aufteilung der Kosten und Erträge kommt, ist umstritten (vgl. z.B. Stevens, 1994).

des Arbeitnehmers aufgrund seiner Beteiligung an der Quasirente[165] größer ist als der Wert des Humankapitals in alternativer Verwendung, so ist eine solche Entlassung möglicherweise ineffizient. Die Ineffizienz wäre letztlich darauf zurückzuführen, daß das Unternehmen die Quasirente des Arbeitnehmers und damit dessen Mobilitätskosten nicht berücksichtigt. Für die Arbeitnehmer wäre es an sich rational, Reallohnzugeständnisse in Höhe ihrer Quasirente zu machen. Bei Lohnrigidität ist dies aber problematisch (vgl. Schellhaaß/Jendges 1995).

Wenn die These stimmt, daß in Deutschland das Humankapital relativ spezifisch ist, so würde bei dessen Nutzung ein hohes Produktivitätsniveau erzielt werden. **Die Spezifität erhöht also zumindest die kurzfristigen Einkommenschancen. Gleichzeitig senkt sie aber die Mobilität, so daß langfristig die Einkommens- und Beschäftigungschancen geringer sein können**, wenn Strukturwandel gefordert ist. Je größer der Bedarf an Anpassung, desto geringer ist c.p. der optimale Spezifitätsgrad,[166] da spezifisches Humankapital leichter als allgemeines Humankapital entwertet wird. Für die öffentlichen Bildungsinstitutionen, aber auch für die Unternehmen, ergibt sich daraus die Schlußfolgerung, daß sie stärker auf die Bildung unspezifischeren Wissens orientiert sein sollten, wenn das Tempo des Strukturwandels zunimmt.

4.2.3.2.2 Senioritätsregeln

Die Arbeitskräftemobilität wird nicht nur durch Humankapitalspezifitäten, sondern auch durch senioritätsabhängige Entlohnungs- und Beförderungssysteme und Kündigungsschutzregeln behindert. Im Gegensatz zu Humankapitalspezifitäten können solche von der Betriebszugehörigkeitsdauer abhängende Einkommensprofile dazu führen, daß volkswirtschaftlich effiziente Wanderungen einzelwirtschaftlich nicht rational sind und deshalb unterbleiben. Diese Barrieren sind daher unter Effizienzgesichtspunkten grundsätzlich anders zu beurteilen als Humankapitalspezifitäten.[167]

Senioritätsabhängige Einkommensprofile entstehen über eine mit der Dauer der Betriebszugehörigkeit ansteigende Entlohnung oder über senioritätsabhängige Beförde-

---

165 Die Quasirente ist definiert als die Differenz der Erträge einer spezifischen Investition in der gegenwärtigen Verwendung gegenüber der nächstbesten Verwendung. Quasirenten unterliegen der Gefahr der opportunistischen Aneignung durch den Transaktionspartner.
166 Der optimale Spezifitätsgrad hängt außerdem von der Länge der Nutzungsdauer des spezifischen Humankapitals und der Produktivitätsdifferenz zwischen spezifischem und unspezifischem Humankapital ab.
167 Eine umfassende Effizienzbetrachtung müßte allerdings auch die Transaktionskostenersparnisse langfristiger Beschäftigungsverhältnisse berücksichtigen.

rungsregeln. Im allgemeinen wird senioritätsabhängigen Beförderungen in Deutschland eine weite Verbreitung zugeschrieben, während der direkte Einfluß der Betriebszugehörigkeitsdauer in anderen reifen Volkswirtschaften, insbesondere Japan und die USA, als gering eingeschätzt wird (vgl. Bellmann 1986 und Wever 1995). Diese These soll mittels der Lohn- und Gehaltsstrukturerhebung für die gewichtigen Sektoren produzierendes Gewerbe, Handel, sowie Versicherungen und Kreditinstitute überprüft werden.[168]

Im Branchendurchschnitt wird eine zehnjährige Betriebszugehörigkeitsdauer mit einer Prämie in Höhe von knapp 16 vH des Jahresbruttoeinkommens entgolten (vgl. Tabelle 4.2.8). Bei den Arbeitern schwankt diese Prämie zwischen 8 vH (Eisenschaffende Industrie) und 21 vH (Chemische Industrie). Bei den Angestellten wird die Betriebszugehörigkeitsdauer am stärksten bei den Versicherungen honoriert (27 vH), während die Kreditinstitute mit 7 vH deutlich am unteren Ende der Skala rangieren. Grundsätzlich gilt, daß sich das senioritätsabhängige Einkommensprofil bei den Kreditinstituten und Versicherungen teilweise deutlich von dem des Produzierenden Gewerbes unterscheidet (vgl. Schaubilder 4.2.7 und 4.2.8). So wird die Betriebstreue bei den Kreditinstituten zunächst sichtbar unterdurchschnittlich, ab einer Betriebszugehörigkeitsdauer von mehr als 25 Jahren aber deutlich überdurchschnittlich entlohnt. Davon abgesehen ist die Streuung zwischen den einzelnen Sektoren sowohl bei den Arbeitern als auch bei den Angestellten gering.

Senioritätsprämien schränken die Fluktuationsneigung der Arbeitnehmer c.p. ein, da die Arbeitnehmer diesen Teil der Entlohnung bei einem Betriebswechsel verlieren. Dies gilt natürlich nur dann, wenn der Anstieg der Entlohnung tatsächlich auf die Betriebszugehörigkeitsdauer und nicht auf das Lebensalter zurückzuführen ist. Eine Auswertung nach Altersklassen zeigt, daß der Einkommensanstieg tatsächlich nicht lebensaltersbedingt ist.[169] Ein Vergleich der sektoralen Fluktuationsquoten mit den senioritätsabhängigen Einkommensprofilen ist dennoch wenig ergiebig, da sich die senioritätsabhängigen Einkommensprofile von Arbeitern und Angestellten in den einzelnen Sektoren

---

168 Dabei ist neben der geringen sektoralen Aufgliederung zu beachten, daß sich die Daten von Geburtsjahrgang zu Geburtsjahrgang unterscheiden und hier weder die Bildung noch die Dauer der bisherigen Erwerbstätigkeit berücksichtigt wurde. Es bleibt daher offen, inwieweit der positive Zusammenhang zwischen Betriebszugehörigkeitsdauer und Einkommen auf unbeobachtete Heterogenität zurückgeführt werden muß. Die empirische Studie von Schasse/Vatthauer (1990), in der die unbeobachtete Heterogenität berücksichtigt wird, kommt aber zu keiner Ablehnung der Existenz von betrieblicher Senioritätsentlohnung.

169 Dies gilt insbesondere für die Arbeiter. Bei den Angestellten wird die Auswertung dadurch verzerrt, daß die formal hoch qualifizierten Arbeitnehmer ausbildungsbedingt eine niedrigere Betriebszugehörigkeitsdauer aufweisen als die niedrig qualifizierten Arbeitnehmer.

Schaubild 4.2.7: Senioritätsabhängiges Einkommensprofil bei den Arbeitern, Westdeutschland, 1990

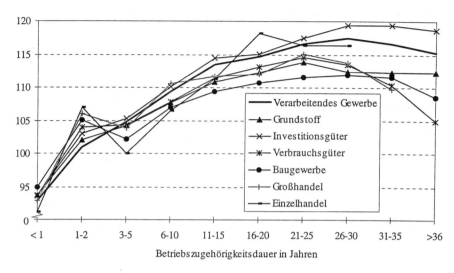

Quelle: Statistisches Bundesamt (1994)

Schaubild 4.2.8: Senioritätsabhängiges Einkommensprofil bei den Angestellten, Westdeutschland, 1990

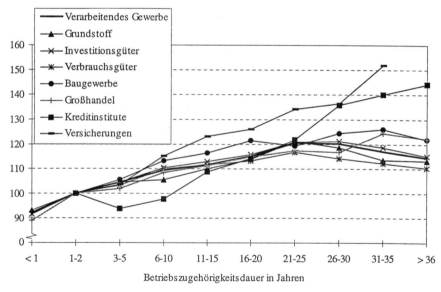

Quelle: Statistisches Bundesamt (1994)

deutlich unterscheiden. So wird beispielsweise eine 10jährige Betriebszugehörigkeitsdauer in der Chemischen Industrie bei den Arbeitern mit einer Prämie von 21 vH entgolten, während Angestellte nur eine 14-prozentige Einkommenssteigerung erfahren. Im Straßenfahrzeugbau kehrt sich dieses Verhältnis um. Da die Fluktuationsquoten für Arbeiter und Angestellte nicht getrennt ausgewiesen werden, kann nur mit dem gemeinsamen Einkommensprofil gearbeitet werden. Dabei nivellieren sich die ohnehin schon geringen sektoralen Unterschiede. **Die sektoralen Fluktuationsunterschiede lassen sich daher auf diese Weise nicht erklären.**

Inwieweit die beobachtete senioritätsbegünstigende Entlohnung eine höhere Produktivität widerspiegelt, läßt sich nicht mit Sicherheit beantworten. Die Frage nach den Ursachen der höheren Entlohnung ist für die hier vorzunehmende Analyse im Grunde auch unbedeutend. Für die Mobilität der Arbeitskräfte und die Leistungsanreize ist allein entscheidend, daß der Lohn langjähriger Mitarbeiter über dem bei einem Wechsel in ein anderes Unternehmen erzielbaren Lohn liegt, sei es aufgrund einer Senioritätsentlohnung im engeren Sinne, sei es aufgrund einer Entlohnung betriebsspezifischen Humankapitals. Die weite Verbreitung von tariflich geregelten **Verdienstsicherungsabkommen und besonderen Kündigungsschutzvorschriften für ältere, langjährige Arbeitnehmer (vgl. Tabelle A4.2.7) könnte als Hinweis dafür interpretiert werden, daß diese Arbeitnehmer über dem Wertgrenzprodukt entlohnt werden**, mithin eine Seniorätsentlohnung im engeren Sinne vorliegt. Auch die Entwertung des Humankapitals durch den technischen Fortschritt in Verbindung mit einer geringen Teilnahmequote von älteren Arbeitnehmern an Fortbildungsveranstaltungen legt diesen Schluß nahe.

Senioritätsabhängige Beförderungen

Diese Vermutung wird bestätigt, wenn man die Entgeltverbesserung um den Einfluß des beruflichen Aufstiegs korrigiert. Gemäß der Ergebnisse der Lohn- und Gehaltsstrukturerhebung von 1990 wurden von den im laufenden Jahr eingestellten Arbeitern 38 vH als Facharbeiter und 31 vH als Ungelernte beschäftigt, während von den wenigstens 21 Jahre dem Unternehmen angehörenden Arbeitern 72 vH als Facharbeiter und nur 8 vH als ungelernte Arbeiter beschäftigt waren. Bei den Angestellten zeigt sich grundsätzlich das gleiche Bild: Leitungsfunktionen oder gewisse Dispositionsbefugnisse hatten nur 15 vH der Angestellten mit einer Betriebszugehörigkeitsdauer von unter einem Jahr, aber fast die Hälfte der Angestellten mit einer Betriebszugehörigkeitsdauer von mehr als 20 Jahren.

Dieser berufliche Aufstieg vermag nur den kleineren Teil der oben ermittelten Senioritätsprämie zu erklären. Wenn man berufliche Aufstiege als Ursache für den senioritätsbedingten Anstieg des Entgelts ausschließt, so beträgt die Prämie noch 10,2 vH im Vergleich zu 15,6 vH.[170] Dabei ist zwischen den Arbeitern und Angestellten zu differenzieren. Bei den Angestellten ist der berufliche Aufstieg insgesamt von größerer Bedeutung als bei den Arbeitern: 50 vH der allgemeinen Senioritätsprämie sind in dieser Gruppe auf das Aufsteigen in höhere Leistungsgruppen zurückzuführen, bei den Arbeitern sind es nur 25 vH.[171]

Senioritätsabhängige berufliche Aufstiege sind grundsätzlich in allen in der Lohn- und Gehaltsstrukturerhebung ausgewiesenen Sektoren zu beobachten (vgl. Tabelle 4.2.8). Bei den Angestellten spielen senioritätsabhängige Beförderungen vor allem im Einzelhandel und im Investitionsgüter- und Verbrauchsgüterproduzierenden Gewerbe eine bedeutende Rolle. Bei den Kreditinstituten und den Versicherungen ist demgegenüber der senioritätsbedingte Entgeltanstieg innerhalb ein- und derselben Lohngruppe von größerer Bedeutung als der berufliche Aufstieg. Bei den **Arbeitern** dominiert der berufliche Aufstieg das Senioritätsprofil nur im Baugewerbe und in der Branche Druckereien/Vervielfältigung. In allen anderen Sektoren ist der Anstieg des Entgelts mit zunehmender Betriebszugehörigkeitsdauer innerhalb der Leistungsgruppe von vorrangiger Bedeutung gegenüber dem Aufstieg.

Senioritätsabhängige Entgelte innerhalb der Leistungsgruppen

Der senioritätsbedingte Anstieg des Entgelts innerhalb der Leistungsgruppen ist bei den Arbeitern (12 vH) wesentlich ausgeprägter als bei den Angestellten (7 vH). Ausgewertet wurden dabei die Senioriätsprämien für Arbeitnehmer mit einer Betriebszugehörigkeitsdauer von 11-15 Jahren im Vergleich zu Arbeitnehmern mit einer Betriebszugehörigkeitsdauer von 1-2 Jahren in den Leistungsgruppen 2 bei den Arbeitern und IIIb bei den

---

170 Bei den Angestellten wurde exemplarisch die Prämie der Betriebszugehörigkeitsdauer (durchschnittlicher Jahresbruttoarbeitslohn bei einer BZD von 11-15 Jahren im Vergleich zu einer BZD von 1-2 Jahren) für Leistungsgruppe III B (abgeschlossene Berufsausbildung und mehrjährige Berufserfahrungen sowie entsprechende Kenntnisse und selbständiges Handeln nach allgemeiner Anweisung) berechnet und mit der allgemeinen Prämie verglichen:
(Jahresbruttoarbeitslohn BZD 11-15 Jahre in Leistungsgruppe IIIB / Jahresbruttoarbeitslohn BZD 1-2 Jahre in Leistungsgruppe IIIB) / (Jahresbruttoarbeitslohn BZD 11-15 Jahre / Jahresbruttoarbeitslohn BZD 1-2 Jahre)
Bei den Arbeitern wurde analog für die Leistungsgruppe II kontrolliert.
171 Durch die verwendete Methodik wird der berufliche Aufstieg (und der damit einhergehende Einkommensanstieg) bei den Arbeitern tendenziell unterschätzt. Häufig ist der berufliche Aufstieg bei Facharbeitern nämlich mit einem Wechsel in den Angestelltenstatus verbunden. Diese Form des Aufstiegs wird hier aufgrund des Statuswechsels nicht erfaßt.

Tabelle 4.2.8: Senioritätsabhängigkeit der Entlohnung, früheres Bundesgebiet, 1990, in vH

Sektor	Arbeiter			Angestellte					Anteil Leistungs-gruppen-prämie
	Senioritäts-prämie insgesamt	Senioritäts-prämie in LG 2	Entgelt-anstieg infolge Aufstieg	Anteil Leistungs-gruppenprämie an Senioritäts-prämie insgesamt	Senioritäts-prämie insgesamt	Senioritäts-prämie in LG IIIb	Entgelt-anstieg infolge Aufstieg	
Insgesamt	16	12	4	74	15	7	8	50
Produzierendes Gewerbe	16	12	4	73	15	8	7	51
Energie- und Wasserversorgung, Bergbau	15				17			
Verarbeitendes Gewerbe	17	12	5	72	15	7	8	44
Grundstoff- und Produktionsgütergewerbe	14	9	5	66	13	8	5	61
Steine und Erden	11	10	1	99				
Metallerzeugung und -verarbeitung	10	6	4	60				
Eisenschaffende Industrie	8	5	3	71				
Chemische Industrie	21	14	7	68	14			
Investitionsgüterproduzierendes Gewerbe	18	14	4	75	16	6	10	37
Maschinenbau	17	10	7	61	15	3	12	23
Kfz	13	8	5	60	21			
Elektrotechnik	16	10	6	67	19	7	12	37
EBM-Waren	15	10	5	66				
Verbrauchsgüterproduzierendes Gewerbe	13	9	4	69	14	5	9	38
Holzverarbeitung	13	10	3	72				
Druckerei, Vervielfältigung	12	5	7	45				
Herstellung von Kunststoffwaren	13	11	2	82				
Nahrungs- und Genußmittelgewerbe	15	12	3	76				
Baugewerbe	10	5	5	50	19	7	12	40
Großhandel	14	10	4	71	10	6	4	58
Einzelhandel	13				18	2	16	12
Kreditinstitute					7	5	2	77
Versicherungen					27	18	9	66

Quelle: Statistisches Bundesamt (1994)

Angestellten (vgl. auch Fußnote 1 auf S. 246).[172] Die sektoralen Unterschiede sind insgesamt gering. Bei den **Angestellten** ist die leistungsgruppenkontrollierte Prämie bei den Versicherungen (18 vH) am höchsten, im Einzelhandel und im Maschinenbau steigt das Entgelt senioritätsbedingt demgegenüber nur um 2 bzw. 3 vH an. Bei den **Arbeitern** ist die intersektorale Spannweite noch geringer. Am unteren Ende liegen mit einer Senioritätsprämie von 5 vH das Baugewerbe, die Druckereien und die Eisenschaffende Industrie. Die höchsten Senioritätsprämien (in der Leistungsgruppe 2) werden im Investitionsgüterproduzierenden Gewerbe und in der Chemie (14 vH) gezahlt.

Ob sich derartige senioritätsbedingte Gehaltszuschläge auf Dauer halten können, erscheint fraglich. **Der zu beobachtende rasche technologische und wirtschaftliche Wandel stellt die Honorierung der Betriebstreue zunehmend in Frage.** Eine langfristige Bindung der Arbeitskräfte an ein Unternehmen wird personalpolitisch umso unattraktiver, je rascher dieser Wandel berufliche Kenntnisse und Fertigkeiten entwertet. Damit entstehen dem Unternehmen auch bei langjährigen Mitarbeitern im Falle einer Produktionsumstellung hohe Einarbeitungskosten oder Kosten durch eine berufliche Neuorientierung, so daß das kostensenkende Element der langandauernden Betriebszugehörigkeitsdauer an Bedeutung verliert. Auch aus volkswirtschaftlicher Sicht bedeutet dies, daß die Kosten der Immobilität immer weniger durch die Transaktionskostenersparnisse langfristiger Beschäftigungsverhältnisse aufgewogen werden.

4.2.4 Ergebnis und Schlußfolgerungen

Die Unterbeschäftigung des Faktors Arbeit zeigt, daß dessen Mobilität nicht ausreicht, um die geringe Lohnflexibiltät zu kompensieren. Als **Mobilitätshemmnisse** werden die Humankapitalspezifität sowie die Senioritäts- und Kündigungsschutzregeln diskutiert:

- Bei der **Humankapitalspezifität** handelt es sich um solche Fähigkeiten der Arbeitskräfte, die bei einem Arbeitsplatzwechsel nur noch eingeschränkt oder überhaupt nicht mehr eingesetzt werden könnten und folglich auch nicht entlohnt würden. **Spezifisches Humankapital zeichnet sich durch eine hohe Produktivität, aber eine geringe Mobilität aus.** Je größer der strukturelle Anpassungsbedarf in einer Volkswirtschaft ist, desto geringer ist c.p. der optimale Spezifitätsgrad. Gesamtwirtschaftlich ist spezifitätsbedingte Immobilität solange effizient, wie die Arbeitskräfte in der gegenwärtigen Verwendung eine höhere Produktivität als in alternativen Verwendungen aufweisen. Bei hoher Spczifität des Humankapitals und hohen Lohnersatzleistungen werden mögliche neue Arbeitsplätze weder von Wechslern noch von Ar-

---

172 Die Ergebnisse sind nur beschränkt auf andere Leistungsgruppen übertragbar.

beitslosen besetzt. Der Strukturwandel wird gehemmt. In schrumpfenden Branchen kann Spezifität des Humankapitals bei Lohnrigidität und geringer bzw. keiner Beteiligung des Arbeitnehmers an der Quasirente sogar zu ineffizienten Entlassungen führen.

- Die **Branchenspezifität** der Erstausbildung des Humankapitals hat abgenommen. Dies zeigt sich an der sinkenden Branchenspezialisierung von Berufen. Dennoch finden selbst bei branchenübergreifenden beruflichen Qualifikationen kaum branchenübergreifende Wanderungen statt.

- Dies liegt teilweise daran, daß die Mobilität der Arbeitskräfte auch durch **unternehmensspezifische Qualifikationen** gehemmt wird. Die Ablösung tayloristischer Arbeitsformen begünstigt eine höhere Unternehmensspezifität des Arbeitnehmerwissens. Der gleiche Effekt wird durch die berufliche Fort- und Weiterbildung verursacht, welche in den letzten Jahren an Bedeutung gewonnen hat. Die Unternehmen versuchen, die von ihnen finanzierten Humankapitalinvestitionen so spezifisch wie möglich zu gestalten, um eine höhere Rentabilität der Weiterbildungsinvestitionen zu erzielen und gleichzeitig die Transferierbarkeit der Kenntnisse an andere Unternehmen so weit wie möglich zu verringern.

- Die Zunahme der Betriebsspezifität des Humankapitals bei steigendem Alter der Arbeitskräfte, könnte eine Erklärung dafür sein, daß die Mobilität mit steigendem Alter sinkt. In einer alternativen Verwendung wären Produktivität und Entlohnung nämlich niedriger.

Die Mobilität der Arbeitskräfte wird auch durch **senioritätsbegünstigende Entlohnungs- und Beförderungssysteme** sowie **Kündigungsschutzregeln** eingeschränkt:

- Im Branchenquerschnitt wird eine zehnjährige **Betriebszugehörigkeitsdauer mit einer Prämie von knapp 16 vH des Jahresbruttoeinkommens entgolten**. Bei Kreditinstituten und Versicherungen wird die Betriebstreue überdurchschnittlich entlohnt. Der senioritätsbedingte Anstieg des Entgelts ist bei den Arbeitern wesentlich ausgeprägter als bei den Angestellten.

- Soweit die **senioritätsabhängige Entlohnung** eine im Alter höhere Produktivität widerspiegelt, stellt sie kein Hemmnis für den Strukturwandel dar. Dies scheint allerdings in der Praxis nicht die Regel zu sein. Die weite Verbreitung von tariflich geregelten Verdienstsicherungsabkommen und besonderen Kündigungsschutzvorschriften für ältere, langjährige Arbeitnehmer deutet darauf hin, daß letztere **über dem Wertgrenzprodukt** entlohnt werden. Beruflicher Aufstieg vermag den im Alter entstehenden Entgeltvorsprung insgesamt nur zum kleineren Teil zu erklären. Dies ist in Lohngruppe 2 in den meisten ausgewiesenen Sektoren zu beobachten, insbesondere aber im Einzelhandel und im Investitions- und Verbrauchsgüterproduzierenden Branchen.

Schlußfolgerungen

Die intergenerationale Anpassung des Humankapitals an die Anforderungen des Strukturwandels - der Einstieg junger Arbeitskräfte in das Erwerbsleben und das Ausscheiden der älteren - ist immer noch erheblich wichtiger als die intragenerationale.[173] Angesichts der demographischen Entwicklung wird jedoch die intragenerationale Anpassung in der Zukunft eine immer wichtigere Rolle spielen müssen. Deshalb liegt es nahe, die Mobilität des Humankapitals durch den Abbau von Mobilitätshemmnissen zu fördern. **Es besteht aus gesamtwirtschaftlicher Sicht ein trade off zwischen Anpassungsgeschwindigkeit und Humankapitalspezifität.** Das optimale Ausmaß der Spezifität sollte am Markt ermittelt und nicht durch institutionelle Regelungen beeinflußt werden. Deshalb sind senioritätsbegünstigende Entlohnungs- und Beförderungssysteme, welche nicht eine höhere Produktivität älterer Mitarbeiter widerspiegeln, negativ zu bewerten. Sie behindern die Mobilität älterer Arbeitnehmer.

Ebensowenig ist die Förderung der intergenerationalen Anpassung durch Vorruhestand und Altersrenten für Arbeitslose gesamtwirtschaftlich effizient. Eine derartige Politik zielt auf eine Verringerung der Arbeitslosigkeit und eine Stabilisierung des Einkommensniveaus ab. Dies wird jedoch durch den Anstieg der Sozialversicherungsbeiträge konterkariert. Darüber hinaus wird Realeinkommen in Höhe des Wertgrenzprodukts der vorzeitig aus dem Erwerbsleben ausscheidenden verschenkt, wenn man davon ausgeht, daß bei größerer Mobilität die Arbeitslosigkeit reduziert werden könnte. Dieser negative Effekt ist höher zu veranschlagen als der positive Einkommenseffekt, der dadurch zustande kommt, daß ältere Arbeitskräfte durch jüngere, produktivere ersetzt werden.

4.3 Bewältigung des Strukturwandels durch Subventionen?

4.3.1 Die Subventionsdiskussion in reifen Volkswirtschaften

Der beobachtete Strukturwandel ist nicht zuletzt Ergebnis von staatlichem Handeln. Der Staat beeinflußt die Wirtschaftsstruktur zum einen dadurch, daß er unmittelbar als Nachfrager oder Anbieter von Leistungen auftritt. Zum anderen verändert er durch allge-

---

173 Im Zusammenhang mit der intragenerationalen Anpassung wurden lediglich die Wanderungen zwischen den Branchen betrachtet. Wanderungen innerhalb der Branchen, die für den Strukturwandel ebenso bedeutsam sein können, konnten aufgrund der Datenlage nicht untersucht werden.

meine oder spezifische Maßnahmen die relativen Preise von Output- und Inputgütern und beeinflußt damit die Wettbewerbsposition von inländischen Produzenten gegegenüber ausländischen Anbietern oder gegenüber inländischer Substitutionskonkurrenz. Im Prinzip haben alle, also auch die sektorübergreifenden Maßnahmen des Staates Strukturwirkungen.

In der Strukturforschung interessieren vor allem solche Eingriffe, bei denen die Veränderung der Wettbewerbsposition von Sektoren das primäre Ziel ist. Hierzu gehören vor allem sektorspezifische Subventionen und Regulierungen. Soweit Strukturwirkungen auf die Funktion des Staates als Anbieter von Kollektivgütern und von Sozialleistungen sowie auf die ordnungspolitische Funktion zurückgehen, sind sie nur Nebenfolgen, wenngleich sie in der Auseinandersetzung über die Einführung oder Abschaffung häufig als Argumente angeführt werden. Ein aktuelles Beispiel hierfür ist die Diskussion über Emissions- oder Energiesteuern.

Wenngleich die sektorspezifischen Subventionen oder Regulierungen gezielt die Wettbewerbsposition von inländischen oder ausländischen Produzenten oder von ausgewählten Anbietern gegenüber der Substitutionskonkurrenz beeinflussen, sollen sie letztlich nicht sektorspezifischen, sondern gesamtwirtschaftlichen Zielen dienen. In einer marktwirtschaftlichen Ordnung sind sektor- oder marktspezifische Eingriffe gesamtwirtschaftlich gerechtfertigt, wenn sie schwerwiegendes Marktversagen korrigieren. Wenngleich es also gute Gründe für Subventionen und Regulierungen gibt, wird die politische Diskussion von der Forderung nach dem Abbau von Subventionen und Regulierungen dominiert. Auch die Bundesregierung hat den Subventionsabbau wiederholt zu einem wichtigen Ziel ihrer Politik erklärt. In ihrem Bericht zur Zukunftssicherung des Standortes Deutschland heißt es ausdrücklich: "Die Subventionen sind weiterhin konsequent abzubauen" (Bericht der Bundesregierung zur Zukunftssicherung des Standortes Deutschland (1993)). Die beabsichtigte Steuerreform, die zur Verbesserung der Standortbedingungen in Deutschland beitragen soll, hat die Bedeutung des Subventionsabbaus noch verstärkt, denn die angestrebten Steuerentlastungen sollen soweit wie möglich über die Streichung von Subventionen (Finanzhilfen und Steuervergünstigungen) finanziert werden. Dabei sind allerdings nicht alle steuerlichen Sonderregelungen, die für eine Streichung in Frage kommen, den Subventionen zuzurechnen.[174]

---

[174] Die Abgrenzung der Subventionen, die von den an der Strukturberichterstattung beteiligten Wirtschaftsforschungsinstituten vorgenommen wurde, lehnt sich an die finanzwissenschaftliche Literatur an. Siehe B. Fritzsche u.a. (1988).

Diese pauschale Behandlung der Subventionen erklärt sich aus der Vermutung, daß sektorspezifische Eingriffe, mehr noch als die allgemeinen staatlichen Maßnahmen, nicht gesamtwirtschaftlichen Zielen, sondern den Einkommensinteressen der davon Begünstigten dienen. Der Abbau von obsolet gewordenen Subventionen oder Regulierungen wurde daher regelmäßig durch Widerstände von Interessengruppen verhindert oder verzögert. Die empirische Erfahrung belegt zudem, daß bei der Einführung von sektorspezifischen Maßnahmen die gesamtwirtschaftlichen Nachteile zu wenig berücksichtigt werden. Nachteile entstehen aus dem Anstieg der Abgabenbelastung und aus der Verzerrung oder Behinderung des Strukturwandels. Diese Erfahrung ist nicht auf Deutschland beschränkt, sondern gilt für alle reifen Volkswirtschaften, in denen die Anpassung der Produktionskapazitäten überwiegend durch Umstrukturierung bestehender Ressourcen statt durch die Schaffung neuer Anlagen und Arbeitsplätze erfolgt.

Gleichwohl ist der pauschale Ansatz in der Strukturforschung unzureichend. Es muß stets im Einzelfall geprüft werden, ob die Subventionsziele obsolet geworden sind oder ob die Ausgestaltung noch angemessen ist (soweit sie es jemals war). Soweit sich aber erweist, daß sektorspezifische Eingriffe fortbestehen, obwohl an ihrem volkswirtschaftlichen Nutzen zu zweifeln ist, sollten auch die Bedingungen erörtert werden, die den Abbau oder eine effizientere Ausgestaltung gegen den Widerstand der Interessenten begünstigen.

4.3.2 Subventionen und Globalisierung - Entmachtung des Nationalstaates auf den Gütermärkten

Bei der Diskussion von nationalen Subventionen und Regulierungen ist zu berücksichtigen, daß nationale Interventionen auf den Gütermärkten zunehmend in den Konflikt mit der europäischen und internationalen Integrationsaufgabe geraten sind. Staatliche Interventionen auf den Gütermärkten (Auflagen, Regulierungen, Subventionen) sollten dazu dienen, Marktunvollkommenheiten und Marktversagen zu kompensieren. Sie stehen oft auch im Dienste der Stärkung der internationalen Wettbewerbsfähigkeit. Diese Interventionen haben in der Vergangenheit zu einer Nationalisierung von Märkten geführt, weil die maßgebende wirtschaftspolitische Instanz in der Vergangenheit der Nationalstaat war. Der Versuch, in der Europäischen Union die nationalen Interventionssysteme zu harmonisieren, wurde dadurch behindert, daß die zentrale Instanz, die EU-Kommission, gegenüber den nationalen Regierungen nicht machtvoll genug war. Allerdings war schon im EWG-Vertrag, wie sich aus einer Reihe von EuGH-Entscheidungen im Anschluß an den Cassis de Dijon - Fall ergeben hat, ein Systemwettbewerb angelegt. Produkte, die in einem Mitgliedsland zugelassen sind, dürfen auch in der EU insgesamt angeboten werden.

Die Idee des Systemwettbewerbs besteht darin, daß sich in einem evolutorischen Prozeß die effizienten Interventionssysteme durchsetzen. Dienen allerdings die Interventionen der Wahrnehmung kollektiver Interessen (z.B. Verbraucherschutz, soziale Sicherung, Streckung von Anpassungslasten) und sind diese Interessen national unterschiedlich, dann kann der Systemwettbewerb zur Harmonisierung auf dem niedrigsten Niveau führen (Sinn, 1996). Die möglichen Nachteile des Systemwettbewerbs gelten allerdings nur für produktspezifische, nicht für standortspezifische Interventionen.

Ein Teil der Interventionen dient der Kompensation von technisch bedingten Marktunvollkommenheiten, z.B. Marktzutrittsschranken. Diese Marktzutrittsschranken bestanden in der Vergangenheit nur deshalb, weil die Marktnachfrage im Vergleich zur optimalen Betriebsgröße zu klein war. Durch die Integration der nationalen Märkte steigt indessen die Nachfrage, so daß die Begründung für die nationalen Interventionen vielfach entfallen sind. Ebenso ist der Schutz nationaler Produktion zur Sicherung der heimischen Versorgung im europäischen Binnenmarkt und angesichts der Zugriffsmöglichkeiten auf sichere außereuropäische Quellen obsolet geworden.

Wie bereits erwähnt, bestand das Problem der Nationalstaaten bei Interventionssystemen auf Gütermärkten weniger darin, effizienzsteigernde Interventionen durchzusetzen, sondern obsolete Interventionssysteme gegen den Anspruch auf Besitzstandswahrung abzubauen. Die Globalisierung hat den Abbau von Subventionen und Regulierungen erleichtert und die Durchsetzung neuer Subventionen erschwert. Zum einen hat mit der Vollendung des Europäischen Binnenmarktes die europäische Subventionskontrolle an Durchsetzungskraft gewonnen. Im Welthandel setzten die Abkommen im Rahmen des GATT bzw. der WTO ähnliche Akzente. Zum anderen erschwert die Standortdiversifizierung der Unternehmen es den Regierungen, Subventionen an den Standort zu binden. Die größte Wirkung hatte die Globalisierung allerdings nicht beim Abbau der Subventionen, sondern bei der Deregulierung des Telekommunikationssektors. Hier wurde der nationale Markt nicht nur durch den europäischen Binnenmarkt, sondern auch durch den technischen Fortschritt ausgehöhlt. Die Deutsche Bundespost mußte befürchten, daß der lukrative Fernsprechverkehr sukzessive über ausländische Vermittler abgewickelt wird, so daß die rechtliche Monopolstellung nur noch auf dem Papier stehen würde. Dieser Gefahr konnte sie nur dadurch begegnen, daß sie sich als privater Telekommunikationsanbieter auf einen wettbewerblich organisierten Markt einstellte. In dieser Situation war in Deutschland eine schrittweise Öffnung des Marktes und Entflechtung der Bundespost möglich, die zuvor allenfalls langfristig im Zuge einer EU-weiten Regulierung denkbar gewesen wäre.

4.3.3 Die Entwicklung der Subventionen in Deutschland

Die nur begrenzte Wirkung auf die Subventionsgewährung erklärt sich vor allem daraus, daß die **nationalen Finanzhilfen und Steuerbegünstigungen sich auf die Sektoren konzentrieren, die nicht dem internationalen Wettbewerb ausgesetzt** oder nicht der Subventionskontrolle unterworfen sind. Nach der vorgenommenen Abgrenzung umfassen Subventionen alle Finanzhilfen (Zuschüsse für laufende Zwecke, Schuldendiensthilfen, zinsverbilligte Darlehen, Investitionszuschüsse und andere Vermögensübertragungen) und Steuervergünstigungen an Unternehmen in der Abgrenzung der VGR sowie an private Haushalte, soweit sie, wie die Bausparförderung und das Wohngeld, direkt oder indirekt dem Unternehmenssektor zugute kommen. Subventionsgeber ist der Staat. Dazu gehören alle Gebietskörperschaften (einschließlich Lastenausgleichsfond und ERP-Sondervermögen des Bundes), der Ausgleichsfonds zur Sicherung des Steinkohleabsatzes (Kohlepfennig), der ab 1996 durch direkte Zahlungen aus dem Bundeshaushalt ersetzt wurde, die Bundesanstalt für Arbeit, Einrichtungen der Europäischen Gemeinschaft sowie von 1990 bis 1994 die Treuhandanstalt.[175]

Einheitliche Daten in der Abgrenzung der Institute liegen nur bis 1989 vor. Die in den Strukturberichten 1994 und 1995 vom IfW (Klodt u.a. 1994) bzw. von Ifo (Hummel u.a. 1995) für 1991 und 1993 ausgewiesenen Subventionswerte unterscheiden sich um rd. 6 (1991) bzw. 14 Mrd. DM (1993). Dies ist im wesentlichen auf die unterschiedliche Behandlung der Treuhandsubventionen, der ERP-Kredite und der EU-Direkthilfen zurückzuführen.

Tabelle 4.3.1 zeigt weiterhin eine Diskrepanz zwischen politischen Absichtserklärungen und tatsächlicher Entwicklung auf. Von 1991 bis 1994 verzeichneten die Subventionen weiterhin einen Zuwachs: 1994 lagen sie um 9,9 vH höher als 1991. Sie sind in diesem Zeitraum allerdings langsamer gestiegen als die Wertschöpfung, so daß die Subventi-

---

[175] Die Eingrenzung auf den Unternehmenssektor ergibt sich vor allem aus Erfassungs- und Bewertungsproblemen bei den übrigen Wirtschaftssektoren.

> **Abgrenzung der Subventionen**
>
> Im folgenden wurden zur Ermittlung der Finanzhilfen Daten aus der VGR, den Finanzberichten der Bundesregierung, dem 14. und 15. Subventionsbericht sowie von der Treuhandanstalt herangezogen. Die in Tabelle 4.3.1 ausgewiesenen Finanzhilfen setzen sich zusammen aus den in der VGR ausgewiesenen Subventionen (abzüglich der in den Steuervergünstigungen enthaltenen einbehaltenen Umsatzsteuer), den Vermögensübertragungen an Unternehmen (abzüglich der ebenfalls in den Steuervergünstigungen erfaßten Investitionszulagen und der Altschuldenübernahme des Bundes von der DB und der Treuhandanstalt), den Ausgaben für die landwirtschaftliche Sozialpolitik, dem Wohngeld, der Wohnungsbauprämie, den ERP-Darlehen und den subventionsrelevanten Ausgaben der Treuhandanstalt (Investitionszuschüsse und -darlehen, Sanierung von Management KGs, Verlustausgleich und nachträgliche Eigenkapitalzuführung, Zahlungen aus der Inanspruchnahme von Treuhandbürgschaften, Ausgaben für einzelne Großprojekte, Ausgaben für Sozialpläne (Hummel u.a. 1995)). Zusammen mit den Steuervergünstigungen entsprachen die so abgegrenzten Subventionen annähernd den Subventionswerten in der Abgrenzung des Ifo- Instituts (1993 98,1 vH).

onsquote, gemessen als Anteil der Subventionen an der Nettowertschöpfung, von 8,3 auf 8 vH zurückgegangen ist. Im Jahre 1995 ist dagegen gegenüber dem Vorjahr ein deutlicher Rückgang um 7,8 Mrd. DM oder 3,9 vH zu registrieren. Die Subventionsquote lag 1995 um einen Prozentpunkt unter dem Wert von 1991. Diese Entwicklung ist im wesentlichen auf die Auflösung der Treuhandanstalt zum Jahresende 1994 zurückzuführen.

Tabelle 4.3.1: Subventionen in der Bundesrepublik Deutschland 1991 -1995

	1991	1992	1993	1994	1995
Subventionen (in Mrd. DM)	182,9	191,4	198,8	201,0	193,2
nachr.: ohne Treuhandanst.	169,5	174,0	175,5	175,4	193,2
davon:					
Finanzhilfen[1]	137,0	145,6	150,0	152,8	143,5
Steuervergünstigungen[2]	45,9	45,8	48,8	48,2	49,7
Subventionsquote insgesamt[3]	8,3	8,2	8,3	8,0	7,3
ohne Treuhandanst.	7,7	7,4	7,4	7,0	7,3

1 Subventionen (ohne einbeh. Umsatzsteuer) und Vermögensübertragungen an Unternehmen (ohne Investitionszulage und Altschuldenübernahme) nach VGR, Wohnungsbauprämie, Wohngeld, landwirtschaftliche Sozialpolitik, ERP, Treuhandanstalt
2 in der Abgrenzung der Institute; einschließlich Leistungen der EU
3 Subventionen in vH der Nettowertschöpfung
Quelle: Statistisches Bundesamt (j); Deutscher Bundestag; BMF; ifo Institut

Betrachtet man dagegen die Entwicklung der Jahre 1991 bis 1994 ohne die Subventionen der Treuhandanstalt, so zeigt sich in diesem Zeitraum ein eher mäßiger Anstieg von

3,5 vH, im Jahr 1995 dagegen ein Zuwachs von 10,1 vH. Besonders stark zugenommen haben die ERP-Darlehen, die Gewährleistungen, die Subventionen in den neuen Bundesländern, die Investitionszuschüsse der Länder und die Investitionszuschüsse des Bundes an die Deutsche Bahn AG.

4.3.4 Subventionsentwicklung in einzelnen Sektoren

Anhand der Daten der Volkswirtschaftlichen Gesamtrechnung und der Subventionsberichte der Bundesregierung, die der Subventionserfassung zugrunde gelegt wurden, erfolgte eine Zuordnung der Subventionen zu den Wirtschaftssektoren Land- und Forstwirtschaft, Bergbau, Verkehr, Wohnungsvermietung, Schiffbau, Luft- und Raumfahrzeugbau, Dienstleistungen für private Haushalte (hier handelt es sich hauptsächlich um das Gesundheitswesen und um den Kulturbereich). Die branchenübergreifenden Subventionen wie Regionalförderung und Forschungsförderung, die Subventionen der Gemeinden, die ERP-Darlehen und die Subventionen der Treuhandanstalt konnten sektoral nicht aufgeschlüsselt werden; sie werden daher im folgenden vernachlässigt. Die in Tabelle 4.3.2 ausgewiesenen sektorspezifischen Subventionen machten 1993 und 1994 rd. 52 vH, 1995 rd. 57 vH der gesamten erfaßten Subventionen aus.

Die Subventionen für die Land- und Forstwirtschaft, die 1993 mit 29,5 Mrd. DM noch am höchsten waren, sind bis 1995 sowohl absolut als auch relativ zurückgegangen. Sie umfaßten aber immer noch 14,5 vH der geamten erfaßten Subventionen. Dagegen sind die Zuwendungen für den Sektor Wohnungsvermietung, der 1993 noch auf Rang 2 hinter der Land- und Forstwirtschaft war, um 22 vH angestiegen; 18,3 vH der gesamten Subventionen flossen 1995 diesem Sektor zu. Es folgt der Verkehrssektor, der 1995 mit 25,1 Mrd. DM knapp 3 Mrd. DM mehr an Staatshilfe als 1993 erhielt; der größte Teil davon floß mit rd. 10 vH der gesamten Subventionen den Eisenbahnen zu. Zurückgegangen sind seit 1993 neben den nationalen Hilfen für die Landwirtschaft auch diejenigen für den Schiffbau und die Luft- und Raumfahrtindustrie. Gegenüber 1994 wird auch der Bergbau weniger gefördert.

Die Subventionen fließen somit nach wie vor in bestimmte Schwerpunktbereiche. Eine Klassifizierung der Empfängersektoren verdeutlicht, daß es sich dabei insbesondere um schrumpfende oder stagnierende Branchen (Landwirtschaft, Berg-, Schiffbau) handelt und um Branchen, denen eine infrastrukturelle oder wirtschaftspolitisch strategische

Tabelle 4.3.2: Subventionen in ausgewählten Sektoren (Mio. DM)

	1993	1994	1995[a]	1993	1994	1995[a]
	in Mio. DM			in %		
Land- und Forstwirtschaft, Fischerei	29.546	27.284	27.950	14.9	13.6	14.5
Bergbau	9.617	10.345	9.794	4.8	5.2	5.1
Verkehr	22.277	23.031	25.135	11.2	11.4	13.0
davon: Eisenbahnen	17.115	17.342	19.261	8.6	8.6	10.0
Wohnungsvermietung[b]	29.000	32.980	35.361	14.6	16.4	18.3
Schiffbau	536	489	442	0.3	0.2	0.2
Luft- und Raumfahrzeugbau	432	301	294	0.2	0.1	0.2
Dienstleistungen f. priv. Haush.	11.400	11.825	11.836	5.7	5.9	6.1
Sektorspez. erfaßte Subventionen insges.	102.808	106.255	110.812	51.7	52.9	57.4

a Finanzhilfen 1995 z.T. Sollwerte
b einschl. eigengenutzen Wohneigentums
Quelle: Statistisches Bundesamt (j); Deutscher Bundestag; eigene Berechnung

Bedeutung zukommt (Verkehr, Luft- und Raumfahrzeugbau). Die Wohnungsvermietung und die Dienstleistungen für private Haushalte nehmen eine Sonderposition ein, da sich hier zum Teil sozialpolitische Motive (sozialer Wohnungsbau) oder meritorische Ziele (Zuschüsse an öffentlich-rechtliche Rundfunkanstalten, Film- und Sportförderung) verbergen.

Die Berechnung der in Tabelle 4.3.3 als Anteil der Subventionen an der Nettowertschöpfung ausgewiesenen Subventionsquoten für die erfaßten Sektoren, basiert auf einer Schätzung der Nettowertschöpfung. Danach ist die Relation zwischen finanzpolitischer Alimentierung und sektoraler Wertschöpfung bei den schrumpfenden oder stagnierenden Wirtschaftsbereichen besonders groß. Die Eisenbahn ist hier der am höchsten subventionierte Wirtschaftssektor; die staatlichen Finanzhilfen sind mehr als doppelt so hoch wie ihre Nettowertschöpfung. An zweiter Stelle, allerdings mit weitem Abstand, folgt die Landwirtschaft, deren Subventionsquote im betrachteten Zeitraum bei 100 vH lag.

Eine Subventionsquote von mehr als 100 vH besagt, daß der Staat mehr an Subventionen aufwendet, als die Arbeitnehmer und Kapitalgeber der betreffenden Branche an Einkommen erzielen. Besteht der Subventionszweck darin, die Schrumpfungslasten für die Beschäftigten zu mildern, dann wäre es für den Staat billiger, die Produktion einzustellen und die Arbeitnehmer direkt aus dem Staatshaushalt zu alimentieren. Diese Schlußfolgerung trifft allerdings dann nicht zu, wenn die Subventionierung im Interesse der Konsumenten erfolgt oder wenn in den Subventionen Altlasten enthalten sind, die auch bei der Stilllegung der Produktion noch anfallen würden. Beides ist bei den Eisenbahnen gegeben.

Tabelle 4.3.3: Subventionsquoten[1]

	1993	1994	1995
Land- und Forstwirtschaft, Fischerei	101.3	97.0	100.0
Kohlebergbau	90.7	93.9	86.4
Eisenbahn	210.0	201.9	217.3
Wohnungsvermietung[2]	21.6	21.2	21.3
Schiffbau	18.0	16.1	14.2
Luft- und Raumfahrzeugbau	8.0	5.7	5.5

1 Subventionen in vH der Nettowertschöpfung
2 einschl. eigengenutzen Wohneigentums
Quelle: Statistisches Bundesamt; eigene Berechnungen

4.3.5 Subventionen aus standortpolitischer Sicht

In einer globalisierten Wirtschaft, in der die Barrieren für den Handel mit Gütern und Dienstleistungen sowie für den Kapitalverkehr immer niedriger werden, konkurrieren die Produktionsstandorte weltweit um mobile Produktionsfaktoren, in erster Linie um das besonders mobile Kapital. Die zentrale Aufgabe einer auf Wachstum und Beschäftigung ausgerichteten Wirtschaftspolitik muß unter diesen Bedingungen darin bestehen, optimale Standortbedingungen für Unternehmen zu schaffen. Im Hinblick auf die Subventionspolitik stellt sich die Frage, ob die in der Bundesrepublik vergebenen Subventionen in der gegebenen Ausgestaltung ein geeignetes Mittel zur Abfederung des Schrumpfungsprozesses oder zur Verbesserung der Standortbedingungen für die begünstigten Sektoren und der Wettbewerbsfähigkeit des Standortes Deutschland insgesamt sind. Im folgenden werden die finanzpolitischen Maßnahmen in den genannten Wirtschaftsbereichen unter diesen Aspekten betrachtet.

Die Subventionszahlungen an die **Eisenbahnen** sind in der Bundesrepublik seit Jahren ständig gestiegen.[176] Der hohe Subventionsbedarf des Monopolunternehmens Bundesbahn hatte verschiedene Ursachen. Erstens mußte die Bundesbahn, anders als alle anderen Verkehrsträger, selbst für ihre Wegekosten, d.h. für die Unterhaltung und den Ausbau des Schienennetzes aufkommen. Zweitens wurden der Bahn aufgrund ihres Charakters als Staatsunternehmen im gesamtstaatlichen Interesse eine Reihe von Verpflichtun-

---

176 Für frühere Jahre als in Tabelle 4.3.2 ausgewiesen siehe Krakowski et al. (1991).

gen auferlegt, die sie daran hinderten, ihr wirtschaftliches Handeln an betriebswirtschaftlichen Rentabilitätskriterien auszurichten. So mußte die Bahn zahlreiche unrentable Strecken aufrechterhalten, den nicht kostendeckenden Schienenpersonennahverkehr durchführen, und sie war an die Anwendung festgelegter, politisch genehmigter Tarife gebunden, die ihr kaum einen unternehmerischen Handlungsspielraum ließen. Dazu kamen noch hohe Versorgungslasten, weil die Bahn als öffentlicher Arbeitgeber Beamte beschäftigte und für die Versorgung pensionierter Beamter selbst aufkommen mußte, was bei rückläufiger Wertschöpfung ein besonderes Problem darstellt. Da die Bundesbahn das Monopol der Nutzung des deutschen Schienennetzes hatte, stand sie in keinem Konkurrenzverhältnis zu anderen Eisenbahngesellschaften, wohl aber in Konkurrenz mit anderen privaten Verkehrsträgern.

Subventionen, die der Erhaltung von nicht marktfähigen Strukturen dienen, binden volkswirtschaftliche Ressourcen, die an anderer Stelle höhere Einkommen erwirtschaften könnten. Dieser Einkommensverlust schlägt sich in einer höheren Abgabenlast nieder, die für die anderen Sektoren einen Standortnachteil darstellt. Die Auffassungen über den volkswirtschaftlichen Nutzen einer Aufrechterhaltung des Schienenverkehrs waren stets kontrovers. Unbestritten war jedoch, daß dieser Nutzen zu teuer erkauft war, weil die Ausgestaltung der Subventionsgewährung in der Bundesbahn eine Kostgängermentalität erzeugt hatte. Mit der zum 1. Januar 1994 in Kraft getretenen Bahnreform wurde eine ordnungspolitische Grundsatzentscheidung getroffen, durch die die gemeinwirtschaftlichen Lasten des Schienenverkehrs auf den Staat übertragen wurden und die Deutsche Bundesbahn zu marktgerechterem Verhalten gezwungen werden soll. Das Unternehmen wurde aus den Fesseln des öffentlichen Dientsrechts herausgelöst und in die Form einer privatrechtlichen Aktiengesellschaft (DBAG) überführt. Vier finanziell und organisatorisch getrennte Sparten, die später zu unabhängigen Aktiengesellschaften werden sollen, betreiben eigenverantwortlich den Personenfernverkehr, den Personennahverkehr, den Güterverkehr und den Fahrweg. Die Investitionen in das Schienennetz werden vom Bund finanziert, die Sparte Fahrweg zahlt dafür ein Entgelt in Höhe der Abschreibungen. Altlasten und Altschulden werden vom neugegründeten Bundeseisenbahnvermögen übernommen. Dieses übernimmt auch die Bahnbeamten und leiht sie zu marktüblichen Konditionen an die Bahn AG aus. Ab 1996 wurde der Schienenpersonennahverkehr regionalisiert, d.h. er ging in die Auf- und Ausgabenverantwortung der Länder über. Der Betrieb kann von der entsprechenden Sparte der DBAG oder von anderen Unternehmen durchgeführt werden. Er wird den Betreibern entsprechend vergütet. Seit 1998 muß das gesamte Streckennetz auch ausländischen Anbietern von Verkehrsleistungen gegen Entgelt verfügbar gemacht werden.

Die Bahnreform bringt zwar zunächst keine finanzielle Entlastung für die öffentlichen Haushalte, da Altlasten, Investitionen und Defizite im Nahverkehr weiterhin von ihnen getragen werden müssen, die Einführung von mehr Markt und Wettbewerb im Schienenverkehr und die Befreiung des Unternehmens DBAG von öffentlich-rechtlichen Regelungen und gemeinwirtschaftlichen Verpflichtungen bieten jedoch die Chance, daß die Leistungen im Schienenverkehr effizienter und kostengünstiger angeboten oder auch eingestellt werden können. Ein besseres und billigeres Angebot im Schienenverkehr stärkt auch die Attraktivität des Standortes Deutschland. Auf längere Sicht ist auch mit einem Rückgang der Subventionen zu rechnen.

Auch in der **Landwirtschaft** wurde zwar nicht der Schutz der heimischen Erzeuger, wohl aber dessen Ausgestaltung verändert. In der Vergangenheit bestand er vor allem aus Garantiepreisen im Rahmen der EU-Marktordnungen und aus Exportsubventionen. Diese Subventionen führen, zusammen mit der Beschränkung von Agrarimporten aus Drittländern, zu einer massiven Behinderung der Exporte anderer Länder; dabei handelt es sich insbesondere um Entwicklungsländer mit niedrigem Einkommen, die mangels anderer exportfähiger Wirtschaftszweige auf Agrarexporte angewiesen sind.

Auch für die nichtlandwirtschaftlichen Sektoren in der EU und in Deutschland war diese Agrarpolitik eine Belastung: Die Preise für Agrargüter lagen meist über dem Weltmarktniveau. Dies bedeutet Realeinkommensverluste für die privaten und Kostennachteile für die industriellen Verbraucher. Ein Schritt in die richtige Richtung war die im Mai 1992 vom EU-Ministerrat beschlossene Agrarreform, nach der die Garantiepreise für Getreide, Ölsaaten und Eiweißpflanzen bis 1995 in drei Schritten um insgesamt ca. 30 vH, der Interventionspreis für Rindfleisch um rd. 15 vH gesenkt wurde. Außerdem verpflichtete sich die EU im Rahmen der GATT-Verhandlungen, Exportsubventionen, subventionierte Exportmengen und Gesamtsubventionen bis zum Jahre 2001 erheblich zu reduzieren und die Importe aus Drittländern zu erleichtern. Als Kompensation werden flächen- bzw. tierbestandsabhängige Ausgleichsprämien sowie Stillegungsprämien gezahlt. Ziel der Agrarreform ist es, das Überproduktion begünstigende System der Garantiepreise durch Finanzhilfen zu ersetzen, die zumindest nicht produktionsfördernd sind. Diese Umstellung senkt den Subventionsbedarf insofern, als die Hilfen nur noch den Landwirten zukommen, während von der bisherigen Absatzförderung über die Preisstützung auch die Lieferanten der Landwirtschaft profitierten. Zudem ergeben sich Vorteile daraus, daß die Hilfen personenspezifisch, und damit nach der Bedürftigkeit der Landwirte, ausgestaltet werden können. Sie können daher dort zur Abfederung von Schrumpfungsprozessen eingesetzt werden.

Der **Steinkohlenbergbau** wird nicht nur gegenüber anderen Energieträgern geschützt (wie der Schienenverkehr gegenüber anderen Verkehrsträgern), sondern - (analog zur Abschirmung der europäischen Landwirtschaft) auch vor den wesentlich kostengünstigeren ausländischen Steinkohleanbietern. Dieser Importschutz war möglich, weil die Auslandskonkurrenten nur wenig Einfluß bei den internationalen Verhandlungen haben. Durchsetzbar war der Schutz der heimischen Steinkohleförderung allerdings nur deshalb, weil sie vorzugsweise über den Kohlepfennig zu Lasten der Stromverbraucher umgesetzt wurde, eine Kundengruppe, die in der politischen Auseinandersetzung über wenig Machtpotential verfügt; Großunternehmen, für die das nicht gilt, konnten Großkundenrabatte durchsetzen, zumal, wenn sie (z.B. in grenznahen Gebieten) mit Abwanderung drohen konnten. Die Subventionierung zu Lasten der Stromkunden wurde im Jahre 1994 durch das Bundesverfassungsgericht untersagt, so daß die Subventionen seit 1996 aus dem Bundeshaushalt gezahlt werden müssen. **Seitdem konkurriert der Schutz der deutschen Steinkohle mit Staatsausgaben, für die sich schlagkräftige Interessengruppen formieren lassen.** So wurde es möglich, die Subventionen zunächst zu begrenzen und schrittweise (wenn auch mit sehr langer Anpassungsfrist) abzubauen. Damit folgt Deutschland mit großer Verzögerung dem Beispiel anderer europäischer Kohleländer wie Frankreich, Großbritannien und Belgien.

Im **Schiffbau**, dessen Förderung fiskalisch wegen der geringen Bedeutung der Branche wenig ins Gewicht fällt, haben die Bemühungen um einen international koordinierten Subventionsabbau inzwischen Erfolg gehabt. Die Schiffbauhilfen für die westdeutschen Werften wurden bis zum Jahr 1997 abgebaut. Dafür gewannen jedoch die Möglichkeiten des Steuerrechts in den letzten Jahren außerordentliche Bedeutung. Private Investoren, die sich an Schiffsbetriebsgesellschaften beteiligten, konnten bis 1996 Verlustzuweisungen von 125 vH steuermindernd geltend machen. Diese Verlustzuweisungen bedeuten nicht nur eine vorübergehende Steuerstundung, sondern eine endgültige Steuerentlastung, da die Erträge aus dem Betrieb und der Liquidation des Schiffes mit dem halben durchschnittlichen Steuersatz belastet wurden, während sich die Steuerersparnis in der Investitionsphase nach dem Grenzsteuersatz richtete. Die Anleger konnten demzufolge auch dann mit Gewinn abschließen, wenn das Schiff über die ganze Lebensphase betriebswirtschaftliche Verluste einfuhr. Das Jahressteuergesetz 1997 korrigiert diese Fehlentwicklung nicht nur durch die Streichung der Sonderabschreibungen für Handelsschiffe in Höhe von 40 vH und die Begrenzung der Verlustzuweisungen auf 100 vH, sondern auch durch die Einschränkung der Steuervergünstigung für außerordentliche Einkünfte, z.B. Veräußerungsgewinne.

Die Subventionen für den **Luft- und Raumfahrzeugbau** haben die Markteintrittsbarrieren dieses hochkonzentrierten Marktes gesenkt und damit erst den Aufbau einer zivilen Flugzeugbauindustrie ermöglicht. Das Airbus-Programm, mit dem die Entwicklung eines neuen Produktes bis zur Marktreife gefördert wurde, wird weithin als Musterbeispiel einer zukunftsorientierten staatlichen Technologiepolitik gepriesen. Neben dem Argument, Europa dürfe im Flugzeugbau wegen seiner überragenden technologischen Bedeutung nicht von einem amerikanischen Monopol abhängig werden, ist zur Rechtfertigung der Subventionen immer wieder auf die von diesem Wirtschaftszweig durch neue Produkte und Verfahren auf andere Sektoren ausgehenden positiven externen Effekte hingewiesen worden. Der Beweis dafür ist jedoch bisher bis auf wenige Ausnahmefälle ausgeblieben. Dem Luft- und Raumfahrzeugbau kommt, im Gegenteil, wenig Bedeutung als Technologielieferant für andere Sektoren zu (s. Teil 3.2.4). Die Subventionierung läßt sich daher gesamtwirtschaftlich nur noch durch ihre Funktion als Mittel zur Stimulierung des internationalen Wettbewerbs begründen.

Auch nach der erfolgreichen Markteinführung wurde die Subventionierung weitergeführt. Zwar wurde die Übernahme des Dollarkursrisikos durch den Bund nach der Übernahme des deutschen Airbuspartners durch Daimler-Benz 1992 aufgehoben, der Verkauf des Airbus wird jedoch weiterhin durch Absatzfinanzierungshilfen gefördert. Die Subventionen wurden durch das im Juli 1992 im Rahmen des GATT zwischen der EU und den USA geschlossene Abkommen über die Begrenzung der Subventionen im Großflugzeugbau (über 100 Sitze) und durch das OECD-Sektorenabkommen über Exportkredite im Flugzeugbau begrenzt. Angesichts guter Ertragslage (und öffentlicher Kassen unter Maastricht-Druck) hat die DASA kürzlich sogar erhebliche Entwicklungsbeihilfen zurückgezahlt. Insgesamt hat die Subventionierung der Flugzeugbauindustrie primär der Industrie selbst und ihren Zulieferern sowie den internationalen Fluggesellschaften, die ihr Fluggerät günstiger erwerben konnten, Vorteile gebracht.

Durch die geplante Übernahme von McDonnall Douglas durch Boeing, gewinnt das Argument der Verhinderung eines amerikanischen Monopols an Bedeutung. Diese Ankündigung hat auch sofort die Forderung nach weiteren Subventionen im europäischen Flugzeugbau hervorgerufen. Bevor man eine Entscheidung über derartige Forderungen trifft, sollte man darauf drängen, daß die politisch bedingte Ineffizienz der Unternehmens- und Produktionsstruktur von Airbus Industries beseitigt und das darin liegende Rationalisierungspotential ausgeschöpft wird. Bei Überführung in ein einheitliches internationales Unternehmen mit Autonomie hinsichtlich der Standortentscheidungen könnten sich effizientere Produktionsstrukturen ergeben, solange die politischen Interessen der Partner hintangestellt werden. Dadurch vermindert sich der Subventionierungsbedarf und damit auch das Risiko, daß nationale Subventionen an ausländische Produktionsstätten fließen.

Die Subventionen im **Wohnungsbau** verdienen schon wegen ihres großen Ausmaßes (s. Tabelle 4.3.2) eine laufende kritische Würdigung. Sie wären zu rechtfertigen, wenn der Markt eine als sozialpolitisch angemessen definierte Wohnraumversorgung für die einkommensschwache Bevölkerung nicht bewerkstelligen kann. Eine derartige Begründung vermag zumindest für Westdeutschland heute noch weniger zu überzeugen als vor 10-20 Jahren: Heutzutage kann man nicht mehr von einem generellen Wohnraummangel sprechen, und der Mangel an einfachen und daher billigen Wohnungen wird durch die Förderung des Neubaus und der Modernisierung nicht oder nur auf teuren Umwegen behoben. Die Förderung des Wohnungsbaus begünstigt die Bauindustrie und baunahe Bereiche, und sie läßt sich in der derzeitigen Ausgestaltung auch nur unzureichend auf jene Bevölkerungsgruppen konzentrieren, denen geholfen werden soll. Die jüngsten und weitere geplante Reformen des Bundes zielen auf verringerten Neubau von Sozialwohnungen und stärker personen- (d.h. einkommens)gebundene Förderung ab. Sie sind insoweit positiv zu werten. Die Wohnungsbaupolitik sollte sich auf den Erwerb von Belegungsrechten aus dem Bestand und die einkommensabhängige (Pro-Kopf-Einkommen) Zahlung von Wohngeld konzentrieren. Sie könnte dann mit deutlich weniger Mitteln auskommen und insoweit die Abgabenbelastung am Standort Deutschland verringern helfen.

Die Subventionsgewährung in Deutschland wird immer wieder mit dem Argument kritisiert, daß sie zu einseitig auf Schrumpfungsbranchen konzentriert sei und die Erschließung neuer Wachstumsfelder vernachlässige. Diese Kritik ist nicht nur mit dem Hinweis auf die Förderung der Flugzeugindustrie anfechtbar. Wichtiger ist der Einwand, daß es für hochentwickelte Industrieländer kaum Ansatzpunkte für eine gezielte Wachstumsförderung von Sektoren gibt. Maßnahmen zur Wachstumsförderung und Erleichterung des Strukturwandels sollten in hochentwickelten Ländern branchenübergreifend und nicht auf den Gütermärkten, sondern auf den Faktormärkten ansetzen.

5 Wachstums- und Strukturpolitik zur Erleichterung des Strukturwandels

Betrachtet man die Reaktionen der wirtschaftspolitischen Instanzen in den reifen Volkswirtschaften auf die Herausforderungen durch die unbefriedigende Wirtschaftsentwicklung, insbesondere die hohe Arbeitslosigkeit, so fällt auf, daß nicht Maßnahmen zur Förderung einzelner Branchen oder zur Beseitigung spezifischer Defizite im Vordergrund stehen, sondern Maßnahmen, die der allgemeinen Wachstumspolitik zuzuordnen sind. Darunter ist eine Politik zu verstehen, die der Senkung der Kosten, der Steigerung der Produktivität, der Erhöhung der Flexibilität und der Förderung von Innovationen gegenüber Verteilungszielen Vorrang gibt.

Vorrang für die Wachstumspolitik

Dieser Vorrang für die Wachstumspolitik wird oft mit den Zwängen des globalen Wettbewerbs begründet. Er ergibt sich aber auch aus dem Umstand, daß es **vor allem interne Gründen** waren, die für den Anstieg der Arbeitslosigkeit und das nachlassende Produktivitätswachstum verantwortlich waren. Die Globalisierung macht freilich eine solche Politik dringlicher, weil die hohen Einkommen in Deutschland nicht zuletzt darauf beruhen, daß es im überdurchschnittlichen Maße über hochwertige Ressourcen verfügt und im internationalen Wettbewerb Knappheitsgewinne realisieren konnte. Diese Knappheitsgewinne sind nicht nur durch die Anstrengung der anderen Industrieländer ständig bedroht, sondern auch durch den wachsenden Kreis von Ländern, die in den Status der Industrieländer aufrücken.

Veränderung der Knappheitsverhältnisse auf den Faktormärkten

Die Verschiebung der Priorität zugunsten des Wachstumsziels ist auch in der Vergangenheit stets die Antwort auf strukturelle Krisen gewesen. Es sprechen allerdings eine Reihe von Gründen dafür, daß heute für eine Umkehr auf dem Arbeitsmarkt die Einkommensverteilung stärker und nachhaltiger korrigiert werden muß, als es in der Vergangenheit nach Krisen der Fall war. Zu diesen Gründen gehört auch die Globalisierung. Im weltweiten Standortwettbewerb wird zunehmend um die mobilen Produktionsfaktoren geworben, so daß diese knapp und teuer werden. Dadurch muß sich die Einkommensverteilung zu Lasten der immobilen Produktionsfaktoren verschieben. So hat der Wettbewerb um Kapital und insbesondere Risikokapital die Ansprüche der Kapitalgeber zu Lasten der Arbeitnehmer erhöht. Allerdings begünstigt die Globalisierung auch innerhalb der Arbeitnehmerschaft mobile gegenüber immobilen Produktionsfaktoren.

Zum einen hat die Entwicklung der weltweiten Kommunikationsnetze und die Internationalisierung der Unternehmen die Transparenz und Einsatz- und Verdienstmöglichkeiten für mobilitätsbereite deutsche Arbeitskräfte erhöht. Zum anderen haben die Herstellung von Freizügigkeit im Europäischen Binnenmarkt, das Wohlstandsgefälle gegenüber den Entwicklungsländern und der Fall des Eisernen Vorhangs **Zuwanderungen von mobilitätsbereiten ausländischen Arbeitskräften** in Gang gesetzt, so daß die Einkommen der konkurrierenden deutschen Arbeitskräfte unter Druck geraten sind.

Die Zunahme der Arbeitskräftemobilität trägt internationale Konkurrenz auch in diejenigen Branchen, die - wie das Baugewerbe - bisher davor geschützt waren. Der Wettbewerbsdruck wird auch dadurch verstärkt, daß der Abbau von nationalstaatlichen Zugangsbeschränkungen und die Senkung der Transaktionskosten durch den technischen Fortschritt im Kommunikationssektor auch auf den Gütermärkten bislang geschützte Einkommenspositionen in Frage stellt. Der zunehmende Wettbewerb eröffnet insbesondere auf den Märkten für Post- und Telekommunikationsdienste ausländischen wie inländischen Newcomern Einkommenschancen, die das gesamtwirtschaftliche Realeinkommen erhöhen, aber zu Lasten der etablierten Unternehmen gehen.

Ein weiterer wesentlicher Schritt zur Internationalisierung des Arbeitsmarktes ergibt sich aus **der Einführung der Europäischen Währungsunion**. Nach der Festschreibung der Wechselkurse können sich die Lohnrelationen zwischen den Mitgliedstaaten nur durch Anpassung der Löhne verändern. Die Beseitigung der Wechselkursflexibilität wird im allgemeinen aus zwei Gründen als Vorteil für den Standort Deutschland gewertet. Zum einen würde der Aufwertungsdruck entfallen, der in der Vergangenheit das deutsche Lohnniveau, ausgedrückt in gemeinsamer Währung, in die Höhe getrieben hat. Zum anderen gibt es die Auffassung, in einem einheitlichen Währungsraum bestehe die Tendenz, daß sich die Lohnentwicklung in den Regionen mit relativ niedrigen Löhnen an den Spitzenregionen orientiert, wie dies am Beispiel der Währungsunion in Deutschland studiert werden konnte. Das Beispiel der deutschen Währungsunion taugt allerdings nicht für einen Vergleich, da die Lohnangleichung nur deshalb möglich war, weil die negativen Arbeitsmarktfolgen durch einen Finanztransfer ausgeglichen wurden. Ein solcher Finanztransfer wird vermutlich nicht einmal gegenüber den schwachen EU-Ländern vereinbart werden, erst recht nicht gegenüber Ländern wie Österreich, Frankreich oder den Niederlanden. Das Beispiel dieser Länder zeigt, daß die Festschreibung der Wechselkurse nicht zu einer Lockerung der Lohndisziplin, sondern im Gegenteil zu einer Stärkung der Disziplin geführt hat. Überträgt man dieses Beispiel auch auf andere Länder, **dann wird man von der Einführung der Währungsunion mitnichten eine**

Erleichterung für den Standort Deutschland erwarten können, sondern muß in den Blick nehmen, daß mit der Festschreibung der Wechselkurse zunächst ein hohes Lohnniveau festgeschrieben wird. Umso dringlicher wird dann, daß sich die individuellen Löhne an den Produktivitäten orientieren und daß die Fähigkeit zum Strukturwandel gefördert wird. Dies bedingt möglichst betriebsnahe Regelungen des Arbeitseinsatzes und eine laufende Überprüfung staatlicher Leistungen.

Da die Lohnkosten nicht nur durch die Einkommensansprüche der Arbeitnehmer, sondern auch durch Abgaben zur Finanzierung der Sozialleistungen bestimmt werden, werden nicht nur die institutionellen Regelungen des Arbeitsmarktes, sondern auch die der sozialen Sicherungssysteme Bestandteil des Standortwettbewerbs. Ausdruck hierfür ist, daß die Diskussion über die Arbeitskosten primär über die Höhe der Lohnnebenkosten geführt wird. Dies ist jedoch eine verkürzte Sichtweise. Die hohen Lohnnebenkosten können Ausdruck eines umfangreichen Sozialsicherungssystems sein, das möglicherweise von den Arbeitnehmern gewünscht wird.

Die Krux liegt darin, daß durch die Beteiligung der Arbeitgeber an der Finanzierung der sozialen Sicherung die eigentlichen Präferenzen der Arbeitnehmer nicht richtig zum Ausdruck kommen. Dieses Manko könnte beseitigt werden, wenn die Arbeitgeberbeiträge zu einem Lohnbestandteil werden und die übrigen Lohnnebenkosten (Gratifikationen, Sonderzahlungen, Lohnfortzahlungen etc.) auf den Normallohn aufgeschlagen werden. Dies hätte den Vorteil, daß zwischen Arbeitgebern und Arbeitnehmern die Höhe der gesamten Arbeitskosten verhandelt wird, während über die Aufteilung der Löhne auf die Barlöhne und die Beiträge zur sozialen Sicherung allein die Nutznießer und die politischen Instanzen entscheiden könnten. **Kollektive Zwangssicherungssysteme geraten dann in Gefahr, wenn den Arbeitnehmern ihre Ansprüche auf Sozialleistung den Beitrag nicht mehr wert sind und wenn sie die Möglichkeit erhalten, auf attraktivere Sicherungsinstitutionen auszuweichen.**[49] Im Inland bestehen solche Ausweichmöglichkeiten durch den Übergang auf Schwarzarbeit, versicherungsfreie Arbeitsverhältnisse oder den Wechsel in die Selbständigkeit. In einem integrierten Wirtschaftsraum erhalten die mobilitätsfähigen Arbeitskräfte die Option, in Länder mit günstigeren Sicherungssystemen abzuwandern. Die Option wird auch dadurch erweitert, daß Arbeitskräfte, die von einem Unternehmen ins Ausland entsandt werden, ein Arbeitsverhältnis nach ausländischem Recht begründen.

---

49 In gleicher Weise wirkt der Verzicht auf eigene Absicherung, wenn als hinreichend angesehene Leistungen auch ohne eigene Beitragslasten erreicht werden, etwa aus anderen, vollwertigen Arbeitsverhältnissen oder über Ansprüche aus Familienhilfe.

Der **Zwang zur Lohndifferenzierung** ist umso geringer, je höher die regionale und intersektorale Mobilitätsbereitschaft und je besser die Möglichkeiten zur Qualifizierung von Arbeitskräften sind. In der Vergangenheit konnte die relativ geringe Lohnspreizung in Deutschland zum einen damit begründet werden, daß die Qualifikationsunterschiede beim Arbeitskräftepotential relativ gering waren. Zum anderen bestanden in größerem Maße als jetzt Komplementaritäten zwischen hoch- und wenigqualifizierten Arbeitskräften. Inzwischen hat aber das Qualifikationsgefälle nicht zuletzt durch die Zuwanderung ausländischer Arbeitskräfte zugenommen. Ob dieses Qualifikationsgefälle ein entsprechendes Lohngefälle erfordert, hängt davon ab, ob zwischen einfacher und qualifizierter Arbeit Komplementaritäten bestehen. Derartige Komplementaritäten werden gelockert, wenn im Zuge der Internationalisierung der Produktion Wertschöpfungsketten aufgebrochen werden, und wenn der technische Fortschritt im Bereich der Kommunikationsmedien neue Rationalisierungspotentiale erschließt. In der Folge werden Arbeitsplätze für einfache Arbeit ins Ausland verlagert oder wegrationalisiert. **Der Faktor Arbeit, insbesondere einfache Arbeit, ist nicht (nur) zu teuer im Vergleich zum Ausland, sondern im Vergleich zu Maschinen und höherqualifizierten Arbeitskräften, welche die einfachen Arbeiten (mit)übernehmen können.**

Die Dämpfung des Reallohnanstiegs und die Senkung der Arbeitskosten für einfache Arbeit sowie die Flexibilisierung des Arbeitskräfteangebots dienen nicht nur der Sicherung und Schaffung von Arbeitsplätzen, sondern sind auch ein entscheidender Beitrag zur Überwindung der Investitionsschwäche. Eigenständige Maßnahmen zur Bekämpfung der Investitionsschwäche können wiederum umgekehrt die Arbeitsmarktpolitik entlasten. Sie werden auch durch die Globalisierung erzwungen, weil der weltweite Wettbewerb um Kapital nicht nur den Angebotspreis für Kapital erhöht. **Der weltweite Wettbewerb bewirkt auch Zugeständnisse bei der Verteilung der Abgaben.** So werden in den meisten Ländern die Steuersätze deutlich gesenkt. Auch in Deutschland gewinnt die Einsicht an Boden, daß Verteilungsziele hinter der Förderung der Kapitalbildung zurückstehen müssen. Es gibt allerdings noch Streit über den geeigneten Weg. Auf der einen Seite wird vorgeschlagen, Gewinne von Kapitalgesellschaften sowie die Einkünfte von Privatpersonen aus Gewerbebetrieb niedriger zu besteuern als die Einkünfte aus Arbeit und anderen Quellen. Auf der anderen Seite wird eine Senkung des Spitzensteuersatzes für alle Einkünfte propagiert. Dieser zweite Weg verdient entschiedenen Vorzug. Eine Spaltung des Spitzensteuersatzes würde zur Errichtung von unter Umständen ineffizienten Steuersparmodellen führen, die letztlich den Beziehern hoher Lohneinkommen ermöglichen, dem höheren Steuersatz effektiv auszuweichen. Darüber hinaus gehören vermutlich die Bezieher hoher Lohneinkommen zu den mobilen Arbeitskräften, welche die hohen Steuersätze auch durch internationale Steuerarbitrage vermeiden können. Ein einheitlicher Steuertarif für alle Einkommensarten benachteiligt überdies nicht den Einsatz von Humankapital gegenüber der Bildung von Sachkapital.

Angesichts der Schwäche der Investitionstätigkeit ausländischer Investoren in Deutschland läge es nahe, die Erträge aus ausländischen Direktinvestitionen gezielt zu fördern. Dies ist allerdings aus zwei Gründen wenig sinnvoll. Zum einen ist unklar, ob eine steuerliche Entlastung tatsächlich zu einer Begünstigung der Investoren führt, wenn diese ihre Auslandsgewinne im Stammland versteuern müssen. Zum anderen bedeutet die Begünstigung ausländischer Investoren eine Diskriminierung inländischer Kapitalgeber und würde der Tendenz zur Konstruktion internationaler Steuersparmodelle Vorschub leisten.

Eine Benachteiligung von Auslandsinvestitionen mag man allerdings, wie in Teil 3.2.2 dargestellt, darin sehen, daß der deutsche Kapitalmarkt für ausländische Investoren wenig transparent ist. Im Zuge der Internationalisierung der Finanzmärkte und der Märkte für Finanzdienstleistungen dürften solche Nachteile aber verschwinden. So werden in Deutschland neben die Universalbanken Investmentbanken nach angloamerikanischem Muster treten, die auf Beteiligungsfinanzierung spezialisiert sind. Ein weiterer Vorteil von Finanzierungsinstitutionen, die nicht selbst Kredite geben, sondern Anleger und Investoren auf dem Kapitalmarkt zusammenführen, besteht darin, daß das Potential an Risikokapital besser erschlossen werden kann. Die amerikanischen oder britischen Investmentbanken und -gesellschaften bringen nicht nur das notwendige Know-how mit, sondern haben auch Zugang zu den Anlegern von Risikokapital. Hierzu gehören insbesondere die Pensionsfonds, die wegen der größeren Bedeutung der privaten Alterssicherung gewichtiger als in Deutschland und auch nicht zu einer konservativen Vermögensanlage gezwungen sind. Die positive Funktion von Investmentbanken kann allerdings kein Argument für deren Förderung sein. Diese Institutionen dürften sich auch ohne Förderung in Deutschland ansiedeln oder entwickeln.

Die allgemeine Wachstumspolitik, die letztlich auf die Verbesserung der Funktionsfähigkeit der Faktormärkte zielt, ist branchenübergreifend und verbessert den Strukturwandel, ohne die Entwicklung einzelner Sektoren gezielt zu beeinflussen. Strukturelle Wirkungen auf den Gütermärkten sind nur eine Nebenfolge. Gleichwohl können auch bei branchenübergreifenden Maßnahmen die Strukturwirkungen unter Umständen sehr groß sein. So würden etwa die Reduzierung der Steuersätze und die Verbreiterung der Bemessungsgrundlagen diejenigen Branchen in besonderem Ausmaß treffen, die von der Suche nach steuerfreien oder steuerbegünstigten Anlageformen profitiert haben. Dies trifft für die Wohnungswirtschaft, den Schiffbau und für das Versicherungsgewerbe zu. Diesen Nachteilen stehen jedoch Vorteile bei anderen Anlageformen gegenüber, die bislang wegen der steuerlichen Diskriminierung vernachlässigt worden sind. So erhöhen die Anlagegelder, die bisher im Wohnungsbau gebunden waren, die Steuereinnahmen oder sie werden für den gewerblichen Sektor frei. Ebenso begünstigt die Gleichstellung von Alterssicherung durch Versicherungssparen und Geldkapitalbildung die Anbieter von alternativen Vermögensanlagen.

Der Widerstand gegen den Abbau von Regelungen, die in einzelnen Sektoren Einkommens- und Beschäftigungsverluste nach sich ziehen, beruht zum einen darauf, daß die Verlierer im Strukturwandel klarer zu identifizieren sind und ein größeres politisches Gewicht haben, als die potentiellen Gewinner. Zum anderen besteht aber auch die Sorge, daß es die Gewinner gar nicht gibt, so daß die sektoralen Verluste auch gesamtwirtschaftliche Verluste sein werden. Diese Sorge ist allerdings nur berechtigt, wenn die Mobilität von Arbeitskräften behindert wird. Ein wesentlicher Bestandteil einer wirksamen Wachstumspolitik ist daher die **Förderung der Mobilität**. Diesem Bestandteil der Wachstumspolitik wird in Zukunft auch deshalb größere Bedeutung zukommen, weil durch das Einrücken geburtenschwacher Jahrgänge und durch die Heraufsetzung des Ruhestandsalters die natürliche Fluktuation abnimmt, so daß der erforderliche Strukturwandel künftig mehr Arbeitsplatzwechsel während des Berufslebens erforderlich macht. Eine auf Mobilitätsförderung gerichtete Strukturpolitik muß vor allem darauf bedacht sein, die Kosten der Mobilität zu senken. Der mit dem Strukturwandel einhergehenden Abwertung von branchen- oder betriebsspezifischem Humankapital ist verstärkt durch Fortbildung und Umschulung entgegenzuwirken. Dabei ist nicht so sehr an außerbetriebliche Kurse zu denken, sondern vor allem an innerbetriebliche Maßnahmen und an Eingliederungshilfen im neuen Betrieb.

Die Gewährung von Anreizen zur Bildung oder Erneuerung von Humankapital ist jedoch nur die eine Seite der Medaille. Notwendig ist auch die Überprüfung von Regelungen, die Besitzansprüche begründen und für die Arbeitnehmer eine Prämie zum Bleiben sowie für die Arbeitgeber ein Einstellungshindernis darstellen. Gefordert ist hier nicht nur der Staat in seiner Steuer-, Arbeitsmarkt- und Sozialpolitik, sondern auch die Arbeitgeberverbände und Gewerkschaften bzw. die Unternehmen und Betriebsräte, die beim Abschluß von Tarifverträgen und Betriebsvereinbarungen weitaus mehr als in der Vergangenheit darauf achten müssen, daß Mobilitäts- und Einstellungshemmnisse abgebaut werden.

Literaturverzeichnis

ACCG - American Chamber of Commerce in Germany (1996)
Studien zum Standort Deutschland, 20. Juli, Frankfurt

Albach, H. (1994)
Culture and technical information: a cross-cultural analysis and policy recommendations, Berlin

Andersson, T.; Fredriksson, T.; Svensson, R. (1996)
Multinational restructuring, internationalization and small economies. The Swedish case, London, New York

Ayers, R. U. (1993)
On economic disequilibrium and free lunch, Working Paper, Center for the Management of Environmental Resources, INSEAD, June, Fontainebleau

Bach, Stefan; Kohlhaas, Michael; Seidel, Bernhard (1997)
Sonderregelungen zur Begrenzung von Wettbewerbsnachteilen bei der Energiebesteuerung, in: DIW Wochenbericht, Nr. 22, S. 395-405

Baden, Christian; Kober, Thomas; Schmid, Alfons (1992)
Technischer Wandel und Arbeitsmarktsegmentation, in: Mitteilungen aus der Arbeitsmarkt- und Berufsforschung, S. 61-72

dieselben (1993)
Technologische Entwicklung und Arbeitsmarktsegmentation, Arbeitspapier 1993-3 aus dem Arbeitskreis Sozialwissenschaftliche Arbeitsmarktforschung, Gelsenkirchen

Baldwin, R. E. (1994)
Towards an integrated Europe, Centre for Economic Policy Research, London

derselbe (1995)
The effects of trade and foreign direct investment on employment and relative wages, OECD Working Papers, No. 32, Paris

derselbe (1996)
The economics of technological progress and endogenous growth in open economies (comment on Rivera-Batiz), in: Koopmann, G.; Scharrer, H.-E. (Eds.), The economics of high-technology competition and cooperation in global markets, Baden-Baden

Barbera, A. J.; McConnell, V. D. (1990)
The impact of environmental regulation on industry productivity: Direct and indirect effects, in: Journal of Environmental Economic Management, Vol. 18, No. 1, pp. 50-65

Bardeleben, Richard von (1994)
Kosten und Nutzen der betrieblichen Berufsausbildung, in: Liesering, Sabine; Schober, Karin; Tessaring, Manfred (Hrsg.): Die Zukunft der dualen Berufsausbildung, Nürnberg, S. 283-289

Barrel, R. et al. (1996)
Regionalism, innovation and location of German foreign direct investment, NIESR Discussion Paper No. 91, London

Becker, Bernd (1985)
Sozialversicherungspflichtig Beschäftigte nach Beschäftigungsdauer und Bruttoarbeitsentgelt, in: Wirtschaft und Statistik, H. 12, S. 932-941

Becker, Gary S. (1993)
: Human capital, third edition, Chicago, London

Bellmann, Lutz (1986)
: Senioritätsentlohnung, betriebliche Hierarchie und Arbeitsleistung: eine theoretische und empirische Untersuchung zur Lohnstruktur, Frankfurt/Main, New York

Bergner, Siegfried; Ehmann, Cristoph; Grünewald, Uwe; Sauter, Edgar (1991)
: Länderstudien zur Finanzierung der beruflichen Bildung unter besonderer Berücksichtigung der Weiterbildung für Erwerbspersonen in Deutschland, Berlin

Bericht der Bundesregierung zur Zukunftssicherung des Standortes Deutschland (1993)
: in: Verhandlungen des Deutschen Bundestages, Drucksache 12/5620 v. 3.9.93, S. 42

Berman, Eli; Bound, John; Griliches, Zvi (1994)
: Changes in the demand for skilled labor within U.S. manufacturing: Evidence from annual survey of manufacturers, in: Quarterly Journal of Economics, Vol. 59, No. 2, pp. 367-397

Bernstein, J. I.; Mohnen, P. (1994)
: International R&D spillovers between U.S. and Japanese R&D intensive sectors, NBER Working Paper No. 4682, Cambridge (Mass.), March

Berthold, Norbert (1992)
: Arbeitslosigkeit in Europa - Ein schwer lösbares Rätsel?, in: Kantzenbach, E.; Mayer, O. (Hrsg.), Beschäftigung und Arbeitsmarktpolitik, Berlin, S. 51-88

Bertschek, I. (1995)
: Product and process innovation as a response to increasing imports and foreign direct investment, in: The Journal of Industrial Economics, Vol. 43, No. 4, December

Betz, M.; Stahl, H. (1994)
: Genehmigungsverfahren für Chemieanlagen im europäischen Vergleich, in: Dose et al. (1994), S. 203-217

Beyfuß, J. (1992)
: Ausländische Direktinvestitionen in Deutschland, Köln.

Biehler, Hermann; Brandes, Wolfgang (1981)
: Arbeitsmarktsegmentation in der Bundesrepublik Deutschland, Frankfurt u.a.

Blick durch die Wirtschaft, Frankfurter Allgemeine (8.8.1996)
: Der Weg nach Osteuropa lohnt sich

Blick durch die Wirtschaft, Frankfurter Allgemeine (28.3.1995)
: Ganze Zweige der Industrieforschung wandern ins Ausland ab, Wegner: Die Chemieindustrie vollzieht einen Paradigmenwechsel / Wenig Chancen für Neugründungen

BMBF (Bundesministerium für Bildung, Wissenschaft, Forschung und Technologie) (1995)
: Zur technologischen Leistungsfähigkeit Deutschlands. Bericht an das Bundesministerium für Bildung, Wissenschaft, Forschung und Technologie, Bonn, Dezember (mimeo)

dasselbe (1996)
: Bundesbericht Forschung 1996, Bonn

dasselbe (Hrsg.) (1997)
Zur technologischen Leistungsfähigkeit Deutschlands. Aktualisierung und Erweiterung, Bonn
dasselbe, BMWi (Bundesministerium für Wirtschaft) (1996)
Aufwendungen der deutschen Wirtschaft für Forschung, Entwicklung und Produktion in Deutschland und im Ausland im Rahmen der globalen Verflechtung der Wirtschaftstätigkeit. Bestandsaufnahme, Bewertung, Konsequenzen für die Forschungs- und Innovationspolitik, Bonn September (mimeo)
BMF Bundesministerium für Finanzen (versch. Jgge.)
Finanzbericht, Bonn
BMFT (Bundesministerium für Forschung und Technologie) (1993)
Bundesbericht Forschung 1993, Juli, Bonn
BMWa (1996)
Ausländische Direktinvestitionen in Osteuropa, Wien
BMWi (1996)
Wirtschaftslage und Reformprozesse in Mittel- und Osteuropa, Dokumentation Nr. 397
Boehmer, A. v. (1995)
Internationalisierung industrieller Forschung und Entwicklung. Typen, Bestimmungsgründe und Erfolgsbeurteilung, Wiesbaden
Bönte, W. (1994)
FuE-Spillover und ihre Auswirkungen auf die Kosten der Produktion. Diskussionsbeiträge zum regionalen Standortwettbewerb Nr. 10, Institut für Allokation und Wettbewerb der Universität Hamburg
Börsen-Zeitung (30.1.1997)
Harte Bandagen im deutschen M&A-Markt
Borrmann, C.; Keller, D.; Lammers, K. (1997)
Outsourcing - Bedeutung und Chancenpotential für Hamburg, Hamburg
Bräuninger, D. (1997)
Beschäftigungsmotor Dienstleistungen - in Deutschland nicht auf Touren, in: Deutsche Bank Research, S. 14-20
Brügelmann, Ralph; Fuest, Winfried (1996)
Einkommensteuern im internationalen Vergleich, in: iw-trends Nr. 3, S. 19-31
Buigues, Pierre; Jacquemin, Alexis (1997)
Haute Technologie et Competitivité: Une Comparaison entre L'Union Européenne et les États-Unis, in: Revue d'Économie Industrielle, No. 80, 2e trimestre, S. 11
Burger, B.; Jungnickel, R. (1996)
Relocation outside the Union, Diskussionspapier des Europäischen Parlaments, in Druck
Buttler, Friedrich; Tessaring, Manfred (1993)
Humankapital als Standortfaktor, in: Mitteilungen aus der Arbeitsmarkt- und Berufsforschung, S. 467-476
Cantwell, John (1989)
Technological innovation and multinational corporations, London

derselbe (1990)
   The technological competence theory of international production and its implications, Discussion Papers in International Investment and Business Studies, No. 149, Reading

derselbe; Harding, Rebecca (1998)
   The internationalisation of German companies' R&D, in: National Institute Economic Review, No. 1, pp. 99-115

Cartellieri, Ulrich (1994)
   Arbeitslosigkeit in der Bundesrepublik Deutschland: Ansatzpunkte zur Behebung der Arbeitsmarktprobleme, in: Aus Politik und Zeitgeschichte, Nr. 12-13, S. 3-8

Cimoli, M.; Soete, L. (1992)
   A generalized technology gap trade model, in: Economie Appliqueé, Vol. XVL, No. 3, pp. 33-54

Claassen, Frank (1994)
   Steuerbelastung internationaler Investitionen, Hamburg

Clement, W. (1988)
   Das Tertiarisierungsphänomen und Tendenzen des servo-industriellen Sektors, in: derselbe (Hrsg.), Die Tertiarisierung der Industrie, Wien, S. 15-64

Coe, D. T.; Helpman, E. (1995)
   International R&D spillovers, in: European Economic Review, Vol. 39, No. 5, May

Cohen, W. M.; Levinthal, D. A. (1989)
   Innovation and learning: the two faces of R&D, in: The Economic Journal, Vol. 99, September

Collins, S. M.; Rodrik, D. (1991)
   Eastern Europe and the Soviet Union in the world economy, Policy Analyses in International Economics 32, Institute for International Economics

Davies, S.W. ; Lyons, B. (1991)
   Characterising relative performance: The productivity advantage of foreign-owned firms in the UK, in: Oxford Economic Papers, 43 (oct.), S. 584-595

Dean, E. R.; Sherwood, M. K. (1994)
   Manufacturing costs, productivity, and competitiveness, 1979-93, in: Monthly Labor Review, No 10, October

Deardorff, A. (1984)
   Testing trade theories and predicting trade flows, in: Jones, R. W.; Kenen, P. B. (Eds.), Handbook of international economics, pp. 467-517

Deutsche Bundesbank (1997)
   Die Aktie als Finanzierungs- und Anlageinstrument, in: Monatsberichte Nr. 1, S. 27-41

Deutscher Bundestag (versch. Jgge.)
   Bericht der Bundesregierung über die Entwicklung der Finanzhilfen des Bundes und der Steuervergünstigungen gemäß § 12 des Gesetzes zur Förderung der Stabilität und des Wachstums der Wirtschaft (StWG), Bonn

Dichtl, Erwin (Hrsg.) (1994)
   Standort Bundesrepublik Deutschland: Die Wettbewerbsbedingungen auf dem Prüfstand, Frankfurt/Main

DIW (1994)
Wirtschaftliche Auswirkungen einer ökologischen Steuereform: Ökosteuer - Sackgasse oder Königsweg?, Greenpeace Studie, Berlin
dasselbe (1995)
Greenpeace Studie, Ökosteuer - Sackgasse oder Königsweg?, Berlin
Dmochowski, A. (1995)
Foreign direct investment in Central Europe, in: Intereconomics, Vol. 30, No. 6, pp. 305 ff.
Döhrn, Roland (1994)
Deutsche Direktinvestitionen in der Europäischen Union: Produktions- oder Finanzintegration?, in: RWI-Mitteilungen 45. Jg., S. 261-281
Dörrenbächer, Christoph; Wortmann, Michael (1991)
The internationalization of corporate research and development, in: Intereconomics, Vol. 26, No. 3, May/June, pp. 139-144
Dornbusch, R.; Fischer, S.; Samuelson, P. (1977)
Comparative advantage, trade and payments in a Ricardian modell with a continuum of goods, in: American Ecconomic Review, Vol. 67, pp. 823-839
Dose, Nicolai (1994)
Beschleunigung von Genehmigungsverfahren: Vorschläge zur Verbesserung des Industriestandortes Deutschland, Bonn
derselbe (1994)
Beschleunigung von Genehmigungsverfahren durch verbesserte Organisationsstrukturen der öffentlichen Verwaltung, in: Dose et al. (1994), S. 219-241
derselbe; Holznagel, B.; Weber, V. (Hrsg.) (1994)
Beschleunigung von Genehmigungsverfahren. Vorschläge zur Verbesserung des Industriestandorts Deutschland, Bonn
Dosi, G.; Pavitt, K.; Soete, L. (1990)
The economics of technical change and international trade, New York etc.
Drexel, Ingrid (1993)
Das Ende des Facharbeiteraufstiegs?, Frankfurt u.a.
Dunning, J. H. (1980)
Toward an eclectic theory of international production: Some empirical tests, in: Journal of International Business Studies, Vol. 11, p. 9
derselbe (1996)
The European Internal Market Program and inbound foreign direct investment, University of Reading, Discussion Paper Series B, No. 217
Eaton, J.; Kortum, S. (1995)
Trade in ideas: patenting and productivity in the OECD, Ruth Pollak Working Papers, No. 34, Boston
EBRD (1994)
Transition report, London
dieselbe (1995)
Transition report, London
dieselbe (1996)
Transition report update, London
dieselbe (1997)
Transition report, London

Edwards, Jeremy; Fischer, Klaus (1994)
Banks, finance and investment in Germany, Cambridge u.a.
Europäische Kommission (1991)
Panorama der EG-Industrie 1991-1992, Gewerbliche Dienstleistungen, Luxemburg
dieselbe (1992a)
Report of the Independent Experts on Company Tax (Ruding Committee), Brüssel 1992
dieselbe (1992b)
Vorschlag für eine Richtlinie des Rates zur Einführung einer Steuer auf Kohlendioxidemissionen und Energie, KOM (92) 226 eng.
dieselbe (1994)
Beschäftigung in Europa 1994, KOM(94)381, Luxemburg
dieselbe (1995)
Geänderter Vorschlag für eine Richtlinie des Rates zur Einführung einer Steuer auf Kohlendioxidemissionen und Energie, KOM (95) 172 endg.
dieselbe (1996a)
Quarterly report on the price and cost competitiveness of the European Union and its Member States, second quarter 1996, Brüssel
dieselbe (1996b)
Price and cost competitiveness, fourth quarter 1995, Brüssel
dieselbe (1996c)
Erster Bericht über den wirtschaftlichen und sozialen Zusammenhalt 1996, Luxemburg
Ewringmann, D.; Linscheidt, Bodo; Truger, Achim (1996)
Nationale Energiebesteuerung: Ausgestaltung und Aufkommensverwendung, Finanzwissenschaftliche Diskussionsbeiträge Nr. 96-1, Universität Köln
FAZ (v. 27.1.1997)
Nissan expandiert in Großbritannien - Ford baut ab
FAZ (v. 8.2.1997)
Deutsche Unternehmen scheuen Beteiligung an Risikokapital
Fischer, Lutz; Jacobs, H. (1995)
Besteuerung wirtschaftlicher Aktivitäten von Ausländern in Deutschland: Investitionstätigkeit im internationalen Vergleich; Immobilieninvestitionen; Betriebsstätten von Banken und Versicherungen; Einführungsschreiben § 8a KStG; treaty shopping; Personalentsendungen, Köln
Foley, M. (1996)
Investment incentives and subsidies; Paper für die Sitzung der OECD Advisory Group On Investment, Bled/Slowenien, 3.-4. Juni
Franks, J.; Mayer, C. (1990)
Capital markets and corporate control: a study of France, Germany and the UK, in: Economic Policy, No. 10, pp. 189-232
Franz, Wolfgang (1994)
Arbeitsmarktökonomik, 2. Auflage, Berlin u.a.
derselbe; Soskice, David (1994)
The German apprenticeship system, WZB-Diskussionspapier FS I 94-302, Berlin

Frascati Manual 1993 (1994)
   The measurement of scientific and technological activities. Proposed standard practice for surveys of research and experimental development, Paris
Fritzsche, B. et al. (1988)
   Subventionen. Probleme der Abgrenzung und Erfassung, Ifo Studien zur Strukturforschung Nr. 11, München 1988
Gabrisch, H. (1995)
   Die Entwicklung der Handelsstrukturen der Transformationsländer, in: Osteuropa-Wirtschaft, 40. Jg., Nr. 3, S. 211-227
Gardiner, D. (1994)
   Does environmental policy conflict with economic growth?, in: Resources, Vol. 115, Spring, pp. 20-21
Gatter, Jutta; Hartmann, Brigitte K. (1995)
   Betriebliche Verrentungspraktiken zwischen arbeitsmarkt- und rentenpolitischen Interessen, in: Mitteilungen aus der Arbeitsmarkt- und Berufsforschung, H. 3, S. 412-424
Gerlach, Knut; Wagner, Joachim (1995)
   Regionale Lohnunterschiede und Arbeitslosigkeit in Deutschland. Ein Beitrag zur Lohnkurven-Diskussion, in: Gerlach, Knut; Schettkat, Ronald (Hrsg.), Determinanten der Lohnbildung, Berlin, S. 94-116
Gillmann, W. (1996)
   Zug nach Osten nicht aufzuhalten, Handelsblatt (25.7.1996)
Goto, A.; Suzuki, K. (1989)
   R&D capital, rate of return on R&D investment and spillover of R&D in Japanese manufacturing industries, in: The Review of Economics and Statistics, Vol. 71, pp. 555-564
Grossman, G. M.; Helpman, E. (1991)
   Innovation and growth in the global economy, Cambridge Mass.
Guisinger, Stephen
   Rhetoric and reality in international business: a note on the effectiveness of incentives, in: Transnational Corporations, Vol. 1, No. 2, August
Härtel, Hans-Hagen et al. (1988)
   Analyse der strukturellen Entwicklung der deutschen Wirtschaft - Strukturbericht 1987, Hamburg
derselbe et al. (1989)
   Entwicklungslinien im internationalen Strukturwandel: Spezialuntersuchung im Rahmen der HWWA-Strukturberichterstattung 1991, Hamburg
derselbe et al. (1995)
   Standortpräferenzen für Ostdeutschland, in: Wirtschaftsdienst, 75. Jahrgang, Nr. 3, S. 116
derselbe; Krüger, R. (1995)
   Die Entwicklung des Wettbewerbs in den neuen Bundesländern, Baden-Baden
derselbe; Jungnickel, R., et al. (1996)
   Grenzüberschreitende Produktion und Strukturwandel - Globalisierung der deutschen Wirtschaft, Baden-Baden

derselbe, Matthies, K., Mously, M. (1987)
   Zusammenhang zwischen Strukturwandel und Umwelt, Spezialuntersuchung 2 im Rahmen der HWWA-Strukturberichterstattung 1987, Hamburg

Hagedoorn, J. (1996)
   The economics of cooperation among high-tech firms - trends and patterns in strategic technology partnering since the early seventies, in: Koopmann, Georg; Scharrer, Hans-Eckart (Hrsg.): The economics of high-technology competition and cooperation in global markets, Baden-Baden

Hamilton, C. B.; Winters, L. A. (1992)
   Opening up international trade with Eastern Europe, in: Economic Policy, No. 14, pp. 77-116

Handelsblatt (26.9.1995)
   Mehr Zukäufe in Billigländern

Handelsblatt (2./3.8.1996)
   Firmen setzen auf Kooperation mit Osteuropa

Handelsblatt (12.9.1995)
   Rüttgers fordert Innovationen, Umwelt / Chemieverband klagt über Restriktionen

Hanusch, H.; Cantner, U. (1993)
   Neuere Ansätze der Innovationstheorie und der Theorie des Technischen Wandels - Konsequenzen für eine Industrie- und Technologiepolitik, in: Meyer-Krahmer, Frieder (Hrsg.): Innovationsökonomie und Technologiepolitik, Heidelberg, S. 11-46

Harhoff, D. (1994)
   R&D, spillovers and productivity in German manufacturing firms, September (mimeo)

derselbe (1996)
   R&D spillovers, technological proximity, and productivity growth - evidence from German panel data, Zentrum für Europäische Wirtschaftsforschung (ZEW), mimeo

derselbe; Kane, Thomas J. (1993)
   Financing apprenticeship training: evidence from Germany, NBER Working Paper No. 4557, Cambridge

Hashimoto, M. (1981)
   Firm-specific human capital as a shared investment, in: American Economic Review, Vol. 71, pp. 475-482

Henninges, Hasso von (1994)
   Die berufliche, sektorale und statusmäßige Umverteilung von Facharbeitern, Nürnberg

Hinze, Jörg et al. (1997)
   Aussagefähigkeit internationaler Arbeitskostenvergleiche. Methodische Grundlagen, empirische Ergebnisse und wirtschaftspolitische Schlußfolgerungen, erscheint demnächst, Hamburg

Hirschler, Herbert (1994)
   Genehmigungsverfahren aus der Sicht der öffentlichen Verwaltung, in: Dose et al. (1994), S. 47-69.

Hofbauer, Hans; Nagel, Elisabeth (1987)
   Mobilität nach Abschluß der betrieblichen Berufsausbildung, in: Mitteilungen aus der Arbeitsmarkt- und Berufsforschung, S. 45-73

Hummel, M. et al. (1995)
   Strukturbericht 1995, München
Hunya (1995)
   Economic development under foreign penetration: The case of Hungary, mimeo, Potsdam
Inotai, A. (1992)
   Foreign direct investments in reforming CMEA Countries: Facts, lessons and perspectives, in: Klein, Michael W. (Hrsg.), Multinationals in the new Europe and global trade, Berlin et al.
Irwin, D. A.; Klenow, P. J. (1994)
   Learning-by-doing spillovers in the semiconductor industry, in: Journal of Political Economy, Vol. 102, No. 6
ISI (Fraunhofer-Institut für Systemtechnik und Innovationsforschung)/IMI (Forschungsstelle Internationales Management und Innovation) (1996)
   Globales Management von Forschung und Innovation, Bonn (mimeo).
Jacobs, O.; Sprengel, C. (1996)
   Unternehmensbesteuerung im internationalen Vergleich - eine Bestandsaufnahme, in: Siebert (1996)
Jänicke, Martin; Weidner, Helmut (1997)
   Zum aktuellen Stand der Umweltpolitik im internationalen Vergleich - Tendenzen zu einer globalen Konvergenz?, in: Aus Politik und Zeitgeschichte. Beilage zur Wochenzeitung Das Parlament, B27/97, 27. Juni, S. 15-24.
dieselben (Hrsg.) (1997a)
   National environment policies. A comparative study of capacity-building, Heidelberg u.a.
Jaffe, A. B. et al. (1995)
   Environmental regulations and the competitiveness of U.S. manufacturing: What does the evidence tell us?, in: Journal of Economic Literature, Vol. 33, March, pp. 132-163
JETRO (1996)
   The 11th. survey of European operations of Japanese companies in the manufacturing sector
Jungnickel, Rolf; Koopmann, Georg (1997)
   Investment incentives, costs, benefits and implications for policy, in: OECD investment incentives in transition economies, OECD /GD (97)101, S. 21-36, Paris
Kantzenbach, Erhard; Mayer, Otto G. (Hrsg.) (1995)
   Deutschland im internationalen Standortwettbewerb, Baden-Baden
Katz, L. F.; Murphy, K. (1992)
   Changes in relative wages, 1963-1987: Supply and demand factors, in: Quarterly Journal of Economics, Vol. 107, pp. 36-78
Keller, W. (1995)
   International R&D spillover and intersectoral trade flows: do they match? July (mimeo)
Kleine, Christian (1995)
   Probleme bei Akquisitionen in Deutschland: Ergebnisse einer Umfrage bei schweizerischen Käufern, in: M & A review, H. 11, Düsseldorf

Klodt, H. (1996)
Alternativen und Perspektiven der Wirtschaftsförderung in den neuen Ländern, in: List Forum, H. 3, S. 267-286
Klodt, H. et al. (1994)
Standort Deutschland: Strukturelle Herausforderungen im neuen Europa. 5. Hauptbericht zur Strukturberichterstattung, Kiel
Klodt, Henning; Maurer, Rainer (1996)
Internationale Direktinvestitionen: Determinanten und Konsequenzen für den Standort Deutschland, November, Kiel
Klös, Hans-Peter (1992)
Fluktuation am westdeutschen Arbeitsmarkt, in: iw-trends, S. 17-32
Köddermann, R. (1996)
Sind Löhne und Steuern zu hoch?, in: ifo Schnelldienst, Nr. 20
Köddermann, R. ; Wilhelm, M. (1996)
Umfang und Bestimmungsgründe einfließender und ausfließender Direktinvestitionen ausgewählter Industrieländer - Entwicklungen und Perspektiven, München
Köhler, Christoph; Grüner, Hans (1988)
Stamm- und Randbelegschaften - ein überlebtes Konzept?, Arbeitspapier des Arbeitskreis Sozialwissenschaftliche Arbeitsmarktforschung
Koo, Bohn-Young (1993)
Foreign Investment and Economic Performance in Korea, in: Lall (1993), pp. 288-313
Krägenau, Henry (1996)
Internationale Direktinvestitionen, Baden-Baden
Krakowski, M. et al. (1992)
Die deutsche Wirtschaft im Anpassungsschock. Strukturbericht 1991, Hamburg
Krause, Hans-Jürgen; Schaumburg, Harald; Wassermeyer, Franz; (Deutsches Steuerberatungsinstitut) (1996)
Besteuerung grenzüberschreitender Aktivitäten, Bonn
Kreienbaum, C. (1996)
Der Wirtschaftsstandort Deutschland im Rahmen weltweiter ökologischer Umwandlungsprozesse, HWWA-Diskussionspapier Nr. 36, Hamburg
Kreienbaum, C., Matthies, K., Wacker-Theodorakopoulos, C. (1993)
Stellungnahme zum Richtlinienentwurf der EG-Kommission über die Einführung einer CO_2-/Energiesteuer, HWWA-Diskussionspapier Nr. 6
Krugman, P.; Lawrence, R. (1993)
Trade, jobs, and wages, National Bureau of Economics Working Paper No. 4478, September
Kühlewind, Gerhard (1988)
Erfahrungen mit dem Vorruhestand aus beschäftigungspolitischer Sicht, in: Schmähl, W. (Hrsg.), Verkürzung oder Verlängerung der Erwerbsphase, Tübingen
Kulbach, Uta (1996)
Investitionen brauchen ein investitionsfreundliches Klima: Zum Sondergutachten des Schverständigenrates, Bonn
Kuwan, Helmut; Gnahs, Dieter; Seusing, Bernd (1990)
Berichtssystem Weiterbildung: integrierter Gesamtbericht, Bad Honnef

Lall, S. (Hrsg.) (1993)
Transnational corporations and economic development, London, New York
Lammers, K. (1994)
Regionale Struktur- und Wachstumsunterschiede in der Bundesrepublik Deutschland - Wo steht Ostdeutschland?, in: Die Weltwirtschaft, H. 2, S. 177-193
Lammert, Norbert (1996)
Hoffen auf die Rüstung, in: Die Zeit, 29.9.
Lankes, H. P.; Venables, A. J. (1996)
Foreign direct investment in Eastern Europe and the former Soviet Union: results from a survey of investors, EBRD, London (executive summary)
Lazear, E. P. (1979)
Why is there mandatory retirement?, in: Journal of Political Economy, Vol. 87, pp. 1261-1284
derselbe (1981)
Agency, earning profile, productivity, and hours restrictions, in: American Economic Review, Vol. 71, pp. 606-620
Licht, Georg; Stahl, Harald (1997)
ZEW, Ergebisse der Innovationserhebung 1996, Mannheim
Link, F. J. (1993)
Lohnstückkosten im internationalen Vergleich, in: iw-trends Nr. 3
derselbe (1994)
Produktivität und Lohnstückkosten im internationalen Vergleich, in: iw-trends Nr. 3
derselbe (1995)
Produktivität und Lohnstückkosten im internationalen Vergleich, in: iw-trends Nr. 2
Lorz, J. O. (1993)
Direktinvestitionen des Verarbeitenden Gewerbes in Industrieländern, in: Die Weltwirtschaft 1993, H. 2, S. 149-166
Matheus, S. (1995)
Dienstleistungsarbeit als Auffangnetz? WZB Discussion Paper, FS I 95-202, Berlin, Januar
Maurer, R. (1994)
Die Exportstärke der deutschen Industrie - Weltmarktspitze trotz technologischen Rückstands?, in: Die Weltwirtschaft, H. 3, S. 308-319
Messerlin, Patrick A. (1995)
The impact of trade and foreign direct investment on labour markets: The French case, in: The OECD jobs study working papers, Paris
derselbe (1995b)
The impact of trade and capital movements on labour: Evidence on the French case, in: OECD Economic Studies, No. 24, pp. 89-124
Meyer-Koester, C. (1996)
Verlagerung nach Mitteleuropa, in: Handelsblatt (14.8.1996)
Möbius, U. (1995)
Passive Lohnveredelung im Rahmen der Textil- und Bekleidungsimporte Deutschlands und der EU, Wochenbericht des DIW, Nr.17

Mohnen, P. (1996)
: R&D externalities and productivity growth, in: STI Review No. 18

Monopolkommission (1989)
: Zusammenschlußvorhaben der Daimler-Benz AG mit der Messerschmitt-Bölkow-Blohm GmbH. Sondergutachten 18, Baden Baden

Moore, Michael O. (1993)
: Determinants of German manufacturing direct investment: 1980-1988, in: Weltwirtschaftliches Archiv, Vol. 129, pp. 120-138

Nash, J. F. (1953)
: Two-person cooperative games, in: Econometrica, Vol. 21, pp. 128-140

National Science Board (NSB) (1996)
: Science & engineering indicators, Washington D.C.

Nickel, Stephen (1995)
: The distribution of wages and unemployment across skill groups, Vortrag auf dem CEEA-Symposium „Policies to fight unemployment in Europe - sucesses and failures" vom 26.-28. Oktober

Oberbeck, Herbert; Neubert, Jürgen (1992)
: Dienstleistungsarbeit zu Beginn der 90er - vor einem neuen Rationalisierungsschub?, in: Jahrbuch für sozialwissenschaftliche Technikberichterstattung 1992: Schwerpunkt Dienstleistungsarbeit, Berlin, S. 15-102

OECD (1986)
: Labour market flexibility, Paris

dieselbe (1991)
: Employment outlook, Paris

dieselbe (1992)
: Structural change and industrial performance: A seven country growth decomposition study, Paris

dieselbe (1993a)
: Employment outlook, Paris

dieselbe (1993b)
: Pollution abatement and control expenditure in OECD countries, OECD environment monograph no. 75, Paris

dieselbe (1994a)
: Globalisation of industrial activities: Background report (mimeo), 28.1.1994, COM/DSTI/IND/TD(93) 109/REV1, Januar/Februar, Paris,

dieselbe (1994b)
: Assessing investment opportunities in transition, Paris

dieselbe (1994c)
: The performance of foreign affiliates in OECD countries, Paris

dieselbe (1995a)
: The effects of trade and foreign direct investment on employment and relative wages, Paris

dieselbe (1996a)
: Research and development expenditure in industry 1973-93 (1996 Edition), Paris

Pain, N. (1996)
: Foreign direct investment, trade and economic growth within Europe, NIESR, mimeo

Patel, P.; Pavitt, K. (1991)
Large firms in the production of world's technology: An important case of nonglobalisation, in: Journal of International Business Studies, Vol. 22, No. 1, pp. 1-22
Pfähler, W.; Bönte, W. (1996)
FuE-Spillover und staatliche FuE-Politik. Zur theoretischen und empirischen Fundierung der FuE-Politik in Deutschland, in: Kruse, J.; Maier, O. G. (Hrsg.), Aktuelle Probleme der Wettbewerbs- und Wirtschaftspolitik. Festschrift für Erhardt Kantzenbach, Baden-Baden 1996
Pfeiffer, Friedhelm; Blechinger, Doris (1995)
Verwertbarkeit der Berufsausbildung im technischen Wandel, in: Franz, Wolfgang; Steiner, Viktor (Hrsg.), Der westdeutsche Arbeitsmarkt im strukturellen Anpassungsprozeß, S. 105-135
Piazolo, D. (1996)
Trade integration between Eastern and Western Europe: Politics follows the market, Kieler Arbeitspapier, Nr. 745
Porter, Michael E.; van der Linde, Claas (1995)
Green and competitive. Ending the stalemate, in: Harvard Business Review, September/October, pp. 120-134
Reinberg, Alex; Fischer, Günther; Tessaring, Manfred (1995)
Auswirkungen der Bildungsexpansion auf die Erwerbs- und Nichterwerbstätigkeit, in: Mitteilungen aus der Arbeitsmarkt- und Berufsforschung, S. 300-322
Rivera-Batiz, F. L. (1996)
The economics of technological progress and endogenous growth in open economies, in: Koopmann, G.; Scharrer, H.-E. (Eds.), The economics of high-technology competition and cooperation in global markets, Baden-Baden 1996
Rojec/Hocevar (1996)
Allocative and industry efficiency of foreign investment enterprises in Slovenian manufacturing sectors, Mimeo, University of Ljubljana, Ljubljana Sept. 1996
Rosenow, Joachim; Naschold, Frieder (1993)
Ältere Arbeitnehmer - Produktivitätspotential oder personalwirtschaftliche Dispositionsmasse?, in: Sozialer Fortschritt, S. 146-152
RWI (Rheinisch-Westfälisches Institut für Wirtschaftsforschung) (1995)
Industrienahe Dienstleistungen am Standort Deutschland. Expertise im Auftrag des Bundesministeriums für Wirtschaft, unveröffentl. Manuskript, November
dasselbe (1996)
Der Wirtschaftsstandort Deutschland vor dem Hintergrund regionaler Entwicklungstendenzen in Europa, Juni, Essen
Sachverständigenrat zur Begutachtung der gesamtwirtschaftlichen Entwicklung (1996/97)
Jahresgutachten, Wiesbaden
derselbe (1997/98)
Jahresgutachten, Wiesbaden
Schaden, Barbara (1995)
Effektive Kapitalsteuerbelastung in Europa: Eine empirische Analyse aus deutscher Sicht, Heidelberg

Scharpf, Fritz W. (1994)
Für eine Subventionierung niedriger Erwerbseinkommen, in: Wirtschaftsdienst, 74. Jg., Nr. 3, S. 111-114

Schasse, Ulrich; Vatthauer, Manfred (1990)
Betriebszugehörigkeitsdauer und Einkommenshöhe. Senioritätsentlohnung oder „Job Matching", in: Gerlach, Knut; Hübber, Olaf (Hrsg.) (1990), Betriebszugehörigkeitsdauer und Mobilität. Theoretische und empirische Analysen, SAMF, Arbeitspapier 1990-4

Schellhaaß, Horst-Manfred; Kelp, Lars (1995)
Subventionen als Steuerungsinstrumente des Arbeitsmarktes, in: Mitteilungen aus der Arbeitsmarkt- und Berufsforschung, S. 399- 411

Schettkat, Ronald (1995a)
The macroperformance of the German labor market, in: Buttler, F. et al. (Eds.), Institutional frameworks and labor market performance, London et al., pp. 316-342

derselbe (1995b)
Entwicklungsperspektiven und beschäftigungspolitische Bedeutung personengebundener Dienstleistungen -, Friedrich-Ebert-Stiftung, Arbeit und Soziales Nr. 46, Bonn

Schröder, C. (1996a)
Produktivität und Lohnstückkosten im internationalen Vergleich, in: iw-trends, Nr. 2, S. 5-19

derselbe (1996b)
Industrielle Arbeitskosten im internationalen Vergleich 1970-1995, in: iw-trends, Nr. 2, 1996, S. 44-56

Schumacher, D. (1995)
Auswirkungen der Osterweiterung der EU auf die Wirtschaft der Bundesrepublik Deutschland: Eine Analyse verstärkter Außenhandelsverflechtungen mit Mittel- und Osteuropa, in: Kocheler Kreis (Hrsg.), Osterweiterung der EU - Konsequenzen für Wirtschaft und Arbeitsmarkt in Deutschland, Bonn, S. 19-35

derselbe (1996)
Mehr Beschäftigung in der EU durch Außenhandel mit Transformationsländern, in: Wochenbericht, Nr. 34, S. 557-565

Scitovsky, Tibor (1954)
Two concepts of external economies, in: Journal of Political Economy, Vol. 62, No. 2, pp. 143-151

Sheehy, J. (1994)
CEEC's growth prospects for GDP and manufacturing trade with the EC - A short literature survey, in: European Commission (Eds.), The economic interpenetration between the European Union and Eastern Europe, European Economy, Reports and Studies, No. 6, pp. 5-16

Siebert, Horst (Hrsg.) (1996)
Steuerpolitik und Standortqualität. Expertisen zum Standort Deutschland, Tübingen

Simons, R.; Westermann, K. (1994)
Industriestandort Deutschland, Marburg, Berlin

Sinn, H.-W. (1995)
Implikationen der vier Grundfreiheiten für eine nationale Fiskalpolitik, in: Wirtschaftsdienst, 75. Jg., H. 5, S. 240-249

Snower, D. J. (1994)
   Converting unemployment benefits into employment subsidies, in: American Economic Review, No. 2, pp. 65-70

Soete, L. (1995)
   Technology policy and the international trading system: where do we stand?, August (mimeo)

derselbe (1997)
   Technology policy and the international trading system: Where do we stand?, in: Siebert, Horst (Hrsg.), Towards a new global framework for high-technology competition, Tübingen, S. 20 ff.

Stankovsky, J. (1995a)
   Passiver Veredelungsverkehr als Instrument der Handelspolitik und als Unternehmensstrategie, in: WiFo Monatsberichte, Nr. 9, S. 568 ff.

derselbe (1995b)
   Direktinvestitionen in Osteuropa: Bestimmungsgründe, Umfang, Branchenstruktur, Wien

derselbe (1996)
   Bedeutung ausländischer Direktinvestitionen in Osteuropa, in: WiFo Monatsberichte, Nr. 2, S. 123-137

Stein, I. (1991)
   Die Theorien der Multinationalen Unternehmung, in: Schoppe, S., Kompendium der Internationalen Betriebswirtschaftslehre, München, Wien, S. 49 ff.

Steinberg, Rudolf (1995)
   Genehmigungsverfahren für gewerbliche Investitionsvorhaben in Deutschland und ausgewählten Ländern Europas: Ableitung von Maßnahmen zur Verbesserung der Genehmigungsverfahren in Deutschland, deren rechtliche und rechtspolitische Würdigung sowie die Bedeutung von Genehmigungsverfahren für den Standort Deutschland, Baden-Baden

Stevens, Margret (1994)
   A theoretical model of on-the-job training with imperfect competition, in: Oxford Economic Papers, Vol. 46, pp. 537-562

Straßberger, F. et al. (1996)
   FuE-Aktivitäten, Außenhandel und Wirtschaftsstrukturen: Die technologische Leistungsfähigkeit der deutschen Wirtschaft im internationalen Vergleich, Berlin

Thomsen, St.; Woolcock, St. (1993)
   Direct investment and European integration. Competition among firms and governments

Thon, Manfred (1995)
   Demographische Aspekte der Arbeitsmarktentwicklung - die Alterung des Erwerbspersonenpotentials, in: Mitteilungen aus der Arbeitsmarkt- und Berufsforschung,

Tichy, G. (1996)
   Integrationstheorie und Osterweiterung, Beitrag zur 3. Konferenz des HWWA-Institut für Wirtschaftsforschung-Hamburg, 1.-3. Mai 1996, vorläufige Fassung

Timmermann, Dieter (1994)
Die Rückentwicklung der Arbeitsmarktchancen und -risiken von Fachkräften: Rückblick und Ausblick, in: Beiträge zur Arbeitsmarkt- und Berufsforschung, Nr. 186, Nürnberg, S. 81-109

Trabold, H. (1995)
Die internationale Wettbewerbsfähigkeit einer Volkswirtschaft, in: DIW Vierteljahreshefte, Nr. 2

UN (1995b)
Economic bulletin for Europe, Vol. 47, New York, Geneva

UNCTAD (1993)
World investment report 1993. Transnational corporations and integrated international production, New York

dieselbe (1995)
World investment report 1995. Transnational corporations and competitiveness, New York, Geneva

dieselbe (1996a)
World investment report 1995. Investment, trade and international policy arrangements, New York, Geneva

dieselbe (1996b)
Incentives and foreign direct investment, Geneva

dieselbe (1997)
World investment report 1997. Transnational Corporations, Market Structure and Competition Policy, New York, Geneva

U.S. Department of Labor (1996)
International comparison of hourly compensation, Washington D.C.

Verband der Bayerischen Metall- und Elektroindustrie (1995)
Investitionen im Ausland: Umfang, Richtung, Motive, Arbeitsplatzeffekte, München

Verband der Chemischen Industrie e.V. (1995)
Chemiewirtschaft in Zahlen, Ausgabe 1995, Frankfurt 1995, S. 95.

Vernon, R. (1966)
International investment and international trade in the product cycle, in: Quarterly Journal of Economics, Vol. 80, pp. 253-266

Veugelers, R.; van den Houte, P. (1990)
Domestic R&D in the presence of multinational enterprises, in: International Journal of Industrial Organization, Vol. 8

Wacker-Theodorakopoulos, C. (1993)
CO_2-/Energiesteuer: Strukturelle Wirkungen eines umweltpolitischen Instrumentes, in: Wirtschaftsdienst, 73. Jg., H. 4, S. 204-209

Weißhuhn, Gernot (1994)
Indikatoren der Nettokosten und -nutzen der beruflichen Ausbildung, in: Liesering, Sabine; Schober, Karin; Tessaring, Manfred (Hrsg.), Die Zukunft der dualen Berufsausbildung, Nürnberg, S. 290-296

Westerhoff, H.-D. (1991)
Direktinvestitionen zur Internationalisierung der deutschen Wirtschaft, in: ifo-Studien, 37. Jg., 1991/1-4, S. 19-37

Wever, Kirsten S. (1995)
: Negotiating competiteveness: employment relations and organizational innovation in Germany and the United States, Boston

Die Wirtschaft (13.7.1995)
: Kleine Firmen ächzen unter Auflagendruck, Umweltschutzvorschriften im Unternehmen, Berlin

Wissenschaftlicher Beirat der Bundesregierung Globale Umweltveränderungen (1993)
: Welt im Wandel: Grundstruktur globaler Mensch-Umwelt-Beziehungen, Jahresgutachten 1993, Bonn

Wood, Adrian (1991)
: How much does trade with the south affect workers in the north?, in: The World Bank Research Observer, Vol. 6, No. 3, January, pp. 19-35

derselbe (1994)
: North-South trade, employment and inequality: Changing fortunes in a skill-driven world, Oxford

World Bank (1995)
: Global economic prospects and the developing countries, Washington D.C.

Die Zeit (23.2.1996)

ZEW (Zentrum für Europäische Wirtschaftsforschung) (1996a)
: Ergebnisse der Innovationserhebung 1995, Mannheim Juli (mimeo)

dieselbe (1996b)
: Möglichkeiten und Grenzen von freiwilligen Umweltschutzmaßnahmen der Wirtschaft unter ordnungspolitischen Aspekten, Mannheim

Zimmermann, K. F. (1987)
: Trade and dynamic efficiency, in: Kyklos, Vol. 40, pp. 73-87

Statistische Quellen

Alphametrics Ltd.
    Arbeitskräfteerhebung der EU (Diskette)
Bundesanstalt für Arbeit (versch. Jgge. a)
    Sozialversicherungspflichtig Beschäftigte am 30.6.
dieselbe (versch. Jgge. b)
    Amtliche Nachrichten der Bundesanstalt für Arbeit
dieselbe (1994)
    Mitteilungen aus der Arbeitsmarkt- und Berufsforschung, 27. Jg., H. 1
dieselbe (1996a)
    Strukturanalyse 1995. Bestände an Arbeitslosen und offenen Stellen, Mai, Nürnberg
dieselbe (1996b)
    Arbeitsmarkt 1995, Sondernummer 14.6., Nürnberg
Deutsche Bundesbank (versch. Jgge. a)
    Zahlungsbilanzstatistik. Statistisches Beiheft zum Monatsbericht 3, Frankfurt/M.
dieselbe (versch. Jgge. b)
    Kapitalverflechtung mit dem Ausland, Statistische Sonderveröffentlichung 10, Frankfurt/M.
dieselbe (versch. Jgge. c)
    Monatsberichte, November, Frankfurt/M.
Europäische Kommission (1995)
    Price and cost competitiveness, fourth quarter, Brüssel
dieselbe (1996)
    Quarterly report on the price and cost competitiveness of the European Union and ist member states, fourth quarter, Brüssel
Eurostat (a)
    Außenhandel (CD-Rom)
dasselbe (b)
    Arbeitskräfteerhebung (Diskette)
Gatt/WTO (versch. Jgge.)
    International trade, Genf
IMF (1996)
    Trade statistics yearbook, Washington
derselbe
    International financial statistics
OECD (versch. Jgge. a)
    National accounts statistics, volume I (Diskette), Paris
dieselbe (versch. Jgge. b)
    National accounts statistics, volume II (Diskette), Paris
dieselbe (versch. Jgge. c)
    STAN-Datenbasis (Diskette)
dieselbe (versch. Jgge. d)
    Main science and technology indicators-Datenbank (Diskette), Paris
dieselbe (versch. Jgge. e)
    ANBERD-Datenbank (Diskette)

dieselbe (1995b)
: Basic science and technology statistics, 1995 Edition, Paris

dieselbe (1996b)
: International direct investment statistics yearbook 1996, Paris

dieselbe (1996c)
: Research and development expenditure in industry 1973 - 1993, 1996 edition, Paris

RWI
: Wirtschaftszweig/Berufe-Matrix (Diskette)

Statistisches Bundesamt (1994)
: Gehalts- und Lohnstrukturerhebung 1990, Wiesbaden

dasselbe (versch. Jgge. a)
: Fachserie 4, Reihe 4.1.1. Produzierendes Gewerbe. Beschäftigung, Umsatz und Energieversorgung der Unternehmen und Betriebe im Bergbau und im Verarbeitenden Gewerbe, Wiesbaden

dasselbe (versch. Jgge. b)
: Fachserie 7, Reihe 7. Außenhandel. Außenhandel nach Ländern und Gütergruppen der Produktionsstatistiken (Spezialhandel), (Diskette), Wiesbaden

dasselbe (versch. Jgge. c)
: Fachserie 18, Reihe 2. Volkswirtschaftliche Gesamtrechnungen. Input-Output-Tabellen, (Diskette), Wiesbaden

dasselbe (versch. Jgge. d)
: Fachserie 1, Reihe 4.1.2. Bevölkerung und Erwerbstätigkeit. Beruf, Ausbildung und Arbeitsbedingungen der Erwerbstätigen, Wiesbaden

dasselbe (versch. Jgge. e)
: Fachserie 1, Reihe 4.2.1. Bevölkerung und Erwerbstätigkeit. Struktur der Arbeitnehmer, Wiesbaden

dasselbe (versch. Jgge. f)
: Fachserie 16, Reihe 2.1. Löhne und Gehälter. Arbeiterverdienste in der Industrie, Oktoberhefte, Wiesbaden

dasselbe (versch. Jgge. g)
: Fachserie 16, Reihe 2.2. Löhne und Gehälter. Angestelltenverdienste in Industrie und Handel, Oktoberhefte, Wiesbaden

dasselbe (h)
: Wirtschaftszweig-Berufe-Matrix (Disketten)

dasselbe (versch. Jgge. i)
: Fachserie 19, Reihe 4. Umwelt. Umweltökonomische Gesamtrechnungen. Basisdaten und ausgewählte Ergebnisse, Wiesbaden

dasselbe (versch. Jgge. j)
: Fachserie 18, Reihe 1.3. Volkswirtschaftliche Gesamtrechnungen. Konten und Standardtabellen. Hauptbericht, Wiesbaden

SV-(Gemeinnützige Gesellschaft für) Wissenschaftsstatistik (mbH im Stifterverband für die Deutsche Wissenschaft) (1996)
: Forschung und Entwicklung in der Wirtschaft 1993 - mit ersten Daten bis 1995 -, Essen

UN (verschiedene Jgge.)
: Monthly bulletin of statistics

U.S. Department of Commerce (1995)
U.S. direct investment abroad: Operations of U.S. parent companies and their foreign affiliates (Disketten)

Abkürzungsverzeichnis

ADV, EDV	Automatische (Elektronische) Datenverarbeitung
ASEAN	Association of South East Asian Nations
BIP	Bruttoinlandsprodukt
BMBF	Bundesministerium für Bildung, Wissenschaft, Forschung und Technologie
BPW	Bruttoproduktionswert
BV	Banken, Versicherungen
BVS	Bundesstelle für vereinigungsbedingte Sonderaufgaben
BWS	Bruttowertschöpfung
BZ	Betriebszugehörigkeitsdauer
BZD	Betriebszugehörigkeitsdauer
CO_2	Kohlendioxid
DAE	Dyn. asiatisch-pazif. Entwicklungs- und Schwellenländer: ASEAN, NIEs, China
DI	Direktinvestitionen
DIW	Deutsches Institut für Wirtschaftsforschung
DL	Dienstleistungen
EBM	Eisen, Blech, Metall
EL	Entwicklungsländer
EU	Europäische Union
EWR	Europäischer Wirtschaftsraum
FS	Fachserie
FuE	Forschung und Entwicklung
IDH	Innerdeutscher Handel
IMF	International Monetary Fund
ISIC	International Standard Industrial Classification
IW	Institut der deutschen Wirtschaft
JIT	just in time
KMU	Kleine und mittlere Unternehmen
LSK	Lohnstückkosten
m&a	mergers & acquisitions - Fusionen und Übernahmen
MERIT	Maastricht Economic Research Institute on Innovation and Technology
MOE-Länder	Mittel- und osteuropäische Länder
NAW	Nominaler Außenwert
NIE	newly industrialising economies
OECD	Organisation für wirtschaftliche Zusammenarbeit und Entwicklung
p.a.	per annum
PLV	Passive Lohnveredelung
RAW	Realer Außenwert
RGW	(ehem.) Rat für gegenseitige Wirtschaftshilfe
RLSK	Relative Lohnstückkosten in nationaler Währung
SE	Skalenvorteile
StaBuA	Statistisches Bundesamt
SYPRO	Systematik der Wirtschaftszweige für die Statistik im Produzierenden Gewerbe
VDMA	Verband Deutscher Maschinen- und Anlagenbau
VGR	Volkswirtschaftliche Gesamtrechnung
WV	Wohnungsvermietung
ZEW	Zentrum für Europäische Wirtschaftsforschung

ANHANG

Tabelle A1a: Entwicklung der Bruttowertschöpfung[1] in Westdeutschland nach Wirtschaftszweigen

	1970	1980	1985	1987	1988	1989	1990	1991	1992	1993	1994	1995	1996
Land- u.Forstw.,Fisch.	21,78	30,52	31,92	30,24	33,72	37,21	36,74	34,08	33,73	29,88		.	.
Energ.-u. Wasser.,Bergb.	22,72	48,64	66,53	68,67	67,84	69,30	70,23	74,07	76,33	75,75	76,24	80,57	74,67
Energie- u. Wasservers.	14,50	36,41	50,48	55,89	56,66	57,56	58,84	61,62	63,68	63,11	64,99	68,56	.
Bergbau	8,22	12,23	16,05	12,78	11,18	11,74	11,39	12,45	12,65	12,64	11,25	12,01	.
Verarb.Gewerbe	259,45	476,25	578,85	624,69	652,67	686,01	741,55	790,66	799,09	744,74	759,40	769,84	777,18
Chemische Industrie	23,78	41,63	58,36	64,12	71,30	71,98	71,77	71,81	72,33	68,82	71,91	76,87	.
Mineralölverarb.	10,99	26,43	28,44	21,93	24,31	26,59	28,77	31,87	37,32	41,01	47,13	46,88	.
Kunststoffwarenherst.	4,43	10,93	14,40	17,54	18,09	20,23	23,29	25,90	26,28	25,22	25,62	24,90	.
Gummiverarbeitung	3,45	5,63	7,24	8,00	8,30	8,41	8,54	8,49	8,67	8,14	8,14	8,65	.
Steine u. Erden	9,22	14,85	14,16	16,03	17,17	17,86	18,95	20,47	22,65	23,32	24,86	24,00	.
Feinkeramik	1,33	2,37	2,41	2,59	2,60	2,76	2,94	3,11	3,01	2,84	2,71	2,70	.
Glasgewerbe	2,52	4,49	4,50	5,12	5,58	5,82	6,14	6,51	6,40	5,98	6,15	6,64	.
Eisenschaffende Ind.	10,32	15,85	15,87	14,48	17,20	18,28	17,59	16,15	15,37	11,49	12,25	14,70	.
NE-Metallerzeugung	3,02	4,45	6,57	6,34	5,81	6,78	7,26	7,56	6,99	6,49	6,49	6,93	.
Gießereien	3,86	5,78	6,24	6,45	6,56	7,05	7,79	8,14	7,86	5,99	6,21	6,63	.
Ziehereien,KWW,etc.	7,79	12,00	15,45	17,65	18,12	19,51	21,87	23,43	23,74	21,57	23,57	23,61	.
Stahl- u.LMB etc.	4,59	10,06	9,15	10,42	12,75	12,91	14,38	16,84	15,91	16,92	16,15	15,50	.
Maschinenbau	29,08	55,57	69,29	73,52	77,91	85,30	94,00	95,78	93,99	84,21	84,86	88,22	.
Büromasch.,ADV-Ger.	3,66	6,54	10,23	10,77	10,87	10,39	11,49	16,33	11,69	8,79	7,88	7,66	.
Straßenfahrzeugbau	22,80	51,02	71,49	77,64	77,58	82,34	88,74	99,24	102,15	84,79	90,40	103,62	.
Schiffbau	1,32	2,25	2,24	2,45	1,96	2,42	2,23	2,30	2,44	2,62	2,67	2,36	.
Luft- u.Raumfahrz.bau	0,87	3,30	4,17	4,92	5,73	6,12	6,78	9,00	7,93	6,08	5,33	4,52	.
Elektrotechnik etc.	26,56	55,07	73,60	84,29	85,30	91,91	97,18	102,32	103,76	94,89	95,64	88,34	.
Feinmechanik, Optik	4,44	10,77	12,09	13,71	15,13	13,71	15,17	16,22	17,56	15,84	16,08	14,47	.
EBM-Warenherst.	9,28	15,87	18,79	21,70	23,39	24,93	28,32	31,02	31,37	29,58	29,06	30,32	.
Musikinstr.,Sp.w.,etc.	1,83	3,30	3,96	4,57	4,72	4,82	5,18	5,22	5,58	5,19	5,12	5,19	.
Holzbearbeitung	1,67	2,77	2,61	2,91	2,85	2,87	3,32	3,81	4,03	4,00	4,02	3,72	.
Holzverarbeitung	6,98	14,68	14,30	15,86	17,17	17,83	19,52	22,16	23,58	23,43	23,33	24,45	.
Zellst.,Papier,Pappe	1,91	3,49	4,92	5,34	5,64	5,70	6,57	6,47	5,61	4,62	5,03	4,97	.
Papier-,Pappeverarb.	3,66	5,76	6,73	7,81	7,67	7,73	9,55	10,96	11,47	10,97	11,14	9,51	.

Fortsetzung Tabelle A1a:

	1970	1980	1985	1987	1988	1989	1990	1991	1992	1993	1994	1995	1996
Druckerei,Vervielfält.	6,17	11,39	13,65	15,77	15,81	16,47	18,00	19,66	20,34	19,94	19,20	20,73	.
Ledergewerbe	3,01	3,72	3,31	3,53	3,40	3,37	3,31	3,33	3,36	3,26	2,91	2,61	.
Textilgewerbe	10,83	12,31	12,67	13,65	13,83	14,08	14,65	14,27	14,23	12,87	11,71	9,91	.
Bekleidungsgewerbe	6,74	8,71	9,20	9,49	9,61	9,77	9,99	10,18	10,12	9,35	9,00	8,31	.
Nahrungs- u.Gen.Gew.	33,34	55,26	62,81	66,09	66,31	68,07	78,26	82,11	83,35	85,37	84,83	82,92	.
Baugewerbe	51,55	99,89	94,81	101,68	106,25	114,66	127,62	137,25	152,39	152,29	154,22	155,71	150,30
Handel	65,40	133,25	156,41	168,43	177,79	185,54	212,55	242,79	250,86	255,73	271,35	271,28	275,66
Großhandel	33,90	67,03	81,31	85,13	89,55	93,77	110,28	124,67	130,27	130,81	152,29	149,14	.
Einzelhandel	31,50	66,22	75,10	83,30	88,24	91,77	102,27	118,12	120,57	119,07	119,06	122,14	.
Verkehr, Nachricht.üb.,	38,07	85,43	105,05	111,11	116,87	125,71	134,20	143,81	153,65	154,94	157,65	163,68	161,82
Eisenbahnen	9,19	12,82	14,18	13,44	12,98	13,19	13,15	13,06	12,05	11,49	11,08	11,28	.
Schiffahrt	3,25	5,24	5,64	4,75	5,03	5,45	5,42	5,51	5,56	5,74	5,35	5,52	.
Deutsche Bundespost	11,73	33,01	41,59	45,16	47,55	50,89	53,06	57,64	62,84	67,22	69,32	70,47	.
Übr. Verkehr	13,90	34,36	43,64	47,76	51,31	56,18	62,57	67,60	73,20	73,24	71,90	76,41	.
Kreditinst., Versich.	21,55	66,36	100,41	98,83	104,77	111,37	116,50	127,29	142,10	152,27	163,14	164,58	168,20
Kreditinstitute	17,00	51,34	78,91	75,78	79,18	83,42	90,99	97,81	109,55	116,03	117,78	114,07	.
Versicherungsunt.	4,55	15,02	21,50	23,05	25,59	27,95	25,51	29,48	32,55	36,24	45,36	50,51	.
Wohnungsvermietung	34,04	89,57	131,46	144,69	152,31	162,09	172,35	183,81	200,43	219,92	238,32	258,74	.
Sonst. Dienstleist.unt.	58,80	182,32	258,96	305,05	335,75	367,49	419,09	478,88	541,56	572,79	606,64	646,55	683,57
Gastgewerbe	8,41	18,90	22,12	25,48	26,68	28,81	32,10	34,27	36,05	37,01	37,85	38,88	.
Bildung etc.	7,76	20,17	29,32	34,06	36,57	38,12	40,75	44,26	48,67	52,45	55,24	57,67	.
Gesundheitswesen	10,00	32,30	41,65	43,54	48,13	48,04	52,68	58,48	65,11	67,35	71,82	76,14	.
Übr. Dienstl.untern.	32,63	110,95	165,87	201,97	224,37	252,52	293,56	341,87	391,73	415,98	441,73	473,86	.
Unternehmen o.Wv.	521,38	1.068,72	1.308,68	1.426,43	1.510,51	1.608,88	1.762,20	1.924,50	2.033,18	2.015,01	2.092,96	2.158,40	2.475,45
Staat	62,56	172,39	207,26	225,82	231,86	238,64	253,20	271,22	290,67	300,36	306,39	314,68	317,69
Priv.HH, priv.Org.o.E.	9,99	31,31	42,68	49,28	51,67	53,92	58,30	64,57	70,89	74,95	78,36	83,00	86,76
Insgesamt	627,97	1.361,99	1.690,08	1.846,22	1.946,35	2.063,53	2.246,05	2.444,10	2.595,17	2.610,24	2.716,03	2.814,82	2.879,90

1 Mrd, DM, in jeweiligen Preisen
Quelle: Statistisches Bundesamt (j); eigene Berechnungen

Tabelle A1b: Entwicklung der Bruttowertschöpfung[1] in Gesamt- und Ostdeutschland nach Wirtschaftszweigen

	1991	1992	1993	1994	1995	1996
Gesamtdeutschland:						
Land- u.Forstw.,Fisch.	41,03	40,61	36,48	36,06	35,85	37,49
Energ.-u.Wasser.,Bergb.	90,14	90,58	91,52	90,35	95,15	89,88
Verarb.Gewerbe	825,30	835,84	787,44	809,92	826,30	836,92
Baugewerbe	161,81	191,02	200,27	216,46	222,50	216,49
Handel	262,52	276,75	285,88	305,08	307,51	313,42
Verkehr, Nachricht.üb.	154,40	164,42	168,23	173,28	180,24	178,24
Kreditinst., Versich.unt.	139,40	154,43	165,82	177,64	179,63	183,7
Wohnungsvermietung	182,69	207,60	236,45	257,76	281,62	306,09
Sonst. Dienstleist.unt.	512,48	589,12	631,92	674,56	723,23	765,04
Unternehmen o.Wv.	2187,09	2342,77	2367,56	2483,35	2570,41	2621,18
Staat	317,43	349,21	365,99	372,88	383,25	386,83
Priv.HH, priv.Org.o.E.	69,63	78,25	83,61	88,85	94,97	99,69
Insgesamt	2.639,74	2.848,54	2.918,06	3.063,16	3.193,10	3.273,8
Ostdeutschland:						
Land- u.Forstw.,Fisch.	6,96	6,88	6,48			
Energ.-u.Wasser.,Bergb.	16,06	14,25	15,77	14,11	14,58	15,21
Verarb.Gewerbe	34,63	36,75	42,70	50,52	56,46	59,74
Baugewerbe	24,54	38,63	48,41	62,24	66,79	66,19
Handel	19,73	25,89	30,15	33,73	36,23	37,76
Verkehr, Nachricht.üb.	10,61	10,78	13,74	15,63	16,56	16,42
Kreditinst., Versich.unt.	12,11	12,33	13,55	14,50	15,05	15,50
Wohnungsvermietung	-1,13	7,16	16,45	19,44	22,88	27,33
Sonst. Dienstleist.unt.	33,60	47,56	59,13	67,92	76,68	81,47
Unternehmen o.Wv.	158,24	193,07	229,93	.	.	.
Staat	46,24	58,54	65,63	66,49	68,57	69,14
Priv.HH, priv.Org.o.E.	5,06	7,36	8,66	10,49	11,97	12,93
Insgesamt	195,64	253,36	307,82	347,13	378,28	393,90

1 Mrd. DM, in jeweiligen Preisen
Quelle: Statistisches Bundesamt (j); eigene Berechnungen

Tabelle A2a: Entwicklung der Sektorstruktur der Bruttowertschöpfung[1] in Westdeutschland

	1970	1980	1985	1987	1988	1989	1990	1991	1992	1993	1994	1995	1996
Land- u.Forstw.,Fisch.	3,5	2,2	1,9	1,6	1,7	1,8	1,6	1,4	1,3	1,1	.	.	.
Energ.- u. Wasser.,Bergb.	3,6	3,6	3,9	3,7	3,5	3,4	3,1	3,0	2,9	2,9	2,8	2,9	2,6
Energie- u. Wasservers.	2,3	2,7	3,0	3,0	2,9	2,8	2,6	2,5	2,5	2,4	2,4	2,4	.
Bergbau	1,3	0,9	0,9	0,7	0,6	0,6	0,5	0,5	0,5	0,5	0,4	0,4	.
Verarb.Gewerbe	41,3	35,0	34,2	33,8	33,5	33,2	33,0	32,3	30,8	28,5	28,0	27,3	27,0
Chemische Industrie	3,8	3,1	3,5	3,5	3,7	3,5	3,2	2,9	2,8	2,6	2,6	2,7	.
Mineralölverarb.	1,8	1,9	1,7	1,2	1,2	1,3	1,3	1,3	1,4	1,6	1,7	1,7	.
Kunststoffwarenherst.	0,7	0,8	0,9	1,0	0,9	1,0	1,0	1,1	1,0	1,0	0,9	0,9	.
Gummiverarbeitung	0,5	0,4	0,4	0,4	0,4	0,4	0,4	0,3	0,3	0,3	0,3	0,3	.
Steine u. Erden	1,5	1,1	0,8	0,9	0,9	0,9	0,8	0,8	0,9	0,9	0,9	0,9	.
Feinkeramik	0,2	0,2	0,1	0,1	0,1	0,1	0,1	0,1	0,1	0,1	0,1	0,1	.
Glasgewerbe	0,4	0,3	0,3	0,3	0,3	0,3	0,3	0,3	0,2	0,2	0,2	0,2	.
Eisenschaffende Ind.	1,6	1,2	0,9	0,8	0,9	0,9	0,8	0,7	0,6	0,4	0,5	0,5	.
NE-Metallerzeugung	0,5	0,3	0,4	0,3	0,3	0,3	0,3	0,3	0,3	0,2	0,2	0,2	.
Gießereien	0,6	0,4	0,4	0,3	0,3	0,3	0,3	0,3	0,3	0,2	0,2	0,2	.
Ziehereien,KWW,etc.	1,2	0,9	0,9	1,0	0,9	0,9	1,0	1,0	0,9	0,8	0,9	0,8	.
Stahl- u.LMB etc.	0,7	0,7	0,5	0,6	0,7	0,6	0,6	0,7	0,6	0,6	0,6	0,6	.
Maschinenbau	4,6	4,1	4,1	4,0	4,0	4,1	4,2	3,9	3,6	3,2	3,1	3,1	.
Büromasch.,ADV-Ger.	0,6	0,5	0,6	0,6	0,6	0,5	0,5	0,7	0,5	0,3	0,3	0,3	.
Straßenfahrzeugbau	3,6	3,7	4,2	4,2	4,0	4,0	4,0	4,1	3,9	3,2	3,3	3,7	.
Schiffbau	0,2	0,2	0,1	0,1	0,1	0,1	0,1	0,1	0,1	0,1	0,1	0,1	.
Luft- u.Raumfahrz.bau	0,1	0,2	0,2	0,3	0,3	0,3	0,3	0,4	0,3	0,2	0,2	0,2	.
Elektrotechnik etc.	4,2	4,0	4,4	4,6	4,4	4,5	4,3	4,2	4,0	3,6	3,5	3,1	.
Feinmechanik, Optik	0,7	0,8	0,7	0,7	0,8	0,7	0,7	0,7	0,7	0,6	0,6	0,5	.
EBM-Warenherst.	1,5	1,2	1,1	1,2	1,2	1,2	1,3	1,3	1,2	1,1	1,1	1,1	.
Musikinstr.,Sp.w.,etc.	0,3	0,2	0,2	0,2	0,2	0,2	0,2	0,2	0,2	0,2	0,2	0,2	.
Holzbearbeitung	0,3	0,2	0,2	0,2	0,1	0,1	0,1	0,2	0,2	0,2	0,1	0,1	.
Holzverarbeitung	1,1	1,1	0,8	0,9	0,9	0,9	0,9	0,9	0,9	0,9	0,9	0,9	.
Zellst.,Papier,Pappe	0,3	0,3	0,3	0,3	0,3	0,3	0,3	0,3	0,2	0,2	0,2	0,2	.
Papier-,Pappeverarb.	0,6	0,4	0,4	0,4	0,4	0,4	0,4	0,4	0,4	0,4	0,4	0,3	.

Fortsetzung Tabelle A2a:

	1970	1980	1985	1987	1988	1989	1990	1991	1992	1993	1994	1995	1996
Druckerei,Vervielfält.	1,0	0,8	0,8	0,9	0,8	0,8	0,8	0,8	0,8	0,8	0,7	0,7	.
Ledergewerbe	0,5	0,3	0,2	0,2	0,2	0,2	0,1	0,1	0,1	0,1	0,1	0,1	.
Textilgewerbe	1,7	0,9	0,7	0,7	0,7	0,7	0,7	0,6	0,5	0,5	0,4	0,4	.
Bekleidungsgewerbe	1,1	0,6	0,5	0,5	0,5	0,5	0,4	0,4	0,4	0,4	0,3	0,3	.
Nahrungs- u.Gen.Gew.	5,3	4,1	3,7	3,6	3,4	3,3	3,5	3,4	3,2	3,3	3,1	2,9	.
Baugewerbe	8,2	7,3	5,6	5,5	5,5	5,6	5,7	5,6	5,9	5,8	5,7	5,5	5,2
Handel	10,4	9,8	9,3	9,1	9,1	9,0	9,5	9,9	9,7	9,8	10,0	9,6	9,6
Großhandel	5,4	4,9	4,8	4,6	4,6	4,5	4,9	5,1	5,0	5,0	5,6	5,3	.
Einzelhandel	5,0	4,9	4,4	4,5	4,5	4,4	4,6	4,8	4,6	4,6	4,4	4,3	.
Verkehr, Nachricht.üb.	6,1	6,3	6,2	6,0	6,0	6,1	6,0	5,9	5,9	5,9	5,8	5,8	5,6
Eisenbahnen	1,5	0,9	0,8	0,7	0,7	0,6	0,6	0,5	0,5	0,4	0,4	0,4	.
Schiffahrt	0,5	0,4	0,3	0,3	0,3	0,3	0,2	0,2	0,2	0,2	0,2	0,2	.
Deutsche Bundespost	1,9	2,4	2,5	2,4	2,4	2,5	2,4	2,4	2,4	2,6	2,6	2,5	.
Übr. Verkehr	2,2	2,5	2,6	2,6	2,6	2,7	2,8	2,8	2,8	2,8	2,6	2,7	.
Kreditinst., Versich.	3,4	4,9	5,9	5,4	5,4	5,4	5,2	5,2	5,5	5,8	6,0	5,8	5,8
Kreditinstitute	2,7	3,8	4,7	4,1	4,1	4,0	4,1	4,0	4,2	4,4	4,3	4,1	.
Versicherungsunt.	0,7	1,1	1,3	1,2	1,3	1,4	1,1	1,2	1,3	1,4	1,7	1,8	.
Wohnungsvermietung	5,4	6,6	7,8	7,8	7,8	7,9	7,7	7,5	7,7	8,4	8,8	9,2	.
Sonst. Dienstleist.unt.	9,4	13,4	15,3	16,5	17,3	17,8	18,7	19,6	20,9	21,9	22,3	23,0	23,7
Gastgewerbe	1,3	1,4	1,3	1,4	1,4	1,4	1,4	1,4	1,4	1,4	1,4	1,4	.
Bildung etc.	1,2	1,5	1,7	1,8	1,9	1,8	1,8	1,8	1,9	2,0	2,0	2,0	.
Gesundheitswesen	1,6	2,4	2,5	2,4	2,5	2,3	2,3	2,4	2,5	2,6	2,6	2,7	.
Übr. Dienstl.untern.	5,2	8,1	9,8	10,9	11,5	12,2	13,1	14,0	15,1	15,9	16,3	16,8	.
Unternehmen o.Wv.	83,0	78,5	77,4	77,3	77,6	78,0	78,5	78,7	78,3	77,2	77,1	76,7	.
Staat	10,0	12,7	12,3	12,2	11,9	11,6	11,3	11,1	11,2	11,5	11,3	11,2	11,0
Priv.HH, priv.Org.o.E.	1,6	2,3	2,5	2,7	2,7	2,6	2,6	2,6	2,7	2,9	2,9	2,9	3,0
Insgesamt	100,0	100,0	100,0	100,0	100,0	100,0	100,0	100,0	100,0	100,0	100,0	100,0	100,0

1 Zu jeweiligen Preisen
Quelle: Statistisches Bundesamt (j); eigene Berechnungen

Tabelle A2b: Entwicklung der Sektorstruktur der Bruttowertschöpfung[1] in Gesamt- und Ostdeutschland

	1991	1992	1993	1994	1995	1996
Gesamtdeutschland:						
Land- u.Forstw.,Fisch.	1,5	1,4	1,2	1,1	1,1	1,1
Energ.-u.Wasser.,Bergb.	3,3	3,0	3,0	2,8	2,9	2,6
Verarb.Gewerbe	29,9	28,1	25,8	25,3	24,8	24,5
Baugewerbe	5,9	6,4	6,6	6,8	6,7	6,3
Handel	9,5	9,3	9,4	9,5	9,2	9,2
Verkehr, Nachricht.üb.	5,6	5,5	5,5	5,4	5,4	5,2
Kreditinst., Versich.unt.	5,1	5,2	5,4	5,5	5,4	5,4
Wohnungsvermietung	6,6	7,0	7,7	8,0	8,5	9,0
Sonst. Dienstleist.unt.	18,6	19,8	20,7	21,1	21,7	22,4
Unternehmen o.Wv.	79,3	78,7	77,5	77,5	77,2	76,8
Staat	11,5	11,7	12,0	11,6	11,5	11,3
Priv.HH, priv.Org.o.E.	2,5	2,6	2,7	2,8	2,9	2,9
Insgesamt	100,0	100,0	100,0	100,0	100,0	100,0
Ostdeutschland:						
Land- u.Forstw.,Fisch.	3,3	2,6	2,0	.	.	.
Energ.-u.Wasser.,Bergb.	7,7	5,4	4,9	4,0	3,8	3,8
Verarb.Gewerbe	16,6	13,8	13,3	14,2	14,6	14,9
Baugewerbe	11,8	14,5	15,1	17,5	17,3	16,5
Handel	9,5	9,7	9,4	9,5	9,4	9,4
Verkehr, Nachricht.üb.	5,1	4,1	4,3	4,4	4,3	4,1
Kreditinst., Versich.unt.	5,8	4,6	4,2	4,1	3,9	3,9
Wohnungsvermietung	-0,5	2,7	5,1	5,5	5,9	6,8
Sonst. Dienstleist.unt.	16,1	17,9	18,4	19,1	19,9	20,3
Unternehmen o.Wv.	75,9	72,5	71,7	.	.	.
Staat	22,2	22,0	20,5	18,7	17,8	17,2
Priv.HH, priv.Org.o.E.	2,4	2,8	2,7	3,0	3,1	3,2
Insgesamt	100,0	100,0	100,0	100,0	100,0	100,0

1 Zu jeweiligen Preisen
Quelle: Statistisches Bundesamt (j); eigene Berechnungen

Tabelle A3a: Entwicklung der Erwerbstätigkeit[1] in Westdeutschland nach Wirtschaftszweigen

	1970	1980	1985	1987	1988	1989	1990	1991	1992	1993	1994	1995	1996
Land-,u.Forstw.,Fisch.	2.262	1.403	1.196	1.125	1.078	1.028	995	970	930	882	840	801	755
Energ.-u.Wasser.,Bergb.	551	493	492	490	483	472	466	460	451	441	430	415	403
Energie- u. Wasservers.	241	263	273	280	283	282	285	287	288	288	284	277	
Bergbau	310	230	219	210	200	190	181	173	163	153	146	138	
Verarb.Gewerbe	10.117	9.094	8.445	8.585	8.569	8.692	8.932	9.060	8.902	8.371	7.947	7.774	7.532
Chemische Industrie	657	625	622	638	645	638	644	643	638	613	586	564	
Mineralölverarb.	48	41	36	33	32	29	26	26	27	27	27	25	
Kunststoffwarenherst.	181	227	240	262	275	291	319	334	331	314	306	304	
Gummiverarbeitung	145	122	114	115	118	118	117	115	111	103	95	92	
Steine u. Erden	281	236	197	189	188	189	189	193	195	196	196	196	
Feinkeramik	71	59	51	50	49	50	51	51	50	46	42	42	
Glasgewerbe	102	84	70	71	72	74	75	77	76	71	69	67	
Eisenschaffende Ind.	376	311	241	219	207	201	201	190	185	162	139	129	
NE-Metallerzeugung	107	77	73	77	76	75	76	77	73	69	64	63	
Gießereien	159	125	108	105	99	102	107	106	103	85	77	77	
Ziehereien,KWW,etc.	305	286	271	272	274	291	306	309	302	285	278	282	
Stahl- u.LMB etc.	187	198	175	184	181	183	190	196	203	196	193	191	
Maschinenbau	1.227	1.131	1.084	1.123	1.130	1.155	1.211	1.226	1.193	1.108	1.024	1.008	
Büromasch.,ADV-Ger.	106	76	90	98	100	100	102	119	112	81	64	62	
Straßenfahrzeugbau	880	975	981	1.020	1.019	1.018	1.056	1.077	1.060	988	933	919	
Schiffbau	76	58	47	39	35	35	36	36	35	33	31	28	
Luft- u.Raumfahrz.bau	41	54	57	63	64	68	66	72	78	73	69	74	
Elektrotechnik etc.	1.204	1.125	1.097	1.175	1.180	1.220	1.246	1.240	1.198	1.137	1.078	1.042	
Feinmechanik, Optik	212	246	220	225	225	226	226	235	241	232	225	224	
EBM-Warenherst.	407	344	323	334	341	360	382	394	393	371	348	346	
Musikinstr.,Sp.w.,etc.	106	89	75	74	73	75	78	76	71	65	60	58	
Holzbearbeitung	79	63	53	52	51	50	51	51	51	50	50	50	
Holzverarbeitung	395	395	346	335	339	347	353	366	364	357	357	353	
Zellst.,Papier,Pappe	79	56	54	55	56	56	58	57	56	51	48	46	
Papier-,Pappeverarb.	165	131	116	116	117	121	133	142	140	131	127	125	

Fortsetzung Tabelle A3a:

	1970	1980	1985	1987	1988	1989	1990	1991	1992	1993	1994	1995	1996
Druckerei, Vervielfält.	279	237	235	243	241	255	262	267	274	264	254	244	.
Ledergewerbe	204	121	87	79	75	71	66	64	59	54	49	47	.
Textilgewerbe	561	342	264	253	249	244	236	228	215	193	173	160	.
Bekleidungsgewerbe	493	332	264	251	241	237	233	221	208	184	168	153	.
Nahrungs- u.Gen.Gew.	984	928	854	835	817	813	836	872	860	832	817	803	.
Baugewerbe	2.319	2.134	1.863	1.814	1.810	1.833	1.911	1.930	1.953	1.963	1.964	1.948	1.850
Handel	3.348	3.512	3.430	3.484	3.540	3.601	3.727	3.901	3.992	3.974	3.932	3.894	3.866
Großhandel	1.370	1.349	1.249	1.259	1.290	1.320	1.373	1.449	1.492	1.481	1.452	1.437	.
Einzelhandel	1.978	2.163	2.181	2.225	2.250	2.281	2.354	2.452	2.500	2.493	2.480	2.457	.
Verkehr, Nachricht.üb.	1.407	1.520	1.489	1.528	1.539	1.557	1.587	1.646	1.663	1.637	1.602	1.553	1.504
Eisenbahnen	413	352	304	286	275	263	255	248	243	233	224	207	.
Schiffahrt	93	63	53	48	44	43	44	45	45	42	39	37	.
Deutsche Bundespost	450	512	524	532	533	534	519	532	528	518	496	466	.
Übr. Verkehr	451	593	608	662	687	717	769	821	847	844	843	843	938
Kreditinst., Versich.	597	755	793	828	839	850	892	919	941	954	958	947	.
Kreditinstitute	411	555	604	631	638	644	679	695	708	718	724	719	.
Versicherungsunt.	186	200	189	197	201	206	213	224	233	236	234	228	.
Sonst. Dienstleist.unt.	2.336	3.215	3.598	3.826	3.979	4.142	4.402	4.673	4.900	5.068	5.242	5.418	5.600
Gastgewerbe	667	727	800	828	852	873	914	952	976	994	1.007	1.014	.
Bildung etc.	209	360	396	402	418	433	449	466	480	489	496	507	.
Gesundheitswesen	291	511	599	639	657	680	716	760	807	847	897	944	.
Übr. Dienstl.untern.	1.169	1.617	1.803	1.957	2.052	2.156	2.323	2.495	2.637	2.738	2.842	2.953	.
Unternehmen insges.	22.937	22.126	21.306	21.680	21.837	22.175	22.912	23.559	23.732	23.290	22.915	22.750	22.448
Staat	2.978	3.929	4.118	4.226	4.247	4.273	4.305	4.307	4.342	4.298	4.275	4.210	4.164
Priv.HH, priv.Org.o.E.	645	925	1.065	1.144	1.177	1.210	1.262	1.323	1.381	1.419	1.466	1.506	1.554
Insgesamt	26.560	26.980	26.489	27.050	27.261	27.658	28.479	29.189	29.455	29.007	28.656	28.466	28.166

1 In Tausend
Quelle: Statistisches Bundesamt (j)

Tabelle A3b: Entwicklung der Erwerbstätigkeit[1] in Gesamt- und Ostdeutschland nach Wirtschaftszweigen

	1991	1992	1993	1994	1995	1996
Gesamtdeutschland:						
Land- u.Forstw.,Fisch.	1.424	1.212	1.115	1.067	1.026	970
Energ.-u.Wasser.,Bergb.	693	627	583	549	525	497
Verarb.Gewerbe	11.109	10.208	9.481	8.997	8.809	8.535
Baugewerbe	2.635	2.753	2.873	3.002	3.040	2.902
Handel	4.603	4.657	4.649	4.639	4.613	4.584
Verkehr, Nachricht.üb.	2.185	2.147	2.091	2.030	1.985	1.887
Kreditinst., Versich.unt.	1.002	1.032	1.049	1.053	1.042	1.031
Sonst. Dienstleist.unt.	5.522	5.832	6.084	6.370	6.632	6.865
Unternehmen insges.	29.173	28.468	27.925	27.707	27.645	27.271
Staat	5.811	5.755	5.624	5.524	5.409	5.322
Priv.HH, priv.Org.o.E.	7.337	7.376	7.296	7.279	7.225	7.189
Insgesamt	36.510	35.844	35.221	34.986	34.871	34.460
Ostdeutschland:						
Land- u.Forstw.,Fisch.	454	282	233	227	225	215
Energ.-u.Wasser.,Bergb.	233	176	142	119	110	94
Verarb.Gewerbe	2.049	1.305	1.110	1.050	1.035	1.003
Baugewerbe	705	800	919	1.038	1.092	1.052
Handel	702	665	675	707	719	718
Verkehr, Nachricht.üb.	539	481	454	428	405	383
Kreditinst., Versich.unt. Wohnungsvermietung	83	91	95	95	95	93
Sonst. Dienstleist.unt.	849	920	1.015	1.128	1.214	1.265
Unternehmen insges.	5.614	4.721	4.644	4.792	4.895	4.823
Staat	1.504	1.426	1.322	1.249	1.199	1.158
Priv.HH, priv.Org.o.E.	203	240	253	289	311	313
Insgesamt	7.321	6.387	6.219	6.330	6.405	6.294

1 In Tausend
Quelle: Statistisches Bundesamt (j)

Tabelle A4a: Entwicklung der Sektorstruktur der Erwerbstätigkeit in Westdeutschland

	1970	1980	1985	1986	1987	1988	1989	1990	1991	1992	1993	1994	1995	1996
Land- u.Forstw.,Fisch.	8,5	5,2	4,5	4,4	4,2	4,0	3,7	3,5	3,3	3,2	3,0	2,9	2,8	2,7
Energ.-u. Wasser.,Bergb.	2,1	1,8	1,9	1,8	1,8	1,8	1,7	1,6	1,6	1,5	1,5	1,5	1,5	1,4
Energie- u.Wasservers.	0,9	1,0	1,0	1,0	1,0	1,0	1,0	1,0	1,0	1,0	1,0	1,0	1,0	0,0
Bergbau	1,2	0,9	0,8	0,8	0,8	0,7	0,7	0,6	0,6	0,6	0,5	0,5	0,5	0,0
Verarb.Gewerbe	38,1	33,7	31,9	31,9	31,7	31,4	31,4	31,4	31,0	30,2	28,9	27,7	27,3	26,7
Chemische Industrie	2,5	2,3	2,3	2,4	2,4	2,4	2,3	2,3	2,2	2,2	2,1	2,0	2,0	0,0
Mineralölverarb.	0,2	0,2	0,1	0,1	0,1	0,1	0,1	0,1	0,1	0,1	0,1	0,1	0,1	0,0
Kunststoffwarenherst.	0,7	0,8	0,9	0,9	1,0	1,0	1,1	1,1	1,1	1,1	1,1	1,1	1,1	0,0
Gummiverarbeitung	0,5	0,5	0,4	0,4	0,4	0,4	0,4	0,4	0,4	0,4	0,4	0,3	0,3	0,0
Steine u. Erden	1,1	0,9	0,7	0,7	0,7	0,7	0,7	0,7	0,7	0,7	0,7	0,7	0,7	0,0
Feinkeramik	0,3	0,2	0,2	0,2	0,2	0,2	0,2	0,2	0,2	0,2	0,2	0,1	0,1	0,0
Glasgewerbe	0,4	0,3	0,3	0,3	0,3	0,3	0,3	0,3	0,3	0,3	0,2	0,2	0,2	0,0
Eisenschaffende Ind.	1,4	1,2	0,9	0,9	0,8	0,8	0,7	0,7	0,7	0,6	0,6	0,5	0,5	0,0
NE-Metallerzeugung	0,4	0,3	0,3	0,3	0,3	0,3	0,3	0,3	0,3	0,2	0,2	0,2	0,2	0,0
Gießereien	0,6	0,5	0,4	0,4	0,4	0,4	0,4	0,4	0,4	0,3	0,3	0,3	0,3	0,0
Ziehereien,KWW,etc.	1,1	1,1	1,0	1,0	1,0	1,0	1,1	1,1	1,1	1,0	1,0	1,0	1,0	0,0
Stahl- u.LMB etc.	0,7	0,7	0,7	0,7	0,7	0,7	0,7	0,7	0,7	0,7	0,7	0,7	0,7	0,0
Maschinenbau	4,6	4,2	4,1	4,2	4,2	4,1	4,2	4,3	4,2	4,1	3,8	3,6	3,5	0,0
Büromasch.,ADV-Ger.	0,4	0,3	0,3	0,4	0,4	0,4	0,4	0,4	0,4	0,4	0,3	0,2	0,2	0,0
Straßenfahrzeugbau	3,3	3,6	3,7	3,7	3,8	3,7	3,7	3,7	3,7	3,6	3,4	3,3	3,2	0,0
Schiffbau	0,3	0,2	0,2	0,2	0,1	0,1	0,1	0,1	0,1	0,1	0,1	0,1	0,1	0,0
Luft- u.Raumfahrz.bau	0,2	0,2	0,2	0,2	0,2	0,2	0,2	0,2	0,2	0,3	0,3	0,2	0,3	0,0
Elektrotechnik etc.	4,5	4,2	4,1	4,3	4,3	4,3	4,4	4,4	4,2	4,1	3,9	3,8	3,7	0,0
Feinmechanik, Optik	0,8	0,9	0,8	0,8	0,8	0,8	0,8	0,8	0,8	0,8	0,8	0,8	0,8	0,0
EBM-Warenherst.	1,5	1,3	1,2	1,2	1,2	1,3	1,3	1,3	1,3	1,3	1,3	1,2	1,2	0,0
Musikinstr.,Sp.w,etc.	0,4	0,3	0,3	0,3	0,3	0,3	0,3	0,3	0,3	0,2	0,2	0,2	0,2	0,0
Holzbearbeitung	0,3	0,2	0,2	0,2	0,2	0,2	0,2	0,2	0,2	0,2	0,2	0,2	0,2	0,0
Holzverarbeitung	1,5	1,5	1,3	1,3	1,2	1,2	1,3	1,2	1,3	1,2	1,2	1,2	1,2	0,0

Fortsetzung Tabelle A4a:

	1970	1980	1985	1986	1987	1988	1989	1990	1991	1992	1993	1994	1995	1996
Zellst.,Papier,Pappe	0,3	0,2	0,2	0,2	0,2	0,2	0,2	0,2	0,2	0,2	0,2	0,2	0,2	0,0
Papier-,Pappeverarb.	0,6	0,5	0,4	0,4	0,4	0,4	0,4	0,5	0,5	0,5	0,5	0,4	0,4	0,0
Druckerei, Vervielfält.	1,1	0,9	0,9	0,9	0,9	0,9	0,9	0,9	0,9	0,9	0,9	0,9	0,9	0,0
Ledergewerbe	0,8	0,4	0,3	0,3	0,3	0,3	0,3	0,2	0,2	0,2	0,2	0,2	0,2	0,0
Textilgewerbe	2,1	1,3	1,0	1,0	0,9	0,9	0,9	0,8	0,8	0,7	0,7	0,6	0,6	0,0
Bekleidungsgewerbe	1,9	1,2	1,0	1,0	0,9	0,9	0,9	0,8	0,8	0,7	0,6	0,6	0,5	0,0
Nahrungs- u.Gen.Gew.	3,7	3,4	3,2	3,1	3,1	3,0	2,9	2,9	3,0	2,9	2,9	2,9	2,8	0,0
Baugewerbe	8,7	7,9	7,0	6,9	6,7	6,6	6,6	6,7	6,6	6,6	6,8	6,9	6,8	6,6
Handel	12,6	13,0	12,9	12,8	12,9	13,0	13,0	13,1	13,4	13,6	13,7	13,7	13,7	13,7
Großhandel	5,2	5,0	4,7	4,6	4,7	4,7	4,8	4,8	5,0	5,1	5,1	5,1	5,0	0,0
Einzelhandel	7,4	8,0	8,2	8,2	8,2	8,3	8,2	8,3	8,4	8,5	8,6	8,7	8,6	0,0
Verkehr, Nachricht.üb.	5,3	5,6	5,6	5,6	5,6	5,6	5,6	5,6	5,6	5,6	5,6	5,6	5,5	5,3
Eisenbahnen	1,6	1,3	1,1	1,1	1,1	1,0	1,0	0,9	0,8	0,8	0,8	0,8	0,7	0,0
Schiffahrt	0,4	0,2	0,2	0,2	0,2	0,2	0,2	0,2	0,2	0,2	0,1	0,1	0,1	0,0
Deutsche Bundespost	1,7	1,9	2,0	2,0	2,0	2,0	1,9	1,8	1,8	1,8	1,8	1,7	1,6	0,0
Übr. Verkehr	1,7	2,2	2,3	2,4	2,4	2,5	2,6	2,7	2,8	2,9	2,9	2,9	3,0	0,0
Kreditinst., Versich.	2,2	2,8	3,0	3,0	3,1	3,1	3,1	3,1	3,1	3,2	3,3	3,3	3,3	3,3
Kreditinstitute	1,5	2,1	2,3	2,3	2,3	2,3	2,3	2,4	2,4	2,4	2,5	2,5	2,5	0,0
Versicherungsunt.	0,7	0,7	0,7	0,7	0,7	0,7	0,7	0,7	0,8	0,8	0,8	0,8	0,8	0,0
Sonst. Dienstleist.unt.	8,8	11,9	13,6	13,8	14,1	14,6	15,0	15,5	16,0	16,6	17,5	18,3	19,0	19,9
Gastgewerbe	2,5	2,7	3,0	3,0	3,1	3,1	3,2	3,2	3,3	3,3	3,4	3,5	3,6	0,0
Bildung etc.	0,8	1,3	1,5	1,5	1,5	1,5	1,6	1,6	1,6	1,6	1,7	1,7	1,8	0,0
Gesundheitswesen	1,1	1,9	2,3	2,3	2,4	2,4	2,5	2,5	2,6	2,7	2,9	3,1	3,3	0,0
Übr. Dienstl.untern.	4,4	6,0	6,8	7,0	7,2	7,5	7,8	8,2	8,5	9,0	9,4	9,9	10,4	0,0
Unternehmen insges.	86,4	82,0	80,4	80,3	80,1	80,1	80,2	80,5	80,7	80,6	80,3	80,0	79,9	79,7
Staat	11,2	14,6	15,5	15,6	15,6	15,6	15,4	15,1	14,8	14,7	14,8	14,9	14,8	14,8
Priv.HH, priv.Org.o.E.	2,4	3,4	4,0	4,1	4,2	4,3	4,4	4,4	4,5	4,7	4,9	5,1	5,3	5,5
Insgesamt	100,0	100,0	100,0	100,0	100,0	100,0	100,0	100,0	100,0	100,0	100,0	100,0	100,0	100,0

Quelle: Statistisches Bundesamt (j); eigene Berechnungen

Tabelle A4b: Entwicklung der Sektorstruktur der Erwerbstätigkeit in Gesamt- und Ostdeutschland

	1991	1992	1993	1994	1995	1996
Gesamtdeutschland:						
Land- u.Forstw.,Fisch.	3,9	3,4	3,2	3,0	2,9	2,8
Energ.-u.Wasser.,Bergb.	1,9	1,7	1,7	1,6	1,5	1,4
Verarb.Gewerbe	30,4	28,5	26,9	25,7	25,3	24,8
Baugewerbe	7,2	7,7	8,2	8,6	8,7	8,4
Handel	12,6	13,0	13,2	13,3	13,2	13,3
Verkehr, Nachricht.üb.	6,0	6,0	5,9	5,8	5,7	5,5
Kreditinst., Versich.unt.	2,7	2,9	3,0	3,0	3,0	3,0
Sonst. Dienstleist.unt.	15,1	16,3	17,3	18,2	19,0	19,9
Unternehmen insges.	79,9	79,4	79,3	79,2	79,3	79,1
Staat	15,9	16,1	16,0	15,8	15,5	15,4
Priv.HH, priv.Org.o.E.	20,1	20,6	20,7	20,8	20,7	20,9
Insgesamt	100,0	100,0	100,0	100,0	100,0	100,0
Ostdeutschland:						
Land- u.Forstw.,Fisch.	6,2	4,4	3,7	3,6	3,5	3,4
Energ.-u.Wasser.,Bergb.	3,2	2,8	2,3	1,9	1,7	1,5
Verarb.Gewerbe	28,0	20,4	17,8	16,6	16,2	15,9
Baugewerbe	9,6	12,5	14,8	16,4	17,0	16,7
Handel	9,6	10,4	10,9	11,2	11,2	11,4
Verkehr, Nachricht.üb.	7,4	7,5	7,3	6,8	6,3	6,1
Kreditinst., Versich.unt.	1,1	1,4	1,5	1,5	1,5	1,5
Sonst. Dienstleist.unt.	11,6	14,4	16,3	17,8	19,0	20,1
Unternehmen insges.	76,7	73,9	74,7	75,7	76,4	76,6
Staat	20,5	22,3	21,3	19,7	18,7	18,4
Priv.HH, priv.Org.o.E.	2,8	3,8	4,1	4,6	4,9	5,0
Insgesamt	100,0	100,0	100,0	100,0	100,0	100,0

Quelle: Statistisches Bundesamt (j); eigene Berechnungen

Tabelle A5: Exportquoten mit und ohne indirekte Lieferverflechtung[a], Deutschland 1991

Gütergruppen	Exportquote direkt	Exportquote direkt und indirekt	Gütergruppen	Exportquote direkt	Exportquote direkt und indirekt
Landwirtsch.Erz.	5.2	18.1	Holz	13.7	26.4
Forstw.,Fischw.Erz.	10.1	21.8	Holzwaren	10.2	13.6
Elektrizität usw.	1.1	19.6	Zellst.,H.Pap.,P.	28.7	50.4
Gas	1.3	18.5	Papier- u. Pappever.	16.4	33.9
Wasser	0.2	13.6	Druckereierz.	5.0	22.2
Kohle	3.1	29.8	Leder	25.9	31.2
Bergbauerz.	25.2	55.7	Textil	29.5	44.7
Erdöl,Erdgas	0.7	27.5	Bekleidung	17.1	18.9
chem. Erzeugn.	34.7	56.7	Nahrungsmittel	10.8	16.2
Mineralöl	5.3	18.0	Getränke	3.2	7.5
Kunststoff	23.7	45.9	Tabak	6.6	8.0
Gummi	32.6	52.5	Hoch- u. Tiefbau	0.8	2.4
Steine, Erden	8.5	15.4	Ausbau	0.0	3.2
Feinkeramik	34.6	39.5	Großhandel	10.1	26.6
Glas	22.9	43.3	Einzelhandel	0.0	1.2
Eisen & Stahl	17.7	60.5	Eisenbahnen	14.6	29.7
NE-Metalle	29.9	64.4	Schiffahrt	51.3	72.0
Gießereierz.	10.4	46.2	Post- u. Fernm.	2.8	12.0
Erz.d.Zieher.,KWW	14.4	40.1	DL sonst. Verk.	17.1	31.2
Erz.d.Stahl- LMB	14.9	22.8	Kreditinst.	0.1	6.6
Maschinenbauerz.	40.0	51.7	Versicherungsunt.	0.4	8.0
Bürom.,ADV	25.2	29.6	Wohnungsverm.	0.4	5.0
Straßenfahrz.	33.9	42.3	Gastgewerbe	2.6	12.4
Wasserfahrz.	48.1	51.7	Wissenschaft.	7.7	17.1
Luft- u. Raumf.	39.1	47.4	Gesundheit.	0.0	0.6
Elektrotechn.	30.7	43.8	sonst.mb.DL	2.2	21.7
Feinmechanik,O.	30.6	35.3	Gebietskörpersch.	0.2	1.6
EBM-Waren	24.7	36.5	Sozialvers.	0.0	0.0
Musikinstr.,Sp.	32.2	34.2	priv.Org.o.E.	0.0	0.6

a Direkte bzw. direkte und indirekte Exporte in vH. des Bruttoproduktionswertes
Quelle: Statistisches Bundesamt (c); eigene Berechnungen

Übersicht A1: Gruppierung der Sektoren

		hoch	mittel	niedrig
Arbeits- intensität	VG	LR, EST, SB, GIE, MB, EL, FKG	KFZ, ZPP, GV, FO, CH, NE, TEX, EBM, EDV, LMB	DR, KV, VG, HV, GL, PPV, BEK, HB, ZKW, LV, ERN, STE, MUS, GET, TAB, MV
Unter- nehmensgröße	VG	LR, TAB, EDV, KFZ, EST, SB, GV, MV, EL, CH	NE, ZPP, GL, FK, GIE, MB, PPV, LMB, FO	ERN, EBM, KV, TEX, STE, STE, DR, HV, BEK, ZKW
Arbeits- produktivität	VG	LR, EDV, CH, EL, KFZ	STE, NE, LMB, ZPP, MB, EST, EBM, SB, GL, GV, GIE, FO, KV	ZKW, PPV, MUS, DR, ERN, MV, FK, HV, TEX, HB, LV, BEK, TAB
Handelsquote	Alle Sekt.	ÜBB, LV, TEX, LR, EDV, NE, ZPP, MUS, SW, BEK, SB, FK, EST, CH, FO, MB, LAWI, EL, HB, GV, KFZ	GL, KV, FOR, EBM, ERN, PPV, ZKW, GIE, LMB, HV, STE, MV, ÜV, BIL, EB, KBB, DR, TAB, GAH	BP, ÜDL, BH, ELF, GH, V, GAS, KR
	VG	LV, TEX, LR, EDV, NE, ZPP, MUS, BEK, SB, FK, EST, CH, FO	MB, EL, HB, GV, KFZ, GL	KV, EBM, NA, PPV, ZKW, GIE, LMB, HV, STE, MV, GET, DR, TAB
Energie- Intensität	Alle Sekt.	GAS, MV, KBB, ELF, WAS, ZPP, EB, FKG, EST, CH, GL, STE, SW, ÜBB, ÜV, LAWI, NE, GIE, HB, FOR, VG, EH, ALLETEX, GV, GAH, GET, KV	ZKW, GH, NGM, EBM, BEK, HV, PPV, DR, STA, BAU, MUS, MB	EL, KFZ, LMB, FO, PRIVO, BP, LV, SB, EDV, SDL, LR, BIL, GES, KR, BA, V, TAB
	VG	MV, ZPP, FKG, EST, CH, GL, STE, STE, GIE, HB, VG, TEX, GV, GET, KV, ZKW	NGM, EBM, BEK, HV, PPV, DR, MUS, MB	EL, KFZ, LMB, FO, LV, SB, EDV, LR, TAB
FuE- Intensität	VG	LR, EDV, CH, EL, KFZ	VG, MB, FO, FKG, SB, GL, GV, LMB, EST, EBM, NE, KV, ZKW	TEX, HB, MUS, LV, STE, ZPP, HV, MV, GIE, BEK, NGM, PPV, DR
Humankapital Intensität	VG	LR, EDV, MV, CH, SB, KFZ, EL	EST, MB, NE, VG, ZPP, PPV, GIE, EBM, LMB	FO, KV, STE, GL, MUS, HB, FKG, TEX, GV, LV, ZKW, DR, HV, BEK, ERN
Durch- schnittlicher Stundenlohn	VG	EDV, LR, MV, CH, EST, KFZ, SB, NE, EL	MB, ZPP, GIE, GV, EBM, PPV, GL, LMB, KV	STE, DR, FK, FO, TEX, ZKW, HB, HV, MUS, ERN, BEK, LV, TAB
Internationa- lisierungs- grad	VG	EDV, TAB, CH, FO, TEX, NE, LV, MUS	ZPP, MV, GV, KFZ, EL, MB, VG, BEK, FKG, EST	KV, EBM, PPV, ZKW, ERN, HB, STE, GIE, LMB, HV, DR

Übersicht A1: Fortsetzung

Kapital-Intensität	Alle Sekt.	WAS, ELF, GAS, MV, ÜBB, EB, SW, BP, GET, V, U, ZPP, ALLE, BIL, LAWI, ÜDL, TAB, GES, EST, CH, KBB, NE	KR, EDV, STA, STE, GL, ÜV, PRIV, HB, KFZ, TEX, SB, PPV, GH, VG, LAFO, GV, GIE, KV, LR, DR, ERN, EL	EBM, MUS, EH, LV, ZKV, MB, FK, GAH, FO, LMB, HV, BH, BEK, BA
	VG	MV, GET, ZPP, TAB, EST, CH, NE, EDV, STE, GL, HB, KFZ, TEX	SB, PPV, VG, GV, GIE, KV, LR, DR, ERN, EL	EBM, MUS, LV, ZKW, MB, FK, FO, LMB, HV, BEK
Mobilitäts-grad	VG	CH, TAB, MV, EDV, GV, EL, KFZ	FO, VG, NE, ZPP, FKG, LV, PPV, MB, EBM, KV, STE, LR, TEX, MUS, ZKW, GIE, ERN	EST, BEK, LMB, HB, HV, DR
Rohstoff-Intensität	Alle Sekt.	NGM, ÜBB, HB; LAWI, FOR, NE, LV, GET, VG, GV, TEX, GAH, EST, TAB, ZPP, ALLE, HV, PRIV, GL, KBB, WAS, BEK, SDL, MUS, GES	GIE, CH, STA, FK, GH; STE, ZKW, V, EB, BAU, EH	EBM, PPV, FO, KR, MV, EL, BA, BIL, ÜV, DR, KV, MB, LMB, KFZ, SW, EDV, SB, ELF, GAS, LR, BP
	VG	NGM, HB, NE, LV, GET, VG, GV, TEX, EST, TAB, ZPP, HB, GL, BEK, MUS, GIE, CH	FK, STE, ZKW, EBM, PPV, FO, MV, EL	DR, KV, MB, LMB, KFZ, EDV, SB, LR

1 Vollständige Sektorbezeichnungen am Ende des Anhangs

Tabelle A3.1.1: Deutsche Direktinvestitionen im In- und Ausland nach Wirtschaftszweigen

Sektor	DI im Ausland[a]					DI aus dem Ausland[b]				
	1994	1994	1992	1989	1980	1994	1994	1992	1989	1980
1. DI-Bestand:	Mio. DM	in vH aller Sektoren				Mio. DM	in vH aller Sektoren			
Primärer Sektor[c]	4.428	1	2	3	5	2.076	1	0	0	1
Verarbeitendes Gewerbe	139.777	40	42	44	48	94.937	44	49	57	59
Chemische Industrie	46.812	13	16	16	18	18.569	9	9	11	10
Mineralölverarbeitung	121	0	0	0	0	5.769	3	4	5	12
Maschinenbau	13.456	4	4	4	4	8.581	4	4	5	4
Büromaschinen, ADV	472	0	0	0	0	3.944	2	2	5	5
Straßenfahrzeuge	25.591	7	6	6	7	8.338	4	5	5	4
Elektrotechnik	21.648	6	7	7	7	12.349	6	7	7	5
Baugewerbe	1.499	0	0	0	1	1.617	1	0	0	0
Dienstleistungen[d]	202.553	58	55	53	42	114.826	54	51	43	39
Handel	55.761	16	20	22	20	47.758	22	22	20	15
Verkehr, Nachrichten	3.150	1	1	1	1	2.180	1	1	1	1
Kreditinstitute[e]	90.124	26	19	15	9	18.287	9	8	8	6
Versicherung	19.334	6	6	4	2	4.194	2	2	2	1
Gastgewerbe, Heime	856	0	0	0	0	1.378	1	1	0	0
Beratung,Planung,Werbung	2.889	1	1	0	0	3.721	2	2	2	0
Beteiligungsgesellschaften[f]	17.111	5	5	6	5	27.090	13	10	4	12
Insgesamt	348.257	100	100	100	100	213.457	100	100	100	100
2. DI-Umsatz:	Mrd. DM	in vH aller Sektoren				Mrd. DM	in vH aller Sektoren			
Primärer Sektor[c]	6,2	1	1	1	2	5,8	1	1	1	4
Verarbeitendes Gewerbe	488,9	51	49	49	53	495,8	55	56	58	60
Chemische Industrie	141,3	15	15	16	18	74,2	8	8	10	8
Mineralölverarbeitung	0,5	0	0	0	1	72,2	8	8	8	15
Maschinenbau	39,6	4	4	4	5	37,4	4	4	4	4
Büromaschinen, ADV	2,7	0	0	0	0	22,5	2	3	3	2
Straßenfahrzeuge	115,2	12	10	10	9	64,3	7	7	7	5
Elektrotechnik	75,9	8	8	7	8	53,4	6	6	6	5
Baugewerbe	12,9	1	1	1	2	10,3	1	1	0	1
Dienstleistungen[d]	458,3	47	49	49	44	393,4	43	42	41	36
Handel	339,2	35	37	39	37	304,2	34	32	31	29
Verkehr, Nachrichten	29,2	3	3	2	2	16,5	2	2	2	2
Kreditinstitute[e]	13,0	1	1	1	0	0,3	0	0	0	0
Versicherung	49,4	5	5	3	2	29,0	3	3	4	2
Gastgewerbe, Heime	4,2	0	0	0	0	5,3	1	1	0	0
Beratung,Planung,Werbung	6,2	1	1	1	0	15,0	2	2	2	0
Beteiligungsgesellschafte[f]	0,3	0	0	0	0	3,1	0	0	0	1
Insgesamt	966,4	100	100	100	100	905	100	100	100	100

Fortsetzung Tabelle A3.1.1:

3. DI-Beschäftigte:	in Tsd.	in vH aller Sektoren			in Tsd.	in vH aller Sektoren			
Primärer Sektor[c]	13	0	1	1	1	10	1	0	0	2
Verarbeitendes Gewerbe	1.810	68	68	70	75	1.104	66	66	71	76
Chemische Industrie	352	13	15	16	19	172	10	11	12	9
Mineralölverarbeitung	1	0	0	0	0	11	1	1	1	2
Maschinenbau	175	7	7	8	8	146	9	8	8	9
Büromaschinen, ADV	9	0	0	0	1	33	2	3	3	2
Straßenfahrzeuge	380	14	14	14	13	142	8	8	9	9
Elektrotechnik	362	14	14	14	14	165	10	11	12	12
Baugewerbe	72	3	2	2	3	46	3	3	1	1
Dienstleistungen[d]	747	28	28	27	21	515	31	31	27	21
Handel	476	18	19	20	16	278	17	16	15	12
Verkehr, Nachrichten	65	2	2	2	1	36	2	2	2	2
Kreditinstitute[e]	43	2	1	1	1	26	2	1	1	1
Versicherung	40	2	2	1	1	28	2	2	3	2
Gastgewerbe, Heime	39	1	1	1	0	55	3	3	2	0
Beratung,Planung,Werbung	25	1	1	1	0	48	3	4	2	0
Beteiligungsgesellschaften[f]	1	0	0	0	0	5	0	1	0	1
Insgesamt	2.645	100	100	100	100	1.673	100	100	100	100

a   Nach Wirtschaftszweig des ausländischen Investitionsobjekts
b   1980 nur unmittelbare Direktinvestitionen
c   Land- und Forstwirtschaft, Fischerei; Elektrizitäts-,Gas-,Fernwärme- und Wasserversorgung; Bergbau
d   Dienstleistungen i.e.S. plus Handel, Verkehr und Nachrichtenübermittlung, Kreditinstitute und Versicherungsunternehmen
e   Kreditinstitute i.e.S., Kapitalanlagegesellschaften, Finanzierungsinstitutionen
f   1980 einschließlich Sonstige Vermögensverwaltung
Quelle: Deutsche Bundesbank (b); eigene Berechnungen

Tabelle A3.1.2:   Außenhandel mit ausgewählten Unternehmens-Dienstleistungen 1986-1996

Art	Index 1986=100 1991	Index 1986=100 1996	Mrd. DM 1996	Art	Index 1986=100 1991	Index 1986=100 1996	Mrd. DM 1996
Dienstleistungen insges. [a]				Bauleistungen, Montage etc.			
Export	133	188	94.7	Deutsche Firmen im Ausland			
Import	156	225	103.5	Export	84	94	7.1
F&E-Leistungen				Import	107	157	6.6
Export	224	253	4.7	Bauleistungen, Montage etc.			
Import	220	351	5.2	Ausländische Firmen in Deutschland			
Ingenieurs- & sonst. techn. Dienstleistungen				Export	260	208	0.2
Export	151	220	3.7	Import	189	369	2.1
Import	199	399	4.5	Kaufmännische Dienstleistungen			
EDV-Leistungen				Export	241	522	3.0
Export	319	1276	2.4	Import	243	431	5.1
Import	304	1125	2.8				

a   Ohne Regierungsleistungen und Reiseausgaben
Quelle: Deutsche Bundesbank; Zahlungsbilanzstatistik Januar 1996; eigene Berechnungen

Tabelle A3.1.3: Regionalstruktur deutscher Direktinvestitionen 1980 - 1994

a) absolute Werte

Anlageregion	DI-Bestand			Auslandsgesellschaften					
				Beschäftigte			Umsatz		
	1980	1989	1995	1980	1989	1995	1980	1989	1995
	Mio DM			Tsd			Mrd DM		
Welt	84.485	205.562	375.819	1.743	2.172	2.757	325,3	701,3	1.020,5
EG (12)	32.449	89.893	199.007	535	740	948	136,7	315,5	489,9
EFTA [a]	8.606	18.838	35.115	160	214	272	36,9	81,2	122,7
USA, Kanada	20.576	63.836	86.905	393	479	544	90,8	186,0	233,7
Japan	999	4.332	7.659	21	29	42	6,1	23,5	37,7
Sonst. IL [b]	2.552	5.477	7.992	71	91	99	10,4	21,3	29,6
Entw.länder [c]	15.004	22.536	37.103	562	601	586	44,4	71,9	103,3
Asien,Pazifik [d]	1.374	3.888	10.237	58	71	145	4,5	13,5	33,5
Eur.Ref.länder	86	533	10.967	1	14	288		1,9	27,9

b) Struktur in vH

Anlageregion	DI-Bestand			Auslandsgesellschaften					
				Beschäftigte			Umsatz		
	1980	1989	1995	1980	1989	1995	1980	1989	1995
	vH	vH	vH	vH	vH	vH	vH	vH	vH
Welt	100	100	100	100	100	100	100	100	100
EG (12)	38	44	53	31	34	34	42	45	48
EFTA [a]	10	9	9	9	10	10	11	12	12
USA, Kanada	24	31	23	23	22	20	28	27	23
Japan	1	2	2	1	1	2	2	3	4
Sonst. IL [b]	3	3	2	4	4	4	3	3	3
Entw.länder [c]	18	11	10	32	28	21	14	10	10
Asien,Pazifik [d]	2	2	3	3	3	5	1	2	3
Eur.Ref.länder	0	0	3	0	1	10	0	0	3

a Österreich, Schweiz, Schweden, Norwegen, Finnland
b Australien, Neuseeland, Südafrika, Türkei
c mit China, ohne Südafrika und Türkei
d ASEAN, NIES und China, 1980 ohne China.
Quelle: Deutsche Bundesbank; eigene Berechnungen.

Tabelle A3.1.4: Direkte und indirekte Außenhandelsverflechtung der deutschen[1] Industrie, 1991

Gütergruppen	Exportquote direkt[2]	Exportquote direkt und indirekt[3]	Gütergruppen	Exportquote direkt[2]	Exportquote direkt und indirekt[3]
Landwirtsch.Erz.	5.2	18.1	Holz	13.7	26.4
Forstw.,Fischw.Erz.	10.1	21.8	Holzwaren	10.2	13.6
Elektrizität usw.	1.1	19.6	Zellst.,H.Pap.,P.	28.7	50.4
Gas	1.3	18.5	Papier- u. Pappever.	16.4	33.9
Wasser	0.2	13.6	Druckereierz.	5.0	22.2
Kohle	3.1	29.8	Leder	25.9	31.2
Bergbauerz.	25.2	55.7	Textil	29.5	44.7
Erdöl,Erdgas	0.7	27.5	Bekleidung	17.1	18.9
chem. Erzeugn.	34.7	56.7	Nahrungsmittel	10.8	16.2
Mineralöl	5.3	18.0	Getränke	3.2	7.5
Kunststoff	23.7	45.9	Tabak	6.6	8.0
Gummi	32.6	52.5	Hoch- u. Tiefbau	0.8	2.4
Steine, Erden	8.5	15.4	Ausbau	0.0	3.2
Feinkeramik	34.6	39.5	Großhandel	10.1	26.6
Glas	22.9	43.3	Einzelhandel	0.0	1.2
Eisen & Stahl	17.7	60.5	Eisenbahnen	14.6	29.7
NE-Metalle	29.9	64.4	Schiffahrt	51.3	72.0
Gießereierz.	10.4	46.2	Post- u. Fernm.	2.8	12.0
Erz.d.Zieher.,KWW	14.4	40.1	DL sonst. Verk.	17.1	31.2
Erz.d.Stahl- LMB	14.9	22.8	Kreditinst.	0.1	6.6
Maschinenbauerz.	40.0	51.7	Versicherung.	0.4	8.0
Bürom.,ADV	25.2	29.6	Wohnungsverm.	0.4	5.0
Straßenfahrz.	33.9	42.3	Gastgewerbe	2.6	12.4
Wasserfahrz.	48.1	51.7	Wissenschaft.	7.7	17.1
Luft- u. Raumf.	39.1	47.4	Gesundheit.	0.0	0.6
Elektrotechn.	30.7	43.8	sonst.mb.DL	2.2	21.7
Feinmechanik,O.	30.6	35.3	Gebietskörpersch.	0.2	1.6
EBM-Waren	24.7	36.5	Sozialvers.	0.0	0.0
Musikinstr.,Sp.	32.2	34.2	priv.Org.o.E.	0.0	0.6

1 Gesamtdeutschland
2 Produktion, die direkt in den Export geht.
3 Produktion, die als Vorleistung für Exportgüter indirekt exportiert wird.
Quelle: Statistisches Bundesamt (c); eigene Berechnungen

Tabelle A3.1.5: Außenhandel und Auslandsproduktion in der deutschen Industrie 1994 (in vH des deutschen Branchenumsatzes [a])

Sektor	Außenhandel		Auslandsproduktion	
	Export	Import	Ausland in Deutschland	Deutschland im Ausland
Verarbeitendes Gewerbe	30	24	25	25
Chemische Industrie	43	27	35	67
Mineralölverarbeitung	4	9	65	0
Herstellung von Kunststoffwaren	24	17	18	12
Herstellung von Gummiwaren	29	28	33	32
Gewinnung und Verarbeitung Steine/Erden	7	9	12	16
Feinkeramik/Glas	28	30	23	20
Eisen- & Stahlerzeugung	48	36	12	11
Eisen-, Stahl- und Tempergießerei	7	6	10	20
Ziehereihen, Kaltwalzwerke, Stahlverformung	16	10	13	20
Nichteisen-Metallerzeugung, -giesserei	48	68	30	10
Stahl- und Leichtmetallbau	16	8	7	7
Maschinenbau	48	17	18	19
Herst. von Büromasch. und DV-Geräten	49	90	86	10
Straßenfahrzeugbau	38	19	24	44
Luft- und Raumfahrzeugbau	106	120	22	107
Elektrotechnik	34	28	23	32
Feinmechanik / Optik	34	31	29	23
Herstellung von EBM-Waren	25	18	19	14
Musikinstr., Spielwaren, Sp.	45	61	10	10
Hozbearbeitung	16	36	5	6
Holzverarbeitung	9	16	5	6
Zellstoff-, Holzschl., Papier- und Pappeerz.	46	66	26	25
Papier- und Pappeverarbeitung	19	11	30	7
Druckerei, Vervielfältigung	13	6	2	4
Lederwaren	39	107	24	18
Textigewerbe	62	82	14	19
Bekleidungsgewerbe	28	82	9	5
Ernährungsgewerbe	12	15	21	5
Tabakverarbeitung	0	0	76	7

a Außenhandel in vH der Bruttoproduktion entspr. VGR; Auslansproduktion in vH des deutschen Branchenumsatzes (Unternehmen) entsprechend Industriestatistik.
Quelle: Deutsche Bundesbank; Statistisches Bundesamt; eigenen Berechnungen

Schaubild A3.1.1: Intraindustrielle Verflechtung[a] der deutschen Wirtschaft 1994

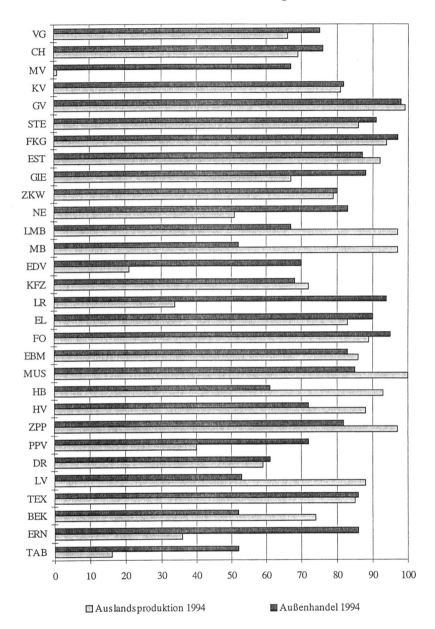

☐ Auslandsproduktion 1994   ■ Außenhandel 1994

a Berechnet als: $(1 - (|Ex_i - Im_i| / (Ex_i + Im_i))) * 100$; Ex_i = Exporte bzw. outward-DI der Branche i; Im_i = Importe bzw. inward-DI der Branche i.
Quelle: Statistisches Bundeamt (b); Deutsche Bundesbank, Beiheft zur Zahlungsbilanzstatistik; eigene Berechnungen

Schaubild A3.2.1.1: Lohnstückkostenentwicklung[1] und Außenhandelsperformance[2] für ausgewählte Branchen[3] und Partnerländer

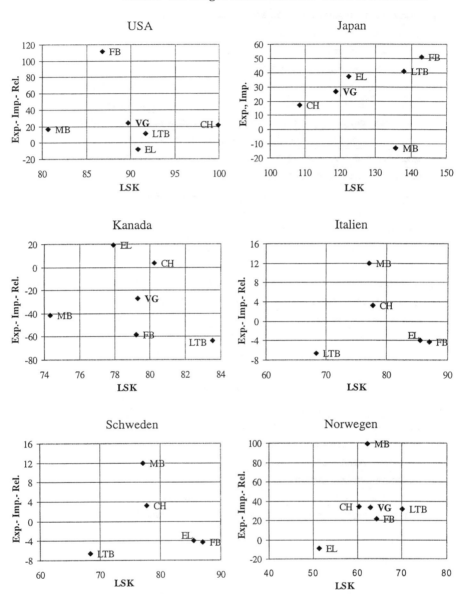

1 Bilaterale relative LSK in gemeinsamer Währung, Entwicklung von 1991 bis 1994, Deutschland = 100
2 Bilaterale Export-Import-Relationen: Wachstumsrate 1991 - 1995. Für Japan: Differenz der Wachstumsraten von deutschen Ex- und Importen
3 Verarbeitendes Gewerbe (VG), Chemie (CH), Maschinenbau, incl. Büromaschinen und ADV-Geräte (MB), Fahrzeugbau (FB), Elektrotechnik (EL), Leder, Textil und Bekleidung (LTB)
Quelle: OECD; UNIDO; Statistisches Bundesamt; eigene Berechnungen

Schaubild A3.2.2.1: Zufluß ausländischer Direktinvestitionen und inländische Anlageinvestitionen der Unternehmen in ausgewählten Ländern (in Mio. nat. Währungseinheiten)

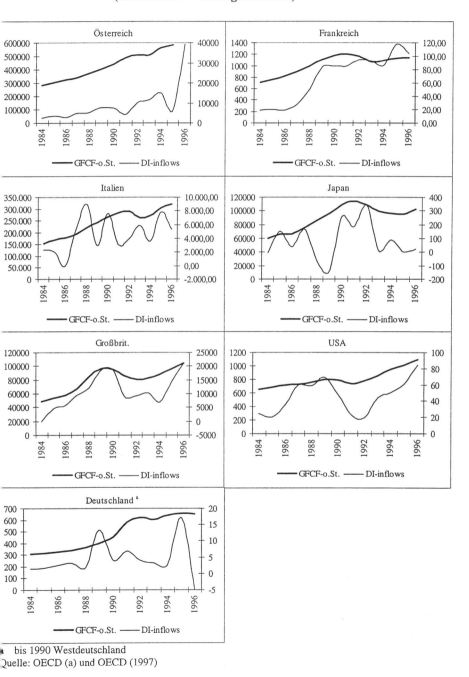

a bis 1990 Westdeutschland
Quelle: OECD (a) und OECD (1997)

Tabelle A3.2.3.1: Kenngrößen deutscher Direktinvestitionen 1980 und 1994

Indikatoren	DI im Ausland 1980	DI im Ausland 1995	DI aus dem Ausland 1980	DI aus dem Ausland 1995	Saldo 1980	Saldo 1995
DI-Bestand in Mrd. DM	84	376	72[a]	232	12	144
Sachanlagen in Mrd. DM	.	275	.	162	.	113
Bilanzsumme in Mrd. DM	552	3097	418	1112	134	1985
Umsatz in Mrd. DM	325	1020	512	960	-187	60
(davon im Verarb. Gew.)	(172)	(514)	(305)	(562)	(-133)	(-48)
Beschäftigte (1000)	1743	2757	1636	1645	107	1112
Anzahl der Investoren	5027	7218	.	.	.	.
Anzahl der Tochtergesell.	12256	22288	8515	11394	3741	10894

a Ohne indirekte DI
Quelle: Deutsche Bundesbank; eigene Berechnungen

Tabelle A3.2.3.2: Direktinvestitionsbestand ausgewählter Länder in vH des jeweiligen BIP 1984-1995

Outward-Direktinvestitionen

	1984	1985	1986	1987	1988	1989	1990	1991	1992	1993	1994	1995
Österreich	1,0	2,1	1,5	1,3	1,3	2,6	3,0	3,9	3,7	4,4	4,7	4,8
Frankreich	-	-	-	-	-	6,8	8,1	9,7	10,4	11,9	11,8	12,0
Italien	3,4	4,2	4,6	4,5	4,8	5,3	5,4	5,7	5,4	7,8	8,3	10,0
Japan	3,0	3,3	2,9	3,2	3,8	5,3	6,8	6,8	6,7	6,1	5,9	5,8
Großbritannien	20,1	21,9	21,2	23,2	22,4	23,4	23,7	23,1	21,4	26,8	28,1	30,1
USA	5,6	5,7	6,1	7,0	6,9	7,3	7,8	8,3	8,5	9,0	9,3	10,2
Deutschland	8,3	8,1	7,9	7,9	8,9	9,2	9,3	9,2	9,4	10,1	10,5	10,9

Inward-Direktinvestitionen

	1984	1985	1986	1987	1988	1989	1990	1991	1992	1993	1994	1995
Österreich	4,1	5,8	5,6	5,9	5,6	6,5	6,5	6,7	6,0	6,2	6,6	6,4
Frankreich	-	-	-	-	-	5,6	6,6	7,8	8,2	8,6	9,0	9,3
Italien	2,8	4,5	4,2	4,1	4,4	5,7	5,3	5,2	4,0	5,3	5,8	6,1
Japan	0,4	0,4	0,3	0,4	0,4	0,3	0,3	0,4	0,4	0,4	0,4	0,4
Großbritannien	10,7	14,0	13,6	17,0	16,6	19,0	22,4	22,2	17,7	20,9	21,4	21,2
USA	4,4	4,6	5,2	5,9	6,5	7,1	7,2	7,4	7,2	7,5	7,6	8,1
Deutschland	4,8	5,0	5,0	5,1	5,2	6,4	6,8	6,6	6,3	6,3	6,5	6,7

Quelle: OECD(a); OECD (1997); Deutsche Bundesbank

Schaubild A3.2.3.1: "Marktanteil"[a] deutscher Unternehmen im Ausland durch lokale Produktion und durch Export, 1994

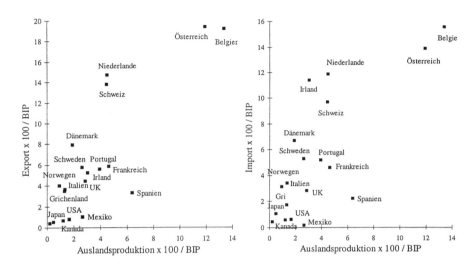

a   Auslandsproduktion bzw. Export in vH des BIP des jeweiligen Partnerlandes
Quelle: Deutsche Bundesbank; Statistisches Bundesamt; eigene Berechnungen

Tabelle A3.2.4.1: FuE-Quote und staatliche FuE-Finanzierung in Industrieländern 1981, 1987, 1990 - 1996

	1981	1987	1990	1991	1992	1993	1994	1995	1996
FuE insgesamt[a]									
Deutschland	2.4	2.9	2.8	2.6	2.5	2.4	2.3	2.3	2.3
Frankreich	2.0	2.3	2.4	2.4	2.4	2.5	2.4	2.3	2.3
Großbritannien	2.4	2.2	2.2	2.1	2.1	2.2	2.1	2.1	
Schweden	2.3	3.0	2.9	2.9	3.1	3.4	3.5	3.6	
USA	2.4	2.8	2.8	2.8	2.7	2.6	2.5	2.6	2.5
Japan	2.3	2.8	3.0	3.0	3.0	2.9	2.8	3.0	
FuE in Unternehmen[a]									
Deutschland	1.7	2.1	2.0	1.8	1.7	1.6	1.5	1.5	1.5
Frankreich	1.2	1.3	1.5	1.5	1.5	1.5	1.5	1.4	1.4
Großbritannien	1.5	1.5	1.5	1.4	1.4	1.4	1.4	1.3	
Schweden	1.5	2.0	2.0	2.0	2.2	2.4	2.5	2.7	
USA	1.7	2.0	2.0	2.1	2.0	1.9	1.8	1.8	1.8
Japan	1.4	1.9	2.2	2.1	2.0	1.9	1.9	2.0	
Staatsanteil (vH) an FuE insgesamt									
Deutschland	40.7	34.7	33.9	35.8	36.0	36.7	37.0	37.4	37.3
Frankreich	53.4	51.7	48.3	48.8	43.5	43.5	41.6	42.3	
Großbritannien	48.1	39.5	35.5	35.0	34.3	33.4	33.5	33.3	
Schweden	42.3	36.9	36.1	34.0	33.5	33.0			
USA	49.3	49.1	43.8	38.7	37.7	37.7	36.9	36.1	34.6
Japan	26.9	21.5	18.0	18.2	19.4	21.6	21.5	22.8	
Staatsanteil vH) an FuE in Unternehmen									
Deutschland	16.9	11.9	10.7	10.0	9.8	9.0	9.0	9.0	8.9
Frankreich	24.6	22.2	19.8	22.3	16.4	15.3	13.0	12.7	
Großbritannien	30.0	20.0	16.7	14.6	13.8	12.4	11.8	12.0	
Schweden	13.6	11.2	11.5	10.3	10.6	10.8	10.2	9.5	
USA	31.6	33.4	25.6	22.5	20.8	19.4	18.8	18.4	17.3
Japan	1.9	1.7	1.3	1.4	1.1	1.4	1.2	1.6	

a In vH des BIP
Quelle: OECD (d); eigene Berechnungen

Tabelle A3.2.4.2: FuE-Intensität[a] im verarbeitenden Gewerbe und in FuE-intensiven Branchen in Industrieländern 1980, 1987, 1990-1994

	1980	1987	1990	1991	1992	1993	1994
Verarbeitendes Gewerbe							
Deutschland	1.7	2.4	2.3	2.3	2.3	2.4	2.3
Frankreich	1.5	2.2	2.4	2.5	2.5	2.7	2.6
Großbritannien	1.8	1.8	1.9	1.9	1.9	1.9	1.8
USA	2.3	3.4	3.1	3.1	3.0	2.9	2.9
Japan	1.2	2.3	2.6	2.6	2.7	2.7	2.7
FuE-intensive Branchen							
Deutschland	3.5	4.2	4.0	4.0	4.0	4.4	4.2
Frankreich	3.5	4.7	4.8	5.0	5.0	5.3	5.1
Großbritannien	4.0	3.8	3.9	3.9	3.8	3.9	3.6
USA	5.2	6.9	6.2	6.2	6.0	5.6	5.5
Japan	2.4	3.9	4.4	4.3	4.4	4.4	4.6
Hochtechnologiebranchen							
Deutschland	7.8	9.5	9.8	8.7	8.4	8.5	8.1
Frankreich	9.2	10.4	10.3	10.4	10.1	10.0	9.8
Großbritannien	12.4	8.0	7.8	7.3	6.9	7.1	6.5
USA	10.4	14.5	11.7	11.1	11.1	10.4	10.6
Japan	4.2	5.7	6.3	6.3	6.7	6.6	7.1
Mitteltechnologiebranchen							
Deutschland	2.6	3.1	2.8	3.0	3.0	3.4	3.2
Frankreich	1.7	2.3	2.5	2.6	2.8	3.1	3.1
Großbritannien	1.5	2.2	2.2	2.4	2.3	2.5	2.3
USA	2.8	2.7	3.0	3.2	2.9	2.9	2.8
Japan	1.9	3.2	3.5	3.4	3.4	3.5	3.6

a FuE-Ausgaben in vH des Bruttoproduktionswertes
Quelle: OECD (c und e); eigene Berechnungen

Tabelle A3.2.4.3: FuE-Intensität[a] in Hochtechnologiebranchen in Industrieländern 1980, 1987, 1990-1994

ISIC		1980	1987	1990	1991	1992	1993	1994
3522	**Pharmazie**							
	Deutschland	8.7	9.6	9.2	9.8	9.0	8.9	8.2
	Frankreich	6.3	8.4	8.7	9.1	8.7	8.6	8.8
	Großbritannien	10.6	13.3	17.3	15.7	16.4	17.9	17.9
	USA	9.1	10.8	11.9	11.7	12.1	13.3	13.1
	Japan	6.7	9.5	11.2	12.5	13.2	12.5	13.1
3825	**Büromaschinen/EDV**							
	Deutschland	7.1	6.6	8.0	8.7	8.9	10.3	9.0
	Frankreich	6.6	5.8	4.4	4.4	4.6	4.9	4.4
	Großbritannien	10.4	6.1	5.7	3.9	2.9	2.8	1.3
	USA	12.7	17.7	20.1	20.9	19.2	14.9	13.5
	Japan	3.2	5.6	8.0	7.6	6.9	7.4	8.3
3832	**Nachrichtentechnik**							
	Deutschland	7.7	10.3	9.8	7.5	7.4	7.4	7.2
	Frankreich	10.3	12.3	12.6	12.4	12.3	12.7	12.8
	Großbritannien	14.6	6.7	5.6	5.2	5.2	5.7	4.4
	USA	12.9	15.7	9.1	9.1	8.4	7.8	8.1
	Japan	4.2	5.0	4.8	4.8	5.5	5.1	5.5
3845	**Flugzeugbau**							
	Deutschland	17.6	20.0	21.6	21.1	21.0	22.0	20.9
	Frankreich	13.7	15.3	14.7	15.2	14.1	13.0	11.8
	Großbritannien	14.8	9.8	8.3	8.3	6.8	5.9	6.2
	USA	15.0	22.2	15.8	12.7	13.4	12.4	13.2
	Japan	6.6	8.5	10.6	14.2	8.1	8.4	6.9
385	**Instrumente/Optik/Uhren**							
	Deutschland	2.8	3.0	3.1	3.2	3.0	3.2	3.2
	Frankreich	2.2	2.7	2.2	2.2	2.2	2.3	2.3
	Großbritannien	3.1	1.7	1.7	1.6	1.5	1.5	1.5
	USA	4.2	5.0	5.6	6.7	7.3	7.6	8.5
	Japan	2.9	5.3	6.9	6.0	6.8	7.6	8.2

a FuE-Ausgaben in vH des Bruttoproduktionswertes
Quelle: OECD (c und e); eigene Berechnungen

Tabelle A3.2.4.4: FuE-Intensität[a] in Mitteltechnologiebranchen in Industrieländern 1980, 1987, 1990-1994

ISIC		1980	1987	1990	1991	1992	1993	1994
351+	**Chemie**							
352-	Deutschland	2.7	3.3	3.1	3.2	3.1	3.2	2.9
3522+	Frankreich	2.0	2.7	2.7	2.7	2.8	3.0	2.9
355+	Großbritannien	1.5	2.0	2.1	2.1	2.0	2.1	1.8
356	USA	1.9	2.2	2.4	2.6	2.5	2.6	2.4
	Japan	2.0	3.7	3.9	4.0	4.1	4.2	4.3
382-	**Maschinenbau**							
3825	Deutschland	2.2	2.5	2.1	2.2	2.2	2.3	2.3
	Frankreich	0.7	1.2	1.5	1.5	2.4	2.5	2.4
	Großbritannien	1.2	1.2	1.6	1.8	1.9	2.0	2.1
	USA	1.3	1.6	1.4	1.9	1.8	1.6	1.7
	Japan	1.5	2.7	2.8	2.7	2.7	3.2	3.4
383-	**Elektrotechnik**							
3832	Deutschland	3.3	3.8	2.7	3.9	3.7	4.1	4.0
	Frankreich	1.7	2.2	2.3	2.4	2.4	2.7	2.6
	Großbritannien	2.2	4.2	3.9	4.1	4.1	4.3	3.7
	USA	6.2	1.6	4.2	3.9	3.3	2.8	2.7
	Japan	2.5	4.0	4.5	4.2	4.2	4.5	4.6
3843	**Automobilbau**							
	Deutschland	2.6	3.0	3.2	3.1	3.3	4.3	4.1
	Frankreich	2.6	2.8	3.2	3.5	3.3	4.1	3.9
	Großbritannien	1.5	2.6	2.3	2.7	2.6	2.7	2.6
	USA	4.8	4.5	4.8	5.0	4.2	4.4	4.3
	Japan	1.8	2.6	3.3	3.1	3.1	2.8	2.6
3842+	**Sonst. Fahrzeugbau**[b]							
3844+	Deutschland	0.4	1.4	1.1	3.0	2.9	3.4	3.2
3849	Frankreich	0.7	1.8	1.8	2.9	0.9	2.4	2.9
	Großbritannien	0.5	1.2	1.3	1.5	1.3	1.3	1.7
	USA	1.9	13.6	7.3	6.5	6.4	5.2	4.5
	Japan	2.2	3.1	1.9	1.8	1.6	1.9	2.0

a FuE-Ausgaben in vH des Bruttoproduktionswertes
b Ohne Flugzeug- und Schiffbau
Quelle: OECD (c und e); eigene Berechnungen

Tabelle A3.2.4.5: Länderanteile am technologieintensiven Weltexport [a] 1989-1995 vH

	1989	1990	1991	1992	1993	1994	1995
Deutschland							
Hochtechnologiegüter	12.3	12.8	12.2	12.0	10.5	10.9	10.8
Mitteltechnologiegüter	20.1	21.5	19.1	19.3	16.9	17.1	17.3
Technologieintensive Güter insg.	17.1	18.2	16.4	16.4	14.3	14.6	14.6
Industriegüter insgesamt	15.9	17.0	15.5	15.5	13.5	13.6	13.9
Frankreich							
Hochtechnologiegüter	6.6	7.6	7.8	7.8	7.2	6.8	7.1
Mitteltechnologiegüter	6.4	7.1	6.7	6.8	6.2	6.1	6.1
Technologieintensive Güter insg.	6.5	7.3	7.1	7.2	6.6	6.4	6.5
Industriegüter insgesamt	6.9	7.6	7.3	7.4	6.9	6.7	6.9
Großbritannien							
Hochtechnologiegüter	9.3	9.6	8.4	7.9	7.5	7.0	7.4
Mitteltechnologiegüter	5.2	6.1	6.0	5.8	5.6	5.8	5.9
Technologieintensive Güter insg.	6.8	7.4	7.0	6.6	6.4	6.3	6.5
Industriegüter insgesamt	6.1	6.9	6.4	6.2	5.8	6.1	6.0
Italien							
Hochtechnologiegüter	3.3	3.6	3.2	3.3	3.0	2.8	2.7
Mitteltechnologiegüter	5.6	6.0	5.7	5.4	5.6	5.3	5.7
Technologieintensive Güter insg.	4.7	5.1	4.8	4.6	4.6	4.3	4.4
Industriegüter insgesamt	6.4	6.9	6.5	6.3	6.5	6.1	6.2
USA							
Hochtechnologiegüter	24.4	25.3	24.9	24.3	23.8	22.9	20.3
Mitteltechnologiegüter	11.2	11.2	11.4	11.3	12.1	12.2	11.8
Technologieintensive Güter insg.	16.3	16.6	16.7	16.5	16.9	16.6	15.4
Industriegüter insgesamt	12.6	13.0	13.3	13.2	13.8	13.6	12.8
Japan							
Hochtechnologiegüter	15.9	14.8	15.0	15.3	16.4	16.5	16.0
Mitteltechnologiegüter	21.0	19.5	19.9	19.6	20.4	19.2	17.4
Technologieintensive Güter insg.	19.0	17.7	18.0	17.9	18.8	18.1	16.8
Industriegüter insgesamt	13.7	12.8	13.1	13.2	14.1	13.7	12.8

a Weltexport = OECD-Export + OECD-Import aus Nicht-OECD-Ländern
Quelle: HWWA-Welthandelsmatrix

Tabelle A3.2.4.6: Länderanteile am technologieintensiven OECD-Export 1989 - 1995 (vH)

	1989	1990	1991	1992	1993	1994	1995
Deutschland							
Hochtechnologiegüter	14.1	14.8	14.1	14.0	12.5	13.1	13.3
Mitteltechnologiegüter	21.6	22.9	20.5	20.8	18.4	18.9	19.2
Technologieintensive Güter insg.	18.8	20.0	18.1	18.2	16.1	16.6	16.9
Industriegüter insgesamt	18.7	19.9	18.3	18.3	16.2	16.5	16.9
Frankreich							
Hochtechnologiegüter	7.6	8.8	9.0	9.1	8.5	8.3	8.7
Mitteltechnologiegüter	6.9	7.5	7.2	7.4	6.8	6.7	6.8
Technologieintensive Güter insg.	7.1	8.0	7.9	8.0	7.4	7.3	7.6
Industriegüter insgesamt	8.1	8.9	8.5	8.7	8.2	8.1	8.3
Großbritannien							
Hochtechnologiegüter	10.6	11.0	9.6	9.2	8.9	8.4	9.2
Mitteltechnologiegüter	5.6	6.5	6.5	6.2	6.1	6.4	6.5
Technologieintensive Güter insg.	7.5	8.2	7.7	7.3	7.2	7.2	7.6
Industriegüter insgesamt	7.2	8.1	7.6	7.3	7.0	7.3	7.3
Italien							
Hochtechnologiegüter	3.7	4.1	3.7	3.8	3.6	3.4	3.3
Mitteltechnologiegüter	6.1	6.4	6.2	5.9	6.1	5.8	6.3
Technologieintensive Güter insg.	5.2	5.6	5.2	5.1	5.2	4.9	5.1
Industriegüter insgesamt	7.6	8.0	7.6	7.5	7.7	7.4	7.6
USA							
Hochtechnologiegüter	28.0	29.2	28.7	28.3	28.2	27.6	25.0
Mitteltechnologiegüter	12.1	12.0	12.2	12.2	13.2	13.4	13.2
Technologieintensive Güter insg.	18.0	18.3	18.5	18.3	19.0	18.9	17.8
Industriegüter insgesamt	14.8	15.2	15.6	15.6	16.5	16.5	15.6
Japan							
Hochtechnologiegüter	18.3	17.1	17.3	17.9	19.5	20.0	19.7
Mitteltechnologiegüter	22.5	20.8	21.3	21.2	22.2	21.2	19.4
Technologieintensive Güter insg.	20.9	19.5	19.8	19.9	21.1	20.7	19.5
Industriegüter insgesamt	16.1	15.0	15.3	15.6	16.9	16.6	15.5

Quelle: HWWA-Welthandelsmatrix

Tabelle A3.2.4.7: Relativer Exportanteil (REA) Deutschlands im technologieintensiven Handel 1989-1995a

SITC		1989	1990	1991	1992	1993	1994	1995
Technologieintensive Produkte insgesamt		**1.18**	**1.12**	**0.85**	**0.91**	**0.81**	**0.93**	**0.68**
Hochtechnologieprodukte		**-3.62**	**-4.21**	**-3.31**	**-3.49**	**-2.96**	**-2.76**	**-3.13**
516	Neuere organische Chemikalien	4.71	6.64	5.39	4.15	3.05	4.04	3.51
525	Radioaktive Stoffe	-9.08	-8.44	-7.67	-11.76	-9.51	-10.22	-11.33
541	Pharmazeutische Produkte	0.92	1.65	1.56	1.15	2.78	3.75	2.26
575	Neuere Kunststoffe	9.25	12.42	10.05	11.29	11.99	12.68	12.02
591	Pflanzenschutz usw.	5.28	8.17	6.41	6.90	6.35	6.57	6.45
714	Turbinen und -teile	-8.56	-9.18	-7.68	-7.48	-6.59	-4.83	-6.10
718	Kraftwerke	20.28	10.20	14.76	14.32	14.86	15.10	13.10
752	EDV	-7.97	-8.49	-7.81	-8.84	-7.58	-7.84	-8.00
764	Telekommunikation	-8.14	-8.64	-7.04	-6.61	-5.35	-4.88	-4.87
774	Medizinische Elektronik	7.77	7.73	5.52	7.53	7.86	8.13	8.87
776	Halbleiterbauelemente	-8.44	-8.80	-7.91	-8.87	-8.15	-7.78	-8.29
778	Fortgeschrittene Elektrotechnik	1.38	1.95	1.65	2.02	1.98	1.99	3.05
792	Luftfahrzeuge	-3.21	-6.81	-3.74	-3.80	-3.19	-2.31	-2.37
871	Fortgeschrittene Optik	2.18	3.47	2.32	2.03	5.97	4.11	2.59
874	Fortgeschrittene Regeltechnik	2.53	2.49	2.26	3.25	3.33	3.12	2.93
891	Waffen	-13.33	-13.62	-12.29	-12.56	-10.06	-10.06	-10.18
Mitteltechnologieprodukte		**4.19**	**4.44**	**3.54**	**3.77**	**3.40**	**3.48**	**3.41**
266	Synthesefasern	-10.54	-10.10	-8.31	-8.13	-8.16	-6.87	-9.24
277	Fortgeschrittene Schleifmittel	-10.40	-11.70	-7.21	-6.87	-6.48	2.17	1.35
515	Heterozyklische Chemie	-0.14	-0.36	0.58	0.28	0.55	0.49	-0.14
522	Seltene anorganische Stoffe	0.54	2.04	1.85	2.04	2.85	2.87	2.27
524	Neuere anorganische Chemikalien	8.80	7.81	7.18	5.30	4.95	7.06	4.48
531	Synthetische Farbstoffe	21.51	20.12	20.06	19.41	17.63	17.48	15.79
533	Pigmente, Beschichtungen	10.39	9.54	8.42	8.06	8.06	9.48	7.97
542	Medikamente	0.96	0.77	1.54	0.14	1.94	1.74	1.41
551	Geruchs-, Geschmacksstoffe	-5.33	-5.09	-3.98	-3.70	-2.62	-2.33	-2.49
574	Fortgeschrittene Polyester	5.93	5.60	0.03	0.13	0.40	1.68	1.28
	... Chemikalien	11.02	11.27	8.58	7.91	8.10	8.12	8.03

Fortsetzung Tabelle A3.2.4.7:

		1989	1990	1991	1992	1993	1994	1995
663	Technische Keramik u.a.	5.78	5.49	5.80	4.37	4.48	3.93	3.46
689	Seltene Metalle	-6.81	-8.44	-7.77	-7.89	-5.75	-6.25	-7.05
724	Textilmaschinen	12.64	13.73	12.35	13.21	15.88	15.55	15.64
725	Papiermaschinen	8.37	8.41	11.34	11.56	8.77	10.62	8.63
726	Druckmaschinen	23.22	22.95	19.63	21.00	20.50	17.97	20.07
727	Lebens- u. Futtermittelverarbeitungsmaschinen	5.28	4.60	7.20	6.62	6.83	7.50	7.25
728	Fortgeschrittene Werkzeugmaschinen	7.12	8.85	7.30	7.60	6.59	5.78	5.18
731	Spanhebende Werkzeugmaschinen	8.75	8.43	11.01	11.96	8.87	7.52	5.05
733	Werkzeugmaschinen zur spanlosen Bearbeitung	10.79	10.74	13.36	13.17	11.65	9.00	8.32
735	Werkzeugmaschinenteile	7.63	8.22	8.25	6.92	7.12	6.55	6.67
737	Andere Metallbearbeitungsmaschinen	3.96	4.73	6.31	6.63	6.00	4.03	4.36
741	Heiz-, Kühlgeräte	-0.08	0.56	1.70	0.36	0.25	0.24	-0.21
744	Fördereinrichtungen	3.46	4.70	4.23	4.19	3.62	2.92	3.67
745	Spezielle Maschinen	13.61	14.16	13.72	13.75	13.57	13.62	13.31
746	Wälzlager	8.09	7.86	7.45	6.95	6.97	6.51	6.74
751	Büromaschinen, Textverarbeitung	-4.69	-3.28	-5.16	-4.90	-5.01	-5.20	-4.32
759	Fortgeschrittenes EDV-Zubehör	-9.35	-9.29	-8.94	-9.35	-8.73	-8.88	-8.89
761	TV-, Videogeräte	2.14	0.41	-1.14	-6.86	-6.01	-5.55	-4.98
762	Rundfunkempfangsgeräte	-11.51	-11.81	-11.40	-11.40	-10.46	-10.79	-10.68
763	Tonaufnahme-, -wiedergabegeräte	-12.77	-14.24	-13.11	-8.68	-8.18	-8.28	-8.23
772	Traditionelle Elektronik	6.19	5.21	6.82	6.48	6.19	5.37	5.59
773	Einrichtungen zur Stromverteilung	-2.02	-2.14	-1.44	-2.03	-2.08	-2.04	-1.31
781	PKW	9.02	8.85	6.13	7.86	6.70	7.98	8.42
782	Nutzfahrzeuge	0.64	0.43	-0.83	-1.68	-2.42	-0.63	1.51
791	Schienenfahrzeuge	5.35	3.09	22.80	19.41	14.36	13.36	6.88
872	Medizinische Instrumente, Apparate	1.44	2.35	2.22	2.13	2.39	1.62	1.06
873	Zähler	9.96	9.31	7.72	9.60	6.67	4.42	6.40
881	Foto- und Filmgeräte	-3.33	-3.26	-4.18	-4.04	-3.15	-4.57	-5.19
882	Fotomaterial	-2.62	-1.81	-1.85	-1.35	-0.05	0.74	-0.16
884	Glasfasern und Linsen	-1.54	-2.50	-2.41	-2.39	-1.75	-1.91	-1.44

a REA = Anteil (vH) am technologieint. Export abzgl. Anteil (vH) am ges. Industriegüterexport; Welthandel = OECD-Export + OECD-Import aus Nicht-OECD-L.
Quelle: HWWA-Welthandelsmatrix; Produktbezeichnungen aus BMBF (1997); eigene Berechnungen

Tabelle A3.2.4.8: Relativer Exportanteil (REA) Deutschlands im technologieintensiven OECD-Handel 1989 - 1995[a]

SITC		1989	1990	1991	1992	1993	1994	1995
	Technologieintensive Produkte insgesamt	**0.10**	**0.04**	**-0.18**	**-0.06**	**-0.05**	**0.17**	**0.05**
	Hochtechnologieprodukte							
516	Neuere organische Chemikalien	-4.61	-5.13	-4.17	-4.30	-3.68	-3.33	-3.57
525	Radioaktive Stoffe	3.35	5.37	4.54	3.22	1.94	3.46	3.19
541	Pharmazeutische Produkte	-10.29	-9.20	-8.62	-13.77	-11.19	-11.94	-13.36
575	Neuere Kunststoffe	-0.69	-0.05	0.08	-0.48	1.29	2.22	0.65
591	Pflanzenschutz usw.	7.10	10.82	8.31	9.40	9.95	10.57	9.86
714	Turbinen und -teile	2.96	5.69	4.21	4.58	4.14	4.15	4.01
718	Kraftwerke	-11.06	-11.86	-10.13	-9.97	-8.89	-7.16	-8.53
752	EDV	18.38	8.14	13.31	12.43	12.98	13.24	10.85
764	Telekommunikation	-8.72	-9.01	-8.07	-9.23	-7.89	-8.21	-8.10
774	Medizinische Elektronik	-9.46	-9.98	-8.21	-7.70	-6.42	-5.83	-5.86
776	Halbleiterbauelemente	5.43	5.25	3.15	5.17	5.56	5.67	6.32
778	Fortgeschrittene Elektrotechnik	-8.96	-9.22	-8.25	-9.44	-8.90	-8.38	-8.82
792	Luftfahrzeuge	0.83	1.57	1.26	1.74	1.73	1.89	3.33
871	Fortgeschrittene Optik	-4.90	-8.32	-5.41	-5.56	-5.03	-4.06	-4.49
874	Fortgeschrittene Regeltechnik	1.94	3.36	1.93	1.71	6.52	4.62	3.39
891	Waffen	0.53	0.47	0.38	1.42	1.58	1.17	0.90
		-15.55	-15.96	-14.31	-14.62	-12.17	-12.35	-12.76
	Mitteltechnologieprodukte	**2.88**	**3.01**	**2.24**	**2.50**	**2.26**	**2.39**	**2.40**
266	Synthesefasern	-12.84	-12.27	-10.10	-9.78	-9.99	-8.67	-11.36
277	Fortgeschrittene Schleifmittel	-10.82	-12.28	-7.59	-7.64	-2.99	4.18	3.13
515	Heterozyklische Chemie	-1.12	-1.34	0.16	-0.39	-0.36	-0.73	-1.41
522	Seltene anorganische Stoffe	1.58	3.26	2.74	3.15	4.97	5.77	5.60
524	Neuere anorganische Chemikalien	11.68	9.42	8.49	5.99	6.06	8.49	6.65
531	Synthetische Farbstoffe	20.80	20.10	19.90	19.25	17.50	17.48	15.57
533	Pigmente, Beschichtungen	8.00	6.98	6.05	5.69	5.80	7.13	5.53
542	Medikamente	-1.63	-1.96	-0.98	-2.48	-0.55	-0.92	-1.40
551	Geruchs-, Geschmacksstoffe	-6.51	-6.22	-5.10	-4.90	-3.84	-3.64	-3.89
574	Fortgeschrittene Polyester	3.67	3.75	-2.02	-1.86	-1.45	-0.29	-0.49
	Fortgeschrittene Chemikalien	9.70	9.69	6.98	6.17	6.44	6.39	6.22

Fortsetzung Tabelle A3.2.4.8:

		1989	1990	1991	1992	1993	1994	1995
663	Technische Keramik u.a.	4.15	3.69	4.34	3.01	3.24	2.70	2.23
689	Seltene Metalle	-6.02	-7.61	-6.14	-5.71	-3.19	-3.26	-5.11
724	Textilmaschinen	10.95	11.96	10.88	11.70	14.58	14.24	14.21
725	Papiermaschinen	6.40	5.95	9.09	9.16	6.47	8.15	6.11
726	Druckmaschinen	20.84	20.69	17.48	18.68	18.74	16.55	18.19
727	Lebens- u. Futtermittelverarbeitungsmaschinen	2.70	1.91	4.72	4.06	4.40	4.93	4.62
728	Fortgeschrittene Werkzeugmaschinen	4.90	6.50	5.11	5.38	4.44	3.45	2.74
731	Spanabhebende Werkzeugmaschinen	7.83	7.37	10.25	11.03	7.76	6.33	3.68
733	Werkzeugmaschinen zur spanlosen Bearbeitung	8.52	8.40	11.37	10.98	9.44	6.88	6.03
735	Werkzeugmaschinenteile	5.82	6.58	6.89	5.21	5.66	4.95	5.33
737	Andere Metallbearbeitungsmaschinen	1.57	2.35	4.18	4.48	3.85	1.72	1.96
741	Heiz-, Kühlgeräte	-2.31	-1.78	-0.37	-1.80	-1.82	-1.96	-2.34
744	Fördereinrichtungen	1.67	2.76	2.31	2.22	1.65	0.69	1.40
745	Spezielle Maschinen	11.87	12.30	12.01	12.02	11.96	11.91	11.60
746	Wälzlager	7.56	7.47	7.04	6.42	6.42	5.95	6.14
751	Büromaschinen, Textverarbeitung	-5.51	-3.72	-6.16	-5.77	-5.86	-5.97	-4.58
759	Fortgeschrittenes EDV-Zubehör	-11.34	-11.07	-10.68	-10.94	-10.20	-10.24	-9.99
761	TV-, Videogeräte	6.01	2.83	1.03	-6.14	-5.38	-5.27	-4.51
762	Rundfunkempfangsgeräte	-7.83	-7.88	-9.15	-9.08	-9.18	-9.04	-8.81
763	Tonaufnahme-, -wiedergabegeräte	-14.81	-16.53	-15.13	-9.07	-8.40	-7.96	-6.96
772	Traditionelle Elektronik	5.35	4.17	6.09	5.83	5.72	4.81	5.18
773	Einrichtungen zur Stromverteilung	-2.73	-2.73	-1.95	-2.61	-2.59	-2.35	-1.39
781	PKW	6.89	6.46	3.85	5.55	4.45	5.68	6.18
782	Nutzfahrzeuge	-1.88	-2.21	-3.35	-4.30	-4.96	-3.25	-1.21
791	Schienenfahrzeuge	3.18	0.86	22.24	18.52	12.73	11.41	4.84
872	Medizinische Instrumente, Apparate	-0.30	0.67	0.70	0.68	1.19	0.35	-0.20
873	Zähler	8.82	8.08	7.02	9.36	6.01	3.09	5.44
881	Foto- und Filmgeräte	-4.28	-4.11	-4.69	-4.19	-3.11	-4.85	-5.66
882	Fotomaterial	-5.23	-4.54	-4.34	-3.84	-2.43	-1.82	-2.87
884	Glasfasern und Linsen	-1.76	-2.98	-2.71	-2.62	-1.92	-2.17	-1.61

a   REA = Anteil (vH) am technologieint. Export abzgl. Anteil (vH) am ges. Industriegüterexport
Quelle: HWWA-Welthandelsmatrix; Produktbezeichnungen aus BMBF (1997); eigene Berechnungen

Tabelle A3.2.4.9: Position Deutschlands im technologieintensiven Handel nach Gütergruppen 1988 - 1996[a]

SITC		1988	1989	1990	1991	1992	1993	1994	1995	1996
Technologieintensive Produkte insgesamt		**1.21**	**1.18**	**1.17**	**1.14**	**1.17**	**1.18**	**1.20**	**1.18**	**1.17**
Hochtechnologieprodukte		**0.80**	**0.75**	**0.81**	**0.86**	**0.86**	**0.84**	**0.85**	**0.88**	**0.87**
516	Neuere organische Chemikalien	1.14	0.94	0.93	1.00	0.94	0.93	1.27	1.34	1.36
525	Radioaktive Stoffe	0.15	0.28	0.42	0.69	0.27	0.24	0.19	0.21	0.21
541	Pharmazeutische Produkte	1.11	1.09	1.20	1.31	1.31	1.34	1.31	1.13	0.98
575	Neuere Kunststoffe	1.31	1.20	1.34	1.52	1.53	1.55	1.49	1.40	1.49
591	Pflanzenschutz usw.	1.92	2.00	1.85	1.70	1.79	2.55	2.95	2.22	2.04
714	Turbinen und -teile	0.77	0.75	0.75	0.97	1.00	0.70	0.68	0.52	0.58
718	Kraftwerke	1.31	2.70	2.04	2.33	2.13	1.95	2.75	2.28	1.62
752	EDV	0.44	0.43	0.42	0.43	0.36	0.38	0.39	0.41	0.41
764	Telekommunikation	0.70	0.67	0.67	0.75	0.77	0.75	0.81	0.89	1.04
774	Medizinische Elektronik	1.85	1.92	1.91	1.99	1.92	2.13	2.14	2.02	1.96
776	Halbleiterbauelemente	0.57	0.58	0.64	0.71	0.63	0.61	0.62	0.61	0.56
778	Fortgeschrittene Elektrotechnik	0.99	0.98	0.98	1.00	1.07	1.04	0.95	0.95	0.95
792	Luftfahrzeuge	0.67	0.56	0.65	0.72	0.79	0.74	0.79	1.11	0.92
871	Fortgeschrittene Optik	1.16	1.08	1.21	1.24	1.18	1.39	1.39	1.42	1.31
874	Fortgeschrittene Regeltechnik	1.26	1.19	1.27	1.34	1.37	1.49	1.45	1.49	1.43
891	Waffen	1.46	1.13	0.86	0.76	0.89	1.09	1.18	1.21	1.01
Mitteltechnologieprodukte		**1.49**	**1.50**	**1.41**	**1.31**	**1.38**	**1.43**	**1.45**	**1.39**	**1.38**
266	Synthesefasern	0.25	0.27	0.31	0.36	0.36	0.33	0.40	0.26	0.30
277	Fortgeschrittene Schleifmittel	0.32	0.30	0.29	0.48	0.45	0.72	0.80	0.63	0.77
515	Heterozyklische Chemie	1.13	1.10	1.10	1.32	1.31	1.46	1.22	1.13	1.12
522	Seltene anorganische Stoffe	1.13	1.15	1.21	1.45	1.28	1.26	1.25	1.23	1.19
524	Neuere anorganische Chemikalien	1.27	1.20	1.00	1.06	0.93	0.98	1.17	0.90	0.87
531	Synthetische Farbstoffe	3.31	3.38	3.23	3.76	3.55	3.26	3.21	2.72	2.56
533	Pigmente, Beschichtungen	1.81	1.74	1.83	2.02	1.90	2.01	2.07	2.02	2.21
542	Medikamente	1.18	1.16	1.22	1.25	1.25	1.36	1.19	1.16	1.17
551	Geruchs-, Geschmacksstoffe	0.68	0.75	0.80	0.94	0.99	1.05	1.00	1.02	1.06
574	Fortgeschrittene Polyester	0.81	0.91	0.73	0.79	0.78	0.79	0.97	1.01	0.95
598	Fortgeschrittene Chemikalien	1.51	1.53	1.65	1.69	1.62	1.77	1.67	1.63	1.60

Fortsetzung Tabelle A3.2.4.9:

		1988	1989	1990	1991	1992	1993	1994	1995	1996
663	Technische Keramik u.a.	1.15	1.18	1.18	1.26	1.05	1.08	0.99	0.96	1.01
689	Seltene Metalle	0.27	0.30	0.31	0.45	0.41	0.48	0.48	0.45	0.41
724	Textilmaschinen	3.70	3.78	4.03	4.25	4.72	5.66	5.07	5.09	4.91
725	Papiermaschinen	1.88	1.85	1.80	2.12	2.09	2.44	2.22	2.75	2.81
726	Druckmaschinen	3.34	4.08	3.85	3.26	3.29	3.75	3.67	4.11	4.64
727	Lebens- u. Futtermittelverarbeitungsmaschinen	2.59	2.27	2.14	2.33	2.13	2.60	3.06	3.68	4.23
728	Fortgeschrittene Werkzeugmaschinen	2.54	2.30	2.37	2.13	2.20	2.53	2.59	2.67	2.84
731	Spanabhebende Werkzeugmaschinen	1.73	1.59	1.41	1.54	1.79	2.43	2.36	1.96	1.79
733	Werkzeugmaschinen zur spanlosen Bearbeitung	2.40	2.32	2.09	2.26	2.50	3.19	3.13	2.91	3.38
735	Werkzeugmaschinenteile	1.25	1.24	1.09	1.17	1.14	1.49	1.55	1.53	1.46
737	Andere Metallbearbeitungsmaschinen	1.88	1.98	1.74	2.00	1.92	2.25	2.29	2.36	2.25
741	Heiz-, Kühlgeräte	1.58	1.56	1.57	1.64	1.42	1.43	1.51	1.45	1.44
744	Fördereinrichtungen	1.99	1.90	1.71	1.51	1.43	1.51	1.56	1.77	1.95
745	Spezielle Maschinen	2.58	2.55	2.44	2.51	2.53	2.92	2.85	2.89	3.03
746	Wälzlager	1.15	1.09	1.12	1.18	1.18	1.26	1.22	1.14	1.07
751	Büromaschinen, Textverarbeitung	0.77	0.74	0.74	0.62	0.68	0.60	0.62	0.65	0.66
759	Fortgeschrittenes EDV-Zubehör	0.44	0.40	0.47	0.52	0.49	0.41	0.42	0.43	0.42
761	TV-, Videogeräte	0.67	0.81	0.55	0.53	0.43	0.35	0.43	0.43	0.36
762	Rundfunkempfangsgeräte	0.28	0.26	0.23	0.25	0.25	0.19	0.20	0.21	0.25
763	Tonaufnahme-, -wiedergabegeräte	0.35	0.27	0.26	0.24	0.53	0.41	0.45	0.49	0.40
772	Traditionelle Elektronik	1.49	1.50	1.52	1.73	1.79	1.74	1.68	1.66	1.63
773	Einrichtungen zur Stromverteilung	0.79	0.77	0.77	0.78	0.68	0.69	0.65	0.70	0.69
781	PKW	1.97	2.08	1.71	1.23	1.45	1.54	1.74	1.55	1.54
782	Nutzfahrzeuge	2.25	2.21	1.58	1.08	1.12	1.26	1.31	1.33	1.21
791	Schienenfahrzeuge	4.79	4.23	3.18	3.54	4.22	3.26	3.39	2.14	1.59
872	Medizinische Instrumente, Apparate	1.15	1.13	1.26	1.24	1.17	1.14	1.07	1.02	0.98
873	Zähler	2.32	2.33	2.21	1.64	1.68	1.63	1.43	1.39	1.27
881	Foto- und Filmgeräte	0.71	0.76	0.74	0.77	0.76	0.77	0.71	0.72	0.60
882	Fotomaterial	0.65	0.68	0.76	0.88	0.90	0.91	0.95	0.90	0.97
884	Glasfasern und Linsen	0.74	0.85	0.85	0.82	0.80	0.79	0.82	0.86	0.83

a   RCA-Werte auf Basis des Industriegüterhandels. Zum Meßkonzept vgl. Text.
Quelle: HWWA-Welthandelsmatrix; Produktbezeichnungen aus BMBF (1997); eigene Berechnungen

Tabelle A 3.2.4.10: Position Deutschlands im technologieintensiven Handel nach Handelspartnern 1988 - 1996[a]

Hanndelspartner	1988	1989	1990	1991	1992	1993	1994	1995	1996
EU(15)									
HT	0.92	0.89	0.97	1.06	1.04	1.06	1.13	1.22	1.18
MT	1.55	1.50	1.38	1.22	1.31	1.27	1.28	1.23	1.22
TI	1.30	1.25	1.23	1.16	1.21	1.19	1.22	1.22	1.21
USA									
HT	0.32	0.29	0.37	0.43	0.46	0.38	0.39	0.41	0.41
MT	1.69	1.75	1.72	1.59	1.61	1.74	1.82	1.69	1.69
TI	0.89	0.81	0.92	0.89	0.92	0.92	0.93	0.91	0.90
Japan									
HT	0.55	0.42	0.41	0.45	0.48	0.51	0.43	0.39	0.44
MT	1.14	1.26	1.26	1.23	1.18	1.31	1.46	1.43	1.32
TI	0.94	0.94	0.95	0.94	0.92	0.99	1.00	0.96	0.98
NICs									
HT	0.98	0.85	0.72	0.71	0.59	0.56	0.48	0.45	0.48
MT	2.22	2.08	1.91	1.86	1.90	1.81	1.86	1.86	1.76
TI	1.62	1.46	1.29	1.23	1.16	1.08	0.99	0.94	0.94
Welt									
HT	0.80	0.75	0.81	0.86	0.86	0.84	0.85	0.88	0.87
MT	1.49	1.50	1.41	1.31	1.38	1.43	1.45	1.39	1.38
TI	1.21	1.18	1.17	1.14	1.17	1.18	1.20	1.18	1.17

[a] RCA-Werte auf Basis des Industriegüterhandels; zum Meßkonzept vgl. Text; NICs = Hongkong, Malaysia, Singapur, Südkorea, Taiwan, Argentinien, Brasilien, Mexiko.

Quelle: HWWA-Welthandelsmatrix

Tabelle A3.2.4.11: Industrielle Produktivität (Lohnhöhe) nach der Technologieintensität im internationalen Vergleich 1994a

	D	F	UK	EU	USA
HT	61,7	60,7	52,3	67,6	110,4
	(41,9)	(33,5)	(27,0)	(33,4)	(36,4)
MT	63,0	57,5	51,4	58,8	106,2
	(41,7)	(28,8)	(26,7)	(32,7)	(34,1)
NT	55,5	51,0	40,5	47,4	80,5
	(33,7)	(26,0)	(21,9)	(24,3)	(26,9)
VI	59,7	54,9	45,6	53,2	93,9
	(38,5)	(28,3)	(24,1)	(28,4)	(30,9)

a Wertschöpfung (Lohnsumme) pro Beschäftigten in 1000 US-$. HT = Hochtechnologie; MT = Mitteltechnologie; NT = Niedrigtechnologie; VI = Verarbeitende Industrie.
Quelle: Buigues/Jacquemin, 1997, S. 13.[49]

---

[49] Zu den Branchengruppen vgl. Fußnote zu Tabelle 3.2.4.2

Schaubild A3.2.4.1: FuE-Intensität[a] in Hochtechnologiebranchen in Industrieländern 1980-1994

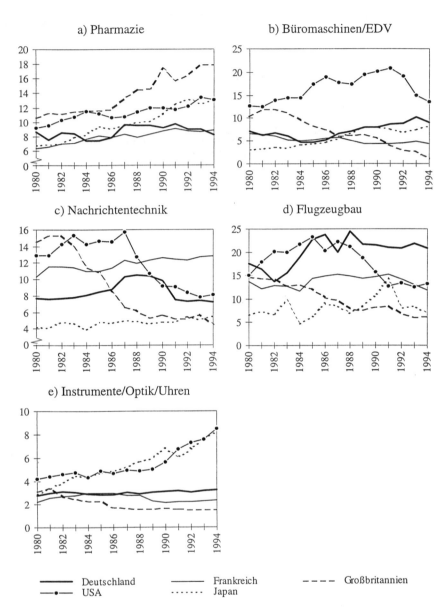

a FuE-Ausgaben in vH des Bruttoproduktionswertes
Quelle: OECD (c und e); eigene Berechnungen

Schaubild A3.2.4.2: FuE-Intensität[a] in Mitteltechnologiebranchen in Industrieländern 1980-1994

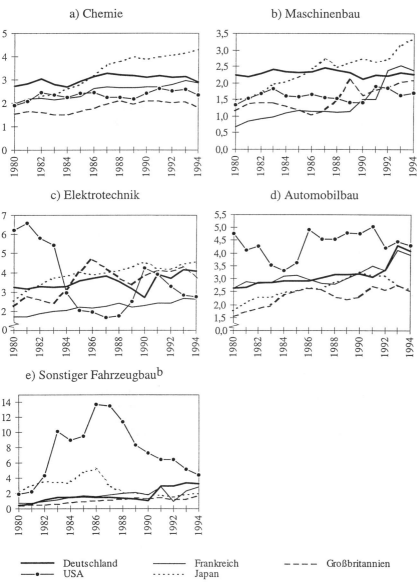

FuE-Ausgaben in vH des Bruttoproduktionswertes
[b] Ohne Flugzeug- und Schiffbau
Quelle: OECD (c und e); eigene Berechnungen

355

Schaubild A3.2.4.3: Länderanteile am technologieintensiven OECD-Export 1989 und 1995

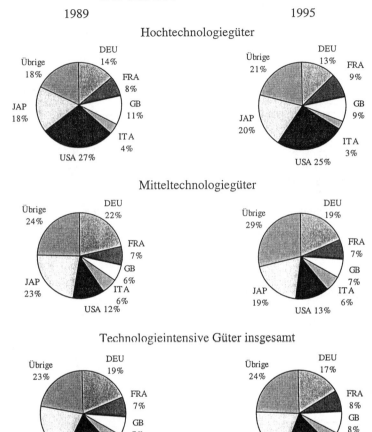

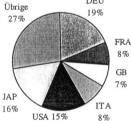
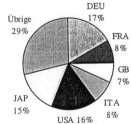

Quelle: HWWA-Welthandelsmatrix

Schaubild A3.2.4.4: Position Deutschlands im technologieintensiven Handel nach Handelspartnern 1988 - 1996[a]

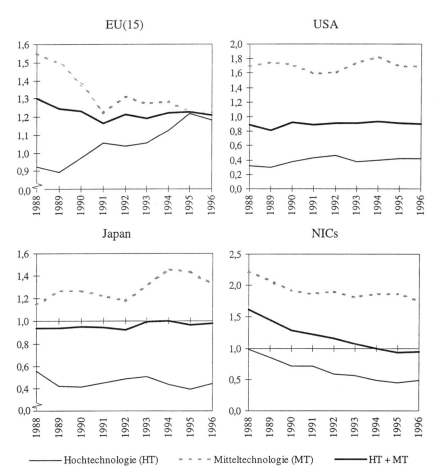

a RCA-Werte auf Basis des Industriegüterhandels. Zum Meßkonzept vgl. Text.
Quelle: HWWA-Welthandelsmatrix

Tabelle A3.3.1.1: Lohnspreizung[1] in Westdeutschland

	Standardabweichung		Veränderung
	1980	1994	1980-1994
Chem. Industrie	20.8	22.2	1.4
Mineralölverarbeitung	19.6	23.1	3.6
Kunststoffverarbeitung	20.2	22.3	2.1
Gummiverarbeitung	16.8	21.2	4.4
Steine u. Erden	17.6	19.8	2.3
Feinkeramik	19.5	22.8	3.3
Glasgewerbe	20.4	19.3	-1.1
Eisenschaff. Industrie	21.0	20.4	-0.6
NE-Metallerzeugung etc.	20.2	20.8	0.7
Gießereien	19.8	21.2	1.5
Zieherei, Kaltwalzerei etc.	21.1	18.7	-2.4
Stahl- u. Leichtmetallbau	20.9	23.2	2.3
Maschinenbau	19.9	23.9	4.0
Büromasch. u. ADV-Geräte	22.9	31.4	8.5
Straßenfahrzeugbau etc.	20.6	24.5	3.9
Schiffbau	18.4	25.5	7.1
Luft- u. Raumfahrzeugbau	20.1	29.9	9.8
Elektrotechnik etc.	20.0	28.2	8.1
Feinmechanik, Optik etc.	17.7	24.4	6.7
EBM-Warenherstellung	19.8	21.6	1.8
Musikinstrum., Spielwarenherst.	21.0	23.2	2.2
Holzbearbeitung	19.3	20.3	1.0
Holzverarbeitung	18.4	18.6	0.3
Zellstoff, Papier, Pappe	22.6	20.3	-2.2
Papier- u. Pappenverarbeitung	19.3	21.6	2.3
Druckerei, Vervielfältigung	20.0	17.8	-2.2
Lederverarbeitende Industrie	20.9	25.8	4.9
Textilgewerbe	19.5	22.5	3.0
Bekleidungsgewerbe	18.4	26.5	8.1
Nahrungs- u. Genußmittelgew.	18.2	20.3	2.2
Durchschnitt	**19.7**	**23.1**	**3.4**

1 Standardabweichung der Löhne für drei Qualifikationsgruppen der Arbeiter sowie drei Qualifikationsgruppen der Angestellten
Quelle: Statistisches Bundesamt (f und g); eigene Berechnungen

Tabelle A3.3.1.2: Die Bedeutung der Visegrad-Länder im deutschen Außenhandel nach Sektoren

Branche	Exporte nach Visegrad Mio. DM 1995	W.rate jährl. d. vH 1991-95	Importe aus Visegrad Mio. DM 1995	W.rate jährl. d. vH 1991-95	Exportquote[a] 1991	Exportquote[a] 1994	Importquote[b] 1991	Importquote[b] 1994
Verarb. Gewerbe	33.953	19.1	30.912	20.3	0.7	1.3	0.7	1.1
Chemische Ind.	4.088	16.5	1.961	11.1	1.0	1.6	0.6	0.7
Mineralölverarb.	228	-13.4	236	-7.4	.	.	.	.
Kunststoffind.	1.604	37.3	539	38.8	0.7	1.8	0.2	0.6
Gummiverarb.	349	34.7	334	33.3	0.5	1.2	0.5	1.1
Gew. u. Ver. v. St. E.	328	31.3	1.086	25.4	0.2	0.3	0.8	1.3
Feinkeramik, Glas	296	26.5	604	10.5	0.5	1.1	1.8	2.2
Feinkeramik	89	37.6	167	33.5	0.4	1.4	0.8	2.2
Glasind.	207	22.9	437	5.6	0.6	0.9	2.1	2.1
Eisenschaffende Ind.	902	32.9	1.935	24.4	0.5	1.3	1.5	3.4
Gießereien, NE-Metalle	564	26.7	1.386	3.3	0.5	1.0	2.5	2.8
Gießereien	87	36.2	244	33.8	0.1	0.4	0.4	1.2
NE-Metallind.	477	25.3	1.142	0.1	0.7	1.2	3.7	3.5
Ziehereien, Kaltwalzw.	549	37.9	816	27.8	0.3	0.7	0.5	1.1
Stahl- u. LMB, Sfz.	524	20.7	1.158	25.8	0.5	0.8	1.0	1.7
Maschinenbau	5.405	11.7	2.093	16.9	1.4	2.1	0.5	0.8
Büromasch., ADV-Ger.	716	7.2	237	90.9	1.3	1.9	0.0	0.3
Straßenfahrzeugbau	3.867	19.4	2.470	47.9	0.6	0.9	0.2	0.4
Schiffbau	5	11.7	155	125.6	0.0	0.0	0.1	0.9
Luft- u. Rfz.bau	10	-2.8	12	9.5	.	.	.	.
Elektrotechnik	5.101	28.6	3.677	40.1	0.7	1.6	0.4	1.0
Feinmechanik, Optik	474	6.9	233	42.2	1.0	1.3	0.2	0.5
EBM-Waren	1.243	30.6	1.315	30.6	0.6	1.4	0.6	1.3
Musikinstr., Spielwaren	216	4.5	265	29.4	1.5	1.8	0.8	2.0
Holzbearbeitung	148	46.3	570	21.0	0.3	0.7	2.2	3.4
Holzverarbeitung	266	27.1	2.315	25.4	0.2	0.3	1.6	2.9
Zellst. H.P.P.	579	40.8	390	19.0	0.7	1.4	0.9	1.6
Papier- u. Pappever.	413	23.5	140	51.7	0.5	1.0	0.1	0.3
Druckerei, Vervielf.	355	26.3	121	24.1	0.3	0.7	0.1	0.2
Ledergewerbe	453	12.1	797	8.6	2.7	4.6	5.2	7.4
Textilgewerbe	3.373	20.0	1.332	17.2	3.6	8.5	1.6	3.4
Bekleidungsgewerbe	425	16.7	3.349	16.1	0.7	1.3	5.2	9.8
Nahr.m., Getr., Tabak	1.470	8.1	1.387	-1.0	0.4	0.5	0.5	0.5

a Exportquote = Exporte / Bruttoproduktionswert * 100
b Importquote = Importe / (Bruttoproduktionswert - Exporte + Importe) * 100
Quelle: Statistisches Bundesamt (b und j); eigene Berechnungen

Schaubild A3.3.1.1: Importkonkurrenz[1] aus Niedriglohnländern und Einsatzanteil einfacher Arbeit, Veränderungen 1990 bis 1994

a: Veränderungen 1990-1994

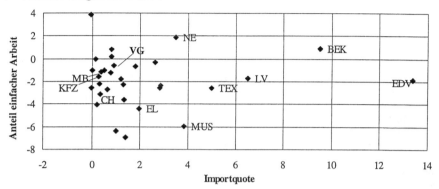

b: Veränderungen 1980 bis 1994

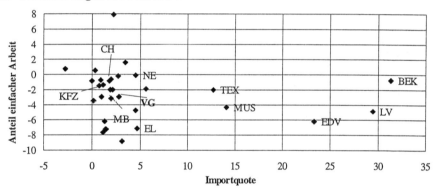

c: 1994

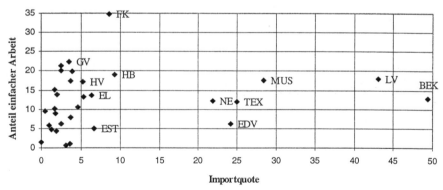

1 Importe aus Niedriglohnländern (MOE und Entwicklungsländer incl. DAE) in vH. des Produktionswertes in Westdeutschland
Quelle: Statistisches Bundesamt (b, f, g und j); eigene Berechnungen

Schaubild A3.3.1.2: Konkurrenz aus Niedriglohnländern[1] und Lohnspreizung[2]

a: 1994

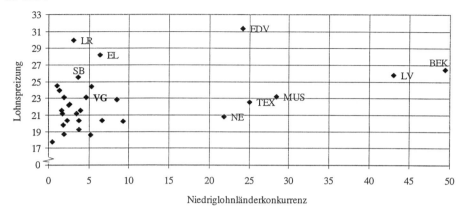

b: 1980 bis 1994

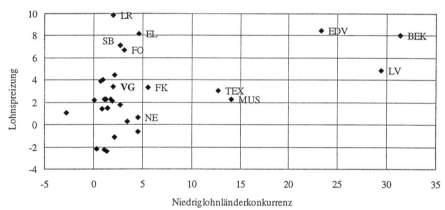

1 Zur Definition s. Schaubild A3.3.1.1
2 Zur Definition s. Tabelle A3.3.1.1
Quelle: Statistisches Bundesamt (b, f, g und j); eigene Berechnungen

Schaubild A3.3.1.3: Niedriglohnländerkonkurrenz[1] und relative Lohnhöhe im Branchenquerschnitt, Facharbeiter, 1994

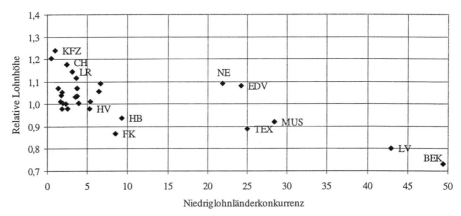

1 Zur Definition s. Schaubild A3.3.1.1
Quelle: Statistisches Bundesamt (b, f, g und j); eigene Berechnungen

Schaubild A3.3.1.4: Niedriglohnländerkonkurrenz[1] und Erwerbstätigkeit[2]

1990-1994

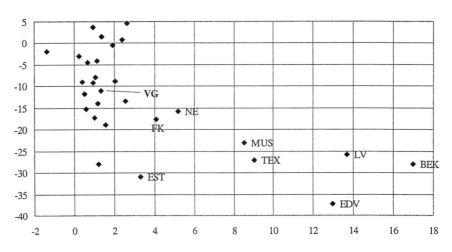

1 Zur Definition s. Schaubild A3.3.1.1
2 Wachstum der Erwerbstätigkeit in Westdeutschland
Quelle: Statistisches Bundesamt (b, f, g und j); eigene Berechnungen

Tabelle A3.3.2.1 Die Top-5-Sektoren[a] nach Handelsquoten mit den Visegrad-Ländern im EU-Vergleich, 1994

\multicolumn{6}{c}{Exportquote[b]}					
Deutschland		**Frankreich**		**Italien**	
Sonst. Verarb. Gewerbe	5,1	Sonst. Verarb. Gewerbe	1,0	Automobilindustrie	1,6
Maschinenbau	1,4	Maschinenbau	0,5	Maschinenbau	1,2
Bürom.,ADV-Ger., Feinm., Optik	1,4	Tex./Leder/Schuhe/Bekl.	0,5	Sonst. Verarb. Gewerbe	0,8
Tex./Leder/Schuhe/Bekl.	1,2	Chemische Industrie	0,3	Steine,Erden,Feink.,Glas	0,7
Gummi-/Kunststoffver.	1,0	Elektrotechnik	0,3	Gummi-/Kunststoffver.	0,7
Spanien		**Vereinigtes Königreich**		**EU(12)**	
Elektrotechnik	0,8	Nahr./Getr./Tabak	2,3	Sonst. Verarb. Gewerbe	2,1
Maschinenbau	0,5	Maschinenbau	0,5	Tex./Leder/Schuhe/Bekl.	1,3
Automobilindustrie	0,3	Chemische Industrie	0,4	Maschinenbau	1,1
Steine,Erden,Feink.,Glas	0,3	Bürom.,ADV-Ger., Feinm., Optik	0,4	Bürom.,ADV-Ger., Feinm., Optik	0,8
Sonst. Verarb. Gewerbe	0,2	Elektrotechnik	0,3	Gummi-/Kunststoffver.	0,6
\multicolumn{6}{c}{Importquote[b]}					
Deutschland		**Frankreich**		**Italien**	
Sonst. Verarb. Gewerbe	3,3	Eisen/Stahl/ZKW etc.	0,8	So.Fahrzeugbau	1,1
Holz,Möbel	2,7	Tex./Leder/Schuhe/Bekl.	0,4	Eisen/Stahl/ZKW etc.	0,7
Eisen/Stahl/ZKW etc.	2,2	Holz,Möbel	0,4	Holz,Möbel	0,4
Steine,Erden,Feink.,Glas	0,9	So.Fahrzeugbau	0,3	Sonst. Verarb. Gewerbe	0,4
Metallwaren	0,8	Elektrotechnik	0,2	Bürom.,ADV-Ger., Feinm., Optik	0,3
Spanien		**Vereinigtes Königreich**		**EU(12)**	
Elektrotechnik	0,4	Nahr./Getr./Tabak	2,0	Holz,Möbel	1,4
Automobilindustrie	0,4	Eisen/Stahl/ZKW etc.	1,5	Eisen/Stahl/ZKW etc.	1,3
Maschinenbau	0,2	Holz,Möbel	0,5	Tex./Leder/Schuhe/Bekl.	1,0
Eisen/Stahl/ZKW etc.	0,1	Elektrotechnik	0,2	Sonst. Verarb. Gewerbe	1,0
Gummi-/Kunststoffver.	0,1	Automobilindustrie	0,2	Steine,Erden,Feink.,Glas	0,4

a NACE-2-Steller
b Exporte nach bzw. Importe aus Visegrad in vH der Inlandsproduktion
Quelle: Eurostat CD-Rom (1996); eigene Berechnungen

Tabelle A3.3.2.2: Relativer Wettbewerbsvorteil[a] Deutschlands im regionalen Handel nach Gütergruppen, 1995

Gütergruppen	Visegrad	MOE-Länder	Asien-Pazifik	EU-Mittelmeerländer	Industrieländer	Welt
Chemische Ind.	1,9	-	-	2,4	1,1	1,2
Mineralölverarb.	0,9	-	4,3	0,5	0,3	0,4
Kunststoffind.	2,7	10,0	0,5	1,8	1,2	1,2
Gummiverarb.	1,0	2,2	0,5	1,0	0,8	0,8
GuV.v. Steinen	0,3	-	2,1	0,4	0,7	0,7
Feinker.,Glas	0,5	0,4	0,5	0,4	0,8	0,7
Eisensch.Ind.	0,4	-	-	1,3	0,6	0,9
Gießer.,NE-Met.	0,4	-	-	1,1	1,0	0,6
Zieh.,Kaltwalz.	0,6	-	0,6	1,2	1,0	1,1
Stahl,LMB	0,4	-	-	7,1	0,8	1,3
Maschinenbau	2,4	9,2	16,9	3,5	1,0	2,4
Bürom.,ADV	2,8	55,4	0,1	1,1	0,7	0,5
Straßenfahrz.	1,4	8,4	4,4	0,7	1,2	1,5
Schiffbau	0,0	-	-	29,8	1,2	4,1
Luft-u.Rfz.bau	0,8	-	0,9	1,0	1,7	0,8
Elektrotechnik	1,3	4,5	0,6	1,3	0,6	1,0
Feinmech,Opt.	1,9	6,3	0,6	3,6	1,3	0,9
EBM-Waren	0,9	3,0	0,5	2,0	0,4	1,1
Musikinstr.,Sp.	0,7	0,9	0,2	1,4	0,8	0,6
Holzbearbeit.	0,2	-	0,2	1,6	1,0	0,4
Holzverarb.	0,1	0,4	0,5	0,2	0,8	0,5
Zellst.H.P.P.	1,4	-	17,3	0,6	1,2	0,6
Papier-Pappev.	2,7	29,4	0,5	4,9	0,9	1,4
Druck.,Verviel.	2,7	7,0	1,0	3,4	0,5	2,0
Ledergewerbe	0,5	-	-	0,1	0,7	0,3
Textilgewerbe	2,3	2,3	0,2	0,4	0,5	0,6
Bekleidungsg.	0,1	0,1	0,0	0,3	1,4	0,3
Nahr.,Getr.,Tab.	1,0	4,4	0,5	0,7	2,0	0,7

a RCA-Werte errechnen sich als Verhältnis aus dem Quotienten der Ex- und Importe einer Branche und dem Quotienten der Ex- und Importe des Verarbeitenden Gewerbes
Quelle: Statistisches Bundesamt (b); eigene Berechnungen

Tabelle A3.3.2.3: Industriegüterimporte und Passive Lohnveredelung, 1993

Herkunft	Textilien		Bekleidung		Andere Industriegüter	
	gesamt in Mio. ECU	PLV Anteil in %	gesamt in Mio. ECU	PLV Anteil in %	gesamt in Mio. ECU	PLV Anteil in %
Deutschland						
Nicht-EU-Länder	3646	1,7	12902	22,2	95789	2,3
Entwicklungsländer	1655	0,5	8791	5,3	20803	3,9
Südeuropa	40	2,5	909	61,4	1423	5,8
Mittel- und Osteuropa	187	17,8	2149	78,3	7285	11,8
Übriges Osteuropa	134	0,3	174	87,3	2076	1,0
Industrieländer	1598	1,3	878	0,9	63920	0,7
Übrige EU						
Nicht-EU-Länder	8647	0,3	15424	8,2	225414	1,5
Entwicklungsländer	4345	0,1	12833	3,0	53910	2,0
Südeuropa	119	1,6	237	44,0	1936	1,8
Mittel- und Osteuropa	268	5,0	1103	64,9	5371	4,0
Übriges Osteuropa	441	0,1	79	63,4	4230	1,4
Industrieländer	3448	0,2	1165	0,9	149612	1,2

Quelle: Möbius (1995)

Übersicht A3.4.1: Interview mit der BASF AG, der Bayer AG und der Hoechst AG zum Einfluß der Umweltschutzgesetzgebung im weitesten Sinne auf die Standortbedingungen der Chemischen Industrie in Deutschland[50]

---

1. Wie beurteilen Sie die allgemeinen Standortbedingungen für die Chemische Industrie in Deutschland?

Die Standortbedingungen werden von allen drei Unternehmen als noch gut bezeichnet. Als Vorteile werden genannt: großer europäischer Markt, günstige Lage in Europa (Wasser, Land, Straße, Schiene), gute Infrastruktur, hohe Arbeitsproduktivität, günstige Verbundstrukturen, gute Fachkräfte, gute und enge Beziehungen zur Hochschulforschung, Arbeitsfrieden, stabile politische und wirtschaftliche Rahmenbedingungen.

Als Nachteile werden genannt: hohe Arbeitskosten, insbesondere auch Lohnnebenkosten, hohe Steuern, kurze Maschinenlaufzeiten, mangelnde Flexibilität zur schnellen Einstellung auf globale Veränderungen (Frage der Gesetzgebung, Tarifstruktur, Mentalität), Regulierungen und Überregulierungen Genehmigungsdauer von Anlagen, hohe Energiekosten, relativ hohe Umweltschutzkosten, geringe Akzeptanz der Bevölkerung gegenüber der Chemie.

Von einem Unternehmen werden die Bedingungen heute besser beurteilt als vor einigen Jahren, aufgrund verkürzter Genehmigungsverfahren etc. Ein anderes Unternehmen dagegen betont, daß zwar noch die Vorteile überwiegen, aber nicht nur die anderen Industrieländer, sondern auch die ehemaligen Ostblockländer und andere Schwellenländer dem deutschen Niveau immer näher kommen, und daher die beunruhigende Tendenz besteht, daß die Nachteile bald überwiegen könnten.

2. Bilden die Umweltauflagen in Deutschland bei einer Investitionsentscheidung einen bedeutenden Standortfaktor?

Die Antworten sind nicht einheitlich. Umweltkosten spielen bei der Investitionsentscheidung eine Rolle, wenn diese 10 vH oder mehr der Investitionssumme ausmachen. Wenn Patentschutz besteht, kann dieser Anteil sogar noch höher sein. Bei bestimmten Herstellungsverfahren ist dieser Anteil der Umweltkosten nicht zu vermeiden, und die Produktion kann daher nur im Ausland erfolgen.

Umweltschutzauflagen spielen auch insofern keine große Rolle, als im Ausland schon jetzt nach dem selben Standard wie im Inland gebaut wird, da es immer mehr zu einer internationalen Angleichung der Umweltauflagen kommt. Es wäre betriebswirtschaftlich wenig sinnvoll, eine Anlage für das Ausland mit niedrigem Standard neu zu planen. Die Tendenz geht immer mehr zu integriertem, ressourcensparenden als zu nachsorgendem Umweltschutz.

Allerdings fördern die hohe Regelungsdichte und die Tendenz zu immer weiterer Perfektionierung der Anforderungen den verbreiteten Überdruß an den hiesigen Bedingungen.

---

[50] Wir bedanken uns bei Herrn Dr. Wiegräbe von der BASF AG, den Herren Dr. Schendel und Dr. Schmitz von der Bayer AG sowie bei Herrn Dr. Brühl von der Hoechst AG für ihre freundliche Bereitschaft, mit uns dieses Interview zu führen.

3. Ist eine Produktionsverlagerung ins Ausland zur Bedienung regionaler Märkte aufgrund der strengen Umweltgesetzgebung oder aufgrund der gesamten Regelungsdichte in Deutschland denkbar und bereits vorgekommen (Beispiele)?

Vor etwa 20 Jahren ist eine Anlage, statt in Deutschland an einem Fluß, in einem anderen Land direkt am offenen Meer gebaut worden, um die Abwasser ungeklärt einleiten zu können. Dies wäre heute aufgrund der Anhebung der Umweltstandards im Ausland nicht mehr möglich und ist in den letzten 10 - 15 Jahren auch nicht mehr vorgekommen.

Ein Unternehmen verlegt die Chromherstellung zurück an den Herkunftsort des Chromerzes. Aus Chromerz läßt sich bislang nicht mehr als 50 vH Chrom gewinnen, daher ist die Abfallmenge sehr hoch. Bei einer Herstellung in Deutschland betragen die Umweltkosten - insbesondere durch die hohen Abfallbeseitigungskosten - 20 vH der Herstellungskosten. Um nicht in die "roten Zahlen" zu geraten, verlegt das Unternehmen die Produktion zurück.

4. Besteht die Gefahr, daß der Forschungsbereich oder sogar das gesamte Unternehmen aufgrund der Umweltgesetzgebung und der übrigen rechtlichen und allgemeinen "klimatischen" Rahmenbedingungen in Deutschland abwandern würde?

Die Frage wurde generell verneint. Allerdings sind Teile des Forschungsbereichs bereits abgewandert, insbesondere Biotechnologie und Gentechnologie nach Japan und in die USA. Die Gründe für die Abwanderung liegen, außer in der deutschen Gesetzgebung und der langen Genehmigungsdauer von Anlagen, in einer besseren Anbindung an die regionale Wissenschaft, einer höheren Akzeptanz der Bevölkerung gegenüber "sensiblen" Forschungsthemen oder auch in mehr Marktnähe.

5. Können Sie Beispiele nennen, wodurch Vorsprungsgewinne (Lernkurveneffekte) realisiert werden konnten, weil in Deutschland bereits ein höherer Umweltstandard herrschte?

Die hohen Kosten des Umweltschutzes haben dazu geführt, daß immer mehr versucht wird, von den "end-of-the-pipe"-Maßnahmen zum integrierten Umweltschutz zu kommen, das heißt die Verfahren so zu modifizieren bzw. gleich so zu entwickeln, daß möglichst wenig Nebenströme und Emissionen entstehen. Solche Verfahren können durchaus in anderen Ländern zu einem Vorsprungsgewinn führen.

Noch wichtiger dürften verschärfte Auflagen bei der Anwendung chemischer Produkte sein (formaldehydfreie Leime, lösemittelfreie Lacke, FCKW-freie Schaumstoffe etc.), die den forschungsintensiven Unternehmen in dem Maße Vorteile verschaffen, wie die Umweltstandards in anderen Ländern angehoben werden.

6. Glauben Sie, daß sich mittel- bis langfristig höhere Umweltstandards international durchsetzen, so daß sich weitere Forschung in diesem Bereich auch für die Produktion im Ausland lohnt?

Die höheren Umweltstandards werden sich letztlich durchsetzen, noch können aber beispielsweise in Indien mit FCKW hohe Gewinne erzielt werden.

Grundsätzlich paßt sich die Umweltgesetzgebung in allen Ländern mehr und mehr der Gesetzgebung der Industrieländer an. Allerdings fehlt den Nicht-Industrie-Ländern oft das Geld, dies auch umzusetzen, vor allem, weil die Ausgangsbedingungen sehr niedrig sind. Das hindert die Behörden dieser Länder jedoch nicht, gerade ausländischen Investoren mit der ganzen Härte des Gesetzes entgegenzutreten. Insofern sind die in Deutschland gesammelten Erfahrungen auch für ausländische Produktionsstätten wertvoll.

Ein innovatives Unternehmen betreibt Forschung, um einen Wettbewerbsvorsprung zu erzielen. Wenn die Ausbeute des jeweiligen Rohstoffes immer näher an die 100 vH-Marke herangefahren werden kann, dann ist dies nicht nur ökologisch eine Verbesserung, sondern auch ökonomisch. Recycling und sustainable development sind für die Chemie interessante Herausforderungen.

Anmerkung zur Methodik: Die Antworten wurden zusammengefaßt und überarbeitet.

Tabelle A4.1.1: Entwicklung der Vorleistungsquote[a] in Westdeutschland

	1988	1990	1991	1992	1993	1994	1995	1996
in jeweiligen Preisen:								
Land-,Forstw.,Fisch.	49.9	49.4	50.9	50.7	52.2	52.3	.	.
Produz.Gewerbe	61.2	62.0	62.3	61.8	61.7	62.1	62.9	62.7
Verarb.Gewerbe	62.3	63.0	63.2	62.9	62.9	63.2	64.4	64.0
Handel und Verkehr	80.7	80.6	80.3	79.9	79.1	78.8	78.9	78.8
Dienstleist.unt.	33.4	34.2	34.8	34.7	34.4	34.3	34.0	33.4
Unternehmen zus.	62.1	62.4	62.5	61.6	60.8	.	.	.
Staat, priv.Haush.u.a.	48.4	48.2	48.2	48.6	47.9	48.5	.	.
Alle Wirtschaftsber.	62.3	62.6	62.7	62.0	61.3	61.1	.	.
in Preisen von 1991:								
Land-,Forstw.,Fisch.	51.1	50.8	50.9	45.4	46.2	.	.	.
Produz.Gewerbe	61.2	61.8	62.3	62.8	63.1	63.3	64.0	64.0
Verarb.Gewerbe	62.4	62.8	63.2	63.8	64.1	64.2	65.0	64.9
Handel und Verkehr	80.9	80.5	80.3	80.2	80.0	79.9	79.7	79.5
Dienstleist.unt.	33.3	34.2	34.8	35.6	35.4	35.5	35.5	35.2
Unternehmen zus.	62.0	62.1	62.5	62.5	62.2	.	.	.
Staat, priv.Haush.u.a.	48.3	48.0	48.2	48.8	48.4	48.6	.	.
Alle Wirtschaftsber.	60.5	60.7	61.1	61.1	60.8	.	.	.

a Anteil der Vorleistungen am Produktionswert des beziehenden Sektors
Quelle: Statistisches Bundesamt (j), eigene Berechnungen

Tabelle A4.1.2: Intrasektorale Vorleistungsverflechtung 1990

	Summe der Vorl.-bezüge	Branchen-interne Vorl.-bezüge	Anteil		Summe der Vorl.-bezüge	Branchen-interne Vorl.-bezüge	Anteil
Landwirt.	28547	6859	24,0	Holzbearb.	6877	1183	17,2
Forstw.,Fisch.	4944	131	2,6	Holzwaren	22997	2010	8,7
Elektrizität	37748	4719	12,5	ZHPP	10331	2330	22,6
Gas	5093	155	3,0	Papier-u.Pappe	17093	3302	19,3
Wasser	2238	41	1,8	Druck	17275	2471	14,3
Kohle	15873	5304	33,4	Leder	3440	873	25,4
Bergbau	2312	1015	43,9	Textil	20234	6345	31,4
Erdöl	1833	59	3,2	Bekleidung	15526	1849	11,9
Chemie	109434	52616	48,1	Nahrungsm.	116882	31923	27,3
Mineralöl	10719	2704	25,2	Getränke	16477	1890	11,5
Kunststoff	28920	5062	17,5	Tabak	3670	848	23,1
Gummi	5876	288	4,9	Bau	77303	4117	5,3
Steine,Erden	22398	5842	26,1	Ausbau	41750	52	0,1
Feinkeramik	1675	11	0,7	Großhandel	62307	9632	15,5
Glas	6615	1745	26,4	Einzelhandel	53339	131	0,2
Eisen-u.Stahl	68990	47970	69,5	Eisenbahnen	5747	10	0,2
NE-Metall	18577	8018	43,2	Schiffahrt	3162	1064	33,6
Gießerei	8766	506	5,8	Post,Fernm.	6855	1188	17,3
Zieherei.,KWW	24287	6161	25,4	sonst. Verkehr	49726	12306	24,7
Stahl-LMbau	17320	3111	18,0	Kreditinst.	120594	100522	83,4
Maschinenbau	105579	26547	25,1	Versicher.	26769	375	1,4
Bürom.,ADV	12013	1539	12,8	Wohnungsverm.	53725	33	0,1
Straßenfzg.	141358	38859	27,5	Gastgewerbe	38516	87	0,2
Wasserfzg.	4307	30	0,7	Wissensch.	35874	5546	15,5
Luft-u.Raumfz.	6135	1927	31,4	Gesundheit.	19172	632	3,3
Elektrotechnik	80907	19088	23,6	sonst.mb.DL	130191	60496	46,5
Feinmechanik	10394	529	5,1	Gebietsk.	105160	1368	1,3
EBM-Waren	26986	1783	6,6	Sozialvers.	126971	0	0,0
Musikinstr.	3961	81	2,0	priv.Org.o.E.	19573	0	0,0
				Input zusam.	2041341	2041341	100,0

Quelle: Statistisches Bundesamt (c); eigene Berechnungen

Tabelle A4.1.3: Vorleistungsverflechtung in Westdeutschland, 1990

	BPW	Vorleist.-lieferungen	Anteil	Vorleist.-bezüge	Anteil
Landwirtschaft	61642	48889	79.3	28547	46.3
Forstw.,Fisch.	14405	9081	63.0	4944	34.3
Elektrizität usw.	83835	57385	68.4	37748	45.0
Gas	21060	12236	58.1	5093	24.2
Wasser	8972	8953	99.8	2238	24.9
Kohle	23874	22544	94.4	15873	66.5
Bergbau	3169	2200	69.4	2312	73.0
Erdöl,Erdgas	3750	3545	94.5	1833	48.9
chem. Erzeugn.	200036	109496	54.7	109434	54.7
Mineralöl	60678	27163	44.8	10719	17.7
Kunststoff	60720	39573	65.2	28920	47.6
Gummi	15130	8255	54.6	5876	38.8
Steine, Erden	44866	37679	84.0	22398	49.9
Feinkeramik	5037	1746	34.7	1675	33.3
Glas	13734	9104	66.3	6615	48.2
Eisen & Stahl	91224	71591	78.5	68990	75.6
NE-Metalle	33922	20648	60.9	18577	54.8
Gießereierz.	20244	17542	86.7	8766	43.3
Ziehereien,KWW	52273	36979	70.7	24287	46.5
Stahl- LMBau	35486	14121	39.8	17320	48.8
Maschinenbau	214087	55454	25.9	105579	49.3
Bürom.,ADV	24359	5681	23.3	12013	49.3
Straßenfahrz.	254152	54025	21.3	141358	55.6
Wasserfahrz.	7398	2295	31.0	4307	58.2
Luft- u. Raumf.	15630	7634	48.8	6135	39.3
Elektrotechn.	188770	68586	36.3	80907	42.9
Feinmechanik,O.	27889	12985	46.6	10394	37.3
EBM-Waren	61383	28309	46.1	26986	44.0
Musikinstr.,Sp.	10646	1389	13.0	3961	37.2
Holz	11835	8520	72.0	6877	58.1
Holzwaren	45741	12603	27.6	22997	50.3
ZHPP	22125	15038	68.0	10331	46.7
Papier- u. Pappe	30906	20842	67.4	17093	55.3
Druckerei	43048	39404	91.5	17275	40.1
Leder	8420	2269	26.9	3440	40.9
Textil	41009	19887	48.5	20234	49.3
Bekleidung	28584	3890	13.6	15526	54.3
Nahrungsmittel	185192	60527	32.7	116882	63.1
Getränke	31120	10699	34.4	16477	52.9
Tabak	22695	2443	10.8	3670	16.2
Hoch- u. Tiefbau	163323	26531	16.2	77303	47.3
Ausbau	97462	23079	23.7	41750	42.8
Großhandel	202812	114685	56.5	62307	30.7
Einzelhandel	160112	16776	10.5	53339	33.3
Eisenbahnen	15990	6924	43.3	5747	35.9
Schiffahrt	13840	2959	21.4	3162	22.8
Post- u. Fernm.	63016	30797	48.9	6855	10.9

Tabelle A4.1.3: Fortsetzung

	BPW	Vorleist.-lieferungen	Anteil	Vorleist.-bezüge	Anteil
DL sonst. Verk.	118097	63866	54.1	49726	42.1
Kreditinst.	120201	107762	89.7	120594	100.3
Versicherung.	54400	19420	35.7	26769	49.2
Wohnungsverm.	295515	75957	25.7	53725	18.2
Gastgewerbe	77054	30714	39.9	38516	50.0
Wissenschaft.	67470	32972	48.9	35874	53.2
Gesundheit.	75201	59858	79.6	19172	25.5
sonst.mb.DL	403421	342363	84.9	130191	32.3
Gebietskörpersch.	370800	53848	14.5	105160	28.4
Sozialvers.	148150	70	0.0	126971	85.7
priv.Org.o.E.	81100	41550	51.2	19573	24.1
Gesamt	4657010	2041341	43.8	2041341	43.8

Quelle: Statistisches Bundesamt (c); eigene Berechnungen

Tabelle A4.1.4: Struktur des Privaten Verbrauchs nach Gütergruppen, Westdeutschland

	1982	1984	1986	1988	1990	1992	1994
Primärer Sektor	6.7	6.7	6.5	5.8	5.6	5.4	5.2
Verarb. Gewerbe	57.2	55.9	54.6	54.2	55.3	54.3	50.9
dar.:							
Chemie	2.4	2.5	2.5	2.5	2.5	2.6	2.6
Mineralölerz.	6.1	5.8	4.3	3.7	4.1	4.2	4.1
Straßenfahrz.	5.5	6.1	7.2	7.5	8.1	8.4	7.2
Elektrotechnik	3.0	2.9	2.9	3.0	3.1	3.0	2.7
Holzwaren	3.0	3.0	2.9	3.2	3.3	3.5	3.5
Leder, Textil, Bekl.	10.5	10.1	10.1	9.9	9.8	9.5	8.9
Nahrungs-, Gen.	19.8	18.8	18.1	17.4	17.2	16.1	15.3
Bauleistungen	0.3	0.3	0.3	0.3	0.3	0.3	0.3
Dienstleistungen	35.8	37.1	38.6	39.7	38.9	40.0	43.5
dar.:							
Handel	0.2	0.2	0.3	0.4	0.2	0.3	0.4
Verkehr	4.3	4.3	4.4	4.5	4.5	4.6	4.7
Kreditinst., Versich.	2.7	3.0	3.3	3.4	3.6	3.9	4.7
Wohnungsverm.	15.2	16.0	16.8	17.3	16.8	17.2	19.4
Übrige DL.	11.1	11.3	11.5	11.7	11.4	11.6	11.6
dar.:							
Sonst. m.best.DL.	3.1	3.1	3.2	3.3	3.3	3.5	3.5
Staat	1.5	1.5	1.6	1.6	1.6	1.7	1.8
Insgesamt	100.0	100.0	100.0	100.0	100.0	100.0	100.0

Quelle: Statistisches Bundesamt (j); eigene Berechnungen

Tabelle A4.1.5: Merkmale für westdeutsche Branchen mit hohem, mittlerem und geringem Wachstum, Durchschnitt = 100

	Arbeits-produktivität	FuE-Intensität	Humankapitalintensität	Kapitalintensität	Außenhandelsquote
BWS-Wachstum					
alle Branchen					
1979-1986					
hoch	135.4	.	.	131.0	142.9
mittel	86.0	.	.	88.2	109.5
niedrig	78.5	.	.	75.3	59.6
1986-1994				.	.
hoch	127.3	.	.	110.8	23.4
mittel	85.6	.	.	80.4	31.0
niedrig	90.6	.	.	100.6	198.7
Verarb. Gewerbe					
1979-1986					
hoch	111.7	182.8	128.1	105.9	113.1
mittel	102.7	95.3	109.4	94.2	106.6
niedrig	84.3	14.3	57.8	100.8	78.3
1986-1994	.	.	.	.	.
hoch	90.8	14.2	59.4	91.3	53.9
mittel	112.2	180.4	128.8	97.5	108.0
niedrig	100.0	128.1	119.3	111.6	144.8
Erwerbstätigenwachst.					
alle Branchen					
1979-1986					
hoch	112.8	.	.	111.3	42.6
mittel	96.7	.	.	99.1	163.7
niedrig	87.1	.	.	84.2	101.6
1986-1994	.	.	.		.
hoch	125.9	.	.	115.3	25.3
mittel	83.1	.	.	71.9	31.1
niedrig	93.0	.	.	111.0	253.7
				.	.
Verarb. Gewerbe	.	.	.	.	.
1979-1986	.	.	.	.	.
hoch	109.0	165.5	127.4	91.5	109.5
mittel	103.1	93.4	102.3	109.1	106.7
niedrig	84.4	13.0	57.7	104.4	81.8
1986-1994	.	.	.	.	.
hoch	92.4	38.6	64.5	88.2	62.0
mittel	114.0	189.8	134.3	101.6	106.5
niedrig	98.7	104.5	116.0	112.8	137.2

Quelle: Statistisches Bundesamt (j); eigene Berechnungen

Schaubild A4.1.1: Ausrüstungsinvestitionen nach Gütergruppen, in Preisen von 1991, Mrd. DM

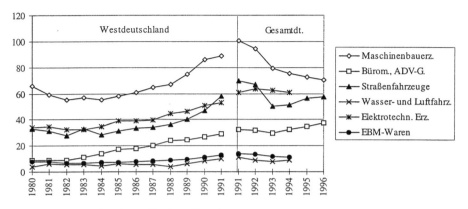

Quelle: Statistisches Bundesamt(j); eigene Berechnungen

Schaubild A4.1.2: Entwicklung der Produktivität und der Preise

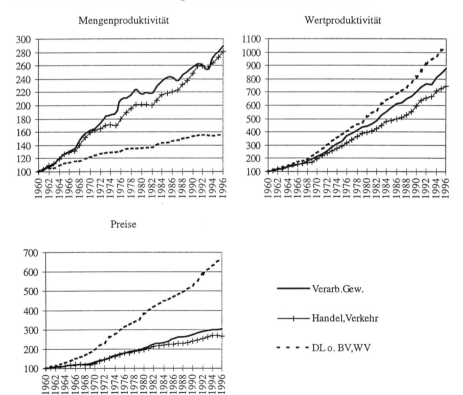

Quelle: Statistisches Bundesamt (j); eigene Berechnungen

Tabelle A4.2.1: Erwerbsbeteiligung nach Altersgruppen, Gruppe der 45-49jährigen = 100

Wirtschaftszweig	15-19	20-24	25-29	30-34	35-39	40-44	45-49	50-54	55-59	60-64	über 64
00 Landwirtschaft, Tierhaltung	371	320	221	149	117	109	100	88	69	25	5
02 Forstwirtschaft	72	135	129	123	116	107	100	88	67	20	2
03 Fischerei, Fischzucht	426	544	398	287	201	145	100	69	34	7	1
04-08 Energiewirtschaft, Bergbau	45	73	83	92	98	101	100	82	46	9	0
04 Wasser-, Gas-, Elektrizitätsversorg.	24	43	60	75	87	96	100	99	83	21	0
05 Stein-, Braunkohlenbergbau	99	139	130	124	117	110	100	60	11	1	0
06 Erzbergbau	362	574	434	260	183	136	100	67	20	2	0
07 Erdöl-, Erdgasgewinnung	30	80	103	114	109	104	100	93	61	13	0
08 Kali-, Salzbergbau	32	69	81	88	95	100	100	84	43	8	1
09-58 Verarbeitendes Gewerbe	77	120	118	116	112	108	100	89	61	13	1
09 Chemische Industrie	34	78	91	101	104	104	100	93	63	12	1
10 Chemiefaserherstellung	46	101	117	122	118	109	100	91	57	7	0
11 Mineralölverarbeitung	28	61	82	100	104	105	100	91	53	8	0
12 Kunststoffverarbeitung	27	72	81	86	94	99	100	94	73	18	3
13 Gummi- u. Asbestverarbeitung	52	133	139	132	122	112	100	85	55	10	1
14 Gew. u. Verarbeit. v. Natursteinen	43	89	106	111	112	108	100	88	67	20	2
15 Feinkeramik	89	146	131	119	112	107	100	88	60	10	1
16 Herst. u. Verarb. v. Glas	55	113	118	119	117	111	100	86	55	10	1
17 Eisen- u. Stahlerzeugung	125	190	164	145	128	113	100	83	27	2	0
18 NE-Metallhütten	51	105	114	118	115	109	100	88	63	15	1
19 Gießerei	77	145	141	131	122	112	100	85	55	12	1
20 Ziehereien u.Kaltwalzwerke	63	129	128	124	117	109	100	87	57	12	1
21 Stahlverformung, Härtung	43	93	99	101	102	103	100	92	69	18	3
22 Schlosserei, Schweißerei usw.	100	107	99	98	101	102	100	96	78	26	9
23 Stahl-,Leichtmetall-,Behälterbau	66	105	109	112	112	109	100	88	65	18	2
24 Wagenbau	81	122	124	123	117	112	100	88	58	11	0
25 Mont./Rep.v. Lüftungsanlagen usw.	108	125	115	114	112	107	100	91	73	25	5
26 Maschinenbau	80	117	116	115	111	107	100	90	67	17	1

Fortsetzung Tabelle A4.2.1:

Wirtschaftszweig	15-19	20-24	25-29	30-34	35-39	40-44	45-49	50-54	55-59	60-64	über 64
27 Zahnradherstellung	57	100	107	110	109	105	100	91	65	15	1
28 Herst. v. Kraftfahrzeugen	41	94	107	112	111	107	100	90	53	8	0
29 Herst. v. Krafträdern usw.	69	163	151	138	125	113	100	83	58	13	1
30 Reparatur v. Kraftfahrzeugen	205	169	133	120	111	106	100	94	77	27	7
31 Schiffsbau	219	243	197	172	144	119	100	82	46	7	0
32 Luftfahrzeugbau	24	46	68	84	90	95	100	102	67	13	0
33 Herst./Rep.v.EDV-Anlagen,Bürom.	67	163	177	170	147	124	100	70	29	4	0
34 Elektrotechnik	57	116	123	122	116	109	100	87	57	11	1
35 Feinmechanik u. Optik	60	135	128	118	112	107	100	89	65	15	3
36 Herst./Rep. von Uhren	344	469	320	222	168	130	100	73	46	8	1
37 Herst. v. EBM-Waren	48	103	106	105	106	105	100	90	68	17	2
38 Musikinstrumentenherstellung	82	151	138	125	117	111	100	88	66	13	3
39 Herst. v. Schmuckwaren	104	179	143	118	110	107	100	91	70	16	6
40 Sägewerke usw.	64	118	118	117	115	111	100	87	66	21	3
41 Herst./Rep. v. Holzmöbeln usw.	115	151	137	128	121	112	100	86	66	20	3
42 Sonstige Holzbe- u.verarbeitung	57	115	111	108	108	107	100	89	68	18	4
43 Papiererzeugung, Papierverarb.	42	95	102	104	106	105	100	90	68	17	1
44 Druckerei, Vervielfältigung	43	100	107	108	107	105	100	92	73	22	5
45 Ledererzeugung u.-verarbeitung	213	299	218	168	142	122	100	80	54	10	2
46 Herst./Rep. v. Schuhen	294	344	235	171	139	119	100	79	52	9	1
47 Wollverarbeitung	292	448	317	224	166	129	100	76	49	9	1
48 Baumwollverarbeitung	272	396	291	209	159	126	100	78	49	8	0
49 Seidenverarbeitung	152	256	201	153	129	114	100	84	61	12	1
50 Leinen-, Hanfverarbeitung	92	161	143	121	110	106	100	86	58	10	1
51 Sonst. Textilgewerbe	147	234	187	151	131	116	100	82	55	10	1
52 Bekleidungsgewerbe, Nähereien	468	520	303	192	151	125	100	75	46	7	1
53 Polstereien u. Dekorateurgewerbe	94	127	107	98	99	101	100	94	76	22	8

Fortsetzung Tabelle A4.2.1:

Wirtschaftszweig	15-19	20-24	25-29	30-34	35-39	40-44	45-49	50-54	55-59	60-64	über 64
54 Nahrungsmittelherst. (Backwaren)	106	113	97	93	96	100	100	93	73	20	4
55 Süßwarenherstellung	43	111	105	102	102	103	100	91	68	14	1
56 Schlachthäuser, Fleischverarbeitung	179	151	116	103	103	104	100	90	70	20	5
57 Getränkeherstellung	46	102	118	120	116	110	100	87	62	16	2
58 Tabakverarbeitung	42	121	134	138	133	118	100	79	49	8	0
59-61 Baugewerbe	97	128	123	122	118	111	100	87	63	16	3
59 Bauhauptgewerbe	69	112	119	123	120	113	100	86	60	14	2
60 Zimmerei, Dachdeckerei	81	125	122	120	116	110	100	87	66	20	6
61 Ausbau- u. Bauhilfsgewerbe	142	152	127	118	112	107	100	91	73	24	8
62 Groß-, Einzel- u. Versandhandel	57	100	96	93	97	101	100	93	73	21	6
63-68 Verkehr u. Nachrichtenüberm.	32	78	90	94	99	102	100	93	72	20	4
63 Eisenbahnen	140	145	112	109	108	106	100	90	61	11	0
64 Deutsche Bundespost	71	112	80	75	84	94	100	96	77	19	4
65 Straßenverkehr	10	47	78	90	97	101	100	95	79	26	6
66 Schiffahrt, Häfen	93	186	175	158	138	118	100	83	52	14	2
67 Speditionen, Lagerei	18	66	82	88	94	99	100	98	80	27	6
68 Luftfahrt	13	77	112	114	111	107	100	88	64	21	3
69 Kredit- u. Versicherungsgewerbe	25	95	99	98	98	100	100	95	78	21	2
70-86 Sonst. Dienstleistungen	28	59	67	75	82	92	100	103	92	31	10
70 Hotels, Gasthöfe	73	127	112	104	102	103	100	93	73	23	10
71 Altersheime usw.	9	23	29	36	51	74	100	121	118	36	7
72 Wäscherein u. Reinigungen	13	31	39	51	66	85	100	109	99	31	16
73 Friseur-, Körperpflegegewerbe	566	454	240	146	120	109	100	88	67	19	7
74 Hochschulen, Schulen	26	47	93	98	89	94	100	102	92	31	4
75 Bildungsstätten, Sport	21	56	65	67	77	89	100	105	98	31	10
76 Kunst, Theater, Film, RTV	7	37	71	93	99	100	100	96	82	34	13
77 Verlags-, Pressewesen	15	55	79	94	98	100	100	96	81	30	9

Wirtschaftszweig	15-19	20-24	25-29	30-34	35-39	40-44	45-49	50-54	55-59	60-64	über 64
78 Gesundheits-, Veterinärwesen	29	72	73	76	83	92	100	101	88	23	4
79 Rechts-, Wirtschaftsberatung	24	52	58	73	81	91	100	106	99	40	21
80 Architektur-, Ingenieurbüros usw.	11	32	61	87	94	99	100	100	87	36	9
81 Vermögensverwaltung	5	22	36	52	68	85	100	112	109	45	21
82 Wirtschaftswerbung, Ausstellungen	8	48	81	95	97	100	100	98	85	35	16
83 Fotografisches Gewerbe	78	184	147	121	112	107	100	90	72	22	8
84 Hygienische Einrichtungen	5	21	39	58	76	91	100	100	85	28	5
85 Versteigerungsgewerbe, Leasing	11	64	96	102	104	105	100	94	76	28	16
86 Sonstige Dienstleistungen	6	30	41	52	65	81	100	120	119	61	72
87-90 Organisat. o.E., Priv. Haushalte	15	32	42	55	68	84	100	113	112	44	15
87 Organisationen des Wirtschaftslebens	24	51	60	74	83	93	100	102	91	33	7
88 Politische Parteien	9	24	35	50	65	82	100	117	121	46	12
89 Kirchen u. weltanschaul. Vereinigungen	11	28	42	52	64	81	100	114	116	55	27
90 Private Haushalte	131	116	70	59	65	82	100	117	117	35	13
91-94 Gebietskörp., Sozialvers.	25	58	67	73	82	92	100	102	90	27	2
91 Allgemeine öffentl. Verwaltung	24	49	57	65	77	90	100	105	96	29	3
92 Verteidigung, offentl.Sicherheit	31	87	102	98	97	99	100	95	76	22	0
93 Sozialversicherung	20	68	77	77	83	92	100	102	89	20	1
94 Vertretungen fremder Staaten	2	22	49	60	66	84	100	116	115	63	7
SUMME	51	91	94	96	99	101	100	93	71	19	3

Quelle: Bundesanstalt für Arbeit (a); eigene Berechnungen

Tabelle A4.2.2: Beschäftigungszugänge aus anderen Wirtschaftszweigen, Arbeitslosigkeit und stiller Reserve, in vH der gesamten Beschäftigten

Wirtschaftszweig	Beschäftigte, die im Jahr zuvor in dem selben Wirtschaftszweig beschäftigt waren	Beschäftigte, die ein Jahr zuvor arbeitslos waren	Beschäftigte, die im Jahr zuvor nicht erwerbstätig waren	Beschäftigte, die ein Jahr zuvor arbeitslos oder nicht erwerbstätig waren	Beschäftigte, die ein Jahr zuvor in einem anderen Wirtschaftszweig beschäftigt waren
Landwirtschaft, Gewerbliche Jagd	88,41	4,40	3,99	8,39	3,20
Forstwirtschaft	78,98	12,92	3,11	16,02	4,99
Fischerei und Fischzucht	78,86	8,05	1,75	9,80	11,35
Land- und Forstwirtschaft, Fischerei	**87,78**	**4,93**	**3,92**	**8,84**	**3,37**
Kohlenbergbau, Torfgewinnung	89,46	2,93	2,28	5,20	5,34
Gewinnung von Erdöl und Erdgas	98,21	0,00	0,00	0,00	1,79
Bergbau auf Spalt- und brutstoffhal. Erz.	87,28	2,91	3,46	6,37	6,35
Erzbergbau	80,11	0,00	0,00	0,00	19,89
Gew. v. Steinen und Erden, sonst. Bergb.	90,88	3,55	1,98	5,52	3,60
Bergbau, Steine und Erden	**90,10**	**2,85**	**2,01**	**4,86**	**5,03**
Ernährungsgewerbe	88,32	2,38	4,21	6,59	5,09
Tabakverarbeitung	91,82	0,91	0,00	0,91	7,27
Textilgewerbe	88,60	2,96	4,13	7,09	4,31
Bekleidungsgewerbe	86,40	3,80	4,65	8,45	5,15
Ledergewerbe	85,80	5,62	4,35	9,97	4,23
Holzgew. (ohne Herstellung v. Möbeln)	86,22	3,34	4,82	8,16	5,62
Papiergewerbe	89,26	3,11	2,02	5,13	5,62
Verlagsgewerbe, Druckgewerbe	89,38	2,05	4,55	6,60	4,02
Kokerei, Mineralölverarbeitung	92,60	2,18	3,32	5,50	1,90
Chemische Industrie	90,84	1,84	2,29	4,13	5,02
Herst. von Gummi- u. Kunststoffw.	86,48	3,35	4,02	7,38	6,15
Glasgew., Ker., Verarb. v. St. u. Erden	90,27	2,21	2,78	4,99	4,74
Metallerzeugung und -bearbeitung	88,25	2,42	3,32	5,74	6,01

Wirtschaftszweig	Beschäftigte, die im Jahr zuvor in dem selben Wirtschaftszweig beschäftigt waren	Beschäftigte, die ein Jahr zuvor arbeitslos waren	Beschäftigte, die im Jahr zuvor nicht erwerbstätig waren	Beschäftigte, die ein Jahr zuvor arbeitslos oder nicht erwerbstätig waren	Beschäftigte, die ein Jahr zuvor in einem anderen Wirtschaftszweig beschäftigt waren
Stahl- und Leichtmetallbau	89,91	2,65	3,18	5,83	4,25
Maschinenbau	90,96	2,01	3,14	5,15	3,89
Herst. v. Büromasch., DV-Ger.	89,23	3,18	4,62	7,80	2,97
Herst. v. Ger. d. Elektrizitätserz. etc.	89,93	2,64	4,09	6,73	3,34
Nachrichtentechnik, Herst. v. Rundfunkger. etc.	88,86	2,81	3,44	6,25	4,89
Herst. v. Medizin-, Meß-, Steuertechnik; Optik	90,76	2,42	3,14	5,56	3,68
Herstellung v. Kraftwagen und -teilen	92,67	1,58	3,28	4,87	2,46
Sonstiger Fahrzeugbau	88,95	2,07	2,73	4,79	6,26
Herst. v. Möbeln, Schmuck, Musik, Sportger. etc.	90,31	1,87	3,41	5,28	4,41
Rückgewinnung	81,61	5,16	1,26	6,41	11,98
Verarbeitendes Gewerbe	**89,64**	**2,41**	**3,49**	**5,89**	**4,46**
Energieversorgung	93,28	1,69	2,37	4,06	2,66
Wasserversorgung	92,05	2,19	1,34	3,53	4,42
Energie- und Wasserversorgung	**93,08**	**1,77**	**2,20**	**3,97**	**2,95**
Baugewerbe	**87,83**	**3,41**	**4,38**	**7,79**	**4,38**
KFZ-Handel, -instandhaltung, Rep.; Tankstellen	89,10	2,11	4,79	6,90	4,00
Handelsvermittlung und Großhandel	87,88	2,70	4,02	6,72	5,40
Einzelh.; Reparatur von Gebrauchsg.	86,95	3,42	5,37	8,79	4,26
Handel, Instandhalt./Rep. KFz und Gebrauchsgüter	**87,45**	**3,08**	**5,00**	**8,08**	**4,47**

Fortsetzung Tabelle A4.2.2:

Wirtschaftszweig	Beschäftigte, die im Jahr zuvor in dem selben Wirtschaftszweig beschäftigt waren	Beschäftigte, die ein Jahr zuvor arbeitslos waren	Beschäftigte, die im Jahr zuvor nicht erwerbstätig waren	Beschäftigte, die ein Jahr zuvor arbeitslos oder nicht erwerbstätig waren	Beschäftigte, die ein Jahr zuvor in einem anderen Wirtschaftszweig beschäftigt waren
Gastgewerbe	**82,69**	**5,15**	**7,52**	**12,67**	**4,64**
Landverkehr; Transport in Rohrfernleit.	92,36	1,34	2,36	3,70	3,95
Schiffahrt	89,98	3,03	1,50	4,53	5,49
Luftfahrt	86,78	2,65	5,94	8,59	4,63
Hilfs- u. Nebentätigkeiten f. Verkehr; Verkehrsvermittl.	87,80	3,38	3,34	6,72	5,47
Nachrichtenübermittlung	92,86	1,13	2,93	4,07	3,07
Verkehr und Nachrichtenübermittlung	**90,92**	**1,96**	**2,93**	**4,89**	**4,19**
Kreditgewerbe	92,16	1,09	3,85	4,94	2,89
Versicherungsgewerbe	92,23	1,75	2,79	4,54	3,23
Mit d. Kredit- u. Vers.gew. verb. Tätigk.	89,87	1,64	2,96	4,61	5,53
Kredit- und Versicherungsgewerbe	**92,02**	**1,32**	**3,48**	**4,80**	**3,18**
Grundstücks- und Wohnungswesen	86,30	3,90	3,50	7,40	6,30
Vermietung beweglicher Sachen	82,43	7,48	4,73	12,20	5,37
Datenverarbeitung und Datenbanken	87,92	3,54	6,24	9,77	2,30
Forschung und Entwicklung	90,73	1,60	3,97	5,57	3,70
Erbringung von Dienstleist. f. Untern.	85,53	3,57	5,91	9,49	4,98
Wohnungswesen, Erbringung von Dl für Unternehmen	**86,18**	**3,51**	**5,52**	**9,04**	**4,78**
Öff. Verwaltung, Sozialversicherung	**90,85**	**2,84**	**3,38**	**6,22**	**2,93**

Wirtschaftszweig	Beschäftigte, die im Jahr zuvor in dem selben Wirtschaftszweig beschäftigt waren	Beschäftigte, die ein Jahr zuvor arbeitslos waren	Beschäftigte, die im Jahr zuvor nicht erwerbstätig waren	Beschäftigte, die ein Jahr zuvor arbeitslos oder nicht erwerbstätig waren	Beschäftigte, die ein Jahr zuvor in einem anderen Wirtschaftszweig beschäftigt waren
Erziehung und Unterricht	89,80	2,50	5,38	7,89	2,31
Gesundheits-, Veterinär- und Sozialwesen	88,57	2,32	6,09	8,41	3,02
Abwasser, Abfallbes. u. sonst. Entsorgung	88,23	3,66	3,22	6,88	4,89
Organisationen ohne Erwerbszweck	87,06	3,60	5,22	8,82	4,12
Kultur, Sport und Unterhaltung	85,00	3,48	7,09	10,57	4,43
Erbringung von sonstigen Dienstleist.	85,74	3,93	5,35	9,28	4,97
Private Haushalte	77,71	3,71	13,68	17,39	4,90
Exterritoriale Org. und Körperschaften	83,63	6,44	6,78	13,22	3,16
Andere Dienstleistungen	**88,03**	**2,78**	**5,91**	**8,69**	**3,28**
Insgesamt	**88,68**	**2,87**	**4,44**	**7,31**	**4,01**
Landwirtschaft	**87,78**	**4,93**	**3,92**	**8,84**	**3,37**
Industrie	**89,27**	**2,66**	**3,66**	**6,31**	**4,41**
Dienstleistungen	**88,37**	**2,88**	**4,94**	**7,82**	**3,81**

Quelle: Eurostat (b)

Tabelle A4.2.3: Rechnerische[1] und tatsächliche Betriebszugehörigkeitsdauer

NACE	Rechner. BZD	Tatsächl. BZD	Differenz
01 Landwirtschaft, Gewerbliche Jagd	9,18	14,94	-5,76
02 Forstwirtschaft	4,38	11,07	-6,69
05 Fischerei und Fischzucht	4,73	9,90	-5,17
10 Kohlenbergbau, Torfgewinnung	19,00	14,66	4,34
11 Gewinnung von Erdöl und Erdgas	28,06	11,31	16,75
12 Bergbau auf Spalt- und brutstoffhaltige Erze	34,02	12,41	21,61
13 Erzbergbau	15,81	15,64	0,17
14 Gewinnung von Steinen und Erden, sonst. Bergbau	10,92	13,18	-2,26
15 Ernährungsgewerbe	8,25	9,61	-1,36
16 Tabakverarbeitung	12,91	11,00	1,91
17 Textilgewerbe	9,15	11,38	-2,23
18 Bekleidungsgewerbe	9,17	10,24	-1,07
19 Ledergewerbe	8,17	12,43	-4,26
20 Holzgewerbe (ohne Herstellung von Möbeln)	7,27	9,89	-2,62
21 Papiergewerbe	10,23	11,34	-1,11
22 Verlagsgewerbe, Druckgewerbe	10,91	10,73	0,18
23 Kokerei, Mineralölverarbeitung	9,61	12,89	-3,28
24 Chemische Industrie	12,93	12,03	0,90
25 Herst. von Gummi- u. Kunststoffwaren	7,06	9,07	-2,01
26 Glasgewerbe, Keramik, Verarb. v. Steinen u. Erden	8,94	11,38	-2,44
27 Metallerzeugung und -bearbeitung	9,71	12,76	-3,05
28 Stahl- und Leichtmetallbau	9,96	11,40	-1,44
29 Maschinenbau	11,05	12,06	-1,01
30 Herst. v. Bürom., Datenverarbeitungsger.	9,16	9,12	0,04
31 Herst. v. Geräten d. Elektrizitätserzeugung etc.	9,84	11,03	-1,19
32 Nachrichtentechnik, Herst. v. Rundfunkg. etc.	8,32	9,81	-1,49
33 Herst. v. Medizin-, Meß-, Steuertechnik; Optik	8,41	10,26	-1,85
34 Herstellung v. Kraftwagen und -teilen	13,77	12,37	1,40
35 Sonstiger Fahrzeugbau	10,18	13,13	-2,95
36 Herst. v. Möbeln, Schmuck, Musikinstr., Sportg. etc.	9,03	10,72	-1,69
37 Rückgewinnung	4,15	4,97	-0,82
40 Energieversorgung	15,14	13,21	1,93
41 Wasserversorgung	12,25	12,38	-0,13
45 Baugewerbe	5,98	8,50	-2,52
50 KFZ-Handel, -instandhaltung, Reparatur; Tankstellen	8,15	8,90	-0,75
51 Handelsvermittlung und Großhandel	8,83	9,11	-0,28
52 Einzelhandel; Reparatur von Gebrauchsgütern	7,50	8,37	-0,87
55 Gastgewerbe	4,45	6,06	-1,61
60 Landverkehr; Transport in Rohrfernleitungen	13,91	14,23	-0,32
61 Schiffahrt	10,23	13,81	-3,58
62 Luftfahrt	7,51	10,02	-2,51
63 Hilfs- u. Nebentätigkeiten f. Verkehr; Verkehrsvermittlung	6,92	8,06	-1,14
64 Nachrichtenübermittlung	17,04	14,43	2,61
65 Kreditgewerbe	14,14	11,51	2,63
66 Versicherungsgewerbe	11,64	10,29	1,35
67 Mit d. Kredit- u. Versicherungsgew. verb. Tätigkeit	10,20	9,83	0,37

Fortsetzung: Tabelle A4.2.3:

NACE	Rechner. BZD	Tatsächl. BZD	Differenz
70 Grundstücks- und Wohnungswesen	7,04	7,83	-0,79
71 Vermietung beweglicher Sachen	6,47	7,03	-0,56
72 Datenverarbeitung und Datenbanken	7,42	7,44	-0,02
73 Forschung und Entwicklung	8,82	10,78	-1,96
74 Erbringung von Dienstleistungen für Unternehmen	6,19	7,20	-1,01
75 Öffentl. Verwaltung, Verteidigung, Sozialversicherung	10,46	11,65	-1,19
80 Erziehung und Unterricht	8,37	12,00	-3,63
85 Gesundheits-, Veterinär- und Sozialwesen	7,18	7,84	-0,66
90 Abwasser und Abfallbeseitigung u. sonst. Entsorgung	8,95	9,08	-0,13
91 Organisationen ohne Erwerbszweck	7,80	8,93	-1,13
92 Kultur, Sport und Unterhaltung	6,53	8,40	-1,87
93 Erbringung von sonstigen Dienstleistungen	7,22	8,42	-1,20
95 Private Haushalte	6,44	7,21	-0,77
99 Exterritoriale Organisationen und Körperschaften	6,93	9,71	-2,78

1 Kehrwert der Fluktuationsquote.
Quelle: Eurostat (b)

Tabelle A4.2.4: Die Fluktuation[1] von Randbelegschaftsgruppen[2] in Relation zur Fluktuation der Kernbelegschaft[3] in ausgewählten Wirtschaftszweigen[4], 1994 in vH

Wirtschaftszweig	Randbeleg. insgesamt	Frauen	Ausländer	Teilzeitkräfte
Deutsche Bundespost	384	350	266	450
Energiewirtschaft	226	215	213	269
Schiffahrt	186	80	191	824
Luftfahrzeugbau	142	120	207	130
Chemische Industrie	141	135	173	120
Herstellung von Zellstoff, Papier	140	150	131	122
Luftfahrt	138	139	145	113
Bergbau	138	120	144	
Gebietskörperschaften	136	121	227	151
Eisenbahnen	136	161	114	103
Musikinstrumente, Spielwaren	135	136	149	106
EDV-Anlagen, Büromaschinen	133	114	183	45
Nahrungs- und Genußmittel	130	120	169	120
Druckerei, Vervielfältigung	128	120	171	122
Schiffbau	126	162	99	160

1 Minimum von Einstellungsquote und Entlassungsquote
2 Ausländer, Frauen, Teilzeitbeschäftigte
3 Männer
4 Wirtschaftszweige, in denen die Fluktuationsquote der Randbelegschaften mindestens 25 vH über der der Kernbelegschaft liegt.
Quelle: Bundesanstalt für Arbeit (b); eigene Berechnungen

Tabelle A4.2.5: **Beschäftigungsabbau von Kern- und Randbelegschaft, im Jahre 1993 in ausgewählten Wirtschaftszweigen [3], in vH**

Wirtschaftszweig	Kernbelegschaft[1]	Randbelegschaft[2]
Bekleidungsgewerbe	- 5,6	-11,0
Leder, Schuhe	- 4.4	- 8,7
Druckerei, Vervielfältigung	- 4,0	- 6,6
Elektrotechnik	- 6,2	- 9,7
Papierverarbeitung, Buchbinderei	- 5,4	- 7,4
Kunststoffverarbeitung	- 6,2	- 8,1
Feinkeramik	- 7,2	- 9,0
Straßenfahrzeugbau	- 7,2	- 8,7
EBM-Waren	- 5,7	- 6,7
Musikinstrumente, Spielwaren	- 5,3	- 6,2
Zieherei, Stahlverformung	- 7,6	- 8,6
Herstellung von Zellstoff, Papier	- 6,2	- 7,08
Gießerei	-12,6	-13,3
Textilverarbeitung	-10,5	-11,1
Maschinenbau	- 9,1	- 9,5

1 Männer
2 Ausländer, Frauen, Teilzeitbeschäftigte
3 Wirtschaftszweige, in denen die Randbelegschaft stärker vom Beschäftigungsabbau betroffen war als die Kernbelegschaft
Quelle: Bundesanstalt für Arbeit (b); eigene Berechnungen

Tabelle A4.2.6: Auflösung von Beschäftigungsverhältnissen und Arbeitslosigkeit, 1995

Wirtschaftszweig	Anteil[1] in vH	Wirtschaftszweig	Anteil[1] in vH
Land-, Fortstwirtschaft	16,88	Leder, Schuhe	21,69
Fischerei, Fischzucht	7,41	Textilverarbeitung	24,49
Land-, Forstwirtschaft, Fischerei	16,70	Bekleidungsgewerbe	25,49
		Nahrungs- und Genußmittel	12,20
Energiewirtschaft	9,35	**Verarbeitendes Gewerbe**	20,49
Bergbau	8,84	Ausbau- und Bauhilfsgewerbe	9,56
Energie, Bergbau	9,02	**Baugewerbe**	10,23
Chemische Industrie	21,06	Handel	19,39
Kunststoffverarbeitung	19,99		
Steine und Erden	7,87	Eisenbahnen	14,58
Feinkeramik	26,77	Deutsche Bundespost	3,43
Glas	16,50	Straßenverkehr	4.09
		Schiffahrt	10,20
Eisen- und Stahlerzeugung	36,67	Spedition	15,82
Gießerei	25,14	Luftfahrt	14,68
Zieherei, Stahlverformung	20,03	Verkehr, Nachrichtenübermittlung	8,31
Stahl- und Leichtmetallbau	14,83		
Maschinenbau	24,42	Kreditinstitute, Versicherungsgew.	10,60
Straßenfahrzeugbau	25,81	Gaststätten und Beherbergung	10,45
Schiffbau	27,41	Reinigung, Körperpflege	10,91
Luftfahrzeugbau	24,75	Wissenschaft, Kunst, Publizistik	10,11
EDV-Anlagen, Büromaschinen	35,19	Gesundheits-, Veterinärwesen	9,33
Elektrotechnik	24,99	Rechts- und Wirtschaftsberatung	8,16
		Sonstige Dienstleistungen	8,69
Feinmechanik, Optik	15,66	Dienstleistungen a.n.g.	9,75
Uhren	38,80		
EBM-Waren	21,88	Org. o. Erwerbsch., priv. Haushalte	16,79
Musikinstrumente, Spielwaren	18,27		
Schmuckwaren	22,32	Gebietskörperschaften	25,72
		Sozialversicherung	7,86
Sägewerke, Holzverarbeitung	14,60	**Gebietskörperschaften, Sozialversicherung**	23,68
Papiererzeugung u. Verarbeitung	16,70	**Insgesamt (ohne Sonstige bei AL)**	14,75
Druckerei, Vervielfältigung	19,76	**Insgesamt (mit Sonstigen bei AL)**	26,46

1 Anteil der in die Arbeitslosigkeit abgewanderten Beschäftigten an den beendeten Beschäftigungsverhältnissen
Quelle: Bundesanstalt für Arbeit (b)

Tabelle A4.2.7: Tarifliche Verdienstsicherungsabkommen und Kündigungsschutzvorschriften für ältere Arbeitnehmer

Wirtschaftszweig	Verdienstsicherung für Ältere	Kündigungsschutz für Ältere
00-03 Land- und Forstwirtschaft	nein	nein
04 Wasser-, Gas- Elektrizitätsversorgung	nein	50J.u.20J.BZ
05 Stein-, Braunkohlebergbau	nein	45J.u.20J.BZ
06-08 übriger Bergbau		
09-10 Chemie	50J.u.10J.BZ	nein
11 Mineralölverarbeitung	48J.u.8J.BZ	nein
14 Gew. und Verarbeit. von Natursteinen	nein	nein
15 Feinkeramik	55J.u.10J.BZ	55J.u.15J.BZ
17 Eisen-, und Stahlerzeugung	b	50J.u.15J.BZ
18-37 Metallindustrie	54J.u.1J.BZ	53J.u.3J.BZ
28-30 Kfz-Gewerbe	55J.u.12J.BZ	55J.u.12J.BZ
40-42 Holzbe-, Holzverabeitung (d)	55J.u.10J.BZ	55J.u.10J.BZ
43 Papiererzeugung, Papierverarbeitung		
Papiererzeugung	50J.u.10J.BZ	nein
Papierverarbeitung	nein	nein
44 Druckerei, Vervielfältigung	nein	nein
46 Herst./Rep. von Schuhen	53J.u.18J.BZ	55J.u.20J.BZ
47-51 Textil	55J.u.10J.BZ	55J.u.10J.BZ
52,53 Bekleidung	55J.u.10J.BZ	55J.u.10J.BZ
54-58 Nahrung., Genuß		
Fleischerhandwerk	nein	nein
Brauereien	nein	nein
59,60 Bauhauptgewerbe	nein	nein
61 Ausbau- u. Bauhilfsgewerbe		
Malerhandwerk	nein	nein
Tischlerhandwerk	nein	nein
62 Groß-, Einzel- und Versandhandel	53J.u.12J.BZ	53J.u. 12J.BZ
63 Eisenbahn	55J.u.10J.BZ	55J.u.10J.BZ (e)
64 Deutsche Bundespost	55J.u.10J.BZ	55J.u.10J.BZ
65 Straßenverkehr	nein	nein
68 Luftfahrt		
Lufthansa	ab 55J.	15J.BZ
Reisebüro	nein	25J.BZ/20J.BZu.45J.
69 Kredit- u. Versicherungsgewerbe		
Banken	50J.u.10J.BZ	50J.u.10J.BZ
Versicherungen	50J.u.10J.BZ	50J.u.10J.BZ
70 Hotels, Gasthöfe		
Hotels, Gaststätten	nein	nein
Systemgastronomie	nein	50J.u.10J.BZ
72,73 Reinigung, Körperpflege (f)	nein	nein
79 Rechts-, Wirt.beratg.,Wohnungsw.	nein	55J.u.10J.BZ/50J.u.15J.BZ
71,80-86 Sonstige Dienstl. (g)	nein	nein
91-94 Gebietskörp., Sozialvers.	c	15j.BZ/Ang.15J.BZu.40J.

a 45J.u.15J.BZ/50J.u.10J.BZ/55J.u.5J.BZ; b) Arbeiter: 53J.u.15J.BZ/50J.u. 20J.BZ/25J.BZ; Angestellte keine Abgruppierung 55J.u.20J.BZ.; c) nur Holzverarbeitung; d) für Betriebe mit mehr als 50 Beschäftigte; e) f) Friseurhandwerk; g) Gebäudereinigung
Quelle:

Tabelle A4.2.8: Intersektorale Arbeitskräftefluktuation[1] in der EU 1990 bis 1992

Land	Fluktuationsquote	Land	Fluktuationsquote
Belgien	2,1	Irland	1,3
Dänemark	4,1	Luxemburg	3,2
Deutschland	2,5	Niederlande	4,1
Griechenland	1,8	Portugal	3,7
Spanien	3,1	Großbritannien	5,1
Frankreich	5,8		

1 Fluktuationsquote für NACE-1-Steller. Die Fluktuationsquoten sind hier niedriger als im Text, da im Text NACE-2-Steller zugrundegelegt wurden.
Quelle: Alphametrics

Schaubild A4.2.1: Entwicklung der Erwerbsquoten nach Altersgruppen

für Frauen:

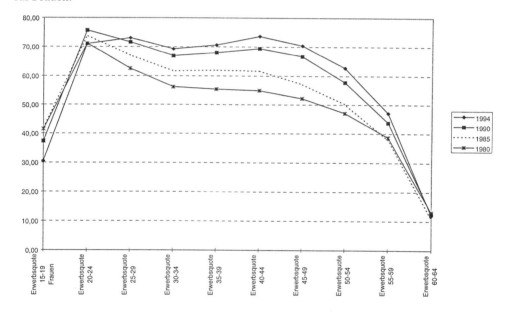

Fortsetzung Schaubild A4.2.1

für Männer:

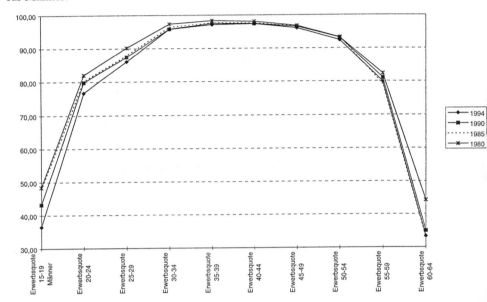

Quelle: Bundesanstalt für Arbeit (a)

Sachregister

(Einzelne Länder/Ländergruppen und Sektoren/Sektorengruppen sind unter den Stichwörtern „Länder" bzw. „Sektoren" vorweg aufgeführt)

Länder/Ländergruppen	93, 147
Asien-Pazifik, dynam. asiatische Länder, (DAE)	71, 73f., 153f., 159ff, 162, 211
Belgien	31, 111, 69, 93
Bulgarien	154, 154, 158, 162
Dänemark	31f.
Dynamische asiatische Länder (DAE) (s. Asien/ Pazifik)	
EG/EU	67ff., 154, 158f., 159, 176, 282ff.
Entwicklungsländer	70, 211
Finnland	93
Frankreich	31, 69, 75f., 93, 105, 111, 119, 129
Griechenland	84
Großbritannien	31, 74, 75f., 93,105, 111, 119, 130
Hongkong	70
Indien	71
Industrieländer	73ff.
Irland	86
Italien	31f., 93, 111
Japan	31f., 74, 75, 85f., 93f., 129ff., 138ff.
Niederlande	31f., 68, 111
Niedriglohnländer	144ff., 148ff.
Norwegen	84
OECD-Länder	87, 93, 126f.
Österreich	31f., 93
Polen	42, 71, 122ff.
Reformländer, s. Transformationsländer	
Rumänien	154, 155, 157f., 162
Rußland	158
Schweden	93, 111
Schweiz	93, 111
Schwellenländer	71f., 140
Slowakei	153ff.
Slowenien	157
Spanien	69, 86, 119
Transformationsländer	41f, 68ff., 153ff., 182, 185f.
Tschechien	42, 71f., 153ff.
Ungarn	42, 71f., 153ff.
USA	31, 71, 73f., 75f., 91, 93, 111f., 128, 134f., 140, 160, 188
Visegrad-Staaten	153ff.

Sektoren/Sektorgruppen	53, 191f.
Baugewerbe	7 f., 37, 44, 46, 51, 72f., 115, 192, 191
Bergbau	191, 193, 206, 278, 281
Dienstleistungssektoren	48, 51f., 61ff., 71, 95f., 115, 124, 195, 198, 202f., 213ff., 218ff., 223
Energieversorgung	44, 179ff., 192, 206
Finanzsektor	44, 52, 109, 216
Gastgewerbe	164, 192
Handel	44, 164, 191, 223
Hochlohnbrachen	72ff., 113f., 209ff.
humankapitalintensive	66, 166f.
„internationale"	64ff., 69
Landwirtschaft	280
mobile	64f.
Niedriglohnbranchen	144ff., 166f.
primärer Sektor	48, 62, 285, 280
regionale	45ff.
Schrumpfungsbranchen	166f., 191ff., 204
technologieorientierte	128ff., 136ff.
Telekommunikation	138, 151
umweltintensive	178ff.
Unternehmensdienstleistungen	201
Verkehr	191f., 203, 223, 278ff.
Versicherungen	44, 216
Verarbeitendes Gewerbe	47ff., 62f., 70, 79f., 86ff., 96ff., 110, 123, 128, 135, 193, 195, 202ff., 206ff., 214
- Bekleidungsindustrie	69, 87, 111, 151, 166, 193, 201f., 206
- Büromaschinen- und ADV-Geräteindustrie	67, 69, 87, 98, 116, 141
- Chemische Industrie	51, 63f., 67, 69, 86ff., 101f., 135, 164, 167, 183ff., 193f., 201, 206, 208
- Druckerei, Vervielfältigung	193
- EBM-Waren	64
- Eisen- und Stahlerzeugung	49, 64, 116, 167, 178, 192f., 201, 206, 237
- Elektrotechnik	51, 67, 87, 101, 111, 135, 141f., 167ff., 193, 198, 200f., 206
- Feinkeramik	64, 166f., 193
- Feinmechanik und Optik	66, 69, 116, 141f., 206
- Gießereien	69, 166, 193, 206
- Glas	64, 166, 193, 206

-	Gummiverarbeitung	64, 69f., 193, 206, 237
-	Holzbe- und verarbeitung	64, 71f., 151, 166, 194
-	Investitionsgüterbranchen	194, 171
-	Informations- und Kommunikationstechnologie	62, 133
-	Konsumgüterbranchen	66, 195
-	Kunststoffwaren	192
-	Lederwaren	65, 69, 87f, 166, 193, 200, 206
-	Luft- und Raumfahrzeugbau	69, 87ff., 140ff., 193, 206, 282f.
-	Maschinenbau	51, 63, 69, 87f., 100f.,114 ,118 ,135, 141ff., 167ff., 193, 200, 206, 208
-	Mikroelektronik	142
-	Mineralölverarbeitung	98
-	Musikinstrumente, Spielwaren usw.	65, 69, 151, 193, 206
-	Nahrungsmittel- und Getränkeindustrie	202, 206
-	NE-Metallindustrie	64, 166, 178, 193, 200, 266, 237
-	Papier- und Pappeverarbeitung	167, 197
-	Pharmazeutische Industrie	143
-	Schiffbau	49, 87ff., 116, 193, 278, 281
-	Stahl-, Leichtmetallbau	193, 206
-	Steine, Erden	64, 69, 192, 194, 197
-	Straßenfahrzeugbau	62f., 69f., 73, 87ff., 100, 116, 141f., 164, 167, 193, 200, 206
-	Tabakverarbeitung	71, 98, 206
-	Textilindustrie	63, 69, 87, 151, 167, 193, 200f., 206
-	Zellstoff-, Papier- und Pappeverarbeitung	63, 67, 178, 193, 206
-	Ziehereien/Kaltwalzwerke	192
Wachstumsbranchen		191ff., 202, 204

Weitere Begriffe

Agglomerationsvorteile	76, 97
Akquisitionen	108f.
Altersrente für Arbeitslose	240
Anpassungsdruck durch Außenhandel	164ff.
Arbeitslosigkeit	27f, 31f., 37, 145, 208ff.
- Ostdeutschland	37f.
Arbeitskosten (s.a. Lohnkosten)	75ff.
- Altersstruktur	228
- Potential	234
- Qualifikation	131, 144ff., 208f., 242ff.
- Verfügbarkeit von	233f.
Arbeitsmarkt	55f., 228ff.
Arbeitsplatzexport	112, 163ff.

391

Arbeitsproduktivität	76f., 81
- internationale	144ff.
Auslandsbeschäftigte	58, 62, 69f., 110f., 120
Auslandsnachfrage	195f.
Auslandsproduktion	58ff., 116ff.
- Bestimmungsfaktoren	116ff.
- interregional	68f.
- nach Regionen	68f.
- nach Sektoren	64f., 70
- Produktionsnetzwerke	68
- und Inlandsbeschäftigung	97, 110ff., 120ff.
- intraindustrielle	67f.
auslandskontrollierte Unternehmen	64f., 96ff.
Ausrüstungsinvestitionen (s. Investitionen)	
Außenhandel	53, 58ff., 72f., 207
(s.a. internationale Wettbewerbsfähigkeit)	
- der EU-Länder	73
- der Industrieländer	83ff.
- Dienstleistungen	61ff.
- im EG-Binnenmarkt	73
- Erfassung	60, 73f., 86
- Fernhandel	68
- im internationalen Vergleich	73, 85
- interregional	67f.
- intraregional	67
- mit den Reformländern	157ff., 165ff.
- mit Entwicklungsländern	68
s.a. Niedriglohnkonkurrenz	
- Nahhandel	68
- Ostdeutschland	48f.
- Preise	83f.
- Regionen	67ff.
- Sektoren	63ff.
- Spezialisierung	165ff., 185f.
Außenwert, realer	77f., 81ff.
Beschäftigungsentwicklung	28, 31f, 190f., 204f., 208
Betriebsgröße	51
Binnennachfrage	194ff.
CO_2	
- - Emission	146ff.
- - Selbstverpflichtung der Industrie	181ff.
- - Steuer	176f.
Deindustrialisierung	47f., 207ff.
Dienstleistungen	
- Auslandsproduktion	61ff.
- Handel	61ff.
- Produktionsverlagerung	61f., 115f., 163f.

Direktinvestitionen (s.a. Auslandsproduktion)
- absatzorientiert — 116f.
- als Standortindikator — 90f., 111
- deutsche Position — 91ff., 101ff., 111
- Förderung — 103ff., 264
- im EG-Binnenmarkt — 67f., 91, 116, 121
- im tertiären Sektor — 61ff., 94, 115f.
- in den Reformländern — 70f., 161ff.
- in Nachbarländern — 67ff.
- internationale — 93f.
- intraregionale — 67f.
- inward — 58f., 89ff., 93ff., 97ff.
- kostenorientierte — 116f.
- marktstrategische — 117f.
- Mobilität — 31f., 94
- outward — 58ff., 110ff.
- Regionalstruktur — 67ff.
- Saldo — 91f.
- Sektorstruktur — 62, 66f.
- statistische Erfassung — 60, 103, 105f.
- und inländischer Strukturwandel — 90, 95f., 113
- Vertriebsgesellschaften — 115f.

Drei-Sektoren-Hypothese — 213ff.
Durchschnittswerte — 140f., 150ff., 211
Einkommen — 32, 35, 43
- Verteilung — 148, 231ff.

Endnachfrage — 201ff.
Erwerbstätigkeit — 32f, 191ff.
Europäisierung — 67ff.
Externe Effekte, technologische (s. Spillover)
Faktoreinsatz — 66, 145ff., 147f.
Faktorkomplementarität — 150
Finanztransfer — 38f., 43f., 54
Forschung und Entwicklung (FuE) — 117f., 209f.
- Aufwendungen — 101, 128ff.
- Effizienz — 132f.
- Internationalisierung — 101f.
- Spezialisierung — 134
- staatlich finanzierte — 127, 132
- Standort — 133ff.
- Subventionen
- und öffentliches Gut — 125

GATT, WTO — 280
Global-Sourcing — 196ff.
Globalisierung (s. auch Außenhandel, Auslandsproduktion, Direktinvestition) — 57ff., 60, 65ff., 153, 157
Gravitationsmodelle — 154f.

393

Hochlohnkonkurrenz	31ff.,571, 72ff., 113f., 180f.
Humankapital	146, 225ff.
- Anpassung	235ff.
- Spezifität	258ff.
- -intensität	47, 66, 117
Informationssektor	217ff.
Infrastruktur	39, 76
Inlandsnachfrage	42, 195f.
Internationale Wettbewerbsfähigkeit	57, 72ff., 84ff., 98, 144f., 149, 165ff., 185ff., 207ff.
intraindustrielle Verflechtung	67f., 211
Investitionen	39, 44
- Ausrüstungsinvestitionen	104f., 201ff.
- internationaler Vergleich	104f.
Investitionsförderung	48, 103, 288
Kapitalintensität	47f., 76f.
Know-how (s. Wissen, technologisches)	
Kündigungsschutz, gesetzlicher	262
Lohn	40, 43, 74, 144f., 149
- Flexibilität	54f., 147f., 216, 253, 285
- Kosten	54, 76, 106
- Lohnquote	76f.
- Nebenkosten	106
- Senioritätsregeln	262ff.
- Struktur und Niedriglohnländerkonkurrenz	156f., 167, 172
Lohnstückkosten	77ff., 117, 207
- und Außenhandelsperformance	83ff.
- und Preisentwicklung	81ff.
Lohnveredelung	64, 159f., 167
Markt, lokaler, regionaler	43ff., 61
Mergers & Acquisitions (s. Akquisitionen)	
Niedriglohnkonkurrenz	80f., 114, 144, 147ff., 211
Ökosteuer (s. Umweltschutzsteuer)	
Ostdeutschland	27, 35ff.
- Auslandsverflechtung	53
- Standortprobleme	35ff.
- Strukturprobleme	35ff.
- Wirtschaftsförderung	43f.
Outsourcing	196ff.
Patente	131f.
passive Veredelung (s. Lohnveredelung)	
Preisentwicklung	203f.
- Überwälzung	81ff.
Privater Verbrauch	39, 201f.
Produktdifferenzierung	145
Produktionsnetzwerke	100f., 122
Produktionsverlagerung	75f., 113, 124, 144, 174ff., 185ff.

Produktivität	32, 37, 66, 75f., 99f., 202ff.
- bei Auslandsgesellschaften	114
- in auslandskontrollierten Unternehmen	99f.
- nach Sektoren	204ff.
- und Beschäftigung	204f.
Pro-Kopf-Einkommen	33, 149
Qualifikation (s. Humankapital)	147ff.
RCA-Werte (s. internationale Wettbewerbsfähigkeit)	
realer Außenwert (s. Außenwert)	
regionale Disparität	35ff., 40
Regionalisierung	67
Regulierung	107, 183ff., 270ff.
relative Lohnstückkosten s. Lohnstückkosten	
Skalenvorteile	112, 145
Sozialversicherungssystem	38, 287
Spillover	125ff., 141ff.
Statsverbrauch	202
Standort	53, 73, 174, 280f., 285ff.
- Politik	89
- Präferenz	54f.
- Qualität	31, 54, 72f., 91, 94, 101ff., 135f., 187
- Wettbewerb	28f., 41, 57ff., 77f., 84f., 89ff., 175, 209
Steuern	106, 287ff.
Strukturpolitik	270ff.
Strukturprobleme	28f., 194f.
Strukturwandel	43, 144f., 189ff.
- Determinanten	
- Angebotsfaktoren	202ff.
- außenwirtschaftliche	194ff.
- binnenwirtschaftliche	194ff.
- Probleme	207ff.
- Tempo	189ff.
Subventionen	270ff.
Systemwettbewerb	29f., 176, 274, 285ff.
Technologie	
- Absorptionsfähigkeit	124ff.
- Allianzen	133
- Außenhandel	136ff.
- Diffusion	125
- Wettbewerbsfähigkeit	124ff.
Terms of Trade	81
Tertiarisierung	202f., 213ff.
Transaktionskosten	92
Treuhandanstalt	38, 45

Umwelt	174ff.
- -auflagen	183ff.
- emissionsintensive Sektoren	180
- energieintensive Sektoren	178
- -politik	176ff.
- -schäden, grenzüberschreitende und lokale (s.a. CO)	175ff.
- Auflagen	184ff.
- Kosten	179ff.
- und Produktionsverlagerung	184ff.
- Vorreiterrolle	175
- Steuer	176ff.
Unit Value (s. Durchschnittswerte)	
Vier-Sektoren-Hypothese	217ff.
Vorleistungen	196ff.
Vorprodukte (s. Outsourcing und Global-sourcing)	
Vorruhestand	238
Wettbewerb, nicht-preislicher	83
Wettbewerbsfähigkeit (s. internationale Wettbewerbsfähigkeit)	
Wiedervereinigung	
- Strukturwirkungen für Ostdeutschland	35ff.
- Strukturwirkungen für Westdeutschland	53ff.
Wirtschaftspolitik	270ff., 285ff.
Wirtschafts- u. Währungsunion	286
Wissen, technologisches	124ff.
- Diffusion	125ff.
Zulieferer (s. Outsourcing oder Global-sourcing)	

SYPRO-Wirtschaftsgliederung bis 1995

Abkürzung	SYPRO	Branchenbezeichnung
BA	76-77	Ausbaugewerbe
BAU	72-77	Baugewerbe
BB	21	Bergbau
BEK	64	Bekleidungsgewerbe
BH	72-75	Bauhauptgewerbe
BP		Deutsche Bundespost
CH	40	Chem.Ind.,Spalt-,Brutst.
DR	57	Druckerei,Vervielfält.
EB		Eisenbahnen
EBM	38	H.v.EBM-Waren
EDV	50	H.v.Bürom.,ADV-Geräten
EH		Einzelhandel
EL	36	Elektrotechnik
ELF	1010	Elektr.,Fernwärme
ELGFW	10	Elektr., Gas, Fernw., Wassser
ENWB	10,21	Energ.,Wasser.,Bergb.
ERN	68	Ernährungsgewerbe
EST	27	Eisenschaffende Ind.
FK	51	Feinkeramik
FKG		Feinkeramik, Glas
FO	37	Feinmechanik,Optik
FOR		Forst-,Fischwirtschaft
GAS	1030	Gasversorgung
GET	6871-6879	Getränkeherstellung
GH		Großhandel
GIE	29	Gießerei
GL	52	H.u.Verarb.v.Glas
GV	59	Gummiverarbeitung
HA		Handel
HAV		Handel u. Verkehr
HB	53	Holzbearbeitung
HV	54	Holzverarbeitung
KBB	2111-2114	Kohlenbergbau
KFZ	33	Straßenfahrzeugbau
KV	58	H.v.Kunststoffwaren
LAFO		Land-,Forst-,Fischwirt.
LAWI		Landwirtschaft
LMB	31	Stahl- u.Leichtmet.bau
LR	35	Luft- u.Raumfahrz.bau
LV	62	Ledergewerbe
MB	32	Maschinenbau
MUS	39	Musikinstr.,Spielw.,Sp.
MV	22	Mineralölverarbeitung
NA	68 (ohne 6871-6879)	Ernährungsgew.o.Getr.
NE	28	NE-Metallerzeugung
NGM		Nahrungs-,Genußmittel
PPV	56	Papier- u.Pappeverarb.
PRODGEW		Produzierendes Gew.
SB	34	Schiffbau
STE	25	G.u.Ver.v.Steinen,Erden
SW		Schiffahrt,Wasserstr.,H.
TAB	69	Tabakverarbeitung
TEX	63	Textilgewerbe
ÜBB	2130-2180	übriger Bergbau
ÜV	512,515-516	Übriger Verkehr
VG		Verarbeitendes Gewerbe
VN		Verkehr,Nachr.übermittl.
WAS	10,21	Wasserversorgung
ZKW	3030	Ziehereien,Kaltwalzw.
ZPP	55	Zellst.,Holzs.,Papier,,P.

SYPRO-Wirtschaftsgliederung ab 1995

Abkürzung	SYPRO	Branchenbezeichnung
BEK	18	Bekleidungsgewerbe
CH	24	Chemische Industrie
EDV	30	H.v.Büromasch., Dv-Gerät.
ERN	15	Ernährungsgewerbe
ERZ	13	Erzbau
GEE	11	Gew.v.Erdöl u. Erdgas
GEL	31	H.v.Geräten d. Elektriz.erzg.,
GKV	25	H.v.Gummi-u. Kunststoffwaren
GLK	26	Glasgewerbe, Keramik, Verab.
HG	20	Holzgewerbe
KBB	10	Kohlenbergbau, Torfgewinnung
KRAFT	34	H.v.Kraftwagen u. Kraftwagenteilen
LV	19	Ledergewerbe
MB	29	Maschinenbau
MET	27	Metallerzeugung u. -bearbeitung
MMSR	33	Medizin-,Mess-,Steuer- u. Regelungstechnik
MSM	36	H.v.Möbeln,Schmuck, Musikinstr.

397

Abkürzung	SYPRO	Branchenbezeichnung
MTE	28	H.v.Metallerzeugnissen
MV	23	Kokerei, Mineralölverarbeitung
PG	21	Papiergewerbe
REC	37	Recycling
RFN	32	Rundfunk, Fernseh-u. Nachr.
SOFB	35	Sonst. Fahrzeugbau
STE	14	Gew.v.Steine u. Erden
TAB	16	Tabakverarbeitung
TEX	17	Textilgewerbe
VDG	22	Verlags-,Druckgewerbe
VG	D	Verarbeitendes Gewerbe

Sonstige Abkürzungen

Abkürzung	Branchenbezeichnung
ALLE	Alle Wirtschaftsbereiche
BIL	Bild.,Wiss.,Kultur,Verlage
DL	Dienstleistungsuntern.
GAH	Gastgew.,Heime
GEB	Gebietskörperschaften
GES	Gesundheits-,Veterinär.w.
KR	Kreditinstitute
KRV	Kreditinst.,Versich.unt.
PRIV	Priv.Haush.,priv.Organis.
PRIVH	Private Haushalte
PRIVO	Private Organisationen
PRODU	Produktionsunternehmen
SDL	Sonst.Dienstl.untern.
SOZ	Sozialversicherung
STA	Staat
STAPP	Staat,priv.Haush.,priv.Org.
U	Unternehmen zusammen
ÜDL	Übrige Dienstleist.unt.
UOWV	Untern.o.Wohnungsverm.
V	Versicherungsuntern.
WOV	Wohnungsvermietung

Veröffentlichungen des HWWA-Institut für Wirtschaftsforschung – Hamburg

Jörg Hinze Band 42
Aussagefähigkeit internationaler Arbeitskostenvergleiche
Methodische Grundlagen, empirische Ergebnisse und wirtschaftspolitische Schlußfolgerungen
mit Beiträgen von: Jörg Hinze, Christiane Brück, Rudolf-Ferdinand Danckwerts, Eckhardt Wohlers
1998, 299 S., brosch., 75,– DM, 548,– öS, 68,– sFr, ISBN 3-7890-5504-2

Bernhard Fischer/
Thomas Straubhaar (Hrsg.) Band 41
Ökonomische Konvergenz in Theorie und Praxis
1998, 206 S., brosch., 52,– DM, 380,– öS, 47,50 sFr, ISBN 3-7890-5439-9

Bernhard Fischer Band 40
Institutional Investors, Savings and Capital Markets in Emerging Economies
1998, 100 S., brosch., 30,– DM, 219,– öS, 28,– sFr, ISBN 3-7890-5333-3

Bernd Schnatz Band 39
Kapitalzuflüsse und Stabilisierungspolitiken in ausgewählten "Emerging Markets"
Eine empirische Analyse für Chile, Mexiko und Malaysia
1998, 276 S., brosch., 68,– DM, 496,– öS, 62,– sFr, ISBN 3-7890-5332-5

Otto G. Mayer/
Hans-Eckart Scharrer (Hrsg.) Band 38
Schocks und Schockverarbeitung in der Europäischen Währungsunion
Mit Beiträgen von: Norbert Berthold, Rolf Caesar, Michael Funke, Oliver Landmann, Wim Kösters, Heinrich Matthes, Jochen Michaelis, Manfred J.M. Neumann, Karl-Heinz Paqué, Hans-Werner Sinn, Jürgen von Hagen, Eckhardt Wohlers
1997, 221 S., brosch., 55,– DM, 402,– öS, 50,– sFr, ISBN 3-7890-5179-9

Gerhard J. Mantwill (Hrsg.) Band 37
Informationswirtschaft und Standort Deutschland
Der Beitrag der Informationswirtschaft zur Wettbewerbsfähigkeit der Unternehmen
mit Beiträgen von: Carsten Becker, Willi Bredemeier und, Werner Schwuchow, Thomas Einsporn, Hans-Hagen Härtel, Wilhelm Pfähler und Heidrun Hoppe, Arnold Picot und, Sven Scheuble, Peter Willi Prieß, Wolfgang G. Stock, Werner Zucker
1997, 198 S., brosch., 49,– DM, 358,– öS, 45,50 sFr, ISBN 3-7890-5004-0

Georg Koopmann/Christoph Kreienbaum/
Christine Borrmann Band 36
Industrial and Trade Policy in Germany
1997, 162 S., brosch., 42,– DM, 307,– öS, 39,– sFr, ISBN 3-7890-4967-0

 **NOMOS Verlagsgesellschaft
76520 Baden-Baden**

Veröffentlichungen des HWWA-Institut für Wirtschaftsforschung – Hamburg

Hans-Eckart Scharrer (Hrsg.) Band 35
Osterweiterung der Europäischen Union
Sind die mittel- und osteuropäischen Länder und die EU reif für eine Erweiterung?
mit Beiträgen von: Lázló Csaba, Hans-Hagen Härtel, Rudolf Hrbek, Ulrich Köster, Dieter Lösch, Hans-Bernd Schäfer, Jana Sereghyovà, Gerd Tebbe, Gunter Tichy, Paul J.J. Welfens, Grazyna Wojtkowska-Lodej
1997, 215 S., brosch., 54,– DM, 394,– öS, 49,– sFr, ISBN 3-7890-4804-6

Dirk Lau Band 34
Sektorale, räumliche Konzentration und ihre Bedeutung für die Industriepolitik
Die Bedingungen und internationalen Handelsimplikationen der räumlichen Konzentration von Wirtschaftszweigen mit empirischen Ergebnissen für das Verarbeitende Gewerbe in ausgewählten europäischen Ländern
1997, 247 S., brosch., 59,– DM, 431,– öS, 53,50 sFr, ISBN 3-7890-4786-4

Axel Michaelowa Band 33
Internationale Kompensationsmöglichkeiten zur CO_2-Reduktion
Steuerliche Anreize und ordnungsrechtliche Maßnahmen
1997, 248 S., brosch., 60,– DM, 438,– öS, 54,50 sFr, ISBN 3-7890-4732-5

Wilhelm Pfähler/Christian Clermont/ Christian Gabriel/Ulrich Hofmann Band 32
Bildung und Wissenschaft als Wirtschafts- und Standortfaktor
Die regionalwirtschaftliche Bedeutung der Hamburger Hochschulausbildungs- und Wissenschaftseinrichtungen
1997, 178 S., brosch., 46,– DM, 336,– öS, 42,50 sFr, ISBN 3-7890-4646-9

Hartmut Schmidt/Jochen Drukarczyk/ Dirk Honold/Stefan Prigge/ Andreas Schüler/Gönke Tetens Band 31
Corporate Governance in Germany
1997, 292 S., brosch., 72,– DM, 526,– öS, 65,50 sFr, ISBN 3-7890-4623-X

Axel Borrmann/Manfred Holthus/Karl-Wolfgang Menck/Bernd Schnatz Band 30
Kleine und mittlere deutsche Unternehmen in Asien
Investitionschancen und Erfahrungen
Studie im Auftrag des Bundesministeriums für Wirtschaft
1996, 243 S., brosch., 59,– DM, 431,– öS, 53,50 sFr, ISBN 3-7890-4444-X

Hans-Hagen Härtel/ Rolf Jungnickel et al. Band 29
Grenzüberschreitende Produktion und Strukturwandel
– Globalisierung der deutschen Wirtschaft
1996, 468 S., brosch., 98,– DM, 715,– öS, 89,– sFr, ISBN 3-7890-4373-7

 NOMOS Verlagsgesellschaft 76520 Baden-Baden